D1672906

SUR LA ROUTE

des

ÉTATS-UNIS

LES MEILLEURS
ITINÉRAIRES

Édition écrite par

Sara Benson,
Amy C Balfour, Michael Benanav, Greg Benchwick,
Lisa Dunford, Michael Grosberg, Adam Karlin,
Mariella Krause, Carolyn McCarthy, Christopher Pitts,
Adam Skolnick, Ryan Ver Berkmoes, Mara Vorhees,
Karla Zimmerman

SYMBOLES UTILISÉS DANS CE GUIDE

 Bon à savoir

 Histoire et culture

 La photo souvenir

 À combiner avec

Famille

Balade à pied

 Parole d'expert

Gastronomie

Se restaurer

Vaut le détour

Plein air

Se loger

📞 Numéro de téléphone

❄ Climatisation

📋 Menu en anglais

@ Accès Internet

🕐 Horaires d'ouverture

📶 Wi-Fi

👪 Familles bienvenues

Ⓟ Parking

🥗 Végétarien

🐾 Animaux acceptés

🚭 Non-fumeur

🏊 Piscine

LÉGENDE DES CARTES

Routes

▬▬ Itinéraire
▬▬ Détour
▬▬ Itinéraire combiné
▬▬ Itinéraire à pied
▬▬ Route à péage
▬▬ Autoroute
── Route principale
── Route secondaire
── Petite route
── Chemin
── Chemin non goudronné
── Place/zone piétonne
······ Escalier
)= = Tunnel
═══ Passerelle
─ ─ ─ Sentier

Limites et frontières

─ ─ ─ Pays
────── Province/État
────── Falaise/Escarpement

Population

★ Capitale (pays)
◉ Capitale (État/province)
● Grande ville
○ Petite ville/village

Transports

✈ Aéroport
Ⓗ Cable car/Funiculaire
Ⓟ Parking
Ⓣ Train/Rail
Ⓣ Tramway
Ⓜ Métro

Itinéraires

1 Numéro de l'itinéraire
9 Étape
📷 Balade à pied
📷 Détour

Indicateurs routiers

97 US National Hwy
5 US Interstate Hwy
44 State Hwy
99 California State Hwy

Hydrographie

〜 Rivière
〜 Rivière intermittente
Marais/Mangrove
〜 Canal
Eau
Lac asséché/salé/intermittent
Glacier

Topographie

Plage
Cimetière (chrétien)
Cimetière (autre religion)
Parc
Forêt
Réserve
Zone urbaine
Terrain de sport

SOMMAIRE

Le Nord-Ouest Pacifique p. 567

La Nouvelle-Angleterre p. 113

Les Rocheuses p. 361

La région des Grands Lacs p. 263

New York et le Mid-Atlantic p. 35

Les Grandes Plaines p. 313

La Californie p. 485

Le Sud-Ouest p. 407

La Floride et le Sud p. 185

Sommaire suite

ROAD-TRIP PRATIQUE

Routes Mythiques

Repérez l'indication "Route mythique" au fil de ce guide, qui signale nos itinéraires favoris.

La Pacific Coast Highway **39**

Statue de la Liberté New York

BIENVENUE
AUX ÉTATS-UNIS

Faites le plein, bouclez votre ceinture et en route ! Quel meilleur moyen de découvrir ce pays immense et varié, aux paysages spectaculaires, que de parcourir les rubans d'asphalte qui le sillonnent ?

Ce guide se propose de vous accompagner dans votre périple à travers les différents États. Vous cherchez une bonne adresse pour déguster des fruits de mer sur la côte californienne ? Un coin de baignade dans les collines texanes ? Une ville universitaire aux bâtiments couverts de lierre en Nouvelle-Angleterre ? La solitude des grands espaces ou l'effervescence de la ville ? Vous y trouverez forcément l'itinéraire qui convient.

Et si vous ne disposez que de quelques jours, sélectionnez l'une de nos 15 routes mythiques, qui vous emmènent à la découverte du meilleur des États-Unis. Rendez-vous en page suivante...

➜

LES ÉTATS-UNIS
Routes Mythiques

8

ROUTE MYTHIQUE, C'EST-À-DIRE ?

Si tous les itinéraires de ce guide dévoilent le meilleur des États-Unis,
15 d'entre eux nous apparaissent comme indémodables, de grands classiques.
Ces "routes mythiques" vous mèneront au cœur des sites les plus remarquables
et vers les expériences les plus typiques du pays. Retrouvez-les sur la carte
de la page suivante et repérez l'indication "Route mythique" au fil de ce guide.

14 **La Highway 1** Longez
des kilomètres de plage en
descendant la côte de Floride.

8 **Circuit automnal**
La campagne du Vermont est
éblouissante à l'automne.

39 **La Pacific Coast
Highway** Parcourez les
falaises de la côte de Big Sur,
en Californie.

STUART DEE / GETTY IMAGES ©

39

LES ÉTATS-UNIS

Routes Mythiques

46 **La route des Cascades**
Villes du Far West, un havre bavarois et un paysage de montagne varié.
4-5 JOURS

28 **De Grand Teton à Yellowstone**
La nature, à l'état sauvage...
7 JOURS

COLOMBIE-BRITANNIQUE

Vancouver
Kelowna
Victoria
Seattle
Olympia
WASHINGTON
Salem
OREGON

SASKATCHEWAN
ALBERTA
Regina
C A N A D

Lolo National Forest
MONTANA
Helena
Mammoth

DAKO DU N
Bismarck

49 **La côte de l'Oregon par la Highway 101**
Observation des baleines, visite de phares... et dégustation de fruits de mer. **7 JOURS**

Boise National Forest
Boise
IDAHO

Yellowstone National Park
Jackson
Rapid City

DAK DU

Pie

OCÉAN PACIFIQUE

Carson City
Elko

WYOMING
Cheyenne

NEBRAS

39 **La Pacific Coast Highway**
Plages, petits restos de poisson et couchers de soleil de carte postale sur l'océan. **7-10 JOURS**

San Francisco
Sacramento
Fresno
NEVADA
Death Valley National Park
Las Vegas
CALIFORNIE

Salt Lake City
UTAH
Grand Junction

Denver
COLORADO

Navajo Nation

Los Angeles
San Diego
Mexicali
ARIZONA

Prescott
Phoenix

Santa Fe
Albuquerque
NOUVEAU-MEXIQUE

32 **La traversée des Four Corn**
Un circuit dans les parcs et paysa les plus vastes et sauvages du Sud-Ouest.
10 JO

40 **Les parcs de Yosemite, Sequoia et Kings Canyon**
Un paysage de pics, de fleurs sauvages, de séquoias et de cascades. **5-7 JOURS**

33 **Voyage au Grand Canyon**
Enfilez bottes et chapeau de cow-boy à Wickenburg, goûtez l'ambiance western de Jerome et partez à la conquête du Grand Canyon. **4-5 JOURS**

ME

MEXICO

8 Circuit automnal
Dès qu'arrive l'automne, la Nouvelle-Angleterre se couvre des tonalités chaudes des feuillages qui s'embrasent. **5-7 JOURS**

26 La boucle des Black Hills
Grandes plaines, bisons, montagnes abruptes... et le Mt Rushmore ! **2-3 JOURS**

7 La côte de la Nouvelle-Angleterre
L'itinéraire côtier par excellence, de petits villages de pêcheurs en ports de commerce. **6-8 JOURS**

1 La boucle des Finger Lakes
Une route le long des lacs, des gorges et des vignobles. Une merveille pour la rando. **3 JOURS**

5 Les sites de la guerre de Sécession
Des champs de bataille préservés sertis dans une campagne telle qu'au XIXᵉ siècle. **3 JOURS**

20 La Route 66
La route emblématique de la culture populaire américaine offre un voyage suspendu dans le temps, entre Chicago et Los Angeles. **14 JOURS**

14 La Highway 1
Un itinéraire le long des plages vers les paillettes de Miami. **6 JOURS**

18 La Blue Ridge Parkway
Une superbe route à travers les paysages boisés des Appalaches. **5 JOURS**

MANITOBA

ONTARIO

◉Winnipeg

Québec ◉
Fredericton ◉
◉Halifax
Montréal ◉
MAINE
OTTAWA✹
◉Augusta
NEW HAMPSHIRE
Montpelier ◉
VERMONT
NEW YORK ◉
Concord ◉
◉Boston
MASSACHUSETTS
Toronto ◉
◉Providence
RHODE ISLAND
Corning
◉New York
CONNECTICUT
PENNSYLVANIE
◉Trenton
NEW JERSEY
Harrisburg ◉
◉Dover
DELAWARE
Columbus ◉
VIRGINIE
✹WASHINGTON
MARYLAND
OCCIDENTALE
Indianapolis
Richmond ◉
Frankfort
VIRGINIE
St Louis
KENTUCKY
Boone ◉
◉Nashville
CAROLINE
DU NORD
TENNESSEE
◉Columbia
Little Rock
Atlanta ◉
CAROLINE
DU SUD
MISSISSIPPI
Jackson
ALABAMA
GÉORGIE
LOUISIANE
Jacksonville
La Nouvelle-
Baton
Orléans
FLORIDE
Rouge
◉Orlando
Golfe
du Mexique
Tampa ◉
Miami ◉
OCÉAN
ATLANTIQUE

WISCONSIN
MINNESOTA
Madison
Lansing
IOWA
MICHIGAN
Des Moines
Chicago ◉
ILLINOIS
OHIO
Springfield
INDIANA
Jefferson
City
MISSOURI
ARKANSAS
OKLAHOMA
Oklahoma
City
Dallas
TEXAS
Austin

CUBA

Chetumal ◉

11

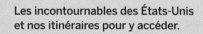
Les incontournables des États-Unis et nos itinéraires pour y accéder.

LES ÉTATS-UNIS
À NE PAS MANQUER

La Route 66

S'il ne devait en rester qu'une, ce serait elle. Véritable emblème, la "route-mère" chère à John Steinbeck déroule son ruban d'asphalte sur les 2 400 miles (3 860 km) séparant les rues venteuses de Chicago des artères ensoleillées de Los Angeles. Motels aux enseignes de néon, *diners* à l'ancienne aux spécialités de tourtes et *drive-in* jalonnent la route. Parcourez ce morceau d'histoire américaine en suivant l'**itinéraire 20 : La Route 66.**

ITINÉRAIRES
   20 22 24 32

Route 66 Un road-trip de légende

Les routes de la côte Pacifique Le pont du Golden Gate à San Francisco

La côte Pacifique

Les routes qui longent la côte Ouest desservent nombre de stations balnéaires plaisantes. L'**itinéraire 39 : La Pacific Coast Highway** dévoile de belles plages dissimulées, traverse des forêts de séquoias millénaires et recèle de bonnes adresses pour déguster des fruits de mer en admirant le coucher du soleil.

ITINÉRAIRES

Great Smoky Mountains

Avec 2 071 km² de forêts au sud des Appalaches, ce parc est chaque année le plus visité des États-Unis. Ses crêtes boisées abritent ours, cerfs, dindons sauvages et plus de 1 600 espèces de fleurs. Partez pour un voyage inoubliable au milieu des feuillages or, orangés et rouge ardent de l'automne grâce à l'**itinéraire 19 : Dans les Great Smoky Mountains**.

ITINÉRAIRE 19

La région des Grands Lacs

Semblables à des mers intérieures, les grands lacs sont bordés de plages, de dunes de sable et de rives rocheuses sur lesquelles veillent des phares, comme le dévoile l'**itinéraire 21 : Lac Michigan : la Gold Coast**. Prêt à pousser l'aventure ? Suivez le cours du Mississippi, empruntez la Route 66 ou ralliez la frontière canadienne.

ITINÉRAIRES

Les Rocheuses Grand Teton National Park

LES PLUS BELLES ROUTES

US 101 Une vue panoramique depuis la côte Ouest. **Itinéraires** 39 47 49

Blue Ridge Parkway Une route sinueuse dans les Appalaches. **Itinéraires** 18 19

Going-to-the-Sun Road Voir les glaciers avant qu'ils ne disparaissent. **Itinéraire** 29

Route 66 Un voyage nostalgique dans le temps. **Itinéraire** 20

Route 100 La découverte des montagnes verdoyantes du Vermont. **Itinéraire** 11

Les Rocheuses

Champs de fleurs, sommets déchiquetés et paisibles lacs le long de la ligne de partage des eaux attirent les amateurs de grand air. Aussi riches en faune qu'en histoire des pionniers et en traditions amérindiennes, les Rocheuses sont au cœur de la légende du Far West. Découvrez les villes fantômes de l'Ouest sur l'**itinéraire 30 : Au sommet des Rocheuses**.

ITINÉRAIRES
28 29 30 31

Grand Canyon Vue depuis le North Rim

Le Grand Canyon

Protégé par un parc national et les terres tribales amérindiennes, ce canyon, creusé par le fleuve Colorado, offre le spectacle impressionnant de strates rocheuses colorées sur une hauteur moyenne de 1 300 m. Ses pics, ses falaises sculptées et ses cascades forment un paysage qui change avec les saisons et les conditions climatiques. Admirez cette prouesse de Mère Nature sur l'**itinéraire 33 : Voyage au Grand Canyon.**

ITINÉRAIRES 33

LES PLUS BEAUX SITES AMÉRINDIENS

- - - - - - - - - - - - - - - - - - - -

Monument Valley Un site remarquable dans une réserve Navajo. **Itinéraires** 32

- - - - - - - - - - - - - - - - - - - -

Mesa Verde Les habitats ancestraux des Pueblos à flanc de montagne. **Itinéraire** 32

- - - - - - - - - - - - - - - - - - - -

Grand Canyon Un site sacré pour les tribus du Sud-Ouest. **Itinéraires** 32 33

- - - - - - - - - - - - - - - - - - - -

Natchez Trace Parkway Sur les traces des peuples amérindiens. **Itinéraire**

- - - - - - - - - - - - - - - - - - - -

Anadarko Une ville des grandes plaines où domine la culture amérindienne. **Itinéraire** 24

National Mall Washington Monument

Yellowstone National Park Grand Prismatic Spring

National Mall

Commencez l'**itinéraire 5 : Les sites de la guerre de Sécession** par le National Mall de Washington, véritable incarnation de l'idéal national – monuments à la gloire des fondateurs, mémoriaux en hommage aux soldats tombés, musées de la Smithsonian Institution... Cette longue esplanade verdoyante, où les Américains se réunissent pour manifester, est le parfait endroit pour prendre le pouls du pays.

ITINÉRAIRE 5

Yellowstone National Park

Les geysers, les sources chaudes aux vives couleurs et la faune impressionnante (grizzlis, bisons, wapitis, loups, élans...) du plus ancien parc du pays forment l'un des plus grands écosystèmes intacts d'Amérique du Nord. Découvrez-le lors d'une randonnée en suivant l'**itinéraire 28 : De Grand Teton à Yellowstone**.

ITINÉRAIRE 28

Acadia National Park

Une tradition de Nouvelle-Angleterre veut qu'on assiste au premier lever du soleil de l'année depuis Cadillac Mountain, le point culminant de la côte Est. Mais si vous craignez le froid, préférez l'été ensoleillé pour explorer les îles du bout du monde, disséminées le long du littoral nord-atlantique, sur l'**itinéraire 13 : L'Acadia Byway**.

ITINÉRAIRE 13

19

Blue Ridge Parkway

Traversant les Appalachese du Shenandoah National Park aux Great Smoky Mountains, la Blue Ridge Parkway est la route panoramique la plus appréciée du pays. Chaque année, plus de 15 millions de personnes parcourent ses collines et ses vallées bucoliques et se rendent sur les lieux des batailles historiques qui se déroulèrent dans la région. Joignez-vous à eux sur l'**itinéraire 18 : La Blue Ridge Parkway**.

ITINÉRAIRES

Le pays cadien

Un bouillon de culture créole, canadien français, amérindien et afro-américain mijote dans les marécages du sud de la Louisiane. Ici, on parle encore parfois français, on aime la musique et, plus que tout, bien manger. Coupez le contact, poussez la porte des petites tavernes qui bordent l'itinéraire... et préparez-vous à danser au son du violon et de l'accordéon sur l'**itinéraire 15 : Le pays cadien** !

ITINÉRAIRE

(À gauche) **Blue Ridge Parkway** Viaduc Linn Cove

(Ci-dessous) **Plages de Floride** South Beach, Miami

Les plages de Floride

Bénéficiant d'un ensoleillement quasi annuel, la Floride est une belle péninsule semi-tropicale bordée de sable blanc, léchée par les eaux turquoise, et baignée par un éclatant coucher du soleil. Ses plages en sont le principal attrait : vous pourriez en découvrir une nouvelle chaque jour pendant un an. Repérez les meilleures sur l'**itinéraire 14 : La Highway 1**.

ITINÉRAIRE **14**

LES SITES LES PLUS INSOLITES

Gemini Giant L'une des étranges statues de la Route 66. **Itinéraire** 20

Wall Drug L'un des pièges à touristes les plus célèbres des États-Unis. **Itinéraire** 26

Tunnel Log Un tunnel creusé dans un séquoia géant. **Itinéraire** 40

Marfa D'étranges apparitions dans l'ouest du Texas. **Itinéraire** 37

Salvation Mountain Une installation artistique à but religieux. **Itinéraire** 42

21

Pour les familles La grande roue de Pacific Park (itinéraire 20)

Plein air

Forêts immenses, canyons démesurés, lacs d'altitude, lignes de crête découpées, déserts lunaires, plages reculées... ce ne sont pas les paysages spectaculaires qui manquent sur les routes américaines. Quittez votre voiture et faites le plein de nature.

8 Circuit automnal
Embrassez la beauté de la Nouvelle-Angleterre à l'automne.

28 De Grand Teton à Yellowstone
La quintessence des parcs nationaux dans les Rocheuses.

32 La traversée des Four Corners
À la découverte des canyons du Sud-Ouest.

40 Les parcs de Yosemite, Sequoia et Kings Canyon Une traversée des hauteurs de la Sierra Nevada.

Histoire

Commencez par la côte Est et les 13 colonies qui signèrent la Déclaration d'indépendance puis suivez la piste des pionniers à travers les Grandes Plaines et jusqu'aux côtes du Pacifique. Et n'oubliez pas le passé colonial hispanique du pays, mêlé de traditions indiennes, dans le Sud-Ouest.

5 Les sites de la guerre de Sécession Une plongée dans l'Histoire, celle du conflit qui bâtit l'Amérique moderne.

25 Les traces des pionniers À travers les terres jadis traversées par les intrépides cavaliers du Pony Express.

45 Le Gold Country par la Highway 49 Explorez les villes de la ruée vers l'or.

48 Sur les pas de Lewis et Clark Revivez l'expédition légendaire des deux explorateurs.

Voyage en famille

Parcs à thème, musées interactifs, zoos, aquariums... sans oublier les grands espaces : les plages et les parcs nationaux comptent parmi les destinations les plus prisées des familles.

13 L'Acadia Byway Une île idyllique en Nouvelle-Angleterre, particulièrement captivante en été.

19 Dans les Great Smoky Mountains
Animaux sauvages, trains historiques, plaisantes randonnées... et tout le kitsch de Dollywood.

26 La boucle des Black Hills Un rite de passage estival pour d'innombrables enfants américains.

41 Disneyland et les plages de l'Orange County
Le monde merveilleux de Mickey n'est pas loin de la très télégénique côte de la Californie du Sud.

Assiette d'huîtres En direct du Pacifique (itinéraire 44)

Plages

Avec plus de 8 000 km de littoral, deux océans et le golfe du Mexique, les États-Unis ont de quoi satisfaire les amateurs de plages de toutes sortes, des côtes sauvages de la Nouvelle-Angleterre aux plages ensoleillées de Floride et de Californie du Sud.

2 La côte du New Jersey
Promenades au bord de l'Atlantique et parcs d'attractions.

14 La Highway 1
Une virée en Floride, des plages bondées à la sérénité de la vie insulaire.

39 La Pacific Coast Highway Farniente dans les agréables localités de la côte californienne.

49 La côte de l'Oregon par la Highway 101
Des phares, des falaises, des plages et de superbes vues sur le Pacifique.

Exploration urbaine

Les grandes villes américaines brassent les cultures dans un mélange envoûtant de couleurs, de sons et de goûts : des grands chefs aux *food trucks*, des auditoriums aux salles de concerts punks, des musées à l'art de rue…

7 La côte de la Nouvelle-Angleterre
Vous découvrirez Boston en longeant la côte – et New York n'est pas loin non plus.

20 La Route 66
Des gratte-ciel de Chicago aux plages de Santa Monica en passant par Springfield, Saint-Louis…

39 La Pacific Coast Highway Remontez la côte Ouest depuis San Diego en passant par Los Angeles, San Francisco et au-delà, où vous attendent Seattle et Portland.

Cuisine régionale

La découverte des cuisines locales est la cerise sur le gâteau de toute escapade sur les routes américaines. Régalez-vous de homard du Maine, de viande au barbecue au Texas, d'*enchiladas* au Nouveau-Mexique, de cuisine fermière dans le Midwest…

3 Pennsylvania Dutch Country Boulangeries amish, bretzels, chocolat…

11 La traversée du Vermont par la Route 100 Des fermes, des microbrasseries et des vergers à foison.

15 Le pays cadien
Là où épices cadiennes et sophistication créole se mêlent.

44 San Francisco, Marin et Napa Le paradis des gourmets californiens, avec ses vignobles, ses maraîchers et une profusion de poissons et fruits de mer.

L'ESSENTIEL

TÉLÉPHONES PORTABLES
Seuls les modèles multi-bandes fonctionnent aux États-Unis. La plupart des magasins d'électronique vendent des portables avec carte prépayée. On peut en louer dans les aéroports.

ACCÈS INTERNET
Hébergements et cafétérias proposent généralement le Wi-Fi. Accès gratuit à Internet dans la plupart des bibliothèques. Comptez de 6 à 12 $/h dans les cybercafés.

ESSENCE
On trouve des stations-service dans tout le pays, hormis dans certaines zones désertiques ou montagneuses et dans les parcs nationaux. Comptez de 3,15 à 4,25 $/gallon (3,78 l).

LOCATION DE VOITURES
Alamo (www.alamo.fr)
Car Rental Express (www.carrentalexpress.com)
Enterprise (www.enterprise.fr)
Rent-a-Wreck (www.rentawreck.com)

NUMÉROS IMPORTANTS
AAA (☎800-222-4357)
Assistance aux membres de clubs automobiles
Urgences (☎911)
Renseignements (☎411)
Opérateur (☎0)

Climat

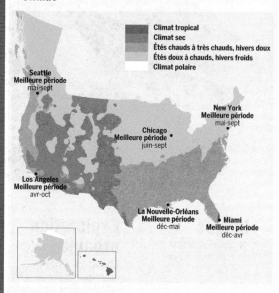

Climat tropical
Climat sec
Étés chauds à très chauds, hivers doux
Étés doux à chauds, hivers froids
Climat polaire

Seattle
Meilleure période
mai-sept

New York
Meilleure période
mai-sept

Chicago
Meilleure période
juin-sept

Los Angeles
Meilleure période
avr-oct

La Nouvelle-Orléans
Meilleure période
déc-mai

Miami
Meilleure période
déc-avr

Quand partir

Saison haute (juin-août)
≫ Période chaude dans tout le pays.

≫ Affluence et prix élevés dans les transports et les hébergements.

≫ Le tourisme ralentit dans les déserts chauds ; le climat est très humide dans le sud-est du pays.

Saison intermédiaire (avr-mai et sept-oct)
≫ Les températures sont plus douces ; la saison des ouragans atteint son pic (août-nov) dans le golfe et sur la côte Atlantique.

≫ L'affluence est moindre et il est possible d'avoir des réductions dans les hébergements et les transports.

≫ Possibilité d'admirer les fleurs de printemps (avr-mai) et le feuillage d'automne (sept-oct) dans de nombreuses régions.

Basse saison (nov-mars)
≫ Températures plus froides, avec chutes de neige et tempêtes dans de nombreuses régions.

≫ Les prix des hébergements sont au plus bas, excepté dans les stations de ski et dans les destinations ensoleillées comme la Floride.

Budget quotidien

Moins de 100 $

>> Auberge de jeunesse : 25-40 $; camping : 10-40 $; chambre en motel bon marché : 50-100 $

>> Repas dans un *diner* ou plats à emporter : 10-15 $

>> Loisirs : entre deux visites à la plage ou dans les parcs, guettez les réductions pour les musées

De 100 à 200 $

>> Hôtel 2-étoiles : 100-200 $

>> Dîner dans un restaurant : 25-40 $

>> Voiture de location : dès 30 $/jour, hors assurance et essence

>> Entrée dans un parc national : 5-25 $ (certains sont gratuits)

Plus de 200 $

>> Chambre dans un grand hôtel : à partir de 250 $

>> Repas dans un restaurant haut de gamme : 75-100 $

>> Entrée parc à thème : 40-100 $

Se restaurer

Diners, drive-in et cafés
Bon marché, simple et parfois fait maison.

Brewpubs et gastropubs
Bières artisanales et vins locaux, cuisine simple à sophistiquée.

Végétariens et autres régimes spéciaux Ne pose généralement pas de problème, notamment dans les villes.

Les symboles suivants correspondent au prix d'un plat principal :

$	moins de 10 $
$$	de 10 à 20 $
$$$	plus de 20 $

Se loger

Camping Du site sauvage au site de caravaning tout équipé.

Motels Le long des autoroutes, aux abords des villes et dans les zones touristiques.

Hôtels et auberges de jeunesse Fréquents dans les zones urbaines ou touristiques.

B&B Souvent pittoresques, mais plus onéreux.

Les symboles suivants correspondent au prix d'une chambre avec sdb, sans les taxes :

$	moins de 100 $
$$	de 100 à 200 $
$$$	plus de 200 $

Arriver aux États-Unis

Les grands aéroports proposent des navettes gratuites inter-terminaux et vers les loueurs de voiture.

Los Angeles International Airport (LAX)

Taxis 30-55 $; 30 à 60 min.

Navettes porte à porte 16-25 $ environ.

Transports publics Navettes C (gratuite) jusqu'au LAX City Bus Center ou G (gratuite) jusqu'à la Metrorail's Aviation Station ; Bus LAX FlyAway jusqu'à Union Station (7 $; 30 à 50 min).

John F Kennedy International Airport (JFK, New York)

Taxis 45-65 $; 35 à 90 min.

Navettes porte à porte 16-25 $ environ.

Transports publics AirTrain (5 $) jusqu'à Jamaica Station

pour le métro MTA et les bus (2,50 $; 50 à 75 min) ou trains LIRR (10,50 $; 35 min) desservant Manhattan.

Argent

Vous trouverez des DAB partout. Les cartes de crédit sont très largement acceptées et souvent obligatoires pour réserver.

Pourboires

Le pourboire est obligatoire, sauf service excécrable : 15-20% de la note au restaurant, 10-15% pour les barmen et les chauffeurs de taxi et 2 $ par bagage pour les porteurs.

Heures d'ouverture

Les horaires sont parfois réduits en hiver (de novembre à mars).

Restaurants ⊙7h-10h30, 11h30-14h30 et 17h-21h tlj, parfois plus tard les vendredi et samedi.

Magasins ⊙10h-18h du lundi au samedi, 12h-17h dimanche (les centres commerciaux ferment plus tard).

Sites utiles

Lonely Planet (www.lonelyplanet.fr). Infos, forum de voyageurs, etc..

Roadside America (www.roadsideamerica.com). Toutes les bizarreries qui rendent les routes américaines uniques.

Festivals.com (www.festivals.com). Toutes les manifestations : musique, gastronomie, danse...

Pour plus d'informations, reportez-vous au *Carnet pratique* (p. 644).

LES GRANDES VILLES

NEW YORK

Sans cesse en mouvement et riche d'une énergie frénétique, New York est une métropole polymorphe en perpétuelle évolution. Il faut vivre la ville comme les New-Yorkais : prenez le métro, marchez, sortez, immergez-vous dans ses quartiers. Branché, multiculturel... chacun a sa propre personnalité mais tous attirent irrésistiblement le voyageur.

New York Vue sur l'Empire State Building depuis le Rockefeller Center

Circuler

Il faut une sacrée dose de courage (ou de folie) pour conduire à New York : bus, métro et vélos en libre-service sont une meilleure option. Attention : contrairement aux usages américains, il est interdit de tourner à droite quand le feu est rouge – sauf si le contraire est indiqué.

Stationner

À Manhattan, le temps de stationnement est limité et les garages sont chers. Mieux vaut se garer à proximité d'un arrêt de métro hors du centre ou d'une gare de banlieue.

Se restaurer

Les quartiers de New York sont un immense buffet de cuisines du monde. Les gourmets apprécient les étals de Chelsea Market et des "villages" est et ouest de Manhattan, Nolita et Tribeca. Il y a quantité de restaurants à découvrir à Brooklyn : essayez Williamsburg, Park Slope et Red Hook.

Se loger

À Manhattan, les hôtels de Midtown sont pratiques, mais on trouve plus design ou plus agréable à SoHo, Chelsea, vers Central Park, ainsi que dans l'Upper West Side et l'Upper East Side.

Sites Web

Official NYC Guide (www.nycgo.com/fr). Calendrier des manifestations, bons plans, réductions.

New York Magazine (http://nymag.com/). Liste complète des bars, restaurants, spectacles...

Pour les itinéraires autour de New York, voir *New York et le Mid-Atlantic* p. 35

Retrouvez tous nos conseils et bonnes adresses dans les guides Lonely Planet.
www.lonelyplanet.fr

À NE PAS MANQUER

➡ Le Metropolitan Museum of Art
Tant de merveilles artistiques du monde entier que l'on pourrait y passer une journée entière sans pour autant tout voir.

➡ Central Park
Ses sentiers, ses vastes pelouses et ses étangs en font une alternative bienvenue à la jungle de béton qu'est Manhattan. À visiter de préférence en été, pour louer une barque ou assister à un concert.

➡ Le Brooklyn Bridge de nuit
Pour les vues les plus romantiques de New York, il faut marcher, de nuit, sur ce pont suspendu néogothique classé.

➡ Assister à un spectacle
Une comédie musicale à Broadway, au show d'une star au Carnegie Hall, à un concert de rock indie, de jazz expérimental ou un spectacle de stand-up dans East Village ou West Village...

➡ Le panorama de la ville
Le Rockefeller Center est un must pour les vues à 360° sur la ville dont on jouit depuis sa plate-forme d'observation.

➡ La statue de la Liberté
Plus de 12 millions d'immigrants virent dans cette statue le symbole d'un espoir nouveau. Réservez bien à l'avance si vous souhaitez grimper jusqu'à la couronne.

➡ La High Line
Aménagé sur d'anciennes voies ferrées désaffectées, cet espace vert prisé des enfants permet de voir Manhattan et l'Hudson River sous un nouveau jour.

Chicago La Chicago River depuis le Wells St Bridge

CHICAGO

La "Windy City" a quelque chose d'ensorcelant avec ses gratte-ciel et ses plages. Ici, cultures classique et populaire cohabitent paisiblement et Chicago s'incarne tout autant dans ses musées de stature internationale que dans ses petits théâtres, ses clubs de blues ou ses pizzerias.

Circuler

Avec son plan en grille, Chicago est une ville où la conduite est lente mais facile, notamment vers le Loop. Si vous explorez un quartier desservi par le métro ("El"), déplacez-vous à pied ou en transports en commun.

Stationner

Se garer pour la nuit dans le parking de l'hôtel ou dans un garage de la ville revient très cher. On trouve plus facilement des parcmètres dans les quartiers voisins du centre-ville, mais le stationnement n'y est pas particulièrement bon marché (mais il est parfois gratuit dans certaines zones résidentielles).

Se restaurer

Il serait impensable de repartir sans avoir goûté un hot-dog ou une pizza façon Chicago, ou un sandwich au bœuf italien. Les restaurants de chefs célèbres sont situés dans le West Loop et le North Side. Pour un mélange éclectique de cafés, bistrots, gastropubs, etc. Préférez les environs de Wicker Park, Bucktown et Andersonville.

Se loger

Installez-vous dans le Loop pour un accès facile au métro, plongez dans le luxe sur la Gold Coast ou cherchez les bonnes affaires du côté de Near North. Pour un séjour plus personnalisé, réservez un B&B dans un quartier tendance comme Wicker Park.

Sites Web

Choose Chicago (www.choosechicago.com/fr/). Site officiel de l'office du tourisme.

CTA (www.transitchicago.com). Plan, horaires et tarifs des bus et métros.

Chicago Reader (www.chicagoreader.com). Hebdomadaire alternatif traitant des spectacles et autres manifestations.

Pour les itinéraires autour de Chicago, voir *La région des Grands Lacs* p. 263

Los Angeles Downtown entre chien et loup

LOS ANGELES

Célébrités, circulation intense, séries TV... Vous pensez tout connaître de la ville ?
Vous risquez d'être surpris. Los Angeles, c'est un ensemble de dizaines de mini-villes
indépendantes, parlant plus de 90 langues, qui composent la plus grande métropole
de l'Ouest, terre des stars d'Hollywood, des artistes novateurs et autres icônes culturelles.

Circuler

Malgré les embouteillages,
la plupart des gens
se déplacent en voiture.
Les lignes de métro et
le réseau des bus relient
la majorité des quartiers
prisés par les visiteurs.

Stationner

Les services de
voiturier sont fréquents
dans les hôtels, les
restaurants, les lieux
de sorties... Les tarifs
varient (un pourboire
est attendu). Les places
avec parcmètres sont peu
nombreuses, mais bon
marché. Dans le centre,
les parkings et les
garages sont nombreux,
mais onéreux – les
moins chers sont ceux de
Chinatown.

Se restaurer

La scène culinaire de L.A.
est large et créative,
des restaurants de chefs
renommés aux *food trucks*
proposant de la cuisine
de rue, sans oublier les
marchés de producteurs
locaux offrant des produits
frais et artisanaux.
Avec ses quelque
140 nationalités, la ville
compte de nombreuses
enclaves culturelles qui
raviront les gourmands :
Little Tokyo (Downtown),
Thai Town (près de
Hollywood), East LA (pour
les saveurs mexicaines)...

Se loger

Envie d'air marin ?
Réservez un hôtel à Santa
Monica, Venice ou Long
Beach. Pour un séjour
mêlant charme et luxe,
préférez Hollywood, West
Hollywood et Beverly Hills.
Les fans de culture opteront
pour les grands hôtels des
tours de Downtown.

Sites Web

Discover Los Angeles (www.
discoverlosangeles.com). Site
officiel de l'office du tourisme.

Metro (www.metro.net).
Plan, horaires et tarifs des bus
et métros.

LA Weekly (www.laweekly.
com). Magazine alternatif
traitant de gastronomie, de
cinéma, de musique, de vie
nocturne...

**Pour les itinéraires
autour de Los Angeles,
voir *La Californie*
p. 485**

WASHINGTON

Fière et complexe, la capitale fédérale est une ville chargée d'histoire, où la politique tient une place prépondérante. C'est aussi une ville de grands boulevards, aux monuments et musées illustres, qui offre de belles vues sur le Potomac qui la traverse. Bien plus qu'un musée à ciel ouvert où se décide la destinée de la nation, Washington arbore pêle-mêle des quartiers vivants, riches d'un fort patrimoine afro-américain.

Circuler

Conduire à Washington a de quoi donner mal à la tête, avec son plan en damier barré d'avenues en diagonale... Mieux vaut garer votre voiture pour la journée et prévoir de marcher entre les différents sites ou d'utiliser le Metrorail ou les bus Metrobus et DC Circulator.

Stationner

L'espace réservé au stationnement est limité, notamment à proximité du National Mall. En ville, les parkings publics sont coûteux – ils sont plus abordables dans les gares de banlieue. Laisser sa voiture à l'hôtel pour la nuit revient également très cher.

Washington Le Washington Monument

À NE PAS MANQUER

➡ **Le Lincoln Memorial au coucher du soleil**
Aucun monument du National Mall n'évoque mieux l'idéal américain. Une photo à prendre à l'heure où le temple de marbre blanc s'illumine pour la nuit.

➡ **La Smithsonian Institution**
Difficile de ne pas être impressionné par les collections des 19 musées que rassemble cette institution.

➡ **Le Tidal Basin au printemps**
Ce lac pittoresque offre de belles vues sur certains des monuments les plus emblématiques de la ville. À ne pas manquer au printemps, lorsqu'il est entouré de cerisiers en fleurs.

➡ **La Maison-Blanche**
Il faut demander l'autorisation de nombreux mois à l'avance pour pouvoir visiter la plus célèbre adresse du pays, à proximité de Capitol Hill.

Se restaurer

Filez tout droit au marché oriental de Capitol Hill, puis rendez-vous dans les restaurants prisés que l'on trouve dans 14th St et dans le Penn Quarter de Downtown. U Street, Dupont Circle, Adams Morgan, la West End ou Georgetown ont un grand choix de bars et restaurants.

Se loger

Downtown concentre la plupart des hôtels. Bien situé, le Dupont Circle abrite des auberges historiques, des B&B et des hôtels de luxe ou de charme. Les établissements sont moins chers à Arlington, de l'autre côté du fleuve.

Sites Web

Washington (http://washington.org/). Site officiel de l'office du tourisme.

goDCgo (www.godcgo.com). Guide complet des transports et du stationnement.

Washington City Paper (www. washingtoncitypaper.com). Actualité, gastronomie et sorties.

Pour les itinéraires autour de Washington, voir *New York et le Mid-Atlantic* p. 35

LES RÉGIONS

Un road-trip est sans doute la meilleure façon de découvrir le vrai visage des États-Unis, dans ce qu'ils ont de plus authentique et de plus pittoresque. Chaque région a beaucoup à offrir. Nous avons sélectionné le meilleur.

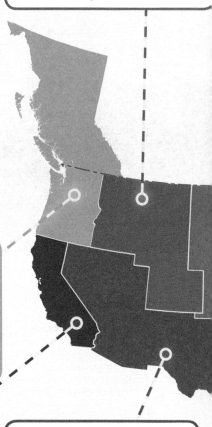

Les Rocheuses (p. 361)

Stations de ski huppées, lacs miroitant au soleil, geysers et parcs nationaux à la beauté sauvage composent un paysage de carte postale.

Gagnez les villages troglogytes de l'itinéraire 31

Le Nord-Ouest Pacifique (p. 567)

Suivez les traces des pionniers le long du fleuve Columbia, ou évadez-vous vers une nature sauvage faite de volcans couverts de neige, de sources chaudes et de vastes forêts épaisses.

Cap sur l'Alaska dans l'itinéraire 52

La Californie (p. 485)

Enchaînez les spots de surf le long de Pacific Coast Highway et gagnez les hauteurs de la Sierra Nevada.

Découvrez de grands crus lors de l'itinéraire 44

Le Sud-Ouest (p. 407)

Du Rio Grande au Grand Canyon en passant par les paysages infinis de Monument Valley, la région redéfinit la notion de grandeur.

Embrassez le Grand Canyon lors de l'itinéraire 33

Les Grandes Plaines
(p. 313)

Histoires de cow-boys et traditions amérindiennes résonnent dans les prairies sans fin du cœur de l'Amérique.

Suivez les bisons sur l'itinéraire 26

La région des Grands Lacs (p. 263)

Quittez les gratte-ciel de Chicago pour les plages de Santa Monica par la plus célèbre route américaine, descendez le Mississippi... ou, plus simplement, explorez les lacs.

Épiez les élans lors de l'itinéraire

La Nouvelle-Angleterre (p. 113)

Son littoral festonné de villages de pêcheurs et sa campagne, flamboyante à l'automne, inspirèrent nombre d'auteurs.

Homard au dîner sur l'itinéraire

New York et le Mid-Atlantic (p. 35)

Des fermes amish, des lieux marqués par l'histoire, une campagne bucolique, des lacs, des cascades... et la métropole la plus dynamique du pays !

Prenez le soleil sur l'itinéraire

La Floride et le Sud (p. 185)

Le long des côtes, dans les Appalaches ou au cœur du pays cadien, la nature et ses merveilles ne sont jamais loin.

Le blues est né le long de l'itinéraire

New York et le Mid-Atlantic

LE LONG DE LA CÔTE EST, COINCÉE ENTRE LES HAMEAUX PITTORESQUES DE LA NOUVELLE-ANGLETERRE ET LES ÉLÉGANTES PLANTATIONS DU SUD, la zone du Northeast Corridor s'étend de Washington à Boston, et englobe la métropole la plus dynamique et la plus cosmopolite du pays : New York. Mais cette région, remarquable par sa beauté et sa diversité, compte bien d'autres curiosités.

Après avoir passé 48 heures inoubliables à Manhattan, rejoignez le Jersey Shore ou les petites routes de Pennsylvanie. Plus au sud, vous aurez le choix entre les paysages des Appalaches sur la Skyline Drive en Virginie ou les cascades et les vignobles autour des Finger Lakes.

Taughannock Falls Les chutes dans leur écrin automnal (itinéraire 1)
RON WATTS / CORBIS ©

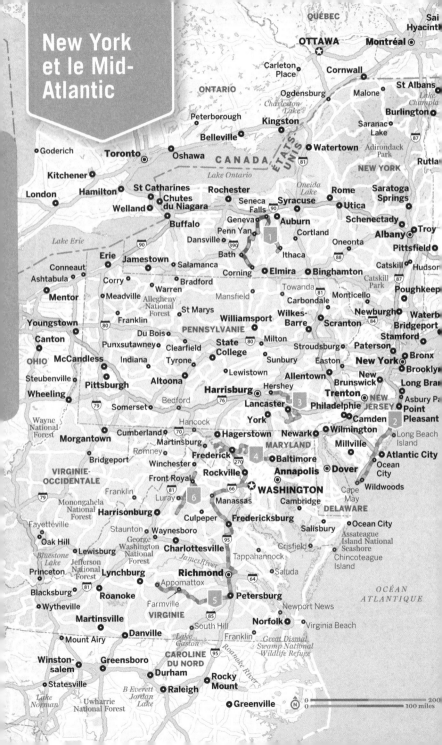

Route Mythique

1 La boucle des Finger Lakes 3 jours
Longez les lacs et explorez vignobles, gorges et ravins. (p. 39)

2 La côte du New Jersey 3-7 jours
Faites le plein de soleil sur les promenades et les plages de la côte Atlantique. (p. 49)

3 Pennsylvania Dutch Country 3-4 jours
Parcourez les routes de la campagne amish et faites le tour des marchés de producteurs. (p. 61)

4 La Maryland Historic National Road 2 jours
Roulez des quais de Baltimore aux petits villages des Catoctin Mountains. (p. 73)

Route Mythique

5 Les sites de la guerre de Sécession 3 jours
Découvrez d'anciens champs de bataille, une campagne inchangée depuis le XIXᵉ siècle, une myriade de musées et des bourgades de l'ancien Sud confédéré. (p. 83)

6 La Skyline Drive 3 jours
Traversez la haute épine dorsale de la Virginie dans la verdoyante Shenandoah Valley. (p. 95)

À NE PAS MANQUER

The Music Man

Ses spectacles de music-hall incarnent toute la culture du Jersey Shore. À voir dans l'itinéraire 2.

Explorations urbaines

Baltimore et Frederick regorgent d'histoire, de bons restaurants et de vie nocturne. À découvrir dans l'itinéraire 4.

Randonnées

La Skyline Drive est entourée de sentiers forestiers, vers des cascades ou des sommets isolés. À arpenter dans l'itinéraire 6.

Strasburg Railroad

Embarquez à bord d'un train à vapeur pour une incursion dans la campagne amish. À prendre dans l'itinéraire 3.

Taughannock Falls State Park

Une courte marche vous mènera à cette cascade, plus haute que les chutes du Niagara. À explorer dans l'itinéraire 1.

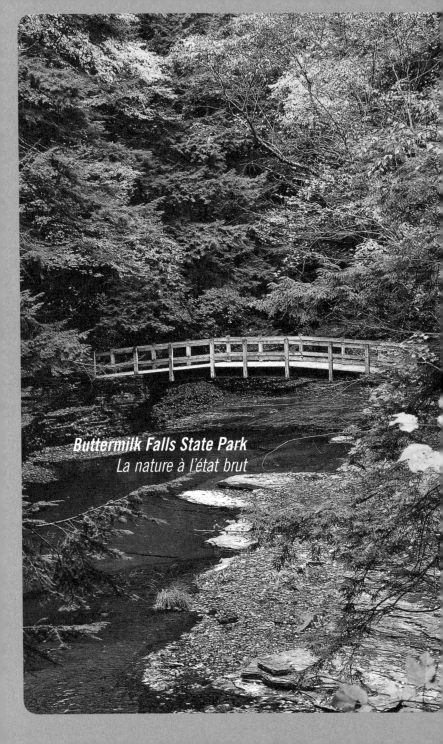

Buttermilk Falls State Park
La nature à l'état brut

Route Mythique

La boucle des Finger Lakes

1

Située dans le centre-ouest de l'État de New York, la région offre un paysage verdoyant de collines, de lacs et de forêts épaisses, parsemé de villages et de vignobles.

TEMPS FORTS

92 miles (148 km)

Route 54, Keuka Lake
Des vignobles pittoresques et de beaux panoramas sur le lac

1 mile (1,6 km)

Ithaca
Une ville universitaire traversée par une gorge spectaculaire

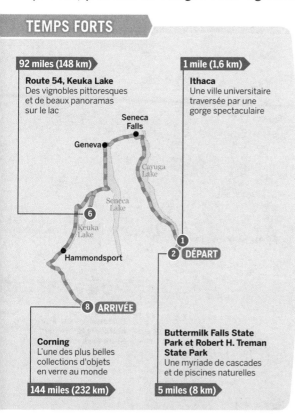

Seneca Falls

Geneva

Cayuga Lake

Seneca Lake

6

Keuka Lake

Hammondsport

1

2 DÉPART

8 ARRIVÉE

Corning
L'une des plus belles collections d'objets en verre au monde

144 miles (232 km)

Buttermilk Falls State Park et Robert H. Treman State Park
Une myriade de cascades et de piscines naturelles

5 miles (8 km)

**3 JOURS
144 MILES /
231 KM**

PARFAIT POUR...

LE MEILLEUR MOMENT

De mai à octobre pour les marchés et les paysages ensoleillés

 LA PHOTO SOUVENIR

Les Taughannock Falls dans toute leur hauteur

 **UN PARADIS VITICOLE**

Avec plus de 65 vignobles, difficile de ne pas se laisser tenter

39

1 La boucle des Finger Lakes

Vue du ciel, cette région aux collines ondulantes et aux 11 lacs longs et étroits – semblables à des doigts (*fingers*) – révèle un paradis naturel s'étendant d'Albany à New York, tout à l'ouest. Idéale pour pratiquer la navigation, la pêche, le cyclisme, la randonnée et le ski de fond, elle est aussi la première région viticole de l'État ; sa variété et son abondance de vignobles raviront les palais les plus exigeants.

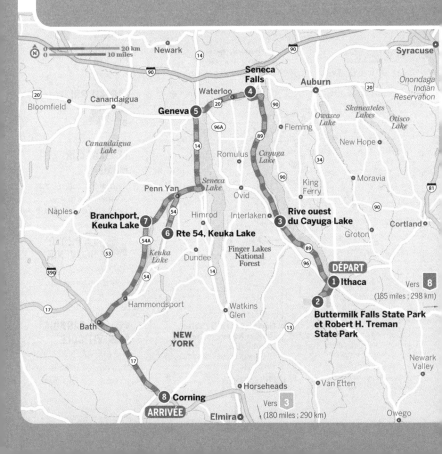

TEMPS FORT

❶ Ithaca

Ithaca, en surplomb du Cayuga Lake, séduit étudiants et hippies nostalgiques de l'ambiance universitaire de leur jeunesse avec son atmosphère décontractée, ses cafés où ont lieu des lectures, ses cinémas d'art et d'essai et ses bons restaurants.

Créée en 1865, la Cornell University est dotée d'un agréable campus où se mêlent architectures traditionnelle et contemporaine. Le **Johnson Museum of Art** (📞607-255-6464 ; www. museum.cornell.edu ; University Ave ; 🕙10h-17h mar-dim) **GRATUIT**, signé I.M. Pei, renferme une belle collection d'art asiatique, ainsi que des

Pennsylvania Dutch Country
3

Direction le sud, via Scranton et Allentown, pour rejoindre les routes de campagne du sud de la Pennsylvanie.

Circuit automnal
8

Quittez Ithaca par l'est, passez par Albany, et allez admirer les couleurs de la Nouvelle-Angleterre dans les Berkshires.

œuvres précolombiennes, américaines et européennes. Dans l'est du campus, les **Cornell Plantations** (📞607-255-2400 ; www.cornellplantations. org ; Plantations Rd ; 🕙10h-17h, fermé lun) **GRATUIT** regroupent un arboretum et un jardin. Les enfants peuvent découvrir la nature de manière interactive au **Sciencenter** (📞607-272-0600 ; www.sciencenter.org ; 601 First St ; adulte/enfant 8/6 $; 🕙10h-17h mar-sam, 12h-17h dim ; 🚼).

Les environs d'Ithaca sont connus pour leurs belles cascades et gorges. Mais le centre-ville est lui aussi doté de sa **Cascadilla Gorge**, qui commence à quelques pâtés de maisons des Ithaca Commons et se termine, après une montée raide et vertigineuse, au Performing Arts Center de Cornell.

🍴 🛏 p. 46

La route » Le Buttermilk Falls State Park n'est qu'à 2 miles (3 km) au sud par la Rte 13.

TEMPS FORT

❷ Buttermilk Falls State Park et Robert H. Treman State Park

Avec ses vastes paysages sauvages, le **Buttermilk Falls State Park** (📞607-273-5761 ; Rte 13) comble toutes les envies de plein air – plage, pêche, randonnée... Les cascades restent néanmoins la curiosité phare. On en compte une dizaine,

dont certaines de plus de 150 m de haut. Les randonneurs suivront le Gorge Trail, escarpé, pour découvrir les plus belles falaises du parc et longer le Buttermilk Creek sur environ 150 m. De l'autre côté des cascades, le tout aussi séduisant Rim Trail, sentier formant une boucle de 1,5 mile (2,2 km) autour des chutes, offre un angle de vue différent. Tous deux rejoignent le Bear Trail, qui va jusqu'aux Treman Falls voisines.

Comptez 3 miles (environ 5 km) jusqu'à Treman ; vous pouvez aussi prendre la voiture pour parcourir les 3 miles vers le sud jusqu'au **Robert H Treman State Park** (📞607-273-3440 ; 105 Enfield Falls Rd), toujours sur la bucolique Rte 13. Le Bear Trail passe à proximité de 12 magnifiques cascades en moins de 5 km. À ne pas manquer : la Devil's Kitchen et les Lucifer Falls, véritable merveille à plusieurs niveaux où se déversent avec fracas les eaux de l'Enfield Creek sur 30 m. En bas d'une autre gorge – Lower Falls – se trouve un bassin naturel profond aux eaux sombres et rafraîchissantes auquel il est impossible de résister par une chaude journée d'été.

La route » Prenez la Rte 13 vers Ithaca pour rejoindre la Rte 89, qui suit la berge du Cayuga Lake sur 10 miles (16 km). L'entrée du Taughannock Falls State Park se trouve juste après la gorge de la rivière.

Route Mythique

❸ Rive ouest de Cayuga Lake

Trumansburg, petite localité à 15 miles (24 km) au nord d'Ithaca, est la porte d'entrée du **Taughannock Falls State Park** (📞607-387-6739 ; www.nysparks.com ; 2221 Taughannock Rd, Trumansburg). Du haut de leurs 65 m, les chutes éponymes dépassent de 9 m celles du Niagara. Le parc abrite 8 km de sentiers de randonnée dont la plupart mènent au sommet. L'un des chemins suit le lit de la rivière jusqu'aux chutes.

Un peu plus loin le long de la Rte 89, près d'Interlaken, le relais **Creamery** (🕐11h-20h) sert des glaces et des sorbets au vin. Juste après, les **Lucas Vineyards** (📞607-532-4825 ; www.lucasvineyards.com ; 3862 County Rd 150, Interlaken ; 🕐10h30-17h30) sont l'un des plus anciens vignobles de Cayuga. Plus au nord, près de la berge du lac et d'un petit ensemble de maisons de vacances, le **Sheldrake Point Winery** (📞607-532-9401 ; www.sheldrakepoint.com ; 7448 County Rd ; 🕐11h-17h ven-lun jan-mars, 10h-17h30 tlj avr-déc) permet de déguster des vins blancs primés. Toujours plus au nord, le **Knapp Winery & Restaurant** (📞607-869-9271 ; www.knappwine.com ; 2770 Ernsberger Rd, Romulus ; 🕐10h-17h30 avr-nov, 11h-17h déc-mars) sert des vins maison, de la grappa et du limoncello et dispose d'une belle vue sur les vignes.

✕ 🛏 p. 46

La route » Suivez la Rte 89 vers le nord sur quelques kilomètres en longeant la berge du lac et le Cayuga Lake State Park, doté d'un accès à la plage et de tables de pique-nique, avant de prendre sur la gauche la County Rd 116.

BON À SAVOIR
SAPSUCKER WOODS SANCTUARY

À quelques miles au nord-est d'Ithaca, les **Sapsucker Woods** (📞800-843-2473 ; www.birds.cornell.edu ; 159 Sapsucker Woods Rd) de la Cornell University recèlent un jardin de nourrissage d'oiseaux et un bassin de 4 ha peuplé d'animaux. Les 6 km de sentier, accessibles du lever au coucher du soleil, abritent quantité d'oiseaux et de papillons. Ne manquez pas le *Stone Egg*, un cairn réalisé par l'artiste Andy Goldsworthy et des étudiants de Cornell.

❹ Seneca Falls

Cette petite ville tranquille est le berceau du mouvement pour les droits des femmes. En 1848, suite à leur exclusion d'une réunion anti-esclavagiste, Elizabeth Cady Stanton et ses amies rédigèrent une déclaration affirmant que "tous les hommes et les femmes naissent égaux". Le **Women's Rights National Historical Park** (📞315-568-2991 ; www.nps.gov/wori ; 136 Fall St ; 🕐9h-17h) GRATUIT abrite un petit musée passionnant avec vidéo explicative ainsi qu'un centre d'accueil proposant des visites de la maison d'Elizabeth Cady Stanton. Le **National Women's Hall of Fame** (📞315-568-8060 ; www.greatwomen.org ; 76 Fall St ; adulte/enfant 3 $/gratuit ; 🕐10h-16h mer-sam tte l'année, 12h-16h dim juin-août) rend hommage – dans un espace étonnamment petit – à des Américaines comme Abigail Adams, épouse du deuxième président des États-Unis, Clara Barton, fondatrice de la Croix-Rouge américaine, et Rosa Parks, militante pour les droits civiques.

🛏 p. 46

La route » En parcourant les 10 miles (16 km) sur la NY 20 vers l'ouest pour Geneva, vous traverserez la zone commerciale de Waterloo ; faites une halte au Mac's Drive-In pour déguster un hamburger traditionnel dans un cadre années 1950.

❺ Geneva

Geneva est une ville animée dont l'ambiance doit beaucoup aux deux facultés de la ville : Hobart et William Smith. Les amateurs d'architecture apprécieront le sud de Main St, bordé de demeures fin XIXᵉ aux styles italianisant, fédéral et néo-grec en parfait état, édifiées à l'époque où la ville était le centre du commerce de la région. Côté divertissements, la **Smith Opera House** (☎315-781-5483 ; www. thesmith.org ; 82 Seneca St) est depuis 1894 une référence en matière de concerts et de spectacles. Pour une halte gastronomique, **Microclimate** (38 Linden St, Geneva ; ⏱18h-minuit lun, 16h30-1h jeu-dim) est un sympathique bar à vin pour goûter aux crus locaux.

🛏 p. 47

La route ❯❯ En direction du sud par la Rte 14, vous passerez devant Red Tail Ridge, un vignoble écoresponsable au bord du Seneca Lake. Prenez ensuite la Rte 54, à droite, jusqu'à Penn Yan.

- - - - - - - - - - - - - -

TEMPS FORT

❻ Route 54, Keuka Lake

Ce lac, en forme de Y, fait environ 32 km de long et jusqu'à 3 km de large. Sa végétation luxuriante n'est interrompue que par quelques parcelles de vignes : grâce aux deux petits parcs d'État qui l'entourent, il reste relativement bien préservé. Idéal pour pêcher la truite, l'endroit attire aussi les cyclistes avec sa piste aménagée sur l'un des anciens canaux.

Au sud de Penn Yan, vous trouverez les **Keuka Spring Vineyards** (☎315-536-3147 ; www. keukaspringwinery.com ; 5 E Lake Rd, Penn Yan ; ⏱10h-17h lun-sam, 11h-17h dim été, week-end le reste de l'année) puis les **Rooster Hill Vineyards** (☎315-536-4773 ; www.roosterhill.com ; 489 Rte 54, Penn Yan ; ⏱10h-17h lun-sam, 11h-17h dim), deux domaines réputés proposant dégustations et visites. Le premier a été maintes fois récompensé pour son cabernet franc boisé, alors que le second réjouit les amateurs de vin blanc. À quelques kilomètres plus au sud sur la Rte 54, les **Barrington Cellars** (☎315-536-9686 ; www.barringtoncellars.com ; 2690 Gray Rd, Penn Yan ; ⏱10h30-17h lun-sam, 12h-17h dim été, ven-dim printemps, sam hiver) produisent labrusca et vinifera à partir de cépages locaux. La terrasse est idéale pour savourer un verre.

Les samedis d'été, on se presse au **Windmill Farm & Craft Market** (⏱8h-16h30), à la sortie de Penn Yan. On trouve sur ce marché des produits amish et mennonites (rocking-chairs en bois sculptés à la main, légumes, fleurs, etc.).

La route ❯❯ Après quelque 5,5 miles (9 km) sur la Rte 54A, faites un crochet au sud par la Skyline Dr, qui traverse Bluff Point (244 m) et offre une vue superbe. Revenez sur la Rte 54A ; de là, Branchport n'est qu'à quelques kilomètres.

- - - - - - - - - - - - - -

❼ Branchport, Keuka Lake

En traversant le minuscule village de Branchport, à l'extrémité du bras gauche du lac, ne manquez pas les **Hunt Country Vineyards** (☎315-595-2812 ; www. huntwines.com ; 4021 County Rd 32, Branchport ; ⏱10h-18h lun-sam, 11h-18h dim été) et les **Stever Hill Vineyards** (☎315-595-2230 ; 3962 Stever Hill Rd, Branchport ; ⏱11h-18h tlj été) – dans ce dernier, la salle de dégustation occupe une ancienne grange restaurée. Tous deux sont des établissements familiaux créés il y a six générations. Vous pourrez en sus de la dégustation visiter les installations viticoles et vous régaler d'en-cas maison.

🍴 🛏 p. 47

La route ❯❯ La Rte 54A qui longe le bras ouest du Keuka Lake passe à côté du Taylor Wine Museum, au nord de Hammondsport. Continuez jusqu'à Bath pour rejoindre la I-86/NY 17 vers l'est, à partir de laquelle vous parcourrez 19 miles (30 km) jusqu'à Corning.

SHOBEIR ANSARI/GETTY IMAGES ©

EDUCATION IMAGES/UIG/GETTY IMAGES ©

PAROLE D'EXPERT
DAVE BREEDEN,
VIGNERON,
SHELDRAKE POINT

Une nouvelle scène culinaire et viticole est en train de voir le jour avec l'apparition de distilleries, microbrasseries, boulangeries, crémeries et projets agricoles communautaires. L'ambiance est très collégiale : on se prête du matériel et on déguste les vins de chacun. Le printemps est propice aux rencontres avec les vignerons ; à la période des vendanges, la nature est particulièrement belle, parée de ses couleurs automnales.

En haut : Buttermilk Falls State Park
À gauche : Vignoble, Keuka Lake
À droite : Cornell University, Ithaca

GLENN VAN DER KNIJFF/GETTY IMAGES ©

⑧ Corning

L'imposant **Corning Museum of Glass** (📞800-732-6845 ; www.cmog.org ; 1 Museum Way ; adulte/enfant 15 $/gratuit ; 🕑9h-17h, 9h-20h dernier lundi de mai-1er lundi de sept ; 👪) abrite une superbe collection d'œuvres en verre avec démonstrations et éléments interactifs pour petits et grands. Il s'agit probablement de la plus belle collection de ce type au monde, aussi bien en termes historiques – elle couvre 35 siècles – qu'artistiques. Faites aussi une halte au **Vitrix Hot Glass Studio** (www.vitrixhotglass.com ; 77 W Market St ; 🕑9h-20h lun-ven, 10h-20h sam, 12h-17h dim) pour admirer de beaux articles en verre, fonctionnels ou plus poétiques.

Installé dans l'ancien hôtel de ville – bâtiment néo-roman construit vers 1893 –, le **Rockwell Museum of Western Art** (📞607-937-5386 ; www.rockwellmuseum.org ; 111 Cedar St ; adulte/enfant 8 $/gratuit ; 🕑9h-17h, 9h-20h été ; 👪) renferme la plus importante collection d'art de l'Ouest américain, dont des œuvres signées Albert Bierstadt, Charles M Russell et Frederic Remington. L'endroit fait aussi la part belle à l'art et à l'artisanat amérindiens et comprend une salle dédiée à l'aventure du Far West.

🛏 p. 47

NEW YORK ET LE MID-ATLANTIC **1** LA BOUCLE DES FINGER LAKES

Route Mythique

Se restaurer et se loger

Ithaca ❶

✖ Glenwood Pines
Hamburgers $

(1213 Taughannock Blvd ; www.glenwoodpines. com ; hamburger 6 $; ⏱11h-22h). C'est dans ce modeste relais routier donnant sur le Cayuga Lake, sur la Rte 89 à 4 miles (6 km) au nord d'Ithaca, que, selon les gens du cru, on mange les meilleurs hamburgers des environs.

✖ Moosewood Restaurant
Végétarien $$

(www.moosewoodcooks.com ; 215 N Cayuga St ; plats 8-18 $; ⏱11h30-20h30 lun-sam, 17h30-21h dim ; 🖊). Établissement célèbre pour sa carte végétarienne originale et changeante – Mollie Katzen, fondatrice des lieux, a écrit nombre d'ouvrages sur le régime végétarien. Les carnivores se rabattront avec joie sur du poisson ou des aubergines façon Sichuan.

✖ Yerba Maté Factor Café & Juice Bar
Sandwichs $

(143 The Commons ; plats 8 $; ⏱9h-21h lun-jeu, 9h-15h ven, 12h-15h dim). Sur les Commons, dans un bâtiment ancien réaménagé, ce vaste restaurant sert de bons sandwichs, gaufres et cafés.

🛏 Inn on Columbia
Auberge $$

(📞607-272-0204 ; www.columbiabb.com ; 228 Columbia St, Ithaca ; ch petit-déj inclus 175-225 $; ❄🛜🖥). Auberge moderne et contemporaine dans une rue résidentielle calme. Le bâtiment, restauré par le propriétaire, architecte, offre un cadre lumineux et raffiné.

🛏 William Henry Miller Inn
B&B $$

(📞607-256-4553 ; www.millerinn.com ; 303 N Aurora St, Ithaca ; ch petit-déj inclus 115-215 $; ❄🛜🖥). À deux pas des Commons,

cette magnifique demeure entièrement rénovée propose des chambres au design luxueux – dont 3 avec Jacuzzi – et des petits-déjeuners gastronomiques.

Cayuga Lake ❸

✖ Hazelnut Kitchen
Cuisine américaine moderne $$

(📞607-387-4433 ; http://hazelnutkitchen. com ; 53 East Main St, Trumansburg ; plats 14-23 $; ⏱17h-21h jeu-lun). Les nouveaux propriétaires, un jeune couple de Chicago mettant un point d'honneur à ne travailler qu'avec les producteurs locaux, ont maintenu le Hazelnut au rang de meilleure table de la région. Ingrédients locaux, carte de saison et intéressantes spécialités de viande.

🛏 Buttonwood Grove Winery
Chalets $$

(📞607-869-9760 ; www.buttonwoodgrove. com ; 5986 Rte 89 ; ch 135 $; 🖥). Quatre chalets entièrement équipés se nichent dans les collines surplombant le lac (ouverture avr-déc) ; dégustation de vin offerte.

Seneca Falls ❹

🛏 The Gould Hotel
Boutique Hotel $$

(📞315-712-4000 ; www.thegouldhotel.com ; 108 Fall St, Seneca Falls ; ch 140 $; ❄🛜🖥). Cet hôtel des années 1920 installé en centre-ville a été rénové pour allier élégance et clins d'œil au passé – bar en acajou provenant d'un ancien saloon de Seneca Falls et projection du film de Frank Capra *La vie est belle* sur le mur de la réception. Les chambres standard sont petites mais le restaurant, haut de gamme, est le meilleur de la ville.

Geneva ⑤

🛏 Belhurst Castle   Auberge $$

(📞315-781-0201 ; www.belhurst.com ;
4069 Rte 14 S ; 🏠📶). Ce château de contes
de fées donne sur le Seneca Lake et l'immense
pelouse, à l'arrière, pourrait servir de décor
de cinéma. Il y a 3 propriétés distinctes
comprenant différents types de chambres,
ainsi que 2 restaurants : le Stone Cutters,
décontracté et proposant des concerts le week-
end, et l'Edgar's, plus guindé.

Keuka Lake ⑥

✗ The Switzerland Inn
Américain, poisson $$

(📞607-292-6927 ; www.theswitz.com ;
14109 Keuka Village Rd ; plats 8-16 $; ⏰11h-22h).
Ce restaurant animé avec espace extérieur sert
hamburgers, pattes de crabe à volonté, et fritures
de poisson le week-end. Si le temps le permet,
piquez une tête dans le lac depuis le ponton.

🛏 Gone with the Wind B&B   B&B $$

(📞607-868-4603 ; www.
gonewiththewindonkeukalake.com ; 14905 West
Lake Rd, Branchport ; ch petit-déj incl 110-200 $;
🏠). Au bord du lac, l'"Autant en emporte le vent
B&B" n'a rien à envier au domaine de Tara et
offre une vue superbe depuis sa vaste terrasse.
Les chambres, douillettes dans l'ensemble, se
répartissent dans la demeure en pierre d'origine
et dans un pavillon en bois.

Corning ⑧

✗ Gaffer Grille and Tap Room   Grill $$

(📞607-962-4649 ; www.gaffergrilleandtaproom.
com ; 58 W Market St ; plats 10-35 $; ⏰11h30-
22h30 lun-jeu, 16h30-22h30 sam-dim).
Steakhouse à l'ancienne mettant un point
d'honneur à n'utiliser que de la viande issue
d'élevages bio locaux, ce grill propose à la carte
des classiques comme le *New York Strip* (faux-
filet) et les côtelettes, ainsi que des sandwichs
de poitrine de bœuf, des pâtes, du poisson et du
poulet. Auberge attenante.

Asbury Park *Mettez un visage sur la ville chantée par Bruce Springsteen*

La côte du New Jersey

2

Un déjeuner sans crabe est aussi rare, le long de ces 200 km de littoral, que de s'y promener sans croiser de fille en bikini ou de play-boy tatoué. Bienvenue sur la côte du New Jersey !

TEMPS FORTS

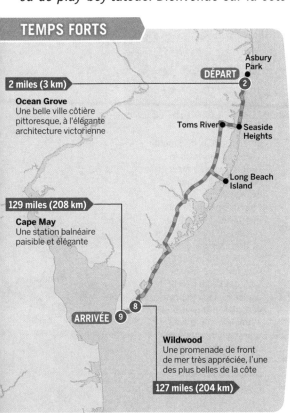

DÉPART 2 — Asbury Park

2 miles (3 km)

Ocean Grove
Une belle ville côtière pittoresque, à l'élégante architecture victorienne

Toms River • Seaside Heights

Long Beach Island

129 miles (208 km)

Cape May
Une station balnéaire paisible et élégante

ARRIVÉE 9 8

Wildwood
Une promenade de front de mer très appréciée, l'une des plus belles de la côte

127 miles (204 km)

**3-7 JOURS
130 MILES / 210 KM**

PARFAIT POUR...

LE MEILLEUR MOMENT

En semaine en juin, pour une fréquentation et des prix moindres qu'en haute saison

LA PHOTO SOUVENIR

Les montagnes russes de Wildwood

2 JOURS DE RÊVE

Wildwood et Cape May, deux incontournables aux antipodes

49

2 La côte du New Jersey

Le littoral du New Jersey, émaillé de villes balnéaires tantôt élégantes, tantôt kitsch, est idéal durant les longues journées d'été. Les vastes promenades animées – lieux de drague incontournables – bordent de superbes résidences d'époque, héritées de génération en génération. Lorsque le mercure monte, tout l'État migre vers l'est pour profiter de la plage. Chaque ville définit ses propres conditions d'accès aux plages, mais les tarifs à la journée sont généralement raisonnables. Si le littoral est bondé les week-ends en été, le calme des plages s'apprécie dès l'arrivée de l'automne.

---

❶ Asbury Park

Commencez par la ville chantée par Bruce Springsteen, où le Boss fit ses débuts dans les années 1970 et rencontra les futurs musiciens de son E Street Band : Steve Van Zandt, Garry Tallent, Danny Federici, Clarence Clemons… Ne manquez pas le **Stone Pony** (☎732-502-0600 ; 913 Ocean Ave) – salle indétrônable toujours un peu crasseuse – et le **Wonder Bar** (1213 Ocean Ave). Ce dernier se trouve face au majestueux Paramount Theatre/Convention Hall en brique rouge, où sont programmés des spectacles de renom (l'avenir de cette institution locale était cependant incertain lors de notre visite).

Pris en main par des gays fortunés de New York qui s'emparèrent de demeures victoriennes et de devantures laissées à l'abandon pour les rénover, le **centre-ville** (probablement le plus branché du littoral) comprend plusieurs pâtés de maisons autour

de Cookman Ave et Bangs Ave bordés de ravissants magasins, bars, cafés et restaurants, ainsi que d'un cinéma d'art et d'essai restauré.

La **promenade en front de mer** semble courte et quelconque par rapport à ses homologues de la côte : à une extrémité se trouvent les restes d'un beau manège des années 1920 et un casino, et de l'autre côté se dresse le Paramount Theatre, de style Art déco, qui accueille pièces et concerts. Asbury Park plaira plus aux adultes qu'aux enfants : les vagues sont propices au surf, les clubs et bars battent leur plein tard dans la nuit, et la scène gay est la plus animée de la côte.

À COMBINER AVEC :

3 Pennsylvania Dutch Country

Depuis Atlantic City, mettez le cap au nord-ouest pour Philadelphie puis poursuivez vers l'ouest par la US 30 pour rejoindre les chemins détournés du pays amish.

4 La Maryland Historic National Road

Prenez l'Atlantic City Expwy vers le nord direction Camden et récupérez la I-95 vers le sud jusqu'à Baltimore pour vous imprégner de la diversité de ce paysage de baies et de montagnes.

p. 58

La route » Il n'y a pas de route côtière pour Ocean Grove – les deux villes sont séparées par l'étroit Wesley Lake. Prenez Main St (ou Rte 71) puis tournez à gauche sur la Main Ave d'Ocean Grove. Il peut également être intéressant de partir d'abord vers le nord sur la Rte 71 sur quelques kilomètres pour aller jeter un œil aux belles demeures de Deal.

- - - - - - - - - - - - - - - - -

TEMPS FORT

❷ Ocean Grove

Voisine d'Asbury Park, Ocean Grove est l'une des plus belles villes côtières victoriennes qui soient, avec sa promenade dépourvue de commerces laissant libre cours à la contemplation. Parfaitement entretenue, sobre, conservatrice et pittoresque, elle fut fondée au XIXᵉ siècle par des méthodistes et conserve les vestiges d'un **village de tentes**

créé après la guerre de Sécession – c'est aujourd'hui un site historique de 114 tentes en toile utilisées comme résidences d'été.

Surplombant les tentes, le bâtiment jaune moutarde du **Great Auditorium** (☏732-775-0035, billets 800-965-9324 ; www.oceangrove.org ; Pilgrim Pathway ; récitals gratuits, concerts 13 $; ☺récitals 19h30 mer, 10h ou 12h sam ; ♿) fut bâti en 1894 : ses plafonds voûtés, son incroyable acoustique et son orgue d'époque évoquent le temple mormon de Salt Lake City. Assistez à un récital ou à un concert.

✕ ⛉ 🛏 p. 58

La route » Prenez la Rte 71 vers le sud ; vous traverserez plusieurs villes calmes (Bradley Beach, Belmar) avant de rejoindre Spring Lake, à un peu plus de 5 miles (8 km).

❸ Spring Lake

Les rues calmes de cette ville prospère, jadis surnommée "la Riviera irlandaise", arborent de vastes maisons victoriennes au bord de l'océan entourées de pelouses impeccables. Depuis l'ouragan Sandy, la magnifique plage est devenue très étroite à marée haute. Si vous cherchez un lieu de retraite calme et sobre, vous trouverez ici des hébergements adéquats, à l'opposé de ce qui est proposé ailleurs sur la côte.

À seulement 5 miles (8 km) de Spring Lake vers les terres, se trouve l'original **Historic Village at Allaire** (☏732-919-3500 ; www.allairevillage.org ; adulte/ enfant 3/2 $; ☺12h-16h mer-dim fin mai-début sept, 12h-16h sam-dim nov-mai),

L'OURAGAN SANDY

Fin octobre 2012, l'ouragan Sandy a dévasté la majeure partie du littoral de New York et du New Jersey, ravageant les habitations, les îles barrières, les promenades et des quartiers entiers en bordure d'océan. À New York, Staten Island, les Rockaways et Red Hook furent les endroits les plus touchés. Sur la côte, c'est la zone entre Sandy Hook et Atlantic City qui a subi le plus de dégâts. Beaucoup de plages virent leur taille et leur forme modifiées et il reste à voir si les efforts de reconstruction permettront l'émergence de dunes et d'autres obstacles aux tempêtes, jadis inexistants.

Plus de six mois après la catastrophe, les paysages de désolation étaient toujours là : des tas de débris plus hauts que les dunes, des pans entiers de maisons détruits, des habitations défiant tant bien que mal les lois de la gravité… Si la promenade de Seaside Heights venait d'être réhabilitée lors de nos recherches, les montagnes russes *Star Jet* étaient toujours plantées dans l'océan comme un vestige d'une civilisation disparue. Pour autant, les choses progressent : les autorités locales travaillent à effacer les traces de l'ouragan, et les habitants sont à nouveau prêts à accueillir les touristes.

NEW YORK ET LE MID-ATLANTIC **2** LA CÔTE DU NEW JERSEY

vestiges préservés d'un village jadis prospère du XIXᵉ siècle du nom de Howell Works. Le visiteur peut déambuler entre les commerces tenus par des personnages en costumes d'époque.

🛏 p. 58

La route ≫ Pour un trajet lent mais agréable, prenez Ocean Ave vers le sud ; à Wreck Pond, mettez le cap vers les terres avant de repartir vers le sud. À Crescent Park, dans la ville de Sea Girt (dont la promenade compte quelques restaurants décontractés), empruntez Washington Ave pour rejoindre l'Union Ave/Rte 71, qui mène à la Rte 35 et sur le Manasquan Inlet. La première sortie pour Broadway permet d'accéder à plusieurs restaurants en bord de marina.

---

④ Point Pleasant

Si l'extrémité nord de la promenade compte d'originales petites maisons de vacances, posées en bord de plage, la moitié sud est le repaire des magasins de bonbons, des manèges et des attractions de bord de mer. Les week-ends de juillet, la longue plage est intégralement couverte de parasols et l'océan, surpeuplé de baigneurs.

Les familles avec de jeunes enfants apprécient beaucoup Point Pleasant pour sa promenade de bonne taille et ses manèges, sa baraque de foire et son petit aquarium – tous régis par **Jenkinson's**

BON À SAVOIR
SOYEZ PRÉVOYANT

La côte est un endroit formidable, mais soyons honnête, en été, circuler en voiture, se garer et trouver un coin de plage libre relèvent de l'exploit. Chargez votre voiture la veille pour pouvoir partir à l'aube ou presque. Si possible, allez-y en semaine. Si vous voulez dormir sur place, réservez. Et si vous cherchez autre chose qu'une cage à poules décrépite, délavée, sentant le renfermé, à trois pâtés de maisons de la plage et couverte de sable, réservez six mois à un an à l'avance.

(☎732-295-4334, aquarium 732-899-1659 ; www.jenkinsons. com ; 300 Ocean Ave ; aquarium adulte/enfant 10/6 $; ⊙manèges 12h-23h, aquarium 10h-22h, horaires variables hors saison ; 👪) – qui font le bonheur des moins de 10 ans. Les grands se rabattront sur le **Martell's Tiki Bar** (☎732-892-0131 ; www.tikibar.com ; Boardwalk ; plats 5-30 $; ⊙11h-23h, 11h-0h30 ven-sam), pour écouter un concert en sirotant une bonne margarita – repérez les palmiers orange lumineux.

La route ≫ Prenez la Rte 35 vers le sud ; vous longerez plusieurs zones résidentielles réparties sur une longue île barrière large de quelques mètres seulement par endroits – Seaside Heights se trouve sur la partie la plus vaste de cette bande de 11 miles (17 km).

---

⑤ Seaside Heights

En venant du nord, Seaside Heights est la première ville dotée d'une "vraie" promenade. Elle ne dispose pas

moins que d'un télésiège (oui !) et de deux parcs d'attractions avec double rangée de jeux d'arcade et des manèges, montagnes russes et autres dispositifs décoiffants pour adultes. Si en journée, l'ambiance y est tout aussi familiale qu'à Point Pleasant, une fois la nuit tombée, la promenade devient le repaire bruyant de la jeunesse qui vient y faire la fête, draguer, et hurler aux reprises des Eagles – une église évangéliste a même cru nécessaire d'installer un stand permanent dans ce lieu de perdition.

Faites un crochet au sud par la Rte 35 jusqu'à l'**Island Beach State Park** (semaine/week-end été 12/20 $; ⊙8h-20h), île barrière de 16 km de long encore sauvage avec dunes et herbes hautes séparant la baie de l'océan.

🍴 p. 58

PAROLE D'EXPERT
DAVE POWITZ
PROPRIÉTAIRE DE
SKIPPER DIPPER
ICE CREAM

Le phare de Barnegat est beau
sous pratiquement tous les angles,
mais c'est depuis la mer qu'il offre
son meilleur profil. Si vous n'avez
pas de bateau, admirez-le depuis
la plage aux alentours du High Bar
Harbor. Conduisez jusqu'au bout
de Sunset Blvd et regardez vers
Barnegat Bay pour jouir de la plus
belle vue de l'île.

En haut : Une petite faim ?
À gauche : Enseigne sur la promenade de Wildwood
À droite : Phare de Barnegat

GEORGE OZE/ALAMY ©

La route » Pour rejoindre le continent, prenez la Rte 37 à Seaside Heights ; vous traverserez un long pont au-dessus de Barnegat Bay avant d'arriver à la zone commerciale de Tom's River. Empruntez la Garden State Pkwy vers le sud, puis la Rte 72 et le pont de Manahawkin Bay.

- - - - - - - - - -

❻ Long Beach Island

Seul un étroit bras de mer sépare cette île tout en longueur, dotée de belles plages et de magnifiques maisons de vacances, de l'extrémité sud de l'Island Beach State Park et des villes de la côte nord. Au Nord de l'île se trouve le **Barnegat Lighthouse** (✆609-494-2016 ; www.njparksandforests.org ; près de Long Beach Blvd ; ⏰8h-16h), phare du haut duquel on jouit d'une superbe vue panoramique et au pied duquel s'étend une jetée logue de 600 m. Derrière le phare, le centre d'accueil des visiteurs dispense de bonnes explications sur l'histoire des environs, et expose des photographies. Un très court sentier de découverte (300 m environ) part juste en face.

Presque chaque matin, près de la moitié des habitants de l'île semble descendre faire du sport (course à pied, marche, roller, vélo) dans Beach Ave, étendue d'asphalte de 12 km allant de Ship Bottom à Beach Haven (au sud du pont). Mêlez-vous à eux, l'idéal pour se dégourdir les jambes, profiter du soleil et observer les passants. Cachée dans une rue résidentielle, la **Hudson House** (19 E 13th St, Beach Haven) est un troquet aussi usé et confortable qu'une vieille paire de savates et fréquenté quasi exclusivement par des habitants du cru. Les apparences ne sont pas trompeuses, il s'agit bien d'un bar de motards miteux, mais que cela ne vous arrête pas.

La route › Quittez Long Beach Island par le pont reliant Ship Bottom à Beach Haven West et empruntez la Garden State Pkwy en direction du sud sur 34 miles (55 km) et prenez la sortie 30 pour Somers Point. Continuez sur Laurel Dr, Mac Arthur Blvd/Rte 52 puis sur une longue chaussée traversant Great Egg Harbor Bay. Comptez 48 miles (77 km) au total.

❼ Ocean City

Ocean City est un mélange presque parfait d'Ocean Grove et de Point Pleasant : une ville où la vente d'alcool est interdite (*dry town*) dotée d'une vaste promenade avec attractions familiales face à une plage des plus ravissantes. On y trouve aussi un petit parc aquatique, et le Gillian's Wonderland Pier abrite une grande roue gigantesque, un beau carrousel, des manèges pour enfants – et aucun forain hurlant dans un micro. Ambiance chaleureuse et détendue.

Un petit creux ? Offrez-vous une délicieuse crème glacée dans l'une des enseignes de **Kohr's** (www. kohrbros.com) réparties sur le front de mer. On trouve des *saltwater taffy* (caramels mous et salés) un peu partout, mais c'est à **Shriver's Taffy**

(☎877-668-2339, 609-399-0100 ; www.shrivers.com ; angle 9th Street et Boardwalk ; ◉9h-minuit, horaires réduits hors saison ; 🛏) qu'ils sont selon nous les meilleurs : observez les machines à l'œuvre puis choisissez parmi la bonne vingtaine de parfums.

🛏 p. 59

La route › Si vous avez le temps, passez par les rues et les petits ponts entre les anses et les canaux (péage 1,50 $ sur 2 des 4 ponts dans les deux sens) pour traverser les quartiers en bord de mer de Strathmere, Sea Isle City, Avalon et Stone Harbor ; comptez 26 miles (42 km). Sinon, rejoignez la Garden State Pkwy et prenez l'une des deux sorties pour Wildwood (30 miles/48 km).

TEMPS FORT

❽ Wildwood

Ville festive bien connue des adolescents, des trentenaires et des saisonniers, venant pour la plupart d'Europe de l'Est, Wildwood est le principal lieu de sortie – North Wildwood et Wildwood Crest sont respectivement au nord et au sud. Les trois plages sont en accès libre et l'on y trouve toujours de la place – avec plus de 300 m de large par endroits, elles constituent la plus vaste étendue de sable du New Jersey. Les jetées abritent des parcs aquatiques et d'attractions avec montagnes russes et manèges, très prisés des familles qui viennent se balader sur cette

FESTIVITÉS ESTIVALES

En été, c'est tous les jours la fête sur la côte du New Jersey. Voici quelques événements incontournables :

» Défilé de la Gay Pride, Asbury Park, début juin (www.gayasburypark.com)

» Polka Spree by the Sea, Wildwood, fin juin (www. northwild.com/events.asp)

» Concours de châteaux de sable du New Jersey, Belmar, juillet (www.njsandcastle.com)

» Championnat de barbecue du New Jersey, Wildwood, mi-juillet (www.njbbq.com)

» Défilé des bébés d'Ocean City, Ocean City, début août (www.ocnj.us)

promenade longue de 3 km. Parfait résumé de l'ambiance bon enfant et un brin kitsch qui anime les lieux, le **Dragons's Lair Mini Golf** (http://dragonslairminigolf.com ; 3616 Boardwalk) est un parcours à la lueur des tubes de lumière noire dans un décor en carton-pâte, peuplé de dragons phosphorescents. Pour une vue d'ensemble des environs, empruntez le tramway, qui longe la promenade de Wildwood Crest à North Wildwood. Les émotions vous ont creusé ? Les pizzas de **Mack's** (3218 Boardwalk ; 4200 Boardwalk) régalent petits et grands depuis 1953.

Wildwood Crest est une curiosité archéologique, une tranche kitsch de l'Amérique des années 1950 – motels blanchis à la chaux avec enseignes lumineuses, rideaux turquoise et portes roses. Observez les enseignes tapageuses des motels, comme celle du **Lollipop** (angle 23rd Ave et Atlantic Ave).

🛏 p. 59

La route » Privilégiez le réseau routier local : direction le sud par Pacific Ave jusqu'à Ocean Dr, qui passe sur un pont à péage au-dessus d'un estuaire séparant Jarvis Sound de Cape May Harbor. Prenez ensuite à gauche la NJ 109, qui enjambe le port de Cape May. De là, tournez à gauche quand vous voulez, selon que vous souhaitiez rejoindre la ville ou la plage.

Cape May Architecture victorienne

TEMPS FORT

❾ Cape May

Fondé en 1620, Cape May – le seul endroit de l'État où le soleil se lève et se couche au-dessus de l'eau –, à l'extrémité sud du New Jersey, est la station balnéaire la plus ancienne du pays. Si ses vastes plages sont bondées en été, son architecture victorienne fascine tout au long de l'année.

En plus de ses 600 maisons de style *gingerbread* (pain d'épices), la ville compte plusieurs sites d'observation de dauphins, de baleines (mai-déc) et d'oiseaux. En outre, elle se trouve juste à côté du **Cape May Point State Park** (www.state.nj.us/dep/parksandforests ; 707 E Lake Dr ; ⏰8h-16h) et de son **Cape May Lighthouse** (adulte/enfant 7/3 $) (comptez 199 marches/48 m

jusqu'à la terrasse d'observation au sommet du phare). Il y a aussi un excellent centre d'accueil des visiteurs et un musée consacré à la faune locale, ainsi que des sentiers menant à des étangs, dunes et marécages. La boucle de 1 mile (1,6 km) autour du **Cape May Bird Observatory** (☎609-898-2473, 609-861-0700 ; www.birdcapemay.org ; 701 East Lake Dr ; ⏰9h-16h30), l'observatoire des oiseaux, constitue une promenade agréable à travers les zones humides. L'été, la vaste plage de sable du parc (gratuite) et celle du centre-ville sont les principales attractions. **Aqua Trails** (☎609-884-5600 ; www.aquatrails.com ; simple/double à partir de 40/70 $) propose des visites des zones humides côtières en kayak.

🍴🛏 p. 59

57

Se restaurer et se loger

Asbury Park ❶

✕ Sunset Landing　　　　Café $

(☑732-776-9732 ; 1215 Sunset Ave ; plats
5-8 $; ⊙7h-14h mar-dim ; ⊞). Au bord du Deal
Lake, à 10 pâtés de maisons de la côte, cette
cabane de surfeur semble tout droit sortie des
plages hawaïennes. Sous un plafond décoré de
longboards vintage, on mange des omelettes au
fromage extrafraîches et de délicieux pancakes
agrémentés de canneberge, de cannelle, de noix
de coco, de noix de macadamia... Paiement en
liquide uniquement.

Ocean Grove ❷

✕ Moonstruck　　　　Italien $$$

(☑732-988-0123 ; www.moonstrucknj.com ;
517 Lake Ave ; plats 16-30 $; ⊙17h-22h mer,
jeu, dim, 17h-23h ven-sam). Ce restaurant
animé et très prisé, dans une superbe bâtisse
victorienne, n'a rien de guindé. On y déguste
une cuisine éclectique, dont un bon choix de
pâtes à l'italienne et des plats de viande et de
poisson qui puisent leurs influences dans les
cuisines du monde entier.

✕ Starving Artist　　　　Café $

(☑732-988-1007 ; 47 Olin St ; plats 3-9 $; ⊙8h-
15h lun-sam, 8h-14h dim, fermé mer ; ⊞). Ce
ravissant restaurant doté d'un vaste patio met
l'accent sur les petits-déjeuners, les grillades
et le poisson frit. La boutique adjacente sert de
savoureuses glaces.

⊨ Quaker Inn　　　　Auberge $$

(☑732-775-7525 ; www.quakerinn.com ; 39 Main
St ; ch 90-150 $; ⊞). Cette auberge vieille de
près de 140 ans compte 29 petites chambres
à bon prix, toutes avec clim et TV, et certaines

avec balcon. Ouverte toute l'année. Pas de
petit-déjeuner.

Spring Lake ❸

⊨ Grand Victorian at Spring Lake

Auberge $$

(☑732-449-5237 ; www.
grandvictorianspringlake.com ; 1505 Ocean
Ave ; ch avec sdb commune/privée petit-déj incl
à partir de 100/150 $; ✳☎). Des chambres
simples et joliment aménagées, un excellent
restaurant : l'élégance à son apogée, dans une
maison victorienne spacieuse et lumineuse,
entourée d'un porche, juste en face de la plage.

Seaside Heights ❺

✕ Music Man　　　　Glacier $

(☑732-854-2779 ; www.njmusicman.com ;
2305 Grand Central Ave (Rte 35), Lavallette ;
plats 3-8 $; ⊙à emporter 6h-minuit, spectacles
18h-minuit ; ⊞). Arrêtez-vous à Lavallette pour
déguster une glace dans cet établissement
où l'on se presse chaque soir pour le "*dessert
theater*" – les serveurs reprennent des succès
musicaux de Broadway devant les clients ravis.

✕ Shut Up and Eat!　　　Petit-déjeuner $

(☑732-349-4544 ; 213 Rte 37 East). À 6 miles
(10 km) à l'ouest de Seaside Heights, caché
dans le centre commercial Kmart à Tom's
River, cet établissement au nom sarcastique
("Tais-toi et mange !") offre un cadre des plus
décontertants : serveuses en pyjama (portez
le vôtre pour bénéficier d'une réduction),
humour incisif, mobilier dépareillé et une bonne
dose de kitsch. Dans l'assiette, c'est excellent :
pain perdu fourré au sirop d'érable, omelettes,
pancakes...

Ocean City ⑦

🛏 The Flanders Hotel   Hôtel $$$

(📞609-399-1000 ; www.theflandershotel.com ; 719 E 11th St ; ch 260-440 $; 🏊). Le Flanders vous fera oublier les motels déprimants de la côte : la plus petite des chambres est une suite de 60 m2 moderne et impeccable avec cuisine équipée ; les tons bleus et jaunes confèrent au lieu une ambiance décontractée de bord de mer.

Wildwood ⑧

🛏 Heart of Wildwood   Hôtel $$

(📞609-522-4090 ; www.heartofwildwood.com ; angle Ocean Ave et Spencer Ave, Wildwood ; ch 125-245 $; 🏊). Si vous venez à Wildwood pour profiter des toboggans et des montagnes russes, réservez une chambre dans cet hôtel, face aux attractions. S'il n'est pas sophistiqué, l'endroit est propre et bien tenu. Vue imprenable sur la grande roue depuis la piscine chauffée, sur le toit.

🛏 Starlux   Hôtel $$

(📞609-522-7412 ; www.thestarlux.com ; angle Rio Grande Ave et Atlantic Ave, Wildwood ; ch 130-310 $; 🏊). Une douce atmosphère rétro-moderne flotte dans cet établissement turquoise et blanc : lampes à lave, dessus-de-lit décorés de boomerangs, miroirs en forme de voiliers... équipent les chambres à la propreté irréprochable. Pour un séjour encore plus "immersif", optez pour l'une des deux caravanes chromées.

🛏 Summer Nites B&B   B&B $$

(📞609-846-1955 ; www.summernites.com ; 2110 Atlantic Ave, Wildwood ; ch 145-275 $). Cette maison blanche sans prétention, au nord du brouhaha et des néons, est le meilleur B&B des environs. Le vrai juke-box est rempli de 45-tours, la salle du petit-déjeuner, décorée dans un style *diner*... Les 8 chambres, thématiques, sont ornées de peintures murales et décorées d'objets de collection.

Cape May ⑨

🍴 Lobster House   Poisson $$

(📞609-884-8296 ; http://thelobsterhouse. com ; 906 Schellengers Landing Rd, Fisherman's Wharf ; plats 12-27 $; 🕐11h30-15h et 16h30-22h avr-déc, jusqu'à 21h le reste de l'année). Difficile de faire plus local en termes d'approvisionnement, puisque ce restaurant traditionnel dispose de ses propres bateaux de pêche. Pas de réservation : il faut parfois attendre (longtemps). Le cas échéant, essayez de trouver une place au bar à fruits de mer côté quai.

🍴 Uncle Bill's Pancake House   Américain $

(📞609-884-7199 ; http:// unclebillspancakehouse.com ; angle Beach Ave et Perry St ; plats 7 $; 🕐6h30-14h). Depuis 50 ans, cet établissement aux allures de restaurant universitaire des années 1950 fait fureur avec ses pancakes.

🛏 Congress Hall   Hôtel $$

(📞609-884-8421 ; www.congresshall.com ; 251 Beach Ave ; ch 100-465 $). Classieux, le bâtiment du Congress Hall propose de nombreuses solutions d'hébergement, à diverses gammes de prix. Et quel plaisir de profiter de la vue sur l'océan, depuis les rocking-chairs disposés sous le porche ! Son emplacement, son restaurant et son bar, le Boiler Room (concerts certains soirs), en font une adresse d'excellence.

Lancaster De ces terres fertiles naissent des délices gastronomiques

Pennsylvania Dutch Country

3

Un itinéraire assez court, cheminant de villages amish en marchés de producteurs, où produits artisanaux et traditions séculaires tiennent une place centrale.

TEMPS FORTS

78 miles (126 km)

Lititz
Flâner dans la grand-rue de cette jolie petite ville

Hershey
ARRIVÉE

Ephrata

8

51 miles (82 km)

Bird-in-Hand
Déguster les spécialités de ce marché de producteurs

Lancaster
DÉPART

5

4

Strasburg
Découvrir un paysage agricole à bord d'un train à vapeur

44 miles (71 km)

3-4 JOURS
102 MILES / 164 KM

PARFAIT POUR...

LE MEILLEUR MOMENT

Au début du printemps et en septembre pour une affluence moindre

 LA PHOTO SOUVENIR

Une charrue tractée par un cheval, sur fond de moulins à vent ou de silos à grain

 DÉLICES LOCAUX

L'Intercourse Canning Co vend toutes sortes de produits en bocaux

3 Pennsylvania Dutch Country

Au début du XVIIIe siècle, cette zone d'environ 32 km sur 24, dans le sud-est de la Pennsylvanie, servit de refuge aux communautés religieuses amish, mennonites et brethren qui fuyaient les persécutions dont elles étaient l'objet en Suisse et en Europe. Elles vivent aujourd'hui à l'écart du temps, et la vie semble s'écouler ici plus lentement que partout ailleurs dans l'État. Parcourez les routes secondaires, délaissez les voies rapides pour découvrir des champs labourés à la force des bœufs et des fermes d'un autre temps, un monde où l'on se déplace à pied ou en carriole.

---

❶ Lancaster

Le quartier historique en brique rouge de Lancaster, juste à côté de Penn Sq, se visite facilement à pied. Dans le bâtiment néo-roman du **Central Market** (www.centralmarketlancaster. com ; 23 N Market St ; ☺6h-16h mar et ven, 6h-14h sam), vous pourrez vous procurer des spécialités régionales – radis noir frais, *whoopie pies*, bretzels mous, sandwichs garnis de charcuterie – ainsi que des mets espagnols et du Moyen-Orient. Vous trouverez également des stands d'artisanat tenus par des femmes amish en bonnets et robes très simples.

Au XVIIIe siècle, des immigrés allemands, dont quelques amish, affluèrent dans le sud-est de la Pennsylvanie. Leur mode de vie est décrit au **Landis Valley Museum** (☎717-569-0401 ; www. landisvalleymuseum.org ; 2451 Kissel Hill Rd ; adulte/enfant 12/8 $; ☺9h-17h, 12h-17h dim), reconstitution d'un village allemand de Pennsylvanie, dont les guides en costume d'époque vous en apprendront plus sur ces communautés. Le musée est situé à quelques kilomètres au nord de Lancaster, près de la Rte 272/Oregon Pike.

✕ 🛏 p. 70

La route › Du centre de Lancaster, dirigez-vous au sud via Prince St, qui devient ensuite la Rte 222, puis continuez sur la Rte 272 jusqu'à Willow St.

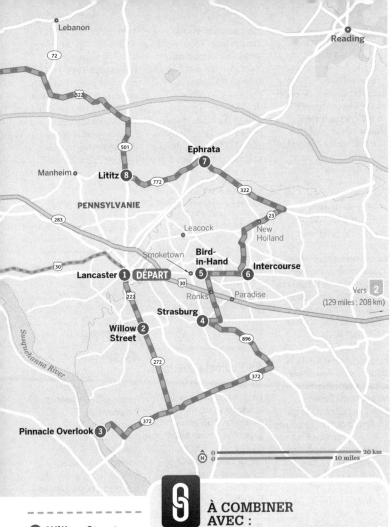

Lebanon

Reading

72

322

501

Ephrata
7

Manheim

Lititz 8

772

PENNSYLVANIE

283

322

23

New
Holland

Leacock

Smoketown

**Bird-
in-Hand**

30

Lancaster 1 **DÉPART**

5

6 **Intercourse**

Vers 2
(129 miles ; 208 km)

30

222

Ronks

Paradise

Strasburg

4

Willow
Street 2

896

272

372

372

Pinnacle Overlook 3

N

0   20 km
0   10 miles

Susquehanna River

2 Willow Street

Si nombre de tribus amérindiennes, dont les Lenape, les Mohawk et les Seneca peuplaient la région avant l'arrivée des Européens, la Pennsylvanie n'en garde que peu de traces et est même l'un des rares États dépourvus de réserve

§ À COMBINER AVEC :

2 La côte du New Jersey

Rejoignez Philadelphie, à l'est, où vous aurez plusieurs choix d'itinéraires pour accéder aux promenades en front de mer des villes du Jersey Shore.

4 La Maryland Historic National Road

Depuis Lancaster, empruntez la US 30 vers l'ouest jusqu'à York puis cap sur Baltimore pour explorer les petites villes de l'État.

63

amérindienne officielle. En hommage à ce passé trop souvent oublié, une *longhouse* (maison longue traditionnelle amérindienne) a été érigée en 2013 sur les terres de la **1719 Hans Herr House** (📞717-464-4438 ; www.hansherr.org ; 1849 Hans Herr Dr ; billet combiné visite guidée adulte/enfant 15/7 $; 🕐9h-16h lun-sam 1er avr-30 nov). Cette dernière, construite en 1719 par la famille Herr, est généralement considérée comme la plus ancienne habitation mennonite d'Amérique. Transformée en musée et animée par des comédiens en costume, elle présente des objets de l'époque coloniale et des meubles du XVIIIe siècle.

La *longhouse*, composée de matériaux naturels, est constituée d'une seule pièce étroite où vivaient plusieurs familles ; elle est divisée en deux parties : la partie pré-européenne, et la partie post-européenne. Toutes deux ont une décoration et des meubles caractéristiques de chaque période. La mission première du lieu est de sensibiliser les visiteurs à l'histoire des Amérindiens dans le Lancaster County de 1570 environ à 1770, date à laquelle ils cessèrent d'exister en tant que groupes distincts dans la région. On y découvre notamment l'épisode du massacre de Conestoga (1763), lors duquel un groupe de colons de Paxton (appelés de manière étonnamment légère les "Paxton Boys") tuèrent 20 hommes, femmes et enfants amérindiens dans le village. La visite guidée de la Hans Herr House et de la *longhouse* donne une vision complète de cette période.

La route » Le plus simple est de prendre la Rte 272 vers le sud pour rejoindre la Rte 372 vers l'ouest. Cependant, si vous avez le temps, partez vers l'ouest par Long Ln (qui devient Conestoga Blvd) et continuez sur la River Rd en suivant la rivière, une route de campagne jolie mais difficile à suivre. Au niveau de la Tucquan Glen Nature Preserve, garez-vous et marchez jusqu'à la rivière.

- - - - - - - - - -

❸ Pinnacle Overlook

Au-dessus de l'Aldred Lake, vaste portion de la Susquehanna River en amont d'un grand barrage, ce beau **point de vue** (🕐8h-21h) gardé par des aigles et autres rapaces fait partie, à l'instar de la Holtwood Environmental Preserve voisine, d'une vaste parcelle en bord de rivière entretenue par la Pennsylvania Power & Light Co (PPL). Mais la centrale électrique et les camions sont maintenus à bonne distance et le lieu est très prisé des habitants des environs.

Le **Fire Line Trail** (4 miles/6 km), qui compte quelques passages bien raides, mène à la Kelly's Run Natural Area, alors que l'accidenté **Conestoga Trail** vous fera longer la rive est du lac pendant 15 miles (24 km). En suivant cet itinéraire, vous découvrirez un paysage plus brut et des routes secondaires laissant entrevoir une autre facette du Lancaster County.

La route » Vous pouvez revenir jusqu'à Willow St puis prendre la direction de Strasburg, mais pour un trajet plus pittoresque à travers des paysages agraires, suivez la Rte 372 vers l'est, dépassez Quarryville puis tournez à gauche sur la Rte 896 Nord dans le petit hameau de Georgetown.

- - - - - - - - - -

TEMPS FORT

❹ Strasburg

Principal point d'intérêt de Strasburg, les trains à vapeur de **Strasburg Railroad** (📞717-687-7522 ; www.strasburgrailroad.com ; Rte 741 ; classe cabine adulte/enfant 14/8 $; 🕐plusieurs trajets par jour, horaires variables selon la saison ; 🚻) assurent inlassablement le même trajet depuis 1832 jusqu'à Paradise et retour, un charmant voyage de 45 minutes dans la campagne amish. Les wagons en bois, restaurés, sont ornés de vitraux, de lampes en laiton et de confortables sièges. Plusieurs classes sont proposées, dont un wagon présidentiel privatif, ainsi qu'une formule avec vin et fromage.

Deux musées permettent de prolonger l'aventure ferroviaire. Le **Railroad Museum of Pennsylvania** (☎717-687-8628 ; www.rrmuseumpa.org ; Rte 741 ; adulte/enfant 10/8 $; ☺9h-17h lun-sam, 12h-17h dim, fermé dim nov-mars ;) expose une centaine de locomotives, de voitures et de wagons. Le **National Toy Train Museum** (☎717-687-8976 ; www.nttmuseum. org ; 300 Paradise Lane ; adulte/ enfant 6/3 $; ☺10h-17h avr-oct, appelez pour les horaires hors saison ;), quant à

lui, présente de superbes maquettes à l'échelle HO et des dioramas interactifs. Les wagons et les locomotives rutilants qui encombrent les murs feront le bonheur des enfants de tout âge.

Arrêtez-vous au Red **Caboose Motel**, situé à côté du musée ; vous pourrez grimper en haut du silo pour admirer la vue (0,50 $) pendant que les enfants iront à la ménagerie.

🛏 p. 71

La route ❯❯ Continuez au nord sur S Ronks Rd, traversez les paysages agricoles de Ronks (p. 71) et la Rte 30, très fréquentée, et continuez 2 miles (3 km) jusqu'à Bird-in-Hand. Une petite faim ? Le Good'N Plenty Restaurant (p. 70), à Smoketown, est à 1 mile (1,6 km) à l'ouest de Bird-in-Hand par la Rte 340, au croisement avec la Rte 896.

TEMPS FORT

❺ Bird-in-Hand

On vient avant tout dans ce village amish pour son **marché de producteurs**

➦ VAUT LE DÉTOUR
GETTYSBURG

Point de départ : ❶ Lancaster

Suivez la US 30 (ou Lincoln Hwy) vers l'ouest sur 55 miles (88 km) jusqu'au centre-ville de Gettysburg. En juillet 1863, pendant 3 jours, cette ville dense et tranquille chargée d'histoire fut le théâtre de l'une des batailles les plus décisives et sanglantes de la guerre de Sécession. C'est également ici que, quatre mois plus tard, Lincoln prononça le très court (un peu plus de 200 mots !) "discours de Gettysburg", l'un des plus célèbres de l'histoire des États-Unis, qui appelle à la sauvegarde du "gouvernement du peuple, par le peuple et pour le peuple". Il est possible d'explorer la majeure partie des terres où s'affrontèrent l'armée de Virginie du Nord de Robert E. Lee et l'armée du Potomac du major-général Joseph Hooker, en voiture à l'aide d'une carte et d'un guide ou d'un CD, en bus, ou lors d'une visite guidée avec un garde forestier (2 heures, 65 $/véhicule). La dernière option est la meilleure, mais si votre temps est compté, parcourez en voiture les petites routes à travers les champs jalonnés d'indicateurs marquants les sites et commémorant les événements principaux de la bataille.

Ne manquez pas le nouveau **Gettysburg National Military Park Museum & Visitor Center** (☎717-334-1124 ; www.gettysburgfoundation.org ; 1195 Baltimore Pike ; adulte/ enfant 12,50/8,50 $; ☺8h-17h nov-mars, 8h-18h avr-oct), imposant bâtiment à quelques kilomètres au sud de la ville comprenant un musée assez incroyable explorant tous les aspects de la bataille, un film expliquant le contexte et l'importance historique du conflit, et le cyclorama de 607 m de Paul Philippoteaux représentant la charge de Pickett. Les réservations pour les visites en bus et avec gardes forestiers se font ici. Bien qu'étouffant, l'endroit a le mérite d'apporter des clés pour comprendre l'importance de la guerre de Sécession et son impact sur l'évolution de la nation.

Chaque année, du dernier week-end de juin au premier week-end de juillet, le Civil War Heritage Days Festival attire les passionnés d'histoire pour des reconstitutions de campements et de batailles, des lectures et une foire aux livres. Des reconstitutions historiques sont également organisées le reste de l'année.

PENNSYLVANIA DUTCH COUNTRY
MICHAEL GROSBERG, AUTEUR

Si la nourriture du Dutch Country ne se distingue pas par son contenu nutritionnel, son intérêt réside surtout dans la manière dont on la mange : en commun, sur de longues tables, avec des inconnus. Les sujets de conversation ne manquent pas, la succession de nombreux plats favorisant les échanges. On continuera à vous servir jusqu'à ce que vous n'en puissiez plus.

En haut : Carriole à cheval en direction d'une ferme
À gauche : Artisane amish au marché de producteurs de Bird-in-Hand
À droite : Récolte de canneberge

KELLY MOONEY PHOTOGRAPHY/CORBIS ©

(☎717-393-9674 ; 2710 Old Philadelphia Pike ; ⊗8h30-17h30 mer-sam juil-oct, appelez pour le reste de l'année), qui offre un condensé des spécialités régionales. On y vend des caramels mous, des courtepointes et de l'artisanat, ainsi que du *scrapple* (espèce de gâteau frit fait de restes de porc, de semoule de maïs et de farine de blé), de la confiture et des bretzels maison, et de la *shoofly pie* (tarte à la mélasse recouverte d'une croûte de sucre roux, de farine et de beurre).

La route » Prenez la Old Philadelphia Pike/Rte 340 vers l'est sur 4 miles (6 km). De nombreuses carrioles pour touristes empruntent cette route.

- - - - - - - - - - - -

❻ Intercourse

La ville, qui tire son nom de son emplacement à un carrefour, se prête un peu plus à la marche que Bird-in-Hand. Les **promenades en carriole** (☎717-391-9500 ; www.aaabuggyrides.com ; 3529 Old Philadelphia Pike ; adulte/enfant 12/6 $; ⊗9h-19h lun-sam ; 👶) peuvent s'avérer amusantes. L'expérience est plus ou moins instructive selon le conducteur : certains amish sont stricts, d'autres plus ouverts d'esprit, mais tous s'efforcent de présenter leur culture aux "English" (terme amish pour désigner les non-amish, qu'ils soient anglais ou non), chacun à leur façon.

Avec ses boutiques de viandes fumées, de confitures, de bretzels et de bibelots, le **Kitchen Kettle Village**, sorte de centre commercial à ciel ouvert pour touristes, est une version kitsch du marché de producteurs de Bird-in-Hand. Vous y vivrez une expérience très "commerciale" du Dutch Country, et votre regard dépendra de votre propension à faire face à un parking plein de bus de touristes.

Le **Quilt Museum at the Old Country Store** (www.ocsquiltmuseum.com ; 3510 Old Philadelphia Pike ; 🕐9h-17h, fermé dim) propose des couvre-lits artisanaux d'excellente qualité, et l'**Intercourse Canning Company** (13 Center St ; 🕐9h30-17h lun-sam) vend toutes sortes de produits locaux en bocaux.

 p. 71

La route ➤➤ Cap au nord sur la Rte 722 et empruntez la première à droite vers Centerville Rd, route de campagne ralliant la Rte 23. Tournez à droite et continuez quelques kilomètres jusqu'à Blue Ball – qui compte un restaurant et une ou deux épiceries – puis prenez à gauche sur la Rte 322, plus fréquentée, qui mène à Ephrata.

- - - - - - - - - - - - -

❼ Ephrata

Ephrata, l'une des premières communautés religieuses du pays, fut fondée en 1732 par Conrad Beissel, un Allemand ayant fui les persécutions religieuses. Mécontent des modes de vie et des distractions de ce monde, Beissel chercha à créer une relation personnelle et mystique avec Dieu. À son apogée, sa communauté comptait près de 300 membres et deux ordres chastes de frères et de sœurs appelés collectivement

"les Solitaires", vêtus de costumes inspirés de ceux des moines romains catholiques (le dernier décéda en 1813).

Les bâtiments austères de style quasi médiéval de l'**Ephrata Cloister** (📞717-733-6600 ; www.ephratacloister.org ; 632 W Main St ; adulte/enfant 10/6 $; 🕐9h-17h lun-sam, 12h-17h dim) ont été bien conservés et sont aujourd'hui ouverts au public (visites guidées et audioguides). Dans le centre des visiteurs, un petit musée et une courte vidéo présentent l'histoire de la création et de la chute d'Ephrata – la vie y était rude à l'époque. Main Street, la rue commerçante, est aujourd'hui flanquée d'un supermarché Walmart. Il y a fort à parier que le visage actuel dEphrata déplairait à son fondateur.

Si vous êtes à Ephrata un vendredi, ne manquez

LES AMISH

Mouvements anabaptistes (seuls ceux qui choisissent la foi sont baptisés) persécutés dans leur Suisse originelle, les communautés amish, mennonites et brethren (désignées collectivement sous le terme de "Plain People", les gens simples) trouvèrent en Pennsylvanie un nouvel Éden dans les années 1700 – leurs dialectes allemands leur valurent le nom de "Dutch", dérivé de "Deutsch". La plupart des amish de Pennsylvanie sont des fermiers et ont des croyances variées. Beaucoup n'ont pas l'électricité et se déplacent en carrioles. Les croyants les plus stricts, les amish du Vieil Ordre (près de 90% de la population amish du Lancaster County), portent des vêtements sombres et unis (pas de fermetures Éclair mais des boutons, fermoirs et épingles à nourrice) et mènent une vie simple centrée sur la Bible. Ironie du sort, ils constituent un élément touristique majeur et attirent nombre de curieux, pour lesquels on a évidemment créé centres commerciaux, chaînes de restaurants et hôtels. Le contraste est saisissant. Du fait de ce développement commercial important, qui gagne toujours plus de terrain sur les fermes familiales séculaires, il n'est pas forcément évident d'apprécier le caractère unique de cette région.

pas le **Green Dragon Farmers Market** (www.greendragonmarket.com ; 955 N State St ; 🕙9h-21h ven).

La route ›› Il s'agit d'un trajet facile de 8,5 miles (14 km) ; la Rte 772/Rothsvill Rd, entre Ephrata et Lititz, est en majeure partie une artère commerçante quelconque.

TEMPS FORT

❽ Lititz

Comme d'autres villes du Pennsylvania Dutch Country, Lititz fut créée par une communauté religieuse européenne, ici les Frères moraves, arrivés dans les années 1740, une communauté ouverte et bien intégrée à la société. Bon nombre de ses beaux bâtiments en pierre et en bois d'origine bordent encore les rues. Descendez à pied E Main St depuis la **Sturgis Pretzel House** (☎717-626-4354 ; www.juliussturgis.com ; 219 E Main St ; 3 $; 🕙9h-17h lun-sam ; 🚻), la première fabrique de bretzels du pays – vous pourrez vous y essayer au façonnage de la pâte. L'église morave, construite vers 1787, est en face. Rejoignez ensuite l'intersection avec S Broad. Bien loin des habituelles échoppes poussiéreuses, les commerces de Lititz raviront les citadins les plus sophistiqués. L'ambiance est

BON À SAVOIR
SÉJOUR À LA FERME

Vous aimez les vacances actives ? **A Farm Stay** (www.afarmstay.com ; ch à partir de 60-180 $) propose plusieurs dizaines de séjours à la ferme allant du B&B traditionnel aux fermes amish. La plupart des forfaits comprennent petit-déjeuner, sdb privée et activités (traite des vaches, collecte des œufs, entretien des chèvres, etc.).

décontractée, de la Bulls Head Public House, un pub à l'anglaise à l'excellent choix de bières, au Greco's Italian Ices, petit bar en rez-de-chaussée où se retrouvent les familles et les ados du coin les vendredi et samedi soirs pour se délecter de glaces maison.

🍴 🛏 p. 71

La route ›› Trajet facile de 27 miles (43 km) de la Rte 501 à l'US 322, à travers des zones agricoles et périurbaines.

---

❾ Hershey

La ville d'Hershey semble tourner autour de l'empire du chocolat fondé par Milton Hershey en 1894. L'élément central en est le **Hersheypark** (☎800-437-7439 ; www.hersheypark.com ; 100 W Hersheypark Dr ; adulte/enfant 52/31 $; 🕙10h-22h juin-août, 9h-18h ou 20h sept-mai), parc d'attractions comptant une soixantaine de manèges à sensations fortes, un zoo et un parc aquatique, avec

des spectacles et des feux d'artifice. Enfilez votre toque et votre tablier, donnez quelques instructions à l'ordinateur et le tour est joué : vous n'avez plus qu'à regarder votre barre chocolatée arriver sur le tapis roulant de l'attraction Create Your Own Candy Bar (15 $), qui fait partie du Hershey's Chocolate World, fausse usine de chocolat et magasin de bonbons géant. On y croise des personnages chantants et les friandises y sont distribuées à tour de bras.

Pour une visite plus instructive, rendez-vous à **Hershey Story, The Museum on Chocolate Avenue** (☎717-534-8939 ; www.hersheystory.org ; 63 West Chocolate Ave), qui détaille la vie et les réalisations fascinantes de Milton Hershey à travers des expositions historiques interactives. Vous pourrez aussi fabriquer votre propre confiserie au Chocolate Lab.

Se restaurer et se loger

Lancaster ❶

✖ Bube's Brewery
Européen, brasserie $$

(📞717-653-2056 ; www.bubesbrewery.com ; 102 North Market St, Mt Joy). Cette belle brasserie allemande du XIXᵉ siècle, à 15 miles (24 km) au nord-ouest de Lancaster près de la Rte 283, comprend plusieurs beaux bars et 4 salles de restaurant (dont une en sous-sol). Des "banquets" costumés y sont organisés, et l'on y boit évidemment de la bière maison.

✖ Lancaster Brewing Co
Américain, brasserie $$

(📞717-391-6258 ; www.lancasterbrewing.com ; 302 N Plum St ; plats 9-22 $; ⊙11h30-22h). À quelques pas du Cork Factory Hotel, ce bar attire les jeunes habitués du quartier grâce à une carte bien supérieure à ce que l'on propose habituellement dans les pubs – carré de sanglier et saucisse aux canneberges, par exemple.

✖ Ma(i)son
Français, italien $$$

(📞717-293-5060 ; www.maisonlancaster. com ; 230 N Prince St ; plats 25 $; ⊙17h-23h mer-sam). Ce restaurant de Lancaster au cadre à la fois raffiné et rustique plaira aux amateurs de Slow Food et de produits locaux. Le couple de propriétaires, qui vit juste au-dessus, les met à l'honneur et fait évoluer la carte selon les saisons ; elle inclut des plats comme le veau braisé sauce madère et les pâtes à la saucisse et à l'ortie sauvage. BYOB (apportez votre vin) ; réservation recommandée.

🛏 Cork Factory
Boutique Hotel $$

(📞717-735-2075 ; www.corkfactoryhotel.com ; 480 New Holland Ave ; ch petit-déj incl à partir de 125 $; ❄🛜). Cette ancienne usine en brique du nord-est de Lancaster abrite désormais un hôtel élégant et branché. Les brunchs du dimanche, faits à partir de produits de saison, allient modernité et tradition.

🛏 Lancaster Arts Hotel
Hôtel $$

(📞866-720-2787 ; www.lancasterartshotel. com ; 300 Harrisburg Ave ; ch à partir de 180 $; P❄🛜). Marre des hébergements rustiques et poussiéreux ? Cet hôtel stylé, installé dans un ancien entrepôt à tabac en brique, est très tendance.

🛏 Landis Farm
Chambre d'hôtes $$

(📞717-898-7028 ; www.landisfarm.com ; 2048 Gochlan Rd, Manheim ; d petit-déj incl 125 $; 🛜). Les 2 chambres aux parquets en pin de cette jolie maison en pierre vieille de 200 ans promettent des nuits dans un cadre fermier haut de gamme et moderne (avec TV câblée et Wi-Fi).

Smoketown

✖ Good 'N Plenty Restaurant
Américain $$

(📞717-394-7111 ; www.goodnplenty.com ; Intersection Rte 896 et Rte 340 ; plats 11 $; ⊙11h30-20h lun-sam, fermé jan ; 🚻). Vous ne craignez ni l'affluence ni les réprimandes de votre cardiologue ? Alors vous ne regretterez pas de vous être installé à l'une de ces tables recouvertes d'une nappe au motif vichy pour un repas familial (21 $). Vaste salle principale, aussi grande qu'un terrain de football, et autres espaces, plus petits.

🛏 Fulton Steamboat Inn
Hôtel $$

(📞717-299-9999 ; www.fultonsteamboatinn. com ; 1 Hartman Bridge Rd ; ch à partir de 100 $; ❄🛜🏊). Peut-être cet hôtel doit-il sa décoration sur le thème nautique – un peu surprenante en pleine campagne – à l'inventeur du bateau à vapeur, qui naquit dans les environs ? Quoi qu'il en soit, et malgré quelques éléments un peu kitsch – luminaires à l'ancienne et papiers peints chargés –, le décor est assez élégant et les chambres sont spacieuses et confortables. Situé à un carrefour, idéal pour visiter la campagne alentour ou Lancaster.

Ronks

✖ Miller's Smorgasbord   Buffet $

(2811 Lincoln Hwy ; plats à partir de 8 $;
🕙11h30-20h lun-ven, 7h30-20h sam-dim ;).
Vous aurez le choix entre le buffet (23 $) ou la
carte de style *diner*, assez ordinaire. À l'intérieur
d'un complexe de magasins pour touristes, cet
immense restaurant est très apprécié pour son
buffet comprenant des spécialités amish.

🛏 Red Caboose Motel & Restaurant
Motel $$

(📞888-687-5005 ; www.redcaboosemotel.
com ; 312 Paradise Lane ; ch à partir de 120 $;
❄🛜). Les espaces sont étroits et les meubles
très basiques, mais ces wagons ferroviaires
de 25 tonnes, équipés de TV et de mini-
réfrigérateur, jouissent d'un bel emplacement
sur une route de campagne pittoresque.

Intercourse ❻

✖ Stoltzfus Farm Restaurant   Diner $$

(📞768-8156 ; www.stoltzfusmeats.com ;
3718 E Newport Rd ; 🕙11h30-20h lun-sam
avr-oct, ven-sam nov). Ce restaurant familial où
l'on propose de la nourriture à volonté présente
des spécialités amish comme le *chow-chow*
(condiment sucré à base de légumes marinés),
du chou au poivron, du poulet frit, des saucisses
maison, des *shoofly pie*, etc. La cuisine est
simple et rustique, et le service très chaleureux.

Lititz ❽

✖ Tomato Pie Cafe   Sandwichs $

(23 N Broad St ; plats 6 $; 🕙7h-21h lun-sam ;
🛜). À deux pas de Main St, cet établissement
installé dans une ravissante maison jaune et
vert remporte un franc succès, en particulier
le week-end au déjeuner. Outre la tarte à la
tomate, on y sert des salades et des sandwichs,
dont un panini au beurre de cacahuète, au
Nutella et à la banane, ainsi que d'excellents
cafés et petits-déjeuners.

🛏 General Sutter Inn   Auberge $

(📞717-626-2115 ; www.generalsutterinn.com ;
14 East Main St ; ch à partir de 70 $; ❄🛜). À
l'extrémité de Main St, cette charmante auberge
de 1764 dispose de 10 belles chambres avec
parquet et meubles anciens. Le Rock Lititz
Penthouse, annexe récemment ajoutée au
dernier étage, compte 6 suites résolument
modernes sur le thème du rock'n'roll. Juste
à côté, le Bull's Head Pub fait fureur avec
ses bières artisanales.

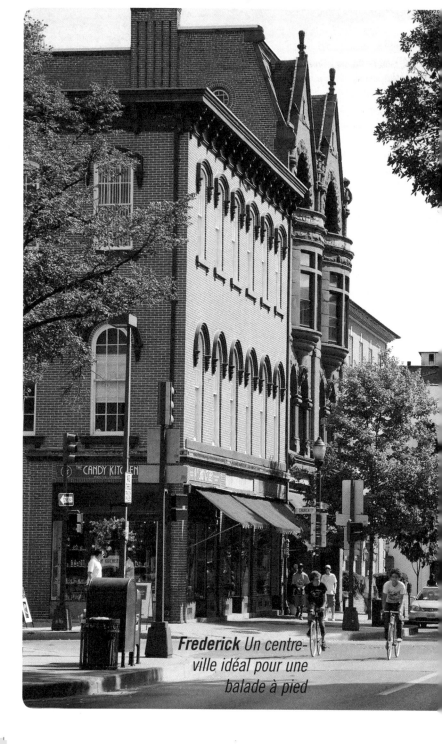

Frederick Un centre-ville idéal pour une balade à pied

La Maryland Historic National Road

4

Des quais de Baltimore aux contreforts boisés entourant la vieille ville de Frederick, plongez dans le passé de cette "Amérique en miniature".

TEMPS FORTS

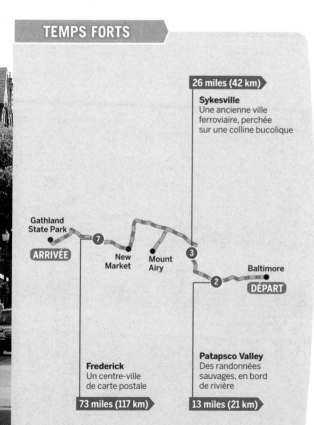

26 miles (42 km)

Sykesville
Une ancienne ville ferroviaire, perchée sur une colline bucolique

Gathland State Park
ARRIVÉE

New Market

Mount Airy

Baltimore

DÉPART

Frederick
Un centre-ville de carte postale

73 miles (117 km)

Patapsco Valley
Des randonnées sauvages, en bord de rivière

13 miles (21 km)

**2 JOURS
92 MILES / 150 KM**

PARFAIT POUR...

LE MEILLEUR MOMENT

D'avril à juin, pour profiter de l'ensoleillement et de la douceur de la fin du printemps

 LA PHOTO SOUVENIR

Les bâtiments anciens de New Market (Maryland)

 ACTIVITÉS DE PLEIN AIR

Une randonnée dans la Patapsco Valley

4 La Maryland Historic National Road

Souvent présenté comme une "Amérique en miniature", le petit État du Maryland renferme en effet un éventail de paysages et de populations extrêmement large, mariant la sophistication urbaine du Nord à la simplicité sans prétention du Sud. Depuis Baltimore, ville portuaire où se mêlent populations bohèmes et ouvrières, vous rejoindrez les localités pittoresques de la campagne vallonnée du Maryland et les belles villes qui jalonnent la partie inférieure des Catoctin Mountains.

❶ Baltimore

Plus grande ville du Maryland, ce port parmi les plus importants du pays est aussi un centre artistique et culturel, notamment grâce à ses musées d'envergure, et une porte d'entrée pour les migrants de toutes origines. Il résulte de ces mélanges une culture unique qui, sous de nombreux aspects, est très révélatrice de l'histoire et de la diversité propre au Maryland – raciale, mais aussi philosophique et socio-économique.

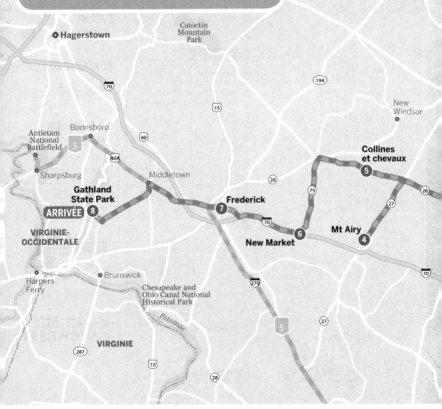

Port fondé au début du XVIIIe siècle, Baltimore fut un rempart majeur contre l'armée britannique pendant la guerre anglo-américaine (1812-1815). En septembre 1814, le **Fort McHenry** (☎410-962-4290 ; 2400 E Fort Ave ; adulte/enfant 7 \$/gratuit ; ◷8h-17h) réussit à repousser l'assaut de la marine britannique. Après une longue nuit de canonnade, Francis Scott Key, avocat et poète, vit le drapeau étoilé, en lambeaux, continuer de flotter dans la lumière de l'aube, ce qui lui inspira *The Star-Spangled Banner*

(*La Bannière étoilée*), écrit sur la musique d'une chanson à boire – le futur hymne national était né.

Plus à l'ouest, le **Federal Hill Park** (300 Key Hwy), colline de 28 ha surplombant la ville, offre une belle vue sur le port.

✗ ⮞ p. 81

La route ≫ Prenez la US 40 vers l'ouest. L'accès le plus facile se fait via Charles St et Franklin St. Franklin St devient la US 40 en s'éloignant du centre-ville par l'ouest et en s'enfonçant dans les bois qui marquent la frontière de la Patapsco Valley. Comptez une demi-heure de trajet.

- - - - - - - - - - - - - -
TEMPS FORT

❷ Patapsco Valley

La Patapsco River, qui traverse le centre du Maryland pour se jeter dans la Chesapeake Bay, constitue un élément géographique clé de la région. Pour explorer le secteur, allez au **Patapsco Valley State Park** (☎410-461-5005 ; 8020 Baltimore National Pike, Ellicott City ; ◷9h-coucher du soleil), énorme zone protégée – l'une des plus anciennes de l'État – longeant la rivière sur 32 miles (51 km) et comptant 170 miles (273 km) de sentiers. Le centre d'accueil des visiteurs principal, dans une maisonnette en pierre du XIXe siècle, retrace l'histoire de la région de l'époque des Amérindiens à aujourd'hui.

Ⓢ À COMBINER AVEC :

❸ Pennsylvania Dutch Country

De Baltimore, prenez la I-95 vers le nord puis la MD 222 en direction de Lancaster pour explorer cette région bucolique.

❺ Les sites de la guerre de Sécession

Du Gathland State Park, parcourez 10 miles (16 km) à l'ouest jusqu'à Antietam, départ de l'itinéraire.

La route >> Reprenez la US 40 vers l'ouest puis continuez sur la I-70W, principal axe est-ouest du Maryland. Empruntez la sortie 80 pour rejoindre la MD 32 (Sykesville Rd). Roulez environ 5 miles (8 km) jusqu'au centre de Sykesville.

TEMPS FORT

❸ Sykesville

Comme beaucoup de villes du centre du Maryland entre Baltimore et Frederick, Sykesville abrite un **centre historique** des plus charmants. **Main Street**, entre Springfield Ave et Sandosky Rd, est bordée de bâtiments construits entre les années 1850 et 1930, et prend par moments des allures de carte postale.

L'ancienne gare Baltimore & Ohio (B&O), qui abrite aujourd'hui le restaurant **Baldwin's** (7618 Main St), fut édifiée en 1883 dans le style Queen Anne. À l'instar de nombreuses autres gares B&O, ce bâtiment est signé E. Francis Baldwin, un architecte de Baltimore qui conféra une cohérence esthétique à la ligne de chemin de fer.

Pour l'anecdote, Sykesville fut érigée sur des terres achetées par James Sykes à George Patterson, fils d'Elizabeth Patterson et de Jérôme Bonaparte, le frère de Napoléon. L'empereur fit toutefois annuler le mariage, sa belle-sœur, fille de marchand, ne faisant pas partie de l'aristocratie. Le domaine où fut érigé Sykesville appartenait à l'origine à la famille d'Elizabeth.

🍴 p. 81

La route >> Une fois n'est pas coutume, laissez de côté la US 40 et empruntez Liberty Rd (MD 26) vers l'ouest sur 8 miles (13 km) jusqu'à Ridge Rd (MD 27). Suivez ensuite Ridge Rd/27 vers le sud sur 5,5 miles (9 km) jusqu'à Mount Airy.

❹ Mount Airy

Étape suivante de la ligne B&O, Mount Airy est, tout comme Sykesville, une belle et grande (tout est relatif) ville qui prospéra grâce à la ligne de chemin de fer reliant Baltimore à l'ouest. Lorsque la voie ferrée fut supplantée par l'autoroute, Mount Airy, contrairement à d'autres, resta prospère grâce à sa proximité avec des bassins d'emploi comme Washington et Baltimore.

Aujourd'hui, la ville s'articule autour d'un **quartier historique** aux bâtiments du XIXe et du début du XXe siècle, dont beaucoup autour de Main St. Les maisons historiques plus huppées, près du centre-ville, présentent des styles Second Empire, Queen Anne et néo-colonial, alors que la plupart des habitations "ordinaires" sont des "I-houses" (car à l'origine typiques des États commençant par I comme l'Indiana),

American Visionary Art Museum, Baltimore (p.80)

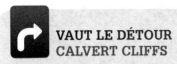

VAUT LE DÉTOUR
CALVERT CLIFFS

Point de départ : ❶ Baltimore

Dans le sud du Maryland, à 75 miles (121 km) au sud de Baltimore via la US 301 et la MD 4, l'étroit Calvert County est bordé de part et d'autre par la Chesapeake Bay et la Patuxent River. C'est un paysage hospitalier composé de forêts basses, de marais estuariens et d'eaux placides, dont les seuls éléments accidentés sont les Calvert Cliffs. Ces piliers couleur terre d'ombre brûlée s'étirent sur la côte sur 24 miles (39 km) et forment le paysage dominant du **Calvert Cliffs State Park** (☎301-743-7613 ; 9500 H. G. Trueman Road, Lusby ; ☺lever-coucher du soleil ; 🅿🚻🐶), où ils font face à l'eau et à une plage jonchée de bois flotté et de lits de varech.

Il y a de cela 10 à 20 millions d'années, ce secteur était submergé par une mer chaude. L'eau finit par reculer pour laisser place à des falaises incrustées des vestiges fossilisés de milliers de créatures préhistoriques. Aujourd'hui, l'une des activités préférées des familles du sud du Maryland est de venir dans ce parc pour fouler ses étendues de sable et dénicher fossiles et dents de requins dans les débris à la base des falaises. Plus de 600 espèces de fossiles ont été répertoriées dans le parc. Par ailleurs, un espace de 437 ha et 13 miles (21 km) de sentiers sont réservés à la randonnée et au vélo.

Si l'endroit est adapté aux enfants, sachez qu'il vous faudra marcher 1,8 mile (3 km) entre le parking et la plage et les falaises – ce n'est donc peut-être pas le meilleur endroit pour aller chercher des fossiles si vous voyagez avec des bambins. Enfin, n'escaladez pas les falaises, instables et dangereuses du fait de l'érosion.

structures longues à pignon central sur 2 niveaux, très communes dans l'Amérique rurale du XIXe siècle, et aujourd'hui largement remplacées dans cette région par des maisons à demi-niveaux.

**La route ›› ** Empruntez la Ridge Rd/MD 27 pour retrouver la Liberty Rd/MD 26. Tournez à gauche et continuez sur 10 miles (16 km) jusqu'à Elk Run.

- - - - - - - - - - - - - -

❺ Collines et chevaux

La majeure partie des comtés de Frederick, Carroll, Baltimore et Hartford se composent de belles collines ondulantes et herbeuses entrecoupées de pins, de feuillus et d'enchevêtrements de haies, formant un paysage rappelant les bocages du nord de la France ou de la campagne anglaise. Agriculteurs et riches citadins ont élu domicile sur cette terre où l'élevage des chevaux tient une place importante dans l'économie.

On peut tout à fait se contenter de se perdre en voiture sur les jolies routes de campagne de la région, mais si vous cherchez une destination concrète, visitez les vignobles d'**Elk Run**

(☎410-775-2513 ; www.elkrun.com ; 15113 Liberty Rd, Mt Airy ; dégustations à partir de 5 $, visites gratuites ; ☺10h-17h mar-sam, 13h-17h dim), situés quasiment à égale distance de Mount Airy et de New Market. Des visites gratuites partent à 13h et 15h et les dégustations peuvent se faire sans réservation (minimum 2 personnes ; 5-8 $/personne).

**La route ›› ** Continuez vers l'ouest sur Liberty Rd/MD 26 pendant 6 miles (10 km) puis prenez la MD 75/Green Valley Rd à gauche (vers le sud). Au bout de 7 miles (11 km) environ, tournez à droite dans Old New Market Road pour rejoindre la Main St de New Market.

⑥ New Market

Le joli village de New Market est la localité historique la plus petite et la mieux préservée entre Baltimore et Frederick. **Main Street** est bordée d'antiquaires et de maisons de styles fédéral et néo-grec. Plus de 90% des constructions sont en brique ou à ossature en bois. Le National Register of Historical Places (équivalent du Centre des monuments nationaux) décrit New Market comme "la quintessence de la petite ville du XIXᵉ siècle du centre-ouest du Maryland".

La route ➤ Frederick est à environ 7 miles (11 km) à l'ouest de New Market via la I-70. Prenez la sortie 56 pour rattraper la MD 144 menant dans le centre-ville.

TEMPS FORT

❼ Frederick

Cette ville de taille moyenne abrite un important centre historique, riche en édifices des XVIIIᵉ et XIXᵉ siècles, à des stades divers de rénovation. Il est très agréable de s'y promener : profitez de ses rues calmes, bordées de maisons en brique rouge et de quantité de très bons restaurants.

Face à la gare ferroviaire et à 10 minutes à pied du quartier historique, le **centre d'information** (☎301-600-2888 ; www.visitfrederick.org ; 151 S East St) fournit cartes et informations sur la ville et la région.

Envie de vous cultiver l'âme ? Le **Weinberg Center for the Arts** (☎301-600-2828 ; www.weinbergcenter.org ; 20 West Patrick St) propose une excellente programmation d'événements artistiques et culturels.

La ville est traversée par la Carroll Creek, un cours d'eau le long duquel la promenade est agréable.

VAUT LE DÉTOUR
WASHINGTON

Point de départ : ❶ Baltimore

À seulement 40 miles (64 km) au sud de Baltimore par la BWI Parkway, la capitale des États-Unis s'inscrit dans la continuité de cet itinéraire historique. Le **National Mall**, dont une partie est couverte dans la section *Se dégourdir les jambes* (p. 108), a été le théâtre de grandes manifestations, de la marche sur Washington de Martin Luther King en 1963 aux récents rassemblements pour le mariage homosexuel.

À l'extrémité est du Mall, se trouvent les musées (gratuits !) de la **Smithsonian Institution**, passionnants. On pourrait facilement se perdre parmi les sérigraphies, les estampes japonaises et les sculptures de la **Sackler & Freer Gallery** (1050 Independence Ave SW), souvent oubliée.

De l'autre côté du Mall se dresse un ensemble de mémoriaux et de monuments, dont le plus connu est le **Lincoln Memorial** (⊘24h/24). La vue sur le miroir d'eau jusqu'au Washington Monument est spectaculaire. Le **Roosevelt Memorial** (www.nps.gov/fdrm ; W Basin Dr SW ; ⊘24h/24) retrace l'intégralité des mandats du président des États-Unis resté le plus longtemps au pouvoir.

Sur le côté nord du Lincoln Memorial (à gauche lorsque l'on est face au bassin), on peut voir le **Vietnam Veterans Memorial** (Constitution Gardens ; ⊘24h/24), immense "V" de granit noir gravé du nom des victimes du conflit. Dans le même secteur, ne manquez pas les **Constitution Gardens** (⊘24h/24), rarement visités, qui abritent un bassin paysager et une île artificielle portant le nom des signataires de la Constitution.

79

LE MEILLEUR DE BALTIMORE

S'il est bien connu que Washington regorge de musées, son voisin moins guindé et plus branché, au nord-est, tire lui aussi son épingle du jeu.

Non loin du front de mer se dresse un étrange bâtiment, mi-entrepôt, mi-explosion de perspectives artistiques, de moulins à vent multicolores et de fresques aux couleurs arc-en-ciel. Il s'agit de l'**American Visionary Art Museum** (☎410-244-1900 ; www.avam.org ; 800 Key Hwy ; adulte/enfant 16/10 $; ☺10h-18h mar-dim), probablement le musée d'art le plus décontracté du pays. Cette vitrine des artistes autodidactes (ou de l'art "outsider"), où sont exposées des œuvres réalisées par des personnes sans réelle formation artistique, est une véritable célébration de la créativité la plus débridée totalement libérée de toute prétention. Certaines sont l'œuvre de personnes internées en asile, d'autres de visionnaires inspirés... L'ensemble est captivant et mérite amplement qu'on y consacre un après-midi.

Le **B&O Railroad Museum** (☎410-752-2490 ; www.borail.org ; 901 W Pratt St ; adulte/enfant 16/10 $; ☺10h-16h lun-sam, 11h-16h dim ; 🚼) rend hommage à la plus ancienne compagnie ferroviaire des États-Unis – et aux chemins de fer américains dans leur ensemble – et présente quelque 150 locomotives qui feront la joie de tout ferrovipathe. Comptez 3 $ supplémentaires pour un tour en train, et appelez pour connaître les horaires.

Le **Maryland Science Center** (☎410-685-5225 ; www.mdsci.org ; 601 Light St ; adulte/enfant 17/14 $, IMAX 8 $; ☺10h-17h lun-ven, 10h-18h sam, 11h-17h dim hiver ; 10h-18h dim-jeu, 10h-20h ven-sam été) soulèvera l'enthousiasme des scientifiques en herbe et intéressera petits et grands grâce à quantité d'expositions interactives sur les dinosaures, l'espace et le corps humain, réparties dans un atrium à 3 niveaux, ainsi qu'à l'inévitable salle IMAX.

- - - - - - - - - - - - - - - -

À l'extrémité est du Carroll Creek Park, la rivière passe sous le **Frederick Bridge**, situé sur S Carroll St, entre E. Patrick St et E. All Saints St. Grâce au trompe-l'œil, ce pont en béton ressemble désormais à un vieux mur de pierre toscan couvert de lierre.

✖️ 🍴 🛏️ p. 81

La route » Allez vers l'ouest via l'ancienne National Pike

(US 40A) puis, au bout de 6,5 miles (10 km), récupérez la MD 17 vers le sud/Burkittsville Rd. Après 6 miles (9,5 km), tournez à droite sur Gapland Rd pour rallier Gathland, à 1,5 mile (2 km).

- - - - - - - - - - - - - - - -

❽ Gathland State Park

Ce minuscule **parc** (☎301-791-4767 ; ☺8h-coucher du soleil) **GRATUIT** rend un bel hommage

à une profession souvent oubliée : les correspondants de guerre. George Alfred Townsend, correspondant pendant la guerre de Sécession et homme de lettres, tomba amoureux de ces montagnes et y fit construire une imposante arche ornée d'éléments de la mythologie grecque et de citations soulignant les qualités nécessaires pour exercer ce métier.

Où se loger et se restaurer

Baltimore ❶

✖ Chaps
Américain

(☎410-483-2379 ; www.chapspitbeef.com ;
5801 Pulaski Hwy ; plats -10 $; ⊗10h30-22h,
10h30-minuit ven-sam). C'est l'endroit tout indiqué
pour goûter au *pit beef*, la spécialité de Baltimore
– rondelle de bœuf tranchée finement cuite au
charbon. Garez-vous et laissez-vous guider par
l'odeur de viande grillée. À consommer comme
les habitants : en lamelles sur un petit pain kaiser
avec oignon cru et sauce *tiger* (mélange crémeux
de sauce au raifort et de mayonnaise).

✖ Dukem
Éthiopien $$

(☎410-385-0318 ; http://dukemrestaurant.
com ; 1100 Maryland Ave ; plats 13-22 $; ⊗11h-
22h30). Avec ses délicieuses spécialités comme
le poulet épicé, l'agneau et les plats végétariens,
servies avec une galette de pain plat, le Dukem
se distingue des nombreux autres restaurants
éthiopiens de Baltimore.

✖ PaperMoon Diner
Diner $$

(☎410-889-4444 ; http://papermoondiner24.
com ; 227 W 29th St ; plats 7-16 $; ⊗7h-minuit dim-
jeu, 7h-2h ven-sam). *Diner* aux couleurs pimpantes
typique de Baltimore, décoré de quantité de vieux
jouets, d'effrayants mannequins et autres babioles
insolites. Son véritable atout : le petit-déjeuner
servi à toute heure (avec pain perdu, bacon
croustillant et bagels au saumon fumé).

✖ Vaccaro's Pastry
Italien $

(☎410-685-4905 ; www.vaccarospastry.com ;
222 Albemarle St ; desserts 7 $; ⊗9h-22h
dim-jeu, 9h-minuit ven-sam). Des desserts et un
café parmi les meilleurs de la ville. Les *cannoli*
sont tout bonnement divins, mais les *gelati* et le
tiramisu sont également délicieux.

▐▀ Peabody Court
Hôtel $$

(☎410-727-7101 ; www.peabodycourthotel.
com ; 612 Cathedral St ; ch à partir de 120 $;
P ✱ 🛜). En plein milieu du quartier de
Mt Vernon, cet hôtel de charme haut de
gamme loue des chambres spacieuses
joliment aménagées, avec sdb en marbre et un
service d'excellente qualité. Prix souvent très
intéressants proposés en ligne.

Sykesville ❸

✖ E.W. Beck's
Pub $

(☎410-795-1001 ; www.ewbecks.com ;
7565 Main St ; plats 9-15 $; ⊗11h30-22h, bar
11h30-1h). Au cœur du quartier historique
de Sykesville, le Beck's est un pub traditionnel,
arborant des meubles en bois classiques. Il sert
à une clientèle d'habitués et de visiteurs de
passage une restauration copieuse.

Frederick ❼

✖ Brewer's Alley
Gastropub $$

(☎301-631-0089 ; www.brewers-alley.com ;
124 N Market St ; hamburgers 9-13 $, plats
18-29 $; ⊗11h30-23h30 lun-mar, 11h30-minuit
mer-jeu, 11h30-0h30 ven-sam, 12h-23h30 dim ;
🛜). Cette microbrasserie animée est l'une de
nos adresses préférées de Frederick, et ce pour
plusieurs raisons. Tout d'abord pour la bière :
artisanale, variée et délicieuse. Puis pour les
hamburgers, savoureux mastodontes d'une
demi-livre. Et le reste de la carte : excellents
poissons et fruits de mer de Chesapeake et
viandes et légumes locaux.

✖ Cacique
Latin $$

(☎301-695-2756 ; www.caciquefrederick.
com ; 26 N Market St ; 11-29 $; ⊗11h30-22h
dim-jeu, 11h30-23h30 ven-sam). On y sert
une intéressante cuisine alliant spécialités
espagnoles (paella, tapas) et plats épicés
d'Amérique latine (enchiladas, ceviche).
Cela dit, le chef semble avoir une plus grande
maîtrise de la gastronomie ibérique – les
crevettes sautées à l'ail et à l'huile d'olive
sont un régal.

▐▀ Hollerstown Hill B&B
B&B $$

(☎301-228-3630 ; www.hollerstownhill.com ;
4 Clarke Pl ; ch 135-145 $; P ✱ 🛜). Situé en
plein cœur du centre historique, à deux pas
des merveilles de Frederick, ce B&B élégant
et accueillant, gardé par deux sympathiques
terriers, compte 4 chambres à la décoration
tapageuse. Belle salle de billard.

Fredericksburg
Des reconstitutions commémorent
la tragédie qui s'y joua

Route Mythique

Les sites de la guerre de Sécession

5

La Virginie et le Maryland comptent bon nombre de lieux liés à la première "guerre moderne" de l'histoire, le conflit le plus meurtrier qu'aient connu les États-Unis.

TEMPS FORTS

Antietam

DÉPART

● Frederick

105 miles (169 km)

Manassas National Battlefield Park
Les champs, aujourd'hui bucoliques, où eut lieu le premier affrontement majeur de la guerre

③

WASHINGTON

153 miles (246 km)

④

Fredericksburg
Une forêt épaisse dissimule cet ancien champ de bataille

230 miles (370 km)

Richmond
Des hôtels historiques, de bons restaurants et de beaux musées

ARRIVÉE

⑨

⑦

320 miles (515 km)

Petersburg ●

Appomattox Court House National Park
Ici fut signée la fin de la guerre

**3 JOURS
320 MILES / 515 KM**

PARFAIT POUR...

LE MEILLEUR MOMENT

De septembre à novembre, pour l'ensoleillement et les couleurs automnales

LA PHOTO SOUVENIR

Les clôtures et les prairies d'Antietam au coucher du soleil

DÉLICES LOCAUX

Un hamburger d'agneau au Richmond's Burger Bach

Route Mythique

5
Les sites de la guerre de Sécession

1861-1865 : la question de l'abolition de l'esclavage cristallise les tensions entre les États du Nord et ceux du Sud et déchire les États-Unis. Alimentée par l'industrie et les avancées technologiques militaires, la guerre fera plus de 600 000 morts. Le paysage bucolique entre Washington et Richmond en garde encore les traces : entre terres agricoles, collines et forêts profondes, vous découvrirez les lieux emblématiques où se forgea l'histoire du pays.

❶ Antietam

Bien que la majeure partie de cet itinéraire soit en Virginie, la guerre de Sécession a aussi laissé des traces dans le Maryland, État frontalier officiellement allié à l'Union, mais suffisamment proche du Sud pour avoir des liens avec ce dernier. Le général confédéré Robert E. Lee, espérant pouvoir compter sur une population accueillante, tenta d'envahir le Maryland dès le début du conflit. S'ensuivit la bataille d'Antietam, à Sharpsburg, le 17 septembre 1862,

la plus sanglante de l'histoire américaine. Le site, l'**Antietam National Battlefield** (☏301-432-5124 ; www.nps.gov/anti ; 5831 Dunker Church Rd, Sharpsburg ; ◷8h30-18h environ), occupe une région ponctuée de collines et de champs au centre-nord de l'État.

La violence de ce combat qui fit 22 000 victimes en une seule journée se ressent même dans la nomenclature géographique locale. Ainsi, la région de Sunken Road (route enfoncée) fut rebaptisée "Bloody Lane" (chemin sanglant) après que des cadavres y furent entassés. Dans le cimetière

du parc, beaucoup des tombes de l'Union sont gravées de noms allemands et irlandais : ceux des migrants qui ont péri en luttant pour leur récente terre d'accueil.

La route » D'Antietam, suivez la MD 65 vers le sud jusqu'à Sharpsburg. De là, prenez la MD 34 vers l'est sur 6 miles (10 km) puis tournez à droite sur la US 40A (vers l'est). Suivez la US 40A sur 11 miles (18 km) et ralliez la US 70 vers le sud, puis, 3 miles (5 km) plus loin, la US 270 (qui contourne Frederick). Empruntez-la vers le sud pour rejoindre la Beltway (I-495) ; prenez la sortie 45B puis la route I-66 vers l'est, qui vous mène au National Mall.

② Washington

Capitale de l'Union pendant la guerre de Sécession, Washington forma des milliers de soldats et est à l'origine du

⑤ À COMBINER AVEC :

4 La Maryland Historic National Road

Pour une autre incursion dans le passé, quittez Antietam par l'est pour rejoindre les rues pittoresques et chargées d'histoire de Frederick.

6 La Skyline Drive

De Fredericksburg, partez vers l'ouest en direction de Culpeper pour découvrir l'une des plus belles routes du pays.

Route Mythique

nom de la principale force armée du Nord : l'armée du Potomac – le fleuve traverse en effet la ville.

Le **National Museum of American History** (www.americanhistory.si.edu ; angle 14th St et Constitution Ave NW ; 🕙10h-17h30, 10h-19h30 juin-août ; ♿), en plein cœur du National Mall, propose de bonnes expositions permanentes sur la guerre de Sécession, et fournit des clés de compréhension.

Après la guerre, de nombreux monuments furent érigés en l'honneur des généraux de l'Union. Ne manquez pas l'**African American Civil War Memorial** (www.afroamcivilwar.org ; angle U St et Vermont Ave NW ; métro U St-Cardozo), près de la sortie est de la station U St, où sont inscrits les noms des soldats noirs ayant servi dans l'armée de l'Union.

La route ❯❯ De Washington, comptez environ 1 heure de route par la I-66W pour rejoindre Manassas.

TEMPS FORT

❸ Manassas National Battlefield Park (Bull Run)

Le site de la première grande bataille du conflit se trouve à quelques minutes des centres commerciaux de Virginie du Nord. Le **Manassas National Battlefield Park** (📞703-361-1339 ; www.nps.gov/mana ; 12521 Lee Hwy ; adulte/enfant 3 $/gratuit, vidéo 3 $; 🕙8h30-17h, visites 11h15, 12h15, 14h15 juin-août) correspond à l'endroit où, en 1861, s'affrontèrent 35 000 soldats de l'Union et 32 500 soldats des États confédérés. Bien que la bataille tourna à l'avantage des Sudistes, elle fit abandonner aux deux camps l'espoir d'une victoire rapide. Ils enrôlèrent alors plus d'hommes et, en l'espace

de quelques semaines, l'armée de l'Union du Potomac devint la plus grande armée du monde avec près de 2,5 millions d'hommes, suivie par celle des États confédérés.

Par miracle, cette belle étendue rurale est passée entre les mailles des filets de l'armée des promoteurs immobiliers de Virginie du Nord et le site – collines, champs vallonnés bordés d'arbres... – évoque toujours l'Amérique rurale du XIXe siècle.

✗ p. 92

La route ❯❯ À Manassas, suivez la US 29N sur 13 miles (21 km) puis prenez la US 17S (Marsh Rd), à gauche. Le centre de Fredericksburg est à environ 35 miles (56 km) au sud.

TEMPS FORT

❹ Fredericksburg

Le quartier historique de Fredericksburg est très représentatif des bourgades américaines traditionnelles. Si, aujourd'hui, la rue principale est une agréable enfilade de librairies, gastropubs et cafés, la ville fut le théâtre de l'une des pires erreurs stratégiques de l'histoire militaire américaine. En 1862, lorsque les Nordistes tentèrent de prendre une position occupée par les États de la Confédération, un artilleur sudiste, voyant la pente raide que les forces de l'Union devaient traverser, déclara

UN NOM QUI EN DIT LONG (1re PARTIE)

Si la guerre de Sécession est généralement appelée *Civil War* (guerre civile) par les Américains, certains sudistes fondamentalistes continuent d'employer le terme de *War Between the States* (guerre entre les États). La différence ? Une guerre civile implique une insurrection armée contre un pouvoir en place n'ayant jamais perdu le privilège de gouverner, alors que le terme de *War Between the States* suggère que les États jouissaient (et jouissent toujours) d'un droit de sécession vis-à-vis de la République.

VAUT LE DÉTOUR
GETTYSBURG NATIONAL MILITARY PARK

Point de départ : ❶ Antietam

La bataille de Gettysburg, en juillet 1863, marqua un tournant dans la guerre. Grisé par plusieurs grandes victoires en terres nordistes, Lee décida de progresser en direction de Washington et lança un assaut d'envergure sur Gettysburg. Vaincue, son armée fut contrainte au repli et ne se remit probablement jamais de la défaite.

Le **Gettysburg National Military Park** (☎717-334-1124 ; www.nps.gov/gett ; musée et centre d'accueil des visiteurs incl, tarif plein/enfant/senior 12,50/8,50/11,50 $; ⊙parc 6h-22h avr-oct, 6h-19h nov-mars, musée 8h-18h avr-oct, 8h-17h nov-mars) offre un excellent aperçu du déroulement et du contexte du combat. Repérez la Little Round Top Hill, où une unité de l'Union parvint à freiner une attaque de flanc des Sudistes, ainsi que le champ de Pickett's Charge, où les Confédérés subirent leur défaite la plus cuisante à ce stade. Abraham Lincoln prononça ici, en 19 novembre 1963, l'un des plus célèbres discours de l'histoire des États-Unis, qui rendait hommage aux hommes tombés dans les deux camps et appelait à l'émergence d'un pays constitué uniquement d'hommes libres.

On y passe facilement une journée à profiter du paysage, superbe étendue de collines et de forêts entrecoupée de dépressions, de formations rocheuses et de terres agricoles. Pour vous y rendre, récupérez la US 15 vers le nord à Frederick, dans le Maryland entre Antietam et Washington. Gettysburg est à 35 miles (56 km).

à un commandant : "Un poulet ne sortirait pas vivant de ce champ quand nous ouvrirons le feu." En seize charges, entre 6 000 et 8 000 soldats de l'Union furent tués.

Certes, le **Fredericksburg & Spotsylvania National Military Park** (adulte/enfant 32/10 $) ressemble moins à un champ de bataille que le site de Manassas du fait de l'épaisse forêt qui le recouvre. Pourtant, c'est ici que se déroula la bataille de la Wilderness, en mai 1864. Un départ de feu dans ces bois touffus, causé par les échanges de tirs, surprit les soldats et causa la mort de centaines de blessés, qui ne purent fuir les flammes.

✂ ⌘ p. 92

La route » De Fredericksburg, empruntez la US 17 vers le sud sur 5 miles (8 km), qui devient ensuite la VA 2 (ou Sandy Lane Dr/Fredericksburg Turnpike). Suivez cette route pendant 5 miles puis prenez Stonewall Jackson Rd (State Rd 606), à droite.

- - - - - - - - - - - -

❺ Stonewall Jackson Shrine

À Chancellorsville, Robert E. Lee, face à des forces supérieures en nombre, décida de dédoubler ses effectifs pour attaquer l'armée de l'Union par les deux flancs. Cette stratégie audacieuse mit en déroute l'armée nordiste, qui s'enfuit par le Potomac. Lors des combats, le général sudiste Stonewall Jackson reçut une balle

dans le bras tirée par un factionnaire de son camp trop nerveux (bras qui fut enterré à côté du centre des visiteurs du Fredericksburg National Park ; demandez à un ranger de vous indiquer l'emplacement).

Jackson put être soigné, mais décéda finalement d'une pneumonie. Cette étape du circuit vous emmène là où il fut enterré, au **Stonewall Jackson Shrine** (☎804-633-6076 ; 12019 Stonewall Jackson Rd, Woodford ; ⊙9h-17h), près de Guinea Station. C'est dans cette maisonnette blanche que Jackson prononça ses derniers mots : "Traversons la rivière et reposons-nous à l'ombre des arbres."

Route Mythique

DENNIS K. JOHNSON/GETTY IMAGES ©

HANNELE LAHTI/GETTY IMAGES ©

PAROLE D'EXPERT
ADAM KARLIN,
AUTEUR

Vous souhaitez
parcourir l'une des
plus belles régions rurales de la
côte Est tout en découvrant les
contradictions, les luttes et les
victoires qui façonnèrent les États-
Unis ? Cet itinéraire autour des
lieux emblématiques de la guerre de
Sécession vous fera accéder à une
région chargée d'histoire, le tout
sur fond de champs verdoyants,
de forêts sombres et de chemins
cahoteux.

En haut : Visiteurs au Manassas National Battlefield
Park
À gauche : Sur les chemins de Manassas
À droite : American Civil War Center, Richmond

DE IMAGES/ALAMY ©

La route » Vous pouvez emprunter la I-95 puis la I-295S (prenez ensuite la sortie 34A) ; comptez 50 minutes de route. Sinon, pour vous éloigner un peu des grands axes (1 heure 10), suivez la VA 2S vers le sud sur 35 miles (56 km) jusqu'à rejoindre la VA 643/Rural Point Rd. Restez sur la VA 643 jusqu'à ce qu'elle devienne la VA-156/Cold Harbor Rd, qui vous mènera au champ de bataille.

❻ Cold Harbor Battlefield

Commandant en chef de l'armée de l'Union, Ulysses Grant décida l'offensive sur la Virginie en 1864 : l'Overland Campaign fut l'une des plus sanglantes du conflit, dont la bataille de Cold Harbor fut le point d'orgue.

Sur le site de l'actuel **Cold Harbor Battlefield** (☎804-226-1981 ; www.nps. gov/rich ; 5515 Anderson-Wright Dr, Mechanicsville, VA ; ☺lever-coucher du soleil, centre d'accueil des visiteurs 9h-16h30), au nord-ouest de Richmond, l'attaque frontale de l'Union fit de nombreuses victimes et mena à une guerre de position.

Aujourd'hui, la nature a repris ses droits. Demandez à un garde forestier de vous indiquer la troisième aire de stationnement, succession de terrassements de l'Union d'où l'on peut voir la partie la mieux préservée du champ de bataille : le pré où les soldats nordistes donnèrent l'assaut.

Route Mythique

L'endroit n'a quasiment pas changé depuis.

La route » De Cold Harbor, allez au nord par la VA-156/Cold Harbor Rd sur environ 3 miles (5 km) jusqu'au carrefour de Creighton Rd. Tournez à gauche dans Creighton Rd ; Richmond est à 6 miles (10 km).

`TEMPS FORT`

7 Richmond

L'ancienne capitale des États confédérés compte deux musées sur la guerre de Sécession offrant d'intéressantes visions contrastées. Le **Museum of the Confederacy** (MOC ; ☎804-649-1861 ; www.moc. org ; 1201 E Clay St ; 8 $; ☺10h-17h lun-sam, 12h-17h dim) était autrefois un mémorial à la "Cause perdue" du Sud, et attire toujours un certain nombre de néo-confédérés. Mais le MOC est également un centre

d'enseignement respecté et sa collection d'objets de la Confédération est probablement la plus riche du pays. Nous vous recommandons la visite guidée de la White House of the Confederacy, résidence officielle de Jefferson Davis, président des États confédérés.

Installé dans l'ancienne fonderie de Tredegar, principal fabricant d'armement confédéré, l'**American Civil War Center** (☎804-780-1865 ; www.tredegar.org ; 490 Tredegar St ; tarif plein/étudiant/enfant 7-12 ans 8/6/2 $; ☺9h-17h ; ♿) aborde la guerre du point de vue des Nordistes, des Sudistes et des Afro-Américains. Les expositions, bien présentées et percutantes, divisent parfois l'opinion mais offrent un bel aperçu de la marque indélébile laissée par le conflit.

✕ ⊨ p. 92

La route » Suivez la Rte 95 vers le sud pendant environ 23 miles (37 km) et prenez

la sortie 52. Empruntez alors la 301 (Wythe St), qui devient ensuite Washington St et VA 35/Oaklawn Dr. De là, repérez les panneaux pour le parc.

8 Petersburg

Petersburg, dont le centre fut vidé par la White Flight (migration des Blancs hors des zones urbaines) après la déségrégation, est l'homologue ouvrière de la capitale de la Virginie. Sur le site du **Petersburg National Battlefield Park** (US 36 ; véhicule/piéton 5/3 $; ☺9h-17h), soldats nordistes et sudistes passèrent quasiment un quart de la guerre dans des tranchées, dans un état de siège prolongé. Lors de la bataille du Cratère, évoquée dans le roman de Charles Frazier, *Retour à Cold Mountain*, des soldats de l'Union tentèrent de sortir de cette situation en creusant un tunnel sous les lignes sudistes et en faisant exploser leurs fortifications. L'opération se solda par la mort des soldats du Nord, coincés dans le trou qu'ils avaient eux-mêmes creusé.

La route » Quittez Petersburg par le sud puis parcourez les routes secondaires vers l'ouest pour retracer la dernière retraite du général Lee. Une excellente carte est disponible sur le site www.civilwartraveler.com ; de Petersburg, prenez la VA 460 vers l'ouest puis ralliez la VA 635 et la VA 24, près de Farmville, qui mène à Appomattox.

UN NOM QUI EN DIT LONG (2e PARTIE)

La guerre de Sécession a donné lieu à une véritable guerre des noms : alors que le Nord désignait les batailles d'après le nom de l'endroit précis où elles avaient eu lieu (Bull Run, Antietam), le Sud préférait faire référence aux villes voisines (Manassas, Sharpsburg). Bien que la plupart des Américains aient adopté les dénominations des Nordistes, dans certaines régions, Manassas renvoie encore à une bataille, et non à un centre commercial.

PAROLE D'EXPERT
LES CHAMPS DE BATAILLE DE LA GUERRE DE SÉCESSION

En quoi les champs de bataille de la guerre de Sécession sont-ils intéressants ?
Ces sites constituent la pierre de touche d'un passé pas si lointain. Ils sont la manifestation physique des grands bouleversements qui marquèrent l'histoire américaine de ces 150 dernières années. L'ampleur de ces paysages est à la hauteur de l'importance des événements dont ils furent le théâtre.

Les visiteurs, en se rendant sur ces champs de bataille, peuvent marcher sur les traces de grands hommes et femmes qui vécurent et moururent pour la défense de leurs convictions, transformant ces endroits quelconques en hauts lieux de l'histoire. Ainsi, des villes et villages paisibles accédèrent au rang de sanctuaires nationaux suite à des épisodes d'action et de détermination intenses. Les champs de bataille sont un moyen de mieux appréhender la société américaine.

Je me suis surtout attardé sur les champs de bataille les mieux préservés, comme Antietam et Gettysburg, car ce sont ceux qui offrent le meilleur contexte pour comprendre pourquoi les choses se sont déroulées ainsi et ici. Quelle meilleure salle de classe que ces champs où l'on peut fouler la même terre et voir le même paysage que les soldats qui s'y affrontèrent ?

Pourquoi la Virginie est-elle devenue un haut lieu de tourisme autour de la guerre de Sécession ?
La Virginie a été très durement touchée par la guerre de Sécession. Seulement 160 km séparaient la capitale des États confédérés (en Virginie) de celle des États-Unis ; la région entre ces deux villes rivales ne pouvait donc qu'être le théâtre de terribles combats et effusions de sang. Il est possible de parcourir des champs de bataille isolés dans tout le pays, mais les gens viennent ici pour en visiter plusieurs, beaucoup, parfois tous. Cette région, comme aucune autre, permet en effet une véritable immersion et reflète le caractère généralisé de ce conflit qui toucha tous les habitants et tous les recoins du pays. Si ailleurs, vous aurez parfois du mal à en trouver les traces, il est omniprésent en Virginie.

Frank O'Reilly, historien et guide-garde forestier au National Park Service

TEMPS FORT

❾ Appomattox Court House National Park

C'est à 92 miles (148 km) à l'ouest de Petersburg, sur le site de l'actuel **Appomattox Court House National Park** (📞434-352-8987 ; www.nps.gov/apco ; 4 $, sept-mai 3 $; ⏱8h30-17h), que capitula le Sud confédéré le 9 avril 1865, mettant fin à la guerre de Sécession.

Ravissant, le parc est jalonné de bornes signalant les ultimes événements de la guerre, comme celle évoquant l'adieu du général Lee à ses troupes.

La McLean House, où fut signée la reddition, est une reconstitution fidèle du bâtiment et de l'intérieur de l'époque.

Consacré à la défaite, à l'humilité et à la réconciliation, le parc permet d'appréhender les événements qui ont contribué à forger l'Amérique d'aujourd'hui.

🛏 p. 93

Se restaurer et se loger

Manassas ❸

✖ Tandoori Village — Indien $$

(📞703-369-6526 ; 7607 Centreville Rd ; plats 8-19 $; ⏱11h-14h30 et 17h-22h lun-ven, 11h-22h sam-dim). Dans un secteur dominé par les chaînes de fast-food, le Tandoori Village se distingue par sa cuisine du Pendjab copieuse, épicée et savoureuse. Pas de plats extraordinaires, mais des classiques (butter chicken, dal, paneer, etc.) très bien exécutés.

Fredericksburg ❹

✖ Bistro Bethem — Américain $$$

(📞540-371-9999 ; 309 William St ; plats 15-34 $; ⏱11h30-14h30 et 17h-22h mar-sam, jusqu'à 21h dim). La carte "New American" (classiques de la cuisine américaine revisités), les produits de saison et le service attentif mais efficace vous feront vivre une expérience gastronomique unique. Ici, le confit de canard et le quinoa côtoient la salade de betteraves rôties et les palourdes locales.

✖ Foode — Américain $$

(📞540-479-1370 ; 1006 C Caroline Street ; plats 13-24 $; ⏱11h-15h et 16h30-20h mar-jeu, jusqu'à 21h ven, 10h-14h30 et 16h30-21h sam, 10h-14h dim ; 🍴). Produits frais, locaux, fermiers et bio ; ambiance décontractée, bohème, rustique et chic ; nappes blanches et lumière tamisée : le Foode a mélangé toutes les tendances du début de ce millénaire et a su en tirer un magnifique résultat.

✖ Sammy T's — Américain $

(📞540-371-2008 ; 801 Caroline St ; plats 6-14 $; ⏱11h30-21h30 ; 📶🍴). Cette adresse marque des points d'entrée de jeu grâce à son emplacement, un joli bâtiment en brique de 1805 environ au cœur du quartier historique de Fredericksburg. La nourriture n'est pas mal non plus : soupes, sandwichs, cuisine de pub et nombreux plats végétariens (lasagnes aux légumes, quesadillas aux haricots noirs, etc.). Le tout agrémenté d'un bon choix de bières.

🛏 Richard Johnston Inn — B&B $$

(📞540-899-7606 ; www.therichardjohnstoninn. com ; 711 Caroline St ; ch 125-200 $; P❄🛜). Ce B&B est presque aussi ravissant, accueillant et chargé d'histoire que le quartier qu'il occupe. Il compte 9 chambres, dont la *Old Town*, une suite aux poutres apparentes, et la *Canopy*, aux murs rose pâle, et au baldaquin de dentelle.

🛏 Schooler House — B&B $$

(📞540-374-5258 ; www.theschoolerhouse. com ; 1301 Caroline St ; ch 160-175 $; P❄). Excellent B&B occupant une maison victorienne orangée comprenant 2 chambres ornées de dentelle et de magnifiques espaces extérieurs. Andi et Paul, les propriétaires, offrent un service chaleureux et vraiment personnalisé. Et pour couronner le tout, Andi prépare un petit-déjeuner succulent.

Richmond ❼

✖ Burger Bach — Gastropub $

(📞804-359-1305 ; 10 S. Thompson St ; plats 7-12 $; ⏱11h-22h dim-jeu, 11h-23h ven-sam ; 🍴🪑). Le Burger Bach a l'originalité d'être le seul restaurant du coin autoproclamé spécialiste du hamburger néo-zélandais. Et il faut bien le dire, on y mange d'excellents hamburgers d'agneau, ainsi que des versions plus locales à base de bœuf (ou végétariennes). Difficile de choisir parmi les 14 sauces différentes pour accompagner les frites épaisses.

✖ Croaker's Spot — Poisson $$

(📞804-269-0464 ; 1020 Hull St ; plats 8-17 $; ⏱11h-21h lun, mar, jeu, 11h-minuit mer, 11h-23h ven, 12h-23h sam, 12h-21h dim ; **P**). Croaker's est une véritable institution, un pilier de la gastronomie afro-américaine. On y mange la "soul food" (cuisine afro-américaine) la plus raffinée de Richmond, composée de plats savoureux, réconfortants et copieux. L'intimidant Fish Boat comprend du poisson-chat frit, du pain de maïs et des macaronis au fromage.

✕ Edo's Squid   Italien $$$

(📞804-864-5488 ; 411 N Harrison St ; plats 12-30 $). L'un des meilleurs restaurants italiens de Richmond, l'Edo's sert une cuisine savoureuse et authentique : aubergines au parmesan, pâtes *diavolo* aux crevettes épicées, plats du jour, et calamars (*squid*).

✕ Julep's   Américain moderne $$$

(📞804-377-3968 ; 1719 E Franklin St ; plats 18-32 $; ⏱17h30-22h lun-sam ; **P**). C'est ici que se retrouvent les grands aristocrates du Sud pour déguster une cuisine innovante. Si nous avons particulièrement aimé le ragoût de sanglier et d'agneau, les végétariens y trouveront aussi leur compte, et la carte des salades est particulièrement originale.

🛏 Jefferson Hotel   Hôtel de luxe $$$

(📞804-788-8000 ; www.jeffersonhotel. com ; 101 W Franklin St ; ch à partir de 250 $; **P** ✳🛜🛁). Il se dégage un sens de la tradition presque impérial de cet hôtel romantique, le plus réputé de Richmond. Le service, chaleureux sans être envahissant, est à la hauteur de ce cadre grandiose rappelant les châteaux de contes de fées.

🛏 Linden Row Inn   Boutique Hotel $$

(📞804-783-7000 ; www.lindenrowinn.com ; 100 E Franklin St ; ch petit-déj incl 120-170 $, ste 250 $; **P** ✳@🛜). Ce joyau datant d'avant la guerre de Sécession loue de belles chambres (avec meubles de l'époque victorienne) réparties dans des *townhouses* de style néo-grec bien situées en centre-ville. L'hospitalité du personnel et les délicates attentions (entrées gratuites pour le YMCA, service de navette gratuit) rendent la note moins salée.

🛏 Massad House Hotel   Motel $

(📞804-648-2893 ; www.massadhousehotel. com ; 11 N 4th St ; ch 75-110 $). Le Massad assure sur tous les points, mais il se distingue surtout par ses tarifs et son emplacement de choix, à deux pas des meilleures curiosités de Richmond. Le cadre rappelle celui d'un bureau confortable dans le style Tudor.

Appomattox Court House National Park ❾

🛏 Longacre   B&B $$

(📞800-758-7730 ; www.longacreva.com ; 1670 Church St ; ch à partir de 105 $, ste 275 $; **P** ✳). Le Longacre semble tout droit sorti de la campagne anglaise. On en viendrait même à croire que dans certaines de ses chambres, des enfants disparaissent dans des royaumes magiques après s'être glissés dans les armoires. L'impressionnante bâtisse compte 6 chambres élégamment meublées et est entourée d'un beau parc orné d'un magnolia.

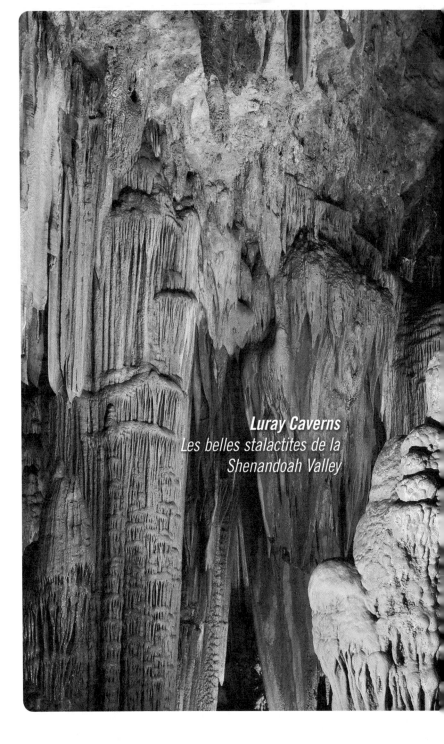

Luray Caverns
Les belles stalactites de la Shenandoah Valley

La Skyline Drive

6

Route emblématique des États-Unis, la Skyline Drive traverse, comme il se doit, des paysages superbes émaillés de merveilles naturelles.

TEMPS FORTS

Dinosaur Land

42 miles (68 km)

Mathews Arm et Elkwallow
De hautes cascades et de paisibles aires de pique-nique

Front Royal **DÉPART**

• Huntly

61 miles (98 km)

Luray
Un vaste réseau de grottes, où résonne un orgue minéral

85 miles (137 km)

Hawksbill
Le point culminant du parc de Shenandoah

Lewis Mountain
ARRIVÉE

Byrd Visitor Center
Un lieu consacré à la nature et la culture locales

95 miles (153 km)

**3 JOURS
150 MILES / 240 KM**

PARFAIT POUR...

LE MEILLEUR MOMENT

De mai à novembre pour profiter du beau temps et de tous les sites

 LA PHOTO SOUVENIR

Le panorama depuis le sommet du Bearfence Rock Scramble

 CULTURE LOCALE

Le centre des visiteurs de Byrd offre un bel aperçu des coutumes des Appalaches

95

6 La Skyline Drive

L'intérêt majeur du Shenandoah National Park est l'époustouflante Skyline Drive, qui se déroule au sommet des Blue Ridge Mountains sur plus de 100 miles (160 km). Contrairement aux gigantesques parcs de l'Ouest comme Yellowstone ou Yosemite, Shenandoah ne fait par endroits que 1,5 km de large. Cette étroitesse est un atout, car on profite pleinement des beautés du parc lorsqu'on le traverse en voiture.

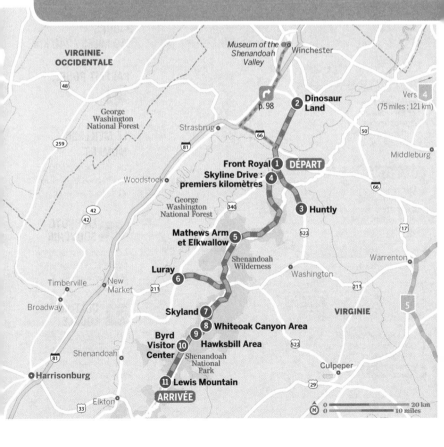

VIRGINIE-OCCIDENTALE

Museum of the Shenandoah Valley

Winchester

48

George Washington National Forest

259

Strasbrug

81

66

Woodstock

Front Royal ① **DÉPART**
Skyline Drive : premiers kilomètres ④

p. 98 ② **Dinosaur Land**

Vers 4
(75 miles : 121 km)

50

Middleburg

66

George Washington National Forest

340

③ **Huntly**

17

42
42

Mathews Arm et Elkwallow ⑤

523

Shenandoah Wilderness

Warrenton

Luray ⑥

211

Timberville
New Market
Broadway

Washington

211

Skyland ⑦

VIRGINIE

5

⑧ **Whiteoak Canyon Area**

Byrd Visitor Center ⑩ ⑨ **Hawksbill Area**

Shenandoah National Park

523

81

Shenandoah

Culpeper

Harrisonburg

⑪ **Lewis Mountain**
ARRIVÉE

29

Elkton

33

0 ——————— 20 km
0 ——————— 10 miles

❶ Front Royal

À l'entrée nord du parc, la petite ville de Front Royal, si elle n'est pas la halte la plus branchée de Virginie, offre un cadre verdoyant en bord de rivière et tous les commerces nécessaires à la préparation d'une partie de camping ou d'une randonnée dans les montagnes.

Pour faire le point sur les choses à voir dans la région, foncez au **Front Royal Visitor Center** (☎800-338-2576 ; 414 E Main St ; ⊙9h-17h).

Pour passer une nuit à la belle étoile en compagnie d'espèces en voie de disparition, renseignez-vous au Smithsonian Conservation Biology Institute (p. 102).

✖ 🛏 p. 104

À COMBINER AVEC :

❹ La Maryland Historic National Road

Quittez Front Royal par la US 340 vers le nord pour rejoindre Frederick.

❺ Les sites de la guerre de Sécession

Depuis les Luray Caverns, dirigez-vous vers le sud-est. Dépassez Culpeper et rejoignez Fredericksburg.

BON À SAVOIR
BORNES ROUTIÈRES

Les bornes (mileposts, MP ou Mile) sont le meilleur moyen de se repérer sur la Skyline Drive. Elles commencent à MP 0, près de Front Royal, et se terminent à MP 105, à l'entrée sud du parc, près de Rockfish Gap.

La route » Dinosaur Land est à 10 miles (16 km) au nord de Front Royal, direction Winchester, par la US 340 (Stonewall Jackson Hwy).

❷ Dinosaur Land

Avant de partir admirer les beautés naturelles du parc, jetez un coup d'œil aux monstres kitsch du **Dinosaur Land** (☎540-869-2222 ; www.dinosaurland.com ; 3848 Stonewall Jackson Hwy, White Post ; adulte/enfant 6/5 $; ⊙9h30-17h30 mars-mai, 9h30-18h30 été, 9h30-17h sept-déc ; ♿). Il serait en effet dommage de passer à côté de ce sanctuaire de sculptures en béton. Malgré son statut de "forêt préhistorique pédagogique" et sa bonne cinquantaine de dinosaures grandeur nature (plus un King Kong pour faire bonne mesure), vous en apprendrez sûrement plus sur ces créatures en regardant *Jurassic Park 3*.

La route » Retournez à Front Royal et suivez la US 522 (Remount Rd) vers le sud pendant 9 miles (14 km) jusqu'à Huntly.

❸ Huntly

Huntly est une petite ville nichée dans les contreforts verdoyants des Shenandoah, à l'ombre de Front Royal, située juste au nord. L'endroit est idéal pour faire le plein de culture cosmopolite et choyer son palais, notamment aux **Rappahannock Cellars** (☎540-635-9398 ; www.rappahannockcellars.com ; 14437 Hume Road ; dégustations 8 $; ⊙11h30-17h, 11h30-18h sam), l'un des excellents domaines vinicoles du centre-nord de la Virginie. Vous pourrez y déguster un grand nombre de vins différents sans vous ruiner, mais surtout profiter des collines tapissées de vignes qui s'étendent au loin. Bien que dans l'arrière-pays de la Virginie, on se croirait transporté dans les paysages pastoraux du nord de l'Italie. Laissez-vous tenter (mais sans excès si vous conduisez).

La route » Regagnez Front Royal, d'où vous rejoindrez la Skyline Drive. De là, comptez 5,5 miles (9 km) jusqu'à Dickey Ridge.

❹ Skyline Drive : premiers kilomètres

La **Skyline Drive**
(☎540-999-3500 ; www.
nps.gov/shen ; entrée
nord à Front Royal ; voiture
10 $; 🚶) est la route
panoramique par
excellence. Ses 75 points
de vue surplombant la
Shenandoah Valley et
le Piedmont sont tous
superbes. Au printemps
et en été, ses camaïeux
de vert forment un décor
enchanteur qui laisse
place, à l'automne, à
des tons vifs de rouge
et de jaune. Profitez de
l'occasion pour faire
une randonnée sur le
Sentier des Appalaches
(Appalachian Trail), qui
croise la Skyline Drive
en 32 endroits.

Première étape de
l'exploration, le **Dickey
Ridge Visitor Center**
(☎540-635-3566 ; Skyline Dr,
Mile 4,6 ; ⊙9h-17h avr-nov)
occupe un bâtiment
chargé d'histoire.
Lorsqu'il fut construit
en 1908, il servait de
"wild dining hall"
(ou "salle à manger
sauvage" ; à l'époque,
cela signifiait simplement
qu'il comportait une
terrasse pour danser).
Il ferma pendant la
Seconde Guerre mondiale
pour ne rouvrir qu'en
1958 en tant que centre
d'accueil des visiteurs.
C'est aujourd'hui l'un des
deux principaux centres
d'accueil du parc et l'on y
trouve à peu près tout ce
qu'il faut pour organiser
un itinéraire sur la
Skyline Drive.

VAUT LE DÉTOUR
MUSEUM OF THE
SHENANDOAH VALLEY

Point de départ : ❶ **Front Royal**

Le **Museum of the Shenandoah Valley** (☎540-662-
1473, 888-556-5799 ; http://themsv.org ; 901 Amherst St ;
tarif plein/étudiant 10/8 $; ⊙10h-16h mar-dim) est
l'endroit tout indiqué pour commencer votre
périple dans le Shenandoah National Park. Dans
la ville de Winchester, à 25 miles (40 km) au
nord de Front Royal, ce musée est un dépositaire
exhaustif d'informations sur la vallée, la culture
des Appalaches et les traditions uniques qui
s'y rattachent. Ses 4 galeries exposent plus de
7 500 objets, des meubles aux tableaux en passant
par une belle collection de maquettes.

De Front Royal, prenez la I-66 vers l'ouest puis
suivez la I-81 vers le nord pendant 25 miles (40 km).
À Winchester, observez les panneaux (le musée est
en périphérie).

La route ›› Un trajet sinueux
de 19 miles (31 km) sur la
Skyline Drive vous sépare de
Mathews Arm.

TEMPS FORT

❺ Mathews Arm et Elkwallow

Mathews Arm est
la première section
importante du
Shenandoah National
Park après Dickey Ridge.
Avant de vous y rendre,
faites une halte au niveau
de la borne MP 19,4 pour
parcourir à pied la boucle
des **Little Devils Stairs**
(4,8 miles/8 km). Le nom
de cette gorge étroite
("l'escalier des petits
diables") est révélateur
du niveau de difficulté ;
attendez-vous à devoir
escalader par endroits.

La zone de Mathews
Arm est équipée d'un
terrain de camping et
d'un amphithéâtre, qui
sert aux conférences
des rangers du parc.
Une brise agréable vous
rafraîchit généralement :
vous êtes déjà à 840 m
d'altitude.

De l'amphithéâtre,
un sentier de randonnée
de 6,5 miles (10 km) de
difficulté moyenne mène
aux **Overall Run Falls**,
les plus hautes chutes du
parc (28 m). Les points
de vue ne manquent pas
pour profiter du paysage
et prendre des photos
– sachez cependant que
les chutes sont parfois
asséchées en été.

Shenandoah Valley Ville de Virginie colorée dans la vallée

Elkwallow Wayside, qui comprend une aire de pique-nique et un beau point de vue, est au niveau de la borne MP 24, peu après Mathews Arm.

La route ›› De Mathews Arm, continuez sur la Skyline vers le sud pendant 10 miles (16 km) puis prenez à droite la US 211 sur 7 miles (11 km) jusqu'à Luray.

- - - - - - - - - -

TEMPS FORT

❻ Luray

Luray est un bon point de chute pour se restaurer et éventuellement trouver un hôtel si vous n'avez pas envie de passer la nuit sous la tente. Vous pourrez également y explorer les belles **Luray Caverns** (☎540-743-6551 ; www.luraycaverns.com ; Rte 211 ; adulte/enfant 21/10 $;

☉9h-19h juin-août, 9h-18h sept-nov et avr-mai, 9h-16h lun-ven déc-mars), l'un des plus grands réseaux de grottes de la côte Est, découvert en 1878.

Une visite guidée de 1 heure (environ 1,5 km) permet de parcourir ces grottes ouvertes au public depuis plus d'un siècle. Elles renferment d'impressionnantes formations calcaires – stalactites, stalagmites, colonnes… ainsi que les curieux "Fried Eggs", d'étonnantes formations en forme d'œufs au plat – ainsi que le "Stalacpipe Organ"qui propose la vision pour le moins étrange d'un pupitre d'organiste installé dans les entrailles de la Terre. Cet instrument unique en son genre utilise de

petits marteaux mus par un système électrique pour faire résonner les stalactites et jouer de la musique.

La datation de la formation de ces grottes (400 millions d'années) pose question à Luray : les théories créationnistes sont en effet largement acceptées dans la région.

✕ 🛏 p. 105

La route ›› Suivez la US 211 vers l'est pendant 10 miles (16 km) pour retrouver la Skyline Drive, que vous emprunterez vers le sud sur 10 miles jusqu'à Skyland. Chemin faisant, vous passerez par le point culminant de la route (1 122 m). À la borne MP 40,5, juste avant Skyland, on jouit d'une vue magnifique depuis le parking du point de vue de Thorofare Mountain (1 096 m).

LA SKYLINE DRIVE
ADAM KARLIN, AUTEUR

La Skyline Drive est l'une des routes panoramiques mythiques des États-Unis. La Shenandoah Valley offre un mélange superbe de deux écosystèmes semblant aux antipodes : les montagnes boisées et accidentées des Appalaches d'un côté, et les collines impeccables du Piedmont en Virginie de l'autre. Des randonnées grandioses jalonnent le parcours, et les haltes culinaires sont à la hauteur de l'expérience.

En haut : Bearfence Mountain
À gauche : Ourson noir
À droite : Dinosaur Land, White Post

FRANCK FOTOS/ALAMY ©

❼ Skyland

Les amateurs d'équitation pourront réaliser un circuit dans la Shenandoah Valley avec les **Skyland Stables** (📞540-999-2210 ; circuits guidés en groupe 1/2 heures 30 30/50 \$; ⏰9h-17h mai-oct) : un excellent moyen de profiter de la faune et du paysage. Des promenades en poney sont également proposées aux plus jeunes.

Le secteur se prête idéalement à la randonnée : plusieurs sentiers sillonnent les environs, et les couchers de soleil sont fabuleux. Les hébergements sont un peu rustiques, mais c'est ce qui fait leur charme (la Trout Cabin ne semble pas avoir changé depuis sa construction en 1911, et c'est un compliment). Il se dégage ici une atmosphère nostalgique positive – qui, si vous recherchez le confort, vous semblera un peu rudimentaire.

La route » Le parking de Whiteoak est à seulement 1,5 mile (2 km) au sud par la Skyline Drive.

❽ Whiteoak Canyon Area

Au niveau de la borne MP 42,6, le Whiteoak Canyon est un autre secteur de la Skyline Drive offrant de superbes possibilités d'exploration

et de randonnée.
Les différentes aires de stationnement permettent d'accéder aux sentiers qui serpentent sur les crêtes et le long des ruisseaux.

La plupart des randonneurs viennent à Whiteoak Canyon pour ses **cascades** – six au total, la plus haute chutant de 26 m. Au départ du parking de Whiteoak, il est possible de faire un circuit de 4,6 miles (7 km) passant par ces cascades, mais attention, l'ascension est ardue tout du long. Pour rejoindre l'ensemble de cascades suivant, vous

devrez marcher 2,7 miles (4 km) de plus et vous attendre à un dénivelé de 335 m.

Le **Limberlost Trail** et son aire de stationnement sont au sud du Whiteoak Canyon. Il s'agit d'une marche de difficulté moyenne de 1,3 mile (2 km) dans un arrière-pays planté d'épicéas et peuplé de faucons, de hiboux et d'autres oiseaux ; le terrain marécageux attire les salamandres.

La route » Le secteur de Hawksbill est à 3 miles (5 km) au sud du Whiteoak Canyon par la Skyline Drive.

TEMPS FORT

❾ Secteur de Hawksbill

Hawksbill, qui fait référence à la fois à cette partie de la Skyline Drive et au point culminant (1 234 m) du Shenandoah National Park, se situe au niveau de la borne MP 45,6. De nombreux sentiers sillonnent les sommets de cette montagne.

Depuis l'aire de stationnement de Hawksbill Gap (MP 45,6), plusieurs possibilités de randonnée s'offrent à vous. Le **Lower Hawksbill**

PAROLE D'EXPERT
SMITHSONIAN CONSERVATION BIOLOGY INSTITUTE

Passionné de faune ? Si vous êtes dans la région de Front Royal en été, ne passez pas à côté des Conservation Campouts du **Smithsonian Conservation Biology Institute** (SCBI ; 📞202-633-2614, 540-635-6500 ; http://nationalzoo.si.edu/activitiesandevents/activities/conservationcampout ; 1500 Remount Rd, Front Royal ; 125 $; 🕐juin-août ; 🐾) : une sortie d'un week-end à la découverte des actions de conservation du SCBI. Accompagné d'un employé, vous pourrez explorer l'habitat d'espèces comme le loup à crinière, le guépard, le putois d'Amérique ou encore la panthère nébuleuse avant de dîner autour d'un feu de camp et de passer la nuit sous une tente (4 personnes maximum). Au matin, petit-déjeuner continental et activités sont proposées par les employés.

Cette formule s'adresse aux familles (maximum 6 personnes) mais il existe aussi des camps réservés aux adultes. Les enfants de moins de 6 ans ne sont pas admis et les jeunes de moins de 18 ans doivent être accompagnés d'un adulte. Cette découverte faunique avec des professionnels qualifiés et passionnés constitue vraiment une expérience exceptionnelle.

Les inscriptions débutent au printemps (consultez le site Internet). Ne traînez pas, car les places partent vite : le SCBI, ensemble de musées et de centres de recherche consacré à l'expansion et à la diffusion du savoir, est généralement fermé au public et n'ouvre aux visiteurs qu'à l'occasion de ces *campouts*, préparés par l'organisme Friends of the National Zoo (FONZ).

Adam Karlin

Trail est un circuit ardu de 1,7 mile (2,8 km) qui fait le tour des versants les plus bas de la Hawksbill Mountain et offre un beau panorama sur le parc. Il y a un autre excellent point de vue au bout de l'**Upper Hawksbill Trail**, piste de difficulté moyenne de 2,1 miles (3,4 km). Il est possible de rejoindre le sentier des Appalaches par le Salamander Trail.

En continuant vers le sud sur 5 miles (8 km), vous arriverez au **Fishers Gap Overlook**, départ de la **Rose River Loop**, parcours de difficulté moyenne de 4 miles (6,5 km) dans un cadre paradisiaque de cascades, de canopée épaisse et de ruisseaux.

La route ›› De Fishers Gap, roulez environ 1 mile (1,6 km) vers le sud jusqu'au Byrd Visitor Center (borne MP 51).

TEMPS FORT

❿ Byrd Visitor Center

Centre d'accueil

(☎540-999-3283 ; Skyline Dr, MP 50 ; ☺9h-17h avr-nov) central du Shenandoah National Park, à peu près à équidistance des deux extrémités de la Skyline Drive, il comprend plusieurs petites expositions bien conçues sur le peuplement et le développement de la Shenandoah Valley,

AVENTURE LABYRINTHIQUE

Juste à côté des Luray Caverns, il existe un endroit où vous pourrez laisser s'exprimer la Wendy Torrance ou le Dick Hallorann qui sommeille en vous : un **labyrinthe** (adulte/enfant 9/7 $) à la *Shining*, dont il est parfois plus dur d'en sortir qu'il n'y paraît.

constituant ainsi un lieu de halte intéressant pour parfaire sa connaissance de la culture locale (et se procurer des permis de camping).

De l'autre côté de la route, le secteur des **Big Meadows** abrite un camping et propose des activités gérées par les rangers.

Le sentier **Story of the Forest**, qui part du centre des visiteurs, est une belle boucle facile de 1,8 mile (3 km) sur chaussée revêtue. Il y a aussi deux cascades à proximité. Les **Dark Hollow Falls**, dont le nom et l'aspect évoquent l'univers de Tolkien, forment une chute de 21 m située au bout d'un chemin quelque peu ardu de 1,4 mile (2 km). Les **Lewis Falls**, accessibles via Big Meadows, se trouvent sur un sentier de difficulté moyenne de 3,3 miles (5,3 km) qui coupe le sentier des Appalaches et comprend une pente rocheuse à escalader.

La route ›› Le secteur de Lewis Mountain est à 5 miles (8 km) au sud du Byrd Visitor Center par la Skyline

Drive. Arrêtez-vous pour profiter de la vue à Milam Gap et Naked Creek (tous deux bien signalés depuis la route).

⓫ Lewis Mountain

Lewis Mountain désigne à la fois l'un des principaux campings du Shenandoah National Park et une montagne haute de 1 088 m. L'ascension de cette dernière, d'environ 1,5 km et de faible dénivelé, permet d'accéder à un beau point de vue. Mais c'est du **Bearfence Rock Scramble** que l'on jouit du panorama le plus impressionnant. Pour y arriver, il faut gravir une côte raide et rocailleuse de 1,2 mile (2 km) ; à oublier donc pendant ou après la pluie. Au sommet, on est récompensé par l'une des plus belles vues sur le parc de Shenandoah.

Du secteur de Lewis Mountain, il vous reste encore 50 miles (80 km) environ à parcourir sur la Skyline Drive pour rejoindre la sortie du parc à Rockfish Gap.

Se restaurer et se loger

Front Royal ❶

✖ Apartment 2G — Fusion $$$

(☎540-636-9293 ; 206 S Royal Ave ; 5 plats 50 $, tapas 6-14 $; ☺à partir de 18h30 sam et 3ᵉ jeu). Le meilleur restaurant de Front Royal n'est ouvert qu'une fois par semaine (ou deux si l'on compte la soirée tapas le 3ᵉ jeudi du mois). La philosophie culinaire du couple qui est aux commandes (deux chefs issus du réputé Inn at Little Washington) est simple et merveilleuse : un menu constamment renouvelé de 5 plats composés d'ingrédients ultra frais.

✖ Element — Fusion $$

(☎540-636-9293 ; www.jsgourmet.com ; 206 S Royal Ave ; plats 12-22 $; ☺11h-15h et 17h-22h mar-sam ; ✎). Element, tenu par les mêmes propriétaires qu'Apartment 2G, offre un cadre plus ordinaire que ce dernier mais néanmoins une cuisine de qualité. On y vient avant tout pour les sandwichs et les soupes, ainsi que pour les plats du soir, qui mêlent influences d'Asie et des Appalaches (du type caille aux champignons shiitaké). Les options végétariennes (dont le sandwich à l'avocat et les légumes aux épices caribéennes) sont copieuses et délicieuses.

✖ Jalisco's — Mexicain $

(☎540-635-7348 ; 1303 N Royal Ave ; plats 8-15 $; ☺11h-22h lun-jeu, 11h-23h ven-sam, 11h-21h30 dim). On y mange une cuisine mexicaine plutôt bonne, bien qu'essentiellement élaborée à base de haricots frits et de fromage fondu... Rien de bien grave, sauf pour votre cœur. Les *chili rellenos* font un tabac, tout comme les margaritas.

✖ Main Street Mill & Tavern — Café $

(☎540-636-3123 ; 500 E Main St ; plats 6-15 $; ☺10h30-21h dim-jeu, 10h30-22h ven-sam ; ♿). Ce restaurant rustique est installé dans une ancienne meunerie des années 1880

rénovée. La cuisine, sans surprise (type soupes, sandwichs et salades), est copieuse et tout à fait correcte.

⛉ Killahevlin B&B — B&B $$

(☎800-847-6132, 540-636-7335 ; www. vairish.com ; 1401 N Royal Ave ; ch 155-225 $, ste 255-285 $). Ce B&B à l'irlandaise occupe un ravissant bâtiment ancien répertorié par le Centre des monuments nationaux, au cachet certain. Chambres au décor fleuri et service affable. Bière pression à discrétion pour les hôtes.

⛉ Woodward House on Manor Grade — B&B $$

(☎800-635-7011, 540-635-7010 ; www. acountryhome.com ; 413 S Royal Ave/US 320 ; ch 110-155 $, cottage 225 $; ℗🖙). Ce B&B quelque peu encombré compte 8 chambres lumineuses joliment aménagées par des propriétaires débordant de bonne humeur. Il constitue un agréable point de chute pour explorer les confins nord du Shenandoah National Park.

Shenandoah National Park

Les trois hébergements suivants sont tous gérés par la même structure. Les amoureux de nature pourront préférer les 4 **campings** (☎877-444-6777 ; www. recreation.gov ; empl 15-25 $) situés dans le parc.

⛉ Big Meadows Lodge — Lodge $$

(☎540-999-2255 ; www.goshenandoah.com/ Big-Meadows-Lodge.aspx ; Skyline Dr, MP 51.2 ; ch 130-210 $; ☺fin mai-oct ; 🖙♿). En plein cœur de la Skyline Drive, à la borne MP 51,2 (Byrd Visitor Center) ; la valse des tamias et des oiseaux à travers les branches confère au lieu une atmosphère paisible. Vous aurez le choix entre différents lodges en pierre de 1939. Wi-Fi disponible dans les bâtiments centraux.

⏸ Lewis Mountain Cabins Chalets $

(📞877-247-9261 ; www.goshenandoah.com/
lewis-mountain-cabins.aspx ; Skyline Dr, MP 57.6 ;
chalet 90-100 $, empl 16 $; ☺avr-oct ; P 🐾).
Lewis Mountain loue plusieurs chalets meublés
avec sdb privée et douche chaude. L'endroit
comprend aussi un camping avec magasin,
laverie et douches. Il s'agit de l'hébergement
le plus rustique de ce secteur mal équipé en
campings. Beaucoup de chalets sont mitoyens,
mais nous n'avons jamais entendu nos voisins.

⏸ Skyland Resort Hôtel $$

(📞877-247-9261 ; www.goshenandoah.com/
skyland-resort.aspx ; Skyline Dr, MP 41.7 ; ch à
partir de 140 $, petit-déj incl 150 $; ☺avr-oct ;
P 🐾). Fondé en 1888, ce bel hôtel jouit d'une
vue magnifique sur la campagne environnante
grâce à son emplacement sur l'un des points les
plus hauts du Shenandoah National Park (il est
à 1 120 m d'altitude). On y trouve des chambres
simples avec meubles en bois et un restaurant.
Possibilité d'organiser des promenades à cheval
depuis l'hôtel.

Luray ⑥

✖ Gathering Grounds Patisserie & Cafe
Boulangerie $

(📞540-743-1121 ; www.ggrounds.com ;
55 E Main St ; viennoiseries - de 5 $, plats 5-7 $;

⏰7h-18h lun-jeu, 7h-19h ven, 8h-19h sam,
11h-15h dim ; 📶🖨). Si vous êtes en manque
de caféine ou d'Internet, Gathering Grounds
est parfait pour vous. Le café fort et les
pâtisseries savoureuses sont servis dans un
endroit spacieux, à la fois chaleureux, bohème
et branché.

✖ West Main Market Épicerie fine $

(📞540-743-1125 ; www.westmainmarket.com ;
123 W Main St ; plats 5-7 $; ⏰10h-18h mar-jeu,
10h-19h ven-sam ; P 🖨 🐾). Qui dit périple
sur la Skyline Drive dit pique-nique. Pour vous
approvisionner, foncez tête baissée vers ce
commerce de salades et de sandwichs. Celui
à la dinde grillée et à l'avocat est merveilleux,
et la salade fraîche du jardin vous donnera de
l'énergie à revendre.

⏸ Yogi Bear's Jellystone
Park Campsite Camping $

(📞800-420-6679 ; www.campluray.com ;
2250 Hwy 211 East ; empl/chalet à partir de
30/85 $; 🐾). Parcours de golf miniature,
toboggans aquatiques, pédalos, salle de
jeux, trampoline... Tout a vraiment été prévu
pour les enfants dans ce camping qui tient
également du parc d'attractions. Les apprentis
chercheurs d'or pourront même tenter leur
chance à l'Old Faceful Mining Company.
Tarifs imbattables pour les emplacements
de camping et les chalets.

SE DÉGOURDIR LES JAMBES
NEW YORK

Départ/arrivée New Museum of Contemporary Art

Distance 2,6 miles (4 km)

Durée 3 heures

Ville des artistes en quête de gloire, des magnats des fonds spéculatifs et des migrants du monde entier, New York se réinvente perpétuellement. Une promenade dans ses quartiers illustre bien sa capacité à mêler ancien et nouveau.

New Museum of Contemporary Art

Comme pour tout musée moderne digne de ce nom, l'architecture du **New Museum of Contemporary Art** (☎212-219-1222 ; www.newmuseum.org ; 235 Bowery entre Prince St et Rivington St ; adulte/enfant 14 $/gratuit, 19h-21h jeu gratuit ; ☉11h-18h mer et ven-dim, 11h-21h jeu) est aussi importante que les œuvres qu'il abrite. Dominant une artère jadis malfamée de Lower East Side, qui s'embourgeoise rapidement, sa plate-forme d'observation sur le toit dévoile une perspective superbe sur la ville.

La promenade ›› Longez Bowery vers le sud et prenez Spring St sur la droite. Trois pâtés de maisons plus loin, tournez dans Mulberry St.

Mulberry Street

Même si elle a un peu perdu de son authenticité, Mulberry St est toujours le cœur de Little Italy. L'**Umberto's Clam House** (☎212-431-7545 ; www.umbertosclamhouse.com ; 132 Mulberry St), créé en 1972 – et où le mafieux Joey Gallo fut assassiné la même année –, est toujours ouvert, ainsi que le **Mulberry Street Bar** (☎212-226-9345 ; 176½ Mulberry St entre Broome St et Grand St), cher à Frank Sinatra. Mais les serveurs, agitant leurs menus au passage des touristes, rabâchent leur rengaine aussi lourdement qu'ils déversent leur sauce tomate sur leurs pâtes.

La promenade ›› Par beau temps, les restaurants de Mulberry St sortent leurs tables sur le trottoir, rendant le passage très étroit. Traversez Canal St, rue large et congestionnée (vous l'explorerez plus tard), et continuez jusqu'à Columbus Park.

Columbus Park

Les joueurs de mah-jong et de dominos s'installent sur les tables en plein air alors que les adeptes du tai-chi effectuent leurs enchaînements à l'ombre des arbres. Ce parc communal, créé dans les années 1890, est le domaine des habitants du quartier.

La promenade ›› Vers l'extrémité sud-ouest du parc se trouve une ruelle menant à Mott St. Prenez cette dernière en direction de Chinatown et tournez à droite dans Canal St.

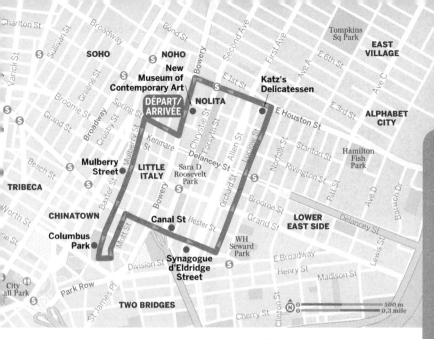

Canal Street

L'artère principale de Chinatown !
Échappez à la foule en vous engouffrant
dans les petites rues en quête de trésors
d'Extrême-Orient. Vous passerez
devant des stands de poissons, des
herboristeries où abondent racines et
potions, des vitrines de restaurants
où pendent des canards rôtis... et des
marchands ambulants vendant toutes
sortes de contrefaçons d'articles de
marque.

La promenade » Longez Canal St vers l'est
et frayez-vous un chemin à travers l'intersection
où convergent les voies d'accès et de sortie du
Manhattan Bridge. Continuez sur deux pâtés de
maisons puis prenez à droite dans Eldridge St.

Synagogue d'Eldridge Street

Construite en 1887, cette synagogue
rehaussée d'éléments décoratifs de
styles roman et mauresque accueillait
de nombreux fidèles au tournant
du XXe siècle mais ferma dans les
années 1950 du fait d'une baisse
de fréquentation. Au terme d'une
restauration de 20 ans achevée en 2007,

l'endroit célèbre à nouveau un service
religieux les vendredi soir et samedi
matin. Des visites sont également
proposées. À l'intérieur, c'est le grand
vitrail circulaire au-dessus de l'arche
(où sont conservés les rouleaux de la
Torah) qui retient surtout l'attention.

La promenade » Partez vers le nord dans
Orchard St ou Ludlow St, toutes deux bordées de
boutiques et cafés branchés, pour rejoindre Katz's.

Katz's Delicatessen

C'est dans ce restaurant – l'un des rares
survivants de la scène culinaire juive
traditionnelle de Lower East Side –
que Meg Ryan simula un orgasme dans
Quand Harry rencontre Sally (1989).
Si vous aimez les gros sandwichs au
pastrami, au *corned-beef*, à la poitrine
ou à la langue de bœuf, cet endroit
pourrait peut-être avoir le même effet
sur vous. Gardez le ticket qu'on vous
tend à l'entrée et payez en espèces
uniquement.

La promenade » Longez East Houston St vers
l'ouest jusqu'au Bowery ; tournez à gauche pour
rejoindre le New Museum.

SE DÉGOURDIR LES JAMBES
WASHINGTON

Départ/arrivée Library of Congress

Distance 3 miles (5 km)

Durée 3 heures

Si Washington ne se résume pas à ses monuments, ses musées et ses mémoriaux, la capitale américaine leur doit en grande partie son identité. Bordé de monuments emblématiques et d'édifices en marbre, représentations physiques des idéaux et des aspirations de la nation, le National Mall est l'épicentre de la vie politique et culturelle de Washington.

Compatible avec les itinéraires :

Library of Congress

Afin de prouver aux Européens que l'Amérique était elle aussi une terre de culture, John Adams, deuxième président des États-Unis, fonda la bibliothèque du Congrès, aujourd'hui la plus grande au monde. Impressionnants par leur étendue et leur design, l'intérieur et les ornements baroques sont mis en valeur dans la salle de lecture principale, qui ressemble à une fourmilière où l'on consulte le fonds de quelque 29 millions d'ouvrages.

La promenade ›› Traversez la rue pour rejoindre le Capitol Visitor Center.

Capitole

Siège du pouvoir législatif du gouvernement (le Congrès), le Capitole dresse fièrement son dôme à l'extrémité est du National Mall. Le **Visitor Center** (www.visitthecapitol.gov ; 1st St NE et E Capitol St ; ☺8h30-16h30 lun-sam) présente en détail les origines et l'architecture de cet édifice historique. Pour visiter (gratuitement) le Capitole, réservez sur le site Internet.

La promenade ›› Longez le Capitole en direction du Washington Monument (le grand obélisque au milieu du Mall). Au rond-point, prenez Maryland Ave ; le jardin botanique sera sur votre droite.

United States Botanic Garden

Ce beau **jardin botanique** (www.usbg.gov ; 100 Maryland Ave SW ; ☺10h-17h ; ♿) expose plus de 4 000 espèces de plantes locales et exotiques dans un joli décor. Repérez l'arum titan, ou *Amorphophallus Titanum* (également connu sous l'appellation évocatrice de "phallus de titan"). Avec un peu de chance, la plante sera en fleur. Cette espèce endémique de Sumatra ne fleurit que tous les trois à cinq ans ; lorsque cela se produit, elle dégage une odeur de viande avariée. Appétissant !

La promenade ›› Continuez sur Maryland Ave pendant un peu plus de 150 m ; le National Museum of the American Indian sera à votre droite, reconnaissable à son bâtiment tout en courbes et en strates, en calcaire dolomitique de Kasota.

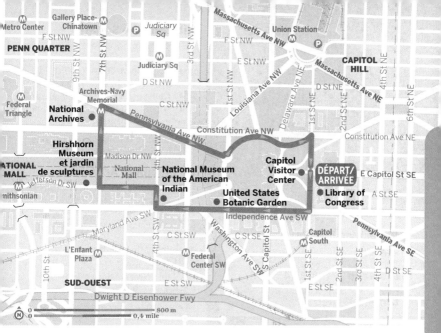

National Museum of the American Indian

Au **National Museum of the American Indian** (www.americanindian.si.edu ; angle 4th St et Independence Ave SW ; ⊙10h-17h30 ; 🚻), les peuples natifs d'Amérique content eux-mêmes leur histoire grâce à des témoignages et des expositions didactiques. Le **Mitsitam Native Foods Cafe** (www.mitsitamcafe.com ; plats 8-18 $; ⊙11h-17h), au rez-de-chaussée, est le meilleur restaurant du Mall.

La promenade ≫ Traversez le Mall vers l'ouest pour rejoindre Jefferson Ave. Le bâtiment en forme de donut de l'Hirshhorn Museum est à 600 m.

Hirshhorn Museum and Sculpture Garden

L'**Hirshhorn Museum** (www.hirshhorn. si.edu ; angle 7th St et Independence Ave SW ; ⊙10h-17h30, jardin 7h30-coucher du soleil ; 🚻) présente la collection d'art moderne de la Smithsonian Institution, institution de recherche scientifique qui regroupe 19 musées, majoritairement à Washington. De l'autre côté de

Jefferson Dr, le **jardin de sculptures** voit flâner jeunes couples, touristes perdus et habitants entre ses œuvres telles que *Les Bourgeois de Calais* de Rodin.

La promenade ≫ Remontez la 7th Ave vers Pennsylvania Ave. Tournez à gauche dans Pennsylvania Ave ; vous êtes arrivé aux Archives nationales.

National Archives

Les **National Archives** (www.archives.gov ; 700 Constitution Ave NW ; ⊙10h-19h mi-mars à début sept, 10h-17h30 début sept à mi-mars) sont un peu le saint des saints, puisqu'elles renferment les trois grands documents fondateurs de la nation – la Déclaration d'indépendance, la Constitution et le Bill of Rights (Déclaration des droits ou 10 premiers amendements) – ainsi que l'un des quatre exemplaires de la Grande Charte (Magna Carta).

La promenade ≫ Vous n'aurez aucun mal à revenir à la Library of Congress – descendez Pennsylvania Ave vers le Capitole, contournez-le et vous y êtes. Profitez-en pour explorer le National Mall.

SE DÉGOURDIR LES JAMBES
PHILADELPHIE

Départ/arrivée Rittenhouse Square

Distance 2,8 miles (4,5 km)

Durée 2 heures 30

Les monuments historiques du cœur de Philadelphie cohabitent avec les gratte-ciel et les places à la mode. Ce circuit, entre architecture ancienne et récente, vous fera découvrir des bâtiments majestueux et des espaces conçus au cours des siècles derniers, régénérés pour accueillir la vie intense qui agite la ville.

Rittenhouse Square

Cette élégante place, avec son bassin et ses jolies statues, représente le cœur du quartier prospère de Center City. Elle est bordée à l'est de plusieurs excellents restaurants qui sortent des tables sur le trottoir par beau temps – idéales pour observer les passants.

La promenade » Quittez la place par l'angle sud-est ; la prochaine étape est à deux pas.

Philadelphia Art Alliance

La **Philadelphia Art Alliance** (216-646-4302 ; www.philartalliance.org ; 261 S 18th St ; adulte/enfant 5/3 $; 11h-17h mar-ven, 12h-17h sam-dim) occupe une demeure *Gilded Age* (période dorée, 1865-1901) – l'un des rares bâtiments de la place à avoir survécu aux gratte-ciel – et propose toujours d'intéressantes expositions d'artisanat moderne.

La promenade » Traversez à nouveau la place et sortez du côté ouest dans Locust St. Tournez à gauche dans 21st St puis de nouveau à gauche dans Delancey Pl.

Rosenbach Museum & Library

Cette modeste *townhouse* en brique sur 3 niveaux est une véritable caverne d'Ali Baba pour bibliophiles : 30 000 ouvrages rares, le manuscrit original d'*Ulysse* de James Joyce, la reconstitution de l'appartement de Greenwich Village de la poétesse moderniste Marianne Moore...

La promenade » Longez Delancey Pl vers l'est sur 3 pâtés de maisons puis prenez à gauche dans 17th St et à droite dans Spruce. Le bâtiment moderne du Kimmel Center for the Performing Arts est à droite de l'intersection avec Broad St.

Avenue of the Arts

Des visites du **Kimmel Center for the Performing Arts** (215-790-5800 ; www.kimmelcenter.org ; angle Broad St et Spruce St), le lieu le plus dynamique de Philadelphie en termes de programmation musicale, sont proposées à 13h du mardi au samedi. En longeant Broad St (alias "the Avenue of the Arts") vers le nord, levez la tête

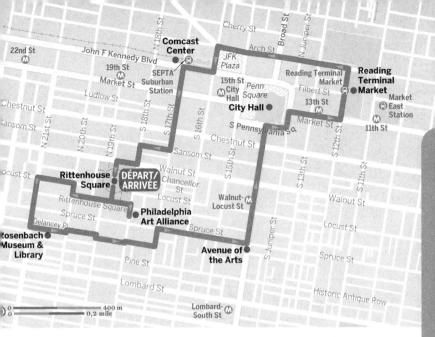

pour admirer les beaux bâtiments
en pierre, bien mis en valeur par
les illuminations nocturnes.

La promenade ›› L'hôtel de ville, visible de
loin, est en plein milieu de Broad St. Entrez
par le portail sud pour admirer la clé de voûte
représentant Moïse.

City Hall

Le majestueux **hôtel de ville** haut de
167 m se dresse au centre de la ville
d'origine entre le fleuve Delaware
et la Schuykill, à l'intersection de
Market St et de Broad St. Ce fut le
plus haut bâtiment occupé du monde
jusqu'en 1909 et le plus haut édifice de
Philadelphie jusqu'en 1987. Remarquez
ses 250 sculptures, dont l'imposante
statue de William Penn, fondateur
de la Pennsylvanie, au sommet (11 m,
27 tonnes).

La promenade ›› Partez du portail est et
admirez la clé de voûte représentant Benjamin
Franklin. Des visites de la tour et du bâtiment
commencent ici. Longez Market St sur 2 pâtés de
maison, et tournez à gauche dans la 12th.

Reading Terminal Market

Installé dans le terminus ferroviaire
depuis 1892 et rénové dans les
années 1990, le **Reading Terminal Market**
(📞215-922-2317 ; www.readingterminalmarket.
org ; 51 N 12th St ; 🕑8h-17h30 lun-sam, 9h-16h
dim) est un paradis culinaire. On y trouve
de tout : artisanat amish, spécialités
régionales, cuisine du monde, fruits et
légumes, fromages, fleurs, viennoiseries…

La promenade ›› Longez Arch St vers l'ouest
jusqu'à JFK Plaza et la sculpture *LOVE* de Robert
Indiana. De bons *food trucks* s'y installent à midi.

Comcast Center

Le plus haut bâtiment de la ville
renferme un imposant atrium en verre,
doté d'un grand écran qui diffuse de
curieuses images, dont des trompe-l'œil.

La promenade ›› Longez la 17th vers le
sud ; vous passerez devant une sculpture de
Lichtenstein et plusieurs hôtels. Tournez à
droite dans Sansom, longez un pâté de maisons
composé de belles petites boutiques et prenez
à gauche dans la 18th ou la 19th pour rejoindre
Rittenhouse Square.

La Nouvelle-Angleterre

INVENTÉ PAR DES BRITANNIQUES AYANT LE MAL DU PAYS (ET PEU INSPIRÉS), le nom "Nouvelle-Angleterre" est évocateur d'un mémorable mélange d'images, d'odeurs et de sons : un littoral escarpé jalonné de phares isolés, le fumet appétissant d'un homard fraîchement cuit à la vapeur, servi sur une table usée en bord de mer, les couleurs chatoyantes des arbres à l'automne, le long d'une paisible route de campagne, la rumeur qui s'élève des salles de vénérables universités, aux bâtiments couverts de lierre…

Herman Melville, Mark Twain, Francis Scott Fitzgerald, Stephen King… Nombreux sont les auteurs à avoir puisé ici l'inspiration. Peut-être, à votre tour, serez-vous ému au point de ressortir votre machine à écrire.

Vermont Les célèbres ors automnaux du Vermont (itinéraire 8)

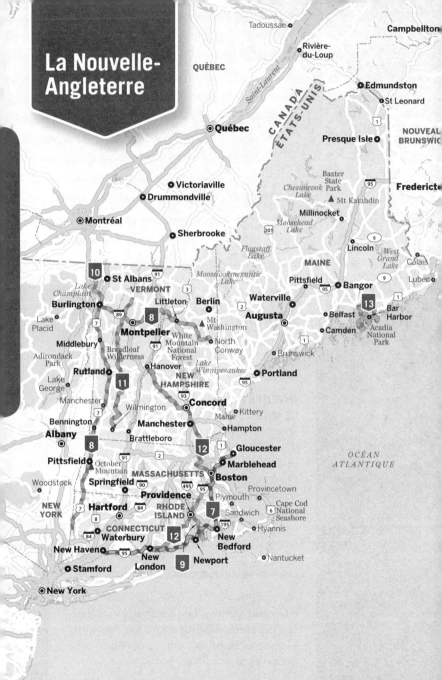

La Nouvelle-Angleterre

✔ À NE PAS MANQUER

Stellwagen Bank
Ce sanctuaire marin est un riche site de nourrissage pour les baleines à bosse. Observez-les sur l'itinéraire **7**.

Polo
Suivez un match à Portsmouth, dans le domaine de Glen Farm, sur l'itinéraire **9**.

Visite de l'usine Ben & Jerry
Découvrez comment deux copains de lycée ont créé la plus célèbre glace américaine sur l'itinéraire **11**.

Magic Hat Brewery
Visitez l'"Artifactory" de la microbrasserie la plus appréciée du Vermont et dégustez ses meilleures bières sur l'itinéraire **10**.

Vue splendide
Allongé sur le sable, méditez sur l'univers en observant les étoiles lors du programme Stars over Sand Beach de l'Acadia National Park. À découvrir sur l'itinéraire **13**.

Salem *Au Derby Wharf, voir le* Friendship *et s'imaginer en pirate*

Route Mythique

La côte de la Nouvelle-Angleterre

7

Voiliers, musées maritimes, superbes paysages, baleines… La côte sud de la Nouvelle-Angleterre mérite bien qu'on lui consacre une semaine.

TEMPS FORTS

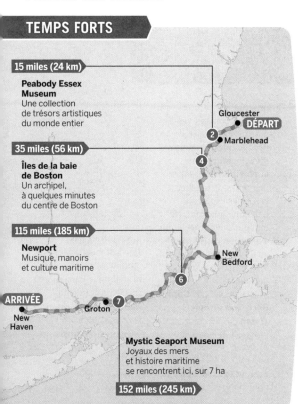

15 miles (24 km)

Peabody Essex Museum
Une collection de trésors artistiques du monde entier

35 miles (56 km)

Îles de la baie de Boston
Un archipel, à quelques minutes du centre de Boston

115 miles (185 km)

Newport
Musique, manoirs et culture maritime

ARRIVÉE
New Haven

Groton

Gloucester
DÉPART

Marblehead

New Bedford

Mystic Seaport Museum
Joyaux des mers et histoire maritime se rencontrent ici, sur 7 ha

152 miles (245 km)

**6-8 JOURS
240 MILES / 386 KM**

PARFAIT POUR…

LE MEILLEUR MOMENT

De mai à septembre, un temps agréable et tous les sites ouverts

LA PHOTO SOUVENIR

Le *Gloucester Fisherman*

2 JOURS DE RÊVE

Les 4 premières étapes, incarnation du passé et du présent de la Nouvelle-Angleterre

117

Route Mythique

7 La côte de la Nouvelle-Angleterre

Aux yeux des pirates, Newport était la base idéale en Amérique coloniale car elle offrait un accès facile aux routes commerciales et aux marchands locaux. Ce, jusqu'à 1723, date à laquelle le nouveau gouverneur fit solennellement pendre 26 bandits des mers à Gravelly Point. Cet itinéraire mythique révèle le lien intrinsèque qu'entretient la région avec la mer, des petits pirates aux grands marchands, des pêcheurs de Gloucester aux baleiniers de New Bedford, des clippers aux sous-marins.

❶ Gloucester

Fondée en 1623 par des pêcheurs anglais, Gloucester compte parmi les plus anciennes villes de la Nouvelle-Angleterre. Ce port de Cape Ann vit de la pêche depuis près de 400 ans, et a inspiré plusieurs romans, tels que *Capitaines courageux* de Rudyard Kipling et *En pleine tempête* de Sebastian Junger.

Le **Marine Heritage Center** (http:// maritimegloucester.org ; Harbor Loop ; tarif plein/enfant/ senior/famille 8/4/6/18 $; ☺10h-18h tlj juin-oct)

propose une intéressante introduction à la vie marine. Interactif, pédagogique et amusant, il offre notamment la possibilité de voir de près et de toucher certaines espèces, dans un aquarium. Ne manquez pas l'excellente exposition consacrée au Stellwagen Bank, le sanctuaire marin national voisin.

Les bateaux de **Capt Bill & Sons Whale Watch** (☎978-283-6995 ; www.captbillandsons.com ; 24 Harbor Loop ; tarif plein/ senior/enfant 48/42/32 $) partent également d'ici pour observer les cétacés.

Ne quittez pas Gloucester sans avoir vu l'hommage aux marins du sculpteur Leonarde Craske, la statue du *Gloucester Fisherman*, qui semble défier les éléments déchaînés.

✕ p. 125

La route » Quittez la ville par Western Ave (MA 127), qui

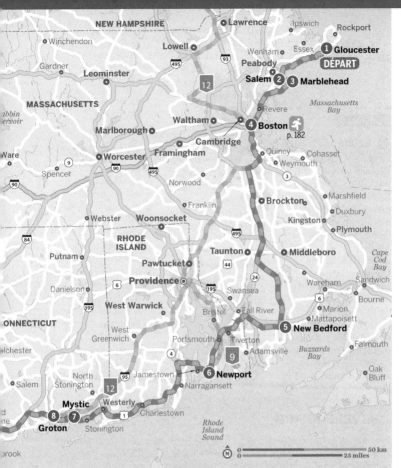

passe devant le Gloucester Fisherman et le Stage Fort Park. Cette route sinueuse suit la côte direction sud. Elle traverse des villes balnéaires huppées comme Manchester-by-the-Sea et Beverly Farms, et permet d'apercevoir la baie. Après 14 miles (22,5 km), traversez l'Essex Bridge et continuez au sud jusqu'à Salem. Un itinéraire plus rapide emprunte la MA 128 vers le sud, puis la MA 114.

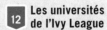

À COMBINER AVEC :

9 Rhode Island : East Bay

Rejoignez Newport, ou prenez l'I-95 vers le nord, puis la RI 77 au sud pour démarrer à Little Compton.

12 Les universités de l'Ivy League

Commencez à New Haven et faites le circuit à l'envers.

Route Mythique

LA NOUVELLE-ANGLETERRE **7** LA CÔTE DE LA NOUVELLE-ANGLETERRE

TEMPS FORT

❷ Salem

La gloire de Salem remonte au XVIIIᵉ siècle, lorsque le marchand Elias Haskell Derby en fit un centre de commerce maritime avec l'Extrême-Orient. Le quai qui porte son nom est aujourd'hui au centre du **Salem Maritime National Historic Site** (www.nps.gov/sama ; 193 Derby St ; ⏱10h-17h dim-ven, 9h-17h sam), où l'on peut voir un phare de 1871, le *Friendship*, superbe voilier de la fin du XVIIIᵉ siècle et les anciennes douanes d'État.

De nombreux vaisseaux de Salem suivirent le *Grand Turk* de Derby au-delà du cap de Bonne-Espérance, et, bientôt, leurs propriétaires fondèrent la Société marine des Indes orientales pour entreposer carnets de bord et cartes. La charte de cette nouvelle compagnie demandait la création d'un "musée où exposer les curiosités naturelles et artificielles" rapportées par les navires membres. Ce fonds fut à l'origine du prestigieux **Peabody Essex Museum** (www.pem.org ; Essex St Mall, New Liberty St ; tarif plein/enfant/étudiant/senior 15/gratuit/11/13 $; ⏱10h-17h mar-dim), qui abrite notamment une incroyable collection d'art asiatique.

🍴🛏 p. 125

La route » Quittez le centre de Salem en prenant au sud Lafayette St (MA 114), qui passe devant le campus du Salem State College. Après le bras de mer, la route tourne vers l'est et devient Pleasant St en entrant dans Marblehead.

----

❸ Marblehead

Fondé en 1629, Marblehead est un village maritime aux rues sinueuses, aux maisons coloniales de couleurs vives et au mille voiliers amarrés dans le port. Premier port de plaisance du secteur de Boston, c'est l'une des villes les plus prestigieuses de la Nouvelle-Angleterre. Blotti autour du port, le centre-ville est ponctué de demeures historiques, de galeries d'art et de parcs au bord de l'eau.

REVERE BEACH

La MA 1A, qui traverse Revere, est parallèle à la large étendue de sable de Revere Beach, établie en 1896 et qui se proclame la première plage publique d'Amérique. Pittoresque mais sans âme, l'actuelle plage bordée d'immeubles n'a plus rien de la promenade et du parc d'attractions tapageurs qui occupaient les lieux au XXᵉ siècle. Célèbre pour ses montagnes russes, ses salles de bal et son cynodrome Wonderland, Revere Beach attirait l'été des centaines de milliers d'adeptes du bronzage et de visiteurs venus s'amuser.

L'endroit s'est dégradé dans les années 1970 à cause de la criminalité et de la pollution. En 1978, une tempête historique balaya la plupart des immeubles et entreprises restants et la "Coney Island de la Nouvelle-Angleterre" devint de l'histoire ancienne.

Un réaménagement de Revere Beach fut entrepris dans les années 1980 et aujourd'hui, la plage est jolie et la baignade y est sûre. Malheureusement, dominé par de luxueuses résidences, le site a perdu son charme d'autrefois. Seul vestige de la Revere Beach "d'antan", le très célèbre **Kelly's Roast Beef** (www.kellysroastbeef.com ; 410 Revere Beach Blvd ; sandwichs 6-10 $; ⏱déj et dîner), ouvert depuis 1951, sert toujours les meilleurs sandwichs au rosbif et soupe de palourdes de la ville. Installez-vous sur le sable, profitez de la vue et méfiez-vous des mouettes : elles raffolent du rosbif.

La route » Cap au sud sur la MA 129 qui quitte Marblehead puis traverse la ville balnéaire de Swampscott. Au rond-point, prenez la première sortie sur la MA 1A, qui poursuit vers le sud en passant par Lynn et Revere. Suivez la VFW Pkwy (MA 1A) jusqu'à la Revere Beach Pkwy (MA 16), puis la Northeast Expwy (US 1), qui traverse le Tobin Bridge et rejoint Boston.

TEMPS FORT

❹ Boston

La situation littorale de Boston a façonné l'histoire de la ville, mais le front de mer n'est devenu attrayant que récemment. On peut désormais se promener sur la **Rose Kennedy Greenway** (www.rosekennedygreenway.org), avec la mer d'un côté et la ville de l'autre. L'attrait principal du front de mer est l'excellent **New England Aquarium** (www.neaq.org ; Central Wharf ; tarif plein/enfant/senior 25/18/23 $; ☺9h-18h dim-jeu, 9h-19h ven-sam, fermeture 1 heure plus tôt en hiver ; 🅿), qui réunit phoques, pingouins, tortues et de nombreux poissons. Le parking coûte 18 $.

Depuis Long Wharf, un ferry conduit aux **îles de la baie de Boston** (www.bostonharborislands.org ; ferry tarif plein/enfant/senior 15/9/11 $; ☺ttes les heures 9h-18h mai-sept) où l'on peut cueillir des baies, arpenter les plages ou bronzer. Des croisières et des circuits en tramway

SE GARER À BOSTON

Se garer dans le centre de Boston coûte cher. Les tarifs sont plus abordables dans le Seaport District, de l'autre côté du Fort Point Channel. Les parkings de Northern Ave (près de l'Institute of Contemporary Art) proposent des forfaits à 12 $. Le Necco Street Garage (plus au sud, près d'A St) coûte 6 $.

partent également de là. Pour découvrir Boston différemment, suivez la promenade à pied, p. 182.

🍴 🛏 p. 125

La route » Quittez Boston par l'I-93 au sud. Vous reconnaîtrez le quartier de Dorchester à sa jolie baie, Savin Hill Cove, et au Rainbow Swash, arc-en ciel peint sur une citerne de gaz naturel. À la sortie n°4, prenez la MA 24 vers le sud et Brockton, puis la MA 140 vers New Bedford au sud. Prenez ensuite l'I-195 vers l'est sur 2 miles (3,2 km), et sortez sur la MA 18 pour New Bedford.

❺ New Bedford

Cet ancien port baleinier possédait à son apogée (1765-1860) quelque 400 bateaux de pêche – une vaste flotte qui rapportait des centaines de milliers de tonneaux d'huile de baleine servant à s'éclairer. Le romancier Herman Melville, qui travailla sur l'un de ces navires pendant 4 ans, situa son célèbre roman *Moby Dick* à New Bedford.

Excellent musée interactif, le **New Bedford Whaling Museum** (www.

whalingmuseum.org ; 18 Johnny Cake Hill ; tarif plein/enfant/senior et étudiant 14/6/12/9 $; ☺9h-17h juin-déc, 9h-16h mar-dim jan-mai) évoque ce passé. Le squelette d'une baleine bleue de 20 m en garde l'entrée. À l'intérieur, vous pourrez arpenter les ponts d'un trois-mâts carré, le *Lagoda,* véritable baleinier reproduit à une échelle réduite de moitié.

La route » Prenez l'I-195 vers l'ouest sur 10 miles (16 km). À Fall River, empruntez la MA 24 au sud, qui devient la RI 24 en entrant dans le Rhode Island. Traversez le pont, qui donne au nord sur la Mt Hope Bay et au sud sur la Sakonnet River, puis rejoignez la RI 114, direction Newport, au sud.

TEMPS FORT

❻ Newport

Doté d'un port en eaux profondes, Newport abrite des chantiers navals depuis 1646. Les anciens docks Bowen's Wharf et Bannister's Wharf, restaurés, symbolisent la transformation de la cité ouvrière en ville balnéaire. **Classic Cruises of Newport** (www.cruisenewport.com ; Bannister's

RICHARD CUMMINS/GETTY IMAGES ©

SHUNYU FAN / GETTY IMAGES ©

Route Mythique

PAROLE D'EXPERT
MARA VORHEES, AUTEUR

Rien ne permet d'apprécier plus l'air marin de la Nouvelle-Angleterre que les vieilles routes côtières. La MA 127 serpente à travers certaines des plus jolies villes balnéaires du pays, laissant apercevoir d'élégantes demeures perchées au-dessus de l'océan. J'aime surtout parcourir la MA 1A vitre baissée, sentir la brise marine, écouter les mouettes et me souvenir des jours qui ont fait la gloire de Revere Beach.

En haut : Peabody Essex Museum, Salem
À gauche : Phare de Mystic Seaport
À droite : Observation de la vie marine au New England Aquarium

Wharf ; adulte 25-30 \$; ⊘ mi-mai à mi-oct) propose des croisières commentées à bord du *Rum Runner II*, navire de contrebande durant la Prohibition, ou du *Madeleine*, goélette de 22 m. Vous pouvez aussi admirer les vastes demeures depuis la **Cliff Walk** (www.cliffwalk.com).

S'avançant dans Naragansett Bay, le superbe **Fort Adams State Park** (www.fortadams.org) abrite le plus grand ouvrage de défense côtière des États-Unis. Le parc dispose d'une plage, d'aires de pique-nique et de pêche, mais son attrait principal reste l'impressionnante forteresse de 1799. Explorez-la en détail au cours d'une visite guidée dans les profondeurs de ses tunnels souterrains et sur les hauteurs de ses remparts, d'où la vue sur Newport Harbor et la baie est fabuleuse.

En été, Fort Adams accueille le **Newport Jazz Festival** (www.newportjazzfest.net ; début août) et le **Newport Folk Festival** (www.newportfolkfest.net ; dernier week-end de juillet), rendez-vous des pointures du jazz et de la folk.

✗ p. 125

La route 》 Quittez Newport vers l'ouest par la RI 138, traversez le Newport Bridge menant à Conanicut Island, puis le Jamestown Bridge pour rattraper l'US 1 en direction de Mystic. Ces deux ponts offrent un beau panorama sur la baie.

Route Mythique

TEMPS FORT

❼ Mystic

Nombre de clippers de Mystic provenaient du chantier naval de George Greenman, qui abrite aujourd'hui le **Mystic Seaport Museum** (www.mysticseaport.org ; 75 Greenmanville Ave/CT 27 ; adulte/6-17 ans 24/15 $; ⊙9h-17h avr-oct, 10h-16h nov et mars ; [♿]). Sur près de 7 ha sont présentés une soixantaine de bâtiments historiques, 4 grands voiliers et près de 500 bateaux plus modestes. On y trouve aussi une réplique de l'*Amistad,* un navire négrier de 23 m sur lequel se déroula une mutinerie en 1839, qui devint l'un des symboles de la lutte contre l'esclavage.

Le **Sabino** ([☎]860-572-5351 ; adulte/6-17 ans 5,50/4,50 $), un bateau à vapeur de 1908, propose des excursions de 30 minutes sur la Mystic River au départ du musée, toutes les heures de 11h30 à 16h30.

 p. 125

La route ≫ Les 7 miles (11 km) jusqu'à Groton sur l'US 1 South traversent des faubourgs urbanisés et des zones industrielles. Pour traverser la Thames River et rejoindre New London, prenez North St au nord pour rattraper l'I-95 South.

❽ Groton

C'est à Groton que la marine américaine a établi sa première et sa plus grande base de sous-marins. Celle-ci est fermée au public, mais vous pourrez visiter l'**Historic Ship Nautilus & Submarine Force Museum** (www.ussnautilus.org ; 1 Crystal Lake Rd ; entrée libre ; ⊙9h-17h mer-dim ; [P]). qui abrite le *Nautilus,* le premier sous-marin à propulsion nucléaire du monde à être passé par le pôle Nord.

De l'autre côté du fleuve, New London possède une histoire navale tout aussi illustre, mais elle s'est aujourd'hui forgé une réputation de centre créatif. Chaque été, la ville accueille le **Sailfest** (www.sailfest.org), un festival de trois jours offrant des activités gratuites et le deuxième plus grand feu d'artifice du Nord-Est. Une **série de concerts estivaux** y est aussi organisée par **Hygienic Art** (www.hygienic.org ; 79 Bank St ; ⊙11h-15h mar-mer, 11h-18h jeu-sam et 12h-15h dim).

🍽 p. 125

La route ≫ Par l'I-95 South, 52 miles (83 km) séparent Groton ou New London de New Haven. Au départ, la route traverse des faubourgs, puis elle passe par de vieilles villes côtières comme Old Lyme, Old Saybrook et Guilford.

❾ New Haven

Plus célèbre pour son université, Yale (voir p. 170), New Haven a également joué un rôle important dans la naissance du mouvement contre l'esclavage.

En 1839, le procès des esclaves à l'origine de la mutinerie de l'*Amistad* se tint au tribunal fédéral de New Haven. Capturés par des marchands d'esclaves espagnols, ces hommes, menés par Joseph Cinqué, s'emparèrent de la goélette et naviguèrent jusqu'à New Haven pour chercher refuge. Jusqu'au dénouement heureux de leur procès (lors duquel l'ancien président John Quincy Adams, alors retraité, plaida leur cause), les hommes attendirent leur exécution dans une prison, remplacée depuis par un mémorial en bronze. Ce fut la première affaire du pays jugeant des droits civiques.

Visitez les galeries d'art de la ville ou découvrez le littoral de New Haven différemment grâce à un circuit d'environ 5 km à bord du **Shore Line Trolley** (www.shorelinetrolley.com ; 17 River St, East Haven ; adulte/- 15 ans/senior 10/6/8 $; ⊙10h30-16h30 tlj juin-août, sam-dim mai, sept et oct ; [♿]). Le plus ancien tramway de banlieue du pays vous conduit d'East Haven à Short Beach, à Branford.

🍽 p. 125

Se restaurer et se loger

Gloucester ❶

✖ Two Sisters Coffee Shop Diner $

(27 Washington St ; repas 8-10 $; ☺ petit-déj et déj ; 🖋). Le rendez-vous des pêcheurs de retour de la mer au petit-déjeuner. Ces derniers venant tôt, vous devrez peut-être patienter pour une table. On apprécie le hachis au corned-beef, les *eggs in a hole* (œufs au plat dans une tranche de pain de mie). Service un peu sec.

Salem ❷

✖ The Old Spot Pub $$

(📞978-745-5656 ; www.theoldspot.com ; 121 Essex St ; sandwichs 8-12 $, plats 15-18 $; ☺ déj ven-dim, dîner tlj). Une cuisine de pub parfaitement préparée, servie dans un cadre très confortable et cosy, avec éclairage tamisé et coussins douillets.

Boston ❹

✖ Barking Crab Poisson et fruits de mer $$

(📞617-426-2722 ; ww.barkingcrab.com ; 88 Sleeper St ; plats 12-30 $; ☺ déj et dîner). De gros seaux de crabes, des palourdes cuisinées au beurre et au citron, des piles d'assiettes en carton pleines de produits frits... La nourriture est abondante et abordable, les tables de pique-nique communes donnent sur l'eau. Bière à volonté. Service relâché, mais ambiance joviale.

🛏 Harborside Inn Boutique Hotel $$

(📞617-723-7500 ; www.harborsideinnboston. com ; 185 State St ; ch à partir de 169 $; 🅿 ❋ @ 📶). Aménagée dans un ancien entrepôt, cette auberge du front de mer a su allier l'historique au confort moderne. Chambres au cadre nautique avec élégant mobilier en teck fait sur mesure et nombreux éléments multimédia. Supplément de 20 $ pour une vue sur la ville.

Newport ❻

✖ White Horse Tavern Américain $$$

(📞401-849-3600 ; www.whitehorsetavern.us ; 26 Marlborough St ; plats 14-40 $; ☺11h30-21h). Jolie taverne mansardée, ouverte par... un pirate au XVIIᵉ siècle. Les menus au dîner (veste obligatoire pour les hommes) comportent parfois des escargots ou du bœuf Wellington.

Mystic ❼

🛏 Steamboat Inn Auberge $$$

(📞860-536-8300 ; www.steamboatinnmystic. com ; 73 Steamboat Wharf ; d avec petit-déj 160-295 $; 🅿 📶). Une romantique auberge historique, située au cœur de Mystic. Ses 11 chambres donnent sur l'eau et disposent d'équipements haut de gamme : bain à remous, cheminée, objets anciens...

New London ❽

✖ Captain Scott's Lobster Dock Poisson et fruits de mer $$

(📞860-439-1741 ; www.captscotts.com ; 80 Hamilton St ; repas 10-20 $; ☺ déj et dîner mai-oct ; 🚗). Parfait pour des fruits de mer en été. L'endroit se compose de simples tables de pique-nique près de l'eau, mais on y savoure de succulents sandwichs au homard (chauds ou froids), *steamers* (palourdes cuisinées), palourdes frites, coquilles Saint-Jacques et homards.

New Haven ❾

✖ Caseus Fromagerie Bistro Bistro $$

(📞203-624-3373 ; http://caseusnewhaven. com ; 93 Whitney Ave ; repas 10-30 $; ☺11h30-14h30 lun-mar et 17h30-21h mer-sam). Avec un joli comptoir rempli de fromages locaux et un menu fromager, le Caseus a trouvé la formule gagnante. *Mac'n'cheese* (macaronis au fromage) parfaitement préparés.

Connecticut *Faites une pause pour savourer une part de tarte à la citrouille*

Route Mythique

Circuit automnal **8**

Dès qu'arrive l'automne, les amoureux de la nature convergent vers la Nouvelle-Angleterre pour contempler les tonalités chaudes des feuillages qui s'embrasent.

TEMPS FORTS

265 miles (425 km) — 7

St Johnsbury

8

Lake Champlain
Une agréable promenade sur le lac à bord d'un voilier

North Conway
ARRIVÉE

445 miles (715 km)

Bretton Woods
Une tyrolienne longue de 300 m à travers la canopée

● Manchester

65 miles (105 km)

Berkshires
Les délices locaux s'apprécient d'autant mieux lors d'un pique-nique

4

2

10 miles (16 km)

Sherman ●
DÉPART

Kent
Les couleurs automnales des arbres sur les rives de la Housatonic River

**5-7 JOURS
485 MILES / 780 KM**

PARFAIT POUR...

LE MEILLEUR MOMENT
D'août à novembre pour les récoltes et les feuillages d'automne

 LA PHOTO SOUVENIR
Les Kent Falls sur fond de couleurs flamboyantes

 ACTIVITÉ DE PLEIN AIR
Un parcours en tyrolienne dans la forêt de Bretton Woods

Route Mythique

8 Circuit automnal

L'éclat de l'automne en Nouvelle-Angleterre est légendaire. Érables à sucre et érables rouges, frênes, bouleaux, hêtres, cornouillers, tulipiers d'Amérique, chênes et sassafras contribuent à ce festival de couleurs. Mais cet itinéraire offre bien plus que la flore : c'est le temps des récoltes et des sorties cueillette en famille dans les fermes de la région, des balades tranquilles en forêt et des repas où sont rois de délicieux produits de saison.

❶ Lac Candlewood

Avec une superficie d'environ 21,8 km², le lac Candlewood est le plus grand du Connecticut. Sur la rive occidentale, le **Squantz Pond State Park** (www.ct.gov ; 178 Shortwoods Rd, New Fairfield) attire les amoureux de nature en quête de feuillage automnal, qui viennent flâner au bord de l'eau.

De part et d'autre du lac, les coteaux qui entourent les petites localités de Brookfield et de Sherman sont couverts de vignobles. Si vous souhaitez visiter l'un d'entre eux, tournez-vous vers les **DiGrazia**

Vineyards (www.digrazia. com ; 131 Tower Rd, Brookfield ; ◷11h-17h tlj mai-déc, sam-dim jan-avr), à la production récompensée, ou la **White Silo Farm Winery** (www. whitesilowinery.com ; 32 CT 37 ; dégustation 7 $; ◷11h-18h ven-dim avr-déc), plus intimiste, qui met l'accent sur les vins spéciaux produits à partir de fruit locaux.

Pour prendre de la hauteur et admirer les forêts dans la lumière chaude d'une fin d'après-midi d'automne, contactez **GONE Ballooning** (www.flygoneballooning.com ; 88 Sylvan Crest Dr ; adulte/-12 ans 250/125 $), à Southbury.

✗ p. 135

La route ≫ Depuis Danbury, à la pointe sud du lac, vous pouvez prendre la direction du nord en suivant l'US 7, qui passe par Brookfield et New Milford (ou la pittoresque Candlewood Lake Rd S qui longe la rive orientale) ; ou emprunter les CT 37 et CT 39 via New Fairfield, Squantz Pond et Sherman, avant de rattraper l'US 7 et de rallier Kent.

TEMPS FORT

② Kent

Kent a été élu plus bel endroit de Nouvelle-Angleterre pour son spectacle des arbres en automne. Située dans les Litchfield Hills, au bord de la Housatonic River, la ville est entourée de forêts denses. Grimpez sur Cobble Mountain, dans le **Macedonia Brook State Park** (www.ct.gov ; 159 Macedonia Brook Rd), une oasis boisée 3 km au nord de Kent, pour une vue imprenable.

◎ À COMBINER AVEC :

⑦ La côte de la Nouvelle-Angleterre

Depuis North Conway, prenez la NH 16 au sud jusqu'à l'I-95, puis suivez la MA 128 vers l'est jusqu'à Gloucester.

⑫ Les universités de l'Ivy League

Suivez la NH 16 et l'I-93 vers le nord-ouest et entrez dans le Vermont. Puis prenez l'I-91 au sud jusqu'à Hanover.

129

PAROLE D'EXPERTS
ANNE MCANDREW ET DAVE FAIRTY, BACKCOUNTRY OUTFITTERS

Kent est magnifique en automne. Le meilleur sentier de randonnée à cette saison conduit au Caleb's Peak, au départ de la Skiff Mountain Rd, et rejoint l'Appalachian Trail. Au sommet, la vue sur l'Housatonic Valley est fantastique. Vous pouvez camper dans n'importe quel refuge sur le parcours ou bien vous rendre au Macedonia Brook State Park, privé et rustique, sillonné par plus de 80 miles (128 km) de sentiers.

En haut : Cornwall Bridge, Housatonic Meadows State Park
À droite : Ascension du Mt Equinox, près de Manchester

L'ascension, abrupte, jusqu'à l'arête rocheuse offre une vue panoramique sur les feuillages en avant-plan des monts Taconic et Catskill.

Reliant la Géorgie au Maine en 3 500 km, l'**Appalachian National Scenic Trail** (www.appalachiantrail. org) traverse Kent et remonte jusqu'à

Salisbury, à la frontière du Massachusetts. Contrairement à la majeure partie du sentier, le tronçon de Kent offre 8 km de terrain plat le long de l'Housatonic River, soit la plus longue promenade du parcours en bord de rivière. Le point de départ se trouve sur River Rd, près de la CT 341.

La route » Les 15 miles (24 km) qui séparent Kent de l'Housatonic Meadows State Park, par l'US 7, sont l'un des plus beaux itinéraires du Connecticut. Cette petite route, qui longe l'Housatonic River, traverse d'épaisses forêts et le Kent Falls State Park et sa cascade (visible depuis la route) avant d'entrer dans le parc. West Cornwall est un peu plus loin sur la droite, de l'autre côté d'un pont couvert en bois, qui enjambe la rivière.

----

❸ Housatonic Meadows State Park

Lors de la fonte printanière, les eaux agitées de l'Housatonic défient kayakistes et canoéistes. En été, le cours d'eau est une paisible rivière, idéale pour la pêche à la mouche. Dans l'**Housatonic Meadows State Park** (📞806-672-

Route Mythique

6772 ; US 7 ; empl résidents/
non-résidents 17/27 \$;
⊗ mi-avr à mi-oct), les
campeurs s'arrachent
les emplacements
sur les berges, tandis
que les randonneurs
parcourent les collines
sur l'Appalachian Trail.
**Housatonic River
Outfitters** (www.dryflies.
com ; 24 Kent Rd, Cornwall
Bridge) organise des
sorties de pêche avec un
guide, agrémentées d'un
pique-nique gourmand.

Très apprécié
des artistes et des
photographes, le **West
Cornwall Bridge** (West
Cornwall), un vieux pont
couvert encadré par des
feuillages aux couleurs
éclatantes, enjambe la
rivière. Construit dans
les années 1860, il est
aujourd'hui classé au
Registre national des
sites historiques.

Non loin, à Goshen,
durant le week-end
du Labor Day (fête
du travail, premier
lundi de septembre)
se tient la **Goshen
Fair** (www.goshenfair.org),
l'une des meilleures
foires à l'ancienne
du Connecticut, avec
concours de traction
par des bœufs et de
coupe de bois. À Goshen
également, **Nodine's
Smokehouse** (www.
nodinesmokehouse.com ;
39 North St ; ⊗9h-17h lun-
sam, 10h-16h dim) fournit
les épiceries fines
de New York.

La route ›› Empruntez l'US 7
au nord vers le Massachusetts
et Great Barrington. Après
quelques kilomètres, aux pentes
boisées du parc succède une
campagne vallonnée, parsemée
de granges rouges et blanches.
Repérez les panneaux peints à
la main indiquant la vente de
produits agricoles et envisagez
de passer une nuit à Falls Village,
qui possède un excellent B&B
(voir p. 135).

- - - - - - - -
TEMPS FORT

❹ Berkshires

Couvrant la partie
la plus à l'ouest du
Massachusetts, les
montagnes arrondies des
Berkshires se parent de
cramoisi et d'or dès la mi-
septembre. La capitale,
Great Barrington, est
une ancienne ville
industrielle dont les
rues sont aujourd'hui
bordées de galeries d'art
et de restaurants chics.
C'est l'endroit idéal
pour pique-niquer et
faire une pause avant
ou après une randonnée
dans la **Beartown State
Forest** (www.mass.gov/
dcr ; 69 Blue Hill Rd, Monterey)
voisine. Sillonnant
quelque 50 km²,
les sentiers offrent une
vue spectaculaire sur les
collines boisées et le joli
étang de Benedict Pond.

Plus au nord,
l'**October Mountain
State Forest** (www.mass.
gov/dcr ; 256 Woodland Rd,
Lee) est le plus vaste
espace vert de l'État
(65 km²) également
parcouru de sentiers.
Son nom, que lui donna
Herman Melville, ne
pourrait être plus
clair sur la période où
il apparaît sous son
meilleur jour, lorsque
tsugas, bouleaux et
autres chênes revêtent
leur parure multicolore.

✗ p. 135

La route ›› Dirigez-vous vers
le nord sur l'US 7, l'épine dorsale
des Berkshires, en passant par
Great Barrington et Stockbridge.
À Lee, l'autoroute rejoint la
panoramique US 20, qui permet
d'accéder à l'October Mountain.
Continuez sur 16 miles (26 km)
au nord via Lenox et Pittsfield
jusqu'à Lanesborough. Prenez
N Main St à droite et suivez les
panneaux indiquant l'entrée
du parc.

**BON À SAVOIR
NORTHERN BERKSHIRE
FALL FOLIAGE PARADE**

Si vous passez au bon moment, arrêtez-vous à North
Adams pour assister à la **Fall Foliage Parade** (défilé
du feuillage automnal ; www.fallfoliageparade.com), qui se
tient fin septembre ou début octobre. Si le thème
varie, musique, gastronomie, divertissement et, bien
sûr, feuilles d'automne, sont toujours de la fête.

5 Mt Greylock State Forest

Le point culminant du Massachusetts (1 064 m), n'est pas si élevé, mais la **War Veterans Memorial Tower**, de 28 m de haut, offre un vaste panorama sur les 160 km de verdure alentour, au-delà des monts Taconic, Housatonic et Catskill, et sur plus de cinq États. Si le temps vous semble maussade d'en bas, au sommet, vous dépasserez peut-être ce manteau gris, et la vue, avec la couche de nuages flottant entre les arbres et le ciel, est magique.

La **Mt Greylock State Reservation** (www.mass. gov/dcr ; parc gratuit, sommet 2 $; ☉ centre d'information 9h-17h, route fin mai-oct) **abrite** quelque 70 km de sentiers pédestres, dont une partie de l'Appalachian Trail. Plusieurs chemins au bord de la route, menant parfois à des cascades, permettent de se dégourdir les jambes avant d'atteindre le sommet du mont Greylock.

✖ 🏠 p. 135

La route ≫ Retournez sur l'US 7 et continuez vers le nord via Williamstown. Entrez dans le Vermont et poursuivez au nord par le village frontalier de Bennington. Juste au nord de Bennington, prenez la Rte 7A, à gauche, et continuez vers Manchester au nord.

6 Manchester

L'élégante Manchester est célèbre pour sa belle architecture Nouvelle-Angleterre. Pour admirer les arbres, direction le sud du centre, où le **mont Equinox** (📞802-362-1114 ; www.equinoxmountain.com ; voiture et conducteur 15 $, passager suppl 5 $; ☉9h-coucher du soleil mai-oct), 1 166 m d'altitude, est le plus haut des monts Taconic accessibles en voiture. Parcourez les 5,2 miles (8,3 km) jusqu'au sommet, où se déploie un panorama à 360° englobant les monts Adirondacks, la luxuriante Battenkill Valley et le mont Royal de Montréal.

Si la neige empêche l'accès au mont Equinox, visitez le **Hildene** (📞802-362-1788 ; www.hildene.org ; Rte 7A ; musée et domaine adulte/enfant 16/5 $, domaine uniquement 5/3 $; ☉9h30-16h30), un manoir de style renouveau géorgien sur un domaine de 166 ha qui appartenait autrefois à la famille Lincoln. Rempli de souvenirs liés au président, il est niché à la limite des Green Mountains et permet d'accéder à près de 13 km de sentiers boisés.

🏠 p. 135

La route ≫ Prenez l'US 7 vers le nord et Burlington. Trois miles (5 km) après Middlebury, à New Haven, faites une halte au Lincoln Peak Vineyard pour une dégustation œnologique ou un pique-nique sur la véranda.

7 Lac Champlain

À cheval sur l'État de New York, celui du Vermont et sur le Québec, le lac Champlain, d'une superficie de 1 269 km^2, est l'un des plus grands lacs d'Amérique.

Sur la rive orientale, **Burlington** est un bon point de chute pour découvrir le lac. Explorez la ville à pied (voir p. 148) et lancez-vous à vélo sur la piste cyclable de 12 km qui longe le lac.

Pour admirer les feuillages d'automne depuis l'eau, embarquez sur le *Friend Ship* de la **Whistling Man Schooner Company** (📞802-598-6504 ; www.whistlingman.com ; Boathouse, College St ; croisière 2 heures adulte/enfant 40/25 $; ☉mai-oct), un sloop de 13 m pouvant accueillir 17 passagers. L'**ECHO Lake Aquarium & Science Center** voisin (www. echovermont.org ; 1 College St ; adulte/enfant 13/10,50 $; ☉10h-17h) explore l'histoire et l'écosystème du lac et dévoile un cliché de Champ, sa créature mythique.

✖ p. 135

La route ≫ Prenez l'I-89 vers le sud-est jusqu'à Montpelier. Vous croiserez le Camels Hump State Park et la CC Putnam State Forest. À Montpelier, empruntez l'US2 vers l'est jusqu'à St Johnsbury, où vous rattraperez l'I-91 direction sud, puis l'I-93, toujours vers le sud. Juste après Littleton, prenez l'US 302 vers l'est jusqu'à Bretton Woods.

Route Mythique

VAUT LE DÉTOUR KANCAMAGUS SCENIC BYWAY

Point de départ : ⑨ North Conway

Depuis North Conway, la Kancamagus Scenic Byway ou NH 112, longue de 34,5 miles (55 km), traverse les White Mountains de Conway à Lincoln dans le New Hampshire. Elle longe la Saco River et offre une vue imprenable sur le Presidential Range depuis le col de Kancamagus. Des têtes de sentiers de randonnée et des aires de stationnement bordent la route. Depuis Lincoln, l'I-93 en direction du nord conduit rapidement au Franconia Notch State Park aux feuillages spectaculaires en septembre et octobre.

TEMPS FORT

⑧ Bretton Woods

Détachez votre ceinture et enfilez un harnais, car, aujourd'hui, vous allez voir les feuillages de très près, lors d'une balade à 50 km/h sur 300 m de dénivelé dans la canopée ! Le **Bretton Woods Canopy Tour** (☎603-278-4947 ; www. brettonwoods.com ; US 302 ; 110 $/pers ; ⊙circuits 10h et 14h), ouvert toute l'année, comporte des ponts de singe, des descentes en tyrolienne et en rappel, et tout un réseau de plate-formes dans les arbres.

Vous rêvez d'aller encore plus haut ? Traversez l'US 302 et suivez Base Rd sur 6 miles (10 km) jusqu'au **Mount Washington Cog Railway** (☎603-278-5404 ; www.thecog. com ; adulte/enfant/senior 66/39/59 $; ⊙ 8h30-16h30 tlj fin mai-nov, sam-dim nov-déc), situé au pied, côté occidental, du mont Washington, le plus haut sommet de Nouvelle-Angleterre. Cette voie ferrée historique, dotée d'un train à vapeur à crémaillère alimenté

au charbon, grimpe les 1 916 m jusqu'au sommet depuis 1869.

La route ❯❯ Poursuivez vers l'est sur l'US 302 qui longe la Saco River et la Conway Scenic Railroad, traversez le Crawford Notch State Park. À la jonction de la NH 16 et de l'US 302, continuez vers l'est sur l'US 302 jusqu'à North Conway.

⑨ North Conway

Les meilleurs restaurants, pubs et auberges de North Conway jouissent généralement d'une vue imprenable sur les montagnes alentour, faisant de la ville l'endroit idéal pour conclure ce voyage dans les couleurs automnales. Si vous êtes accompagné d'enfants ou que vous

avez manqué l'ascension du mont Washington par le chemin de fer à crémaillère, envisagez une balade à bord de l'ancien Valley Train à vapeur de **Conway Scenic Railroad** (☎603-356-5251 ; www.conwayscenic. com ; 38 Norcross Circle ; adulte/4-12 ans/1-3 ans à partir de 15/11 $/gratuit ; ⊙mi-juin à mi-oct) ; il effectue un aller-retour court mais agréable dans la Mt Washington Valley, entre North Conway et Conway, à 11 miles (18 km) au sud, avec en arrière-plan les Moat Mountains et la Saco River. Les sièges de 1ʳᵉ classe occupent généralement une voiture Pullman panoramique restaurée.

🛏 p. 135

LA NOUVELLE-ANGLETERRE ⑧ CIRCUIT AUTOMNAL

Se restaurer et se loger

Lac Candlewood ❶

✕ American Pie　　Boulangerie $$

(☎860-350-0662 ; www.americanpiecompany.
com ; 29 Sherman Rd/CT 37, Sherman ; plats
9-20 $; ◷7h-21h mar-dim, 7h-15h lun). Cette
adresse appréciée des habitants de la région
propose 20 tartes maison, des crumbles aux
myrtilles et à la citrouille, des burgers, des steaks
et des salades.

Falls Village ❸

🛏 Falls Village Inn

Auberge historique $$$

(☎860-824-0033 ; www.thefallsvillageinn.com ;
33 Railroad St ; d/ste 209/299 $; P 🖥). Cœur
et âme du plus petit village du Connecticut,
l'auberge accueillait à l'origine les passagers de la
Housatonic Railroad. Elle a été réaménagée par le
décorateur d'intérieur Bunny Williams, et propose
désormais 6 chambres aux tonalités différentes.
Le bar Tap Room est, lui, le repaire des pilotes qui
s'élancent sur la piste automobile de Lime Rock.

Berkshires ❹

✕ Castle Street
Café　　Américain moderne $$$

(☎413-528-5244 ; www.castlestreetcafe.com ;
10 Castle St ; plats 21-29 $; ◷dîner mer-lun,
brunch sam-dim ; 🖥). La carte ressemble à un
annuaire des producteurs locaux : bœuf nourri au
fourrage de l'Ioka Valley Farm, chèvre de Rawson
Brook et légumes de l'Equinox Farm. Les vendredi
et samedi, le dîner s'accompagne d'un concert
de jazz.

Mt Greylock State Forest ❺

🛏 Bascom Lodge　　Lodge $$

(☎413-743-1591 ; www.bascomlodge.net ;
1 Summit Rd, Adams ; dort/ch 37/125 $, petit-déj

et déj 7-10 $, dîner 28-32 $; ◷petit-déj, déj et
dîner juin-oct). Au sommet du mont Greylock,
ce rustique lodge de montagne jouit
probablement du plus beau cadre de l'État.
Hébergement basique, repas simples mais
nourrissants et vue magnifique.

Manchester ❻

🛏 Equinox　　Resort $$$

(☎802-362-4700, 800-362-4747 ; www.
equinoxresort.com ; 3567 Main St/Rte 7A ;
ch 280-600 $, ste 490-1 500 $; @ 🖥 🚌).
Le *resort* le plus en vue de Manchester fait
se côtoyer différents mondes : cottages avec
cheminée, maisons luxueuses, chambres
ornées d'objets anciens, avec lits à baldaquin
et tapis orientaux... Nombreux suppléments
hauts de gamme.

Lac Champlain ❼

✕ Penny Cluse Cafe　　Café $

(www.pennycluse.com ; 169 Cherry St ;
plats 7-11 $; ◷6h45-15h lun-ven, 8h-15h
sam-dim). Au cœur du centre-ville, ce café,
particulièrement apprécié pour son petit-
déjeuner, prépare pancakes, *biscuits and
gravy* (biscuits couverts d'une sauce au jus de
viande), burritos, omelettes, tofu, sandwichs,
tacos au poisson, salades et le meilleur *chile
relleno* (piments farcis et frits) de l'est du
Mississippi.

North Conway ❾

🛏 Red Elephant Inn　　B&B $$

(☎603-356-3548 ; www.redelephantinn.com ;
28 Locust Lane ; ch 145-260 $; ❄ 🖥). Perchée
sur une colline avec vue sur les Moat Mountains,
cette jolie propriété loue 8 chambres
élégantes, à la décoration et aux équipements
personnalisés. Service excellent et petit-
déjeuner copieux et savoureux.

Newport Le Cliff Walk longe la côte et les manoirs du XIXe siècle et réserve des vues splendides autrefois privilège des richissimes

Rhode Island : East Bay

9

Un parcours à travers le littoral et l'histoire, depuis les traces des premiers colons, à Little Compton, jusqu'aux villes industrielles de Newport et de Providence.

TEMPS FORTS

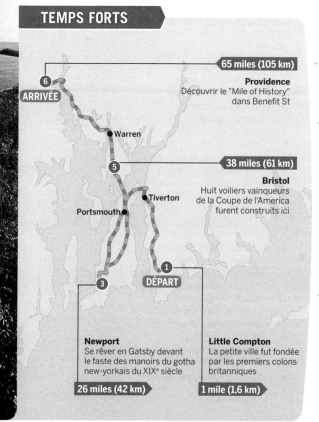

65 miles (105 km)

6
ARRIVÉE

Providence
Découvrir le "Mile of History"
dans Benefit St

Warren

5

38 miles (61 km)

Bristol
Huit voiliers vainqueurs
de la Coupe de l'America
furent construits ici

Tiverton
Portsmouth

1

3
DÉPART

Newport
Se rêver en Gatsby devant
le faste des manoirs du gotha
new-yorkais du XIXe siècle

Little Compton
La petite ville fut fondée
par les premiers colons
britanniques

26 miles (42 km)

1 mile (1,6 km)

3-4 JOURS
65 MILES / 105 KM

PARFAIT POUR...

LE MEILLEUR MOMENT

De mai à octobre pour
le beau temps et les
produits agricoles

 LA PHOTO SOUVENIR

Les manoirs et
les falaises le long
du Cliff Walk

 UN PEU D'HISTOIRE

Les débuts
de l'Amérique moderne
à Little Compton

137

9 Rhode Island : East Bay

Le paysage ciselé d'East Bay raconte, à son échelle, l'histoire américaine. Démarrez à Little Compton par la tombe d'Elizabeth Pabodie (1623-1717), la première descendante de colons européens née en Nouvelle-Angleterre. Puis explorez les villes chargées d'histoire de Tiverton et de Bristol, où marchands d'esclaves et commerçants firent fortune. Aussi prospères fussent-ils, leurs modestes demeures n'égalaient pas les fastueux manoirs de Newport, ni les superbes édifices d'époque de Providence.

Pawtucke

ARRIVÉE
Providence ⑥

West Warwick

Warwick

Vers ②
(235 miles ; 378 km)

Vers ⑧
(164 miles ; 264 km)

East Greenwich

Exeter

Wickford

North Kingston

Narragansett

South Kingston

TEMPS FORT

❶ Little Compton

Avec ses jolies maisons au bardage à clins, Little Compton, fondé au XVIIᵉ siècle, compte parmi les villages les plus anciens et les plus pittoresques de la Nouvelle-Angleterre.

Construite en 1690, la **Wilbur House** (www. littlecompton.org ; 548 West Main Rd ; adulte/enfant 6/3 $; ⊙13h-17h jeu-dim avr-oct, 9h-15h mar-ven nov-mars) est l'un des rares bâtiments de cette époque encore debout. Modeste demeure familiale de l'un des premiers colons de Portsmouth, elle accueille désormais un musée qui retrace l'histoire des huit générations qui y vécurent

et la vie à Little Compton depuis sa fondation.

Le **vieux cimetière**, dominé par le clocher blanc de l'**United Congregational Church**, abrite la tombe d'Elizabeth Pabodie, fille des pèlerins du *Mayflower* Priscilla et John Alden, et première descendante de colons née en Nouvelle-Angleterre.

Le **Gray's Store** (4 Main St), construit en 1788 dans la ville voisine, Adamsville, est le plus vieux magasin du pays.

La jolie **Goosewing Beach** est l'unique plage publique correcte des environs. Comptez 10 $ pour le parking de **South Shore Beach** (Little Compton ; ⊙lever-coucher du soleil), d'où vous pourrez

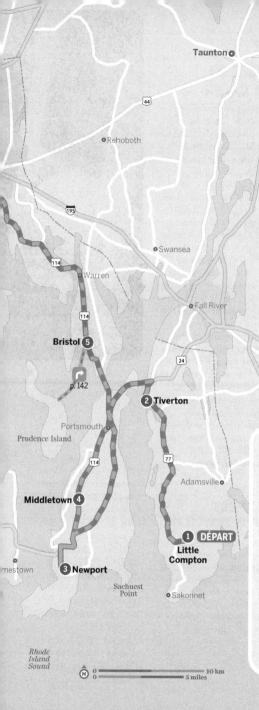

traverser un petit bras de mer.

🛏 p. 143

La route » Dirigez-vous tranquillement vers le nord sur la RI 77, en profitant du paisible paysage de campagne, composé de murs de pierre et de fermes au bardage à clins. À l'est, la baie se dévoile par intermittence : ce spectacle s'apprécie d'autant mieux en fin d'après-midi lorsque le soleil se couche.

❷ Tiverton

Avant de rallier le quartier historique de Four Corners à Tiverton, arrêtez-vous aux **Sakonnet Vineyards** (📞 1-800-919-4637 ; www. sakonnetwine.com ; 162 West Main Rd ; dégustation 10 $; 🕐 11h-17h dim-jeu, 11h-18h ven-sam) pour une dégustation de vin et une visite guidée du domaine (toutes les heures). Une halte dégustation en forme d'apéritif aux gourmandises qui vous

§ À COMBINER AVEC :

2 La côte du New Jersey
Cap vers le sud sur l'I-95 puis prenez Garden State Pkwy jusqu'à Asbury Park.

8 Circuit automnal
Prenez l'I-95 au sud de Providence puis la CT 9 qui traverse l'État direction nord-ouest. Prenez l'I-84 vers l'ouest et la frontière. Les CT 37 et CT 39 conduisent à Sherman.

LA NOUVELLE-ANGLETERRE **9 RHODE ISLAND : EAST BAY**

attendent à Tiverton : les glaces maison (plus de 40 parfums !) du **Gray's Ice Cream** (graysicecream. com ; 16 East Rd ; ☺7h-19h), les fromages artisanaux du **Milk & Honey Bazaar** (milkandhoneybazaar.com ; 3838 Main Rd ; ☺10h-17h mer-sam, 12h-17h dim), et les savoureux biscuits de l'épicerie fine **Provender** (www.provenderfinefoods. com ; 3883 Main Rd ; ☺9h-17h mi-mars à déc), étape incontournable des amateurs de pique-nique.

Peuplée d'artistes, Tiverton est une bonne halte shopping pour les tapis d'**Amy C Lund** (www. amyclundhandweaver.com ; 3964 Main Rd ; ☺10h-17h mer-sam, 12h-17h dim), simples et élégants, ou les œuvres et l'artisanat de la **Gallery 4** (www.gallery4tiverton.com ; 3848 Main Rd ; ☺11h-16h30 mer-sam, 12h-16h30 dim).

 p. 143

La route » Suivez Main St vers le nord et laissez la verdure de Tiverton derrière vous. Prenez la RI 138/RI 24 direction sud-ouest, qui vous conduit directement à Newport.

TEMPS FORT

❸ Newport

Fondé par des religieux modérés fuyant les persécutions des puritains du Massachusetts, le "nouveau port" prospéra jusqu'à devenir la quatrième ville la plus riche de la nouvelle colonie indépendante. Le centre-ville présente de beaux exemples, bien préservés, d'architecture coloniale, telle la **Colony House**, sur Washington Square, devant laquelle fut lue, en juillet 1776, la Déclaration d'indépendance des États-Unis.

Près de la place, les lampes à gaz de la **White Horse Tavern** (☎401-849-3600 ; www.whitehorsenewport. com ; 26 Marlborough St), la plus ancienne d'Amérique, brûlent depuis 1673. Dans Touro St se dresse la première synagogue des États-Unis, la **Touro Synagogue**

BOB ROWAN PROGRESSIVE IMAGE/CORBIS ©

(www.tourosynagogue.org ; 85 Touro St ; visite adulte/enfant 12 $/gratuit), construite dans les années 1760. Pour revivre le passé de la ville, les anglophones pourront participer aux promenades guidées de **Newport History Tours** (www.newporthistorytours.org ; adulte/enfant 12/5 $; ☺10h jeu-sam mai-sept).

Dans les années 1890, la ville devint le lieu de villégiature estival des New-Yorkais fortunés. Leurs somptueux "cottages", inspirés des *palazzi* italiens, des châteaux français et des manoirs élisabéthains et décorés d'œuvres d'art

---

● PAROLE D'EXPERT
LE POLO À PORTSMOUTH

Les matchs de polo qui ont lieu à Glen Farm, à Portsmouth, constituent une excellente sortie familiale. Siège du **Newport Polo Club** (www.nptpolo. com ; 715 East Main Rd ; adulte/enfant 12 $/gratuit ; ☺ouverture des portes 13h), la "ferme" de 283 ha fut édifiée par Henry Taylor, homme d'affaires new-yorkais qui voulait créer une gentilhommière dans la tradition anglaise. L'été, elle accueille les matchs du club (consultez les dates sur le site), un excellent moyen de profiter de la propriété et de goûter à la vie mondaine de Newport.

Providence La bibliothèque de Providence Athenaeum

et de mobilier précieux, se répartissent le long de Bellevue Ave. Visitez les plus remarquables avec la **Preservation Society** (www.newportmansions.org ; 424 Bellevue Ave ; adulte/enfant à partir de 14,50/5,50 $). Le **Cliff Walk**, un sentier de 5,6 km, longe la côte à l'arrière des manoirs et offre une belle promenade.

✗ ≈ p. 143

La route ›》 Quittez Newport par Ocean Dr qui démarre un peu au sud de Fort Adams. S'étirant sur 10 miles (16 km), elle longe le littoral sud, passe devant les manoirs et remonte Bellevue Ave avant de croiser Memorial Blvd. Tournez à droite pour rejoindre Middletown.

- - - - - - - - - -
④ Middletown

Le restaurant rouge et blanc **Flo's Clam Shack** (www.flosclamshacks.com ; 4 Wave Ave ; plats 2,50-6 $; ⊘fermé jan-fév) justifierait à lui seul un détour dans cette ville voisine de Newport. Les palourdes frites, spécialité de la maison depuis 1936, passent pour être les meilleures de Middletown et sont le mets idéal après une journée passée sur **Second Beach** (Sachuest Point Rd), la plus grande et la plus belle plage d'Aquidneck Island. Épousant Sachuest Bay, celle-ci s'adosse au

Norman Bird Sanctuary (www.normanbirdsanctuary. org ; 583 Third Beach Rd ; adulte/enfant 6/3 $; ⊘9h-17h), couvrant 182 ha, qui accueille des oiseaux migrateurs.

La route ›》 Quittez Aquidneck Island via East Main Rd, qui traverse au nord la banlieue de Middletown et Portsmouth. Après 6,5 miles (10 km), prenez la RI 114 et traversez la baie par le pont suspendu Mt Hope Bridge. Vous n'êtes alors plus qu'à 3 miles (4,8 km) de Bristol.

- - - - - - - - - -
TEMPS FORT

⑤ Bristol

Tournée vers la mer et la construction navale,

141

VAUT LE DÉTOUR PRUDENCE ISLAND

Point de départ : ❺ Bristol

L'idyllique **Prudence Island** (www.prudenceferry.com ; adulte/enfant 6,60/2,90 $; ◷6h-18h lun-ven, 8h-18h sam-dim) est située au milieu de la baie de Narragansett, à 25 minutes en ferry de Bristol. Terre agricole, puis lieu de villégiature de familles de Providence et de New York, qui s'y rendaient à bord du Fall River Line Steamer, l'île ne compte plus que 88 habitants. Outre quelques belles demeures victoriennes et de style Beaux-Arts près de Stone Wharf, un phare et une petite boutique, la nature domine. Idéal pour le VTT, les barbecues, la pêche et la baignade.

la ville s'enrichit de la traite négrière (20% des esclaves débarqués en Amérique transitaient dans ses navires) et fut, au XVIIIe siècle, l'un des plus grands ports commerciaux du pays. L'excellent **Herreshoff Marine Museum** (www. herreshoff.org ; 1 Burnside St ; adulte/enfant 10 $/gratuit ; ◷10h-17h mai-oct) rend hommage au travail du très prolifique architecte naval Nathanael Herreshoff et de ses héritiers et présente certains des plus beaux voiliers américains – certains remportèrent la Coupe de l'America.

Construite en 1895, la **Blithewold Mansion** (www.blithewold.org ; 101 Ferry Rd ; adulte/enfant 11/3 $; ◷10h-16h mar-dim mi-avr à oct) est sans conteste l'un des bâtiments remarquables de Bristol. Ancienne propriété d'Augustus Van Wickle, riche exploitant minier, ce manoir de style

Arts and Crafts occupe un emplacement sans égal donnant sur la baie de Narragansett – superbe au printemps, lorsque le rivage se pare de jonquilles. Autre demeure d'exception, la **Linden Place** (☎401-253-0390 ; www. lindenplace.org ; 500 Hope St ; adulte/enfant 8/5 $; ◷10h-16h mar-sam mai-oct), ancienne demeure d'un marchand d'esclaves, accueillit le tournage de *Gatsby le Magnifique* en 1974.

Plus beau parc du Rhode Island, le **Colt State Park** (www.riparks. com ; RI 114 ; ◷8h30-16h30) donne à l'ouest sur la baie de Narragansett et comprend notamment 6 km de pistes cyclables.

🛏 p. 143

La route » Pour rallier Providence depuis Bristol, suivez la RI 114 vers le nord, à travers les banlieues de Warren et de Barrington. Après 17 miles (27 km), prenez l'I-195 W pour les 18 miles (29 km) restants jusqu'au centre de Providence.

TEMPS FORT

❻ Providence

Banni de la puritaine Boston pour dissidence religieuse, Roger Williams fonda Providence, première ville de la nouvelle colonie de Rhode Island, sur le principe de la liberté de conscience en 1636. Le "Mile of History" de **Benefit Street** offre un aperçu de l'héritage architectural de la ville, avec une centaine de demeures de style colonial, fédéral et néo-colonial. Au milieu, le **Providence Athenaeum** (www.providenceathenaeum. org ; 251 Benefit St ; entrée libre ; ◷9h-19h lun-jeu, 9h-17h ven-dim) est une bibliothèque conçue par l'architecte William Strickland en 1838, dont la construction inspirée des temples grecs trouve écho dans sa collection de bustes en plâtre de dieux et de philosophes antiques.

À l'est se tient la **Brown University** aux bâtiments gothiques et Beaux-Arts répartis autour du College Green. Non loin, on peut voir la **John Brown House** (www.rihs.org ; 52 Power St ; adulte/enfant 10/6 $; ◷visite 13h30 et 15h mar-ven, 10h30-15h sam avr-déc) que le président John Quincy Adams considérait comme la belle demeure du continent.

Terminez la visite par la statue de bronze de l'*Independent Man,* qui orne le dôme de la **Rhode Island State House**.

Se restaurer et se loger

Little Compton ❶

🛏 Stone House   Auberge $$$

(📞401-635-2222 ; www.stonehouse1854.
com ; 122 Sakonnet Point ; ch 275-400 $;
🅿🛜). Superbe établissement à l'architecture
italianisante, en grès et en granit, avec véranda
ornementée, situé à côté des meilleures plages
de la ville. Jolie vue sur l'océan.

Tiverton ❷

🍴 Evelyn's Drive-In   Américain $$

(www.evelynsdrivein.com ; 2335 Main Rd ; plats
5-18 $; 🕐déj et dîner avr-sept ; 🅿🚹). Bâtisse
grise en bardage à clins avec allée en coquillages
broyés juste à côté du Nanaquaket Pond. Prépare
des hamburgers et sandwichs au homard
légèrement épicés dans des pains à hot dog.

Newport ❸

🍴 Fluke   Poisson et fruits de mer $$

(📞401-849-7778 ; flukewinebar.com ; 41 Bowen's
Wharf ; plats 9-34 $; 🕐17h-23h mer-sam
nov-avr, tlj en été). Ce restaurant d'inspiration
scandinave, avec bois blond et baie vitrée,
propose une carte de fruits de mer complète
comprenant lotte rôtie, bar rayé et coquilles
Saint-Jacques. À l'étage, le bar sert une longue
liste de cocktails.

🍴 Mooring   Américain moderne $$

(📞401-846-2260 ; www.mooringrestaurant.
com ; Sayers Wharf ; plats 6-36 $; 🕐déj et dîner ;
🅿🚹). La vue sur la baie de Narragansett
depuis la terrasse en acajou est sublime. La
superbe salle, dotée d'œuvres d'art au thème
nautique et d'un bar couvert de marbre,
accueillait autrefois le New York Yacht Club.

🛏 Marshall Slocum
Guesthouse   B&B $$

(📞401-841-5120 ; www.marshallslocuminn.
com ; 29 Kay St ; ch 79-275 $; 🅿✳🛜).
Demeure coloniale en bardage à clins, et ancien

presbytère, entre Historic Hill et le centre de
Newport. L'intérieur conserve une atmosphère
d'époque. Les chambres arborent lits à
baldaquin, parquet et fenêtres à volets.

Bristol ❺

🛏 Governor Bradford Inn   Auberge $$

(📞401-254-1745 ; www.mounthopefarm.org ;
250 Metacom Ave ; ch 125-275 $; 🅿✳). Gérée
par le Mount Hope Trust, l'auberge propose
4 chambres personnalisées dans une ferme
géorgienne tricentenaire. Cette ancienne
propriété de la famille Haffenreffer, spécialiste
du brassage de la bière, occupe un domaine
soigné de 81 ha.

Providence ❻

🍴 Haven Brothers Diner   Diner $

(Washington St ; repas 5-10 $; 🕐17h-3h). *Diner*
à l'arrière d'un camion. On raconte qu'à ses
débuts, en 1893, le restaurant se résumait à
une voiture tirée par des chevaux. Grimpez les
marches bancales pour savourer une cuisine
simple aux côtés d'hommes politiques et
d'étudiants.

🍴 Local 121   Américain moderne $$$

(www.local121.com ; 121 Washington St ; plats
16-32 $; 🕐déj mar-dim, dîner tlj). Ce restaurant
à l'ancienne, aménagé dans l'ancien hôtel
Dreyfus, dégage une modeste splendeur. Le
menu de saison comprend un sandwich aux
noix de saint-jacques et une pizza au magret
de canard. Le bar est idéal pour un repas
décontracté.

🛏 Providence
Biltmore   Hôtel historique $$$

(📞401-421-0700 ; www.providencebiltmore.
com ; 11 Dorrance St ; ch/ste 146/279 $; 🅿@).
Tel un industriel, descendez dans les bons
vieux hôtels de Providence. Boiseries sombres,
escaliers tournants et lustres imposants
confèrent au Biltmore des années 1920 une
atmosphère majestueuse.

South Hero *Lever du soleil sur la marina*

La Lake Champlain Byway

10

Rien de tel qu'un bon repas à Burlington, arrosé d'une Magic Hat, suivi d'une balade sur les rives du lac Champlain ou dans les îles du nord pour goûter à la douceur de vie du Vermont.

TEMPS FORTS

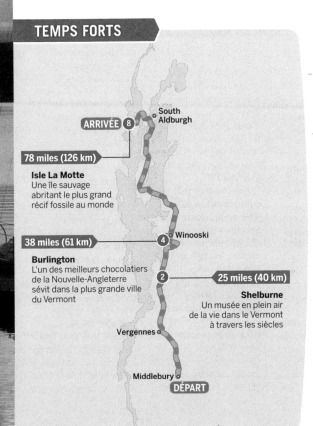

ARRIVÉE 8 — South Aldburgh

78 miles (126 km)

Isle La Motte
Une île sauvage abritant le plus grand récif fossile au monde

38 miles (61 km) — **4** Winooski

Burlington
L'un des meilleurs chocolatiers de la Nouvelle-Angleterre sévit dans la plus grande ville du Vermont

2 — **25 miles (40 km)**

Shelburne
Un musée en plein air de la vie dans le Vermont à travers les siècles

Vergennes

Middlebury — **DÉPART**

**2-3 JOURS
78 MILES / 125 KM**

PARFAIT POUR…

LE MEILLEUR MOMENT

De juin à octobre pour les longues journées d'été et le spectacle des feuillages d'automne

 LA PHOTO SOUVENIR

Au bord de l'eau, sur l'Isle La Motte

 **INSTANT GASTRONOMIE**

La bière la plus célèbre de l'État et les restaurants à Burlington

La Lake Champlain Byway

Traversant les villes universitaires de Middlebury et de Burlington – toujours animées – et l'un des plus fascinants musées de l'État, cette route pittoresque gagne ensuite les quatre îles du lac Champlain, en grande partie sauvages, pour un itinéraire de 27 miles (43 km) entre ponts et routes sur digues, leçons d'histoire et dégustations de vins.

❶ Middlebury

Ancienne ville industrielle, Middlebury a reconverti ses vieux moulins à eau en beaux musées et restaurants. Malgré les carrières de marbre alentour, la plupart des édifices du centre-ville sont en brique, bois ou schiste, exception faite de ceux du **Middlebury College**, fondé en 1800 et indissociable de la ville depuis lors, en marbre blanc et en calcaire gris. Verdoyant, le campus est idéal pour flâner.

Le **Middlebury College Museum of Art** (www. middlebury.edu/arts/museum ; S Main St, VT 30 ; entrée libre ; ◷10h-17h lun-ven, 12h-17h sam-dim, fermé lun mi-août à début sept et mi-déc à début jan) présente de belles collections de poterie chypriote, de sculpture européenne et américaine du XIXᵉ siècle, et des œuvres de grands maîtres comme Pablo Picasso et Salvador Dalí.

Secrétaire de mairie et commerçant du XIXᵉ siècle, Henry Sheldon a réuni nombre d'objets, documents, photos... relatifs au Vermont au cours de sa vie. Ils sont aujourd'hui exposés au **Henry Sheldon Museum** (www. henrysheldonmuseum.org ; 1 Park St ; tarif plein/6-18 ans/ senior 5/3/4,50 $; ◷10h-17h mar-sam tte l'année, 13h-17h dim juin-oct), dans un ancien bâtiment fédéral de 1829.

Au rayon des curiosités, on note un porte-cigare en griffes de poulet et les propres dents de Sheldon.

✕ ⮞ p. 151

La route ⟩⟩ Prenez la Rte 7 vers le nord. Trois miles (4,8 km) après Middlebury, profitez d'une dégustation de vin ou d'un pique-nique sous la véranda du Lincoln Peak Vineyard de New Haven (www. lincolnpeakvineyard.com).

- - - - - - - - - - -

TEMPS FORT

❷ Shelburne

On ne saurait imaginer plongée plus exhaustive dans la vie quotidienne des Américains du XVIIᵉ au XXᵉ siècle. Artisanat, textiles, jouets, outils, calèches, mobilier... village reconstitué de 39 bâtiments répartis sur 18 ha, le **Shelburne Museum** (www.shelburnemuseum. org ; Rte 7 ; adulte/enfant 22/11 $, ticket valable 2 jours consécutifs ; ◷10h-17h tlj mai-oct, mar-dim nov-déc ; ♿) présente une collection de 150 000 objets, dont l'ampleur permet à chacun – petits et grands – d'organiser sa visite et d'y trouver son compte. Les bâtiments eux-mêmes méritent le coup d'œil : beaucoup ont été déplacés ici afin d'être préservés. Ne manquez pas le pont couvert, la grange ronde traditionnelle, le bateau à vapeur *Ticonderoga*, le phare de 1871, la salle de classe, la gare ferroviaire

avec sa locomotive et l'atelier de forgeron.

📖 p. 151

La route › Continuez vers le nord sur la Rte 7 jusqu'à South Burlington.

---

③ South Burlington

Ouverte en 1994, la **Magic Hat Brewery** (www. magichat.net ; 5 Bartlett Bay Rd ; visite gratuite ; ⏱10h-18h lun-sam, 12h-17h dim) est l'une des premières – et des plus célèbres – microbrasseries du Vermont. Avec une vingtaine de variétés s'écoulant d'une quarantaine de tireuses, l'"Artifactory" déborde d'énergie créative. Les visites d'une demi-heure (consultez les horaires sur le site) vous entraînent dans l'histoire des brasseries du Vermont et le rôle de Magic Hat, sa méthode de fabrication, ses efforts pour limiter son impact environnemental, et son implication dans

À COMBINER AVEC :

8 **Circuit automnal**
Rejoignez Burlington.

11 **La traversée du Vermont par la Route 100**
Roulez vers le sud sur l'I-89 pour prendre la VT 100 à Waterbury.

la vie de la communauté (notamment son Magic Hat Mardi Gras annuel et son soutien aux arts du spectacle).

Les guides répondent volontiers à toutes les questions. Vous saurez notamment qui rédige les dictons figurant à l'intérieur des capsules.

Les dégustations gratuites, avant et après la visite, permettent notamment de goûter à la n°9 – une blonde légère avec un soupçon d'abricot – ou à la Circus Boy, et à un assortiment de bières différent selon la saison, comme la Séance, la Encore, ou l'étonnante Maple Chocolate Stout au goût de cacao.

La route » Continuez vers le nord sur la Rte 7 jusqu'à Burlington.

TEMPS FORT

❹ Burlington

Dans la plupart des autres États, cette ville dominant le lac Champlain, la plus grande du Vermont, serait à peine une petite ville. Cette taille réduite, propice à une atmosphère paisible et conviviale, fait indéniablement partie de ses charmes. Épicentre du Vermont en matière de vie nocturne, Burlington affiche un dynamisme, un entrain et une vie culturelle animée, dus notamment à la présence des 13 400 étudiants de l'University of Vermont (UVM).

Juste avant le centre-ville, une pause – chocolatée – s'impose à la boutique et la petite usine de **Lake Champlain**

Chocolates (www.lakechamplainchocolates.com ; 750 Pine St ; entrée libre ; ⊙ visites à l'heure pile 11h-14h lun-ven, boutique 9h-18h lun-sam, 11h-17h dim). L'arôme du riche cacao fondu enivre dès l'entrée. Suivez la visite pour connaître l'histoire du chocolatier et déguster de nombreuses douceurs. La boutique est également la seule à proposer des chocolats de second choix à prix réduit : leur goût est identique aux autres, mais pour de simples raisons esthétiques, ils ne peuvent être vendus au même prix. Le café sert aussi de succulentes glaces maison.

 p. 151

La route » Direction les îles du lac Champlain. Au nord de Burlington, suivez l'I-89 sur 10 miles (16 km) jusqu'à la sortie 17, puis la Hwy 2 vers l'ouest. Après le Sand Bar State Park – idéal pour pique-niquer et se baigner – empruntez la route sur digue. À mi-chemin, garez-vous pour faire une photo.

---

❺ South Hero Island

Sur la Hwy 2, repérez les panneaux sur la gauche indiquant la **Snow Farm Winery** (www.snowfarm.com ; 190 West Shore Rd ; ⊙ 11h-17h mai-nov), premier vignoble du Vermont. La salle de dégustation, dissimulée au bout d'une route en terre, permet de découvrir les blancs, primés, ou l'Ice Wine (vin de glace) – trois dégustations gratuites.

VAUT LE DÉTOUR INTERVALE ET ADAM'S BERRY FARM

Point de départ : ❹ Burlington

On ne s'attend pas à trouver de si belles terres agricoles au cœur du couloir le plus urbanisé du Vermont. Et pourtant, 5 miles (8 km) au nord, sur la Hwy 7, niché entre les centres urbains de Burlington et de Winooski, l'**Intervale Center** (www.intervale.org ; 180 Intervale Rd) est un ensemble bucolique de jardins et de fermes communautaires près des berges de la Winooski River. Partant de la Hwy 7, Intervale Rd devient une piste de terre entourée d'arbres conduisant à l'**Adam's Berry Farm** (☎ 802-578-9093 ; http://adamsberryfarm.com ; Intervale Rd, Burlington). Les visiteurs peuvent cueillir fraises, myrtilles et framboises, de fin mai aux premières gelées (horaires variables ; téléphonez).

Grand Isle Récolte de poires

149

PAROLE D'EXPERT ALLENHOLM ORCHARDS

Juste à la sortie de la ville de South Hero, prenez une *Creemee* (c'est ainsi qu'on appelle une glace dans le Vermont) au verger **Allenholm Orchards** (www. allenholm.com ; 150 South St ; ⏱9h-17h fin mai-veille de Noël ; 🦽), ou cueillez quelques pommes pour la route. En octobre, ce verger au succès confirmé sponsorise le plus grand festival de pommes du Vermont (South Hero Applefest).

Le jeudi soir en été, des **concerts** (⏱18h30-20h30 juin-sept) gratuits – allant du jazz à la folk, en passant par le rock – sont organisés près des vignes.

La route ≫ Continuez vers le nord sur la Hwy 2.

- - - - - - - - - -

⑥ Grand Isle

La **Hyde Log Cabin** (228 Hwy 2 ; adulte/enfant 3 $/ gratuit ; ⏱11h-17h ven-dim juin à mi-oct), la plus ancienne cabane en rondins du Vermont (1783) et l'une des plus vieilles des États-Unis, mérite un arrêt pour découvrir le mode de vie des colons au XVIIIᵉ siècle et des objets ménagers traditionnels du Vermont.

La route ≫ Continuez vers le nord sur la Hwy 2.

- - - - - - - - - -

⑦ North Hero Island

Les plaisanciers des environs jettent l'ancre devant le magasin **Hero's Welcome** (www. heroswelcome.com ; 3537 Hwy 2 ; ⏱6h30-18h30

lun-sam, 7h-18h dim), sorte de grand fourre-tout mêlant vêtements, alimentation et gadgets hautement indispensables. Achetez un souvenir, un sandwich ou un café et prenez quelques photos sur la terrasse extérieure dominant le débarcadère. Détail amusant : sur le mur des "World Time Zones" (fuseaux horaires mondiaux), il y a une horloge pour chaque île du lac Champlain : North Hero, South Hero, Grand Isle et Isle La Motte. Bien sûr, les heures sont rigoureusement identiques.

🍴 🛏 p. 151

La route ≫ Depuis la Hwy 2, faites cap à l'ouest sur 4 miles (6,4 km) sur la Rte 129 jusqu'à l'Isle La Motte.

- - - - - - - - - -

TEMPS FORT

⑧ Isle La Motte

Sauvage, l'Isle La Motte est l'une des îles du lac les plus chargées d'histoire. Elle fut notamment un important carrefour

d'échange pour les Amérindiens.

Parcourez la boucle qui longe le littoral, et arrêtez-vous au **St Anne's Shrine** (www. saintannesshrine.org ; 92 St Anne's Rd ; ⏱sanctuaire mi-mai à mi-oct, parc tte l'année), un lieu de culte et de retraite spirituelle construit sur le site du fort Saint-Anne, fort français construit en 1666 pour protéger la colonie des attaques des Iroquois. Une statue en granit rappelle que c'est le Français Samuel de Champlain qui "découvrit" le lac et ses îles, en 1609, et les colons qui suivirent dans les années 1660 furent les premiers Européens à s'installer dans le Vermont. Si le lieu est ouvert à tous, il est avant tout dédié à la prière et au recueillement.

À 4 miles (6,4 km) au sud, la **Fisk Quarry Preserve** (www.ilmpt.org ; West Rd ; ⏱lever-coucher du soleil) est une réserve naturelle de près de 9 ha qui abrite le plus grand récif fossile du monde. Vieux de près de 500 millions d'années, il a fourni le calcaire qui couvre le sol du Radio City Music Hall et de la Washington's National Gallery. Des sentiers d'interprétation retracent l'histoire du site, depuis le temps où il était encore sous l'eau.

Se restaurer et se loger

Middlebury

✖ American Flatbread — Pizza $$

(☎802-388-3300 ; www.americanflatbread.
com/restaurants/middlebury-vt ; 137 Maple St ;
flatbreads 14-20 $; ◷17h-21h mar-dim, dès 11h
ven-sam). Dans cette grande et vieille bâtisse
en marbre, l'âtre crée une ambiance cosy en
hiver. Le menu se limite à des salades fraîches,
des microbières locales et des *flatbreads*
customisés (sorte de pizzas, mais ne vous
aventurez pas à les appeler ainsi...).

⊨ Middlebury Inn — Auberge $$

(☎802-388-4961, 800-842-4666 ; www.
middleburyinn.com ; 14 Court House Sq,
Rte 7 ; ch 139-279 $; 📶). Le bâtiment principal,
datant de 1827, possède des salles de réception
joliment restaurées et de charmantes
chambres. La Porter Mansion adjacente, aux
chambres victoriennes, déborde de détails
architecturaux. Chambres moins chères dans
le motel moderne (espaces simples, sans
objets anciens).

Shelburne ❷

⊨ Inn at Shelburne Farms — Auberge $$$

(☎802-985-8498 ; www.shelburnefarms.
org/staydine ; 1611 Harbor Rd, Shelburne ;
ch 289-523 $, sdb commune 169-245 $, cottage
289-430 $, pension 436-926 $; 📶). Comptant
parmi les 10 meilleurs hébergements de
Nouvelle-Angleterre, cette auberge fut autrefois
la résidence d'été de la riche famille Webb. Elle
loue désormais des chambres dans l'élégante
demeure champêtre au bord du lac.

Burlington ❹

✖ August First
Bakery & Cafe — Boulangerie, pizzeria $$

(www.augustfirstvt.com ; 149 South
Champlain St ; repas 9-14 $; ◷7h30-17h lun-ven,

8h-15h sam). Boulangerie-pizzeria agréable pour
un café, un sandwich et ses fameux pains. Le
"Flatbread Friday" remporte un grand succès –
les tables sont rassemblées et l'on sert de ces
sortes de pizzas à volonté, accompagnées de
salade et de bière, pour 12 $ (8 $ pour les moins
de 10 ans). Très variées, les garnitures vont des
traditionnels *pepperoni* à des compositions plus
exotiques comme la "gorgonzola et poire".

✖ Blue Bird Tavern — International $$

(☎802-540-1786 ; http://bluebirdvermont.
com ; 86 Paul St ; repas 9-25 $; ◷déj et dîner).
Nominé pour un prix James Beard l'année de
son ouverture, ce restaurant locavore inventif
de Burlington propose un menu de saison
avec petites ou grandes assiettes, garnies
d'huîtres chaudes avec aïoli aux algues et sucre
d'érable ou des macaronis au fromage avec
petits pois, morilles et escargots. Ketchup et
mayonnaise maison accompagnent les frites.
Pensez à réserver.

⊨ Sunset House B&B — B&B $$

(☎802-864-3790 ; www.sunsethousebb.com ;
78 Main St ; ch 120-170 $; 📶). Charmant B&B
doté de 4 chambres soignées. Salles de bains
et petite cuisine communes. C'est l'unique B&B
situé en plein centre-ville.

North Hero Island ❼

⊨ North Hero House — B&B $$

(☎802-372-4732 ; Hwy 2 ; www.
northherohouse.com ; ch à partir de 140 $;
📶). Face au lac, cette auberge champêtre
propose des chambres, la plupart avec véranda
privative et lit à baldaquin, agrémentées
de courtepointes, et offre deux options de
restauration. Le restaurant sert une cuisine
américaine moderne (repas 18-28 $; dîner)
avec vue sur l'eau. À l'extérieur, le superbe
Steamship Pier Bar & Grill (sandwichs 10-18 $;
déj et dîner juin-sept) sert kebabs, burgers
et sandwichs au homard, accompagnés de
cocktails frais, directement sur la jetée.

CoLD HOLLOW CIDER MILL

Legendary Cider Donuts

eal Vermont "Agri"-tainme

La traversée du Vermont par la Route 100

11

Cornichons chanteurs (oui, oui !), petits villages paisibles, belles ascensions en télécabine… et les crèmes glacées les plus célèbres d'Amérique vous attendent le long de la Route 100.

TEMPS FORTS

ARRIVÉE

Morrisville

130 miles (209 km)

7

Stowe
Un village digne
d'une carte postale,
niché dans
les Green Mountains

5

Waitsfield

122 miles (196 km)

Usine Ben & Jerry's
Le premier fabriquant
de crème glacée
du pays vous livrera
certains secrets

Rochester

67 miles (108 km)

4

West
Bridgewater

Killington
Une ascension
en télécabine
vers une vue imprenable
sur les montagnes

2

38 miles (61 km)

Weston
Le bazar le plus célèbre
du Vermont vend
ses articles depuis 1946

Wilmington

DÉPART

**3-4 JOURS
153 MILES /
246 KM**

PARFAIT POUR…

MEILLEUR MOMENT

De mai à octobre
pour les routes sans
neige et les journées
ensoleillées

LA PHOTO SOUVENIR

La vue à 360° depuis
le K1 Gondola au-
dessus de Killington

EN FAMILLE

Les jouets
du Vermont Country
Store et l'usine
Ben & Jerry's

11 La traversée du Vermont par la Route 100

Traversant le Vermont du sud au nord, la Route 100 dessert les stations de ski les plus courues de l'État sans jamais perdre de vue les verdoyantes Green Mountains. En suivant cet itinéraire, vous serpenterez tranquillement à travers l'État et découvrirez notamment quelques magasins originaux qui font la fierté du Vermont – ou tout du moins une part de sa singularité. À moins que vous ne pressiez le pas à l'idée de visiter l'usine du célèbre glacier Ben & Jerry's…

❶ Wilmington

Fondée en 1751, Wilmington est la porte d'accès au Mt Snow, l'une des meilleures stations de ski de Nouvelle-Angleterre et excellente destination estivale pour le VTT et le golf. Le village ne compte pas de vrais sites touristiques, mais l'**Historic District** (quartier historique), dans W Main St, offre de beaux exemples d'architecture des XVIIIe et XIXe siècles et regorge de restaurants et de boutiques. Pour bonne part inscrite au National Register of Historic Places, la ville est une halte nocturne agréable.

✗ ⌂ p. 161

La route » En suivant la Rte 100 vers le nord, vous traverserez d'abord un domaine skiable (repérez le Mt Snow sur la gauche) et des hameaux endormis – Jamaica est une localité rurale, dotée d'un bazar et de plusieurs boutiques d'antiquités.

TEMPS FORT

❷ Weston

Pittoresque, Weston s'enorgueillit de son **Vermont Country Store** (www.vermontcountrystore. com ; Rte 100 ; 🕐9h-17h30), le bazar le plus célèbre de l'État, fondé en 1946 : un retour à une époque plus simple où les marchandises étaient faites pour durer, et moins standardisées qu'aujourd'hui. Cornichons électroniques en plastique qui chantent, combinaisons en taffetas, embauchoirs adaptables… vous découvrirez tout ce dont vous ignoriez avoir besoin. Également des jeux et jouets d'autrefois et des rayons entiers de bonbons et de fromages.

Plus ancienne salle de théâtre du Vermont, la **Weston Playhouse** (📞802-824-5288 ; www. westonplayhouse.org ; 703 Main St ; tickets 25-50 $; 🕐représentations fin juin-début sept) fut fondée en 1939 et connaît toujours un grand succès lors de ses représentations estivales – et le cadre, avec une vue sur la cascade de Weston et un moulin du XIXe siècle, ne gâche rien du spectacle.

Parmi les dernières pièces jouées figurent *Mort d'un commis voyageur* d'Arthur Miller (avec Christopher Lloyd, l'un des acteurs de la série de films *Retour vers le futur*), *Un violon sur le toit* de Joseph Stein, ou encore *Ne tirez pas sur l'oiseau moqueur* de Harper Lee.

La route » Continuez sur la Rte 100 vers le nord. À Plymouth Union, prenez à droite sur la Rte 100A et poursuivez quelques kilomètres jusqu'au centre-ville de Plymouth.

- - - - - - - - - - - - - -

③ Plymouth

Il suffit de parcourir ses hauts pâturages pour comprendre que Plymouth est de ces villages qui fleurent bon le passé. De pittoresques maisons et quelques granges en bois, une église, un magasin joliment aménagé

À COMBINER AVEC :

1 La boucle des Finger Lakes

De Wilmington, gagnez l'État de New York à l'ouest, puis suivez l'I-88 jusqu'à Ithaca.

8 Circuit automnal

Quittez la Rte 100 vers l'ouest pour rattraper le Circuit automnal à Manchester ou au lac Champlain.

parmi les érables sur un coteau bucolique… la ville natale du président Calvin Coolidge (1872-1933) semble s'être figée dans le temps il y a une centaine d'années. Le cœur du bourg est protégé par le **President Calvin Coolidge State Historic Site** (http://historicsites.vermont.gov/directory/coolidge ; 3780 Rte 100A ; adulte/enfant/famille 7,50/2/20 $; ☺9h30-17h fin mai à mi-oct). Si les rues du village semblent bien paisibles aujourd'hui, le musée raconte l'histoire d'une Amérique travailleuse et persévérante. Les outils de forgeron, de menuisier, de crémier et de lavandière témoignent du travail difficile et du courage nécessaire pour vivre dans les pâturages rocailleux du Vermont.

Fondée par le père de Calvin Coolidge, la **Plymouth Artisan Cheese** (www.plymouthartisancheese.com ; 106 Messer Hill Rd ; ☺9h-17h) a récemment repris la production d'un cheddar artisanal traditionnel, fromage à pâte dure. Son goût piquant et sa texture granuleuse rappellent les meules de fromage traditionnellement vendues dans les magasins du Vermont. Les visiteurs peuvent contempler les photos et les objets d'une autre époque, mais aussi observer le fromager à l'œuvre.

VAUT LE DÉTOUR LA VERMONT ICELANDIC HORSE FARM

Point de départ : ❹ Killington

Les chevaux islandais sont l'une des espèces les plus anciennes et, d'après certains, des plus polyvalentes du monde. Gentils et terriblement affectueux, ils sont assez faciles à monter, même pour les débutants – lorsqu'ils sont effrayés, ils s'arrêtent généralement pour réfléchir au lieu de paniquer. Toute l'année, la **Vermont Icelandic Horse Farm** (☎802-496-7141 ; www.icelandichorses.com ; N Basin Rd, Waitsfield ; balades 1/3 heures 50/100 $, journée entière avec déj 195 $; ☺balade sur rdv), située 3 miles (4,8 km) à l'ouest de la Rte 100 (qui devient une route en terre), propose des excursions de 1 à 3 heures ou d'une journée. Elle organise aussi des treks de 2 à 5 jours, avec étapes en auberge (expérience requise en matière d'équitation). Non loin, la ferme gère aussi l'agréable auberge **Mad River Inn** (www.madriverinn.com ; ch avec petit-déj 125-175 $).

La route ❯❯ Rebroussez chemin sur la Rte 100A et tournez à droite pour récupérer la Rte 100 N.

- - - - - - - - - - -

TEMPS FORT

❹ Killington

Première station de ski de l'Est américain, Killington s'étend sur sept montagnes, dont la plus belle, le Killington Peak (1 292 m), est le deuxième sommet du Vermont, et propose de nombreuses activités de plein air – des sports d'hiver au VTT et à la randonnée en été. Killington Resort, équivalent sur la côte Est de Vail, dans le Colorado, dispose de la plus haute remontée mécanique du Vermont, la **K1-Express Gondola** (☎800-621-6867 ; www.killington.com ; aller-retour 15 $; ☺10h-17h fin juin-début sept et 1er-8 oct, sam-dim uniquement début-fin sept). En hiver, elle transporte jusqu'à 3 000 skieurs par heure dans des cabines chauffées sur 4 km de câble. Au printemps et en été, elle conduit à de superbes panoramas au-dessus des montagnes. Y contempler les tons cuivrés, rouges et dorés des feuillages d'automne est une expérience magique.

Attention, en dehors de la saison hivernale, les établissements pratiquent des horaires restreints. Appelez pour vérifier leur ouverture.

✕ 🛏 p. 161

La route ❯❯ Continuez sur la Rte 100 N. Environ 10 miles (16 km) après Rochester, la route entre dans un couloir étroit et sauvage de terres protégées. Une petite aire de stationnement sur la gauche permet d'admirer les jolies Moss Glen Falls. Un kilomètre plus loin environ, les petits étangs de Granville Gulf offrent l'un des points d'observation des élans les plus accessibles de l'État (c'est à l'aube ou au crépuscule que vous aurez le plus de chance d'en apercevoir).

TEMPS FORT

❺ Usine Ben & Jerry's

Un voyage dans le Vermont ne saurait être complet sans une visite de l'**usine Ben & Jerry's** (www.benjerry. com ; 1281 Waterbury-Stowe Rd/Rte 100, Waterbury ; visite 4 $; ⏱9h-21h fin juin à mi-août, 9h-19h mi-août à fin oct, 10h-18h fin oct-fin juin), le centre historique de production de la crème glacée la plus célèbre des États-Unis. Certes, le processus de fabrication est intéressant, mais vous découvrirez aussi comment Ben et Jerry, copains d'école, sont passés d'un cours de fabrication de glace par correspondance à 5 $ à une entreprise de renommée mondiale – et vous aurez un aperçu de la tradition humoristique qui a fait prospérer ces pionniers de la crème glacée. Une (petite) dégustation est offerte ; boutique sur place.

VERMONT FRESH NETWORK

Grâce au **Vermont Fresh Network** (www. vermontfresh.net), un partenariat entre restaurants et agriculteurs, les produits frais et locaux ne sont jamais bien loin dans l'État des Green Mountains. Les restaurateurs s'engagent à soutenir les producteurs locaux en achetant directement à la ferme, et les "farmers dinners" (dîners fermiers) organisés tout au long de l'année permettent aux clients de rencontrer les producteurs. Consultez le site pour connaître les restaurants participants et les événements à venir.

Situé sur un monticule dominant le parking, le Ben & Jerry's Flavor Graveyard (cimetière des parfums) présente des rangées de pierres tombales rendant hommage aux parfums qui n'ont pas eu de succès, comme le Makin' Whoopie Pie et le Dastardly Mash. Sur chaque tombe figurent la durée de vie du parfum et un poème. Repose en paix Holy Cannoli, 1997-1998 ! Adieu Miss Jelena's Sweet Potato Pie, 1992-1993 !

La route ❯❯ Continuez quelques kilomètres sur la Rte 100 pour rejoindre la partie commerciale de Waterbury – votre prochaine étape se trouve sur la droite.

❻ Waterbury

Des effluves de pommes fraîchement pressées flottent devant l'entrée du **Cold Hollow Cider Mill** (www.coldhollow.com ; ⏱8h-19h juil-fin oct, 8h-18h fin oct-juin), où l'on découvre la méthode de fabrication

du cidre. Un pressoir sert à élaborer le cidre trouble sans alcool et les célèbres beignets au cidre (gare à l'addiction !). Le cidre lui-même est si frais qu'on pourrait croire qu'il sort tout juste d'une pomme. La boutique déborde de produits gourmands des plus inventifs, notamment du *corn relish* (sorte de macédoine plus ou moins épicée à base de maïs), de la confiture de raifort et du *piccalilli* (une sauce aux légumes épicée).

Traversez ensuite le parking jusqu'au **Grand View Winery** (www.grandviewwinery.com ; 4 dégustations 2 $; ⏱11h-17h) pour un verre de vin primé. Les dégustations varient suivant les saisons, mais lors de notre visite, nous avions goûté un riesling délicat, non boisé, un vin aux arômes de fraise et de rhubarbe et, pour la première fois, un vin de pissenlit, aromatique et légèrement sucré.

PAROLE D'EXPERT
WILL WIQUIST, GREEN MOUNTAIN CLUB

Le Short Trail, juste derrière le **centre d'information du Green Mountain Club** (www.greenmountainclub.org ; 4711 Waterbury-Stowe Rd, Waterbury ; ⊙9h-17h mi-mai à mi-oct, 10h-17h lun-ven mi-oct à mi-mai), est l'un des sentiers de randonnée les plus faciles du secteur. Il s'agit d'une boucle au relief assez plat, dotée d'aires de pique-nique, qui permet d'admirer au retour le Mt Worcester et le Stowe Pinnacle. Autre option, cheminer sur le **Kirchner Woods Trail** (www. stowelandtrust.org ; Taber Hill Rd) **parmi** les feuillus et les érables, croiser une raffinerie de sucre et jouir tout du long d'une belle vue sur la montagne.

En haut : Profitez du soleil dans les stations de Stowe
À gauche : Vue dans le Vermont ; À droite : Stowe

VISIONSOFAMERICA/JOE SOHM/GETTY IMAGES ©

La route ≫ Laissez derrière vous crème glacée et cidre, et reprenez la Rte 100 vers le nord jusqu'à la magnifique station-village de Stowe.

- - - - - - - - - -

TEMPS FORT

❼ Stowe

Dans une accueillante vallée, où la West Branch River se jette dans la Little River, le village pittoresque de Stowe (fondé en 1794) s'affaire paisiblement. S'élevant dans la Green Mountain National Forest, le point culminant de l'État, le Mt Mansfield (1 338 m), se dresse en arrière-plan au-dessus de la ville, archétype de la scène de carte postale du Vermont. Avec plus de 320 km de pistes de ski de fond, des possibilités de VTT et de ski de descente parmi les meilleures de l'Est, et d'excellentes randonnées, l'endroit attire les amateurs de sensations et les familles dynamiques.

Outre les sports d'hiver, du printemps à l'automne, le **Stowe Mountain Resort** (www. stowe.com ; Mountain Rd) propose des **télécabines** (adulte/enfant 25/17 $; ⊗10h-16h30 fin juin à mi-oct), une piste de luge d'été (adulte/enfant 18/16 $; ⊗10h30-16h30 fin juin à mi-oct, sam-dim uniquement sept-oct) et une pittoresque **route à péage** (28 $/voiture ; ⊗fin mai à mi-oct) qui serpente jusqu'au sommet du Mt Mansfield.

Si vous avez aimé *La Mélodie du bonheur*, le **Trapp Family Lodge** (www.trappfamily.com ; 700 Trapp Hill Rd), perché sur une colline, vous comblera avec sa vue imprenable et ses nombreuses activités : randonnée, balades en traîneau et en calèche, visite du lodge consacrée à l'histoire de la famille (souvent menée par un membre de la famille Trapp), concerts dans le pré en été et excellente bière dans la Trapp Family Brewery.

p. 161

La route » Continuez sur la Rte 100 – vous croiserez de jolies sapinières de chaque côté avant d'atteindre votre dernière étape.

LA RÉPUBLIQUE DU VERMONT (1777-1791)

À la Déclaration d'indépendance des États-Unis, la République du Vermont résista pendant 14 ans avant de rejoindre finalement l'Union. L'État joua pourtant un rôle important dans la Révolution américaine mais ses terres, revendiquées à la fois par l'État de New York et par celui du New Hampshire, ne pouvaient être reconnues par le Congrès tant que duraient ces vues antagonistes. En juillet 1777, les habitants de l'État déclarèrent donc l'indépendance de la République du Vermont et rédigèrent une constitution sans précédent : elle interdisait l'esclavage, instaurait l'école publique et accordait le droit de vote à tous les hommes (propriétaires ou non). Le Congrès reconnut finalement les limites de l'État et le Vermont rejoignit l'Union en mars 1791. Mais l'esprit d'indépendance du Vermont est aussi ancien et profond que le sont ses mines de marbre. Il y a quelques années, un mouvement sécessionniste est apparu, Second Vermont Republic (Seconde République du Vermont), qui vise à redonner à l'État son statut d'avant 1791...

8 Morrisville

Le logo figurant un Kokopelli – personnage issu des croyances amérindiennes et souvent représenté jouant de la flûte – sur la gauche indique que vous êtes arrivé à la **Rock Art Brewery** (www.rockartbrewery.com ; 632 Laporte Rd/Rte 100 ; 4-5 dégustations dans un verre souvenir 4 $; 9h-18h lun-sam, visite gratuite ven-sam 14h et 16h). La chaleureuse salle de dégustation vous permettra notamment de goûter à leur célèbre American Red, une blonde maltée surnommée “Super Glide” car elle “glisse” facilement – dans le gosier, cela s'entend.

Se restaurer et se loger

Wilmington ❶

✘ Wahoo's Eatery   Américain $

(☎802-464-0110 ; VT 9 ; burgers, sandwichs
et wraps 5-7,25 $; ☉déj et dîner mai-oct). Ce
snack tout simple en bord de route, à moins de
1 mile (1,6 km) à l'ouest de la VT 100, est une
institution locale. On y sert burgers de qualité
(au bœuf du Vermont nourri au fourrage),
frites et beignets de conque maison, wraps,
sandwichs, hot dogs, salades et glaces.

✘ Old Red Mill Inn & Restaurant   Auberge $

(☎802-464-3700 ; www.oldredmill.com ;
Rte 100 N ; s 55-65 $, d 65-90 $; ☉fermé avr
à mi-juin et nov ; ☜). Cette ancienne scierie
donnant sur la Deerfield River loue des chambres
simples (meubles en bois massif, couvre-lits à
carreaux). Les espaces communs comportent
des ouvrages de menuiserie originaux. Plats (10-
25 $) variant selon la saison : pique-niques servis
au Jerry's Deck Bar & Grill l'été, et copieuses
spécialités régionales dans la salle en hiver.

Killington ❹

✘ Sunup Bakery   Boulangerie $

(☎802-425-3865 ; www.sunupbakery.com ;
2250 Killington Rd ; plats 4-8 $; ☉petit-déj et
déj). Muffins et bagels sont préparés chaque
jour, tout comme les sandwichs du petit-
déjeuner et les excellents latte au soja. Service
un peu lent mais chaleureux.

⊨ Inn at Long Trail   Auberge $$

(☎802-775-7181 ; www.innatlongtrail.com ;
709 US 4 ; ch avec petit-déj 79-125 $, ste
110-150 $; ☜). Premier hôtel construit sur le
modèle d'un chalet (en 1938). Le cadre rustique
fait appel à des troncs d'arbres entiers (le
bar est taillé dans un seul tronc). Chambres
confortables et suites avec cheminée.

Stowe ❼

✘ Blue Moon Café   International $$$

(☎802-253-7006 ; www.bluemoonstowe.com ;
35 School St ; repas 18-31 $; ☉dîner mar-dim).
Transformée en bistrot intimiste, cette maison
dotée d'une petite véranda est l'un des meilleurs
restaurants de Nouvelle-Angleterre. Renouvelée
chaque mois, la carte contemporaine comporte
généralement des croquettes de crabe, des
plats de saumon, du steak avec piment chipotle
et jicama ou des champignons ramassés
alentour.

✘ Depot Street Malt Shoppe   Diner $

(☎802-253-4269 ; 57 Depot St ; plats 4-10 $;
☉11h30-21h). Cet amusant restaurant,
à la décoration inspirée des années 1950,
sert des burgers, des sundaes au chocolat
et des milk-shakes maltés à l'ancienne. L'*egg
cream* (lait aromatisé) remporte les suffrages
en toute saison.

⊨ Brass Lantern Inn B&B   B&B $$

(☎802-253-2229 ; www.brasslanterninn.com ;
71 Maple St, Rte 100 ; ch avec petit-déj 105-245 $;
☜). Un peu au nord du village, cette belle
auberge abrite de vastes chambres, certaines
avec cheminée et vue sur le Mt Mansfield,
ornées d'objets anciens et de courtepointes
faites main.

⊨ Trapp Family Lodge   Lodge $$$

(☎802-253-8511 ; www.trappfamily.com ;
700 Trapp Hill Rd ; ch à partir de 270 $;
@☜☼). L'endroit idéal pour se prendre pour
Julie Andrews. Construit par Maria von Trapp,
auteur du célèbre roman autobiographique
La Mélodie du bonheur, ce chalet de
style autrichien renferme des chambres
traditionnelles. Des villas modernes et des
gîtes douillets sont répartis sur la propriété.
Tarifs variables, renseignez-vous
par téléphone.

Dartmouth College *Vénérables bâtisses et traditions vous attendent dans ce campus*

Les universités de l'Ivy League

12

Harvard, Princeton, Yale… Ces noms écrivent depuis des siècles l'histoire du savoir et de la connaissance. Visitez leurs campus, parmi les plus anciens et les plus prestigieux du pays.

TEMPS FORTS

DÉPART 1

1 mile (1,6 km)

Concord

Manchester

Hanover
L'Appalachian Trail traverse la ville, non loin des bâtiments séculaires du Dartmouth College

127 miles (204 km)

5 6 Boston

Concord
La ville vécut l'un des premiers affrontements entre Britanniques et colons

140 miles (225 km)

7

Cambridge
La "statue des trois mensonges" qui trône à Harvard ne fait pas honneur à la devise de l'université

ARRIVÉE
8

New Haven
Une visite gothique, de la Tombe des Skull & Bones aux tombes du Grove Street Cemetery

Providence
Brown, la plus "remuante" des universités de l'Ivy League

296 miles (475 km)

199 miles (320 km)

5 JOURS
296 MILES / 476 KM

PARFAIT POUR…

LE MEILLEUR MOMENT
De septembre à novembre, lorsque l'effervescence règne sur les campus

LA PHOTO SOUVENIR
La statue de John Harvard

VISITE HISTORIQUE
Une visite de Harvard conte l'histoire de la plus vieille université du pays

12 Les universités de l'Ivy League

Ce qui surprend le plus quand on parcourt les huit universités d'excellence qui composent l'Ivy League, c'est de constater à quel point les campus sont différents les uns des autres, et bien intégrés dans leur environnement propre : Dartmouth, dont les bâtiments sont répartis dans la nature du New Hampshire ; Yale et ses édifices gothiques dressés aux confins de la zone urbaine de New Haven… Mais sur chacun règnent le même goût de la connaisance et le même engagement.

TEMPS FORT

❶ Hanover

Quand les premiers flocons tombent sur **Dartmouth College**, l'heure est aux batailles de boules de neige et aux sculptures de glace. Le **Winter Carnival** se tient tous les ans durant une semaine sur le Green central, et ce depuis plus d'un siècle. Au nord du Green, la salle de lecture de la **Baker Berry Library** est ornée d'une impressionnante peinture murale, l'*Epic of American Civilization*. Œuvre du peintre mexicain Jose Clemente Orozco (1883-1949), la fresque retrace l'histoire de la civilisation des Amériques, des Aztèques à nos jours. À 16h, rendez-vous dans la **Sanborn Library**, bibliothèque adjacente, où l'on sert du thé moyennant 10 ¢. Cette tradition remonte aux années 1930 et rend hommage à un professeur d'anglais du XIXe siècle qui invitait les étudiants à discuter autour d'une tasse de thé. Pour une **visite guidée** (📞603-646-2875 ; http://

dartmouth.edu/visit) gratuite du campus, menée par des étudiants, passez au bureau des admissions, dans le McNutt Hall, du côté ouest du Green. Téléphonez ou consultez le site pour les horaires.

La collection du **Hood Museum of Art** (www. hoodmuseum.dartmouth. edu ; 6034 E Wheelock St ; entrée libre ; ☉10h-17h mar et jeu-sam, 10h-21h mer, 12h-17h dim) comprend près de 70 000 pièces, notamment américaines, dont des objets d'art amérindiens. Des bas-reliefs assyriens du IXᵉ siècle av. J.-C. comptent parmi les pièces maîtresses. Du musée, tournez à gauche dans E Wheelock St et continuez vers le Hanover Inn. Vous croiserez bientôt l'**Appalachian Trail**, qui traverse le centre-ville. D'ici, 431 miles (693 km) vous séparent du Mt Katahdin, dans le Maine.

✗ p. 171

À COMBINER AVEC :

9 Rhode Island : East Bay

De Providence, une échappée autour de l'East Bay.

11 La traversée du Vermont par la Route 100

Au sud de Hanover, prenez l'US 4 vers l'ouest pour rattraper la Rte 100 près de Killington.

La route ››› Depuis Hanover, suivez la NH 120 vers l'est, puis l'I-89 direction sud. Prenez la sortie n°117 vers la NH 4 direction est, tournez à droite sur la NH 4A et roulez sur 3,5 miles (5,6 km) jusqu'au musée.

❷ Enfield Shaker Museum

Cette ancienne communauté Shaker (une branche radicale du protestantisme) contraste nettement avec les campus universitaires d'aujourd'hui : le lieu n'a en effet rien en commun avec eux – hormis les logements collectifs –, mais sa visite se révèle fort intéressante. Installé dans une vallée donnant sur le Mascoma Lake, le site date de la fin du XVIIIe siècle. À son apogée, quelque 300 Shakers y résidaient : fermiers et artisans, ils bâtirent d'imposantes bâtisses en brique et en bois et recueillirent convertis, orphelins et enfants pauvres – indispensables à leur avenir, car les relations sexuelles étaient interdites dans cette communauté aux règles strictes. Le mouvement déclina au début du XXe siècle, et les derniers occupants partirent en 1917.

Le **musée** (✆603-632-4346 ; www.shakermuseum. org ; 447 NH 4A ; adulte/ 10-17 ans 12/8 $; ◷10h-17h lun-sam, 12h-17h dim) est centré autour de la Great Stone Dwelling, la plus grande demeure jamais

érigée par des Shakers. Les jardins se visitent également. Si vous lui demandez gentiment, le guide vous laissera peut-être sonner la cloche sur le toit. L'**hébergement** (ch 95-135 $; ☎). aux 2e et 3e étages, offre un mobilier traditionnel et le Wi-Fi, mais pas de téléphone ni de TV.

La route ››› Retournez sur l'I-89 direction sud. Au bout de 54 miles (87 km), prenez l'I-93 vers le nord sur 3 miles (4,8 km) jusqu'à la sortie 15E vers l'I-393 direction est. Empruntez ensuite la sortie n°1 et suivez les panneaux.

❸ Concord (NH)

La capitale du New Hampshire est une ville soigneusement entretenue, dotée d'une large rue principale, Main St, dominée par la remarquable **State House**. Cet édifice en granit du XIXe siècle est surmonté d'une coupole dorée. Le **McAuliffe-Shepard Discovery Center** (✆603-271-7827 ; www.starhop.com ; 2 Institute Dr ; tarif plein/enfant/senior 10/7/9 $; ◷10h-17h lun-sam, 11h30-17h dim et 18h30-21h ven ; ♿) rend hommage à Christa McAuliffe, l'institutrice du New Hampshire choisie pour être la première enseignante-astronaute américaine, et qui trouva la mort lors de l'explosion de la navette *Challenger* le 28 janvier 1986. Le musée célèbre également

Alan B. Shepard, membre du Mercury, corps d'élite de la NASA. Originaire de l'État, il fut le premier astronaute américain en 1961. De fascinantes expositions sont également consacrées à l'aviation et aux sciences de la Terre et à l'espace ; le musée compte aussi un planétarium.

La route ››› Retournez sur l'I-93 direction sud, traversez Manchester avant d'entrer dans le Massachusetts. Suivez l'I-495 au sud vers Lowell.

❹ Lowell

Au début du XIXe siècle, les usines de textile de Lowell, alimentées par l'abondante énergie hydraulique des Pawtucket Falls, fabriquaient de grosses quantités de tissu. Aujourd'hui, parmi les monuments historiques du centre-ville – reliés par le trolley et les bateaux naviguant sur les canaux –, figure le Lowell National Historic Park, qui offre un fascinant aperçu du fonctionnement d'une ville industrielle du XIXe siècle. Prenez d'abord un plan et le programme des expositions au **Market Mills Visitors Center** (www. nps.gov/lowe ; 246 Market St, Market Mills ; ◷9h-17h). À cinq rues au nord-est en longeant la rivière, le **Boott Cotton Mills Museum** (www.nps.gov/lowe ; 115 John St ; tarif plein/enfant/ étudiant 6/3/4 $; ◷9h30-17h) présente la croissance et le déclin de l'industrie à Lowell : changements technologiques, mouvements des travailleurs, immigration... Clou de la visite : 88 métiers à tisser mécaniques. L'exposition **Mill Girls & Immigrants** (40 French St ; entrée libre ; ☻13h30-17h) se penche sur la vie des ouvriers. Des expositions temporaires ont parfois lieu dans d'autres bâtiments historiques.

La route ⟩⟩ Empruntez le Lowell Connector jusqu'à l'US 3 direction sud. À Billerica, sortez pour prendre Concord Rd (MA 62), continuez au sud et traversez Bedford. Cette route devient Monument St et se termine à Monument Sq dans le centre de Concord. Le Walden Pond est à 3 miles (4,8 km) environ au sud de Monument Sq, sur Walden St (MA 126), au sud de la MA 2.

TEMPS FORT

❺ Concord (MA)

Les hauts clochers blancs qui s'élèvent au-dessus des chênes donnent à cette ancienne ville coloniale du Massachusetts une fière allure, qui ferait presque oublier le drame de la révolution américaine qui s'y déroula en 1775. La ville fut en effet le cadre d'un des premiers engagements militaires entre Britanniques et colons. Mais on comprend aisément pourquoi tant d'écrivains trouvèrent leur inspiration ici dans les années 1800.

Diplômé d'Harvard, Ralph Waldo Emerson fut le chef de file du transcendantalisme, mouvement littéraire et spirituel qui prône la supériorité de l'intuition sur la raison et envisage le rapprochement avec la nature comme voie d'accès au divin. La **Ralph Waldo Emerson Memorial House** (www.rwe.org ; 28 Cambridge Turnpike ; tarif plein/enfant/senior et étudiant 7/gratuit/5 $; ☻10h-16h30 jeu-sam, 13h-16h30 dim mi-avr à oct), qu'il habita pendant près de 50 ans, servait aux réunions de son cercle d'amis.

Parmi eux, Henry David Thoreau (également diplômé d'Harvard) mit en pratique ses croyances transcendantalistes en passant deux ans dans une cabane rustique sur la rive du **Walden Pond** (www.mass.gov/dcr ; 915 Walden St). Cet étang formé par le retrait de glaciers, il y a environ 10 000 ans, est désormais un parc régional, entouré d'hectares de forêt. Un sentier en fait le tour, conduisant au nord-est à la cabane de Thoreau. Le parking coûte 5 $.

✗ p. 171

La route ⟩⟩ Prenez la MA 2 vers l'est jusqu'à Cambridge. Tournez à gauche dans Alewife Brook Pkwy (MA 16), puis à droite dans Massachusetts Ave et Harvard Sq. Les places de stationnement sont rares, mais on peut généralement en trouver dans la rue du Cambridge Common.

TEMPS FORT

❻ Cambridge

Fondée en 1636 pour former les pasteurs, Harvard est la plus ancienne université des États-Unis. Son cœur géographique – là où les bâtiments en brique rouge et les allées couvertes de feuilles respirent la vie universitaire – est la pelouse **Harvard Yard**. Pour un effet visuel maximal, entrez par la Johnston Gate, une porte en fer forgé, flanquée des deux plus anciens bâtiments du campus : le **Harvard Hall** et le **Massachusetts Hall**.

Sur la pelouse, la **statue de John Harvard**, réalisée en 1884 par Daniel Chester French – à qui l'on doit également la statue du Lincoln Memorial (Washington) –, attire le regard. On peut y lire : "John Harvard, fondateur de Harvard, 1638", d'où

TOUT SAVOIR SUR HARVARD

Histoire de l'université, étudiants célèbres, potins et anecdotes... sont présentés avec humour par des étudiants lors du très informel **Hahvahd Tour** (www. harvardtour.com ; 10 $/pers).

PAROLE D'EXPERT
EDDIE HORGAN,
HARVARD
PROMOTION 2014 ;
ÉTUDIANT ET
GUIDE, HAHVAHD TOUR

Dans l'angle nord-est du campus
d'Harvard se trouve la Divinity School.
L'un de nos endroits secrets favoris
de l'école, où nous nous livrons à la
réflexion, à la méditation et à l'exercice
physique, est le **Harvard Labyrinth**.
Un peu reculé, vous n'aurez toutefois
pas de mal à le dénicher car il est
situé à côté de l'Andover Hall,
le bâtiment principal de la Divinity
School. Comptez un quart d'heure
environ pour le parcourir.

En haut : Connecticut River, près de Dartmouth
College
À gauche : Harvard University
À droite : Les hauteurs de Harvard University

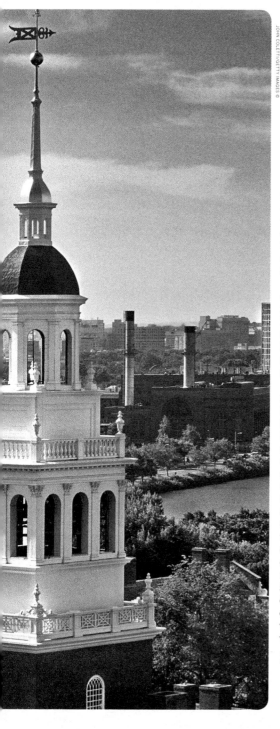

son surnom de "statue des trois mensonges", car John Harvard, qui n'est pas l'homme représenté par cette statue – un étudiant de Harvard contemporain du sculpteur servit de modèle –, n'est pas non plus le créateur de l'université, mais son premier bienfaiteur : il fit don de la moitié de sa fortune à l'université par testament en 1638, soit deux ans après sa fondation. Un symbole qui ne fait pas vraiment honneur à la devise de l'université, *Veritas* (vérité).

De nombreux candidats à Harvard frottent le pied luisant de la statue pour se porter chance, sans savoir que les joyeux lurons du campus ont l'habitude de s'y soulager...

Quel est l'attrait principal de Harvard ? L'architecture ? L'histoire ? Disons plutôt l'emplacement. Cafés et pubs, librairies et disquaires, musiciens et artistes de rue, étudiants et professeurs foisonnent. **Harvard Square** déborde d'énergie, de créativité et de non-conformisme – et tout cela, concentré dans quelques rues seulement, entre l'université et la rivière. Passez l'après-midi à flâner dans les librairies, éplucher les disques et essayer des vêtements vintage, puis installez-vous dans un café.

✕ 🛏 p. 171

La route ›› Empruntez Memorial Dr vers l'est le long de la Charles River. À Western Ave, traversez la rivière et suivez les panneaux indiquant l'I-90 direction est (péage 1,25 $). Passez sous le tunnel (issu du vaste projet autoroutier Big Dig) et prenez l'I-93 au sud, puis l'I-95, toujours au sud, jusqu'à Providence.

- - - - - - - - - - - -

❼ Providence

Établi à l'est de Providence River, sur College Hill, la **Brown University** (www. brown.edu) fait un peu figure d'enfant turbulent au sein de la famille un brin collet monté des universités d'élite de la Nouvelle-Angleterre. Si ses grandes sœurs, Harvard et Yale, soignent leur image publique et veillent à ne pas bousculer les conventions, Brown est fière d'afficher son libéralisme. Fondée en 1764, elle fut la première université américaine à accepter les étudiants indépendamment de leur appartenance religieuse, et la première à nommer une femme afro-américaine, Ruth Simmons, au poste de présidente en 2001. Cinq professeurs, sur un personnel enseignant de 700 membres seulement, et deux étudiants ont reçu le prix Nobel.

Les 235 bâtiments du campus sont divisés entre le Main Green et Lincoln Field. Entrez par les **Van Wickle Gates**, portes en fer forgé de College St. Le plus vieil édifice du campus, l'**University Hall**, est une bâtisse en brique de 1770, qui servit de caserne pendant la révolution américaine. Les visites gratuites du campus commencent au **Stephen Brown '62 Campus Center** (75 Waterman St). Consultez les horaires sur le site.

 p. 171

La route ›› Suivez Memorial Blvd pour quitter Providence, puis l'I-95 vers le sud. Plutôt agréable, la route bordée d'arbres passe par les banlieues de Groton, Old Lyme, Guilford et Madison, où vous prendrez peut-être un café ou un en-cas. Empruntez la sortie n°47 pour le centre-ville de New Haven.

- - - - - - - - - - - -

❽ New Haven

La superbe et gothique Yale University est la troisième plus ancienne université des États-Unis. Au **centre d'information de Yale University** (www. yale.edu/visitor ; angle Elm St et Temple St ; ☾9h-16h30 lun-ven, 11h-16h sam-dim), prenez un plan gratuit ou suivez un **circuit** (☾10h30 et 14h lun-ven, 13h30 sam) gratuit de 1 heure.

La visite allie faits historiques et universitaires et passe par plusieurs monuments remarquables, notamment l'impressionnante **Harkness Tower**. Mais les guides ne soufflent mot des étranges "tombes" disséminées sur le campus. Non, celles-ci ne renferment pas de corps : ce sont les lieux de réunion des fraternités étudiantes de dernière année. La plus célèbre, la **Tombe** (64 High St), est le QG du Skull & Bones Club, société secrète fondée en 1832, dont la liste des membres s'apparente à un annuaire des grandes figures politiques et financières des deux derniers siècles.

À l'origine, le cimetière des anciens étudiants, tel que le fondateur de Yale, le révérend James Pierpont (1659-1714), se situait sur le site de l'actuel **Green** de New Haven. Entre 5 000 et 10 000 personnes y furent enterrées avant que le cimetière ne soit déplacé au **Grove Street Cemetery** (www. grovestreetcemetery.org ; 227 Grove St ; ☾9h-16h). Sa forme géométrique évoque les neuf places de la ville, et les sarcophages, obélisques et pierres tombales sont organisés par famille. Au tournant du siècle, les étudiants en médecine venaient la nuit y déterrer les corps à des fins de dissection. Profitez de la **visite guidée** (11h sam mai-nov) gratuite.

✕ 🛏 p. 171

Se restaurer et se loger

Hanover ❶

✖ Lou's   Diner $

(http://lousrestaurant.net ; 30 S Main St ; petit-déj 7-11 $, déj 8-10 $; ⏱ petit-déj et déj). Les étudiants affluent dans le plus ancien restaurant de Hanover, une institution à Dartmouth depuis 1947. Cuisine de *diner* au-dessus de la moyenne, servie aux tables rétro et au comptoir en formica. Plats au four fortement recommandés.

Concord ❺

✖ Country Kitchen   Sandwichs $

(181 Sudbury Ave ; sandwichs 5-10 $; ⏱ petit-déj et déj lun-ven). L'inévitable queue au déjeuner devant cette petite maison jaune témoigne à la fois de son exiguïté et de ses admirables sandwichs. Le "Thanksgiving Sandwich", à la dinde, est sans conteste le favori. Cartes bancaires non acceptées, et pas de place assise hormis la table de pique-nique à l'extérieur.

Cambridge ❻

✖ Cafe Pamplona   Café $$

(12 Bow St ; plats 8-15 $; ⏱ 11h-minuit). Un café européen sans fioritures apprécié des habitants, installé dans une cave douillette, dans une petite rue. Outre le thé et le café, on y sert de légers en-cas, comme le gaspacho, des sandwichs et des biscuits.

⊨ Irving House   Pension $$

(☎617-547-4600 ; http://irvinghouse.com ; 24 Irving St ; ch avec sdb commune/privative 135-205/165-270 $; 🅿 ❋ @ 🛜). Derrière le Harvard Yard, 44 chambres de taille et d'équipement variables, aux lits couverts d'une courtepointe et très lumineuses grâce aux grandes fenêtres. Les pass pour les musées sont un agréable avantage.

Providence ❼

✖ Louis Family Restaurant   Diner $

(www.louisrestaurant.org ; 286 Brook St ; plats 2-9 $; ⏱ tlj ; ♿). La gargote préférée des étudiants, qui viennent y manger des pancakes fraise-banane et y boire un café filtre. Les murs sont couverts d'œuvres d'art kitsch et de vieilles photos jaunies. Les tarifs semblent ne pas avoir bougé depuis les années 1960 : le plat de spaghettis coûte 5 $.

New Haven ❽

✖ Frank Pepe's Pizzeria   Pizzeria $

(www.pepespizzeria.com ; 157 Wooster St ; pizzas 5-20 $; ⏱ 16h-22h lun, mer et jeu, 11h30-23h ven-sam, 14h30-22h dim). Pizzas impeccables, cuites au four à charbon et ambiance frénétique, inchangée depuis 1925, quand Frank Pepe, grand-père des actuels propriétaires, fraîchement débarqué de Naples, a ouvert cette pizzeria. La pizza aux palourdes, qui a fait la réputation de l'endroit, mérite bien que l'on attende un peu.

⊨ Farnam Guesthouse   B&B $$

(☎203-562-7121 ; www.farnamguesthouse. com ; 616 Prospect St ; ch 149-199 $; 🅿 ❋ 🛜). Cette splendide demeure coloniale géorgienne est l'ancienne propriété des Farnam, une famille dont l'histoire est très attachée à Yale, notamment par les dons qu'un de ses membres fit à l'université. Certains membres de la famille étudièrent à Yale ou y enseignèrent. Située dans le meilleur quartier de la ville, elle offre une atmosphère d'antan, avec canapés Chippendale, bergères à oreilles, objets victoriens et somptueux tapis orientaux.

Cadillac Mountain *Rien de tel qu'un panorama splendide pour bien commencer la journée*

L'Acadia Byway

Paradis des aventuriers, Mt Desert Island comblera tout amateur de plein air. Le programme ? Randonnée, kayak de mer, VTT, ornithologie et observation des étoiles.

TEMPS FORTS

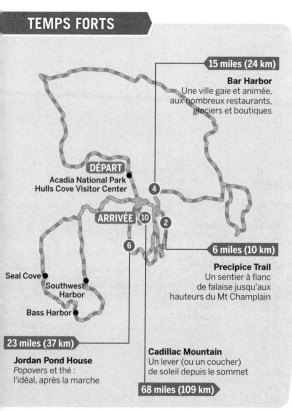

15 miles (24 km)

Bar Harbor
Une ville gaie et animée,
aux nombreux restaurants,
glaciers et boutiques

DÉPART
Acadia National Park
Hulls Cove Visitor Center

ARRIVÉE

Seal Cove
Southwest
Harbor

Bass Harbor

6 miles (10 km)

Precipice Trail
Un sentier à flanc
de falaise jusqu'aux
hauteurs du Mt Champlain

23 miles (37 km)

Jordan Pond House
Popovers et thé :
l'idéal, après la marche

Cadillac Mountain
Un lever (ou un coucher)
de soleil depuis le sommet

68 miles (109 km)

**3 JOURS
68 MILES / 109 KM**

PARFAIT POUR…

**LE MEILLEUR
MOMENT**

De mai à octobre pour
le beau temps et les
activités de plein air

**LA PHOTO
SOUVENIR**

Le lever du soleil sur
la mer du haut de la
Cadillac Mountain

**ACTIVITÉ
DE PLEIN AIR**

Un "ladder trail" (sentier
pourvu d'échelles) sur
une falaise abrupte

13 L'Acadia Byway

Conducteurs et marcheurs doivent aux riches propriétaires terriens qui vinrent s'installer dans l'île, à la fin du XIXe siècle, les ponts, panoramas et escaliers en pierre qui permettent aujourd'hui d'explorer l'Acadia National Park. John D. Rockefeller Jr, notamment, avant de faire don de ses terres, travailla assidûment avec des architectes et des maçons pour s'assurer que les infrastructures – pistes carrossables et routes asphaltées – s'intégreraient harmonieusement au paysage environnant.

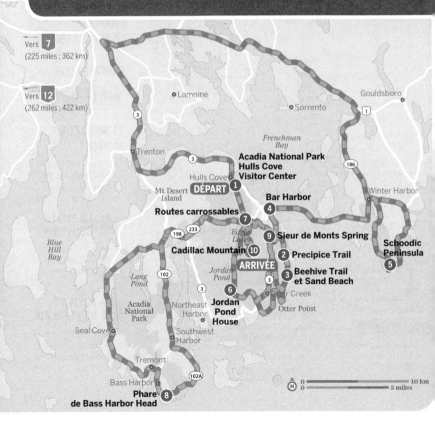

Vers **7**
(225 miles ; 362 km)

Vers **12**
(262 miles ; 422 km)

Lamoine

Gouldsboro

Sorrento

3

Frenchman Bay

Trenton

3

Acadia National Park Hulls Cove Visitor Center

186

Hulls Cove

Mt Desert Island

DÉPART ①

Bar Harbor

④

Winter Harbor

Routes carrossables

⑦

Eagle Lake

198   233

⑨ **Sieur de Monts Spring**

Cadillac Mountain ⑩

② **Precipice Trail**

Schoodic Peninsula

Blue Hill Bay

ARRIVÉE

Jordan Pond

⑤

Long Pond

102

3

⑥

3

③ **Beehive Trail et Sand Beach**

Otter Creek

Acadia National Park

Northeast Harbor

Jordan Pond House

Otter Point

Seal Cove

Southwest Harbor

Tremont

102A

N   0 ____ 10 km
    0 ____ 5 miles

Bass Harbor

Phare de Bass Harbor Head ⑧

❶ Hulls Cove Visitor Center de l'Acadia National Park

Avant de rejoindre Bar Harbor par la ME 3, passez au **centre d'information du parc** (☎207-288-3338 ; www.nps.gov/acad ; ⏰8h-16h30 15 avr-oct, horaires prolongés juil-sept) pour vous renseigner et payer l'entrée. Le diorama, à l'intérieur, offre un aperçu intéressant de Mt Desert Island, partagée entre l'Acadia National Park et plusieurs communautés.

Depuis le centre d'information, la Park Loop Rd (27 miles ; 43 km) fait le tour de la partie nord-est de l'île. Cette boucle dépend de l'**Acadia All American Road** (http://byways.org), une route nationale panoramique.

À COMBINER AVEC :

7 **La côte de la Nouvelle-Angleterre**

Suivez l'I-95 vers le sud jusqu'à Gloucester.

12 **Les universités de l'Ivy League**

Prenez l'I-95 direction sud jusqu'à Augusta et rejoignez le New Hampshire à l'ouest. Empruntez l'I-93 au nord, puis l'I-91 au sud jusqu'à Hanover.

La route ❯❯ Depuis le centre d'information, prenez Park Loop Rd sur la droite, et non la ME 3, qui conduit à Bar Harbor. Admirez la vue sur la Frenchman Bay, à gauche, avant l'embranchement pour la ME 233. Un peu plus loin, tournez à gauche pour emprunter la boucle à sens unique de Park Loop Rd.

TEMPS FORT

❷ Precipice Trail

Quoi de plus palpitant qu'une vue aérienne du parc ? Il faut pour cela grimper jusqu'aux nids des oiseaux. Deux "ladder trails" (sentiers abrupts dotés d'échelles) sont aménagés sur les parois des falaises de la partie nord-est de la Park Loop Rd, alias Ocean Dr. Lancez-vous sur le premier de ces sentiers, le Precipice Trail, une boucle de 3,5 km, en montant les échelons en fer et les échelles fixés sur la paroi du Mt Champlain. Sachez que ce sentier est généralement fermé de mars à mi-août, car il s'agit d'une aire de nidification pour les faucons pèlerins. S'il est fermé, vous verrez peut-être des bénévoles et du personnel surveiller les oiseaux grâce à des télescopes depuis le parking au départ du sentier. N'empruntez pas le sentier s'il pleut.

La route ❯❯ Prenez la Park Loop Rd vers le sud. Le Beehive Trail démarre 30 m au nord du parking de Sand Beach.

❸ Beehive Trail et Sand Beach

Échelles à flanc de falaise, étroits ponts de bois, échelons taillés dans la roche et passages délicats sont au rendez-vous du Beehive Trail (2,5 km aller-retour), sentier au départ du parking de Sand Beach. S'il y a trop de monde, vous pourrez toutefois vous rabattre sur un chemin voisin.

Par contre, ne passez pas à côté de Sand Beach, l'une des rares plages de sable du parc, même s'il y a affluence. Et nul besoin de s'y rendre en milieu de journée pour en apprécier les charmes. Au contraire, vous éviterez agréablement l'affluence en vous y promenant tôt le matin ou en fin d'après-midi. Autre option, tout aussi motivante : s'y rendre la nuit, en été, pour assister au **Stars over Sand Beach**. Pendant une heure, les rangers du parc vous communiquent leur science des étoiles. Il suffit de s'installer confortablement sur la plage, d'observer le ciel et d'écouter. Même si vous ratez la séance, le littoral le long d'Ocean Dr mérite qu'on y vienne la nuit, pour y voir la voie lactée glisser dans l'océan.

La route ❯❯ Longez les vagues agitées de Thunder Hole vers le sud, puis tournez à droite dans Otter Cliff Rd, qui rejoint la ME 3 vers le nord et la ville.

BON À SAVOIR NAVETTES DU PARC

Le parc accueille des millions de visiteurs chaque été, et se garer peut devenir compliqué. En arrivant, parcourez directement la Park Loop Rd pour la vue et l'expérience de conduite. Puis délaissez la voiture pour les navettes **Island Explorer** (www.exploreacadia. com ; ☺fin juin-début oct), comprises dans le droit d'entrée. Elles suivent 8 itinéraires qui conduisent les visiteurs aux sentiers, routes, plages, campings et villes. Les vélos sont acceptés à bord.

TEMPS FORT

➍ Bar Harbor

Nichée sur la côte accidentée, à l'ombre des montagnes de l'Acadia, Bar Harbor est une ville gaie et animée. Restaurants, tavernes et boutiques jalonnent Main St, Mt Desert St et Cottage St. On y trouve de tout, notamment des livres, de l'équipement de camping, des pièces d'artisanat et des œuvres d'art. L'**Abbe Museum** (www.abbemuseum.org ; 26 Mt Desert St ; adulte/enfant 6/2 $; ☺10h-17h tlj juin-oct, 10h-16h lun-sam nov-mai, fermé en jan) renferme une collection fascinante d'objets appartenant à la culture amérindienne du Maine. Celle-ci comprend plus de 50 000 objets, des poteries, des outils, des peignes ou des instruments de pêche datant des deux derniers millénaires mais également des pièces contemporaines.

En fin d'après-midi ou en début de soirée, découvrez le parc depuis l'eau. Joignez-vous à une excursion en kayak d'une demi-journée ou au coucher du soleil, organisée au départ de Bar Harbor. **National Park Sea Kayak** (☎800-347-0940 ; www.acadiakayak. com ; 39 Cottage St) et **Coastal Kayaking Tour** (☎207-288-9605 ; www. acadiafun.com ; 48 Cottage St) proposent des sorties le long de la côte.

✖ 🛏 p. 181

La route ▶▶ Roulez vers le nord sur 16 miles (26 km) jusqu'à l'US 1 ; suivez-la sur environ 17 miles (27 km) vers l'est jusqu'à la ME 186. Cette dernière traverse Winter Harbor puis rejoint la Schoodic Point Loop Rd. Comptez environ une heure de route à l'aller. Autre option en saison (de mi-juin à fin septembre) : prendre un bateau de la compagnie Downeast Windjammer (http://downeastwindjammer.com), qui part du ponton situé derrière le Bar Harbor Inn. Les vélos sont autorisés à bord.

➎ Schoodic Peninsula

Cette péninsule est l'unique section de l'Acadia National Park appartenant au continent. On y trouve la Schoodic Point Loop Rd, une jolie route qui longe le littoral et offre une vue splendide sur Mt Desert Island et Cadillac Mountain. Vos chances d'apercevoir un élan sont plus grandes que sur l'île : ici, ils n'ont pas de ponts à traverser !

Une grande partie de la route est en sens unique. Près de l'entrée du parc, à **Frazer Point**, l'aire de pique-nique offre un beau cadre aux déjeuners sur le pouce. Plus loin, tournez à droite pour rejoindre **Schoodic Point**, un promontoire s'élevant 134 m au-dessus de l'océan. Pour connaître l'histoire des sites que l'on rencontre sur cet itinéraire, demandez la brochure *Schoodic National Scenic Byway* au centre d'information de Hulls Cove (p. 175).

La boucle complète, au départ de Winter Harbor, est un parcours long de 11,5 miles (18,5 km) qui se prête à merveille à une balade en vélo – le sol régulier et les pentes douces de la Schoodic Point Loop Rd sont un régal. Si vous venez en ferry, pensez à en louer un au départ,

PLANIFIER SA VISITE SUR L'ÎLE

Acadia National Park
Tarifs

L'entrée coûte 20 $ par véhicule de mi-juin à début octobre (10 $ à la fin du printemps et au milieu de l'automne). Comptez 5 $ pour les piétons et les cyclistes. Le droit d'entrée est valable 7 jours. Le parc est gratuit de novembre à avril.

Camping

Mt Desert Island possède deux excellents **campings** (☎877-444-6777 ; www.nps.gov/acad, réservations www.recreation.gov ; 🚐), densément boisés et proches de la côte, regroupant à eux deux plus de 500 emplacements. À 6,4 km à l'ouest de Southwest Harbor, le **Seawall** (empl tente et camping-car 14-20 $; ⊙fin mai-sept) fonctionne avec ou sans réservation. Huit kilomètres au sud de Bar Harbor, sur la ME 3, le **Blackwoods** (empl tente et camping-car mai-oct 20 $, avr et nov 10 $; ⊙tte l'année) héberge sur réservation en été. Les deux sites disposent de toilettes et de douches payantes.

Bar Harbor et Mt Desert Island

Avant d'arriver, consultez la disponibilité des hébergements et les sites des hôtels, motels et B&B, via celui de l'**Acadia Welcome Center** (☎207-288-5103 ; www.acadiainfo.com ; 1201 Bar Harbor Rd/ME 3, Trenton ; ⊙8h-18h juin-août, 8h-17h lun-ven basse saison), géré par la chambre de commerce de Bar Harbor. Le personnel peut vous envoyer une copie du guide destiné aux visiteurs. Ce centre d'information, situé au nord du pont, fournit par ailleurs renseignements, brochures sur l'hébergement et plans. De là, vous pourrez appeler différents hôtels, motels et B&B pour réserver.

au **Bar Harbor Bicycle Shop** (☎207-288-3886 ; www.barharborbike.com ; 141 Cottage St, Bar Harbor ; location 24-35 $/jour ; 🚐).

En été, une navette, la Island Explorer Schoodic Shuttle, circule sur la Schoodic Point Loop Rd, avec une halte au terminal des ferries de Winter Harbor (qui permettent de rejoindre Bar Harbor). Elle marque des arrêts ponctuels, tout au long du parcours.

La route » Faites le chemin inverse jusqu'à la Park Loop Rd, sur Mt Desert Island. Après Otter Point, suivez la route vers les terres et dépassez les écuries Wildwood Stable. La Jordan Pond House est à 1 mile (1,6 km) sur la gauche.

TEMPS FORT

❻ Jordan Pond House

Partagez vos expériences de randonnée avec d'autres amoureux de la nature à la **Jordan Pond House** (☎207-276-3316 ; www.jordanpond.com ; Park Loop Rd ; thé gourmand 9,50 $. déj 10-17 $, dîner 19-27 $; ⊙déj 11h30-17h30, dîner 18h-21h), où le thé gourmand est une tradition depuis les années 1870. Ici, on accompagne l'Earl Grey de *popovers* tout chauds (sorte de pain creux fait avec une préparation aux œufs), servis avec de la la confiture de fraises. Régalez-vous sur la vaste pelouse face aux 71 ha

miroitants du Jordan Pond, dans lequel le Mt Penobscot se reflète par temps clair. Puis promenez-vous autour de l'étang (4,8 km).

La route » De l'aire de stationnement située environ 2 miles (3,6 km) au nord, observez les rochers en équilibre précaire au sommet de South Bubble. Continuez vers le nord jusqu'à la ME 233, suivez-la vers l'ouest jusqu'au parking de l'Eagle Lake.

TEMPS FORT

❼ Routes carrossables

Amoureux des vieilles calèches, John D. Rockefeller Jr (1874-1960) a doté l'Acadia de quelque 72,4 km de routes

En haut : Phare de Bass Harbor Head
À droite : Mt Desert Island

carrossables. Recouvertes
de graviers et interdites
aux voitures, ces pistes
accueillent cyclistes,
randonneurs et cavaliers.
Plusieurs d'entre elles
partent de la Jordan Pond
House, mais si le parking
est complet, poursuivez
au nord jusqu'à celui de
l'Eagle Lake, sur l'US 233,
pour rejoindre le réseau
des routes carrossables. Si
vous prévoyez d'explorer

les lieux à vélo de fin juin à septembre, la navette Bicycle Express vous conduit à l'Eagle Lake depuis le Village Green de Bar Harbor. Procurez-vous le plan "Carriage Road User's Map" au centre d'information.

La route » Suivez la ME 233 vers la partie ouest de l'île, rattrapez la ME 198 vers l'ouest, puis cap au sud sur la ME 102 vers Southwest Harbor.

Passez Echo Lake Beach et Southwest Harbor, puis prenez la ME 102A sur la gauche à l'embranchement peu après la sortie de Southwest Harbour.

- - - - - - - - - - - -

❽ Phare de Bass Harbor Head

L'unique phare de Mt Desert Island se situe un peu à l'écart du village endormi de Bass Harbor, à l'extrémité sud-ouest du parc. Érigé en 1858, haut de 11 m, il renferme une lentille de Fresnel datant de 1902 et son emplacement, en bordure de falaise, avec des arbres en arrière-plan, en fait un sujet apprécié des photographes. Habité par des gardes-côtes, il ne se visite pas. Vous pouvez également atteindre la côte par deux sentiers faciles, proches du phare.

179

Ces derniers, le **Ship Harbor Trail**, une boucle de 2 km, et le **Wonderland Trail**, de 2,2 km aller-retour, offrent une vue spectaculaire de la forêt et de la côte, dont le paysage diffère de celui d'Ocean Dr. Ils sont accessibles depuis la ME 102A, 1 mile environ (1,6 km) avant d'arriver au phare. Deux petits parkings en bord de route, distants d'environ 0,3 mile (500 m), marquent les têtes de sentier respectives.

La route >> Pour fermer la boucle, reprenez la ME 102A jusqu'à la ME 102 en passant par le village de Bass Harbor. Suivez la ME 233 jusqu'à la Park Loop Rd et les Wild Gardens of Acadia.

❾ Sieur de Monts Spring

Les amateurs de nature et d'histoire s'arrêteront volontiers au Sieur de Monts Spring, situé à l'intersection de la ME 3 et de la Park Loop Rd. On y trouve un centre d'interprétation de la nature et l'annexe de l'**Abbe Museum** (www.abbemuseum.org ; adulte/enfant 3/1 $; ⊙ 10h-17h fin mai-début oct), installée dans un cadre luxuriant. Elle n'est ouverte que l'été. Douze des écosystèmes d'Acadia sont représentés aux **Wild Gardens of Acadia** (entrée libre), des marécages aux forêts de conifères en passant par les prairies. Les passionnés de botanique apprécieront les étiquettes détaillant les plantes. Une brochure décrivant les circuits à travers les jardins est vendue à l'entrée.

La route >> Pour éviter de parcourir la boucle entière du parc, vous pouvez suivre la ME 3 jusqu'à Bar Harbor, puis retrouver la ME 233 direction nord-ouest et prendre la sortie menant à la Cadillac Mountain.

❿ Cadillac Mountain

Ne quittez pas le parc sans être monté, en voiture, ou à pied, au sommet de la Cadillac Mountain (466 m). Pour une vue panoramique sur la Frenchman Bay, grimpez à pied les 800 m goudronnés de la boucle **Cadillac Mountain Summit Loop**. Le sommet est fréquenté tôt le matin, car il est censé depuis longtemps être le premier endroit des États-Unis à voir le soleil se lever – ce qui est vrai, mais seulement du 7 octobre au 6 mars. Le reste de l'année, en raison de l'inclinaison de la Terre, cet honneur revient aux villes côtières du Nord. Cela dit, assister au lever du jour depuis le sommet est toujours splendide, et ce à n'importe quel moment de l'année.

Se restaurer et se loger

Bar Harbor ④

✖ 2 Cats   Café $

(www.2catsbarharbor.com ; 130 Cottage St ;
plats 6-12 $; ⏱7h-13h jan à mi-automne).
De chats, il en est question dans ce cottage
ensoleillé : des empreintes de pattes sont
peintes sur les tables et quelques félins s'y
promènent de temps à autre. Le week-end,
le matin, l'adresse fait salle comble pour ses
omelettes à la truite fumée et ses muffins
maison. Plats copieux au déjeuner, durant
lequel on pourra goûter à la très épicée sauce
aux cinq poivres.

✖ Mache Bistro   Français $$

(☎207-288-0447 ; www.machebistro.com ;
135 Cottage St ; plats 17-24 $; ⏱17h30-21h
mer-sam mai-oct). Des plats contemporains aux
accents français dans un élégant cottage aux
allures de discothèque. Le menu, changeant,
honore les produits locaux – ragoût de fruits
de mer avec haddock et saint-jacques, et *trifles*
(dessert composé de crème, de fruits et de
génoise) aux myrtilles. Parfois ouvert les lundi
et mardi en été ; consultez le site.

✖ Mt Desert Island Ice Cream   Glaces $

(www.mdiic.com ; 7 Firefly Lane ; boules 3,75 $,
milk-shakes 5 $; ⏱11h-22h avr-début automne).
Minuscule comptoir apprécié pour ses parfums
originaux comme le caramel salé, le White
Russian et le sorbet myrtilles-basilic. Idéal
après le dîner.

✖ Cafe This Way   Café $$

(www.cafethisway.com ; 14½ Mount Desert St ;
plats petit-déj 6-9 $, dîner 15-25 $; ⏱7h-11h30
lun-sam, 8h-13h dim, 17h30-21h tlj ; 🖋). Un
restaurant original pour le petit-déjeuner, dans
un vaste cottage blanc. Épais pancakes aux
myrtilles, œufs Bénédicte avec saumon fumé,
dîners variés et sophistiqués sont servis dans
le jardin.

🛏 Anne's White Columns   B&B $$

(☎207-288-5357 ; www.anneswhitecolumns.
com ; 57 Mount Desert St ; ch avec petit-déj
85-175 $). L'enseigne de ce B&B installé dans
une ancienne église chrétienne scientiste
évoque les spectaculaires colonnes de
l'entrée. Les chambres, avec bibelots et murs
à fleurs, arborent un certain charme victorien.
Dégustation de vin et de fromage l'après-midi
sous le porche.

🛏 Aurora Inn   Motel $$

(☎207-288-3771 ; www.aurorainn.com ;
51 Holland Ave ; ch 89-169 $; ❄🔊). Accessible
à pied depuis le centre-ville, ce motel rétro loue
10 chambres propres. La piscine et la laverie
du Quality Inn voisin sont ouvertes aux clients.
Les tarifs chutent en dehors de la haute saison
(juillet-début septembre).

🛏 Bass Cottage   B&B $$$

(☎207-288-1234 ; www.basscottage.com ;
14 The Field ; ch avec petit-déj 185-380 $;
⏱mai-oct ; ❄🔊). Dix chambres lumineuses,
chics et élégantes. Piano à queue dans le petit
salon et plafond en vitraux Tiffany dans le salon
lambrissé.

🛏 Holland Inn   B&B $$

(☎207-288-4804 ; www.hollandinn.com ;
35 Holland Ave ; ch avec petit-déj 95-185 $;
❄🔊). Dans un quartier paisible, près du
centre-ville, cette demeure restaurée datant de
1895 et le cottage adjacent offrent 9 chambres
simples et douillettes. L'ambiance est si
détendue que l'on se croirait chez des amis.

SE DÉGOURDIR LES JAMBES
BOSTON

Départ/Arrivée Boston Common

Distance 2,5 miles (4 km)

Durée 3 heures

Réputée pour ses excellents musées et sites historiques, Boston possède aussi un ensemble de parcs verdoyants, d'attrayants cours d'eau et d'agréables rues commerçantes, qui en font une merveilleuse ville à parcourir à pied.

Compatible avec l'itinéraire :

7

Boston Common

Le plus ancien parc public du pays ! Au nord, face au croisement de Beacon St et de Spruce St, un **monument** rend hommage aux fondateurs de la ville. Il figure William Blaxton, premier colon à s'établir ici, accueillant le gouverneur de la colonie de la baie du Massachusetts, John Winthrop, en 1630. Au nord-est du parc, la **Massachusetts State House** (www.sec.state.ma.us ; angle Beacon St et Bowdoin St ; entrée libre ; ⊘9h-17h, visite 10h-15h30 lun-ven) est le siège du gouvernement fédéral.

La promenade › Baladez-vous dans le parc puis sortez par l'ouest, traversez Charles St et entrez dans le paisible Public Garden.

Public Garden

Une oasis botanique de 9 ha, composée de parterres victoriens, de vertes pelouses et de saules pleureurs ombrageant un paisible lac. Il déploie ses charmes en toute saison, qu'il soit couvert de fleurs, de feuilles dorées ou d'une neige infinie. La balade sur le lac à bord des **Swan Boats** (www.swanboats.com ; tarif plein/enfant/senior 3/1,50/2 $; ⊘10h-16h mi-avr à mi-sept) est une tradition bostonienne depuis 1877. Remarquez la statue **Make Way for Ducklings**, tirée d'un livre pour enfants de Robert McCloskey.

La promenade › Traversez le pont et quittez le jardin par l'entrée sud-ouest face à la très chic Newbury St. Après un peu de lèche-vitrines dans ses galeries et boutiques, tournez à gauche dans Clarendon St puis à droite dans Boylston St.

Copley Square

Cette majestueuse place du quartier de Back Bay regroupe les plus beaux exemples d'architecture bostoniens. Pièce maîtresse, la **Trinity Church** (www.trinitychurchboston.org ; 206 Clarendon St ; tarif plein/enfant/senior 7/gratuit/5 $; ⊘9h-17h lun-sam, 13h-18h dim) est célèbre pour ses vitraux. Son architecture romane contraste singulièrement avec la façade tout en verre de la moderne **John**

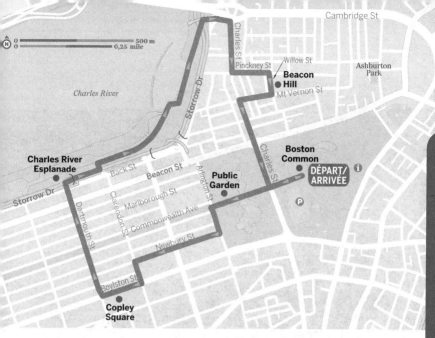

Hancock Tower, sur laquelle elle se reflète. L'ensemble fait face à l'élégante **Boston Public Library** (BPL ; www.bpl.org ; 700 Boylston St ; entrée libre ; ☺9h-21h lun-jeu, 9h-17h ven-sam) néo-Renaissance, qui regorge de sculptures, de fresques… et de livres (plus d'un million !).

La promenade » Prenez Dartmouth St vers le nord, traversez l'imposante avenue à terre-plein central, Commonwealth Ave, la plus grandiose de Back Bay. Remontez trois rues jusqu'à Back St, où une passerelle enjambe Storrow Dr jusqu'à l'esplanade.

Charles River Esplanade

La rive sud du Charles River Basin est un séduisant refuge urbain conçu par Frederick Law Olmsted, doté de monticules herbeux et de cours d'eau rafraîchissants. Le parc est jalonné d'œuvres d'art, dont un buste démesuré d'**Arthur Fiedler**, qui dirigea l'orchestre du Boston Pops Orchestra pendant un demi-siècle. Le **Hatch Memorial Shell** accueille des concerts et des projections en plein air, dont le célèbre concert du Boston Pops le 4 juillet.

La promenade » Longez l'esplanade vers l'est en profitant de la brise et de la vue sur la Charles River. Environ 800 m plus loin, vous pourrez grimper sur le Longfellow Bridge et rejoindre le haut de Charles St.

Beacon Hill

Doté d'une histoire passionnante et d'une architecture emblématique, Beacon Hill est le plus prestigieux quartier de Boston. **Charles Street** est un lieu enchanteur pour explorer les boutiques et négocier des objets anciens. Descendez les rues résidentielles, éclairées par d'anciens réverbères à gaz, admirez les maisons en brique aux fenêtres ornées de carreaux violets et de bacs débordant de fleurs, et découvrez des rues comme la majestueuse **Louisburg Square** qui incarne toute la grandeur du quartier.

La promenade » Flânez dans la charmante Charles St en vous dirigeant vers le sud. Tournez à gauche dans Pinckney St et passez deux rues. Louisburg Sq est sur la droite. Continuez vers le sud jusqu'au Boston Common.

La Floride
et le Sud

**LA VIE SEMBLE PLUS BELLE, OU DU
MOINS PLUS CLÉMENTE, DANS LE SUD.**
Nourriture, musique, culture, histoire… tout y
est généreusement épicé et fabuleusement
plein de vie.

Nous vous ferons découvrir le club de jazz
de vos rêves, le calme de la campagne et
l'élégance de la ville, des plages baignées de
soleil et une autoroute flottant sur un océan
d'un bleu parfait.

Entre les Carolines et le golfe du Mexique, une
autre Amérique vous attend, réchauffée par les
vents qui soufflent des Caraïbes. Du puissant
Mississippi à l'archipel des Keys, de la Blues
Highway au pays cadien, des Smoky Mountains
au glamour Art déco de Miami, la vie s'écoule à
son propre rythme dans le Sud.

Les Keys (itinéraire 14)

La Floride et le Sud

Fort George Island

Plongez dans la Floride d'antan dans ce parc, étape de l'itinéraire 14.

Biltmore Estate

Le superbe château de l'influente famille Vanderbilt se visite lors de l'itinéraire 18.

Museum of the Cherokee Indian

Faites la connaissance des Cherokee qui firent le voyage en Angleterre pour rencontrer le roi George III durant l'itinéraire 19.

Clarksdale

Le guitariste Robert Johnson y aurait vendu son âme au diable et la ville est au cœur de l'histoire du blues... Visitez-la lors de l'itinéraire 16.

Natchez

Cette ville paisible, sise au bord de l'eau, semble appartenir à une autre époque. Idéale pour une trêve de quelques jours consacrée à la flânerie et à la contemplation dans l'itinéraire 16.

Ocean Drive Miami Beach (itinéraire 14)

Miami Beach Des joyaux
Art déco à perte de vue

Route Mythique

La Highway 1

14

Cet itinéraire côtier s'achève en beauté sous les paillettes de Miami, après des kilomètres de plages jalonnés de sites historiques fascinants.

TEMPS FORTS

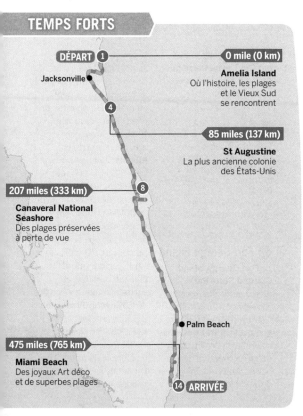

DÉPART ① — **0 mile (0 km)**

Jacksonville

Amelia Island
Où l'histoire, les plages
et le Vieux Sud
se rencontrent

85 miles (137 km)

St Augustine
La plus ancienne colonie
des États-Unis

207 miles (333 km) — ⑧

**Canaveral National
Seashore**
Des plages préservées
à perte de vue

● Palm Beach

475 miles (765 km)

Miami Beach
Des joyaux Art déco
et de superbes plages

⑭ **ARRIVÉE**

**6 JOURS
475 MILES / 765 KM**

PARFAIT POUR...

LE MEILLEUR MOMENT

De novembre à avril,
lorsqu'il fait bon sans
chaleur étouffante

  LA PHOTO SOUVENIR

Les hôtels Art déco
colorés qui s'alignent
le long d'Ocean Ave
à Miami Beach

 LA LEÇON D'HISTOIRE

St Augustine, la plus
ancienne ville des
États-Unis

Route Mythique

14 | La Highway 1

En longeant la côte de Floride sur toute sa longueur, vous obtiendrez un bel aperçu des multiples attraits de "l'État ensoleillé". Vous y découvrirez la plus ancienne ville des États-Unis, des activités pour toute la famille et le charme latin de Miami, sans oublier des kilomètres de plages à perte de vue : une invitation à s'arrêter au gré de ses envies.

TEMPS FORT

❶ Amelia Island

L'itinéraire commence à 13 miles (21 km) au sud de la frontière avec la Géorgie, à Amelia Island, superbe île barrière au charme désuet typique du Sud profond. Les vacanciers s'y bousculent depuis les années 1890, époque à laquelle le train a converti l'endroit en terrain de jeux pour nantis. Au centre d'Amelia, **Fernandina Beach** conserve quelques vestiges de cet âge d'or : bâtiments historiques, B&B victoriens, restaurants occupant d'anciennes maisons de pêcheurs... Pour découvrir la ville, rien de tel que le tour en calèche proposé par **Old Towne Carriage Co** (☎904-277-1555 ; www.ameliacarriagetours.com ; 30 min, adulte/enfant 15/7 \$).

✕ 🛏 p. 198

La route ≫ Serpentez sur la Hwy 1A pendant 30 minutes, en dépassant les parcs de Big et Little Talbot Island. À l'entrée de Fort George Island, prenez à droite à la fourche pour rejoindre le Ribault Club.

❷ Fort George Island

Le **Fort George Island Cultural State Park** (12157 Heckscher Dr ; ⊗8h-coucher du soleil, centre d'information 9h-17h mer-dim) est un lieu gorgé d'histoire : des amas coquilliers permettent de dater l'occupation de l'île par les Amérindiens à plus de 5 000 ans. En 1736, le général britannique James Oglethorpe y fit construire un fort, disparu de longue date et dont on ignore l'emplacement exact. Dans les années 1920, les garçonnes se pressaient au très chic **Ribault Club** (www.nps.gov/timu ; ⊗9h-17h) pour des soirées dignes de Gatsby, avec parties de boulingrin et virées en yacht. On y trouve désormais l'office de tourisme de l'île, qui propose un CD touristique sur la région. Une visite plus intéressante, et surtout édifiante, est celle de la **Kingsley Plantation** (11676 Palmetto Ave ; entrée libre ; ⊗9h-17h), la plus vieille maison de planteur de Floride, datant de 1798. Du fait de sa situation reculée, ce n'est pas

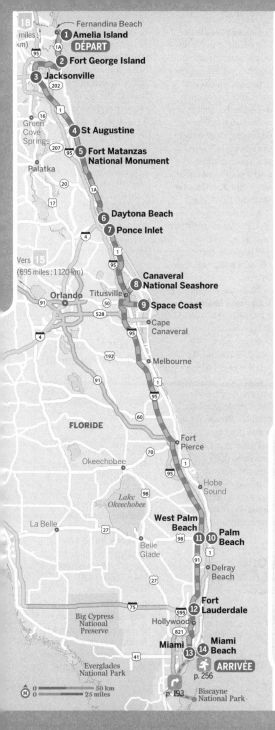

l'imposante demeure à laquelle on pourrait s'attendre, mais elle donne une idée assez juste de l'esclavage au travers de ses expositions et des vestiges des 23 cabanes où logeaient les esclaves.

La route » Suivez la Hwy 105 vers l'intérieur des terres sur 15 miles (24 km), jusqu'à la I-95, puis filez d'une traite vers le sud jusqu'au centre-ville de Jacksonville.

3 Jacksonville

Avec ses hautes tours et ses chaînes hôtelières, Jacksonville s'écarte un peu de notre thème côtier, mais on y trouve de nombreux restaurants et ses quartiers historiques méritent le détour. **Five Points** et **San Marc** sont deux secteurs pittoresques à explorer à pied, aux rues bordées de bistrots, de boutiques et de bars.

À COMBINER AVEC :

15 **Le pays cadien**
Suivez la I-10 vers l'ouest, puis bifurquez direction sud de Baton Rouge à Thibodaux.

18 **La Blue Ridge Parkway**
Remontez la côte en empruntant la I-95, puis pénétrez dans les terres par la I-26 en passant par Columbia. De là, suivez la Hwy 321 jusqu'à Boone.

Route Mythique

C'est également l'occasion de se cultiver au **Cummer Museum of Art** (www.cummer.org ; 829 Riverside Ave ; tarif plein/étudiant 10/6 $; ⊗10h-21h mar, 10h-16h mer-sam, 12h-16h dim), dont les collections de peinture américaine et européenne, d'art décoratif asiatique et d'antiquités sont absolument formidables ; ou au **Jacksonville Museum of Modern Art** (www.mocajacksonville. org ; 333 N Laura St ; adulte/ enfant 8/5 $; ⊗11h-17h mar-sam, 11h-21h jeu, 12h-17h dim), qui s'intéresse à la peinture contemporaine, la sculpture, la vidéo et la photographie.

✕ p. 198

La route ›› Suivez la US 1 direction sud-ouest jusqu'à St Augustine, où elle devient le Ponce de Leon Blvd.

TEMPS FORT

❹ St Augustine

Fondée par les Espagnols en 1565, St Augustine est la plus vieille ville des États-Unis. Des hordes de visiteurs arpentent ses rues, où des calèches dépassent au pas des habitants en costume d'époque. Ici, tout tourne autour du tourisme, et d'innombrables musées, circuits et curiosités se disputent votre attention. Commencez par le **Spanish Quarter Museum** (33 St George St ; adulte/enfant 13/7 $; ⊗9h-18h), reconstitution de la St Augustine du XVIIIᵉ siècle, où des artisans font montre de leur art.

Ne manquez pas le **Lightner Museum** (☎904-824-2874 ; www. lightnermuseum.org ; 75 King St ; adulte/enfant 10/5 $; ⊗9h-17h), installé dans l'ancien Hotel Alcazar. Ses expositions hétéroclites associent pêle-mêle mobilier de l'Âge d'or, marbres, étiquettes de boîtes de cigare...

Passez par l'**office de tourisme** (☎904-825-1000 ; www.ci.st-augustine.fl.us ; 10 Castillo Dr ; ⊗8h30-17h30) pour un aperçu des options qui s'offrent à vous : circuits "fantômes", le Pirate and Treasure Museum, le Castillo de San Marcos National Monument et la Fountain of Youth, une attraction touristique déguisée en parc archéologique, à l'endroit où Ponce de León aurait débarqué.

✕ ⮞ p. 198

La route ›› Traversez le Bridge of Lions en direction de la plage, puis suivez la Hwy 1A au sud sur 13 miles (21 km) jusqu'au Fort Matanzas. Pour attraper le ferry – d'une capacité de 35 personnes – dépassez l'office de tourisme jusqu'à l'appontement. La traversée dure environ 5 minutes (départ toutes les heures de 9h30 à 16h30, lorsque le temps le permet).

---

❺ Fort Matanzas National Monument

Les mordus d'Histoire ne manqueront pas de jeter un œil à ce minuscule **fort espagnol** (www.nps.gov/ foma ; 8635 Hwy A1A ; entrée libre ; ⊗9h-17h30) édifié en 1742. Sa fonction ? Défendre le **Matanzas Inlet**, une voie navigable conduisant directement à St Augustine, contre une invasion britannique.

Le temps de la jolie traversée en bateau (gratuite), un garde forestier vous expliquera l'histoire du fort et l'origine macabre de son nom ("Matanzas" signifie "massacres" en espagnol ; disons pour résumer que les choses ont mal tourné pour quelques centaines de huguenots en 1565).

**BON À SAVOIR
LA ROUTE LA MOINS FRÉQUENTÉE**

Malgré son appellation de National Scenic Byway, la Hwy A1 laisse à peine entrevoir l'océan : la végétation foisonne des deux côtés de la route. À moins que vous ne préfériez flâner le long de la côte, la Hwy 1 ou la I-95 sont préférables pour de longues distances.

LA FLORIDE ET LE SUD **14** LA HIGHWAY 1

La route ≫ Passer par la
I-95 ne vous fera gagner que
quelques minutes sur le trajet
d'une heure ; empruntez plutôt
la Hwy 1A jusqu'à Daytona
Beach, à 40 miles (64 km)
au sud.

- - - - - - - - - - - - - - -

⑥ Daytona Beach

Matraquage publicitaire
à la floridienne oblige,
Daytona Beach se targue
d'être "la plage la plus
connue du monde".
Cette notoriété est due
cependant moins à sa
qualité qu'à l'ampleur
des fêtes auxquelles elle
sert de décor pendant les
vacances de printemps,
ou lors des SpeedWeeks
et des manifestations
motocyclistes qui attirent
près d'un demi-million
de motards en ville. En
revanche, personne ne lui
disputera le titre de lieu de
naissance de la NASCAR,
lancée ici en 1947. Ses
origines remontent à
1902 et aux courses
d'accélération alors
organisées sur le sable
compacté de la plage.

La NASCAR est
l'événement phare ici.
Pour assister à une course,
faites un tour du côté du
**Daytona International
Speedway** (☎800-748-7467 ;
www.daytonaintlspeedway.
com ; 1801 W International
Speedway Blvd ; billets à partir
de 20 $, visite guidée adulte
16-23 $, enfant 6-12 ans 10-17 $).
Lorsque aucune course
n'est prévue, vous pouvez
flâner gratuitement entre
les immenses stands, ou
faire un tour de piste en

VAUT LE DÉTOUR
BISCAYNE NATIONAL
PARK

Point de départ : ⑭ Miami Beach
À une heure de route environ au sud de Miami Beach,
le **Biscayne National Park** (☎305-230-7275, 305-230-
1100 ; www.biscayneunderwater.com ; 9700 SW 328th St) est
une réserve marine aux incroyables récifs coralliens
tropicaux. On y accède par voie d'eau uniquement
(en bateau à fond vitré, avec un simple tuba ou l'attirail
de plongée complet, ou en kayak) pour se perdre parmi
ses 500 km² d'îles, d'épaves et de mangrove.

tram et visiter le stand
de ravitaillement. Les
férus de vitesse s'offriront
une montée d'adrénaline
à bord d'un bolide au
**Richard Petty Driving
Experience** (☎800-237-
3889 ; www.drivepetty.com),
dont ils pourront même
prendre le volant !

✗ ⌖ p. 198

La route ≫ Suivez South Atlantic
Ave sur 10 miles (16 km), et
longez la côte vers le sud.

- - - - - - - - - - - - - - -

⑦ Ponce Inlet

Que serait un *road trip*
côtier sans son phare ?
Le **Ponce Inlet Lighthouse
& Museum** (phare et musée
de Ponce Inlet ; www.ponceinlet.
org ; 4931 S Peninsula Dr ; adulte/
enfant 5/1,50 $; ☉10h-18h
l'hiver, 10h-21h l'été) vous
attend à environ 10 miles
(16 km) au sud de Daytona
Beach. Arrêtez-vous le
temps d'une photo devant
cette tour de brique
rouge datant de 1887, et
lancez-vous à l'assaut de
ses 203 marches pour
profiter de la vue sur les

plages alentour. Le musée
consiste en une poignée
de bâtiments anciens, dont
la maison du gardien du
phare et la **Lens House**,
avec sa collection de
lentilles de Fresnel.

La route ≫ Rebroussez chemin
sur Atlantic, puis traversez
l'Halifax River pour retrouver
l'US 1/FL 5 et roulez 20 minutes
vers le sud jusqu'à New Smyrna
Beach. Vous pouvez rejoindre
les plages en tournant à gauche
dans la Hwy A1A ou continuer
vers le sud sur 15 miles (25 km).
Sortez alors à gauche dans
Kennedy Pkwy, poursuivez sur
15 miles environ, puis tournez à
gauche dans Playalinda Beach
Rd. Chaque option mène à un cul-
de-sac, séparé l'un de l'autre par
16 miles (26 km) de plages.

- - - - - - - - - - - - - - -
TEMPS FORT

⑧ Canaveral
National Seashore

Ces 39 km de plages
immaculées, balayées
par les vents, forment
la plus longue bande de
sable inexploitée de la
côte est de Floride. Au
nord, **Apollo Beach** est
une plage familiale et un

PAROLE D'EXPERT
MARIELLA KRAUSE,
AUTEUR

Qui n'aime pas rouler tranquillement le long de la côte ? Synonyme de littoral, de poisson, de fruits de mer et de soleil, cet itinéraire s'achève en beauté à Miami en vous réservant maintes surprises le long de la route. Car il n'y a pas que la plage ici : on y trouve aussi d'excellentes expositions d'art, de paisibles réserves naturelles et quelques-uns des plus anciens sites historiques des États-Unis.

En haut : Daytona International Speedway
À gauche : Phare de Ponce Inlet
À droite : Kennedy Space Center

spot de surf facile, avec des kilomètres d'espace désert. À l'extrémité sud, **Playalinda Beach** est un vrai repaire de surfers.

À l'ouest de la plage, le **Merritt Island National Wildlife Refuge** (www.fws. gov/merrittisland ; I-95 sortie 80 ; ☉ parc lever-coucher du soleil, centre d'information 8h-16h30 lun-ven, 9h-17h sam-dim, fermé dim avr-oct) s'étend sur 560 km². Cette oasis préservée, abritant une vie sauvage variée, est l'un des meilleurs endroits du pays pour l'**observation des oiseaux**, surtout d'octobre à mai (tôt le matin et après 16h). On trouve dans ses marécages, ses marais et ses hammocks davantage d'espèces menacées et en voie de disparition que n'importe où ailleurs aux États-Unis (continentaux).

Faites halte au centre d'information pour plus de renseignements ; un petit parcours sur passerelle d'un demi-kilomètre aiguisera votre curiosité sur tout ce que la réserve peut offrir, notamment le **Manatee Observation Deck** (une terrasse panoramique), le **Black Point Wildlife Drive** (un itinéraire routier de 11 km) et toute une série de **sentiers de randonnée**.

La route » Bien que le Kennedy Space Center se trouve juste au sud du Merritt Island Refuge, vous devrez, pour le rejoindre, passer par Titusville, suivre la US 1/Hwy 5 sur 5 miles (8 km) vers le sud, puis reprendre la Nasa Causeway.

⑨ Space Coast

La principale prétention à la gloire de la côte de l'Espace est d'abriter le **Kennedy Space Center** (www.kennedyspacecenter. com) et son gigantesque complexe touristique, dédié à la conquête de l'Espace et à la découverte de l'Univers.

🍴 p. 199

La route ›› Rejoignez l'autoroute (I-95) pour les 2 heures 30 de trajet qui vous séparent de Palm Beach.

⑩ Palm Beach

Fidèle à sa réputation de ghetto pour gens fortunés et célébrités, Palm Beach réserve tout de même quelques plaisirs terrestres au commun des mortels. Le bonheur de se promener sur la plage (agréablement préservée des algues par la ville) et d'admirer les gigantesques propriétés bordant l'A1A ou les vitrines des boutiques élégantes de Worth Ave en fait indéniablement partie. Et tout cela gratuitement !

La meilleure raison de s'arrêter ici est le **Flagler Museum** (www. flaglermuseum.us ; 1 Whitehall Way ; adulte/enfant 18/10 $; ⏰10h-17h mar-sam, 12h-17h dim), installé dans la spectaculaire Whitehall Mansion, édifiée dans le style Beaux-Arts par Henry Flagler, riche homme d'affaires et fondateur de la ville, en 1902. Vous n'y apprendrez pas grand-chose sur ce nabab des chemins de fer, mais cela vous donnera une idée de son opulent train de vie.

La route ›› Enfoncez-vous dans les terres : West Palm Beach n'est qu'à quelques kilomètres.

⑪ West Palm Beach

Si Palm Beach possède la fortune, West Palm Beach peut s'enorgueillir du plus grand musée d'art de Floride, le **Norton Museum of Art** (📞561-832-5196 ; www.norton.org ; 1451 S Olive Ave ; adulte/enfant 12/5 $; ⏰10h-17h mar-sam, 10h-21h jeu, 11h-17h dim). L'aile Nessel, notamment, est très appréciée pour son plafond composé de près de 700 pièces de verre soufflé à la main signé Dale Chihuly. De l'autre côté de la rue, le **Ann Norton Sculpture Garden** (www.ansg.org ; 253 Barcelona Rd ; adulte/enfant -5 ans 7 $/ gratuit ; ⏰10h-16h mer-dim) est un bijou orné des œuvres de l'artiste.

L'après-midi venu, faites un tour du côté du **CityPlace** (www.cityplace. com ; 700 S Rosemary Ave ; ⏰10h-22h lun-sam, 12h-18h dim), un gigantesque complexe commercial et de loisir à ciel ouvert. Vous y trouverez une ribambelle de boutiques, une douzaine de restaurants, 20 salles de cinéma et le Harriet Himmel Theater ; sans oublier l'esplanade où sont donnés des concerts gratuits.

🍴 🛏 p. 199

La route ›› Fort Lauderdale se trouve à 45 miles (72 km) en ligne droite par la I-95 direction sud. Emprunter la Hwy 1A rallongera votre trajet de plus d'une demi-heure.

⑫ Fort Lauderdale

Fort Lauderdale Beach n'est plus la destination festive prisée des étudiants qu'elle était autrefois, bien qu'on y trouve encore quelques bars pour adeptes de la bronzette et une poignée de motels. L'offre est aujourd'hui aux boutiques hotels

---

3, 2, 1... DÉCOLLAGE !

Sur la côte de l'Espace, même les appels téléphoniques ont droit à leur compte à rebours grâce au préfixe local, le 321. Ce n'est pas un hasard : en 1999, un groupe d'habitants en a fait la demande en hommage aux lancements effectués à Cape Canaveral.

raffinés et aux yachts de millionnaires. Rares sont les visiteurs à s'aventurer dans les terres, si ce n'est pour dîner ou faire les boutiques sur Las Olas Blvd ; la plupart se cantonnent au bord de mer. La **promenade** plantée de palmiers qui longe la plage de sable blanc – l'une des plus propres et des plus agréables du pays – attire une foule de joggeurs, patineurs, promeneurs et autres cyclistes.

C'est sur l'eau que l'on appréhende le mieux Fort Lauderdale. Embarquez sur le **Carrie B** (🖀954-642-1601, 888-238-9805 ; www.carriebcruises.com ; excursion adulte/enfant 23/13 $) pour une croisière d'une heure et demie à la découverte des villas colossales bordant l'Intracoastal et la New River. Sinon, grimpez à bord du **Water Taxi** (www.watertaxi.com ; forfait 1 journée adulte/enfant 20/13 $), pour une visite de la ville (la meilleure) ponctuée de commentaires animés.

🍴 🛏 p. 199

La route ⟩⟩ Vous brûlez ! Miami ne se trouve plus qu'à une demi-heure de Fort Lauderdale vers le sud par la I-95.

- - - - - - - - - - - -

⑬ Miami

Miami se démarque du reste des États-Unis par les teintes pastel de la baie de Biscayne, sa beauté subtropicale et une sensualité toute latine palpable à chaque coin de rue. À l'ouest du centre-ville, au niveau de la Calle Ocho (8th St), se trouve **Little Havana**, où vit la plus grande communauté cubaine du pays. Les **Viernes Culturales** (www.viernesculturales.org) – une fête de rue organisée le dernier vendredi de chaque mois, où se produisent des artistes et musiciens latinos – sont le meilleur moment pour la découvrir. Appréciez également l'ambiance du **Máximo Gómez Park** (SO 8th St, sur SO 15th Ave ; 🕘9h-18h), dans lequel des seniors jouent aux dominos sur fond de musique latine.

Wynwood et le **Design District** sont les quartiers artistiques officiels de Miami. Ne manquez pas l'incroyable collection de peintures murales du **Wynwood Walls** (www.thewynwoodwalls.com ; NO 2nd Ave, entre 25th St et 26th St ; 🕘11h-23h lun-sam, 12h-18h dim). Les murs des rues alentour sont également recouverts de graffitis, formant une véritable galerie d'art en plein air.

🍴 🛏 p. 199

La route ⟩⟩ On vous a réservé le meilleur pour la fin. Traversez le Julia Tuttle Causeway ou le MacArthur Causeway pour une plongée au cœur de l'âme Art déco de Miami Beach.

- - - - - - - - - -

TEMPS FORT

⑭ Miami Beach

Miami Beach est une source d'ébahissement sans cesse renouvelée. La capitale mondiale du "m'as-tu-vu" compte quelques-unes des meilleures plages du pays, au sable blanc baigné d'une eau chaude et turquoise. Et puis il y a l'Art déco. On y trouve l'une des plus grandes concentrations de bâtiments Art déco du monde, près de 1 200 au total le long de Ocean Dr, Collins Ave et alentour. Suivez la visite guidée du Art Deco Welcome Center (p. 256) ou procurez-vous une carte à la boutique de souvenirs.

Les cafés d'**Ocean Avenue** – l'artère qui court le long de la plage – débordent sur le trottoir : flânez pour trouver celui qui vous convient le mieux. **Lincoln Road Mall** est une autre promenade piétonne bordée de boutiques, de restaurants et de bars.

Pour un aperçu des nombreux attraits de Miami Beach, suivez notre suggestion de promenade (p. 256).

🍴 🛏 p. 199

Se restaurer et se loger

Amelia Island ❶

✖ Café Karibo & Karibrew

Fusion, pub **$$**

(☎904-277-5269 ; www.cafekaribo.com ; 27 N 3rd St ; plats 7-22 $; ⊙11h-21h mar-sam, 11h-20h dim, 11h-15h lun). Avec sa carte éclectique et ses deux espaces distincts (un café côté cour ou la microbrasserie adjacente), soyez assuré d'y trouver votre bonheur.

🛏 Elizabeth Pointe Lodge

B&B **$$$**

(☎904-277-4851 ; www.elizabethpointelodge. com ; 98 S Fletcher Ave ; ch 225-335 $, ste 385-470 $; 🕸🛜). On se croirait dans la somptueuse villa d'un capitaine au long cours. Cet établissement les pieds dans l'eau, aux vérandas qui courent tout autour, propose un service élégant et des chambres agréablement aménagées.

Jacksonville ❸

✖ Aix

Méditerranéen **$$$**

(☎904-398-1949 ; www.bistrox.com ; 1440 San Marco Blvd ; plats 10-28 $; ⊙11h-22h lun-jeu, 17h-23h ven, 17-23h sam, 17-21h dim). Dans ce temple branché de la gastronomie méditerranéenne (tendance fusion), les assiettes débordent de saveurs internationales. Réservation recommandée.

✖ Clark's Fish Camp

Sud **$$**

(☎904-268-3474 ; www.clarksfishcamp. com ; 12903 Hood Landing Rd ; plats 13-22 $; ⊙16h30-21h30 lun-jeu, 16h30-22h ven, 11h30-22h sam, 11h30-21h30 dim). Goûtez à l'explosive cuisine du Sud : alligator, serpent, poisson-chat et cuisses de grenouilles sont au menu de cette inoubliable cabane perdue dans les marécages, loin au sud du centre de Jacksonville.

St Augustine ❹

✖ Floridian

Américain **$$**

(☎904-829-0655 ; www.thefloridianstaug. com ; 39 Cordova St ; plats 12-20 $; ⊙11h-15h mer-lun, 17h-21h lun-jeu, 17h-22h ven-sam). Une adresse "de la ferme à l'assiette" absolument formidable, malgré une thématique locavore un peu pesante. On s'y régale d'étranges créations nouvelle cuisine du Sud dans un cadre détendu.

✖ Spanish Bakery

Boulangerie **$**

(www.thespanishbakery.com ; 42½ St George St ; plats 3,50-5,50$; ⊙9h30-15h). Cette minuscule boulangerie en stuc sert des *empanadas*, des roulés à la saucisse et d'autres mets directement hérités des *conquistadores*. N'hésitez pas trop : tout part comme des petits pains !

🛏 Casa Monica

Hôtel historique **$$$**

(☎904-827-1888 ; www.casamonica.com ; 95 Cordova St ; ch 179-379 $; 🅿🕸🛜🚲). Les chambres richement décorées de cette demeure du XIXᵉ siècle, aux faux airs de palais hispano-mauresque avec ses tourelles et ses fontaines, sont les plus luxueuses de la ville.

Daytona Beach ❻

✖ Dancing Avocado Kitchen

Mexicain **$**

(110 S Beach St ; plats 6-10 $; ⊙8h-16h mar-sam ; 🍴). La carte de ce café végétarien privilégie les saveurs mexicaines, avec des plats sains et succulents. Mais rien ne vaut le *dancing avocado melt*, la spécialité de la maison à base d'avocat.

🛏 Tropical Manor

Resort **$$**

(☎386-252-4920 ; www.tropicalmanor.com ; 2237 S Atlantic Ave ; ch 80-315 $; 🅿🕸🛜🚲). Les chambres de motel et les bungalows de cette propriété en bord de plage, au décor rétro version Floride, offrent une explosion de couleurs.

Space Coast ⑨

✖ Coconuts
on the Beach Poisson et fruits de mer **$$**
(📞321-784-1422 ; www.coconutsonthebeach.
com ; 2 Minutemen Causeway ; plats 8-18 $;
🕙11h-22h). Ici, la noix de coco est à l'honneur.
Des concerts sont régulièrement organisés sur
la terrasse en front de mer ; préférez la salle
pour une atmosphère plus familiale.

West Palm Beach ⑪

✖ Rhythm Cafe Fusion **$$**
(📞561-833-3406 ; www.rhythmcafe.cc ; 3800 S
Dixie Hwy ; plats 17-30 $; 🕙17h30-22h mar-sam,
17h30-21h dim). Ce bistrot coloré, installé dans
un vieux drugstore, ne manque pas de peps. À la
carte (éclectique) : tarte au fromage de chèvre,
tartare de thon, poisson du jour…

🛏 Hotel Biba Motel **$**
(📞561-832-0094 ; www.hotelbiba.com ;
320 Belvedere Rd ; ch 69-129 $; 🌼🛜🔁). Si la
façade rétro du Biba n'est pas sans rappeler les
motels des années 1950, ses chambres fleurent
bon le chic contemporain.

Fort Lauderdale ⑫

✖ Gran Forno Italien **$**
(www.gran-forno.com ; 1235 E Las Olas Blvd ; plats
6-12 $; 🕙7h-18h mar-dim). Cette boulangerie
doublée d'un café, au décor rétro à l'italienne, sert
des pâtisseries croustillantes, des pizzas à la pâte
aérée et de beaux pains *ciabatta* dorés.

✖ Le Tub Burgers, américain **$$**
(www.theletub.com ; 1100 N Ocean Dr ; plats
9-20 $; 🕙11h-1h lun-ven, 12h-2h sam-dim ; 🐾).
Décoré avec des objets récupérés sur Hollywood
Beach, cet étrange fast-food est souvent
présenté comme le meilleur du pays. Préparez-
vous à attendre, mais le jeu en vaut la chandelle.

🛏 Riverside Hotel Hôtel **$$**
(📞954-467-0671 ; www.riversidehotel.com ; 620
E Las Olas Blvd ; ch 129-224 $; 🅿🌼🛜🔁🐾).
Idéalement situé sur Las Olas, le Riverside propose
trois types de chambres : modernes dans l'aile la
plus récente, rénovées dans le bâtiment original,
et des chambres classiques un peu vieillottes.

Miami ⑬

✖ Michy's Fusion **$$$**
(📞305-759-2001 ; http://michysmiami.com ;
6927 Biscayne Blvd ; plats 29-38 $; 🕙18h-
22h30 mar-jeu, 18h-23h ven-sam, 18h-22h dim ;
🐾). Michelle Bernstein, véritable star de la
gastronomie à Miami, ne sert que des ingrédients
bio, d'origine locale, dans un décor élégant.

🛏 Biltmore Hotel Hôtel historique **$$$**
(📞855-311-6903 ; www.biltmorehotel.com ;
1200 Anastasia Ave ; ch à partir de 209 $;
🅿🌼🛜🔁🐾). Cet hôtel datant de 1926, classé
monument historique, est une icône du luxe.
Les chambres standard sont petites, mais les
parties communes, grandioses. L'établissement
possède la plus grande piscine d'hôtel du pays.

Miami Beach ⑭

✖ 11th St Diner Diner américain **$**
(www.eleventhstreetdiner.com ; 1065 Washington
Ave ; plats 9-18 $; 🕙24h/24). Ce *diner* au décor
années 1950, installé dans un wagon Pullman
rutilant, est ouvert 24h/24. Particulièrement
prisé des fêtards au petit matin.

✖ Joe's Stone Crab
Restaurant Américain **$$$**
(📞305-673-0365 ; www.joesstonecrab.com ;
11 Washington Ave ; plats 11-60 $; 🕙11h30-14h
mer-dim oct-juin, 18h-22h mer-dim tte l'année).
Ce modeste établissement inauguré en 1913
est devenu un restaurant chic, hautement
recommandable, servant des fruits de mer
et des côtelettes. Commandez à emporter,
c'est moins cher et idéal pour un pique-nique
sur la plage.

🛏 Clay Hotel Hôtel **$**
(📞800-379-2529, 305-534-2988 ; www.
clayhotel.com ; 1438 Washington Ave ; ch 88-190 $;
🌼@🛜). Cette villa du siècle dernier, au style
hispanisant, loue des chambres propres et
confortables. Al Capone y aurait séjourné.

🛏 Pelican Hotel Boutique Hôtel **$$$**
(📞305-673-3373 ; www.pelicanhotel.com ; 826
Ocean Dr ; ch 165-425 $; ste 295-555 $; 🌼🛜).
La façade, plutôt banale, ne laisse rien présager
de la belle décoration intérieure, originale.

Breaux Bridge *Marécages impénétrable*
gastronomie cadie

Le pays cadien

15

Découvrez un monde de bayous, de lacs, de marécages et de prairies, où les concerts improvisés et les soirées dansantes endiablées durent jusqu'au bout de la nuit.

TEMPS FORTS

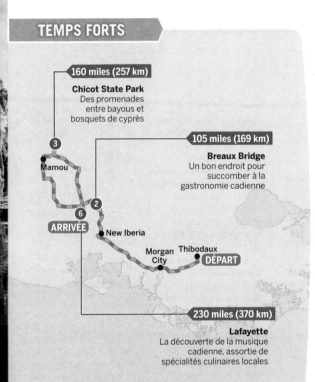

160 miles (257 km)

Chicot State Park
Des promenades entre bayous et bosquets de cyprès

3 Mamou

105 miles (169 km)

Breaux Bridge
Un bon endroit pour succomber à la gastronomie cadienne

2

6

ARRIVÉE

New Iberia

Morgan City

Thibodaux

DÉPART

230 miles (370 km)

Lafayette
La découverte de la musique cadienne, assortie de spécialités culinaires locales

4 JOURS
230 MILES / 370 KM

PARFAIT POUR...

LE MEILLEUR MOMENT

De mars à juin, pour les fêtes, les festivals et le beau temps

 LA PHOTO SOUVENIR

Les concerts de musique cadienne du Fred's Lounge le samedi matin

 CULTURE CADIENNE

Les coutumes du sud de la Louisiane font toute la saveur de cette région

201

15 Le pays cadien

Aventurez-vous dans le sud de la Louisiane, une région dont l'intense singularité vous surprendra d'emblée. Vous y croiserez des marécages infestés d'alligators, dont les eaux stagnantes empiètent sur la plaine inondable, des villages où le français est encore la langue des grandes occasions (parfois même la langue maternelle) et des villes où l'on aime danser, jouer du violon et, plus que tout, bien manger. Bienvenue au pays cadien, où l'eau est omniprésente et les rythmes entraînants – véritable nation dans l'État.

❶ Thibodaux

Blottie sur les rives du bayou Lafourche, Thibodaux est la porte d'entrée au pays cadien habituellement empruntée par les visiteurs en provenance de La Nouvelle-Orléans. Son centre-ville aux rues bordées de bâtisses historiques en fait une ville bien plus attrayante que sa voisine Houma, souvent citée comme la destination phare de la région, mais qui n'est en réalité qu'une ville pétrolière dénuée de charme. Principal site d'intérêt à Thibodaux, le **Wetlands Acadian Cultural Center** (☎985-448-1375 ; www.nps.gov/jela ;

314 St Mary St ; entrée libre ; ◷9h-20h lun, 9h-18h mar-jeu, 9h-17h ven-sam, fermé dim juin-août, Noël et Mardi gras ; 🚻♿) fait partie du **Jean Laffitte National Park**. Au printemps et en automne, les gardes forestiers proposent des promenades en bateau dans le bayou au départ du centre culturel. Vous pouvez opter, au choix, pour une visite de la **Plantation ED White** (◷10h-12h ; 5 $) le mercredi ou de la **Plantation Madewood** (◷10h-14h30 ; 28,25 $) le samedi ; le déjeuner est compris. Le centre abrite un excellent musée et le personnel, très serviable, anime un circuit gratuit de découverte de la ville (14h lun, mar et jeu). Avec un peu de chance, vous poserez vos

valises à Thibodaux un lundi soir, jour de bœuf pour les musiciens cadiens (de 17h30 à 19h).

🍴 p. 207

La route ❯❯ Prenez la Hwy 90 jusqu'à Breaux Bridge. Comptez 2 heures de trajet sans pause, mais n'hésitez pas à vous écarter de la route pour suivre des voies de traverse.

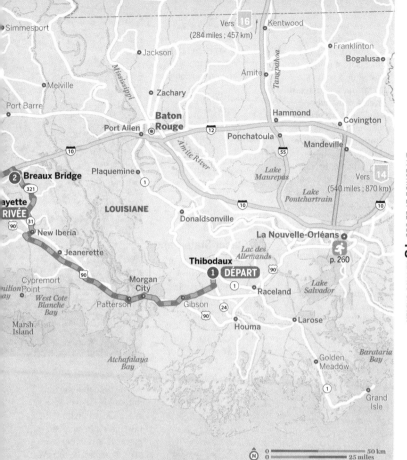

Simmesport

Vers 16
(284 miles ; 457 km)

Kentwood

Jackson

Franklinton

Bogalusa

Melville

Amite

Zachary

Hammond

Covington

Baton Rouge

Port Allen

12

Ponchatoula

Mandeville

Port Barre

Amite River

10

Mississippi

Tangipahoa

Breaux Bridge

321

Plaquemine

1

Lake Maurepas

Vers 14
(540 miles ; 870 km)

ayette
RIVÉE

LOUISIANE

Donaldsonville

Lake Pontchartrain

10

10

31

90

New Iberia

10

55

Jeanerette

La Nouvelle-Orléans

p. 260

Cypremort
Point

90

Morgan City

Thibodaux

1 DÉPART

90

Lac des Allemands

Vermilion Bay

West Cote Blanche Bay

Patterson

Gibson

1

Raceland

Lake Salvador

Marsh Island

90

24

Houma

Larose

Atchafalaya Bay

Golden Meadow

Barataria Bay

1

Grand Isle

N   0   50 km
    0   25 miles

TEMPS FORT

2 Breaux Bridge

Le pittoresque centre de la petite ville de Breaux Bridge offre un mélange de ruelles étroites, d'hospitalité cadienne et de bonne chère. Ici, votre principal objectif sera de déguster

À COMBINER AVEC :

14 La Highway 1

De Thibodaux, rejoignez Baton Rouge et bifurquez vers l'est par la I-12, puis suivez la I-10 pour gagner le départ de votre itinéraire côtier en Floride.

16 La route du blues

De Thibodaux, roulez vers le nord jusqu'à Baton Rouge, puis vers l'est sur la I-12. À Hammond, prenez la I-55 vers le nord jusqu'à Memphis.

la cuisine incroyablement savoureuse du Café des Amis (p. 207). Des concerts de musique folklorique y sont programmés le mercredi soir et le dimanche matin (pour un brunch ambiance zydeco), mais les musiciens ont pour habitude d'y débarquer à l'improviste. Breaux Bridge n'offre guère plus à faire, si ce n'est arpenter son joli centre et, si vous êtes là la première semaine de mai, vous rendre au **Breaux Bridge Crawfish Festival** (www. bbcrawfest.com).

À 3 miles (5 km) de Breaux Bridge, le **lac Martin** (Lake Martin Rd) est une réserve ornithologique hébergeant grandes aigrettes, hérons garde-bœufs, grands hérons... et des alligators à foison. Une passerelle enjambe les eaux noires tapissées d'algues et zigzague à travers un marais remplis de cyprès.

Marquez l'arrêt à Henderson, à 8 miles (13 km) au nord-est de Breaux Bridge. Chaque dimanche après-midi, les rythmes cadien et zydeco enflamment le **Angelle's Whiskey River** (☏337-228-8567 ; 1006 Earlene Dr ; droit d'entrée variable ; ☺ renseignez-vous par téléphone pour les horaires). La petite maison est vite pleine : les habitués dansent sur les tables, sur le bar et dans l'eau. Non loin, le **Pat's** (☏337-228-7512 ; www. patsfishermanswharf.com ; 1008

Henderson Levee Rd ; plats 12-24 $; ☺11h-22h, 11h-22h30 ven-dim ; [P] [♿]) sert du poisson et des fruits de mer en friture et... en musique !

✕ ⌂ p. 207

La route ≫ De Breaux Bridge, suivez la Hwy 49 vers le nord sur 24 miles (39 km), puis la US 167, toujours vers le nord, jusqu'à Ville Platte, et enfin la LA 3042 jusqu'au Chicot State Park. Comptez 1 heure 20 de route au total.

TEMPS FORT

❸ Chicot State Park

Le pays cadien n'est pas qu'un espace culturel, c'est aussi un territoire physique aux forêts de pins envahies de mousse espagnole, ponctué de lacs et de bayous. Il est parfois difficile d'apercevoir tout cela depuis les routes, construites à distance des terres inondables.
Le **Chicot State Park** (☏888-677- 2442, 337-363-2403 ; www.crt.state.la.us/parks/ichicot.aspx ; 3469 Chicot Park Rd ; 1 $/pers ; [P] [♿] [☺]) est un endroit fabuleux pour explorer la beauté naturelle du pays cadien. Divertissant pour les enfants et instructif pour les adultes, l'excellent centre d'interprétation affiche un design aéré qui mérite d'être salué. Des kilomètres de sentiers sillonnent les forêts, les marais de cyprès et les marécages environnants. Si vous le pouvez, attendez-y le coucher du soleil : sur les arbres

couverts de mousse qui bordent le Lake Chicot, le spectacle est divin. Il est possible de camper sur place (16 $/nuit oct-mars, 20 $ avr-sept), de réserver un chalet pour 6 ou 15 personnes (85/120 $), ou de louer un bateau (5/20 $ heure/jour).

La route ≫ Rebroussez chemin jusqu'à Ville Platte, puis bifurquez à l'ouest par la LA 10. Après 7 miles (11 km), prenez la LA 13 vers le sud ; Mamou est à 4 miles (6 km).

❹ Mamou

Nichée en plein cœur du pays cadien, sur la route d'Eunice, Mamou est

JOHN ELK III / ALAMY ©

Lafayette La chapelle des Attakapas, Vermilionville

une petite ville paisible, typique du sud de la Louisiane. Du moins en apparence, car le samedi matin, le **Fred's Lounge** (420 6th St ; ⊘8h-13h30 sam) – le lieu de prédilection de la ville – se transforme en un dancing cadien à l'ambiance survoltée.

Ce petit bar est plein à craquer de 8h30 à 14h lors des matinées musicales aux accents francophones organisées par Tante Sue. Au programme : concerts, danse, bière et cigarettes (la salle est vite enfumée, soyez prévenu). Sue monte souvent sur scène pour offrir une petite leçon de vie ou une chanson

en français cadien, entre deux lampées d'une liqueur brune tirée d'un holster.

La route ≫ Eunice n'est qu'à 11 miles (18 km) au sud de Mamou ; continuez sur la LA 13.

- - - - - - - - - - - - -

❺ Eunice

Au cœur de la prairie cadienne, Eunice vit au rythme de sa musique et de ses coutumes. Le **Savoy Music Center** (☎337-457-9563 ; www.savoymusiccenter. com ; Hwy 190 ; ⊘9h-17h mar-ven, 9h-12h sam) – dont le propriétaire, Mark Savoy, fabrique des accordéons – est une bonne adresse pour dénicher des CD

ou assister à un bœuf (le samedi matin). Le samedi soir, un spectacle, le "Rendez-vous des Cajuns", a lieu au **Liberty Theater** (☎337-457-7389 ; 200 Park Ave ; 5 $). à deux rues du **Cajun Music Hall of Fame & Museum** (☎337-457-6534 ; www.cajunfrenchmusic. org ; 230 S CC Duson Dr ; entrée libre ; ⊘9h-17h mar-sam) – rien d'extraordinaire, mais charmant dans son genre. Le **Prairie Acadian Cultural Center** (☎337-457-8499 ; www.nps.gov/jela ; 250 West Park Ave ; entrée libre ; ⊘8h-17h mar-ven, 8h-18h sam), géré par le National Park Service (NPS), mérite également le détour.

CADIENS OU CRÉOLES ?

En Louisiane, de nombreux touristes utilisent indifféremment les termes "cadien" et "créole", mais il s'agit de deux cultures bien distinctes. Le terme "créole" se rapporte aux descendants des premiers colons européens établis en Louisiane, d'ascendance essentiellement française et espagnole. Les créoles, généralement urbanisés et liés à La Nouvelle-Orléans, considéraient leur culture comme raffinée. La plupart descendaient d'aristocrates, de commerçants ou de négociants.

Les origines des cadiens (ou "cajuns", une déformation du terme anglais) remontent aux Acadiens, des colons issus des campagnes françaises qui émigrèrent en Nouvelle-Écosse. Après la conquête du Canada par les Britanniques, les fiers Acadiens refusèrent de se soumettre au nouveau souverain, et furent contraints à l'exil au milieu du XVIIIe siècle – un épisode connu sous le nom de "Grand Dérangement". De nombreux exilés s'installèrent dans le sud de la Louisiane, alors française. Mais les Acadiens furent souvent traités comme de rustres campagnards par les créoles. Ils s'établirent dans les bayous et les plaines, et développèrent une culture plus rurale, dans un esprit de frontière.

Pour ajouter à la confusion, il est de coutume, dans de nombreuses sociétés postcoloniales françaises, d'appeler "créoles" les personnes de sang mêlé. C'est également le cas en Louisiane, mais il existe une différence culturelle entre les créoles franco-espagnols et les créoles métis, bien que ces deux communautés aient très probablement des ancêtres communs.

Des soirées musicales et des conférences s'y déroulent régulièrement.

La route ›› Partez vers l'est sur la US 190 (Laurel Ave) et tournez à droite dans la LA 367. Suivez-la sur environ 19 miles (30 km) – elle est rebaptisée LA 98 sur toute une section – puis empruntez la I-10 vers l'est. Roulez sur environ 14 miles (22 km), puis prenez la sortie 101 pour rejoindre la LA 182/N University Ave ; suivez-la jusqu'au centre-ville de Lafayette.

- - - - - - - - - -

TEMPS FORT

❻ Lafayette

Lafayette, capitale du pays cadien et quatrième ville de Louisiane, affiche une formidable concentration de bonnes tables et de culture pour une ville de 120 000 habitants.

Presque tous les soirs, des échos de musique zydeco, country, blues, funk, swamp rock et même punk s'échappent de l'excellent **Blue Moon Saloon** (www.bluemoonpresents.com ; 215 E Convent St ; entrée 5-8 $). où un public jeune et branché jure aussi bien par le drum-and-bass que par le violon. Le dernier week-end d'avril, Lafayette accueille le **Festival international de Louisiane** (www.festivalinternational.com), première manifestation musicale francophone du pays.

Vermilionville
(☎337-233-4077 ; www.vermilionville.org ; 300 Fisher Rd ; tarif plein/étudiant 8/6 $; ⏰10h-16h mar-dim ; 🚻) est une reconstitution

d'un village cadien du XIXe siècle, situé le long du bayou à proximité de l'aéroport. Des guides en costume retracent l'histoire cadienne, créole et amérindienne, des groupes locaux se produisent le dimanche et l'on peut se promener en bateau dans le bayou – l'**Acadian Village** (☎337 981 2364 ; www.acadianvillage.org ; 200 Greenleaf Dr ; tarif plein/étudiant 7/4 $; ⏰10h-16h) offre peu ou prou la même chose, le bateau en moins.

À proximité de Vermilionville, le NPS gère l'**Acadian Cultural Center** (www.nps.gov/jela ; 501 Fisher Rd ; ⏰8h-17h) dont les expositions sur la vie cadienne valent le détour.

🍴 🛏 p. 207

Se restaurer et se loger

Thibodaux ❶

✖ Fremin's   Cadien $$

(📞985-449-0333 ; www.fremins.net ; 402 West
Third St ; plats 11-23 $; 🕙11h-14h mar-ven, 17-
21h mar-jeu, 17h-22h ven-sam). Fremin's est une
institution de la gastronomie cadienne haut de
gamme. La carte varie peu, et si certains plats
mériteraient d'être réactualisés, l'ensemble
est substantiel. Essayez le crabe en mue sur
lit de pâtes avec sa succulente sauce aux
champignons et cognac.

Breaux Bridge ❷

✖ Café des Amis   Cadien $$$

(📞337-332-5273 ; www.cafedesamis.com ; 140 E
Bridge St ; plats 17-26 $ 🛜 ; 🕙11h-14h mar, 11h-21h
mer-jeu, 7h30-21h30 ven-sam, 8h-14h dim).
Principal atout du lieu ? Sa carte aux accents
créoles et cadiens, inégalable. Cela dit, le décor
et le petit-déjeuner ambiance zydeco du samedi
matin méritent aussi une mention spéciale.

🛏 Bayou Cabins   Bungalows $

(📞337-332-6158 ; www.bayoucabins.com ;
100 W Mills Ave ; chalet 60-125 $). Chacun des
14 chalets du bayou Teche est entièrement
indépendant. Les murs du chalet 1 sont tapissés
de papier journal datant de 1949, et le chalet 7
est meublé à la mode victorienne (baignoire sur
pieds comprise). Un petit-déjeuner chaud et
complet est servi à 9h, et la boutique sur place
vend de la couenne rôtie et du boudin maison.

Lafayette ❻

✖ Artmosphere   Américain $

(📞337-233-3331 ; 902 Johnston St ; plats moins
de 10 $; 🕙11h-2h lun-sam, 11h-minuit dim). Idéal
si vous recherchez une option végétarienne/
végétalienne, ou un endroit pour passer le
temps. Bonne sélection de bières et musique live
tous les soirs, avec un public majoritairement
composé d'étudiants et d'artistes.

✖ Dwyer's   Diner $

(📞337-235-9364 ; 323 Jefferson St ; plats
5-12 $; 🕙7h-15h ; 🚻). Cet établissement
familial vaut particulièrement le détour le
mercredi matin, lorsque les habitants du coin
s'y retrouvent pour parler de la pluie et du beau
temps – en français cadien, bien évidemment.

✖ French Press   Petit-déjeuner $$$

(📞337-233-9449 ; www.
thefrenchpresslafayette.com ; 214 E Vermillion ;
petit-déjeuner 6-10,50 $, plats 29-38 $; 🕙7h-
14h mar-jeu, 7h-14h et 17h30-21h ven, 9h-14h et
17h30-21h sam, 9h-14h dim ; 🛜). Ce restaurant
mêlant influences françaises et cadiennes est la
meilleure table de Lafayette. Le petit-déjeuner
est à se damner : œufs Bénédicte à la mode
cadienne (du boudin remplace le bacon), gruau
de maïs au cheddar et granola bio. Les mets
du dîner sont tout aussi savoureux (comme ce
carré d'agneau au gratin de truffes...).

🛏 Blue Moon Guest House   Pension $

(📞877-766-2583, 337-234-2422 ; www.
bluemoonguesthouse.com ; 215 E Convent St ;
dort 18 $, ch 73-94 $; 🅿❄@🛜). Il y a une
discothèque dans la cour arrière, et cette
maison soignée de Lafayette fait également
auberge de jeunesse (dortoirs et chambres
privées). Bruyante ? C'est le moins qu'on puisse
dire, mais la musique est excellente.

🛏 La Maison de Belle B&B   B&B $$

(📞337-235-2520 ; 608 Girard Park Dr ; ch
110-150 $). C'est ici que John Kennedy Toole
a imaginé *La Conjuration des imbéciles*.
La propriété et le parc adjacent sont charmants.

Clarksdale Le point de chu
idéal pour découvrir le Mississip,
berceau du blu

La route du blues

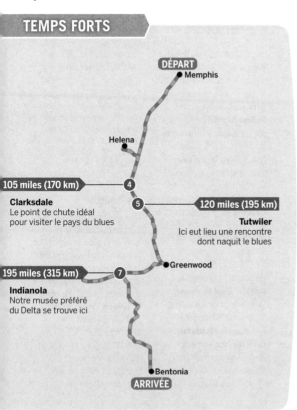

16

Écoutez les bluesmen chanter leur vague à l'âme, et rendez hommage à la musique qui s'empara du nord du Mississippi il y a un siècle et donna naissance au rock'n'roll.

TEMPS FORTS

DÉPART
● Memphis

Helena

105 miles (170 km) — ④

⑤ — **120 miles (195 km)**

Clarksdale
Le point de chute idéal
pour visiter le pays du blues

Tutwiler
Ici eut lieu une rencontre
dont naquit le blues

● Greenwood

195 miles (315 km) — ⑦

Indianola
Notre musée préféré
du Delta se trouve ici

● Bentonia
ARRIVÉE

3 JOURS
310 MILES / 500 KM

PARFAIT POUR...

LE MEILLEUR MOMENT
Mai et juin pour
les festivals de blues
du Delta

 LA PHOTO SOUVENIR

Un concert, bien sûr !

 MUSIQUE ET CULTURE

La musique et l'âme
du delta du Mississippi
– une immersion
culturelle à la bande-
son épique !

16 La route du blues

C'est dans les plaines traversées par la Hwy 61, surnommée "The Blues Highway", qu'est née la mère des musiques américaines. Venue d'Afrique dans l'âme des esclaves, elle s'est matérialisée dans les champs de coton et a mûri dans les rues et les cafés-concerts. La légende veut que ce soit en vendant son âme au diable à un carrefour de Clarksdale que Robert Johnson est devenu le premier guitariste virtuose des États-Unis. Mais pour appréhender pleinement son influence, visitez d'abord Memphis.

❶ Memphis

C'est peu dire que la musique américaine doit beaucoup à Memphis. Au début du XXᵉ siècle, Beale St devint le centre névralgique de la vie sociale et de l'activisme noirs pour les droits civiques de la ville. Et par là même le berceau du blues : les premiers morceaux, *Memphis Blues* (1912) et *Beale Street Blues* (1916), furent écrits par W. C. Handy alors qu'il résidait en ville. La **maison** (http://wchandymemphis.org ; 352 Beale St ; adulte/enfant 6/4 $) du "père du blues", déplacée dans Beale St, est ouverte aux visiteurs. Pour un concert, direction le **Rum Boogie Cafe** (☎912-528-0150 ; www.rumboogie.

com ; 182 Beale St) ou le **BB King's** (☎901-524-5464 ; www.bbkingclubs.com ; 143 Beale St).

Dans les années 1950 y naissait le rock'n'roll : le **Sun Studio** (www.sunstudio.com ; 706 Union Ave ; adulte/enfant 12 $/gratuit), le label qui lança Elvis et tant de grands noms, se visite. Impossible de quittez la ville sans visiter **Graceland** (www.elvis.com ; Elvis Presley Blvd/US51 ; visite complète adulte/enfant 37/18 $, maison uniquement 34/15 $), la résidence du King, le **Memphis Rock'n'Soul Museum** (www.memphisrocknsoul.org ; 191 Beale St ; adulte/enfant 11/8 $) ou le **National Civil Rights Museum** (www.civilrightsmuseum.org ; 450 Mulberry St ; adulte/enfant 13/9,50 $), aménagé dans

le motel où fut assassiné Martin Luther King Jr.

✖ ⊨ p. 218

La route ≫ La US 61 part de Memphis, serpentant à travers les banlieues. Puis la ville fait place à des terres agricoles à mesure que la route se rapproche de l'État du Mississippi.

❷ Tunica

Des casinos occupent les berges du fleuve à Tunica, la ville la plus prospère et la moins authentique de la Hwy 61. C'est pourtant la porte d'accès au monde du blues, et l'on y trouve le **Tunica Visitors Center** (☎662-363-3800 ; www.tunicatravel.com ; 13625 US 61 ; ☉9h-18h), dont l'excellent guide numérique interactif est une mine d'informations sur

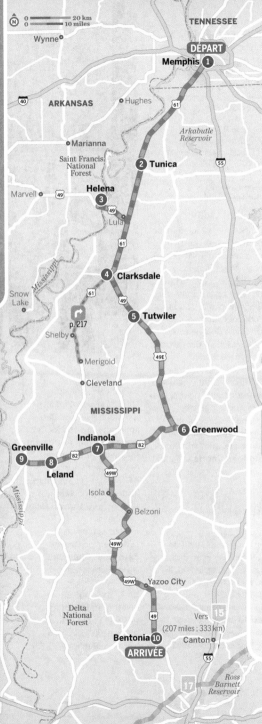

les bluesmen de renom et le Mississippi Blues Trail. C'est un bon endroit pour se mettre dans l'ambiance, faire quelques recherches et planifier la suite.

La route >> Après 19 miles (30 km) en ligne droite, déviez vers l'ouest sur la US 49 et traversez le Mississippi pour rejoindre Helena, dans l'Arkansas.

❸ Helena

Helena est une ville industrielle sur le déclin, à 32 miles (51 km) au nord de Clarksdale, sur l'autre rive du Mississippi. Légende du blues, Sonny Boy Williamson y vécut autrefois et jouait dans l'émission radio *King Biscuit Time*, la première d'Amérique consacrée au blues. Elle est encore diffusée depuis les locaux du **Delta Cultural Center** (☎870-338-4350 ;

🔗 À COMBINER AVEC :

15 **Le pays cadien**
De Bentonia, prenez la Hwy 49 jusqu'à Jackson, puis bifurquez vers le sud par la I-55 jusqu'à Hammond. De là, rejoignez Baton Rouge à l'ouest, puis cap au sud vers Thibodaux et le pays cadien.

17 **La Natchez Trace Parkway**
De Memphis, suivez la I-40 vers l'est jusqu'à Nashville, où débute le Natchez Trace Trail.

www.deltaculturalcenter. com ; 141 Cherry St ; entrée libre ; 9h-17h mar-sam), un musée consacré au blues qui mérite la visite. Le meilleur disquaire du Delta, **Bubba's Blues Corner** (870-995-1326 ; 105 Cherry St ; entrée libre ; 9h-17h mar-sam ;), se trouve un peu plus loin dans la rue. Un joyeux bazar y règne et, dit-on, Robert Plant s'y arrêterait régulièrement lors de ses pèlerinages en terre de blues. Aimable et chaleureux, Bubba est une véritable encyclopédie du blues. Si la boutique est fermée lors de votre passage, passez-lui un coup de fil, il se fera un plaisir de l'ouvrir. Helena accueille deux festivals qui méritent d'être mentionnés : le **King Biscuit Blues Festival** (www.kingbiscuitfestival. com ; billets 45 $; 3 jours début oct) et le **Live On The Levee** (www. kingbiscuitfestival.com/ live-on-the-levee ; adulte billets 35 $), une série de concerts programmés

au printemps et en été. Les fans de rockabilly tâcheront de faire coïncider leur visite avec l'**Arkansas Delta Rockabilly Festival** (www. deltarockabillyfest.com ; billets 30 $; mai), en mai.

La route ›› Reprenez la US 49 jusqu'à sa convergence avec la US 61. De là, Clarksdale n'est plus qu'à 30 miles (48 km) au sud.

- - - - - - - - - - -

TEMPS FORT

❹ Clarksdale

Clarksdale est le meilleur point de chute du Delta : on y recense d'excellentes chambres d'hôtel, modernes et confortables, de bons restaurants et les lieux évocateurs du blues sont concentrés dans un rayon de 2 heures. Et c'est ici, au **Crossroad** (croisement de N State St et de Desoto Ave), que Robert Johnson aurait vendu son âme au diable pour si bien jouer de la guitare.

Pour vous renseigner sur la programmation musicale, allez voir Roger Stolle au **Cat Head** (662-624-5992 ; www.cathead.biz ;

252 Delta Ave ; 10h-17h lun-sam ;). Il vend aussi une belle sélection de souvenirs liés au blues et est le principal instigateur du **Juke Joint Festival** (www.jukejointfestival.com ; billets 15 $) se tenant chaque année à Clarksdale, qui célèbre la culture du Delta et le blues.

Pour la musique et la danse, si le **Ground Zero Blues Club** (http:// groundzerobluesclubmusic.com ; 0 Blues Alley ; 11h-14h lun-mar, 11h-23h mer-jeu, 11h-1h ven-sam) de Morgan Freeman possède la meilleure scène de la ville, rien n'égale le **Red's** (662-627-3166 ; 395 Sunflower Ave ;

KING BISCUIT TIME

Lancée en 1941, cette célèbre émission radiophonique dans laquelle officiait le chanteur de blues Sonny Boy Williamson alimenta longtemps les rêves de grandeur du tout jeune B.B. King. Lorsqu'il s'installa à Memphis et commença à traîner sa guitare dans les bars de Beale St, ce dernier fut invité à participer à l'émission, avec le résultat que l'on connaît. Le programme existe toujours : il est diffusé à partir de 12h15 du lundi au vendredi et est présenté par Sunshine Sonny Payne depuis... 1951 !

droit d'entrée 10 $; ⊙ concerts 21h ven-sam), un petit *juke-joint* (sorte de café-concert) chaleureux, à l'éclairage rouge, tenu par le non moins sympathique Red. Lors des grandes occasions, ce dernier allume un énorme barbecue à l'extérieur. Installé dans l'ancien dépôt ferroviaire de Clarksdale, le **Delta Blues Museum** (www. deltabluesmuseum.org ; 1 Blues Alley ; tarif plein/senior et étudiant 7/5 $; ⊙9h-17h lun-sam) affiche un bel éventail d'objets de collection et présente une reconstitution de la cabane de Muddy Waters dans le Mississippi. D'inventives expositions multimédia rendent hommage à B.B. King, John Lee Hooker, Big Mama Thornton et W. C. Handy.

✗ 🛏 p. 218

La route ⟩⟩ De Clarksdale, prenez la US 49 vers le sud au Crossroads, et suivez-la jusqu'à la petite ville de Tutwiler.

- - - - - - - - - - - - - -

TEMPS FORT

❺ Tutwiler

C'est en 1903, dans la gare de cette paisible petite ville, que W. C. Handy croisa un musicien errant qui lui inspira la composition des tout premiers morceaux de blues. Ce n'est pourtant qu'en 1916 qu'il fut véritablement reconnu comme l'initiateur de ce courant, avec le succès de *Beale Street Blues*. Une peinture murale rend hommage à cette rencontre à l'endroit où se trouvait la gare, le long des **rails de Tutwiler** (en retrait de la Hwy 49 ; 🚹). La fresque indique aussi comment se rendre sur la **tombe de Tonny Boy Williamson** (près de la Hwy 49 ; 🚹🚻), située en retrait sous les arbres, au beau milieu d'un fatras de sépultures délabrées.

213

LA BLUES HIGHWAY
ADAM SKOLNICK,
AUTEUR

Le blues raconte
l'histoire du pays :
une histoire de déracinement,
de conflit – avec la nature, un
oppresseur ou le temps – mais c'est
aussi une histoire de renaissance.
Voilà pourquoi le blues est la
bande-son des États-Unis. Beau et
sauvage, il s'élève dans les heures
les plus sombres et explose telle
une catharsis. C'est un antidouleur,
une purification. En son temps,
il est apparu comme une libération.
C'est un son qui a révolutionné
l'Amérique. Et qui est parti d'ici.

Ci-dessus : Galerie d'instruments, Delta Blues
Museum ; © Delta Blues Museum
À gauche : Tunica Visitors Center
À droite : James "Chicken" Dooris, Ground Zero
Blues Club

GETTY IMAGES ©

Des harmonicas rouillés, des bougies et des bouteilles de whisky à moitié vides y ont été déposés en hommage.

La route » Repartez à travers les champs sur l'autre Blues Highway, la US 49, direction sud. Traversez la Yazoo River et rejoignez la charmante petite ville de Greenwood.

------

⑥ Greenwood

Des quelques villes sans machines à sous que compte le Delta, Greenwood est la plus prospère. Plaisante pause sur l'itinéraire, on s'y arrête volontiers pour son excellent bistrot haut de gamme, et la ville accueille ce qui est peut-être le meilleur hôtel du Delta (pour ces deux adresses, voir p. 219).

Chaque année, en mai, toute la ville soutient la scène locale à l'occasion du festival **River to the Rails** (📞662-453-7625 ; www.rivertotherails.org ; 325 Main St). Deux jours durant, les concerts de blues s'enchaînent – les barbecues sont évidemment de sortie. Des expositions d'artistes locaux complètent les festivités.

✗ 🛏 p. 219

La route » Empruntez la US 82 vers l'ouest et franchissez la Yahoo River. La route traverse des paysages verdoyants, peu à peu remplacés par des entrepôts et une zone d'activité à mesure que l'on s'approche d'Indianola.

215

❼ Indianola

Le plus célèbre club de blues d'Indianola est sans doute le **Club Ebony** (☎662-887-3086 ; www. clubebony.biz ; 404 Hannah Ave ; entrée libre ; ⊙12h-tard tlj, concerts 18-22h dim), l'un des établissements du Chitlin' Circuit, qui réunissait les clubs et salles de concert dans lesquels les artistes noirs pouvaient se produire durant la ségrégation. C'est dans ce même club que Riley King, l'enfant du pays, obtint ses premiers contrats avant d'être révélé comme l'un des meilleurs guitaristes du XXᵉ siècle sous le nom de B.B. King. Nombre de légendes ont foulé cette scène : Howlin' Wolf, Muddy Waters, Count Basie, James Brown...

B.B. KING

Né dans les champs de coton de la périphérie d'Indianola, B.B. King n'aurait sans doute qu'à puiser dans sa jeunesse pour trouver la tristesse et la nostalgie qui font l'essence du blues. Ses parents se séparèrent alors qu'il n'avait que 4 ans et il dut faire face au décès de sa mère 5 ans plus tard, ainsi qu'à celui de sa grand-mère, à qui il était confié, à 14 ans. Livré à lui-même, il fut contraint de quitter Indianola et de rejoindre son père mais le mal du pays ne tarda pas à le gagner, et il rentra 2 ans plus tard. Son avenir de cultivateur de coton semblait tout tracé, mais sa passion pour la musique, et les retrouvailles avec son cousin Bukka White, chanteur de blues à Memphis, en décidèrent autrement. Sa rencontre avec Sonny Boy Williamson, en 1948, qui lui offre son premier passage radio, fut décisive. "Blues Boy" King était né, et sa carrière lancée.

Un peu plus au nord, le **BB King Museum & Delta Interpretive Center** (☎662-887-9539 ; www.bbkingmuseum.org ; 400 2nd St ; adulte/enfant 5-12 ans/-5 ans 12 $/5 $/ gratuit ; ⊙10h-17h mar-sam, 12h-17h dim-lun) retrace l'œuvre du bluesman à travers un court film et des salles truffées d'expositions interactives : certaines racontent son histoire et détaillent ses sources d'inspiration – musique africaine, gospel et country –, d'autres montrent son influence sur nombre d'artistes du XXᵉ siècle, notamment Jimi Hendrix ou les Allman Brothers. Le musée détient également ses 12 Grammy Awards et organise le **BB King Homecoming Festival** (www.bbkingmuseum.org ; Fletcher Park ; prévente/sur place 15/20 $), qui réunit la crème du blues pour une journée de concerts.

C'est à deux rues de là, à l'angle de Church St et de 2nd St, que B.B. King avait l'habitude de gratter sa guitare pour les passants.

La route ›› Depuis Indianola, dépassez la concentration de fast-foods bordant la US 82, vers l'ouest, pour rejoindre Leland.

❽ Leland

Leland est une petite ville sur le déclin, dotée toutefois d'un musée formidable : le **Highway 61 Blues Museum** (☎662-686-7646 ; www.highway61blues.com ; 400 N Broad St ; 7 $; ⊙10h-17h lun-sam ; 🖐) consacré à des figures locales. Chaque année au mois d'octobre, il organise un festival de blues réputé au Warfield Point Park, sur les berges du Mississippi.

Enfant du pays, le réalisateur et marionnettiste Jim Henson doit sa célébrité à l'invention du Muppet Show, auquel le **Jim Henson Exhibit** (☎662-686-7383 ; www. birthplaceofthefrog.com ; 415 S Deer Creek Dr ; don libre ; ⊙10h-16h lun-sam), sur la rive du Deer Creek, est consacré.

La route ›› Continuez sur la US 82 vers l'ouest pendant 25 miles (40 km) jusqu'à Greenville.

⑨ Greenville

Située au bord du Mississippi, Greenville fut longtemps une étape des bateaux qui circulaient sur le fleuve et une destination touristique tournée vers le jeu. Pendant des années, elle a accueilli les musiciens de blues et de jazz qui se produisaient dans les hôtels – certains y jouent encore à l'occasion. Un peu miteuse, la ville ne vaut le détour que pour les steaks, les tamales et le chili du **Doe's Eat Place** (☎662-334-3315 ; www.doeseatplace.com ; 502 Nelson St ; ⏰17-21h lun-sam), une gargote récompensée du très prestigieux James Beard American Classic Award en 2007.

La route » Regagnez Indianola, puis prenez la US 49W au sud jusqu'à la modeste localité de Bentonia.

⑩ Bentonia

Cette ancienne communauté agricole florissante compte désormais moins de 100 âmes, mais son centre-ville déserté abrite encore quelques-uns des plus vieux *juke-joints* du Mississippi. La famille Holmes a ouvert le **Blue Front** (☎662-755-2278 ; centre-ville ; ⏰horaires variables, appelez avant) du temps de la ségrégation. Pendant la Prohibition, il s'y vendait (aux Noirs comme aux Blancs)

VAUT LE DÉTOUR
PO MONKEYS

Point de départ : ④ Clarksdale

De Clarksdale, prenez la US 61 et roulez vers le sud sur environ 27 miles (43 km), puis suivez Dillon Rd à travers champs vers l'ouest. Po Monkeys, à Merigold (Mississippi), est l'un des *juke-joints* les plus appréciés du Delta. Seul un concert mensuel y est organisé, mais il est amusant de s'y trouver le lundi soir, lorsque les Shack Dancers se trémoussent en tenue d'Ève, ou le jeudi soir, lorsqu'un public d'ados se plante face au DJ jusqu'au petit matin. Une fois la fête finie, vous devrez regagner Clarksdale.

une liqueur de maïs de fabrication artisanale. L'endroit a vu défiler tous les artistes de blues du Delta de l'époque, notamment Sonny Boy, Percy Smith et Jack Owens. Le Blue Front ouvre encore le soir, mais pour assister à un concert de blues il faudra attendre le **festival** (www.facebook. com/BentoniaBluesFestival ; centre-ville de Bentonia ; billets 10 $; ⏰mi-juin) annuel de Bentonia, qui redonne brièvement vie à la bourgade.

LES MEILLEURS FESTIVALS DE BLUES

Pour tirer pleinement parti de votre séjour en terre du blues, visitez le Delta à l'occasion de l'un de ses nombreux festivals. Ils affichent vite complet, aussi pensez à réserver.

» **Juke Joint Festival** (www.jukejointfestival.com ; billets 15 $) Clarksdale, mi-avril.

» **King Biscuit Blues Festival** (www.kingbiscuitfestival. com ; billets 45 $) Helena, octobre.

» **BB King Homecoming** (www.bbkingmuseum.org ; Fletcher Park ; billets 18 $) Indianola, début juin.

» **Highway 61 Blues Festival** (www.highway61blues. com ; Warfield Point Park) Leland, début juin.

» **Bentonia Blues Festival** (www.facebook.com/ BentoniaBluesFestival ; centre-ville de Bentonia ; billets 10 $) Bentonia, mi-juin.

» **Sunflower River Blues & Gospel Festival** (www.sunflowerfest.org) Clarksdale, août.

Se restaurer et se loger

Memphis ❶

✖ Arcade
Diner **$**

(www.arcaderestaurant.com ; 540 S Main St ;
plats 8-10 $; 🕗7h-15h et dîner ven). Elvis avait
ses habitudes dans ce diner on ne peut plus
rétro, le plus vieux de Memphis. On s'y bouscule
toujours pour ses succulents pancakes à la
patate douce et ses copieux cheeseburgers.
Accessible à pied depuis le centre-ville et
Beale St.

✖ Charlie Vergos' Rendezvous
Grill **$$**

(📞901-523-2746 ; www.hogsfly.com ; 52 S 2nd St ;
plats 10-20 $; 🕗16h30-22h30 mar-jeu, 11h-23h
ven, à partir de 11h30 sam). Cachée dans une
ruelle à l'écart de Union Ave, cette institution
vend une quantité astronomique de (délicieux)
travers de porc ! Contrairement à l'épaule,
ils sont servis sans sauce : commandez un
assortiment, et vous aurez largement de quoi
condimenter le tout. La poitrine de bœuf est
aussi un régal. Manger ici est une véritable
expérience, le service est irréprochable et les
murs sont recouverts de souvenirs. Prévoyez
un peu d'attente.

✖ Gus's World Famous Fried Chicken
Poulet frit **$**

(📞901-527-4877 ; www.facebook.com/pages/
Guss-World-Famous-Fried-Chicken-Memphis-
TN/103867756323858 ; 310 S Front St ; plats
6-9 $; 🕗11h-21h dim-jeu, 11h-22h ven-sam).
Les amateurs de poulet frit des environs se
retournent dans leur lit la nuit en rêvant au
poulet ultraléger de cet établissement aux
allures de bunker. L'intérieur, éclairé au néon,
recèle un vieux juke-box. Certains soirs, il faut
prévoir jusqu'à 1 heure d'attente, mais le jeu en
vaut la chandelle.

🛏 Heartbreak Hotel
Hôtel **$$**

(📞877-777-0606, 901-332-1000 ; www.elvis.
com/epheartbreakhotel ; 3677 Elvis Presley Blvd ;
d à partir de 120 $; P ❄ @ 🛜 🐾). Au bout
de Lonely St, en face de Graceland, cet hôtel
basique est entièrement décoré à la gloire
d'Elvis. Montez d'un cran sur l'échelle du kitsch
en optant pour l'une des suites à thème, comme
la "Burnin' Love".

🛏 Madison Hotel
Boutique Hotel **$$$**

(📞901-333-1200 ; www.madisonhotelmemphis.
com ; 79 Madison Ave ; ch à partir de 264 $;
P ❄ @ 🛜 🐾). Vous recherchez quelque
chose de chic ? Ce luxueux boutique hotel
devrait faire l'affaire. Le jardin sur le toit
est l'un des meilleurs perchoirs de la ville
pour profiter du coucher de soleil. Dans les
chambres, plafonds hauts, linge de lit italien
et Jacuzzi.

Clarksdale ❹

✖ Abe's
Grill **$**

(📞662-624-9947 ; 616 State St ; sandwichs
4-6 $, assiettes 6-14 $; 🕗10h-21h lun-jeu,
10h-22h ven-sam, 11h-14h dim ; ♿). Depuis
1924, cet établissement situé au Crossroad
propose des tamales aux haricots lentement
cuits à l'étouffée et des travers de porcs
désossés ultratendres : un délice. On y sert
aussi des sandwichs de poitrine et d'effiloché
de porc braisé, et des assiettes.

✖ Delta Donuts
Donuts **$**

(📞662-627-9094 ; 610 N State St, Clarksdale ;
donuts 2 $; 🕗6h-11h ; ♿). Faites fi des calories
et craquez pour l'un de ces beignets fourrés
au chocolat et à la crème vanille et servis tout
chauds.

✘ Oxbow
Épicerie fine $

(115 3rd St ; ⏱10h-18h lun-ven, 10h-17h sam). Les voyageurs cuisinant eux-mêmes ne manqueront pas de faire un tour dans cette épicerie fine doublée d'une galerie d'art, qui propose une belle sélection de spécialités : charcuterie, fromages, pain artisanal, et un choix de salades maison, dont l'appétissante salade de quinoa et une salade de chou aux agrumes et gingembre.

✘ Yazoo Pass
Café $$

(☎662-627-8686 ; www.yazoopass.com ; 207 Yazoo Ave ; plats déj/dîner 6-10/13-26 $; ⏱7h-21h lun-sam ; 📶). Une nouvelle adresse contemporaine, avec murs de brique nue, sol en béton, mobilier en rotin et box en cuir. On y sert des scones et des croissants frais au petit-déjeuner. À midi : bar à salades, sandwichs et soupes. Le soir : thon grillé, filet mignon, burgers et pâtes.

🛏 Lofts at the Five & Dime
Lofts $$

(☎888-510-9604 ; www.fiveanddimelofts.com ; 211 Yazoo St ; lofts 150-175 $). Ce bâtiment des années 1950 abrite 6 luxueux appartements de type loft, avec comptoir en béton moulé dans la cuisine équipée, immenses écrans plats dans le salon et la chambre, poutres apparentes et douche à l'italienne. Les boissons fraîches sont offertes pendant toute la durée du séjour. Chaque appartement peut accueillir confortablement jusqu'à 4 personnes.

🛏 Shack Up Inn
Hôtel $

(☎662-624-8329 ; www.shackupinn.com ; Hwy 49 ; d 75-165 $; P ❄ 📶). On dort dans une cabane de métayer rénovée ou dans une égreneuse, ingénieusement revisitée. De l'ensemble se dégage un enivrant parfum de Sud profond, aux accents bluegrass.

Greenwood ⑥

✘ Delta Bistro
Fusion Sud $$

(☎662-455-9575 ; www.deltabistro.com ; 117 Main St ; plats 9-24 $; ⏱11h-21h lun-sam). Ce bistrot haut de gamme prépare de délicieuses spécialités du Sud, comme la friture de poisson-chat, le sandwich po'boy aux crevettes et bisque de crabe, ou encore la poitrine d'élan ultratendre et le magret de canard servi avec de la poitrine de porc et de jeunes asperges grillées. Peut-être la meilleure table du Delta.

🛏 Alluvian
Boutique Hotel $$$

(☎662-453-2114 ; www.thealluvian.com ; 318 Howard St ; ch 200-215 $; P ❄ @ 📶). Ce formidable boutique hotel 4 étoiles propose des chambres et des suites spacieuses, aux détails soignés : grande baignoire, hauts plafonds, lavabos en granit et sol carrelé en damier dans la salle de bains. Certaines chambres donnent sur la cour ; d'autres surplombent le vieux centre-ville. Pensez à réserver, surtout le week-end.

Natchez Trace Parkway
Une plongée dans l'histoire,
le long de beaux paysages

La Natchez Trace Parkway

17

Un ruban d'asphalte de Nashville au sud du Mississippi, à travers de beaux paysages boisés ponctués d'opulentes villas, de tumulus précolombiens et autres témoignages de l'histoire.

TEMPS FORTS

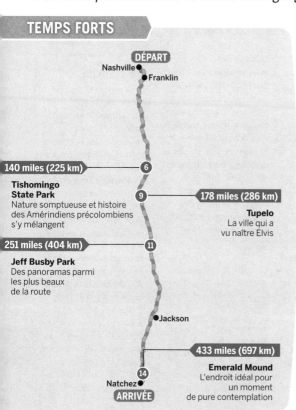

DÉPART
Nashville●
●Franklin

140 miles (225 km) — ⑥

Tishomingo State Park
Nature somptueuse et histoire des Amérindiens précolombiens s'y mélangent

⑨ — **178 miles (286 km)**

Tupelo
La ville qui a vu naître Elvis

251 miles (404 km) — ⑪

Jeff Busby Park
Des panoramas parmi les plus beaux de la route

●Jackson

433 miles (697 km)

Emerald Mound
L'endroit idéal pour un moment de pure contemplation

⑭
Natchez●
ARRIVÉE

**3 JOURS
444 MILES / 714 KM**

PARFAIT POUR...

LE MEILLEUR MOMENT
De septembre à novembre et d'avril à juin, pour échapper à la chaleur écrasante

 LA PHOTO SOUVENIR

Emerald Mound pour un coucher de soleil d'exception

 LA LEÇON D'HISTOIRE

Coutumes améridiennes, passé pionnier... et le lieu de naissance d'Elvis

17 La Natchez Trace Parkway

En Amérique, la fin du XVIIIᵉ et le XIXᵉ siècle ont été marqués par de profonds bouleversements. C'est à cette époque que les colons ont exploré le continent et y ont étendu leur influence, qu'ils ont négocié avec les Indiens d'Amérique avant d'engager contre eux des guerres d'extermination, et fait face à leurs propres démons lors de la guerre de Sécession. La piste Natchez est ponctuée de réminiscences de ces heures sombres. Mais avant de commencer, accordez-vous une tournée des bastringues histoire de passer une soirée en musique.

❶ Nashville

Ville du Sud, verdoyante et étendue, Nashville ne manque pas de charme. Mais c'est avant tout la musique qui compte ici : ses bastringues attirent les aspirants vedettes de tout le pays, qui espèrent voir un jour leur nom au Country Music Hall of Fame. Allez faire un tour au Bluebird Cafe : caché dans un centre commercial de la banlieue, ce havre pour compositeurs-interprètes a été rendu célèbre par la série télévisée *Nashville*. Ici, pas de bavardages, ou l'on vous flanque à la porte. L'ambiance est moins stricte au Tootsie's Orchid Lounge, un fabuleux tripot aux murs tapissés de vieilles photos et de prospectus datant des heures de gloire du Nashville Sound ; la musique, elle, a évolué avec son temps, même si on y écoute toujours de la country. Les amateurs de bluegrass raffoleront du Station Inn, où l'on s'émerveille devant le doigté fulgurant des musiciens en buvant de la bière (exclusivement !).

✗ 🛏 p. 230

La route ❱❱ Le lendemain, mettez le cap au sud et traversez le pont à arc double culminant à 47 m au-dessus de la vallée, pour un trajet plaisant sur la Natchez Trace Parkway. Vous constaterez qu'elle est encadrée sur toute sa longueur par des bois touffus qui se courbent élégamment au-dessus de son asphalte lisse.

❷ Franklin

À 10 miles (16 km) de Nashville, le village historique de Franklin mérite le détour.
Il possède un centre victorien charmant, et l'enclave bohème voisine de **Leiper's Fork** est éclectique et amusante. Mais si vous êtes ici, c'est pour jeter un œil à l'un des champs de bataille les plus sanglants de la guerre de Sécession. Le 30 novembre 1864, 37 000 hommes (20 000 confédérés et 17 000 soldats de l'Union) se sont affrontés sur une bande de terre de 3 km aux abords de Franklin. Avec l'expansion de Nashville, des banlieues s'étendent aujourd'hui à

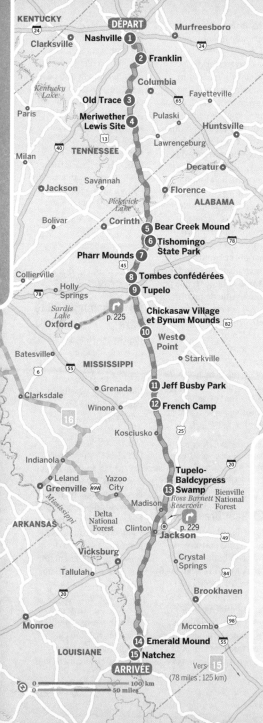

l'emplacement du champ de bataille, et seule subsiste la **Carter House** ([📞]615-791-1861 ; www.carter-house.org ; 1140 Columbia Ave ; adulte/senior/enfant 8/7/4 $; [🕐]9h-17h lun-sam, 13h-17h dim ; [♿][👶]), une propriété préservée de 3 ha, dont la maison est toujours criblée de plus de 1 000 impacts de balles.

La route ›› La Natchez Trace Parkway se fraye un chemin à travers de denses forêts et dépasse le quartier historique de Leiper's Fork avant d'atteindre la première aire de stationnement de la Old Trace (l'ancienne piste Natchez).

---

③ **Old Trace**

Au Mile 403,7 (ne prêtez pas attention au compte "à rebours" des bornes routières, l'itinéraire fonctionne mieux dans le sens nord-sud), vous trouverez la première des différentes sections

§ À COMBINER AVEC :

15 **Le pays cadien**
De Natchez, prenez la Hwy 61 vers le sud jusqu'à Thibodaux, le point de départ de votre escapade en terres cadiennes.

16 **La route du blues**
Pour rejoindre la Blues Highway depuis Tupelo, empruntez la I-78 vers le nord-ouest jusqu'à Memphis.

de la Old Trace. Au début du XIXᵉ siècle, les "Kaintucks" (bateliers originaires de l'Ohio et de Pennsylvanie) assuraient le transport fluvial du charbon, du bétail et des produits agricoles sur l'Ohio et le Mississippi, à bord d'embarcations à fond plat. Le déchargement s'effectuait souvent à Natchez, où ils débarquaient et entamaient à pied le long voyage de retour chez eux. Ils remontaient la Old Trace jusqu'à Nashville, où la piste rejoignait des routes établies continuant vers le nord. L'entreprise était dangereuse, car il fallait passer en territoire chacta et chicacha. Il est possible de parcourir une section de 600 m de la piste originale depuis cette aire de stationnement.

La route ›› Les 20 prochains miles (32 km) vous réservent un spectacle de toute beauté avec les Jackson Falls et le belvédère de Baker Bluff, qui surplombe la Duck River.

---

❹ Meriwether Lewis Site

Au Mile 385,9, ce monument est érigé sur le lieu de sépulture de l'explorateur, acolyte de William Clark. De retour de la célèbre expédition (voir p. 589), il fut nommé gouverneur de la Louisiane en 1806 mais succomba trois ans plus tard à une

mystérieuse blessure par balle qui alimente toujours les débats. Son voyage fatidique, qui devait le conduire à Washington défendre l'usage qu'il faisait des fonds gouvernementaux, commença en septembre 1809. À Fort Pickering, un avant-poste perdu en pleine nature, non loin de l'actuelle Memphis, il retrouva un Chicacha du nom de James Neely, chargé d'escorter le groupe en territoire indien. Ils traversèrent le maquis et suivirent la Old Trace jusqu'au **Grinder's Stand**, auberge tenue par une famille de pionniers. Lorsque Lewis se fut retiré, deux coups de feu retentirent : le légendaire explorateur succombait à l'âge de 35 ans. Thomas Jefferson, proche ami de Lewis, fut convaincu qu'il s'agissait d'un suicide, hypothèse que rejeta la famille du défunt.

La route ›› La Natchez Trace Parkway passe par l'Alabama (Mile 341,8), avant d'entrer dans le Mississippi (Mile 308).

---

❺ Bear Creek Mound

Situé dans le Mississippi, juste après la frontière avec l'Alabama, Bear Creek Mound (Mile 308,8) est un site cérémoniel des Amérindiens précolombiens. Sept ensembles de tumulus, de forme variable – certains ressemblent à des pyramides mayas,

d'autres à des dômes ou à de petits monticules – bordent la route. Lieux de culte ou d'inhumation, certains étaient aussi des lieux de pouvoir pour les chefs locaux qui vivaient parfois au sommet. Les archéologues qui procédèrent en 1965 aux fouilles du site de Bear Creek, édifié entre 1100 et 1300, sont convaincus que son sommet accueillait un temple ou la maison du chef.

La route ›› La Natchez Trace Parkway coupe le Tishomingo State Park au Mile 304.5.

TEMPS FORT

❻ Tishomingo State Park

Baptisé en l'honneur du chef chicacha Tishomingo, ce parc invite à prendre son temps. Il est possible d'y **camper** (☎662-438-6914 ; www.mississippistateparks. reserveamerica.com ; Mile 304.5, Natchez Trace Parkway, Tishomingo ; empl 16 $; ♿🚻) au beau milieu des falaises de grès et des formations rocheuses couvertes de mousse, des fougères et des chutes d'eau du canyon de Bear Creek. Les sentiers de randonnée abondent, et l'on peut louer des canoës. Les fleurs sauvages s'épanouissent avec l'arrivée du printemps. C'est une oasis singulière, autrefois habitée par les Chicachas et leurs ancêtres paléoaméricains.

Des témoignages de leur civilisation ont été retrouvés dans le parc, qui remontent à 7 000 av. J.-C.

La route ⟫ Une petite vingtaine de miles (environ 30 km) séparent le Tishomingo State Park du prochain site de tumulus amérindien (Mile 286,7).

❼ Pharr Mounds

Ensemble de 36 ha, vieux de 2 000 ans, Pharr Mounds comporte huit sites d'inhumation. Quatre d'entre eux ont été mis au jour en 1966, révélant des foyers et des plate-formes basses où les morts étaient incinérés. Des objets cérémoniels ont également été découverts, ainsi que des récipients en cuivre, révélateurs d'un réseau d'échanges avec d'autres peuples (le cuivre était inconnu à cette époque dans la région).

La route ⟫ À environ 17 miles (27 km), au Mile 269,4, la prochaine aire de stationnement donne accès à un autre tronçon de la Old Trace qui concerne une histoire plus récente.

❽ Tombes confédérées

Juste au nord de Tupelo, au sommet d'un terre-plein surplombant la Old Trace, 13 tombes de soldats confédérés inconnus sont alignées. L'histoire de leur destin s'est perdue avec les années, mais certains avancent qu'ils seraient

VAUT LE DÉTOUR
OXFORD

Point de départ : ❾ Tupelo

Si vous prévoyez de parcourir l'intégralité de la Natchez Trace, envisagez le détour de 50 miles (80 km), sur la Hwy 6, jusqu'à Oxford (Mississippi), riche de culture et d'histoire. Terre de William Faulkner, Oxford est une ville universitaire florissante, avec des bars et des restaurants fabuleux. À 15 minutes au sud d'Oxford, ne manquez pas le poisson-chat du Taylor Grocery.

tombés pendant la retraite de l'armée confédérée depuis Corinth (Mississippi) au terme de la **bataille de Shiloh**. D'autres pensent qu'ils auraient été blessés lors de la **bataille du carrefour de Brice**, et enterrés là par leurs compagnons.

La route ⟫ Moins de 10 miles (16 km) plus loin, faites un crochet par Tupelo (Mile 266), un village relativement grand pour la région, où vous pourrez acheter des provisions avant de vous enfoncer dans le Sud.

TEMPS FORT

❾ Tupelo

Le **Natchez Trace Parkway Visitors Center** (☏ 800-305-7417 ; www. nps.gov/natr ; Mile 286,7, Natchez Trace Parkway ; ⊙ 8h-17h, fermé à Noël ; 🚹🚻) est une mine d'informations, où l'on peut voir d'excellentes expositions sur l'histoire naturelle et politique des États-Unis, et se procurer des cartes détaillées de la route. N'hésitez pas à poser des questions

aux gardes forestiers de ce centre, ils pourraient bien vous révéler un ou deux secrets. Il n'aura pas échappé aux mélomanes que Tupelo est mondialement connue pour son plus célèbre fils : Elvis Presley. La maison où il a vu le jour est un lieu de pèlerinage pour ses plus grands fans. Le toit de la structure originale a été remplacé, et le mobilier n'est plus le même, mais peu importe le décor, c'est bien entre ces quatre murs qu'Elvis est né le 8 janvier 1935. C'est ici qu'il a appris à jouer de la guitare et qu'il a commencé ses rêves de grandeur. L'église de la famille – où Elvis a attrapé le virus de la musique – a été déplacée jusqu'ici et restaurée.

La route ⟫ Le site de Chickasaw Village se trouve juste à l'extérieur de Tupelo, au Mile 261,8 ; celui de Bynum Mounds se dresse une trentaine de miles (environ 50 km) plus au sud. Vous apercevrez l'embranchement en quittant la Tombigbee National Forest.

NATCHEZ TRACE PARKWAY ADAM SKOLNICK, AUTEUR

De splendides paysages chargés d'histoire, une route lisse, idéale pour les cyclistes, des sentiers de randonnée et des cours d'eau... La Natchez Trace Parkway est une expérience suffisamment polyvalente pour séduire aussi bien les incurables solitaires que les jeunes familles. Il faudrait vraiment le vouloir pour ne pas y passer un bon moment !

Ci-dessus : Emerald Mound
À droite : Confederate Gravesites

⑩ Chickasaw Village et Bynum Mounds

Au sud de Tupelo, la route croise Chickasaw Village, où des expositions présentent comment les Chicachas vivaient et voyageaient à l'apogée du commerce de la fourrure, au début du XIXᵉ siècle. En 1541, Hernan De Soto entra dans le Mississippi sous le drapeau

FRANKE KEATING / GETTY IMAGES ©

PAT CANOVA / ALAMY ©

espagnol. La bataille fut rude et les Chicachas résistèrent. Dès 1600, les Britanniques mettaient en place un commerce de fourrure très lucratif avec les Amérindiens. Les Français, de leur côté, prenaient le contrôle au XVIIᵉ siècle de l'immense territoire de Louisiane, un peu à l'ouest. En tant qu'alliés des Britanniques, les Chicachas étaient

en froid non seulement avec les Français, mais aussi avec leurs alliés, les Chactas. C'est dans ce contexte que le village et le fort, aujourd'hui nivelés, furent édifiés au XVIIIᵉ siècle. Plus loin sur la route, le site des 6 Bynum Mounds est vieux de 2 100 ans. Cinq de ces tumulus ont été mis au jour juste après la Seconde

Guerre mondiale ; on y a découvert des outils de cuivre et des restes incinérés. Deux des tumulus ont été restaurés.

La route ⟫ Entre les Miles 211 et 205, le paysage vert et doré laisse place à un décor post-apocalyptique. Une tornade s'est en effet abattue sur la forêt en 2011, brisant sur son passage des centaines d'arbres comme autant d'allumettes. Le spectacle est désolant. Le Jeff Busby Park se trouve au Mile 193,1.

⓫ Jeff Busby Park

Ce parc perché sur une colline vaut le détour, avec ses tables de pique-nique et son belvédère dominant des coteaux boisés à perte de vue. Au sommet, des expositions s'intéressent à la flore et à la faune locales, et offrent une petite introduction aux outils des Amérindiens précolombiens. Le **Little Mountain Trail** est un sentier en boucle d'environ 800 m (30 minutes), qui s'aventure dans un vallon ombragé au départ du parking. Un autre chemin (environ 800 m) part de cette boucle et mène au camping situé en contrebas.

La route ⟩⟩ Treize miles (21 km) plus loin, au Mile 180, la forêt se clairsème et un plateau couvert de cultures émerge, d'un jade parfait, comme si cette terre était exploitée depuis des siècles.

⓬ French Camp

Le village historique de **French Camp** (www.frenchcamp.org), une ancienne colonie française, abrite une jolie maison de 2 étages, construite par James Drane, vétéran de la guerre d'Indépendance. Une table basse est dressée pour le thé et de vieux journaux reliés en cuir sont disposés sur le bureau. Le drapeau de Drane est conservé dans une chambre à l'étage, avec un vieux métier à tisser. Vous pourrez voir aussi la diligence ornementée que Greenwood LeFlore, le dernier chef des Chactas, emprunta à deux reprises pour rallier Washington afin de négocier avec le président Andrew Jackson. Il fallait, pour accomplir ce voyage, emprunter une partie dangereuse de la Old Trace connue sous le nom de Devil's Backbone (l'épine dorsale du diable).

Pour des informations plus récentes sur la colonie française, dirigez-vous vers la cabane en rondins du **French Camp Museum**. De vieilles photos sont exposées dans la véranda, et l'on peut voir à l'intérieur des articles de journaux encadrés ainsi que des cartes.

🛏 p. 231

La route ⟩⟩ Tandis que vous poursuivez vers le sud, la forêt s'ouvre çà et là sur des clairières où paissent des chevaux.

⓭ Tupelo-Baldcypress Swamp

Au Mile 122, l'occasion vous est donnée d'observer la forêt de plus près en visitant le marécage de Tupelo-Baldcypress. Un parcours de 20 minutes serpente le long d'un bras de rivière abandonné et se poursuit sur une passerelle au-dessus des eaux verdâtres du marécage, qu'ombragent des tupélos aquatiques et des cyprès chauves. Repérez les tortues sur les rochers et les alligators dans les recoins obscurs.

La route ⟩⟩ Le marécage se déverse dans le Ross R Barnett Reservoir, que vous apercevrez à l'est en filant vers Jackson, la capitale de l'État. Traversez la ville et ralliez directement la prochaine étape, un site intrigant à 10,3 miles (16,5 km) de Natchez. On y accède par une voie profilée partant vers l'ouest depuis la route principale.

**PAROLE D'EXPERT
LA OLD RIVER
EN KAYAK**

Selon Keith Benoist, photographe, paysagiste et cofondateur du **Phatwater Challenge**, un marathon en kayak, le Mississippi totalise davantage de miles navigables que n'importe quel autre État de l'Union. Originaire de Natchez, Keith s'entraîne pour cette course de 42 miles (67 km) en pagayant 10 miles (16 km) sur la Old River, une section abandonnée du Mississippi bordée de cyprès et grouillant d'alligators. Si vous avez la chance de le croiser au saloon Under the Hill, peut-être vous proposera-t-il de l'accompagner.

⑭ Emerald Mound

Emerald Mound est de loin le site de tumulus le plus intéressant. À l'aide d'outils de pierre, les ancêtres précolombiens des Natchez ont taillé cette colline de 3 ha (à sa base) en une pyramide au sommet plat. À ce jour, il s'agit du deuxième plus grand tumulus des États-Unis. De nombreux endroits ombragés permettent de pique-niquer au bord de l'eau. Grimpez jusqu'au sommet, où vous trouverez un grand carré de pelouse et un diagramme figurant l'apparence probable du temple. Celui-ci s'élevait certainement en haut du deuxième tumulus, le plus haut. Une visite idéale un après-midi printanier, juste avant que le soleil ne décline, lorsque le chant des oiseaux se mêle au sifflement d'un train dans le lointain.

La route » À l'approche de Natchez, les branches recouvertes de mousse des chênes du Sud se déploient au-dessus de la route, et l'air devient légèrement plus chaud et humide. D'ici, on pourrait presque sentir le fleuve.

⑮ Natchez

Lorsque la forêt s'ouvre, révélant d'opulentes

VAUT LE DÉTOUR
JACKSON

Point de départ : ⑬ Tupelo-Baldcypress Swamp

La capitale du Mississippi est à 22 miles (35 km) au sud du marécage, en s'écartant à peine de l'itinéraire. Besoin d'un remontant ? Jackson vous offre l'occasion d'un retour au présent. Son centre-ville abrite d'excellents musées et le quartier bohème de **Fondren** les tables parmi les meilleures du Mississippi. Les deux principales curiosités de la ville sont le Mississippi Museum of Art, qui promeut les artistes locaux et organise des expositions tournantes, et la Eudora Welty House. C'est ici que cette femme de lettres (1909-2001), détentrice du prix Pullitzer pour son roman *La Fille de l'optimiste* (1973), a écrit tous ses ouvrages. Ne quittez pas la ville sans avoir mangé un morceau au Walker's Drive-In.

villas historiques, vous avez atteint Natchez, Mississippi. Dans les années 1840, cette ville de planteurs comptait plus de millionnaires par habitant que n'importe quelle autre au monde. De ces demeures, construites à la sueur des esclaves avec l'argent du coton et de la canne à sucre, il se dégage une atmosphère cossue évoquant *Autant en emporte le vent*. Au printemps et en automne, les villas ouvrent leurs portes aux visiteurs ; certaines restent ouvertes toute l'année. Édifiée en 1812, la **Auburn Mansion** (☎601-446-6631 ; www.natchezpilgrimage.com ; Duncan Park ; ◷11h-15h mar-sam,

dernière visite 14h30 ; 🚶) est une demeure de brique rouge célèbre pour son escalier autoporteur en colimaçon. Son architecture a inspiré quantité de villas dans le Sud.

Lorsque Mark Twain se rendait à Natchez, il séjournait au-dessus du **Under the Hill Saloon** (☎601-446-8023 ; www.underthehillsaloon.com ; 25 Silver St ; ◷9h-tard). Cette taverne locale qui donne sur le fleuve Mississippi est encore à ce jour le meilleur bar de la ville, et offre d'excellents concerts gratuits le week-end.

✗ 🛏 p. 231

Se restaurer et se loger

Nashville ❶

✕ City House
Nouvelle cuisine du Sud **$$$**

(☎615-736-5838 ; www.cityhousenashville.
com ; 1222 4th Ave N ; plats 15-24 $; ◷17h-22h
lun, mer-sam, 17h-21h dim). À Germantown,
un quartier de Nashville qui s'embourgeoise,
ce bâtiment de brique sans enseigne recèle
l'un des meilleurs restaurants de la ville. Les
plats, préparés dans une cuisine ouverte sur
une salle aux allures d'entrepôt, mêlent avec
succès recettes italiennes et nouvelle cuisine
du Sud. On y déguste des salades acidulées
au chou frisé, un succulent poulpe aux pois
chiches parfumé au fenouil, oignon, citron
et ail, ou encore des préparations de pâtes
originales comme les *rigatoni* au lapin ou les
gnocchis dans un ragoût de chou-fleur. Le City
House sèche ses propres saucisson et salami,
et tire fierté de sa carte des vins et cocktails.
Un conseil : gardez de la place pour le dessert.
La carte est réduite le dimanche soir.

✕ Monell's
Sud **$$**

(☎615-248-4747 ; www.monellstn.com ;
1235 6th Ave N ; buffet à volonté 13-19 $;
◷10h30-14h lun, 10h30-14h et 17h-20h30 mar-
ven, 8h30-15h et 17h-20h30 sam, 8h30-16h dim).
Installé dans une vieille maison en brique juste
au nord du District, le Monell's est apprécié pour
sa cuisine du Sud sans chichis, servie dans une
ambiance familiale. Au-delà du simple repas, on
y vit une expérience particulière. Notamment
au petit-déjeuner, lorsque se succèdent les
assiettes de saucisse, bacon, jambon à l'os,
poulet frit, maïs concassé en bouillie, gâteau
de maïs, pommes et pommes de terre au four,
servies avec des paniers de biscuits et de
viennoiseries à la cannelle.

✕ Prince's Hot Chicken
Poulet frit **$**

(www.facebook.com/pages/Princes-Hot-
Chicken/166097846802728 ; 123 Ewing
Dr ; ¼, ½ ou poulet entier 5/9/18 $, espèces
uniquement ; ◷12h-22h mar-jeu, 12h-4h ven,
14h-4h sam ; P). Du poulet frotté au piment
de Cayenne et frit à la perfection, servi dans un
morceau de pain blanc avec un bol de pickles :
voilà la contribution unique de Nashville au
patrimoine gastronomique mondial. Ce petit
local défraîchi établi dans un centre commercial
sordide de la banlieue nord est une institution
locale acclamée de tous, du *New York Times*
au *Bon Appétit*. Précisez lors de la commande
si vous préférez votre poulet légèrement ou
moyennement épicé, épicé ou ultraépicé.

🛏 Hutton Hotel
Hôtel **$$$**

(☎615-340-9333 ; www.huttonhotel.com ;
1808 West End Ave ; ch à partir de 289 $;
P ❄ @ 🛜). Le meilleur boutique-hôtel de
Nashville mise sur une décoration moderne
inspirée des années 1950, avec panneaux muraux
en bambou et poufs dans le hall. Les chambres,
aux coloris rouille et chocolat, sont de bonne
dimension et bien équipées : douche en marbre,
lavabo en verre, lit extralarge, grand espace
bureau, écran plat géant, moquette et linge de lit
de qualité supérieure. Service irréprochable.

🛏 Indigo Nashville Downtown
Hôtel **$$**

(☎877-846-3446 ; www.ichotelsgroup.com ;
301 Union St ; ch à partir de 139 $; P ❄ 🛜).
La plupart des hôtels milieu de gamme du
centre-ville sont des géants destinés à accueillir
un public de congressistes. Pas l'Indigo, avec
son hall moderne aux plafonds hauts, sa palette
violet vif et citron vert et ses agrandissements
de photos des principaux monuments de
Nashville tapissant les murs. Comptez 20 $
pour le stationnement.

🛏 Union Station Hotel   Hôtel $$$

(📞615-726-1001 ; www.unionstationhotelnashville.com ; 1001 Broadway ; ch à partir de 359 $;
🅿 ❄ 📶). Ce hôtel s'est installé dans l'ancienne gare ferroviaire de Nashville, vieil édifice en pierre grise aux allures d'église. Le hall d'entrée en impose, avec son plafond cintré en verre coloré et son foyer chaleureux. Élégantes et modernes, les chambres portent le sceau Marriott.

French Camp 🅬
🛏 French Camp B&B   B&B $

(📞662-547-6835 ; www.frenchcamp.org ;
Mile 180,7, Natchez Trace Pkwy ; ch 85 $; 🚻).
Passez la nuit dans une cabane en rondins construite par un vétéran de la guerre d'Indépendance sur le site d'une ancienne colonie française.

Natchez 🅭
🍴 Cotton Alley   Café $$

(www.cottonalleycafe.com ; 208 Main St ; plats
10-15 $; 🕐11h-22h lun-sam). Cet adorable café blanchi à la chaux est truffé de bibelots et de notes artistiques. La carte décline les saveurs locales : sandwich au poulet grillé (toast texan ultraépais), pâtes jambalaya, mais aussi un succulent poulet César et une bonne salade au saumon grillé.

🍴 Magnolia Grill   Cuisine du Sud, fusion $$

(📞601-446-7670 ; www.magnoliagrill.com ;
49 Silver St ; plats 13-20 $; 🕐11h-21h, 11h-22h ven et sam ; 🚻). En bordure de fleuve, ce grill à la jolie façade de bois, avec poutres apparentes et cour extérieure, est une bonne adresse pour savourer un sandwich po'boy au filet de porc ou une salade épinards et écrevisses frites.

🛏 Historic Oak Hill Inn   B&B $$

(📞601-446-2500 ; www.historicoakhill.com ;
409 S Rankin St ; ch avec petit-déj à partir de
125 $; 🅿 ❄ 📶). Dans ce B&B classique de Natchez, au mobilier d'époque et à la vaisselle en porcelaine, vous goûterez le temps d'une nuit au mode de vie aristocratique d'avant-guerre. Une expérience garantie sans fausse note grâce à un personnel vigilant.

🛏 Mark Twain Guesthouse   Chambres d'hôtes $

(📞601-446-8023 ; www.underthehillsaloon.com ; 33 Silver St ; ch sans sdb 65-85 $; ❄ 📶).
Le capitaine Samuel Clemens, plus connu sous son nom de plume, avait pour habitude de s'enivrer au saloon attenant jusqu'à une heure avancée de la nuit, et de s'effondrer dans l'une des 3 chambres de l'étage (la chambre 1 possède la meilleure vue) partageant une même salle de bains. Parfois bruyant après 2 heures du matin.

Blue Ridge Parkway *Nature, chutes d'eau et villes accueillantes*

La Blue Ridge Parkway

18

Cette route, l'une des plus célèbres des États-Unis, serpente à travers les paysages boisés des Appalaches et grimpe jusqu'au plus haut sommet de la côte Est.

TEMPS FORTS

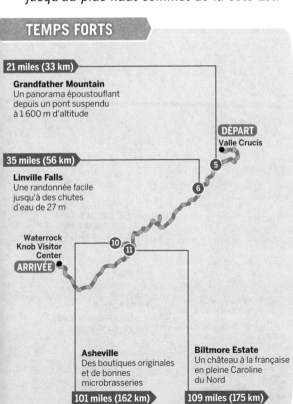

21 miles (33 km)

Grandfather Mountain
Un panorama époustouflant
depuis un pont suspendu
à 1 600 m d'altitude

DÉPART
Valle Crucis

35 miles (56 km)

Linville Falls
Une randonnée facile
jusqu'à des chutes
d'eau de 27 m

Waterrock
Knob Visitor
Center
ARRIVÉE

Asheville
Des boutiques originales
et de bonnes
microbrasseries
101 miles (162 km)

Biltmore Estate
Un château à la française
en pleine Caroline
du Nord
109 miles (175 km)

**5 JOURS
210 MILES / 338 KM**

PARFAIT POUR...

**LE MEILLEUR
MOMENT**

De mai à octobre, pour
voir tous les sites

 **LA PHOTO
SOUVENIR**

Le pont suspendu
de la Grandfather
Mountain

✓ **EN
FAMILLE**

Trains à vapeur, chasses
aux pierres précieuses,
courtes randonnées,
bonbons à l'ancienne...

233

Route Mythique

18 La Blue Ridge Parkway

Le tracé complet de la Blue Ridge Parkway s'étire sur 469 miles (755 km), du Shenandoah National Park, en Virginie, au Great Smoky Mountains National Park, en Caroline du Nord. Il traverse des paysages accidentés jalonnés de pics escarpés, de chutes d'eau assourdissantes, de forêts denses et de pittoresques villages de montagne. Vous êtes assuré de voir lors de votre périple : des cerfs de Virginie, des microbrasseries artisanales et des panneaux annonçant la Grandfather Mountain.

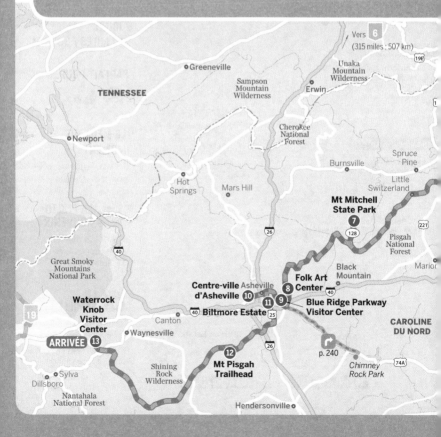

Vers **6**
(315 miles ; 507 km)

Greeneville

TENNESSEE

Sampson Mountain Wilderness

Unaka Mountain Wilderness

Erwin

Newport

Cherokee National Forest

Hot Springs

Mars Hill

Burnsville

Spruce Pine

Little Switzerland

Mt Mitchell State Park **7**

128

221

Pisgah National Forest

Great Smoky Mountains National Park

Waterrock Knob Visitor Center

ARRIVÉE **13**

Canton

Waynesville

Centre-ville d'Asheville **10**
Asheville

Biltmore Estate

11

9

8

Folk Art Center

Black Mountain

Marion

Blue Ridge Parkway Visitor Center

CAROLINE DU NORD

Sylva

Dillsboro

Nantahala National Forest

Shining Rock Wilderness

Mt Pisgah Trailhead **12**

Hendersonville

p. 240

Chimney Rock Park

74A

① Valle Crucis

Par quoi commence-t-on un road trip dans les montagnes ? Par une nuit dans un bon lit et l'achat du matériel adéquat. Vous trouverez les deux à Valle Crucis, un village bucolique à l'ouest de Boone. Après avoir dormi au Mast Farm Inn (p. 242), une ferme deux fois séculaire, émergez en douceur en sirotant un café dans l'un des fauteuils à bascule sous la véranda.

Plus bas sur la route, l'**Original Mast General Store** (📞828-963-6511 ; www.mastgeneralstore.com ; Hwy 194, Valle Crucis ; 🕐7h-18h30 lun-sam, 12h-18h dim ; 🚻), premier des bazars de l'enseigne Mast de la région, fournit encore des articles qu'il proposait à son ouverture en 1883. Vous y trouverez aussi bien du bacon et des berlingots que des chaussures de randonnée. L'**Annex** (Hwy 194 ; 🕐10h-18h lun-sam, 12h-18h dim) vend des vêtements de plein air et du matériel de randonnée.

✕ p. 242

La route ❯❯ Suivez la Hwy 194, ou Broadstone Rd, sur 3 miles (4,8 km) vers le sud, à travers une campagne magnifique. Quand vous atteindrez la Hwy 105, tournez à gauche.

---

② Boone

Si vous voyagez avec des enfants ou des orpailleurs en herbe, faites une halte à la **Foggy Mountain Gem Mine** (📞828-963-4367 ; www.foggymountaingems.com ; 4416 Hwy 105 S ; seaux 17-120 $; 🕐10h-18h ; 🚻) pour vous essayer à la prospection de pierres semi-précieuses. Vous croiserez plusieurs mines en chemin, mais Foggy Mountain est une petite entreprise tenue par des gemmologues qualifiés, qui prennent leur travail très au sérieux. Après avoir passé vos trouvailles au tamis, confiez-leur vos plus belles pièces pour qu'ils les taillent et les montent sur le support de votre choix.

Dans le centre-ville de Boone, **King Street** est bordée de boutiques et de restaurants. À l'angle des rues King St et Depot St se tient la très réaliste **statue** en bronze de Doc Watson (1923-2012), légende du bluegrass et détenteur de 8 Grammy Awards, dont l'un pour l'ensemble de sa carrière.

✕ p. 242

La route ❯❯ De King St, rejoignez la Hwy 321 juste après le restaurant Daniel Boone Inn. Parcourez 4 miles (6,4 km), puis tournez à droite au parc d'attractions.

DÉPART Boone ② 421
Valle Crucis ① 105
oses H. Cone emorial Park ④ 321
③ Blowing Rock
105 ⑤
Grandfather Mountain
321
Linville Falls

Lake James
Morganton

utherfordton

0 — 20 km
0 — 10 miles

🔗 À COMBINER AVEC :

6 La Skyline Drive

D'Asheville, prenez la I-26 vers le nord pour rejoindre la I-81. Suivez cette dernière direction nord-est sur 300 miles (483 km) jusqu'à Strasburg, et bifurquez vers l'est par la I-66 jusqu'à Front Royal.

19 Dans les Great Smoky Mountains

Du Waterrock Knob Visitor Center, cap au nord pour rejoindre la Hwy 19. Suivez-la vers l'ouest, en passant par Cherokee, jusqu'au Nantahala Outdoor Center, départ de l'itinéraire.

Route Mythique

❸ Blowing Rock

La Blue Ridge Parkway passe juste au-dessus du village de Blowing Rock, perché à 1 220 m d'altitude. Ralliez le sommet en suivant la Hwy 321 vers le sud pour admirer les pics environnants. La ligne de partage des eaux passe par le bar du Green Park Inn (p. 242), un grand hôtel à clins blancs inauguré en 1891. Margaret Mitchell aurait travaillé à son roman *Autant en emporte le vent* lors d'un séjour ici.

Le **Tweetsie Railroad** (☎877-893-3874 ; www. tweetsie.com ; 300 Tweetsie Railroad Ln ; adulte/enfant 37/23 $; ⏱9h-18h tlj juin-août, 9h-18h ven-dim mi-avril à mai, sept-oct ; 👶), un parc d'attractions où la culture appalachienne rencontre le Far West, est un passage obligé pour tous les jeunes nord-caroliniens. Point d'orgue de la visite, la locomotive à vapeur de 1917 halète dans un décor de clichés campant des Indiens qui maraudent face à d'héroïques cow-boys. Manèges, stands de confiserie et spectacle complètent le tout.

✕ 🛏 p. 242

La route ▶▶ Pour rallier la Blue Ridge Parkway, rejoignez Blowing Rock, à 2,3 miles (3,7 km) au sud du parc. Une fois sur la route, parcourez 2 miles (3,2 km) en direction du sud.

❹ Moses H. Cone Memorial Park

Randonneurs et cavaliers se partagent les 35 miles (56 km) de routes carrossables de l'ancien domaine (Mile 294) de Moses H. Cone, un riche philanthrope et défenseur de l'environnement qui fit fortune dans la confection de jeans. Sa villa et ses terres furent légués dans les années 1950 au NPS, l'agence fédérale chargée de la gestion des parcs nationaux. La demeure de style néocolonial, dont la construction fut achevée en 1901, abrite le **Parkway Craft Center** (☎828-295-7938 ; www.craftguild.org ; Mile 294, Blue Ridge Parkway ; ⏱9h-17h mi-mars à nov). De très beaux objets fabriqués par l'association d'artisans Southern Highland Craft Guild sont vendus dans la boutique. Des visites guidées gratuites de la villa sont proposées le samedi et le dimanche de juin à mi-octobre à 10h, 11h, 14h et 15h. Réservez en appelant au ☎828-295-3782 le vendredi précédant votre venue.

La route ▶▶ Clôtures en zigzag et prairies défilent tandis que vous suivez la Blue Ridge Parkway en direction du sud. Juste après le Mile 304, la route dessine une courbe et traverse le viaduc de Linn Cove. Rejoignez la US 221 au Mile 305 et roulez en direction du sud sur 1 mile (1,6 km).

❺ Grandfather Mountain

Ne laissez pas la peur du vertige vous dissuader d'emprunter le pont suspendu à proximité des pics de **Grandfather Mountain** (☎828-733-4337 ; www.grandfather.com ; Mile 305, Blue Ridge Pkwy ; adulte/enfant 4-12 ans 18/8 $; ⏱8h-19h juin-août). S'il est vrai que ce pont de 70 m de long culmine à 1,6 km au-dessus du niveau de la mer et qu'on entend ses poutres "chanter" par grand vent, la travée ne se trouve en réalité "qu'à" 24 m du sol et le panorama sur les montagnes environnantes est superbe. Le petit **Nature Museum** s'intéresse à la flore et à la faune locales, ainsi qu'à l'explorateur Daniel Boone. La Grandfather Mountain est une réserve de biosphère de l'UNESCO : derrière le musée, des ours bruns, des cerfs et des loutres vivent dans un petit habitat animalier.

Le North Carolina State Park System fit l'acquisition de terrains reculés de la montagne en 2008, et le **Grandfather Mountain State Park** (www.ncparks. gov) vit le jour l'année suivante. Ses sentiers sont accessibles gratuitement depuis l'autoroute, ou depuis le parking au sein du parc moyennant un droit d'entrée.

Éprouvant mais offrant des paysages variés, le **Grandfather Trail** s'étend sur 4 km jalonnés d'échelles et de câbles. Du parking du pont suspendu, il suit la crête de la montagne jusqu'au sommet du Calloway Peak.

La route ›› Reprenez la Blue Ridge Parkway au sud, et tournez à gauche juste après le Mile 316 pour rallier les Linville Falls.

TEMPS FORT

❻ Linville Falls

Si vous ne pouvez effectuer qu'une seule randonnée dans votre périple, optez pour le **Erwin's View Trail**, une boucle de 2,5 km (difficulté modérée) partant des cascades de Linville. Ici, la Linville River déferle en deux chutes d'eau avant de s'écraser 600 m plus bas dans une gorge rocailleuse. Le sentier traverse la rivière, puis la suit en aval. Après 800 m, un embranchement conduit à un point de vue sur les Upper Falls. Les Lower Falls (27 m dde haut) sont visibles un peu plus loin, depuis les belvédères de Chimney View et Gorge View. De ce dernier, on peut aussi admirer l'imposante gorge de Linville. Erwin's View, le dernier panorama du sentier, surplombe l'ensemble.

La route ›› Reprenez la Blue Ridge Parkway en direction du sud, tournez à droite juste après le Mile 355 pour rejoindre la NC 128, et suivez-la jusqu'au parc.

❼ Mt Mitchell State Park

Comment allez-vous rallier le sommet du **Mt Mitchell** (☏828-675-4611 ; www.ncparks.gov ; 2388 State Hwy 128 ; entrée libre ; ☺8h-21h mai-août, ferme plus tôt le reste de l'année), la plus haute montagne à l'est du Mississippi ? À pied ou en voiture ? Prenez votre décision au **bureau du parc** (☺8h-17h avr-oct, fermé le week-end nov-mars), non loin du départ du sentier de 3,2 km menant au sommet (2 037 m).

Là-haut, vous trouverez la tombe de celui auquel la montagne doit son nom. Le professeur Elisha Mitchell, qui enseignait à l'université de Caroline du Nord, mourut d'une

LA FLORIDE ET LE SUD **18** LA BLUE RIDGE PARKWAY

LA BLUE RIDGE PARKWAY EN BREF

Les travaux de la Blue Ridge Parkway débutèrent en 1935, pendant la Grande Dépression, après la création par le gouvernement du CCC (Corps civil de protection de l'environnement), qui rassemblait des milliers de jeunes chômeurs. La route ne fut entièrement achevée qu'en 1987, avec l'ouverture du viaduc de Lynn Cove.

Conseils pratiques

›› La vitesse maximale autorisée est de 45 mph (72 km/h).

›› De longs tronçons de la route sont condamnés en hiver et ne rouvrent parfois pas avant mars. De nombreux offices de tourisme et campings restent fermés jusqu'en mai. Consultez le site Internet du NPS (www.nps.gov/blri) pour des informations actualisées sur les fermetures de la route et les dates de réouverture des infrastructures.

›› La section située en Caroline du Nord débute au Mile 216,9, entre le Blue Ridge Mountain Center (Virginie) et le Cumberland Knob (Caroline du Nord).

›› La route traverse 26 tunnels en Caroline du Nord, contre un seul en Virginie. Des panneaux vous rappellent d'allumer vos phares.

›› Vous trouverez plus de renseignements pour préparer votre itinéraire sur les sites Internet de la **Blue Ridge Parkway Association** (www.blueridgeparkway.org) et de la **Blue Ridge National Heritage Area** (www.blueridgeheritage.com).

ANDRE JENNY / ALAMY ©

PAROLE D'EXPERT
JENNIFER PHARR DAVIS, PROPRIÉTAIRE DE BLUE RIDGE HIKING CO ; AUTEURE DE *CALLED AGAIN*, SUR SA TRAVERSÉE DE L'APPALACHIAN TRAIL

Après Mt Pisgah, vous croiserez le long de la route un belvédère surplombant Graveyard Fields. C'est un endroit magnifique, où on a le choix entre plusieurs randonnées. Les Lower Falls (ou Second Falls) se trouvent à quelques pas de la route. Les Upper Falls, moins spectaculaires, offrent l'occasion d'une agréable balade.

En haut : Bass Lake, Moses H. Cone Memorial Park
À gauche : Équitation, Moses H. Cone Memorial Park
À droite : Chimney Rock, Chimney Rock Park

chute en 1857 alors qu'il tentait de mesurer l'altitude de la montagne. Près de sa tombe, une rampe circulaire offre une vue panoramique sur les Black Mountains environnantes et au-delà.

La route » Reprenez la Blue Ridge Parkway vers le sud jusqu'au Mile 382. Les deux dernières semaines de juin, admirez les rhododendrons en fleur.

8 Folk Art Center

En pénétrant dans le hall du **Folk Art Center** (☎828-298-7928 ; www.craftguild.org ; Mile 382 ; ⏲9h-18h avr-déc, 9h-17h jan-mars), levez les yeux : une rangée de chaises appalachiennes est suspendue au mur. Une bien belle carte de visite pour cette galerie dédiée à l'artisanat du sud des États-Unis. Les chaises font partie de la collection permanente de la Southern Highland Craft Guild, qui regroupe plus de 2 400 artisanats traditionnels et modernes. Les pièces de la collection – poterie, paniers, couvre-lits, sculptures sur bois – sont exposées à l'étage. La boutique Allanstand Craft Shop, au rez-de-chaussée, propose une belle sélection d'objets d'artisanat traditionnel.

La route » Rejoignez la Blue Ridge Parkway sur la droite, et mettez le cap au sud. Après avoir traversé la Swannanoa River et la I-40, continuez jusqu'au Mile 384.

Route Mythique

⑨ Blue Ridge Parkway Visitor Center

Asseyez-vous et profitez du paysage dans ce **centre d'information** (☎828-298-5330 ; www.nps.gov/blri ; Mile 384 ; ⏰9h-17h) où la beauté de la route est rendue sur grand écran avec le film *Blue Ridge Parkway – America's Favorite Journey*. Un représentant du NPS vous détaillera les randonnées qui s'offrent le long de la route. Pour une liste des activités dans la région, consultez le I-Wall, une carte interactive située au fond du hall principal. Le bureau d'information régional voisin propose brochures et réductions pour les curiosités de la région d'Ashville.

La route » Rebroussez chemin vers le nord, en repassant par la I-40 et la rivière, et prenez la sortie pour Tunnel Rd, à savoir la US 70. Roulez vers l'ouest jusqu'à la US 240, puis suivez cette dernière jusqu'aux sorties menant au centre-ville d'Asheville.

`TEMPS FORT`

⑩ Asheville

Le curieux mélange de randonneurs, de hippies et de cadres en costume constitue le charme d'Asheville. Les intellectuels de gauche se retrouvent au **Malaprops** (www.malaprops.com ; 55 Haywood St), un café doublé d'une librairie dont les rayons contiennent aussi bien des ouvrages interdits que des livres sur la cuisine du Sud. Les hipsters grignotent d'onctueuses truffes au **Chocolate Fetish** (www.chocolatefetish.com ; 36 Haywood St) ou sirotent de la bière artisanale à la **Wicked Weed** (www.wickedweedbrewing.com ; 91 Biltmore Ave), une microbrasserie conviviale. Au **Thomas Wolfe Memorial** (www.wolfememorial.com ; 52 N Market St ; musée gratuit, visite guidée de la maison 5 $; ⏰9h-17h mar-sam), la ville rend hommage à Thomas Wolfe, écrivain tourmenté à qui l'on doit *L'Ange exilé*, inspiré d'Asheville.

Les randonneurs trouveront de nouvelles chaussures à l'immense **Tops for Shoes** (www.topsforshoes.com ; 27 N Lexington Ave) ou du matériel de plein air au **Mast General Store** (www.mastgeneralstore.com ; 15 Biltmore Ave).

On croise parfois un musicien de rue jouant des mélodies montagnardes au violon – de quoi vous redonner de l'entrain !

La route » Suivez Asheland Ave (qui devient McDowell St) vers le sud. Après avoir traversé la Swannanoa River, l'accès au Biltmore Estate se trouve sur votre droite.

`TEMPS FORT`

⑪ Biltmore Estate

Propriété de 16 258 m² qui a fait la renommée d'Asheville, le **Biltmore Estate** (☎800-543-2961 ; www.biltmore.com ; 1 Approach Rd ; adulte/enfant -16 ans 59/30 $; ⏰maison 9h-16h30, restaurants et

VAUT LE DÉTOUR CHIMNEY ROCK PARK

Point de départ : ⑩ Centre-ville d'Asheville

Le drapeau américain claque au sommet de ce célèbre monolithe (96 m) auquel le parc doit son nom. On accède au sommet en ascenseur ou à pied, par une longue série de marches. En haut, à l'est, incroyable vue sur le **lac Lure**. À ne pas manquer : la randonnée longeant les falaises jusqu'aux **Hickory Nut Falls**, des chutes d'eau hautes de 123 m. Certaines scènes du *Dernier des Mohicans* ont été tournées dans le **parc** (www.chimneyrockpark.com ; Hwy 64/74A ; adulte/enfant 15/7 $; ⏰8h30-17h30 fin mars-oct, variable le reste de l'année). Le Sky Lounge propose une exposition sur le film. Depuis Ashville, suivez la US 74A vers l'est sur 20 miles (32 km).

magasins horaires variables) est un imposant château à la française, achevé en 1895, après six ans de travaux auxquels prirent part des centaines d'artistes, d'artisans et de spécialistes. Le domaine est toujours la propriété de la famille de son commanditaire, George Vanderbilt II, héritier d'un colossal empire maritime et ferroviaire. Prévoyez d'arriver tôt pour rentabiliser le prix de l'entrée, plutôt élevé. Il peut être intéressant de louer un audioguide (10 $). La visite guidée, générale ou thématique, vous coûtera 17 $. De juin à fin août, l'entrée est gratuite pour les enfants de 10 à 16 ans accompagnés d'un adulte.

Le domaine comprend aussi des jardins, des lacs, des restaurants, un hôtel et une cave proposant une dégustation gratuite. Le Biltmore Legacy, dans l'enceinte du Antler Hill Village, abrite la nouvelle exposition **Vanderbilts at Home & Abroad** essentiellement axée sur l'histoire de la famille et sur des anecdotes qui s'y rapportent. On peut voir l'arbre généalogique des Biltmore et un sabre de samouraï qui appartenait à George Vanderbilt.

La route >> En sortant du domaine, tournez à droite sur la US 25 pour rallier la Blue Ridge Parkway, à un peu moins de 3,5 miles (5,6 km), et poursuivez vers le sud.

BLUEGRASS ET MUSIQUE DES MONTAGNES

Pour écouter une authentique musique du cru jouée au banjo et au violon, enfoncez-vous dans les collines du High Country. Les concerts et les impros de la région sont répertoriés sur les sites du Blue Ridge Music Trails (www.blueridgemusic.org) et du Blue Ridge National Heritage Area (www.blueridgeheritage. com). Citons, du nord au sud :

>> **Mountain Home Music Concert Series** (www. mountainhomemusic.com). Du printemps jusqu'à la fin de l'automne, des musiciens des Appalaches se produisent en concert à Boone certains samedis soir.

>> **Old Fort Mountain Music Jam** (www. mcdowellnc.org). Le vendredi soir, battez la mesure à Old Fort, à l'est d'Asheville, de 19h à 22h.

>> **Historic Orchard at Altapass** (www. altapassorchard.org). Tous les week-ends de mai à fin octobre, la petite communauté de Little Switzerland (Mile 328) organise des après-midis musicaux.

- - - - - - - - - -

⑫ Mt Pisgah Trailhead

Pour une courte randonnée offrant une vue panoramique, garez-vous sur le parking à côté du départ du Mt Pisgah Trail, juste après le Mile 407. De là, un sentier de 2,5 km (aller) conduit au sommet de la montagne (1 743 m). Le terrain est abrupt et rocailleux vers la fin, mais vous serez récompensé par un beau panorama sur la **French Broad River Valley** et la **Cold Mountain**, dont il est question dans le roman *Retour à Cold Mountain*, de Charles Frazier, porté à l'écran en 2003. À 1 mile (1,6 km) au sud, vous trouverez un camping, un

magasin d'alimentation et un hôtel.

La route >> En suivant la Blue Ridge Parkway au sud, vous croiserez le belvédère de Graveyard Fields, d'où partent de courts sentiers menant à des chutes d'eau. Au Mile 431,4, le belvédère de Richland-Balsam (1 843 m) est le point culminant de la route. De là, poursuivez vers le sud sur 20 miles (32 km).

- - - - - - - - - -

⑬ Waterrock Knob Visitor Center

Du centre d'information de Waterrock Knob (Mile 451,2), perché à plus de 1 800 m d'altitude, la vue embrasse quatre États. C'est l'occasion de repérer les endroits traversés. Des panneaux permettent d'identifier les montagnes à l'horizon.

Se restaurer et se loger

Valle Crucis ❶

🛏 Mast Farm Inn
& Simplicity Restaurant   B&B $$$

(📞828-963-5857 ; www.themastfarminn.
com ; 2543 Broadstone Rd ; ch avec petit-déj
209-249 $, chalet 349-419 $, plats 22-34 $,
menu du chef 48-53 $; 🅿 ❄ 🛜). La ferme et
les chalets contigus sont de style rustique chic,
avec parquet et baignoire à pieds. La carte
montagnarde sophistiquée du Simplicity mérite
la visite à elle seule. Chaque hôte reçoit un menu
personnalisé au dîner. Bon appétit !

Boone ❷

🍴 Dan'l Boone Inn   Cuisine du Sud $$

(📞828-264-8657 ; www.danlbooneinn.com ;
130 Hardin St ; petit-déj adulte 10 $, enfant 5-7 $,
dîner adulte 17 $, enfant 6-10 $; 🕙11h30-21h
lun-ven, 8h-21h sam-dim juin-oct, horaires
variables le reste de l'année ; ♿). Une cuisine
familiale, aux portions généreuses : une vraie
aubaine pour randonneurs affamés ! Ouvert
depuis 1959. Espèces ou chèques uniquement.

🍴 Hob Nob Farm Cafe   Café $$

(www.hobnobfarmcafe.com ; 506 West King St ;
petit-déj et déj 3-12 $, dîner 8-15 $; 🕙10h-22h
mer-dim ; 🖊). On sert dans ce cottage peint
avec originalité des tempeh-avocat, des curries
thaïs et des burgers à base de bœuf local.
Brunch jusqu'à 17h.

Blowing Rock ❸

🍴 Six Pence Pub   Pub $$

(www.sixpencepub.com ; 1121 Main St ; plats
9-18 $; 🕙restaurant 11h30-22h30 dim-
jeu, 11h30-minuit ven-sam, bar jusqu'à 2h
tlj). Le barman garde un œil perçant, mais
bienveillant, sur tout ce qui se passe dans ce

pub britannique animé. Plats de pub typiques,
tel le *shepherd's pie* (hachis parmentier avec
petits pois et carottes).

🛏 Cliff Dwellers Inn   Motel $$

(📞828-295-3098 ; www.cliffdwellers.com ;
116 Lakeview Terrace ; ch 99-129 $, app 179 $;
🅿 ❄ 🛜 🐾). De son perchoir en surplomb
de la ville, ce motel attire les visiteurs avec
un bon service, des prix raisonnables, des
chambres élégantes et des balcons avec vue
panoramique.

🛏 Green Park Inn   Hôtel $$

(📞828-414-9230 ; www.greenparkinn.com ;
9239 Valley Blvd ; ch avec petit-déj 149-189 $;
🅿 ❄ 🛜 🐾). Cet hôtel historique à pignons,
repris par de nouveaux propriétaires, offre
un décor de style victorien revisité et un
petit-déjeuner à la demande. Les animaux
sont acceptés (25 $/nuit). Adresse GPS : 5995
Lenoir Turnpike.

Asheville

🍴 12 Bones   Barbecue $

(www.12bones.com ; 5 Riverside Dr ; plats 4-20 $;
🕙11h-16h lun-ven). La viande cuite à feu doux
est tendre à souhait, et les accompagnements,
gruau de maïs au fromage et japaleño ou les
haricots verts au beurre, sont à se damner.
Commandez au bar, choisissez une table de
pique-nique et régalez-vous. Ouvert au déjeuner
uniquement, fermé le week-end.

🍴 Admiral   Américain $$

(📞828-252-2541 ;http://theadmiralnc.com ;
400 Haywood Rd ; petites/grandes assiettes
10-14/22-30 $; 🕙17h-22h). Ce bunker bétonné
accolé à une casse automobile ne paye pas
de mine, vu de l'extérieur. Mais à l'intérieur,
la magie opère. Cet établissement discret de
West Asheville est l'une des meilleures tables
de l'État. On y sert une cuisine américaine
créative – comme le biftek de pointe d'épaule

avec son écrasée de pommes de terre à la sauce soja et sa salade de chou vietnamienne – et franchement délicieuse.

✗ Sunny Point Cafe   Café $

(www.sunnypointcafe.com ; 626 Haywood Rd ; petit-déj et déj 8-12 $, dîner 8-17 $; ⏲8h30-14h30 dim-lun, 8h30-21h mar-sam). Au petit-déjeuner, les habitués remplissent ce café lumineux plébiscité pour sa cuisine maison aux portions généreuses. Les *huevos rancheros* à la feta et au chorizo ont la cote, et pour cause ! Produits frais et bio à l'honneur, ce café possède même son propre jardin. Les biscuits sont divins.

✗ Tupelo Honey   Nouvelle cuisine du Sud $$

(☎828-255-4863 ; www.tupelohoneycafe.com ; 12 College St ; petit-déj 7-15 $, déj et dîner 10-28 $; ⏲9h-22h). Véritable institution, le Tupelo Honey est apprécié pour sa nouvelle cuisine du Sud, à l'image de ces crevettes accompagnées d'un gruau de maïs au fromage de chèvre. Elvis, originaire de Tupelo, aurait probablement raffolé du poulet frit à la noisette, servi avec son écrasée de patates douces. Le petit-déjeuner est irréprochable, et quelle que soit l'heure de la journée, terminez par un biscuit, avec une goutte de miel.

🛏 Aloft Asheville   Hôtel $$$

(☎828-232-2838 ; www.aloftashevilledowntown. com ; 51 Biltmore Ave ; ch à partir de 242 $; P ❄ @ 🛜 ⛌ 🐾). De prime abord, ce nouvel hôtel du centre-ville a tout du repaire de hipsters : tableau noir géant dans le lobby, personnel jeune et branché, salon rétro aux couleurs flashy. Une fois installé, vous trouverez le personnel serviable, les chambres vastes et l'atmosphère conviviale. Proche de l'animation du centre-ville. Comptez 5 $/jour

pour le stationnement ; animaux acceptés gratuitement.

🛏 Campfire Lodgings   Camping $$

(☎828-658-8012 , www.campfirelodgings. com ; 116 Appalachian Village Rd ; empl tente/camping-car 38/45 $, yourte à partir de 115 $, chalet 160 $; P ❄). Dormez comme le nomade mongol le plus sophistiqué du monde dans l'une de ces yourtes meublées – et comportant plusieurs pièces et un écran plat ! – qui jouissent d'une incroyable vue sur la vallée. Le camping loue aussi des chalets et des emplacements de tente.

🛏 Grove Park Inn Resort & Spa   Resort $$$

(☎828-252-2711 ; www.groveparkinn. com ; 290 Macon Ave ; ch à partir de 269 $; P ❄ @ 🛜 ⛌ 🏊). La décoration rustique et chaleureuse de cet hôtel gigantesque, qui a célébré son centenaire en 2013, laisse deviner un siècle d'aventures. Pas d'inquiétude, les chambres sont équipées de tout le confort du XXIe siècle. Des citations inspiratrices parsèment la propriété. Les tarifs comprennent une taxe de séjour de 25 $/jour et 5 $ pour le stationnement. Comptez 130 $ supplémentaires pour le séjour si vous amenez un animal.

🛏 Sweet Peas   Auberge de jeunesse $

(☎828-285-8488 ; www.sweetpeashostel. com ; 23 Rankin Ave ; dort/alcôves/ch 28/35/60 $; P ❄ @ 🛜). Cette auberge flambant neuve arbore un style minimaliste tendance design suédois. Imaginez des lits métalliques superposés tirés au cordeau et des alcôves (*pods*) en bois clair. Le bruit du bar filtre parfois, mais le style, l'ambiance et l'emplacement central de cette auberge en font une excellente adresse.

Les Great Smokies *Randonnées, camping, VTT et observation des étoiles*

Dans les Great Smoky Mountains

19

Si les mondes merveilleux de Tolkien n'existent qu'en rêve, les Great Smokies en sont la transposition terrestre, avec leur végétation en Technicolor, leur faune altière, leurs cascades…

TEMPS FORTS

85 miles (135 km)

ARRIVÉE

Sevierville

Cades Cove
Animaux sauvages,
vieux chalets…
et affluence en fin
de semaine

Dollywood

Pigeon
Forge

Gatlinburg — 12

115 miles (185 km)

**Roaring Fork
Motor Road**
Une jolie boucle
au cœur d'une forêt
luxuriante

10

50 miles (80 km) — 6

Clingmans Dome
Une rude ascension de 800 m
vers un panorama d'exception

3

Bryson
City

**Museum of the
Cherokee Indian**
L'histoire, la culture
et le destin tragique
du peuple Cherokee

DÉPART

25 miles (40 km)

**4-5 JOURS
160 MILES / 257 KM**

PARFAIT POUR…

LE MEILLEUR MOMENT

De septembre à
octobre pour les
couleurs ; d'avril à juin
pour la végétation et
les cascades

 LA PHOTO SOUVENIR

Le panorama depuis
le belvédère de
Newfound Gap

 **ACTIVITÉS DE PLEIN AIR**

La boucle de Cades
Cove à vélo

245

19 Dans les Great Smoky Mountains

Si la majesté des Great Smokies peut s'apprécier depuis sa voiture – ce que font la majorité des visiteurs –, il serait dommage de ne pas en descendre pour savourer pleinement l'exaltante magie des lieux. Et il y a tant à faire : du rafting dans les rapides de Nantahala, du cyclotourisme dans la vallée de Cades Cove (saluez les ours bruns au passage)... À l'orée du Great Smoky Mountains National Park, Gatlinburg, terriblement kitsch, attend le randonneur pour l'étourdir avec le parfum du caramel et de la barbe à papa.

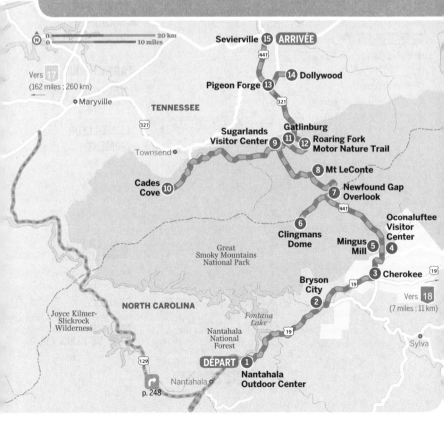

❶ Nantahala Outdoor Center

Pas d'entrée en matière pour cet itinéraire qui commence directement au cœur des paysages de l'ouest de la Caroline du Nord, dont les vallées accidentées et les cours d'eau de montagne sont des hauts lieux du kayak et du rafting.

Le **Nantahala Outdoor Center** (NOC ; ☎828-488-2176, 888-905-7238 ; www.noc.com ; 13077 Hwy 19/74 ; location kayak/canoë 30/50 $ la journée, parcours guidé 30-189 $) organise des parcours dans les rapides de la Nantahala River – et dans six autres rivières des Appalaches –, au départ de ses locaux près de Bryson City. Dévalez les eaux brunes de la gorge à bord d'un raft, en groupe ou en duo. Les plus expérimentés pourront

À COMBINER AVEC :

 La Natchez Trace Parkway

De Maryville, empruntez la Hwy 321/Rte 73 vers le nord-ouest pour rallier la I-40. Suivez-la vers l'ouest jusqu'à Nashville.

 La Blue Ridge Parkway

De Cherokee, roulez vers l'est sur la Hwy 19 jusqu'à la Blue Ridge Parkway.

s'essayer à la descente des 14 km de la Cheoah, de classe IV-V (169-189 $) ; le départ a lieu près de Robbinsville.

Le centre propose également des circuits en tyrolienne, accrobranche… Également sur place : une boutique de matériel de plein air, un restaurant ouvert toute l'année et plusieurs options d'hébergement (camping, chalet, auberge de jeunesse et hôtel). L'Appalachian Trail traverse le domaine et le Great Smoky Mountain Railroad y marque l'arrêt.

La route ≫ Suivez la US 19 vers le nord sur environ 12,5 miles (20 km). La route, tortueuse et boisée, dépasse plusieurs prestataires de rafting. Prenez la sortie 67 pour le centre-ville de Bryson City.

❷ Bryson City

Cette accueillante petite ville de montagne est un excellent point de chute pour explorer les Smokies (côté Caroline du Nord). Le **Great Smoky Mountains Railroad** (☎800-872-4681 ; www.gsmr.com ; 226 Everett St ; trajet Nantahala Gorge adulte/enfant 2-12 ans à partir de 55/31 $; ☺mars-déc), un vieux train à vapeur, part du centre-ville et se fraye un chemin à travers la spectaculaire gorge de Nantahala et le pont à tréteaux de Fontana. L'ancienne ligne ferroviaire de Murphy Branch, construite à la fin des années 1800, introduisit dans la ville

des produits nouveaux comme des livres, du tissu filé en usine ou encore des lampes à huile. Les trains, jaunes et rouges, effectuent aussi des parcours thématiques selon les saisons : en automne, pour Noël…

 p. 255

La route ≫ Parcourez 10 miles (16 km) vers le nord sur la US 19.

TEMPS FORT

❸ Cherokee

Les Cherokee sont établis dans la région depuis toujours, bien que nombre d'entre eux soient morts sur la **Piste des Larmes**. Cet exode de plusieurs peuples amérindiens eut lieu dans les années 1830, lorsque le président Andrew Jackson ordonna la déportation de plus de 16 000 Indiens, arrachés à leurs terres natales dans le Sud-Est pour être relocalisés dans l'actuel Oklahoma. Les descendants de ceux qui y ont échappé ou en sont revenus sont appelés les "Cherokee de l'Est". Le **Museum of the Cherokee Indian** (☎828-497-3481 ; www.cherokeemuseum.org ; 589 Tsali Blvd/Hwy 441, au niveau de Drama Rd ; adulte/enfant 6-12 ans 10/6 $; ☺9h-17h tlj, 9h-19h lun-sam juin-août) retrace l'histoire de ce peuple et porte un regard réfléchi sur la Piste des Larmes et les injustices subies par ce peuple. Il revient également sur un épisode passionnant de l'époque coloniale : le voyage de trois Cherokee en Angleterre, dans les années 1760, pour rencontrer le roi George III.

La route >> Suivez la US 441 vers le nord sur 3 miles (5 km), en dépassant la Blue Ridge Parkway.

❹ Oconaluftee Visitor Center

L'**Oconaluftee Visitor Center** (centre d'information ; ☎865-436-1200 ; www.nps. gov/grsm ; Hwy 441 ; entrée libre ; ⏰8h-19h juin-août, heure de fermeture variable le reste de l'année) propose des expositions interactives sur l'histoire et les écosystèmes du parc. Des guides (1 $) traitant de curiosités spécifiques sont également disponibles. Pour le présent itinéraire, la brochure *Day Hikes*, indiquant des randonnées

à la journée et les guides concernant **Cades Cove** et le **Roaring Fork Motor Nature Trail** sont des suppléments utiles.

Derrière le centre d'information, le **Oconaluftee River Trail** – animaux de compagnie acceptés – suit la rivière sur 1,5 mile (2,4 km) jusqu'aux limites de la réserve cherokee. Procurez-vous un permis de camping sauvage gratuit si vous prévoyez de sortir des sentiers battus. Le **Mountain Farm Museum** (☎423-436-1200 ; www.nps.gov/grsm ; ⏰9h-17h mi-mars à mi-nov et week-end de Thanksgiving) voisin est une ferme du XIXe siècle reconstituée à partir de bâtiments en bois de différents endroits du parc (une grange, une échoppe de forgeron et un fumoir), qui donne une idée du quotidien des colons dans les Appalaches.

La route >> Suivez la US 441 vers le nord sur un demi-mile (800 m) vers le nord. Le parking est à gauche.

❺ Mingus Mill

L'architecture et le commerce du XIXe siècle vous intéressent ? La courte balade jusqu'au **Mingus Mill** (entrée libre ; ⏰9h-17h mi-mars à mi-nov) est faite pour vous. Ce moulin à farine construit en 1886 était le plus grand des Smokies. Si le meunier est présent, il vous expliquera son fonctionnement. À l'extérieur, une rigole en bois de 60 m de long conduit l'eau au bâtiment. Pas de roue : le moulin était alimenté par une turbine en fonte.

La route >> Revenez sur la US 441 et tournez à gauche, en direction de Gatlinburg, puis prenez Clingmans Dome Rd à gauche sur 7 miles (11 km).

TEMPS FORT

❻ Clingmans Dome

Clingmans Dome (2 015 m) est la troisième plus haute montagne de l'est du Mississippi. On peut se rendre en voiture presque jusqu'au sommet, coiffé d'une tour d'observation. Seuls les 800 derniers mètres se font à pied : la pente est rude, mais des haltes sont prévues en chemin. Le sentier croise l'Appalachian Trail (3 499 km), dont le Dome est le point culminant.

VAUT LE DÉTOUR LA QUEUE DU DRAGON

Point de départ : ❶ Nantahala Outdoor Center

Un dragon se tapit dans les contreforts accidentés des Smokies, côté sud-ouest. Ce monstre d'un genre singulier est la route qui traverse le col de Deals Gap, non loin du parc national. On dit que ce tronçon de 11 miles (18 km), surnommé "Tail of the Dragon" (la queue du dragon), totalise 318 virages. Du Nantahala Outdoor Center, prenez la US 19/74 direction sud jusqu'à la US 129, puis suivez cette dernière vers le nord. Le dragon débute à la frontière entre la Caroline du Nord et le Tennessee. Bonne chance et soyez prudent !

LES GREAT SMOKIES EN BREF

Établi en 1934, le **Great Smoky Mountains National Park** (☎865-436-1200 ; www. nps.gov/grsm) attire plus de neuf millions de visiteurs chaque année, ce qui en fait le parc le plus visité des États-Unis.

Newfoundland Gap Rd/US 441 est la seule route qui traverse intégralement les 2 108 km² du parc, en passant par 33 miles (53 km) de denses forêts de pins et de chênes et de prairies en fleur. Le parc est à cheval sur deux États, la Caroline du Nord et le Tennessee. Le centre d'information d'Oconaluftee reçoit les visiteurs arrivant par la US 441 en Caroline du Nord ; celui de Sugarlands fait de même côté Tennessee.

Orientation et droit d'entrée

Aucun droit d'entrée ne s'applique, et il en sera toujours ainsi. Cette clause figure sur la charte originale du parc, comme condition au versement d'une subvention de 5 millions de dollars par la famille Rockefeller. Arrêtez-vous à un centre d'information pour attraper une carte du parc et son journal gratuit, le *Smokies Guide*. Le parc reste ouvert toute l'année, mais certaines infrastructures ne le sont qu'en saison, et les routes ferment parfois en raison de mauvaises conditions météo. Les animaux tenus en laisse sont autorisés dans les campings et sur le bas-côté de la route, mais pas sur les sentiers, à l'exception de ceux de Gatlinburg et d'Oconaluftee River.

Camping

Le parc gère actuellement sept campings, sans douche ni électricité. La **réservation** (☎877-444-6777 ; www.recreation.gov) est obligatoire pour celui de Cataloochee ; elle est facultative pour ceux d'Elkmont, de Smokemont, Cosby et Cades Cove. Les campings de Big Creek et Deep Creek fonctionnent selon le principe du premier arrivé, premier servi.

Circulation

Si vous venez un week-end d'été, en particulier du côté du parc situé dans le Tennessee, attendez-vous à une circulation importante. Échappez à la foule en vous enfonçant dans la nature par les sentiers.

Par temps dégagé, la tour offre un panorama circulaire sur 5 États, des sommets couverts de pins et d'épicéas s'étendant à perte de vue. À côté du parking, la **Visitor Contact Station** (⏰10h-18h avr-oct, 9h30-17h nov) abrite une librairie et une boutique.

Prévoyez plusieurs couches de vêtements et un poncho de pluie : les températures sont fraîches à cette altitude, et la pluie peut surprendre.

La route ❱❱ Suivez Clingmans Dome Rd en sens inverse jusqu'à la US 441. Traversez-la et garez-vous au belvédère.

- - - - - - - - - - - -

❼ Newfound Gap Overlook

À l'intersection de la US 441 et de Clingmans Dome Rd, le **Rockefeller Monument** fut érigé en remerciement pour le don de 5 millions de dollars accordé par la Rockefeller Foundation, qui permit de financer en partie l'achat des terres nécessaires à la création du parc. C'est à cet endroit précis que le président Franklin D. Roosevelt a officiellement inauguré le Great Smoky Mountains National Park en 1940. Le belvédère est à cheval entre la Caroline du Nord et le Tennessee, sur le col Newfound Gap (1 538 m). Admirez la vue dégagée sur les montagnes depuis le parking, ou faites une petite balade sur l'**Appalachian Trail**.

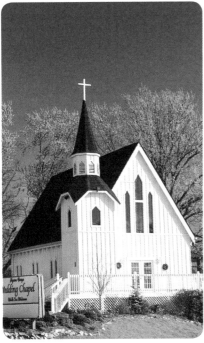

LES GREAT SMOKIES
AMY C. BALFOUR,
AUTEUR

Enfant, je raffolais
des romans
d'aventures campés dans des
royaumes imaginaires, ces endroits
enchanteurs peuplés de montagnes
nébuleuses, de forteresses
abandonnées et de quelques géants.
Dans les Great Smokies, on se sent
comme dans l'un de ces royaumes,
surtout au printemps lorsque
la forêt est d'un vert lumineux,
que les animaux s'éveillent et
que les sentiers se perdent dans
la brume.

En haut : Cascade, Great Smoky Mountains
National Park
À gauche : Wedding Chapel, Pigeon Forge
À droite : Great Smoky Mountains National Park

TIM FITZHARRIS / GETTY IMAGES ©

La route ›› Enfoncez-vous dans le Tennessee en suivant la US 441 vers le nord sur 5 miles (8 km) environ, jusqu'au parking.

---

❽ Mt LeConte

L'ascension du Mt LeConte (2 010 m) est certainement le défi le plus célèbre du parc (courbatures garanties !). L'**Alum Cave Trail**, l'un des cinq sentiers sillonnant le mont, part du parking d'Alum Cave, sur la route principale. Suivez le ruisseau, passez sous une arche de pierre et attaquez la montée. Environ 9 km vous séparent du LeConte Lodge, d'où s'élance le **Rainbow Falls Trail** qui rallie le sommet.

 p. 254

La route ›› Continuez sur Newfound Gap Rd. Tournez à gauche pour entrer dans le parking au niveau de Little River Rd.

---

❾ Sugarlands Visitor Center

À la jonction de Little River et Newfound, le **Sugarlands Visitor Center** (☎865-436-1291 ; www.nps.gov/grsm ; ⏲8h-19h juin-août, heure de fermeture variable le reste de l'année), quartier général du parc et sa principale entrée côté Tennessee, propose des expositions sur la flore et la faune ainsi qu'une librairie.

MALCOLM MACGREGOR / GETTY IMAGES ©

Des sorties, animées par les gardes forestiers, partent d'ici.

La route ›› Engagez-vous dans Little River Rd pour une belle balade de 25 miles (40 km) le long de ruisseaux chantants. En dépassant le camping d'Elkmont, la route devient Laurel Creek Rd. Prenez garde : des automobilistes s'arrêtent sans prévenir pour observer la faune.

TEMPS FORT

⑩ Cades Cove

Cette vallée isolée abrite les vestiges d'une colonie du XIXe siècle, à laquelle on accède par une boucle à sens unique de 11 miles (18 km). En furetant aux abords des accotements qui la jalonnent, vous découvrirez de vieilles églises, des fermes et des sentiers de randonnée traversant des prairies peuplées de daims, de dindons sauvages et parfois même d'ours. Pour en apercevoir, privilégiez la fin d'après-midi, lorsque les animaux s'ébattent.

Cette boucle étroite limitée à 10 mph (16 km/h) est parfois bondée en haute saison. Pour une expérience plus paisible, explorez-la à pied ou à vélo un mercredi ou un samedi matin entre début mai et fin septembre : la route est alors interdite à la circulation de 7h à 10h. Le camping de Cades Cove loue des vélos (4-6 $/heure). À faire également (à pied) : la boucle de 8 km jusqu'aux chutes d'**Abrams Falls**. Le sentier part du parking situé juste après Elijah Oliver Place.

Les rangers du **Cades Cove Visitor Center** (☎877-444-6777 ; ⊙9h-19h avr-août, ferme plus tôt le reste de l'année) fournissent des explications pertinentes.

🖼 p. 254

La route ›› Retournez au Sugarlands Visitor Center, puis

tournez à gauche pour rejoindre la US 441, rebaptisée Parkway entre Gatlinburg et Sevierville. Gatlinburg est à 2 miles (3,2 km).

- - - - - - - - - - - -

⑪ Gatlinburg

S'aventurer hors du parc du côté du Tennessee est une expérience déconcertante. Au sortir d'un paisible tunnel de verdure, vous atterrissez dans un fatras assourdissant de voitures, de motels, de crêperies, de terrains de minigolf et de musées. Bienvenue à Gatlinburg ! Un royaume en toc au décor vaguement bavarois accueille les visiteurs des Smokies depuis 1930. Ce petit centre-ville compact et vallonné concentre l'essentiel des curiosités touristiques.

Le **Gatlinburg Sky Lift** (☎865-436-4307 ; www.gatlinburgskylift.com ; 765 Parkway, Parkway light 7 ; adulte/enfant 14/10,50 $; ⊙9h-23h juin-août, horaires variables le reste de l'année) est un télésiège reconverti qui vous propulsera au-dessus des Smokies. L'occasion de faire le plein de clichés panoramiques.

🍴🖼 p. 254

La route ›› De Parkway, dans le centre-ville de Gatlinburg, tournez à droite dans Historic Nature Trail/Airport Rd au niveau du Gatlinburg Convention Center ; continuez jusqu'au parc national, puis suivez les panneaux indiquant le départ de la Roaring Fork Motor Nature Trail (à sens unique).

CHUTES D'EAU DES SMOKIES

Les Smokies abritent de nombreuses chutes d'eau, allant de minces filets glacés à d'assourdissantes cascades. Voici quelques-unes des plus intéressantes :

›› **Grotto Falls** Vous pouvez passer derrière ces chutes de 8 m de haut en suivant le Trillium Gap Trail.

›› **Laurel Falls** Cette cascade fréquentée, haute de 24 m, est accessible par un sentier pavé sans difficulté de 4 km.

›› **Mingo Falls** Du haut de ses 37 m, c'est l'une des plus grandes chutes des Appalaches.

›› **Rainbow Falls** La cascade doit son nom à l'arc-en-ciel qui se dessine dans la brume aux beaux jours.

⓬ Roaring Fork Motor Nature Trail

La boucle de Roaring Fork serpente sur 6 miles (10 km) au cœur d'une forêt incroyablement luxuriante. On y croise des cascades, de gros rochers couverts de mousse et de vieilles cabanes autrefois occupées par des familles d'agriculteurs. La communauté de Roaring Fork, qui s'établit en ces terres isolées au milieu du XIXᵉ siècle, le long d'un puissant torrent de montagne, fut contrainte de déménager lorsque le parc vit le jour un siècle plus tard.

Envie d'une petite randonnée ? Au départ de Trillium Gap, une boucle de 4 km conduit à des chutes d'eau, les **Grotto Falls**. Plus bas sur la route, jetez un œil à la cabane d'Ephraim Bales, où vivaient 11 personnes.

Le *Roaring Fork Auto Tour Guide* (1 $), en vente aux centres d'information d'Oconaluftee et de Sugarlands, détaille la flore et les bâtiments que l'on croise le long de la route. Bus, caravanes et camping-cars sont interdits.

La route ›› Au bout de Roaring Fork Rd, tournez à gauche dans Parkway. À moins d'un mile (1,6 km), allez à droite pour rallier la US 321S/US 441. Roulez 7 miles (11 km) jusqu'à Pigeon Forge.

⓭ Pigeon Forge

La ville de Pigeon Forge est entièrement dédiée à la gloire de Dolly Parton, reine de la country à la blonde chevelure.

Née en 1946 dans une modeste cabane dans le hameau voisin de Locust Ridge, la chanteuse s'est produite pour la première fois à la radio de Knoxville à l'âge de 11 ans avant de s'installer à Nashville 7 ans plus tard. Celle qui fit fortune en chantant ses racines est une figure importante de sa ville natale, où elle finance des causes locales et apparaît lors de la Dolly Parade annuelle.

Parkway, l'artère principale de la ville, est bordée de musées farfelus et de dîners-spectacles hauts en couleur.

Fan d'Elvis ? Poussez la porte de l'**Elvis Museum** (☎865-428-2001 ; www.elvismuseums. com ; 2638 Parkway ; adulte/enfant 17/7,50 $; ☉10h-18h dim-ven, 10h-20h sam) où s'entassent vêtements, bijoux et voitures (y compris une Cadillac Honeymoon de 1967) cédés par le chanteur. Économisez 5 $ sur l'entrée (chère) en achetant votre billet en ligne.

La route ›› Tournez à droite dans Parkway et roulez 2 miles (3,2 km) direction sud-est. Prenez à gauche dans Dollywood Ln/Veterans Blvd et suivez les panneaux indiquant Dollywood, à environ 2,5 miles (4 km).

⓮ Dollywood

Parc d'attractions de Dolly Parton, **Dollywood** (☎865-428-9488 ; www.dollywood. com ; 2700 Dollywood Parks Blvd ; adulte/enfants 57/45 $; ☉avr-déc) est une véritable déclaration d'amour à la culture alpine. Les familles s'y bousculent pour ses multiples attractions à sensations fortes et ses démonstrations d'artisanat appalachien. Vous y verrez de près des aigles chauves, vivant dans une vaste volière. Le musée interactif Dolly in the Chasing Rainbows est entièrement consacré à la chanteuse. Le parc Dollywood's Splash Country voisin reprend les mêmes thèmes dans un registre aquatique.

La route ›› Revenez sur Parkway et suivez-la vers le nord sur 4,5 miles (7 km) jusqu'au centre-ville de Sevierville. Tournez à gauche dans Bruce St et avancez d'une rue jusqu'à Court Ave.

⓯ Sevierville

Sur la pelouse, devant le **palais de justice** (125 Court Ave), la statue représentant Dolly Parton avec sa guitare attire les fans de la reine de country, venus se faire immortaliser au côté de leur idole.

Se restaurer et se loger

Bryson City ❷

✕ Cork & Bean — Café $$

(☎828-488-1934 ; www.
brysoncitycorkandbean.com ; 16 Everett St ;
petit-déj 6-12 $, déj 7-9 $, dîner 7-25 $; ⏱8h-
21h). De grandes baies vitrées encadrent cet
élégant café-restaurant du centre-ville de
Bryson City, qui privilégie les ingrédients bio
et locaux : de quoi apaiser votre culpabilité
lorsque vous céderez à une crêpe ou un
sandwich à votre retour de randonnée.
Au brunch du week-end, il sert des œufs
Bénédicte, des *huevos rancheros* (œufs au plat
servis en sauce dans une tortilla mexicaine)
et des gaufres belges. Le café attenant est un
lieu chaleureux et confortable pour surfer sur
Internet.

🛏 Fryemont Inn — Hôtel $$

(☎828-488-2159 ; www.fryemontinn.com ;
245 Fryemont St ; lodge/ste/chalet à partir de
110/180/245 $, petit-déj pour non-résidents
6-9 $, dîner 20-29 $; ⏱restaurant 18h-20h dim-
jeu, 18h-21h ven-sam mi-avr à fin nov ; P 🛜 🛉).
La véranda de cet hôtel haut perché offre une
vue imprenable sur Bryson City et les Smokies.
Ce lodge familial, inauguré en 1923, a de faux
airs de colonie de vacances avec son bâtiment
principal recouvert d'écorce et sa grande salle
où trône une cheminée. Pas de télévision ni
d'air conditionné dans les chambres. Le prix
de la chambre comprend le petit-déjeuner et le
dîner, servis au restaurant de l'établissement
(également ouvert aux non-résidents). En
entrée au dîner : truite, steak ou agneau.

Mt LeConte ❽

🛏 LeConte Lodge — Chalets $$

(☎865-429-5704 ; www.lecontelodge.com ;
chalet adulte/enfant 4-12 ans 126/85 $ par

pers). Non loin du sommet du Mt LeConte,
ces chalets rustiques sont la seule alternative
au camping dans le parc. Ici pas d'électricité
ni de vraies douches, et il faut compter une
randonnée d'au moins 9 km pour y accéder.
Mais vous serez largement récompensé par
l'éclatante palette de couleurs du lever de
soleil, à admirer depuis Myrtle Point. Côté
repas : bœuf en sauce et purée de pommes
de terre au dîner, œufs brouillés et bacon
canadien au petit-déjeuner.

Elkmont Campground

🛏 Elkmont Campground — Camping $

(☎865-436-1271 ; www.informationnps.gov/
grsm ; Little River Rd ; empl 17-23 $; ⏱début
mars-nov ; 🐾). Le plus grand camping du parc
se trouve sur Little River Rd, à 5 miles (8 km) à
l'ouest du centre d'information de Sugarlands.
Ce site boisé est traversé par Little River et
Jakes Creek, et le clapotis de l'eau ajoute
au sentiment de tranquillité. On dénombre
200 emplacements pour tente et camping-car,
et 20 emplacements pour marcheurs sans
véhicules. Réservations ouvertes à partir du
15 mai. Comme dans les autres campings
du parc, l'Elkmont ne comporte ni douches,
ni électricité, ni eau courante. Il y a toutefois
des toilettes.

Cades Cove ❿

🛏 Cades Cove Campground — Camping $

(☎865-448-2472 ; information www.nps.
gov/grsm ; empl 20 $). Ce camping boisé de
159 emplacements est un excellent point de
chute si vous souhaitez visiter Cades Cove
avant l'arrivée des touristes. Sur place : un
magasin, de l'eau potable et des toilettes, mais
pas de douches. Vingt-neuf emplacements sont
réservés aux tentes.

Gatlinburg ⑪

✕ Pancake Pantry
Petit-déjeuner, américain $

(☎865-436-4724 ; www.pancakepantry.com ; 628 Parkway ; petit-déj 7-11 $, déj 8-10 $; ⊙7h-16h juin-oct, 7h-15h nov-mai ; 🛗). Ancêtre de toutes les crêperies de Gatlinburg, cet endroit accueillant propose un vaste choix de pancakes (myrtilles sauvages, sucre et épices...), des omelettes au fromage ou des gaufres recouvertes de chantilly.

✕ Smoky Mountain Brewery
Pub $$

(www.smoky-mtn-brewery.com ; 1004 Parkway ; plats 9-23 $; ⊙11h30-13h). Pour une nourriture de pub substantielle et des bières artisanales, poussez la porte de cette brasserie aux murs recouverts de billets de banque, équipée de nombreux téléviseurs. Vous ne savez pas quoi choisir ? Prenez la pizza.

✕ Wild Boar Saloon & Howard's Steakhouse
Grill $$

(☎865-436-3600 ; www.wildboarsaloon. com ; 976 Parkway ; plats 9-30 $; ⊙10h-22h dim-jeu, 10h-1h30 ven-sam). Depuis 1947, ce saloon en bordure de rivière sert des burgers, des travers de porc et une succulente épaule de porc effilochée arrosée d'une sauce maison. L'endroit est surtout connu pour ses steaks, et pour être la table la plus ancienne de la ville.

🛏 Bearskin Lodge
Lodge $$

(☎877-795-7546 ; www.thebearskinlodge.com ; 840 River Rd ; ch à partir de 110 $). Ce lodge à bardeaux a plus de panache que les autres hôtels de Gatlinburg. Le bois y est à l'honneur, et toutes les chambres, dotées d'écrans plats et de cheminées, ouvrent sur un balcon privé surplombant la rivière. Excellent rapport qualité/prix.

🛏 Hampton Inn
Hôtel $$

(☎865-436-4878 ; http://hamptoninn3.hilton. com ; 967 Parkway ; ch 139-179 $, ste 219 $; 🅿 @ 📶 🏊). Certes, cet établissement appartient à une chaîne, mais il se trouve au cœur de l'action sur Parkway. Le décor est moderne, et les chambres comportent une bergère et une ottomane. Celles dotées d'un lit extralarge ont même une cheminée.

SE DÉGOURDIR LES JAMBES
MIAMI BEACH

Départ/arrivée Ocean Drive

Distance 3 miles (5 km)

Durée 3 heures

Si Miami et ses environs s'étendent de façon tentaculaire, la petite enclave de Miami Beach – qui concentre nombre des curiosités de la ville – se prête parfaitement à un après-midi d'exploration à pied. Découvrez son beau quartier Art déco et ses somptueuses plages de sable blanc.

Compatible avec l'itinéraire :

Ocean Drive

Célèbre artère de Miami, Ocean Drive dévoile ses façades Art déco éclairées au néon, cadre d'une interminable procession de piétons, de patineurs... et de voitures. Le **Art Deco Welcome Center** (☎305-672-2014 ; www.mdpl.org ; 1001 Ocean Dr, South Beach ; ☺9h30-17h, 9h30-19h jeu) abrite une exposition permanente sur ce style architectural et organise des visites guidées.

La promenade ≫ Remontez Ocean Drive vers le nord. Pour apprécier pleinement l'architecture, restez côté parc. Au niveau de la 13th St. repérez le Carlyle Hotel, où fut filmé *The Birdcage* (remake américain de *La Cage aux folles*). Traversez Lummus Park pour accéder à la plage.

Lummus Park et South Beach

Il est temps de retirer ses chaussures pour un moment de détente, confortablement installé sur le sable ! L'eau turquoise appelle à la baignade – elle est suffisamment chaude et peu profonde pour que l'on s'y attarde des heures. Observez les six cabanes de sauveteurs colorées qui jalonnent la plage.

La promenade ≫ Longez la plage à pied (ou dans l'eau) et rejoignez Lincoln Rd, juste après le Loews Hotel. (Si vous atteignez l'hôtel Sagamore, rebroussez chemin.) Washington Ave se trouve deux rues plus loin.

Lincoln Road Mall

Qualifier Lincoln Rd de centre commercial est techniquement correct, mais ce serait réducteur. Certes, on peut y faire son shopping et ses trottoirs sont envahis de cafés, mais cette rue piétonne (entre Alton Rd et Washington Ave) est avant tout le lieu où l'on se montre et s'observe les autres. On s'y croirait parfois davantage sur un podium que dans une rue.

La promenade ≫ Descendez Collins Ave vers le sud, une autre artère animée bordée de trésors Art déco. Au niveau de la 13th St, remontez une rue jusqu'à Washington Ave.

Miami Beach Post Office

À Miami Beach, même les bâtiments municipaux sont d'inestimables œuvres d'art. Le **Miami Beach Post Office** (1300 Washington Ave), par exemple, est un somptueux spécimen du style "paquebot". Sa construction remonte à 1937 et à la politique de grands travaux dans le cadre du New Deal. Faufilez-vous à l'intérieur pour envoyer quelques cartes postales et admirez le plafond, dont la fresque figure un ciel nocturne stylisé.

La promenade ›› Deux rues plus bas – pas franchement intéressantes, il vaudrait presque mieux repasser par Collins –, une expérience gastronomique vintage vous attend.

11th St Diner

De nombreux bâtiments Art déco évoquent des moyens de transport : avions, trains ou bateaux. Eh bien, ce petit diner américain va plus loin que la simple évocation : il occupe un wagon Pullman rutilant. Entrez prendre un verre, l'intérieur est tout aussi joli.

La promenade ›› Maintenant que vous êtes reposé, descendez la rue de quelques numéros. Le Wolfsonian se trouve à quelques mètres.

Wolfsonian-FIU

Fascinant musée de la Florida International University, le **Wolfsonian-FIU** (www.wolfsonian.org ; 1001 Washington Ave ; adulte/enfant 6-12 ans 7/5 $; ⊙12h-18h jeu-mar, 12h-21h ven) expose des objets datant des grandes heures de la révolution industrielle, de la fin du XIXe au milieu du XXe siècle – transports, urbanisme, design industriel, publicité… mais aussi propagande politique –, offrant un aperçu passionnant du contexte historique mondial dans lequel est né le mouvement Art déco.

La promenade ›› Ocean Dr n'est qu'à deux petits pâtés de maisons en descendant la 10th St. Entre la 7th et la 8th, vous remarquerez une concentration de beaux bâtiments, notamment le Colony Hotel, que vous reconnaîtrez immédiatement si vous avez déjà regardé un film ou une série se déroulant à Miami Beach.

SE DÉGOURDIR LES JAMBES
SAVANNAH

Départ/arrivée Sentient Bean, Forsyth Park

Distance 3,3 miles (5,3 km)

Durée 3 heures

Ici s'incarne le Vieux Sud dans toute sa splendeur... Musée d'architecture à ciel ouvert, aux nombreuses belles maisons datant d'avant la guerre de Sécession, Savannah dévoile un cœur historique parsemé de places ombragées par de grands chênes d'où pend une vaporeuse mousse espagnole. Ce cadre au charme désuet invite à la flânerie.

Sentient Bean

Il n'y a pas meilleur endroit pour commencer la journée en ville que le **Sentient Bean** (www.sentientbean.com ; 13 E Park Ave ; ⊘7h-22h ; 🔊), un fabuleux café bohème où l'on sert des scones savoureux et un délicieux café. Il se trouve juste en face du Forsyth Park.

La promenade ≫ Traversez la rue et flânez dans le plus beau parc de Savannah.

Forsyth Park

Parsemé de fontaines, planté de chênes couverts de mousse et offrant de vastes pelouses, des terrains de basket et des courts de tennis, Forsyth Park est un parc urbain comme on les aime. Faites un tour au centre d'information pour vous procurer plans et brochures consacrées à l'architecture et à l'histoire locales. Et pourquoi ne pas vous accorder une nuit – chic et branchée – au Mansion on Forsyth Park ?

La promenade ≫ Sortez par l'extrémité nord du parc et continuez tout droit jusqu'à Monterey Sq, la première d'une série de places élégantes.

Mercer-Williams House

Tristement célèbre pour avoir servi de décor à un homicide, la **Mercer-Williams House** (www.mercerhouse.com ; 429 Bull St ; adulte/enfant 12,50/8 $) fut achetée et restaurée par Jim Williams, un galeriste excentrique, en 1969. À l'intérieur, vous verrez la pièce où Danny Hansford fut assassiné en 1981. Cette intrigue a inspiré un roman de John Berendt, *Minuit dans le jardin du bien et du mal*, adapté au cinéma par Clint Eastwood.

La promenade ≫ De Monterey Sq, remontez Bull St sur quatre rues vers le nord, en dépassant une rangée de demeures historiques entre E Charlton St et la place Madison Sq.

ShopSCAD

Savannah déborde de créativité, en partie grâce au Savannah College of Art & Design (SCAD) qu'elle héberge. Leur diplôme en poche, les étudiants du SCAD s'installent souvent en ville où

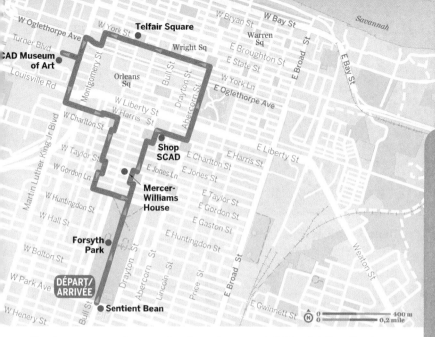

ils peignent, ouvrent des magasins, des dépôts textiles ou des cabinets de design. Tous les articles – coussins, livres d'art, bijoux... – vendus au **ShopSCAD** (www. shopscadonline.com ; 340 Bull St ; ⊙9h-17h30 lun-mer, 9h-20h jeu-ven, 10h-20h sam, 12h-17h dim) – ont été créés par ces derniers.

La promenade » Tournez à droite dans Harris St et musardez sur Lafayette Sq (l'une de nos places préférées), puis prenez à gauche dans Abercorn St et encore à gauche dans York St.

Telfair Square

Deux des meilleurs musées de Savannah bordent cette place.

La **Telfair Academy of Arts & Sciences** (www.telfair.org ; 121 Barnard St ; adulte/enfant 12/5 $; ⊙12h-17h lun, 10h-17h mar-sam, 13h-17h dim) est spécialisée dans l'art américain du XIXᵉ siècle et l'argenterie, et expose en outre quelques pièces européennes. À côté, le **Jepson Center for the Arts** (JCA ; www.telfair.org ; 207 W York St ; adulte/ enfant 12/5 $; ⊙10h-17h lun, mer, ven et sam, 10h-20h jeu, 12h-17h dim ; 🚻) est consacré à l'art des XXᵉ et XXIᵉ siècles.

La promenade » Suivez York St vers l'ouest jusqu'à Montgomery, puis bifurquez au sud dans Oglethorpe et de nouveau à l'ouest. Traversez Martin Luther King Jr Blvd, l'une des artères principales de la ville, et continuez jusqu'à Turner Blvd, deux rues plus loin.

SCAD Museum of Art

Le **SCAD Museum of Art** (www.scadmoa. org ; 601 Turner Blvd ; adulte/enfant -14 ans 10 $/gratuit ; ⊙10h-17h mar, mer et ven, 10h-20h jeu, 12h-17h sam-dim) occupe un bâtiment moderne tout en longueur, en brique, acier, béton et verre, agrémenté d'espaces de détente intérieurs et extérieurs. Il abrite d'amusantes expositions temporaires, dont une installation d'écrans vidéo projetant diverses interprétations karaoké de la chanson de Madonna *Lucky Star*.

La promenade » Vous êtes à 2 km de votre point de départ. Pour y retourner, suivez MLK jusqu'à Harris St. Tournez à gauche dans Barnard St, puis dirigez-vous vers le sud en traversant les places Pulaski et Chatham. Prenez à gauche dans Gaston St : vous voilà de retour à Forsyth Park.

SE DÉGOURDIR LES JAMBES
LA NOUVELLE-ORLÉANS

Départ/arrivée New Orleans African American Museum

Distance 2,6 miles (4 km)

Durée 3 heures

Rares sont les destinations à offrir autant d'agréments que La Nouvelle-Orléans. Cette ville chargée d'histoire réserve à ses visiteurs une admirable architecture coloniale, une succulente gastronomie cadienne et créole, des tavernes historiques, une campagne pittoresque et de formidables concerts gratuits.

New Orleans African American Museum

Notre promenade commence à Tremé, l'un des plus anciens quartiers afro-américains du pays. Le **New Orleans African American Museum** (www.thenoaam.org ; 1418 Governor Nicholls St ; tarif plein/étudiant/enfant 7/5/3 $; ⊙11h-16h mer-sam) se penche sur l'expérience afro-américaine en Louisiane, une région que l'ancienne présence coloniale française distingue du reste du pays.

La promenade ›› Partez en direction du sud-est, dans Governor Nicholls St, et tournez à droite dans Henriette Delille St.

Backstreet Cultural Museum

La Nouvelle-Orléans est souvent décrite comme la ville la moins américaine des États-Unis et la plus septentrionale des Caraïbes, en raison de son histoire coloniale unique, qui a préservé les liens entre sa population noire, l'Afrique et la diaspora noire dans son ensemble. Le **Backstreet Cultural Museum** (www.backstreetmuseum.org ; 1116 St Claude Ave ; 8 $; ⊙10h-17h mar-sam) offre un aperçu captivant de la musique de rue, des rituels et des communautés qui sous-tendent l'expérience néo-orléanaise.

La promenade ›› Retrouvez Governor Nicholls St et continuez direction sud-est. Traversez Rampart St et pénétrez dans le French Quarter (ou Vieux Carré). Tournez à droite dans Royal St, jolie petite rue bordée de galeries d'art et de magasins d'antiquités, à l'architecture remarquable.

Historic New Orleans Collection

Ce **musée** (www.hnoc.org ; 533 Royal St ; entrée libre, visite 5 $; ⊙9h30-16h30 mar-sam, 10h30-16h30 dim), réparti sur plusieurs bâtiments admirablement restaurés, est truffé d'expositions bien ficelées. Les expositions tournantes sont toujours passionnantes. Les visites, qui s'intéressent, au choix, à la résidence (la plus captivante), à l'architecture ou à l'histoire, partent à 10h, 11h, 14h et 15h.

La promenade >> Continuez vers le sud dans Royal St ; au n°400, admirez l'imposant bâtiment de marbre de la Cour suprême de Louisiane. La prochaine étape n'est plus qu'à 150 m.

Café Beignet

Envie d'une pause ? Cap sur le **Café Beignet** (☏504 524 5530 ; 334B Royal St ; repas 6-8 $; ◷7h-17h), dans Royal St. Observez les passants, sirotez un expresso et commandez un de leurs délicieux beignets (frits et saupoudrés de sucre).

La promenade >> Faites demi-tour et tournez à droite dans Conti St, puis prenez la deuxième gauche (Decatur St). À droite, derrière la digue, coule le Mississippi. Marchez au nord jusqu'à Jackson Sq, quatre rues plus loin.

Jackson Square

Flânez sur Jackson Sq, joli parc au centre duquel trône une statue équestre d'Andrew Jackson, héros de la bataille de La Nouvelle-Orléans (1815) et septième président des États-Unis. Mais la vraie vedette, c'est la cathédrale St Louis, de style français, flanquée du

Cabildo, ancien siège du gouvernement colonial aujourd'hui transformé en musée sur l'histoire de la Louisiane, et du presbytère. Ce dernier abrite une exposition consacrée à Mardi gras.

La promenade >> Remontez Decatur St vers le nord, et prenez la troisième à gauche (Ursulines Ave), puis la prochaine à droite (Chartres St).

Ursuline Convent

En 1727, douze nonnes de l'ordre des Ursulines arrivèrent à La Nouvelle-Orléans pour s'occuper du petit hôpital de la garnison française et assurer l'éducation des jeunes filles de la colonie. Entre 1745 et 1752, l'armée française édifia l'**Ursuline Convent** (1112 Chartres St ; adulte/enfant 5/3 $; ◷visites 10h-16h lun-sam), seul bâtiment français du quartier encore debout. Arpentez les expositions temporaires, et la jolie chapelle St Mary's.

La promenade >> Remontez Chartres St et tournez à gauche dans Governor Nicholls St. De là, vous êtes à 300 m de l'African American Museum et de votre point de départ.

La région des Grands Lacs

DES CHAMPS DE MAÏS À PERTE DE VUE ?
Derrière cette image d'Épinal, le Midwest dissimule une grande richesse de paysages. Il suffit pour s'en rendre compte de parcourir la Hwy 61, qui longe les immenses forêts du nord-est du Minnesota, de sillonner les routes sur fond de dunes et de phares dans l'ouest du Michigan, ou de s'engager pour un périple sur le Great River Road, qui serpente le long des méandres du puissant Mississippi.

Immenses, les Grands Lacs sont pareils à des mers intérieures et le voyageur qui parcourt la région est assuré de n'être jamais à cours de tartes ou de glaces artisanales, tant les exploitations laitières et les vergers sont nombreux. Par moments, on croisera une grande ville : Chicago, Minneapolis...

Lac Michigan Une plage de la Gold Coast (itinéraire 21)

La région des Grands Lacs

N

0   200
0   100 miles

Thunder Bay

Lake Superior

Boundary Waters Canoe Area Wilderness

Isle Royale National Park

Grand Portage

CANADA
ÉTATS-UNIS

Bemidji

Chippewa National Forest

Grand Rapids

Superior National Forest

Tofte

23

Leech Lake Indian Reservation

MINNESOTA

Apostle Islands

Hancock

MICHIGAN

Duluth

Superior

Ashland

Ironwood

Marquette

22

Fond du Lac Indian Reservation

Ottawa National Forest

Hiawatha National Forest

94

Mille Lacs Lakes

35

Saint Croix National Scenic Riverway

Chequamegon National Forest

Lac du Flambeau Indian Reservation

Mackin C

St Cloud

Lake Chippewa

Nicolet National Forest

Escanaba

Petoskey

Minneapolis

WISCONSIN

Menominee

Be Ci

Mankato

35

Eau Claire

Wausau

Menominee Indian Reservation

Sleeping Bear Dunes National Lakeshore

Traverse City

Rochester

Mississippi

Appleton

Green Bay

Manistee

Cadi

90

Winona

La Crosse

Oshkosh

Lake Winnebago

Manitowoc

Manistee National Forest

Isa Ir Reserv

Albert Lea

Fond Du Lac

43

Sheboygan

21

Mason City

Praire Du Chien

Madison

Port Washington

Muskegon

Grand Rapids

Fort Dodge

IOWA

Waterloo

Cedar River

Janesville

Milwaukee

Holland

Lansi

Jewell

Dubuque

Kenosha

Benton Harbor

Kalamazoo

Cedar Rapids

Freeport

Rockford

Rock River

Chicago

New Buffalo

94

Mar

80

Iowa City

Davenport

Gary

South Bend

Des Moines

Des Moines River

Wilmington

Three Oaks

35

Fort Madison

Galesburg

Kankakee

Fort Wayne

Burlington

Peoria

20

INDIANA

MISSOURI

Quincy

Illinois River

Bloomington

55

Danville

Lafayette

Muncie

Chillicothe

Hannibal

Champaign

Urbana

Indianapolis

Richmon

Moberly

Springfield

Decatur

Columbia

Mississippi

ILLINOIS

Terre Haute

Columbu

Litchfield

264

St Louis

Split Rock Lighthouse (itinéraire 23)

Tartes

Les nombreux vergers de la région font toute la saveur des succulentes tartes de Crane's Pie Pantry ou de Betty's Pies, à goûter lors des itinéraires 21 23.

Sur les traces d'Hemingway

Les amateurs de "Papá" se plairont à retrouver les endroits décrits dans ses romans, ainsi que les bars qu'il a écumés, lors de l'itinéraire 21.

Harbor View Cafe

Un café au milieu de nulle part, en bord de fleuve... mais cela fait plus de 30 ans que les gourmets font le déplacement. À visiter lors de l'itinéraire 22.

Judge CR Magney State Park

À la "bouilloire du diable", l'eau disparaît dans les entrailles de la terre... À voir lors de l'itinéraire 23.

Cozy Dog Drive In

Le lieu de naissance du *corn dog* (saucisse entourée de pâte) est à visiter lors de l'itinéraire 20.

Route Mythique

20 La Route 66 14 jours
La route la plus célèbre des États-Unis offre un voyage suspendu dans le temps, entre Chicago et Los Angeles. (p. 267)

21 Lac Michigan : la Gold Coast 4 jours
Au programme de cette balade sur les rives du lac Michigan : plages, vignobles et visites d'îles. (p. 281)

22 La Great River Road 6-7 jours
Longez le Mississippi sur une route bordée de petites localités pittoresques. (p. 291)

23 La Highway 61 2-3 jours
Une jolie balade le long de la rive nord-ouest du lac Supérieur, avec de belles cascades en cours de route et, avec de la chance, quelques élans. (p. 301)

Route 66 Grands espaces, route infinie et surprises en tout genre

Route Mythique

La Route 66

20

Le roadtrip ultime ! De Chicago à Los Angeles, cette série de routes déroule son ruban d'asphalte à travers 8 États et 3 fuseaux horaires, émaillé de drive-in d'époque, de villes pittoresques et d'œuvres… très kitsch.

TEMPS FORTS

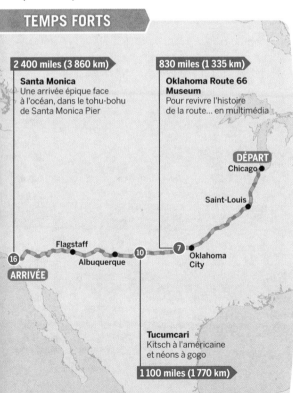

2 400 miles (3 860 km)

Santa Monica
Une arrivée épique face à l'océan, dans le tohu-bohu de Santa Monica Pier

830 miles (1 335 km)

Oklahoma Route 66 Museum
Pour revivre l'histoire de la route… en multimédia

DÉPART
Chicago

Saint-Louis

Flagstaff

Albuquerque

Oklahoma City

ARRIVÉE

Tucumcari
Kitsch à l'américaine et néons à gogo

1 100 miles (1 770 km)

**14 JOURS
2 400 MILES /
3 860 KM**

PARFAIT POUR…

LE MEILLEUR MOMENT
De mai à septembre

 LA PHOTO SOUVENIR

Le Gemini Giant, l'astronaute géant de Wilmington, dans l'Illinois

 2 JOURS DE RÊVE

Le tronçon californien de la route, pour ses paysages, ses milk-shakes, et son motel fait de tipis

Route Mythique

20 La Route 66

Existe-t-il route plus mythique ? Surnommée la "route-mère" par John Steinbeck, première route transcontinentale goudronnée des États-Unis, ce chapelet de grandes rues de villages et de routes fendant la campagne relia pour la première fois Chicago aux palmiers de Los Angeles en 1926… avant d'être supplanté par le réseau d'autoroutes et déclassé en 1985. Et si elle disparaît et réapparaît aujourd'hui par endroits, absorbée par l'interstate, elle se signale aux voyageurs par ses curiosités, en bord de route.

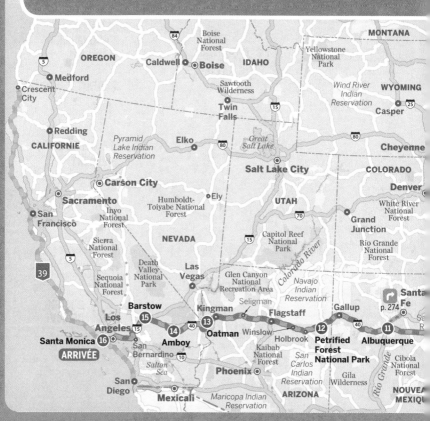

Santa Fe p. 274

❶ Chicago

La Route 66 naît dans le centre de Chicago, dans Adams St, à l'ouest de Michigan Ave. Avant de photographier l'incontournable panneau "Route 66 Begin" (sur le trottoir sud), visitez un peu la ville. Explorez l'**Art Institute** (☎312-443-3600 ; www.artic. edu ; 111 S Michigan Ave ; adulte/enfant 23 \$/gratuit ; ⏰10h30-17h, 10h30-20h jeu ; ♿), à quelques pas seulement du départ de la route, pour admirer *Nighthawks* d'Edward

Hopper ou *American Gothic* de Grant Wood. À proximité, le **Millennium Park** (☎312-742-1168 ; www.millenniumpark. org ; 201 E Randolph St ; ⏰6h-23h ; ♿ ; Ⓜ Millenium Station) séduit avec ses œuvres

d'art et ses concerts, le midi et la plupart des soirs, de juin à août. Plus de suggestions dans notre circuit à pied dans Chicago (p. 310).

🍴 p. 278

Ⓢ À COMBINER AVEC :

22 **La Great River Road**

Cette route spectaculaire (en fait une série de routes) suit les méandres du Mississippi. Vous pouvez la prendre à St Louis.

39 **La Pacific Coast Highway**

Arrivé au bout de la Route 66, suivez la Hwy 1, qui longe la côte Ouest, vers le nord ou le sud.

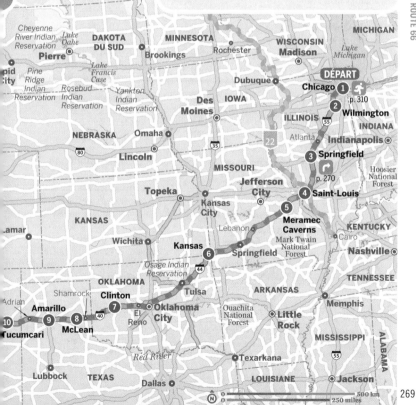

La route ›› Restez sur Adams St sur 1,5 mile (2,5 km) jusqu'à Ogden Ave. Prenez à gauche et continuez par les quartiers de Cicero et Berwyn. À Harlem Ave, tournez à gauche (vers le sud) puis roulez un peu pour atteindre Joliet Rd, qui rejoint ensuite l'I-55 (à la sortie 277) et vous voilà sur l'interstate.

② Gemini Giant

Notre premier arrêt se situe au milieu des champs de maïs, à 60 miles (env. 100 km) au sud de Chicago. Quittez l'I-55 à la sortie 241 et suivez la Hwy 44 sur une courte distance jusqu'à la Hwy 53, qui rejoint Wilmington. C'est là que le Gemini Giant (un astronaute de 8,5 m

en fibre de verre) garde l'entrée du **Launching Pad Drive-In** (810 E Baltimore St). Le restaurant est désormais fermé, mais le géant vert de l'espace reste une photo à ne pas manquer.

La route ›› Revenez sur l'I-55. Prenez la sortie 154 vers Funks Grove, une fabrique de sirop d'érable du XIXᵉ siècle. Empruntez l'Old Route 66 (route latérale parallèle à l'interstate) sur 10 miles (16 km) pour rejoindre Atlanta et le Palms Grill Cafe (p. 278). Springfield se trouve à 50 miles au sud-ouest (80 km).

③ Springfield

La petite capitale de l'Illinois fait une véritable fixation sur Abraham Lincoln, qui exerça le droit ici dès 1837 et fut élu à la Chambre des représentants pour l'État en 1846. Après son assassinat en 1865, son corps fut rendu à la ville, qui se mobilisa pour

lui offrir un **mausolée** (www.lincolntomb.org ; 1441 Monument Ave ; ☺9h-17h, fermé dim et lun sept-mai). Ne manquez pas le **Lincoln Presidential Library & Museum** (☎217-558-8844 ; www.presidentlincoln.org ; 212 N 6th St ; adulte/enfant 12/6 $; ☺9h-17h ;) et la **maison de Lincoln** (☎217-492-4150 ; www.nps.gov/liho ; 426 S 7th St ; ☺8h30-17h), tous deux dans le centre-ville. Springfield est aussi célèbre pour être le berceau du *corn dog*, un beignet de saucisse frit, servi sur un bâton.

✕ p. 278

La route ›› Revenez sur l'I-55, qui remplace la Route 66 dans la majeure partie de l'État. La **Route 66 Association of Illinois** (www.il66assoc.org) vous dira où bifurquer pour voir les stations-service anciennes, les cafés d'origine et les statues géantes de Lincoln. Près d'Edwardsville, prenez l'I-270, qui traverse le Mississippi et vous fait entrer au Missouri.

④ Saint-Louis

Juste à la frontière, Saint-Louis gagna son statut de "porte de l'Ouest" lors de la ruée vers l'or en 1848 : la ville devint le repaire des pionniers en partance pour la Californie. Sortez de l'I-270 par Riverview Dr et direction plein sud pour voir la **Gateway Arch** (www.gatewayarch.com ; tramway adulte/enfant 10/5 $; ☺8h-22h juin-août, 9h-18h sept-mai). Cette arche de 192 m plantée en plein Jefferson National

VAUT LE DÉTOUR
OLD CHAIN
OF ROCKS BRIDGE

Point de départ : ③ **Springfield**

Avant d'entrer au Missouri, quittez l'I-270 par la sortie 3. Suivez la Hwy 3 (alias Lewis and Clark Blvd) vers le sud, tournez à droite au premier feu rouge et roulez vers l'ouest jusqu'à l'**Old Chain of Rocks Bridge** (Old Chain of Rocks Rd ; ☺9h-crépuscule). Désormais uniquement accessible aux piétons et aux vélos, ce pont de 1929 long d'un mile (1,5 km) est courbé en son centre d'un angle de 22° (cause de nombreux accidents, d'où l'interdiction aux voitures). Cachez vos objets de valeur et fermez bien votre voiture si vous la laissez pour explorer le pont.

Expansion Memorial rappelle le rôle de la ville dans l'expansion vers l'ouest. Pour l'approcher, tournez à gauche dans Washington Ave depuis Tucker Blvd (12th St). Pour explorer la ville plus longuement, consultez notre itinéraire de promenade (p. 358).

✕ p. 278

La route ›› De là, l'I-44 suit (et recouvre souvent) la Route 66. Prenez l'interstate vers le sud-ouest jusqu'à Stanton, puis suivez les panneaux jusqu'aux Meramec Caverns.

- - - - - - - - - -

❺ Meramec Caverns

Ces **grottes** (www. americascave.com ; sortie 230 sur l'I-44 ; adulte/enfant 20/10 $; ⊙8h30-19h30 été, horaires réduits le reste de l'année) sont annoncées des kilomètres à l'avance. Visant un public familial, le site et son camping attirent les voyageurs depuis 1933. De la recherche d'or aux promenades en bateau, les distractions sont légion, mais ne manquez pas la visite des grottes, aussi intéressantes d'un point de vue historique que géologique.

La route ›› Poursuivez sur l'I-44. Lebanon (p. 278) constitue une halte agréable. Abandonnez l'interstate à l'ouest de Springfield en prenant la Hwy 96 jusqu'à Carthage, avec son cœur historique et son cinéma en plein air, le 66 Drive-In Theatre. Depuis Joplin, suivez la Hwy 66 jusqu'à l'Old Route 66. Le Kansas est en vue.

❻ Kansas

L'État n'abrite que 20 km de la Route 66, mais ce n'est pas pour autant qu'il n'y a rien à voir. Vous passerez tout d'abord par les mines de **Galena** où une vieille remorqueuse rouillée a inspiré le personnage de Martin, dans *Cars*. Quelques kilomètres plus loin, arrêtez-vous au **Eisler Brothers Old Riverton Store** (✆620-848-3330 ; www.eislerbros. com ; 7109 SE Hwy 66 ; ⊙7h30-20h lun-sam, 12h-19h dim) pour faire le plein de sandwichs et de souvenirs. Datant de 1925, la propriété a peu changé depuis – remarquez le plafond et la remise – et elle figure d'ailleurs à l'Inventaire national des lieux historiques. Traversez la Hwy 400 et continuez jusqu'au **1923 Marsh Rainbow Arch Bridge**, d'où il vous reste 3 miles (5 km) vers le sud pour rejoindre la petite ville de **Baxter Springs**, site d'une sanglante bataille de la guerre de Sécession en 1863 et dernière ville de l'itinéraire avant l'Oklahoma.

La route ›› Entrez en Oklahoma. Depuis Afton, la Route 66 longe l'I-44 (aujourd'hui à péage) à travers Vinita, où se trouve un restaurant très apprécié (p. 278). La portion entre Tulsa et Oklahoma City est l'une des plus importantes de la Route 66 (110 miles, 177 km). De là,

rejoignez la Business I-40 sur 20 miles (32 km) pour déguster un burger à El Reno (p. 278) puis longez l'I-40 jusqu'à Clinton.

- - - - - - - - - -

TEMPS FORT ›

❼ Oklahoma Route 66 Museum

Les drapeaux des huit États traversés par la route flottent au-dessus de ce **musée** (✆580-323-7866 ; www.route66.org ; 2229 W Gary Blvd, Clinton ; adulte/enfant 4/1 $; ⊙9h-17h lun-sam, 13h-17h dim, avec changements possibles, fermé dim et lun déc et janv ; ♿) de Clinton géré par l'Oklahoma Historical Society. Plus qu'un simple amoncellement de photos et objets divers, il met en scène les six décennies d'histoire de la Route 66 en musique et en images.

La route ›› Continuez vers l'ouest sur 70 miles (env 110 km) pour atteindre la frontière texane. De là, l'Old Route 66 part de l'I-40 vers le sud, à la découverte de villes à peine transformées comme Shamrock, avec ses bâtiments restaurés des années 1930, tels la Tower Station ou le U-Drop Inn. Arrêtez-vous à McLean.

- - - - - - - - - -

❽ Devil's Rope Museum

Les vastes pâturages texans étaient jadis des espaces sauvages où le bétail et les cow-boys circulaient librement, mais l'invention du fil de fer barbelé dans les années 1880, surnommé *devil's rope* (la "corde du

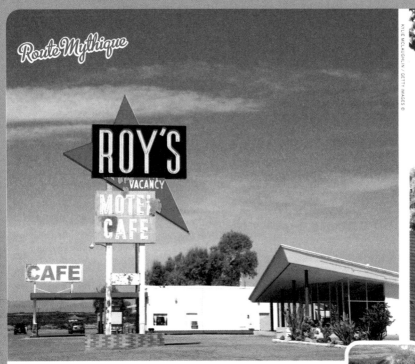

PAROLE D'EXPERT
SARA BENSON,
AUTEUR

Le long de la National Old Trails Rd, quelques miles au nord d'Oro Grande, ne manquez pas l'installation de l'artiste Elmer Long : une "forêt" dont les arbres sont composés de tiges métalliques et de bouteilles en verre. Vous traverserez bientôt le centre-ville poussiéreux de Victorville, où règne une ambiance de Far West de cinéma. Je m'arrête toujours au Summit Inn, quelques miles après Victorville, un diner construit dans les années 1950 qui sert des burgers d'autruche et de bons milk-shakes.

En haut : Roy's Motel & Cafe, Amboy
À gauche : Petrified Forest National Park
À droite : Gemini Giant, Wilmington

GEMINI GIANT

diable"), et la division du territoire en parcelles, changèrent la donne. Situé dans la petite ville de McLean, ce **musée** (www.barbwiremuseum.com ; 100 Kingsley St, McLean ; ⊙9h-17h lun-ven, 10h-16h sam mars-nov) est consacré à l'invention de Joseph Farwell Glidden et à ses divers usages, ainsi qu'à la Route 66, avec notamment une carte détaillée de son tracé à travers l'État du Texas.

La route » À l'ouest de McLean, l'I-40 serpente à travers de basses collines, puis le paysage s'aplatit à Groom. Vous y verrez son château d'eau penché, à la sortie 114, et sa gigantesque croix au niveau de la sortie 112. À la sortie 96 pour Conway, 5 épaves de Volkswagen plantées dans le sol, du côté sud de l'I-40, font écho aux voitures du site de Cadillac Ranch. Reprenez l'intersate jusqu'à la sortie 74 pour une "pause déjeuner" au Big Texan Steak Ranch.

- - - - - - - - - - -

❾ Amarillo

L'économie d'Amarillo repose pour une bonne part sur la production de viande, comme en témoigne son marché au bétail, l'un des plus grands du pays. De fait, la viande tient une place importante en ville, tout comme au **Big Texan Steak Ranch** (p. 278). Icône de la Route 66, ce restaurant ouvert depuis 1960 (il a déménagé le long de l'I-40 en 1971) propose un défi pantagruélique : le *free 72oz steak*, pièce de viande de 2 kg offerte

Route Mythique

à ceux qui parviennent à la finir – avec tous ses accompagnements – en moins d'une heure. Moins de 20% réussissent… les autres paient leur repas !

On trouve d'autres commerces et bâtiments de l'âge d'or de la Route 66 dans **SW 6th St**, entre Georgia St et S Forest St, dans le quartier de **San Jacinto**.

 p. 278

La route Poursuivez vers l'ouest sur l'I-40. Pour voir le Cadillac Ranch, installation artistique composée de carcasses de voitures peintes, prenez la sortie 60 puis revenez par la contre-allée sud sur environ 1,3 mile (2 km). La photo prise, reprenez l'I-40 vers l'ouest, passant par Adrian (p. 278), jusqu'à la frontière du Nouveau-Mexique. Tucumcari est à 40 miles (65 km ; sortie 335).

VAUT LE DÉTOUR
SANTA FE

Point de départ : 11 Albuquerque

Perchée à plus de 2 000 m au-dessus du niveau de la mer, avec les montagnes de Sangre de Cristo en toile de fond, la capitale du Nouveau-Mexique est une oasis d'art et de culture. Elle était sur la Route 66 jusqu'en 1937, année où un réalignement la laissa de côté. Elle mérite bien le détour, ne serait-ce que pour le Georgia O'Keeffe Museum et pour ses restaurants aux plats relevés. Notre promenade à pied dans Sante Fe (p. 482) vous donnera plus d'idées. La Route 66 suit l'Old Pecos Trail (NM466) pour entrer en ville.

TEMPS FORT

10 Tucumcari

Ville de ranchs prise en sandwich entre les plateaux et les plaines, Tucumcari abrite l'une des portions les mieux conservées de la Route 66. Parcourez-la idéalement de nuit, pour voir briller ses dizaines d'enseignes éclairées au néon, vestiges de la grande époque de cette route. Des murs du centre-ville et des quartiers environnants sont décorés de 35 fresques illustrant cette époque, œuvres des artistes locaux Doug et Sharon Quarles. Un plan pour les localiser est disponible à la **chamber of commerce** et sur son site (www.tucumcarinm.com ; 404 W Route 66 ; 8h30-17h lun-ven).

Le **Mesalands Dinosaur Museum** (www.mesalands. edu/community/dinosaur-museum ; 222 E Laughlin St ;

adulte/enfant 6,50/4 \$; 10h-18h mar-sam mars-août, 12h-17h mar-sam sept-fév ;) présente de vrais os de dinosaures et des expositions interactives pour les enfants. Des moulages d'os de dinosaures en bronze, inhabituels, permettent d'en voir plus de détails.

 p. 279

La route En suivant l'I-40 vers l'ouest, les plaines sèches et venteuses s'étirent à l'horizon, interrompues seulement par les plateaux. Besoin de vous dégourdir les jambes ? Prenez la sortie 273 sur la Route 66/I-40 jusqu'au centre de Santa Rosa et le Route 66 Auto Museum, qui présente plus de 35 voitures des années 1920 aux années 1960, toutes en excellent état.

11 Albuquerque

Après 1937, la Route 66 fut déviée de son tracé d'origine, qui passait par Santa Fe, pour être réalignée et arriver à Albuquerque en ligne droite depuis l'ouest. Aujourd'hui, l'avenue centrale suit cet itinéraire post-1937 et traverse à la fois Nob Hill, l'université, le centre et la vieille ville.

La Kelly's Brewery (p. 279), dans le quartier très en vogue de Nob Hill, s'est installée dans une ancienne station-service construite en 1939 dans le style paquebot. À l'ouest de l'I-25, guettez le **KiMo Theatre** (www.cabq.gov/kimo ; 423 Central Ave NW, downtown), en face de l'ancien

Wigwam Motel, **Holbrook** Passez la nuit dans un tipi (en béton)

comptoir indien. Datant de 1927, cet emblème de l'architecture pueblo mêle des éléments de décor inspirés de la culture amérindienne à des formes typiques de l'Art déco. On y joue films classiques, pièces et concerts.

Amateur de préhistoire, prenez la sortie 154, à l'ouest du centre-ville, et roulez vers le nord sur 3 miles (5 km) jusqu'au **Petroglyph National Monument** (www.nps.gov/pctr ; ⏰ centre d'accueil des visiteurs 8h-17h), qui compte plus de 20 000 pierres gravées.

 p. 279

La route ›› La Route 66 se sépare momentanément de l'I-40 dans Gallup, où elle devient l'artère principale, bordée de bâtiments restaurés, comme l'El Morro Theater (1926) de style colonial, ou décorés de fresques. Reprenez l'I-40/Rte 66 et comptez 21 miles (33 km) pour rejoindre l'Arizona. Empruntez la sortie 311.

---

⑫ Petrified Forest National Park

Les troncs fossilisés, vieux de 225 millions d'années, de ce **parc** (📞928-524-6228 ; www.nps.gov/pefo ; véhicule/piéton, vélo et moto 10/5 \$; ⏰7h-20h juin et juil, horaires raccourcis en août-mai) sont répandus sur une vaste zone de pâtures semi-désertiques. Beaucoup sont immenses, avec des diamètres de près de 2 m.

De la sortie 311, une route panoramique enjambe l'I-40 et rallie l'entrée sud du parc, sur la Hwy 180. L'itinéraire (28 miles ; 45 km) compte une quinzaine d'arrêts, avec panneaux explicatifs et quelques courtes promenades. Au nord de l'I-40, le Painted Desert offre de splendides paysages aux couleurs incroyables, notamment au coucher du soleil. Deux sentiers proches de l'entrée sud donnent le meilleur accès pour une vue rapprochée des troncs pétrifiés : le Long Logs Trail (1 km), qui en rassemble le plus,

et le Giant Logs Trail (650 m), à laquelle on accède par le Rainbow Forest Museum et où se trouve le plus grand tronc.

La route ›› À la sortie sud du parc, prenez la Hwy 180 sur la droite jusqu'à Holbrook – où l'on peut dormir dans les tipis en béton du **Wigwam Motel** (📞928-524 3048 ; 811 W Hopi Dr) –, et reprenez l'I-40/Rte 66 vers l'ouest. Passez par Winslow, où se trouve un élégant hôtel (p. 279), puis par Flagstaff. À la sortie 139, la Route 66 se détourne de l'I-40 pour rejoindre Seligman – et son célèbre snack (p. 279) – avant de faire un détour vers le nord puis de passer sous l'interstate peu après Kingman. Elle bifurque ensuite à gauche (Cty Hwy 10) vers les Black Mountains, le Sitgreaves Pass et Oatman.

---

⑬ Oatman

Depuis la fermeture des mines en 1942, Oatman s'est réinventé en lieu de tournage – et en piège à touristes façon Far West, avec faux duels (tlj à 13h30 et 15h30) et magasins de souvenirs.

Vous verrez de nombreux ânes en ville, descendants des animaux jadis utilisés dans les mines. S'ils réclament à manger, oubliez les carottes et donnez-leur plutôt le foin vendu 1 \$ le sac dans les magasins locaux.

Entre les boutiques, l'ancien **Oatman Hotel** (181 Main St), créé en 1902, accueille désormais un restaurant, une boutique de souvenirs et un petit musée. Chaque année,

---

✓ BON À SAVOIR RETROUVER LA ROUTE 66

La Route 66 n'étant plus une route officielle, elle n'apparaît pas sur la plupart des cartes. Nous avons tenté de vous donner des indications détaillées, mais mieux vaut faire également appel aux indications des sites www.historic66.com ou http://historic-route66.com et aux cartes de la National Historic Route 66 Federation (www.national66.org).

le 4 juillet, la ville accueille un concours d'œufs au plat. Un événement !

La route » De là, la Route 66 descend plein sud vers Golden Shores et rejoint l'I-40. Vous entrez en Californie à Needles. 40 miles (65 km) plus loin (sortie 107), la route plonge vers le sud et relie la National Old Trails Rd. C'est l'une des plus belles portions de la route, avec des cieux immenses ponctués parfois de vieux panneaux rouillés.

- - - - - - - - - - -

⓮ Amboy

Joliment décatie, la première route transnationale américaine fut établie en 1912, plus d'une dizaine d'années avant que la Route 66 ne passe par ici. Cette route traverse des villes minuscules éparpillées dans le désert. Seules quelques constructions interrompent l'horizon, comme le **Roy's Motel & Cafe** (www.rt66roys. com ; National Old Trails Hwy ; ☺variables), adresse emblématique de la Route 66. Bien que le motel soit abandonné, la station-service et le café sont occasionnellement ouverts. Il se trouve à l'est de l'**Amboy Crater** (☎760-326-7000 ; www.blm.gov/ ca ; 1,5 km à l'ouest d'Amboy ; ☺lever-coucher du soleil), un volcan aux lignes presque parfaitement symétriques. Il est possible de grimper au sommet, mais mieux vaut éviter le soleil de midi – il n'y a pas une once d'ombre sur les 1,5 mile (2,4 km) de

l'ascension et le soleil tape dur : si l'on en croit la légende, Roy aurait un jour cuit son célèbre double cheeseburger sur le capot d'une Mercury 63.

La route » Restez sur la National Old Trails Rd jusqu'à Ludlow. Tournez à droite dans Crucero Rd et passez sous l'I-40, puis prenez la contre-allée nord vers l'ouest. La National Old Trails Rd longe l'I-40, et passe par Daggett. Rejoignez l'I-40 par Nebo Rd et sortez, 3 minutes plus tard, dans E Main St, à Barstow (sortie 1). Comptez 1 heure 30, en tout.

- - - - - - - - - - -

⓯ Barstow

E Main St contourne Barstow, dont les bâtiments du centre-ville sont décorés de fresques. Tournez à droite dans N 1st St et traversez le pont au-dessus des lignes de chemin de fer pour rejoindre la **Harvey House** (www.barstowharveyhouse. com ; 681 North First Avenue), le long des voies. Construite en 1911 par l'architecte Mary Colter et surnommée "Casa del Desierto" (maison du désert), elle accueille le **Western America Railroad Museum** (☎760-256-9276 ; www. barstowrailmuseum.org ; ☺11h-16h ven-dim) et le **Route 66 'Mother Road' Museum** (☎760-255-1890 ; www.route66museum. org ; ☺10h-16h ven-dim) avec ses photographies et objets illustrant la vie quotidienne au début du XXᵉ siècle.

✕ p. 279

La route » Rejoignez W Main St vers l'ouest, qui devient bientôt la National Old Trails Rd. À Victorville, reprenez l'I-15 et dirigez-vous vers le sud jusqu'à San Bernardino, où se trouve un motel emblématique (p. 277). Suivez ensuite Foothill Blvd/ Route 66 vers l'ouest jusqu'à Pasadena – le *diner* (p. 277) est une bonne option pour une pause. Enfin, prenez Arroyo Seco Pkwy jusqu'à Los Angeles, où Sunset Blvd rejoint Santa Monica Blvd. Comptez 150 miles (240 km) en tout.

- - - - - - - - - - -

TEMPS FORT

⓰ Santa Monica

Une plaque marque l'arrivée officielle de la Will Rogers Hwy (son autre nom) dans **Palisades Park** – la Route 66 fut dédiée à la mémoire de ce célèbre acteur (1879-1935) en 1952. Après tant de kilomètres parcourus, détendez-vous en flânant sur le **Santa Monica Pier** (☎310-458-8900 ; www. santamonicapier.org ; 🚻), ou découvrez les habitants du Pacifique au **Santa Monica Pier Aquarium** (☎310-393-6149 ; www. healthebay.org ; 1600 Ocean Front Walk ; adulte/enfant 5 \$/ gratuit ; ☺14h-17h mar-ven, 12h30-17h sam et dim ; 🚻). Concluez cet itinéraire en beauté en admirant le coucher du soleil depuis la grande roue du **Pacific Park** (☎310-260-8744 ; www.pacpark.com ; ☺11h-21h dim-jeu, 11h-minuit ven et sam juin-août, horaires raccourcis sept-mai ; 🚻).

🛏 p. 279

Se restaurer et se loger

Chicago ❶

✗ Lou Mitchell's — Petit-déjeuner $

(☎312-939-3111 ; www.loumitchellsrestaurant.
com ; 565 W Jackson Blvd ; plats 6-11 $;
⏰5h30-15h lun-sam, 7h-15h dim ; 🚹 ; Ⓜ
Clinton). Une adresse comme on en voit dans
les films, avec des serveuses qui vous versent
votre café en vous appelant *honey* avant de
vous servir une omelette avec deux épaisses
tranches de pain grillé. Près du départ de la
Route 66.

Atlanta

✗ The Palms Grill Cafe — Café $

(☎217-648-2233 ; www.thepalmsgrillcafe.com ;
110 SW Arch St ; part de tarte 3 $; ⏰5h-20h).
Délicieuses tartes aux groseilles ou autre
garniture. Juste en face, vous pourrez prendre une
photo avec Tall Paul, une immense statue de Paul
Bunyan (bûcheron légendaire) tenant un hot dog.

Springfield ❸

✗ Cozy Dog Drive In — Américain $

(☎217-525-1992 ; www.cozydogdrivein.com ;
2935 S 6ᵗʰ St ; plats 2-4,50 $; ⏰8h-20h lun-sam).
C'est à cette adresse légendaire de la Route 66
qu'aurait été inventé le *corn dog* ; on y propose
des souvenirs en plus de ces beignets de
saucisses frits, servis sur un bâton.

Saint-Louis ❹

✗ Ted Drewes Frozen Custard — Glaces $

(☎314-481-2652 ; www.teddrewes.com ;
6726 Chippewa St ; glaces à moins de 5 $; ⏰11h-
23h fév-déc ; 🚹). Joignez-vous à la longue
file d'attente pour commander un "*concrete*"
("béton"), une glace si épaisse qu'on vous la
sert à l'envers.

Lebanon

🛏 Munger Moss Motel — Motel $

(☎417-532-3111 ; www.mungermoss.com ;
1336 E Rte 66 ; ch à partir de 50 $; ❄🛜🏊).
Les propriétaires de ce motel des années 1940,
avec son immense enseigne en néon,
sont de vrais amoureux de la Route 66.

Vinita

✗ Clanton's — Américain $

(☎918-256 9053 ; www.clantonscafe.com ;
319 E Illinois Ave ; plats 4-10 $; ⏰6h-20h lun-ven,
6h-14h sam et dim). Ce restaurant, ouvert en 1927,
sert de bons steaks de poulet frits. Vous pourrez
aussi goûter aux *calf fries* (testicules de veau frits).

El Reno

✗ Sid's — Hamburgers

(☎405-262-7757 ; 300 S Choctaw Ave ; ⏰11h-
19h). Ici est né le *fried onion burger*, spécialité
locale dans laquelle le steak haché est mêlé à des
oignons crus, puis cuit et caramélisé sur le gril.

Amarillo ❽

✗ Big Texan Steak Ranch — Steakhouse $$

(www.bigtexan.com ; 7701 I-40 E, sortie 74 ; plats
10-40 $; ⏰7h-22h30 ; 🚹). Si vous réussissez
à ingurgiter ces 2 kg de viande et toute la
garniture en moins d'une heure, c'est la maison
qui paie ! Sinon, il vous en coûtera 72 $.

Adrian

✗ Midpoint Cafe — Café $

(☎806-538-6379 ; http://route66midpointcafe.
com ; angle Business 40 et CR 22 ; plats 3-7 $;
⏰8h-16h mars-déc). Avec ses chaises en vinyle

et son bric-à-brac des années 1950, ce fast-food/magasin de souvenirs marque le milieu de la Route 66 entre Los Angeles et Chicago. Nous recommandons la "ugly crust pie".

Tucumcari ➓

✕ Kix on 66
Diner $

(☎575-461-1966 ; www.kixon66.com ; 1102 E Tucumcari Blvd ; plats 5-10 $; ⊗6h-14h ; 📶). *Diner* classique mais plein de style, le Kix sert des spécialités américaines à deux pas de la Route 66.

🛏 Blue Swallow Motel
Motel historique $

(☎575-461-9849 ; www.blueswallowmotel. com ; 815 E Tucumcari Blvd ; ch à partir de 65 $; ❄📶🐾). Ce motel joliment restauré propose des chambres à la décoration vintage. Propriétaires sympathiques.

Albuquerque ⓫

✕ Frontier
Nouveau-Mexique $

(www.frontierrestaurant.com ; 2400 Central Ave SE ; plats 3-11 $; ⊗5h-1h ; 🅿🐾). Faites la queue pour déguster les petits pains à la cannelle et certains des meilleurs *huevos rancheros* (œufs à la sauce tomate épicée) en ville.

✕ Kelly's Brewery
Brasserie

(☎505-262-2739 ; www.kellysbrewpub.com ; 3222 Central Ave SE ; ⊗8h-22h30 dim-jeu, 8h-minuit ven et sam). Cette ancienne station-service sur la Route 66 est appréciée pour son choix de bières locales.

Winslow

🛏 La Posada
Hôtel historique $$

(☎928-289-4366 ; www.laposada.org ; 303 E 2nd St ; ch 119-169 $; ❄📶🐾). Cette *hacienda* des années 1930 présente une décoration élaborée, avec lustres en fer, tapis navajo… Chambres rétro.

Seligman

✕ Snow Cap Drive-In
Hamburgers $

(☎928-422-3291 ; 301 E Rte 66 ; plats 3-6 $; ⊗10h-18h mi-mars à nov). Une véritable institution – à la déco un brin chargée – pour faire une pause sur la Route 66.

Barstow ⓯

✕ Idle Spurs Steakhouse
Steakhouse $$

(☎760-256-8888 ; http://thespurs.us ; 690 Old Hwy 58 ; plats 13-27 $; ⊗11h-21h lun-ven, 16h-21h sam et dim). Ambiance western authentique dans cette *steakhouse* et ce saloon particulièrement bien approvisionné, qui propose même des bières artisanales.

San Bernardino

🛏 Wigwam Motel
Motel $

(☎909-875-3005 ; www.wigwammotel.com ; 2728 W Foothill Blvd, Rialto ; ch 65-80 $; 🐾). Ce motel permet aux voyageurs de dormir dans des tipis de béton, emblématiques de la Route 66 depuis 1949.

Pasadena

✕ Fair Oaks Pharmacy
Salon de thé $

(☎626-799-1414 ; www.fairoakspharmacy.net ; 1526 Mission St ; plats 4-8 $; ⊗9h-21h lun-ven, 9h-22h sam, 10h-19h dim ; 🐾). Fatigué de rouler ? Pourquoi ne pas vous arrêter dans ce salon de thé-pharmacie fondé en 1915, pour y savourer *egg creams* (boissons à base de soda, de lait et de sirop), *hand-dipped malts* (sortes de milk-shakes) ou cheeseburgers.

🛏 Saga Motor Hotel
Motel $

(☎626-795-0431, 800-793-7242 ; www. thesagamotorhotel.com ; 1633 E Colorado Blvd ; ch incl petit-déj 79-99 $; 🅿❄@📶). Il se dégage de ce motel une atmosphère très années 1950, notamment au bord de sa piscine extérieure chauffée entourée de gazon synthétique.

Santa Monica ⓰

🛏 Sea Shore Motel
Motel $$

(☎310-392-2787 ; www.seashoremotel.com ; 2637 Main St ; ch à partir de 110 $; 🅿❄📶). Achevez votre périple sur la Route 66 dans ce motel qui semble d'un autre temps. Bruyantes et quelconques, les chambres ont connu des jours meilleurs, mais elles sont si proches de la mer que l'on peut sentir les embruns rien qu'en ouvrant la fenêtre.

Sleeping Bear Dunes *Une belle vue vous attend en haut des dunes*

Lac Michigan : la Gold Coast

21

La "côte d'or", le rivage qui borde la partie est du lac Michigan, alterne plages immenses, dunes, vignobles, vergers et villes riches en B&B, très actives à la période estivale.

TEMPS FORTS

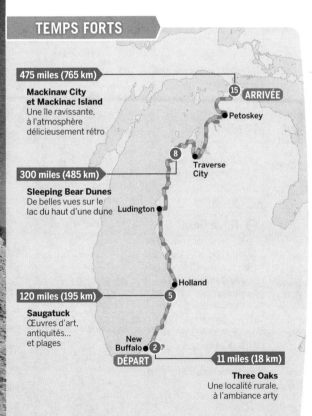

475 miles (765 km)

Mackinaw City et Mackinac Island
Une île ravissante, à l'atmosphère délicieusement rétro

15 ARRIVÉE

● Petoskey

8

● Traverse City

300 miles (485 km)

Sleeping Bear Dunes
De belles vues sur le lac du haut d'une dune — Ludington ●

● Holland

5

120 miles (195 km)

Saugatuck
Œuvres d'art, antiquités... et plages

New Buffalo ● **2**

DÉPART

11 miles (18 km)

Three Oaks
Une localité rurale, à l'ambiance arty

4 JOURS
475 MILES / 765 KM

PARFAIT POUR...

LE MEILLEUR MOMENT

De juillet à octobre pour le climat et les récoltes dans les vergers

 LA PHOTO SOUVENIR

Depuis le sommet du Dune Climb à Sleeping Bear Dunes

 POUR LES GOURMETS

Traverse City pour ses boutiques de produits artisanaux locaux

21 Lac Michigan : la Gold Coast

Eaux d'un bleu azur, propices au surf, cidreries...
Les rives du Michigan n'en finissent pas de surprendre
les vacanciers qui s'y rendent depuis plus d'un siècle.
Hemingway avait l'habitude de passer ses étés sur la rive
nord et n'a jamais oublié la majesté de ses paysages.
N'écrivait-il pas que les plus beaux cieux étaient ceux
du nord Michigan à l'automne ? Il avait pourtant fait
le tour du monde...

❶ New Buffalo

Sous ses airs de station
balnéaire banale, New
Buffalo est le principal
spot de surf du Midwest.
Oui : on surfe sur le lac
Michigan. Le **Third Coast
Surf Shop** (☎269-932-
4575 ; www.thirdcoastsurfshop.
com ; 110-C N Whittaker St ;
☺10h-18h mi-mai à fin sept)
loue combinaisons et
planches (20 à 35 $/
jour) et dispense des
cours pour débutants
de 1 heure 30 (55 à 75 $).
Réservez.

Le surf n'est pas votre
fort ? Profitez de la
vaste plage (des maîtres
nageurs patrouillent
en été), observez les
bateaux, dégustez une
glace et flânez parmi

les échoppes du **marché**
(angle Red Arrow Hwy et
Lakeshore Rd ; ☺9h-15h sam
et dim).

✗ p. 289

La route ❯❯ Suivez la Hwy 12
vers les terres sur 6 miles
(10 km) jusqu'à Three Oaks.

TEMPS FORT

❷ Three Oaks

Un mélange de ruralité et
d'ambiance arty. On peut
ainsi louer des vélos à la
**Dewey Cannon Trading
Company** (☎269-756-3361 ;
www.applecidercentury.com ;
3 Dewey Cannon Ave ; 20 $/
jour ; ☺9h-17h) et pédaler
dans la campagne
et, le soir, sortir voir
une pièce ou un film d'art
et d'essai.

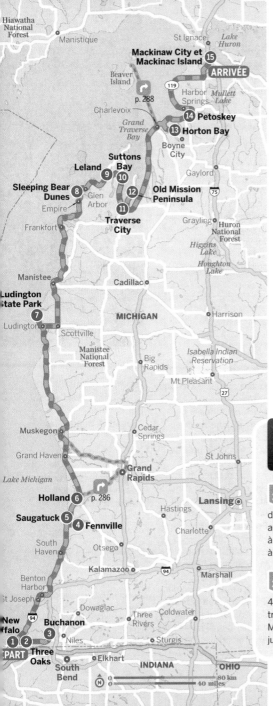

Vous pouvez aussi vous accorder une heure ou deux pour flâner chez les antiquaires et boutiques de décoration pour les jardins. La localité s'étend en tout et pour tout sur cinq pâtés de maisons. Ne manquez pas le **Drier's Meat Market** (www.driers. com ; 14 S Elm St ; ☺9h-17h lun-sam, 11h-17h dim), boucherie en activité depuis la guerre de Sécession, remplie de hachoirs et autres outils anciens. N'hésitez pas à goûter à leurs célèbres viandes fumées.

La route » Dirigez-vous vers le nord sur Elm St, qui devient Three Oaks Rd. Après environ 5 miles (8 km), vous tournerez à gauche dans Sawyer Rd, puis à droite sur la Red Arrow Hwy. Un mile (1,6 km) plus loin environ, prenez à droite dans Browntown Rd. Lorsqu'elle s'achève, à Hills Rd, allez à gauche, puis à droite sur Mt Tabor Rd.

À COMBINER AVEC :

20 **La Route 66**
Emblématique de la culture populaire américaine, la route débute à Chicago, 70 miles (112 km) à l'ouest de New Buffalo.

23 **La Highway 61**
Il vous faudra rouler 420 miles (676 km) à travers les forêts du Michigan et du Wisconsin jusqu'à Duluth.

❸ Buchanan

Parmi la dizaine de
vignobles que l'on
compte entre New
Buffalo et Saugatuck, les
connaisseurs considèrent
souvent la **Tabor Hill
Winery** (☎800-283-3363 ;
www.taborhill.com ; 185 Mt
Tabor Rd ; visite gratuite,
dégustation 6 $; ☺visites
12h-16h30, dégustations à partir
de 10h lun-sam, à partir de midi
dim) comme la meilleure.
Le vigneron organise des
visites et des dégustations
de son cabernet franc et
de ses blancs pétillants.
Restaurant sur place.

Un mile (1,6 km) au
nord (par Hills Rd),
les raisins de la **Round
Barn Winery** (www.
roundbarnwinery.com ; 10983
Hills Rd ; dégustations 8 $;
☺11h-18h lun-sam, 12h-18h
dim) servent également
à produire la "DiVine
Vodka", élixir plus doux
que l'alcool du même nom,
que l'on peut découvrir
lors d'une dégustation. En
semaine, il est possible
de pique-niquer sur les
terrains ; le week-end, un
café permet de prendre
des en-cas.

La route ⟫ Revenez sur la
Red Arrow Hwy. Prenez vers le
nord jusqu'à ce qu'elle croise
l'I-94 et la Business I-94. Suivez
cette dernière jusqu'au centre
de St Joseph. Elle retrouve
ensuite la Hwy 63, qui longe la
rive et rejoint la Blue Star Hwy.
C'est une route spectaculaire,
qui paresse vers le nord jusqu'à
South Haven, un bon arrêt pour
manger une glace (p. 289) avant
de continuer jusqu'à Saugatuck.

❹ Crane's Pie Pantry et ses vergers

Juste avant Saugatuck,
tournez à droite (vers l'est)
sur la Hwy 89 jusqu'à
Fennville. La boulangerie
de cette petite localité,
Crane's Pie Pantry (☎269-
561-2297 ; www.cranespiepantry.
com ; 6054 124th Ave ; part de
tarte 4 $; ☺9h-20h lun-sam,
11h-20h dim mai-oct, horaires
réduits nov-avr), attire les
amateurs de tartes depuis
des décennies. Les vergers
des environs (ouverts de
10h à 18h) permettent
d'aller cueillir cerises,
pommes et pêches.

La route ⟫ Revenez sur la
Blue Star Hwy. Roulez vers
le nord sur 4 miles (6,5 km)
jusqu'à Saugatuck.

TEMPS FORT

❺ Saugatuck

La communauté artistique
et *gay-friendly* de
ce joli petit village y
attire chaque année de
nombreux vacanciers.
Les galeries de potiers,
peintres et artisans
verriers prolifèrent en
centre-ville, dans Water St
et Butler St. Grimpez à
bord du **Saugatuck Chain
Ferry** (Mary St ; aller simple
1 $; ☺9h-21h fin mai-début
sept) pour traverser
la Kalamazoo River.
De l'autre côté, marchez
sur la droite du quai pour
arriver au Mt Baldhead,
dune de plus de 60 m. Un
escalier monte au sommet
d'où l'on profite d'une belle
vue avant de descendre le

versant nord qui mène à
la jolie plage **Oval Beach**
(Oval Beach Rd ; ☺9h-22h).
Saugatuck Dune Rides
(☎269-857-2253 ; www.
saugatuckduneride.com ;
6495 Blue Star Hwy ; adulte/
enfant 18/10 $; ☺10h-19h30
lun-sam, 11h30-19h30 dim,
fermé fin oct-fin avr) propose
des sorties en 4×4 dans les
dunes environnantes.

🍴 🛏 p. 289

La route ⟫ Direction nord-
est, la Blue Star Hwy (alias
County Rd A 2) traverse des
terres agricoles et devient
Washington Ave, Michigan Ave
puis River Ave avant de rejoindre
le centre de Holland, 12 miles
(19 km) plus loin.

Big Sable Point Lighthouse

6 Holland

Si vous vous attendez à trouver ici des tulipes, des sabots et des moulins à vent, vous avez... raison.

La **Veldheer Tulip Farm** (www.veldheer.com ; 12755 Quincy St ; 9h-17h) est une ferme à tulipes qui a tout du village néerlandais de carte postale, avec même un atelier de sabots en bois et de poteries bleu et blanc. Bien que cela sorte un peu du thème hollandais, ne manquez pas le **New Holland Brewing Company Pub** (www.newhollandbrew.com ; 66 E 8th St ; 11h-0h, 11h-22h dim), microbrasserie connue pour ses bières robustes, comme le Dragon's Milk stout (10° d'alcool) ainsi que ses rhums maison. Le pub est idéal pour déguster ces produits.

La route » De Holland à Grand Haven, Lake Shor Ave offre une alternative à la Hwy 31. Vous pouvez la prendre depuis Ottawa Beach Rd juste avant d'entrer dans le Holland State Park et vous voilà parti pour 22 miles (35 km). Après Grand Haven, revenez sur la Hwy 31 pour 75 miles (120 km) jusqu'à Ludington. Empruntez la sortie 166 pour le parc.

7 Ludington State Park

Juste à l'extérieur de la ville, sur la Hwy 116, le **Ludington State Park** (231-843-8671 ; empl tentes et camping-car 16-29 $, bungalow 45 $) s'étend sur plus de 2 000 ha le long du lac Michigan. Si vous n'en avez pas déjà, achetez au guichet de l'entrée un permis pour véhicule (par jour/année 9/31 $), valable dans tous les parcs du Michigan. Une fois à l'intérieur, les gens se garent sur le bas-côté pour aller à la plage. Vous trouverez aussi sur place de bons sentiers de randonnée. Le **Big Sable Point Lighthouse**, un phare de 34 m, se visite moyennant 3 $.

La route ❯❯ Revenez sur la Hwy 31 en direction de Manistee. 3 miles (5 km) plus loin, prenez la Hwy 22 qui suit la rive sur les prochains 115 miles (185 km). Lacs intérieurs, villes secondaires et phares historiques surgissent en chemin vers les Sleeping Bear Dunes.

- - - - - - - - - -

TEMPS FORT

8 Sleeping Bear Dunes National Lakeshore

Arrêtez-vous au **centre des visiteurs** (☎231-326-5134 ; www.nps.gov/slbe ; 9922 Front St ; ⏱8h30-18h juin-août, 8h30-16h sept-mai)

VAUT LE DÉTOUR GRAND RAPIDS

Point de départ : 6 Holland

Deuxième plus grande ville du Michigan, Grand Rapids est devenue une sorte de Mecque du tourisme brassicole. Vingt brasseries artisanales opèrent dans la région. Le **Grand Rapids Convention and Visitors Bureau** (www.experiencegr.com) propose des cartes et des informations détaillées en ligne.

Si vous ne pouvez en visiter qu'une seule, retenez la **Founders Brewing Company** (www.foundersbrewing. com ; 235 Grandville Ave SW ; ⏱11h-2h lun-sam, 12h-minuit dim). Envie d'en visiter une de plus ? Cap sur la **Brewery Vivant** (www.breweryvivant.com ; 925 Cherry St SE ; ⏱ouverture à 15h lun-ven, à 11h sam, à 12h dim), spécialisée dans les bières de style belge. Elle est installée dans une ancienne chapelle, avec vitraux, plafond voûté et grandes tables.

La ville se trouve à 29 miles (46 km) de Holland via l'I-196.

d'Empire pour plus d'informations sur cette zone protégée. Il dispense également des cartes des sentiers et fournit les permis d'entrée pour les véhicules (semaine/année 10/20 $). Roulez ensuite vers le nord sur 2 miles (3 km) jusqu'à la Hwy 109 (sur la gauche) qui mène, 1 mile (1,6 km) plus loin environ, au **Pierce Stocking Scenic Drive**. Cette boucle de 7 miles (11 km) à une seule voie est parsemée d'aires de pique-nique avec vues sur le lac. De retour sur la Hwy 109, continuez 2,2 miles (3,5 km) vers le nord pour le **Dune Climb**, une dune d'une soixantaine de mètres de haut. La belle vue depuis le sommet

explique la fréquentation de l'endroit. Du parking, le **Sleeping Bear Heritage Trail** (www.sleepingbeartrail. org) mène en 5 miles (8 km) à Glen Arbor.

La route ❯❯ La Hwy 109 s'achève à Glen Arbor, localité intéressante pour passer la nuit (p. 289). Continuez sur la Hwy 22 en direction de l'est pendant 18 miles (29 km), jusqu'à Leland.

- - - - - - - - - -

9 Leland

Ce village séduit par ses restaurants au bord de l'eau et son quartier historique, Fishtown, avec ses pittoresques cabanes de pêcheurs reconverties en boutiques. De là, des **ferries** (aller-retour adulte/enfant 35/20 $, 1 heure 30) lèvent l'ancre pour les Manitou Islands, couvertes d'arbres ; des excursions sont possibles en juillet et août. Renseignez-vous auprès de **Manitou Island Transit** (☎231-256-9061 ; www.manitoutransit.com), qui organise aussi des croisières au coucher du soleil (adulte/enfant 20/13 $) le long du rivage quatre soirs par semaine.

🍴 p. 289

La route ❯❯ Prenez la Hwy 22 vers le nord sur 4 miles (6,5 km). Tournez à droite dans la N Eagle Hwy, puis à gauche sur la E Kolarik Rd. Un mile (1,6 km) plus loin, empruntez la première à droite, Setterbo Rd. Vous verrez la cidrerie 3,5 miles (5,6 km) plus loin.

⑩ Suttons Bay

À la périphérie de Suttons Bay, **Tandem Ciders** (www.tandemciders.com ; 2055 Setterbo Rd ; ☺12h-18h lun-sam, 12h-17h dim) produit de délicieux cidres dans sa ferme familiale. Prenez un tabouret dans la salle de dégustation pour goûter le "Cidre Royale" (fort et puissant) ou le "Honey Pie" (au miel d'apiculteurs locaux). Les cidres à la pression sont en dégustation gratuite ; ceux en bouteille coûtent 1 $ par dégustation. En ville, **Grand Traverse Bike Tours** (☏231-421-6815 ; www.grandtraversebiketours.com ; 118 N Saint Mary's St ; ☺10h-17h30 lun-ven, 10h-16h sam et dim) propose des visites guidées à vélo (celle de 6 heures 30 coûte 89 $) dans les vignobles des environs, ainsi que des circuits en solo (59 $/pers) pour lesquels ils fournissent l'itinéraire et l'acheminement des achats de vin.

La route ≫ La Hwy 22 descend la Leelanau Peninsula avant d'arriver à Traverse City.

⑪ Traverse City

"Grande" ville de la région, la capitale locale de la cerise est une cité active, prisée des amateurs de kiteboard et de voile, qui programme des festivals de musique et de cinéma, et accueille microbrasseries et restaurants chics.

Sur Front St, principale artère pour la promenade ou le shopping, repérez **Cherry Republic** (www.cherryrepublic.com ; 154 E Front St ; ☺9h-22h), adresse certes touristique, mais dont le nombre de déclinaisons de la cerise est impressionnant : ketchup, tortillas, beurre, vin... Le goût est souvent étonnamment bon. La boutique est *très* généreuse sur les échantillons (d'où la forte affluence).

✕ p. 289

La route ≫ Prenez Front St (alias Hwy 31) vers l'est pour sortir de la ville. En arrivant à Garfield Ave, tournez à gauche. Elle devient bientôt Hwy 37, et traverse l'Old Mission Peninsula, plantée de vignes et de cerisiers.

⑫ Old Mission Peninsula

Nombreux sont les voyageurs à faire la tournée des 8 exploitations viticoles de la péninsule (sur 30 km). Le **Chateau Grand Traverse** (www.cgtwines.com ; ☺10h-19h lun-sam, 10h-18h dim) et le **Chateau Chantal** (www.chateauchantal.com ; ☺11h-20h lun-sam, 11h-18h dim) produisent un chardonnay et un pinot noir très appréciés. Installé dans une ancienne école, **Peninsula Cellars** (www.peninsulacellars.com ; ☺10h-18h) produit des blancs de qualité et offre l'avantage d'être moins pris d'assaut. Le must : savourer

un verre de vin, les pieds dans l'eau sur la plage du Lighthouse Park, à la pointe de la péninsule.

🛏 p. 289

La route ≫ Revenez sur la Hwy 31 et roulez vers le nord. Au bout de 50 miles (80 km) environ, au nord de Charlevoix, trouvez la Boyne City Rd. Elle longe le lac Charlevoix pour finir au Horton Bay General Store.

⑬ Horton Bay General Store

Les fans d'Hemingway reconnaîtront sans doute le **Horton Bay General Store** (☏231-582-7827 ; www.hortonbaygeneralstore.com ; 05115 Boyne City Rd ; ☺8h-14h mi-mai à mi-oct), qui figure dans la nouvelle *Là-haut dans le Michigan*. Hemingway y a passé quelques étés dans sa jeunesse à parler parties de pêche sur le grand porche. Sa famille possédait une cabane sur le lac Walloon voisin. À côté du *general store*, le **Red Fox Inn Bookstore** (05156 Boyne City Rd ; ☺fin mai-début sept) regorge de livres et de souvenirs sur Hemingway (quand il est ouvert). Le propriétaire est un puits de savoir sur les environs.

La route ≫ Empruntez la Boyne City Rd vers l'est. Prenez la deuxième à gauche, Sumner Rd, puis encore à gauche, dans Camp Daggett Rd. Après 6 miles (9,5 km), cette dernière rejoint la Hwy 31, qui conduit à Petoskey.

VAUT LE DÉTOUR
BEAVER ISLAND

Point de départ : ⑬ Horton Bay

Alternative à la Mackinac Island, **Beaver Island** (www.beaverisland.org) est une enclave d'influence irlandaise de quelque 600 âmes, prisée des amateurs de randonnée, de pêche, de kayak et de plongée dans des épaves. Le **ferry** (☎231-448-2500 ; www.bibco.com) part du centre de Charlevoix. Le trajet (2 heures) coûte 29/90 $ l'aller par personne/voiture.

⑭ Petoskey

Cette autre station balnéaire, dont le centre-ville regorge de restaurants chics et de boutiques de souvenirs, est émaillée çà et là de sites liés à Hemingway. Le **Little Traverse History Museum** (☎231-347-2620 ; www.petoskeymuseum.org ; 100 Depot Ct ; 3 $; ⊙10h-16h lun-ven, 10h-13h sam fin mai–mi-oct) abrite une collection consacrée à l'auteur, notamment des premières éditions rares, dédicacées par Hemingway. Vous pourrez ensuite prendre un verre au **City Park Grill** (☎231-347-0101 ; www.cityparkgrill.com ; 432 E Lake St ; ⊙11h30-minuit), dont l'auteur était un fidèle client. Au nord de la ville, le **Petoskey State Park** (☎231-347-2311 ; 2475 Hwy 119 ; empl tentes et camping-cars 27-29 $) est l'occasion d'admirer les célèbres pierres de Petoskey (des coraux fossilisés).

La route » C'est l'heure de choisir : prendre la voie "rapide" pour Mackinaw City via la Hwy 31 ou flâner sur l'étroite Hwy 119. Cette dernière, qui fait partie de la route panoramique Tunnel of Trees, serpente entre forêts épaisses et falaises.

TEMPS FORT

⑮ Mackinaw City et Mackinac Island

Mackinaw City sert essentiellement de point d'embarquement pour Mackinac Island, mais compte néanmoins un site digne d'intérêt : **Colonial Michilimackinac** (☎231-436-5564 ; www.mackinacparks.com ; adulte/enfant 11/6,50 $; ⊙9h30-19h juin-août, 9h30-17h mai et sept–mi-oct), reconstitution d'un fort construit par les Français en 1715 ; le centre des visiteurs est situé sous l'immense Mackinac Bridge.

À quelques kilomètres au large, Mackinac Island est la principale curiosité touristique de la région. Les voitures sont interdites et tous les déplacements sur cette île de 10 km² se font à cheval ou à vélo. C'est un endroit rétro et ravissant, avec des boutiques de caramels, des cottages victoriens et des forts du XVIIIe siècle. Le trajet en ferry durant 15 à 30 minutes, il est facile de s'y rendre pour une excursion d'une journée, mais le mieux est de passer une nuit sur place.

Trois sociétés de ferries, **Arnold Line** (☎800-542-8528 ; www.arnoldline.com) ; **Shepler's** (☎800-828-6157 ; www.sheplersferry.com) et **Star Line** (☎800-638-9892 ; www.mackinacferry.com) assurent des trajets fréquents et pratiquent les mêmes tarifs : 25/13 $ pour un aller-retour adulte/enfant. Ils disposent de parkings où vous pouvez laisser votre véhicule.

✕ ⊨ p. 289

Se restaurer et se loger

New Buffalo ❶

✕ Redamak's — Hamburgers $

(www.redamaks.com ; 616 E. Buffalo St ;
hamburgers 5-10 $; ⏰12h-22h30 mars-oct).
Le must de ce fast-food des années 1940 ?
Les *curly fries* épicées ! Espèces uniquement.

South Haven

✕ Sherman's Dairy Bar — Glaces $

(⏰269-637-8251 ; www.shermanicecream.com ;
1601 Phoenix Rd ; à partir de 3 $; ⏰11h-23h
lun-sam, 12h-23h dim, fermé nov-fév ; 🖐).
D'énormes cônes disponibles dans 50 parfums
différents (essayez le Mackinac Island fudge).
L'attente est parfois un peu longue, mais tout
est fait maison.

Saugatuck ❺

✕ Wicks Park Bar & Grill — Américain $$

(⏰269-857-2888 ; www.wickspark.com ;
449 Water St ; plats 11-25 $; ⏰11h30-21h).
Situé près du bac à câble, l'établissement sert
la perche du lac sur fond de musique live.

⛳ Pines Motorlodge — Motel $$

(⏰269-857-5211 ; www.thepinesmotorlodge.
com ; 56 Blue Star Hwy ; ch petit-déj inclus 139-
199 $; 📶). Les lampes tiki rétro, les meubles
en pin et les chaises sur la pelouse créent une
ambiance sympathique au milieu des sapins.

Glen Arbor

⛳ Glen Arbor B&B — B&B $$

(⏰231-334-6789 ; www.glenarborbnb.com ;
6548 Western Ave ; ch 131-196 $; ⏰fermé
mi-nov à avr). Les propriétaires ont transformé
cette ferme centenaire en belle auberge
française avec 6 chambres à thèmes.

Leland ❾

✕ Cove — Poisson et fruits de mer $$$

(⏰231-256-9834 ; www.thecoveleland.com ;
111 River St ; plats 20-29 $; ⏰11h-22h, fermé
nov-avr). Spécialité de la maison, le *whitefish*
(corégone) est préparé de quatre manières
différentes : aux amandes, farci au crabe, en
croûte d'ail ou en papillote.

Traverse City ⓫

✕ North Peak Brewing Company — Brasserie $$

(⏰231-941-7325 ; www.northpeak.net ;
400 W Front St ; plats 10-20 $; ⏰11h-23h lun-jeu,
11h-minuit ven et sam, 12h-22h dim). Pizzas, moules
et *walleye* (sorte de perche) en croûte de bretzel
à déguster avec les bières maison. Le plateau
dégustation de 5 échantillons de bière coûte 6 $.
L'établissement propose aussi de la *root beer*.

Old Mission Peninsula ⓬

⛳ Grey Hare Inn — B&B $$$

(⏰231-947-2214 ; www.greyhareinn.com ;
Carroll St ; ch 185-285 $; ❄📶). Un B&B
intimiste de 3 chambres installé dans un
vignoble, avec déco à la française et vue
sur la baie. Nombre d'autres vignobles de
la péninsule proposent également un B&B.

Mackinac Island ⓯

✕ Horn's Bar — Hamburgers, mexicain $$

(⏰906-847-6154 ; www.hornsbar.com ; Main St ;
plats 10-19 $; ⏰11h-2h). Hamburgers, plats
mexicains et musique live tous les soirs.

⛳ Cloghaun B&B — B&B $$

(⏰906-847-3885 ; www.cloghaun.com ;
Market St ; ch petit-déj inclus 112-197 $; ⏰mi-
mai à fin oct ; 📶). Cette demeure victorienne
entourée d'un jardin compte 11 chambres,
dont certaines partagent une sdb. Facilement
accessible à pied depuis les quais.

Dubuque À la découverte de la campagne de l'Iowa

La Great River Road

22

Sillonnant des plaines verdoyantes, prélude aux champs de coton gorgés de soleil plus au Sud, cette route épouse les tours et détours du mythique Mississippi.

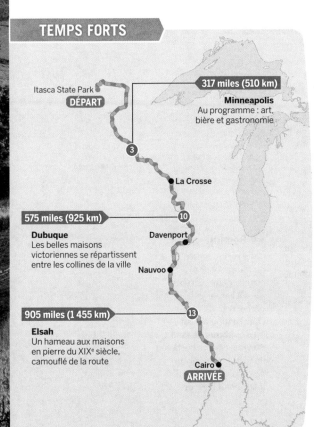

TEMPS FORTS

Itasca State Park
DÉPART

317 miles (510 km)

Minneapolis
Au programme : art, bière et gastronomie

3

● La Crosse

575 miles (925 km)

10

Dubuque
Les belles maisons victoriennes se répartissent entre les collines de la ville

Davenport ●

Nauvoo ●

905 miles (1 455 km)

13

Elsah
Un hameau aux maisons en pierre du XIXe siècle, camouflé de la route

Cairo ●
ARRIVÉE

6-7 JOURS
1 075 MILES /
1 730 KM

PARFAIT POUR...

LE MEILLEUR MOMENT

De juin à septembre pour éviter la neige

 LA PHOTO SOUVENIR

Paul Bunyan et son bœuf bleu à Bemidji

 2 JOURS DE RÊVE

Entre les arrêts 4 et 10, la route est émaillée de superbes paysages, de villes historiques et de fabuleux restaurants

291

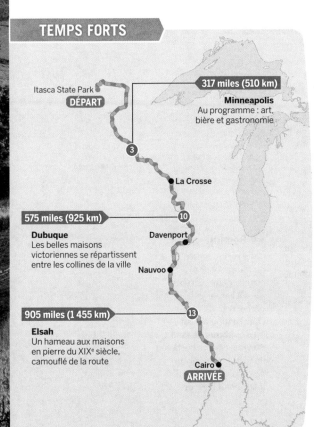

TOM BEAN / ALAMY ©

22 La Great River Road

Construite à la fin des années 1930, la Great River Road offre l'occasion d'un périple mémorable depuis la source du Mississippi, dans les lacs du nord du Minnesota, en suivant le fleuve jusqu'à son embouchure, près de La Nouvelle-Orléans. Cet itinéraire, plus court, ne couvre que la première partie de la route, à travers des paysages spectaculaires, quelques grandes villes et nombre de petites localités oubliées, dans lesquelles la route sert de rue principale.

---

❶ Itasca State Park

Partez d'où naît le fleuve, au Minnesota, dans l'**Itasca State Park** (☎218-266-2100 ; www.dnr. state.mn.us/itasca ; par la Hwy 71 N ; 5 $ par véhicule ; 🚻🛷). Au nord du lac Itasca, un poteau sculpté indique la source du fleuve : c'est l'un des rares endroits où l'on peut traverser le Mississippi à pied ! Sur place, possibilité de faire du canoë, de la randonnée, du vélo et du camping. Vous trouverez également un lodge et une auberge de jeunesse, répondant au principe du *Minnesota nice*, l'hospitalité proverbiale de l'État.

📑 p. 299

La route ≫ Roulez vers le nord-est, en zigzaguant sur plusieurs routes de campagne. Empruntez la County Rd 2 puis la 40 et la 9, pour traverser Becida. Tournez à gauche dans la 169th Ave, qui devient County Rd 7 et arrive à Bemidji (30 miles, 48 km, au total). Vous trouverez des cartes pour vous guider sur www. mnmississippiriver.com.

---

❷ Bemidji

Cette région boisée du Minnesota est connue pour ses lacs, ses bûcherons et la pêche. Bemidji en est l'incarnation parfaite avec sa **statue de Paul Bunyan**, célèbre bûcheron du folklore américain, héros avec Babe, son fidèle bœuf bleu, de

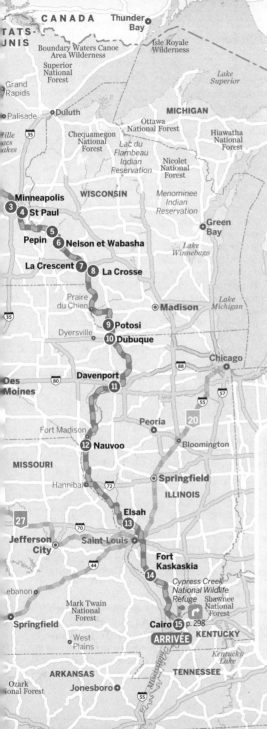

plusieurs légendes. L'une d'elles veut qu'il ait créé le Mississippi. Babe tirait une citerne d'eau qui se rompit. L'eau tomba avec une telle force sur la terre qu'elle créa le lac Itasca, déborda et s'écoula jusqu'à La Nouvelle-Orléans. Le fleuve était né. La statue, haute de 5,5 m, pèse 2,5 tonnes et se dresse près du **centre des visiteurs** (📞218-759-0164 ; www.visitbemidji.com ; 300 Bemidji Ave N ; 🕐8h-17h, fermé sam et dim sept-mai). Se faire prendre en photo au pied du géant est un classique.

La route ➤ La route part vers l'est puis vers le sud sur 350 miles (560 km), bordée des sentiers des services forestiers, des routes de gravier et les routes locales, qui desservent de petites localités comme Palisade, sympathique pour une pause café (p. 299), ou Cuyuna, qui organise une course de tiques chaque année au mois de juin. Puis arrive Minneapolis.

À COMBINER AVEC :

🛣20 La Route 66
Rejoignez la route légendaire à St Louis pour arpenter les 2 100 miles (3 380 km) menant à Los Angeles ou les 300 miles (480 km) jusqu'à Chicago.

🛣27 Le long du Missouri
Une autre route à prendre à Saint-Louis, un itinéraire chargé d'Histoire.

❸ Minneapolis

Riverfront District, le quartier qui borde le fleuve au nord du centre-ville, offre une halte sympathique avec ses parcs, ses musées, ses bars et ses clubs de polka. En bas de Portland Ave, le **Stone Arch Bridge** est un pont interdit aux voitures qui offre une belle vue sur les chutes de St Anthony. Le **Guthrie Theater** (📞612-377-2224 ; www.guthrietheater.org ; 818 2nd St S) se trouve quelques rues à l'est, avec son "Endless Bridge", pont sans pilier donnant sur le fleuve. C'est un espace public, accessible gratuitement.

Un peu plus loin, l'University of Minnesota accueille quelque 50 000 étudiants. Sur le campus, face au fleuve, le **Weisman Art Museum** (📞612-625-9494 ; www.weisman. umn.edu ; 333 E River Rd ; ⏰10h-17h mar-ven, 10h-20h mer, 11h-17h sam et dim) occupe un édifice de l'architecte Frank Gehry. Ses vastes galeries consacrées à l'art américain, accessibles gratuitement, méritent le coup d'œil.

✖ p. 299

La route ≫ Prenez l'I-94 E jusqu'à la sortie 241B pour le centre de St Paul. Comptez environ 10 miles (16 km).

❹ St Paul

Plus petite et plus tranquille que sa jumelle Minneapolis, St Paul a davantage conservé son caractère historique. Le **Mississippi River Visitors Center** (📞651-293-0200 ; www.nps.gov/ miss ; ⏰9h30-17h dim-jeu, 9h30-21h ven et sam) est situé dans le hall du musée des Sciences. Prenez une carte des sentiers et renseignez-vous sur les activités proposées.

Sur Cathedral Hill (où se trouve la cathédrale, d'inspiration Renaissance, construite par l'architecte français Emmanuel Masqueray à partir de 1906), **Summit Ave** est bordée de demeures victoriennes. Le quartier vit grandir F. Scott Fitzgerald. Il vivait dans le *brownstone* du 599 Summit Ave lorsque fut publié *L'Envers du paradis*. À une rue au sud, Grand Ave abrite boutiques et cafés gastronomiques.

✖ 🛏 p. 299

La route ≫ 25 miles (40 km) après St Paul, près de Hastings, la Great River Road se sépare en deux sections, est et ouest, et le Mississippi se transforme en frontière, séparant deux États, le Minnesota et le Wisconsin. Notre itinéraire passe de l'un à l'autre pour couvrir les meilleurs sites.

❺ Pepin

Restez du côté Minnesota (Hwy 61) pour visiter Red Wing, connue pour ses chaussures et ses poteries, puis direction le Wisconsin (Hwy 35), qui recèle certains des plus beaux paysages sur la vallée du Mississippi. Une grande portion de route entoure Pepin. Les fans de *La Petite Maison dans la prairie* ne manqueront pas de s'arrêter au **Laura Ingalls Wilder Museum** (http://lauraingallspepin.com ; 306 Third St ; don suggéré adulte/enfant 2/1 $; ⏰10h-17h mi-mai–mi-oct), lieu de naissance de l'auteur, en 1867. Il n'y a pas grand-chose à voir dans le musée, et le bâtiment lui-même est une réplique, mais les inconditionnels apprécieront d'être sur le vrai bout de territoire ayant jadis appartenu à Charles et Caroline Ingalls.

✖ p. 299

La route ≫ Continuez sur 8 miles (13 km) vers le sud-est sur la Hwy 35 jusqu'à Nelson.

❻ Nelson et Wabasha

Ces deux localités se font face, de chaque côté du fleuve. Située du côté Wisconsin, Nelson abrite la **Nelson Cheese Factory** (www.nelsoncheese. com ; S237 N Main St ; glaces à partir de 1,50 $; ⏰9h-18h dim-jeu, 9h-19h ven et sam ; 👶). Si le bâtiment, restauré, ne produit plus de fromage, la boutique et le confortable bar à vin en proposent toujours.

Itasca State Park Camping, randonnée et canoë aux sources du Mississippi

295

INDICATIONS ROUTIÈRES

La Great River Road emprunte un nombre incroyable de routes et passages divers et il est donc complexe de fournir des explications détaillées pour la suivre. Nous avons donné quelques indications dans ce guide, mais pour vous repérer, mieux vaut avoir recours à des ressources plus détaillées. Le **Minnesota** (www.mnmississippiriver.com), le **Wisconsin** (www.wigreatriverroad.org), l'**Illinois** (www.greatriverroad-illinois.org) et l'**Iowa** (www.iowagreatriverroad.com) consacrent tous un site Internet à la River Road. Consultez également le site de la **Federal Highway Administration** (www.fhwa.dot.gov/byways/), qui détaille l'itinéraire section par section et propose des cartes, les indications de direction ainsi que des informations. La seule règle constante où que vous vous trouviez : les panneaux marqués d'un gouvernail vert indiquent le chemin.

Toutefois, c'est pour les glaces que tout le monde fait la queue.

Sur l'autre rive, à Wabasha, dans le Minnesota, le **National Eagle Center** (☎651-565-4989 ; www.nationaleaglecenter.org ; 50 Pembroke Ave ; adulte/enfant 8/5 $; ⏰10h-17h) accueille chaque année en hiver une vaste colonie de pygargues à têtes blanches, qui vient nicher dans les arbres au bord de l'eau et se repaître de poissons. Le centre vous en apprendra davantage sur ces rapaces.

✕ p. 299

La route ›› Depuis Wabasha, restez sur la Hwy 61, qui entame un bel itinéraire de près de 60 miles (presque 100 km), à travers des marais et des collines verdoyantes, jusqu'à La Crescent, dans le Minnesota.

❼ La Crescent

Il n'est pas étonnant que La Crescent ait été surnommée "capitale de la pomme". Les vergers sont partout et des stands en bord de route vendent des tartes, particulièrement d'août à octobre. Fraises, maïs et citrouilles remplissent les paniers durant les autres saisons. Le **Bauer's Market** (☎507-895-4583 ; www.bauersmarketplace.com ; 221 N 2nd St ; ⏰8h-20h lun-ven, 8h-18h sam et dim) vend toute l'année des produits locaux ainsi que du matériel et des décorations de jardin – nains en céramique, champignons géants... –, souvent peintes par des artistes locaux.

La route ›› Traversez encore le Mississippi via la Hwy 61 jusqu'à La Crosse, Wisconsin.

❽ La Crosse

La route (qui devient 3rd St S du côté Wisconsin) passe devant le **plus grand pack de bière au monde**. Les "cannettes" sont en fait les cuves de stockage de la **City Brewery** (www.citybrewery.com), anciennement G. Heileman Brewing. Elles contiennent l'équivalent de 7,3 millions de cannettes.

Le centre historique de **La Crosse** (www.explorelacrosse.com) recèle plusieurs pubs et restaurants, notamment vers Main St. À l'est de la ville, **Grandad Bluff** offre de belles vues sur le fleuve. Continuez dans Main St, puis Bliss Rd, vers l'est et tournez à droite dans Grandad Bluff Rd.

La route ›› Prenez la Hwy 35 vers le sud, qui longe le fleuve sur 24 miles (38 km) jusqu'à la frontière de l'Iowa, puis sur 35 miles (56 km) jusqu'à l'ancien poste de commerce de fourrures de Prairie du Chien. Continuez jusqu'à Bloomington, puis tournez à droite sur la Hwy 133 et roulez sur 40 miles (64 km) pour rejoindre Potosi.

❾ Potosi

La River Road compose la rue principale de la ville. Ouvert en 1852, l'imposant bâtiment de pierre de la **Potosi Brewing Company** (☎608-763-4002 ; www.potosibrewery.com ; 209 S Main St ; ⏰10h30-21h) permet en un seul arrêt de prendre un verre, de se restaurer et d'acheter des souvenirs, tout en obtenant des renseignements historiques. On déguste dans un joli *beer garden* un hamburger ou la spécialité : la soupe au fromage et à la bière.

Le bâtiment abrite aussi le **National Brewery Museum** (5 $), musée de la bière plein de vieilles bouteilles, de cannettes, de sous-bocks et de publicités, ainsi qu'un **musée des Transports** (entrée libre) montrant les anciens matériels utilisés pour l'acheminement de la bière. Le **Great River Road Interpretation Center** s'y trouve également et propose cartes, informations historiques et connexion Internet.

La route >> Prenez la Hwy 133 vers l'est jusqu'au croisement avec la Hwy 35/61 et tournez à droite. Continuez 8 miles (13 km) jusqu'à la jonction avec la Hwy 151. Les trois routes n'en forment plus qu'une sur 10 miles (16 km). Bifurquez vers Dubuque à la sortie 9th St-11th St.

TEMPS FORT

❿ Dubuque

Des demeures victoriennes longent les rues étroites et animées situées entre le Mississippi et les sept collines calcaires de la ville. Le **funiculaire de 4th Street** (www.dbq.com/fenplco ; angle 4th St et Fenelon Place ; adulte/enfant 3/1,50 $ aller-retour ; ☉8h-22h avr-nov), construit en 1882, offre de belles vues. Sonnez la cloche pour monter.

Sur le port de Dubuque, le **National Mississippi River Museum & Aquarium** (www.rivermuseum.com ; 350 E 3rd St ; adulte/enfant 15/10 $; ☉9h-18h été, 10h-17h reste de l'année) permet notamment de piloter un simulateur de bateau et de toucher plusieurs espèces vivant dans le fleuve. Six habitats ont été reconstitués, dont le bayou, dans lequel vit un alligator. Le film vous en apprendra plus sur le Mississippi.

🛏 p. 299

La route >> Prenez la Hwy 52 direction le sud sur 45 miles (72 km) vers Sabula, puis suivez la Hwy 67 sur 55 miles (88 km) jusqu'à Davenport.

⓫ Davenport

Davenport est sans doute la plus agréable des "Quad Cities" (www.visitquadcities.com), quatuor comprenant aussi Moline et Rock Island dans l'Illinois, et Bettendorf dans l'Iowa. Dans le centre, le **Figge Art Museum** (📞563-326-7804 ; www.figgeart.org ; 225 W 2nd St ; adulte/enfant 7/4 $; ☉10h-17h mar, mer, ven et sam, 10h-21h jeu, 12h-17h dim ; 🚹), aux murs de verre, expose ses collections d'art américain, de l'époque coloniale à la première moitié du XXᵉ siècle, ainsi que des collections d'art haïtien et mexicain.

Découvrez l'unique autoportrait de Grant Wood, le peintre du Middle West rural, mondialement connu pour son œuvre *American Gothic.*

La route >> Prenez la Hwy 61 vers le sud jusqu'à Fort Madison. Traversez le Mississippi sur le pont à péage (2 $) qui permet de faire passer trains et voitures sur deux niveaux différents. Du côté Illinois, empruntez la Hwy 96 vers l'ouest jusqu'à Nauvoo.

⓬ Nauvoo

Cette petite localité (www.seenauvoo.com) est un lieu de pèlerinage pour les mormons. Joseph Smith, le fondateur de la religion, y amena ses fidèles en 1839 après leur expulsion du Missouri. Nauvoo ("bel endroit" en hébreu) s'agrandit rapidement et près de 12 000 mormons s'y installèrent, rivalisant avec la population de Chicago. L'extension de la ville prit fin en 1846 : les tensions religieuses extrêmes (John Smith fut tué dans sa cellule en 1844) poussèrent le groupe à émigrer en Utah, sous la conduite du nouveau président de l'église, Brigham Young. Le quartier historique de la ville conserve de beaux bâtiments d'époque, comme les maisons de Smith et Young. Un impressionnant temple blanc fut construit en 2002 à l'emplacement du sanctuaire mormon d'origine, réduit en cendres en 1850.

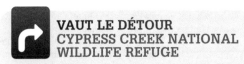

VAUT LE DÉTOUR
CYPRESS CREEK NATIONAL WILDLIFE REFUGE

Point de départ : ⓯ Cairo

Avec ses marais, ses cyprès pleins de mousse et ses grenouilles qui croassent, le **Cypress Creek National Wildlife Refuge** (☎618-634-2231 ; www.fws.gov/midwest/cypresscreek) est un petit bout de Sud en plein Illinois. Pour ceux n'ayant pas l'opportunité de se rendre en Louisiane, c'est l'occasion de voir cet écosystème de près. Depuis Cairo, roulez 25 miles (40 km) vers le nord sur la Hwy 37 jusqu'à Cypress et arrêtez-vous au **Cache River Wetlands Center** (☎618-657-2064 ; 8885 Hwy 37 ; ⏰9h-16h mer-dim). Le personnel pourra vous renseigner si vous souhaitez faire du vélo, du canoë ou de la randonnée.

La route ⟫ Suivez la Hwy 96 vers le sud jusqu'à l'I-72, en traversant le Mississippi pour rejoindre Hannibal, dans le Missouri (p. 354), ville natale de Mark Twain. De retour en Illinois, prenez la Hwy 96 jusqu'à la Hwy 100, que vous emprunterez en direction du sud. La route retrouve le Mississippi peu avant Grafton. Attention à ne pas manquer l'entrée d'Elsah, moins de 4 miles (6,5 km) plus loin.

TEMPS FORT

⓭ Elsah

Petit hameau caché entre deux falaises en bordure de la route, Elsah (www.elsah.org) s'articule autour de deux rues principales parallèles bordées de maisons de pierre du XIXᵉ siècle, d'anciennes fabriques de chariots et de fermes. Les amateurs de plein air pourront faire de la tyrolienne ou du vélo sur les sentiers alentour.

🛏 p. 299

La route ⟫ Reprenez la Hwy 100 jusqu'à Alton (10 miles ; 16 km). La River Road disparaît ensuite dans les abords de St Louis. Consultez notre promenade (p. 358) si vous comptez y faire un arrêt. L'un des meilleurs endroits pour retrouver la route est Ellis Grove, dans l'Illinois, à 75 miles (120 km) au sud via l'I-255, la Hwy 159 et la Hwy 3.

⓮ Fort Kaskaskia

Situé à quelques kilomètres au sud d'Ellis Grove, **Fort Kaskaskia** (4372 Park Rd ; ⏰9h-17h mer-dim) fut construit par les Français en 1759 pour se protéger contre les attaques britanniques. Il n'en reste plus aujourd'hui que le terrassement autour du périmètre, un cimetière de la fin du XIXᵉ siècle et une superbe vue. L'endroit est idéal pour un pique-nique, avec tables et barbecues. Si vous aimez l'architecture coloniale française, prenez le sentier pour aller voir la **maison de Pierre Menard**, bâtie

en 1802 pour l'homme qui devint par la suite le premier lieutenant-gouverneur d'Illinois. Kaskaskia fut la première capitale de l'Illinois, mais ne garda ce rôle qu'une année à peine.

La route ⟫ À 6 miles environ (une dizaine de kilomètres) par la Hwy 3, vous trouverez Chester, ville d'origine d'EC Segar, le créateur de Popeye – ce qui explique la présence de statues des personnages du dessin animé en plusieurs endroits de la ville. Continuez vers le sud sur la Hwy 3 durant 85 miles (136 km) jusqu'à Cairo.

⓯ Cairo

"Terminus" de la moitié nord de la Great River Road, la ville a connu des jours meilleurs, mais les marais qui l'entourent sont jolis. Ceux qui poursuivent la route sont à peu près à mi-chemin. Les mille prochains miles (1 600 km), agrémentés de plantations et de bateaux à vapeur, les mèneront à La Nouvelle-Orléans.

Où se restaurer et se loger

Itasca State Park ❶

🛏 **Douglas Lodge** — Lodge $$
(📞866-857-2757 ; ch 95-140 $; 📶).
Le vénérable Douglas Lodge, géré par le parc, possède un charme rustique. Certaines chambres partage une sdb. Il dispose aussi de bungalows et d'un bon restaurant.

Palisade

🍴 **Palisade Cafe** — Américain $
(210 Main St ; plats 5-11 $; ⏱ 7h-19h lun-sam, 7h-14h dim). Cette petite maison de bois au milieu de nulle part offre une halte bienvenue, avec ses *hash browns* (beignets de pommes de terre) farcis, par exemple au fromage, et ses délicieuses tartes.

Minneapolis ❸

🍴 **Butcher & the Boar** — Américain $$$
(📞612-238-8887 ; www.butcherandtheboar. com ; 1121 Hennepin Ave ; plats 25-32 $; ⏱17h-minuit ; 📶). Le paradis des amateurs de viande. Au menu : jambon de sanglier au beurre fermier, saucisse de veau, poulet pané et autres spécialités maison, sans compter les 30 bières régionales à la pression et une remarquable carte de bourbons. Réservation obligatoire.

St Paul ❹

🍴 **Mickey's Dining Car** — Diner $
(www.mickeysdiningcar.com ; 36 W 7th St ; plats 4-9 $; ⏱24h/24). Un *diner* typique, Art déco, où la serveuse vous appelle "*honey*" et où les habitués boivent leur café au bar en lisant le journal. Carte (hamburger, tarte aux pommes, sirop d'érable...) au charme intemporel.

🛏 **Covington Inn** — B&B $$
(📞651-292-1411 ; www.covingtoninn.com ; 100 Harriet Island Rd ; ch petit-déj inclus 150-235 $; 🅿 ❄). Parfaites pour regarder passer les bateaux en sirotant son café du matin, ces

4 chambres vous attendent dans un remorqueur amarré sur le Mississippi à Harriet Island.

Pepin ❺

🍴 **Harbor View Cafe** — Américain $$$
(www.harborviewpepin.com ; 314 First St ; plats 19-26 $; ⏱11h-14h30 lun et jeu-dim, fermé mi-nov–mi-mars). Ce restaurant rempli de livres est un adepte du mouvement *Slow Food*. L'ardoise change midi et soir, avec des plats toujours plus alléchants. Des exemples ? Champignons farcis aux quatre fromages, flétan sauce aux câpres, gâteau de citron au gingembre... Les bancs sur le trottoir ont vue sur le fleuve. Espèces uniquement.

Nelson ❻

🍴 **Stone Barn** — Pizzeria $$
(📞715-673-4478 ; www.nelsonstonebarn.com ; S685 Country Rd KK ; pizzas 11-19 $; ⏱17h-21h ven-dim mi-mai à fin sept). Parcourez la boutique d'antiquités ou le jardin en attendant que votre pizza à pâte fine et croustillante sorte du four à bois. Joli cadre verdoyant et tables en extérieur.

Dubuque ❿

🛏 **Hotel Julien** — Hôtel historique $$
(📞563-556-4200 ; www.hoteljuliendubuque. com ; 200 Main St ; ch 110-250 $; ❄ 📶).
Construit en 1914, cet hôtel de 8 étages servit jadis de refuge à Al Capone. Aujourd'hui rénové, il est passé dans la catégorie haut de gamme et offre une alternative bienvenue aux chaînes.

Elsah ⓭

🛏 **Maple Leaf Cottage Inn** — B&B $$
(📞618-374-1684 ; www.mapleleafcottages. com ; 12 Selma St ; ch 90-110 $; 📶). Avec sa décoration rétro et ses antiquités, le Maple Leaf offre un véritable voyage dans le passé. Espèces ou chèques uniquement.

Split Rock Lighthouse Difficile de trouver plus beau point de vue sur le lac Supérieur

La Highway 61

23

La route colle à la rive du lac Supérieur, entre falaises rouges et hauts sapins, de Duluth à la frontière canadienne. Des cascades, des élans… et Bob Dylan dans l'autoradio.

TEMPS FORTS

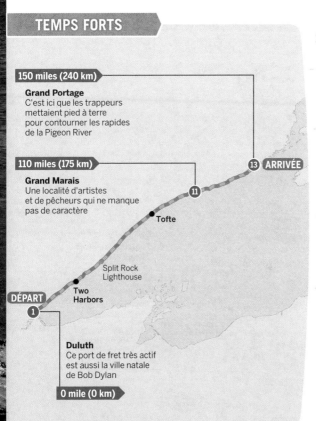

150 miles (240 km)

Grand Portage
C'est ici que les trappeurs mettaient pied à terre pour contourner les rapides de la Pigeon River

110 miles (175 km)

Grand Marais
Une localité d'artistes et de pêcheurs qui ne manque pas de caractère

13 ARRIVÉE

11

Tofte

Split Rock
Lighthouse

DÉPART

1

Two
Harbors

Duluth
Ce port de fret très actif est aussi la ville natale de Bob Dylan

0 mile (0 km)

**2-3 JOURS
150 MILES / 240 KM**

PARFAIT POUR...

**LE MEILLEUR
MOMENT**

De juillet à mi-octobre pour le climat et les couleurs automnales

 **LA PHOTO
SOUVENIR**

Le phare de Split Rock, perché sur sa falaise

 **OBSERVER
LA FAUNE**

Empruntez le Gunflint Trail pour observer des élans

23 La Highway 61

Pour beaucoup, le nom de Hwy 61 évoque Bob Dylan. Pourtant, cette route conte une histoire tout autre que les meurtres, la pauvreté et la misère, thèmes de son album *Highway 61 Revisited*, sorti en 1965. Il serait plutôt question ici d'eau, de ports, de cargos chargés de minerai et de petits bateaux de pêche débarquant leur prise du jour. En chemin, les falaises offrent des vues saisissantes sur le lac Supérieur.

TEMPS FORT

1 Duluth

Situé sur le flanc d'une colline face au lac Supérieur, Duluth est l'un des ports les plus actifs du pays. Pour s'imprégner de la ville, promenez-vous dans Canal Park. Commencez par l'**Aerial Lift Bridge,** pont levant emblématique de Duluth qui voit entrer un millier de cargos dans le port chaque année. Les écrans à l'extérieur du **Maritime Visitors Center** (☏218-720-5260 ; www.lsmma.com ; 600 Lake Ave S ; ☺10h-21h

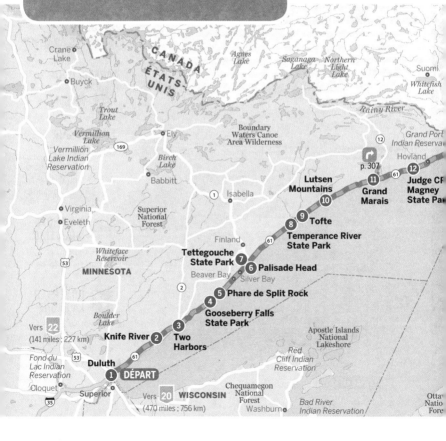

juin-août, horaires réduits sept-mai) annoncent les arrivées et départs des gros bateaux ; l'intérieur abrite des expositions sur la navigation et les naufrages dans les Grands Lacs.

Duluth est aussi le lieu de naissance de Bob Dylan, même si la ville n'en fait pas grand cas. Sa **maison d'enfance** (519 N 3rd Ave E), non signalée, est située sur une hauteur au nord-est du centre-ville. Propriété privée, elle ne se visite pas.

✖ ⌂ p. 309

**La route ›› ** Prenez London Rd. (Hwy 61), en direction du nord-est pour sortir de la ville. Suivez les panneaux indiquant la North Shore Scenic Dr (également baptisée Scenic 61 ou Old Hwy 61). Une voie express de la Hwy 61 couvre également les 20 prochains miles (32 km), mais mieux vaut prendre la route d'origine, à deux voies.

- - - - - - - - - - - - - -

❷ Knife River

Rives sauvages, pêcheurs à la ligne… vous vous approchez de la **Russ Kendall's Smoke House** (☎218-834-5995 ; 149 Scenic Dr ; saumon 17 $/ livre ; ⏱9h30-17h30). Depuis quatre générations, la famille Kendall cuisine de la truite provenant de la Knife River toute proche et du saumon d'Alaska, pêché à la ligne. De quoi faire un pique-nique mémorable !

**La route ›› ** Continuez vers le nord-est sur la Hwy 61 pendant environ 7 miles (11 km).

- - - - - - - - - - - - - -

❸ Two Harbors

Le seul **phare** (www.lakecountyhistoricalsociety.org ; 3 $; ⏱10h-18h lun-sam,

10h-16h dim) en activité du Minnesota, construit en 1892, se dresse au-dessus d'Agate Bay. Dans le port, on assiste parfois aux manœuvres des bateaux transportant du minerai de fer. Il est possible de faire des promenades (3 $/pers) à bord du vieux remorqueur. La ville doit son nom à la présence d'un deuxième port ("*harbor*"), dans Burlington Bay, au nord.

Le **Superior Hiking Trail Headquarters** (www.shta.org ; 731 7th Ave ; ⏱9h-17h lun-ven, 10h-16h sam, 12h-16h dim), centre d'information du sentier de 290 miles (466 km) qui longe le lac entre Duluth et la frontière canadienne, dispense cartes et informations pour la randonnée. Des têtes de sentier avec parking sont réparties tous les 5 à 10 miles (8 à 16 km), l'idéal pour une excursion à la journée. Pour une randonnée plus longue, 81 terrains de camping et plusieurs lodges sont disséminés en chemin.

✖ ⌂ p. 309

À COMBINER AVEC :

20 **La Route 66**
Certes, Chicago n'est pas la porte à côté (470 miles ; 756 km), mais cet itinéraire est un morceau de l'histoire américaine.

22 **La Great River Road**
Rejoignez la route qui longe le Mississippi à Grand Rapids, à 83 miles (133 km) environ à l'est via la Hwy 2.

303

La route ➤➤ Poursuivez sur la Hwy 61 et passez le hameau de Castle Danger (du nom d'un bateau qui naviguait à proximité) pour arriver au Gooseberry Falls State Park. Comptez 13 miles (21 km) de route.

④ Gooseberry Falls State Park

Avec ses 5 cascades, ses gorges et ses randonnées faciles, le **Gooseberry Falls State Park** (✆218-834-3855 ; www.dnr.state.mn.us ; 3206 Hwy 61 ; par véhicule/empl tente 5/20 $; ⊙8h-22h ; ♿) séduit nombre de visiteurs. Plusieurs bâtiments en pierre et en bois, construits par les Civilian Conservation Corps (Corps civil de protection de l'environnement, un programme d'embauche de jeunes chômeurs créé dans le cadre du New Deal dans les années 1930), accueillent des expositions.

Les **Lower et Middle Falls** sont les cascades les plus accessibles du parc. On s'y rend grâce à un sentier pavé de 0,6 mile (1 km). Les voyageurs plus sportifs pourront s'essayer au **Gooseberry River Loop**, de 2 miles (3 km), qui fait partie du Superior Hiking Trail. Pour vous lancer, laissez votre voiture au parking du centre des visiteurs (borne 38,9). Suivez le sentier jusqu'aux Upper Falls, puis continuez en remontant le fleuve par le Fifth Falls Trail. Traversez le pont à Fifth Falls, puis retournez de l'autre côté du fleuve, d'où vous êtes parti. C'est l'une des portions les plus simples du Superior Trail.

La route ➤➤ De retour sur la Hwy 61 vers le nord-est, cette fois-ci pour 6 miles (près de 10 km).

AMERICA / ALAMY ©

⑤ Phare de Split Rock

Le **Split Rock Lighthouse State Park** (✆218-226-6377 ; www.dnr.state.mn.us ; 3755 Split Rock Lighthouse Rd ; par véhicule/empl tente/phare 5/12/8 $; ⊙10h-18h) est l'endroit le plus visité de toute la rive nord. Le phare lui-même est un site historique avec une

Gooseberry Falls State Park Le Superior Hiking Trail vous mène aux Upper Falls.

entrée payante séparée. Des visites guidées sont possibles (départs toutes les heures), mais vous pouvez aussi le visiter seul. Si grimper de nombreuses marches ne vous fait pas peur (il y en a environ 170... à l'aller comme au retour), descendez jusqu'à la plage, qui offre une très belle vue sur le phare et la rive environnante.

Le phare fut construit après qu'un orage causa la perte, en novembre 1905, de quelque 29 bateaux dans les environs. Les appareils de navigation modernes l'ont rendu obsolète en 1969.

La route >> Continuez sur la Hwy 61 sur 10 miles (16 km). Guettez le panneau indiquant Palisade Head, sur la droite, peu de temps après Silver Bay.

⑥ Palisade Head

Ancienne coulée de lave qui s'est transformée en belle falaise aux teintes rouille, Palisade Head est accessible par une route étroite qui fait une boucle, avec un petit parking. La vue y est impressionnante : par temps clair, il est possible de voir les

305

L'AUTRE HIGHWAY 61

La Hwy 61 fait aussi référence à la célèbre Blues Highway, qui longe le Mississippi vers La Nouvelle-Orléans (voir l'itinéraire La route du blues, p. 209). Cette route est en fait l'US 61 et elle part à proximité de St Paul, dans le Minnesota. Notre Hwy 61 est la route d'État panoramique qui commence à Duluth.

Apostle Islands, au Wisconsin, à plus de 50 km de là. L'endroit est très apprécié des amateurs d'escalade.

La route › Revenez sur la Hwy 61. Palisade Head appartient au Tettegouche State Park, même s'il n'est pas contigu. La principale partie du parc débute 2 miles (3 km) en amont de la route.

- - - - - - - - - -

❼ Tettegouche State Park

Comme la plupart des parcs de la rive nord, le **Tettegouche State Park** (☎218-226-6365 ; www.dnr.state.mn.us/tettegouche ; 5702 Hwy 61 ; par véhicule/empl tente 5/20 $; ☺9h-20h) ravira les amateurs de pêche, de camping, de canoë et de randonnée avec ses chutes et ses petits lacs. Sans parler du ski et des promenades en raquettes en hiver.

Deux belles expériences sont possibles près de l'entrée du parc (borne 58,5). Laissez votre voiture sur le parking près du nouveau centre des visiteurs, puis prenez le sentier pour rejoindre **Shovel Point**.

L'aller-retour fait 1,5 mile (2,5 km) mais passe par beaucoup de marches et de passerelles. Vous serez récompensé par de sublimes vues sur la campagne environnante depuis la pointe, d'où l'on peut apprécier la puissance des vagues. Ouvrez l'œil : des faucons nichent dans la région. Autre coup de cœur : le **bassin de baignade** idyllique à l'embouchure de la Baptism River. Longez l'aire de pique-nique près du centre des visiteurs et... vous y êtes.

La route › Reprenez la Hwy 61 pour encore 22 miles (35 km) de forêt et de parc avant d'arriver, peu après Taconite Harbor (port désormais utilisé pour le transport du charbon utilisé par la centrale électrique adjacente), à Temperance River State Park.

- - - - - - - - - -

❽ Temperance River State Park

Contrairement à ce que son nom pourrait laisser croire, la rivière du **Temperance River State Park** (www.dnr.state.mn.us ; 7620 Hwy 61 ; par véhicule/ empl tente 5/20 $;

☺9h-20h) n'a rien de calme : elle se précipite à grand fracas au fond d'une gorge étroite et sinueuse. Un parking en bord de route permet de l'admirer.

La route › Tofte n'est qu'à 2 miles (3 km) par la Hwy 61.

- - - - - - - - - -

❾ Tofte

Cette petite localité mérite un arrêt, ne serait-ce que pour visiter le **North Shore Commercial Fishing Museum** (7136 Hwy 61 ; adulte/enfant 3/1 $; ☺9h-15h dim-jeu, 9h-17h ven et sam), petit musée local où sont rassemblés des filets de pêche, un bateau et d'autres outils professionnels. Les photos racontent l'histoire des familles norvégiennes qui s'installèrent ici au XIXᵉ siècle.

À proximité, **Sawtooth Outfitters** (☎218-663-7643 ; www.sawtoothoutfitters.com ; 7216 Hwy 61 ; ☺7h-19h fin mai-début sept, horaires réduits le reste de l'année) propose des sorties guidées en kayak (demi-journée/journée complète 50/100 $) pour tous niveaux sur la Temperance, le lac Supérieur ou sur d'autres lacs des environs, très riches en faune. Sawtooth loue également des VTT (à partir de 22 $/jour), pour vous promener sur les nombreux sentiers de la région, notamment le très apprécié Gitchi-Gami State Bike Trail (www.ggta.org).

La route ›› Reprenez la Hwy 61 pour 7 miles (11 km).

⑩ Lutsen Mountains

Plus grande station de ski du Midwest, **Lutsen** (📞218-406-1320 ; www. lutsen.com ; 10h-17h) est assurément effervescente en hiver, lorsque skieurs et snowboardeurs affluent pour profiter de ses 92 pistes réparties sur quatre montagnes.

L'été, les visiteurs prennent le **téléphérique** (aller-retour adulte/enfant 12/8 $) jusqu'au sommet de la Moose Mountain. Les cabines rouges avancent à hauteur des arbres de la vallée avant d'atteindre le sommet, 300 m plus haut. Profitez de la vue depuis le chalet et des sentiers de randonnée. Le Superior Hiking Trail passe par ici ; vous pouvez l'emprunter pour rejoindre la station (4,5 miles, 7 km).

Elle organise aussi des sorties canoës (15 $; à 8h30 et 10h30) pour toute la famille sur la rivière Poplar. Les enfants adoreront le **toboggan géant** (8 $/pers), sur l'Eagle Mountain. On y accède par télésiège.

La route ›› De retour sur la Hwy 61, longez le Cascade River State Park (particulièrement beau en automne), où les érables et les bouleaux abondent, sur 20 miles (32 km) jusqu'à Grand Marais.

TEMPS FORT

⑪ Grand Marais

La petite ville bohème de Grand Marais est une agréable halte pour flâner au bord de l'eau et profiter de ses restaurants pleins de charme. Elle constitue une excellente base pour explorer la région. Vous pourrez apprendre à construire un bateau, à fabriquer des mouches pour la pêche ou à brasser votre propre bière à la **North House Folk School** (📞218-387-9762 ; www. northhouse.org ; 500 Hwy 61), qui propose des cours s'attachant à préserver les traditions locales, et organise des sorties à bord de la goélette *Hjordis* (2 heures ; 35-45 $/pers).

➔ VAUT LE DÉTOUR GUNFLINT TRAIL

Point de départ : ⑪ Grand Marais

Le **Gunflint Trail** (www.gunflint-trail.com), ou Hwy 12, part de Grand Marais vers l'intérieur des terres et s'arrête près du Saganaga Lake. Cette petite route goudronnée de 57 miles (91 km) s'enfonce dans la **Boundary Waters Canoe Area Wilderness** (www.fs.usda.gov/attmain/superior/specialplaces). Eldorado des pagayeurs. Permis et informations à la **Gunflint Ranger Station** (📞218-387-1750 ; 8h-16h30 mai-sept), au sud-ouest de Grand Marais sur la Hwy 61.

Cet itinéraire se prête bien aux randonnées, aux pique-niques et à l'observation des élans – on en voit parfois à l'aube et au crépuscule, dans les zones humides et marécageuses.

Comptez 1 heure 30 l'aller en voiture, mais prévoyez du temps pour les promenades et les arrêts "faune". La route ne traverse aucune ville, mais plusieurs hébergements, dans les bois, proposent en-cas et repas.

---

 p. 309

La route ›› Après Grand Marais, la Hwy 61 s'élargit, les visiteurs se font plus rares et le lac se dévoile un peu plus. Le Magney State Park se trouve 14 miles (22,5 km) plus loin.

---

⑫ Judge CR Magney State Park

Ce **parc** (www.dnr.state. mn.us ; 4051 Hwy 61 ; par voiture/empl tente 5/20 $; 9h-20h) porte le nom d'un ancien maire de Duluth et juge à la Cour suprême du Minnesota qui aida à sauvegarder la région. Ne manquez pas la randonnée jusqu'à la **Devil's Kettle** ("Bouilloire du Diable"), célèbre cascade sur la Brule River, divisée

VAUT LE DÉTOUR
ISLE ROYALE
NATIONAL PARK

Point de départ : ⑬ Grand Portage

Si l'**Isle Royale National Park** (www.nps.gov/isro ;
4 $/jour ; ◷mi-mai à oct) fait techniquement partie
du Michigan, elle est plus facilement accessible
depuis Grand Portage. Des **ferries** (☎218-475-0024 ;
www.isleroyaleboats.com ; visite d'une journée adulte/enfant
58/32 $) circulent tous les jours de mai à octobre.
Entièrement dénuée de route et de véhicules, cette
île préservée de 544 km² accueille moins de visiteurs
en un an que le parc de Yellowstone en une seule
journée : vous ne croiserez pas grand monde dans
ses forêts peuplées de loups et d'élans.

La traversée en ferry dure 1 heure 30. Il part de
Grand Portage le matin et effectue le retour à 15h,
laissant aux visiteurs 4 heures pour découvrir le parc.

Les amoureux des étendues sauvages souhaiteront
peut-être rester. Quelque 265 km de chemins de
randonnée sillonnent le territoire, reliant entre eux des
dizaines de campings donnant sur le lac Supérieur ou
sur les cours d'eau irriguant l'île. Pour cette expérience
en pleine nature, il importe de prévoir tente, réchaud,
sac de couchage, provisions et de quoi filtrer l'eau.
Il est toutefois possible de séjourner dans le seul
hébergement de l'île, le **Rock Harbor Lodge** (☎906-
337-4993 ; www.isleroyaleresort.com ; ch et cottages 237-271 $;
◷fin mai-début sept).

par un énorme rocher.
Si une moitié dévale 15 m
dans un bouillonnement
"classique", l'autre
disparaît dans
un immense trou.
La destination de ce cours
devenu souterrain reste
un mystère complet,
en dépit des différentes
recherches menées.
La promenade de
1,1 mile (1,8 km) aller
est assez simple.

Séparé du parc par
la route, le **Naniboujou
Lodge**, bâti dans les
années 1920, abritait jadis

un club privé. La pièce
maîtresse est l'imposant
plafond à coupole orné
de fantastiques motifs
indiens Cree aux couleurs
psychédéliques. Elle sert
maintenant de salle à
manger. Tout le monde
peut venir admirer les
peintures ou dîner sur
place.

📖 p. 309

La route » Les derniers
26 miles (41 km) d'autoroute
traversent la réserve indienne
de Grand Portage pour rejoindre
le Grand Portage National
Monument.

⑬ Grand Portage

Isolé et balayé par les
vents, Grand Portage est
l'incarnation même du
bout du monde...

Le **Grand Portage
National Monument**
(☎218-475-0123 ; www.
nps.gov/grpo ; ◷9h-17h
mi-mai à mi-oct) est le
lieu où les premiers
"voyageurs" du
commerce des fourrures
devaient porter leur
canoë (d'où son nom)
pour contourner les
rapides de la Pigeon
River. Cet ancien
pôle commercial
lointain comprend
la reconstitution
d'un comptoir et
d'un village ojibwé
(la plus grande
nation amérindienne
d'Amérique du Nord)
de 1788. Il témoigne
des dures conditions de
vie de l'époque : vous
découvrirez comment les
habitants préparaient le
riz sauvage et pressaient
la peau de castor en
visitant le Great Hall
et les autres bâtiments
accompagné de guides en
costume. Un grand pow-
wow a lieu chaque année,
le deuxième week-end
d'août.

Un sentier pavé d'un
demi-mile (800 m) gravit
le Mount Rose d'où
la vue est spectaculaire.
Le Grand Portage Trail
(17 miles ; 27 km aller-
retour) suit la route
des trappeurs d'autrefois.

Se restaurer et se loger

Duluth ❶

🍴 Duluth Grill · Américain $$

(www.duluthgrill.com ; 118 S 27th Ave W ; plats 8-16 $; ⏰7h-21h ; 🖊🚻). Une riche carte, qui met un point d'honneur à offrir des plats pour tous (intolérants au gluten, végétariens…) : œufs en poêlon au petit-déjeuner, ragoût de polenta, hamburgers de bison… À quelques kilomètres au sud-ouest de Canal Park.

🍴 Pizza Luce · Pizzeria $$

(📞218-727-7400 ; www.pizzaluce.com ; 11 E Superior St ; plats 10-20 $; ⏰8h-1h30 dim-jeu, 8h-2h30 ven et sam ; 🖊). Dans le centre, sur Superior St, cet établissement propose des petits-déjeuners et des pizzas gastronomiques à base de produits locaux, le tout sur fond de musique jouée par des groupes locaux.

🛏 Fitger's Inn · Hôtel $$

(📞218-722-8826 ; www.fitgers.com ; 600 E Superior St ; ch avec petit-déj 149-239 $; @📶). Les chambres les plus chères, parmi les 62 que compte cet établissement occupant une ancienne brasserie, jouissent des plus belles vues sur l'eau. Très bonnes bières, produites sur place.

Two Harbors ❸

🍴 Betty's Pies · Américain $

(www.bettyspies.com ; 1633 Hwy 61 ; sandwichs 5-9 $; ⏰7h-21h, horaires réduits oct-mai). Les tartes aux fruits et les gâteaux de cet établissement ont fait sa renommée. Que diriez-vous du gâteau au chocolat "cinq couches", avec chocolat noir, meringue à la cannelle, crème fouettée nature et crème fouettée chocolat ? À 2 miles (3 km) au nord de la ville.

🛏 Lighthouse B&B · B&B $$

(📞888-832-5606 ; www.lighthousebb.org ; ch petit-déj inclus 135-155 $). Impossible de battre ce phare en termes d'ambiance nautique et de vues sur le lac. Trois chambres partagent une sdb commune ; une quatrième chambre avec sdb attenante est installée dans un bâtiment séparé.

Grand Marais ⓫

🍴 Dockside Fish Market · Alimentation $

(www.docksidefishmarket.com ; 418 Hwy 61 ; plats 7-11 $). Le bateau part le matin et, dès midi, le hareng fraîchement pêché finit en *fish and chips* servi au comptoir. Sept tables en terrasse et sept autres à l'intérieur. On y vend la spécialité locale, le Lake Superior Gold-Caviar (des œufs de hareng).

🍴 Sven and Ole's · Américain $

(📞218-387-1713 ; www.svenandoles.com ; 9 Wisconsin St ; sandwichs 6-9 $; ⏰11h-20h, 11h-21h jeu-sam). Une bonne adresse pour des sandwichs et des pizzas, arrosés d'une bonne bière, à boire dans le pub mitoyen.

🍴 World's Best Donuts · Boulangerie $

(📞218-387-1345 ; www.worldsbestdonutsmn. com ; 10 E Wisconsin St ; donuts 1-2 $; ⏰4h30-16h30 lun-sam, 4h30-14h dim, fermé mi-oct à mi-mai). Le personnel arrive à 3h tous les matins pour fabriquer ces beignets emblématiques de la culture américaine. Le *skizzle*, en forme d'oreille d'éléphant, est la spécialité maison.

🛏 Harbor Inn · Hôtel $$

(📞218-387-1191 ; www.harborinnhotel. com ; 207 Wisconsin St ; ch 115-135 $; 📶). Les chambres peuvent paraître quelconques, mais elles sont confortables et bien situées.

Judge CR Magney State Park ⓬

🛏 Naniboujou Lodge · Lodge $$

(📞218-387-2688 ; www.naniboujou.com ; 20 Naniboujou Trail ; ch 95-115 $; ⏰fin mai-fin oct). La décoration de cette propriété historique varie d'une chambre à l'autre, mais toutes sont jolies et agréables.

SE DÉGOURDIR LES JAMBES
CHICAGO

Départ/arrivée Millennium Park

Distance 2 miles (3,2 km)

Durée 3 heures

La "Winfy Ctity" (Ville des vents) saura à coup sûr vous séduire avec son cocktail de culture et d'hédonisme. Cette promenade vous permettra de découvrir le Loop, le quartier central, au travers de ses musées, de son architecture et de sa scène artistique.

Compatible avec l'itinéraire :

Millennium Park

Le plus difficile dans ce **parc** (📞312-742-1168 ; www.millenniumpark. org ; 201 E Randolph St ; 🕓6h-23h ; 🚻 ; Ⓜ Randolph) est de savoir par où commencer. Par le Pritzker Pavilion, gigantesque kiosque à musique de Frank Gehry ? Par la *Crown Fountain,* installation multimédia de Jaume Plensa où apparaissent des visages de passants, crachant de l'eau telles des gargouilles modernes ? Ou par "*the Bean*" (officiellement baptisé *Cloud Gate*) d'Anish Kapoor, immense goutte argentée de 110 tonnes ?

La promenade ≫ Traversez Monroe St jusqu'à l'entrée de l'aile moderne de l'Art Institute. Vous pouvez également emprunter la passerelle qui part du Millennium Park et rejoint le jardin de sculptures, gratuit, au 2e étage de l'institut.

Art Institute of Chicago

L'**Art Institute** (📞312-443-3600 ; www.artic. edu ; 111 S Michigan Ave ; adulte/enfant 23 $/ gratuit ; 🕓10h30-17h, 10h30-20h jeu ; 🚻) est le 2e plus grand musée d'art du pays. La collection d'œuvres impressionnistes et postimpressionnistes est la plus importante au monde après celle du musée d'Orsay à Paris, et le nombre d'œuvres surréalistes est remarquable.

La promenade ≫ Prenez Michigan Ave vers le sud jusqu'à Jackson Blvd ; tournez à droite. Passez sous El Train. Quatre rues plus loin, vous longez le Board of Trade, bâtiment Art déco des années 1930 (remarquez *Cérès,* déesse de l'agriculture, au sommet). Tournez à droite dans LaSalle St.

Rookery

Si l'extérieur du **Rookery** (www.flwright. org/ ; 209 S LaSalle St ; 🕓9h30-17h30 lun-ven ; Ⓜ Quincy), construit en 1888, a des allures de forteresse, l'atrium intérieur, œuvre de Frank Lloyd Wright, est vaste et clair. Jetez-y un coup d'œil. Le Frank Lloyd Wright Preservation Trust gère une boutique dans le hall et organise des visites (5 à 10 $) en semaine, à midi.

**La promenade ›› ** Continuez sur LaSalle St, cœur du quartier financier de Chicago, jusqu'à Washington St. Tournez à droite et rejoignez Daley Plaza.

Untitled, de Picasso

Sur la place, la sculpture de Picasso est un peu le précurseur de l'art public qui fleurit dans les rues de Chicago. Babouin, chien, femme... Difficile de dire ce qu'elle représente. Picasso n'a peut-être pas pu choisir non plus, ce qui expliquerait pourquoi il l'a baptisée **Untitled** (*Sans titre*) (50 W Washington St ; **M** Washington).

**La promenade ›› ** Restez sur Washington St, en passant par l'Hotel Burnham (au 1 W Washington), construit en 1890 et qui inspira alors la conception des gratte-ciel modernes. Le Toni Patisserie & Cafe se trouve un block et demi plus loin.

Toni Patisserie & Cafe

Le **Toni Patisserie & Cafe** (www. tonipatisserie.com ; 65 E Washington St ; ⊙8h-20h lun-sam, 8h-17h dim ; **M** Randolph ou Madison) offre un refuge bienvenu à l'écart de l'agitation du Loop. Difficile de résister aux éclairs, macarons et autres gâteaux de la vitrine.

**La promenade ›› ** Descendez Washington St sur un demi-block et traversez la rue.

Chicago Cultural Center

Il y a toujours quelque chose d'intéressant et gratuit à voir au **Cultural Center** (☎312-744-6630 ; www. chicagoculturalcenter.org ; 78 E Washington St ; ⊙8h-19h lun-jeu, 8h-18h ven, 9h-18h sam, 10h-18h dim ; **M** Randolph) : expositions, projections de films étrangers, concerts de jazz ou de musique classique... Le bâtiment abrite aussi le plus grand dôme en vitrail de Tiffany au monde, le principal office du tourisme de la ville et les studios d'enregistrement des StoryCorps (où les gens viennent raconter leurs vies, qui sont archivées dans la bibliothèque du Congrès). Sortez du centre culturel par la sortie Randolph St et vous voilà revenu à votre point de départ.

Les Grandes Plaines

LES ÉTATS DES GRANDES PLAINES OFFRENT PLUS QU'UNE TRANSITION ENTRE L'EST ET L'OUEST. Si vous ralentissez un instant, les habitants vous ouvriront leurs portes et partageront avec vous certains des plus beaux paysages du pays : le mont Rushmore, le Scotts Bluff... De grandes histoires aussi. Des histoires de hors-la-loi, de colons et d'Indiens, celles de Geronimo, de Crazy Horse ou du duo d'explorateurs Lewis et Clark.

Halte obligatoire : la prairie, elle revigore l'âme. Arrêtez-vous, descendez de voiture, et respirez un grand coup. L'odeur de l'herbe coupée, le silence, troublé seulement par le chant des oiseaux, la caresse du vent dans les herbes hautes...

Kansas Terres agricoles en damier (itinéraire 27)
SUNSET AVENUE PRODUCTIONS / GETTY IMAGES ©

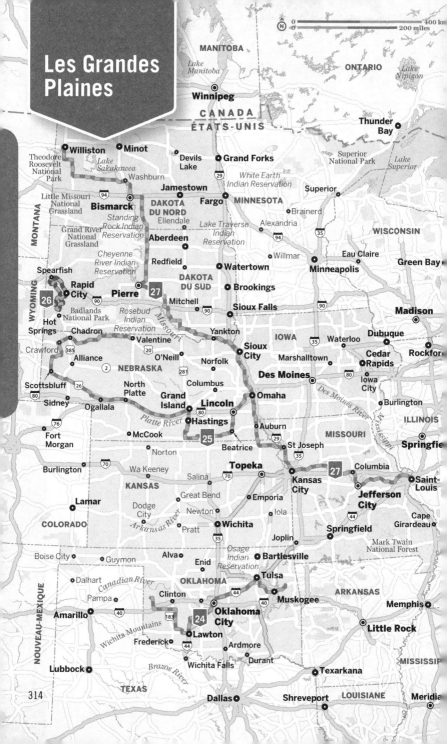

Les Grandes Plaines

Bisons Badlands National Park (itinéraire 26)

24 **Sur la piste des tribus de l'Oklahoma 4-5 jours**
Découvrez les histoires poignantes des Amérindiens de l'Oklahoma. (p. 317)

25 **Les traces des pionniers 5-7 jours**
Retrouvez les sentiers et les récits des premiers colons du Nebraska. (p. 327)

Route Mythique
26 **La boucle des Black Hills 2-3 jours**
Un bel itinéraire, entre beauté de la nature, monument de légende et histoire américaine. (p. 337)

27 **Le long du Missouri 7 jours**
Dans leur grande expédition vers l'Ouest, les explorateurs Lewis et Clark ont suivi cette rivière, la plus longue du pays. (p. 349)

 À NE PAS MANQUER

Washita Battlefield National Historic Site
Le destin tragique des Cheyennes de ce camp, attaqué en 1868, vous sera conté lors de l'itinéraire **24**.

Homestead National Monument
Le Homestead Act (1862) a ouvert l'Ouest aux colons. Parmi eux se trouvaient les Freeman. Retrouvez leur histoire dans l'itinéraire **25**.

Iron Mountain Road
Véritable montagne russe naturelle, cette route traverse le superbe Custer State Park, sur l'itinéraire **26**.

Lewis & Clark Historical Trail Visitors Center
Organisez votre propre découverte des berges du Missouri grâce à ce centre, à Omaha, dans l'itinéraire **27**.

Knife River Indian Villages Site
Ici, le temps semble figé... Plongez dans le passé, au cours de l'itinéraire **27**.

Anadarko *La région compte de nombreuses tribus des Plaines*

Sur la piste des tribus de l'Oklahoma

24

L'Oklahoma est le seul État dont le drapeau honore les Amérindiens. Découvrez l'histoire qui se cache derrière ce patrimoine au cours de ce périple, de Tahlequah à Washita.

TEMPS FORTS

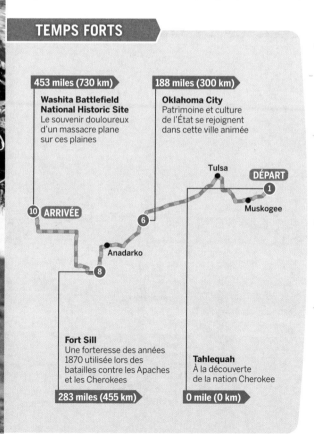

453 miles (730 km)
Washita Battlefield National Historic Site
Le souvenir douloureux d'un massacre plane sur ces plaines

188 miles (300 km)
Oklahoma City
Patrimoine et culture de l'État se rejoignent dans cette ville animée

Tulsa

DÉPART 1

Muskogee

10 **ARRIVÉE**

6

Anadarko

8

Fort Sill
Une forteresse des années 1870 utilisée lors des batailles contre les Apaches et les Cherokees
283 miles (455 km)

Tahlequah
À la découverte de la nation Cherokee
0 mile (0 km)

4-5 JOURS
453 MILES / 729 KM

PARFAIT POUR...

LE MEILLEUR MOMENT

D'avril à octobre, lorsque le temps est agréable

LA PHOTO SOUVENIR

À l'aube au Washita Battlefield National Historic Site

LA LEÇON D'HISTOIRE

L'incontournable Cherokee Heritage Center, à Tahlequah

317

24 Sur la piste des tribus de l'Oklahoma

Émaillée de récits de tromperie et de mort, l'histoire des Amérindiens de l'Oklahoma s'incarne notamment dans le tristement célèbre épisode de la Piste des Larmes : la déportation, dans les années 1830, de tribus indiennes du sud-est des États-Unis vers ce qu'on appelait alors le Territoire indien, aujourd'hui l'est de l'État. Engagez-vous sur cet itinéraire pour visiter des sites liés à l'histoire amérindienne et découvrir la place qu'il occupe aujourd'hui, dans l'Oklahoma moderne.

TEMPS FORT

❶ Tahlequah

La végétation qui couvre le nord-est de l'Oklahoma lui vaut son surnom de Green Country (le "pays vert" ; www.greencountryok. com). C'est là que se trouve Tahlequah, capitale cherokee depuis 1839.

Parmi les tragédies qui ont affecté les tribus indiennes, la plus terrible est peut-être celle de la déportation des Cherokee. L'histoire et l'horreur derrière cette marche forcée sont retracées avec

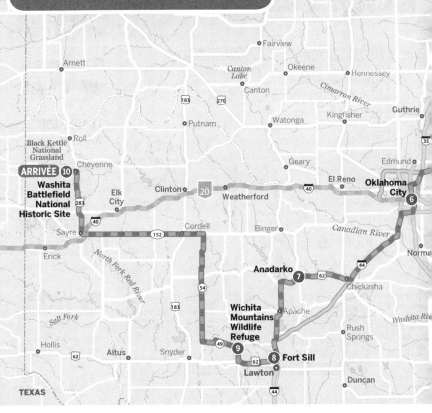

émotion dans les six galeries du **Cherokee Heritage Center** (www. cherokeeheritage.org ; 21192 Keeler Rd ; adulte/ enfant 8,50/5 $; ☺9h-17h juin-août, horaires réduits le reste de l'année), à l'extérieur de la ville. Des expositions resituent les événements, dont les batailles judiciaires et les emprisonnements qui ont précédé les faits, puis se concentrent sur les marches conduites par l'armée entre 1838 et 1839, un trajet de 1 290 km marqué par la maladie, la famine, le froid et la mort.

À l'extérieur, l'**ancien village** reconstitue la vie dans une communauté cherokee avant l'arrivée des Européens. Visite guidée (1 heure), démonstration de poterie et d'utilisation de sarbacane.

La route » Le Cherokee Heritage Center se trouve dans la partie sud-ouest de Tahlequah. De là, c'est un court trajet (1 mile, 1,6 km) vers le sud sur South Keeler Dr jusqu'à votre prochain arrêt.

À COMBINER AVEC :

20 **La Route 66**
Profitez du patrimoine amérindien de l'Oklahoma : les deux itinéraires zigzaguent à travers l'État.

25 **Les traces des pionniers**
La route vers le Nebraska offre des vues superbes des Grandes Plaines. Empruntez la I-29 sur 430 miles (692 km) au nord jusqu'à Omaha.

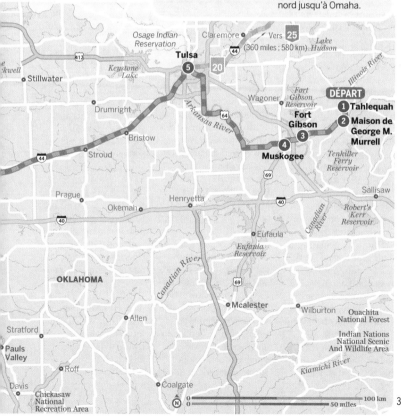

❷ Maison de George M. Murrell

Grande propriété du milieu du XIXe siècle, cette **maison** (19479 E Murrell Home Rd, Park Hill ; don requis ; ⏱9h-17h mar-sam) était celle d'un colon d'ascendance européenne et de sa femme, Minerva Ross, membre d'une importante famille cherokee (son père était le chef principal de la tribu de 1828 à 1866). Il a déménagé avec sa famille à l'époque de la Piste des Larmes et a construit cette propriété, qui offre un regard différent sur la vie aux premiers jours du Territoire indien.

La route ❯❯ Le troisième arrêt est à 18 miles (29 km) vers le sud-ouest le long de la US 62. Appréciez la campagne vallonnée et la terre rouge emblématique de l'Oklahoma.

❸ Fort Gibson

Construit à la frontière du Territoire indien en 1824, le **Fort Gibson** (907 N Garrison Rd, Fort Gibson ; adulte/enfant 3/1 $; ⏱10h-17h mar-dim juin-août, jeu-dim le reste de l'année) a joué un rôle fondamental dans l'épisode de la Piste des Larmes. Abritant la Commission de déplacement dans les années 1830, il accueillait ceux qui avaient survécu à la marche et les plaçait dans le Territoire indien. Des terrains et des bâtiments ont été restaurés dans leur état d'origine. Déclaré monument historique national, le site est géré par la Oklahoma Historical Society (www.okhistory.org).

Washington Irving écrivit son *Voyages dans les prairies à l'ouest des États-Unis* en 1835, sur la base de ses voyages avec les troupes de Fort Gibson en 1832 et 1833 à la recherche de groupes d'Amérindiens.

La route ❯❯ Continuez sur la US 62 en direction du sud-ouest sur 9 miles (14,5 km) jusqu'à Muskogee.

❹ Muskogee

Un peu différente du reste de l'Oklahoma, cette ville au fond de la vallée de la rivière Arkansas est baignée des vents chargés d'humidité en provenance du golfe du Mexique.

Installé dans un ancien bureau qui servait de lieu de réunion aux chefs des Cinq Tribus (voir encadré p. 324), le petit **Five Civilized Tribes Museum** (www.fivetribes. org ; Honor Heights Dr, Agency Hill ; adulte/réduit 4/2 $; ⏱10h-17h lun-ven, 10h-14h sam) vous en apprendra davantage sur les peuples amérindiens. Un mur est consacré à chaque tribu ; les expositions couvrent un vaste ensemble de sujets, comme l'utilisation du langage codé des Choctaws pendant la Seconde Guerre mondiale.

La boutique vend des poteries, des tableaux et des bijoux réalisés par les membres des Cinq Tribus.

La route ❯❯ Évitez le péage et la monotonie de la Muskogee Turnpike, et optez pour la US 64 qui traverse des petites villes typiques telles que Haskell ; elle offre la sensation d'être hors du temps. La route de 60 miles (96 km) jusqu'à Tulsa prend environ 90 minutes.

❺ Tulsa

Autoproclamée "capitale mondiale du pétrole", Tulsa accueille nombre de compagnies exploitant l'or noir. Cette fortune stable a autrefois permis de créer le centre-ville Art déco de Tulsa et a financé de bons musées qui rendent sa juste valeur au patrimoine indien.

Exposant l'une des collections d'art et d'objets relatifs aux cultures de l'Ouest américain les plus importantes au monde, le **Gilcrease Museum** (www.gilcrease.org ; 1400 Gilcrease Museum Rd ; adulte/enfant 8 $/gratuit ; ⏱10h-17h mar-dim) est un beau musée lié à une histoire incroyable. Son fondateur, Thomas Gilcrease, d'origine amérindienne, a grandi sur les terres tribales Creeks. À la dissolution du Territoire indien (voir encadré p. 324), il reçut un terrain dans lequel fut trouvé... du pétrole, qui fit sa fortune. Le musée se trouve au nord-ouest

L'Oklahoma rural

du centre-ville, accessible depuis la Hwy 64.

Au sud de la ville, le **Philbrook Museum of Art** (www.philbrook.org ; 2727 S Rockford Rd, à l'est de Peoria Ave ; adulte/enfant 9 $/gratuit ; ⊙10h-17h mar-dim, 10h-20h jeu) expose de belles œuvres amérindiennes, dans l'ancienne demeure d'un autre magnat du pétrole.

✕ ⊨ p. 325

La route » Reliez les deux plus grandes villes de l'Oklahoma par la voie express I-44, aussi connue sous le nom de Turner Turnpike. La route est payante, mais vous gagnerez du temps en filant sur plus de 100 miles (161 km).

TEMPS FORT

❻ Oklahoma City

L'impressionnant **Oklahoma History Center** (www.okhistorycenter.org ; 2401 N Laird Ave ; adulte/enfant 7/4 $; ⊙10h-17h lun-sam), explore le patrimoine des 39 tribus installées dans l'État, notamment à travers des objets du quotidien : un porte-bébé de 1890, un calendrier illustré Kiowa... Vous y verrez également la lettre de Thomas Jefferson que Lewis et Clark donnèrent à la tribu Otoe lors de leur rencontre – Jefferson y invite la tribu dans la capitale de la nation. Levez les yeux avant de partir : une carte céleste, réalisée par des Pawnees, est accrochée au plafond.

Autre musée consacré aux contributions, passées et présentes, des Indiens à la vie de l'Oklahoma, le **Gaylord-Pickens Museum** (www.oklahomaheritage.com ; 1400 Classen Dr ; ⊙9h-17h mar-ven, 10h-17h sam) mise sur des installations mêlant art (peintures, sculpture...) et médias.

Tenez-vous informé de l'ouverture tant attendue (prévue pour 2017) du **American Indian Cultural Center & Museum** (www.

theamericanindiancenter. org ; jonction I-40 et I-35).

Ce centre important, à l'architecture impressionnante, est censé devenir l'une des premières institutions amérindiennes au monde. Sa construction a été ralentie en raison de réductions budgétaires de l'État.

En attendant, vous pouvez vous rendre au **National Cowboy & Western Heritage Museum** (www. nationalcowboymuseum. org ; 1700 NE 63rd St ; adulte/ enfant 12,50/6 $; ⊙10h-17h). Les collections du musée devraient sembler familières aux amateurs de vieux westerns.

✖ 🛏 p. 325

La route » Un trajet de 40 miles (64 km) vers le sud-ouest sur la I-44 (la Baily Turnpike, payante) mène à Chickasha (sortie 83). Continuez pendant 20 miles (32 km) vers l'ouest sur la US 62, à travers des terres amérindiennes jusqu'à Anadarko.

---

❼ Anadarko

Huit terres tribales se situent dans cette région, et des élèves issus de 46 tribus différentes sont inscrits dans les écoles d'Anadarko. La ville accueille régulièrement des assemblées et des événements amérindiens.

Pour allier shopping et découverte, visitez le **Southern Plains Indian Museum** (☎405-247-6221 ; www.doi.gov/iacb/museums/ museum_s_plains.html ; 715 E Central Blvd, Anadarko ; ⊙9h-17h mar-sam ; ♿). Il abrite une petite, mais variée, collection de vêtements, armes et instruments de musique des Indiens des Plaines. On y trouve également une petite collection de poupées amérindiennes. La boutique vend de l'artisanat de bonne qualité, tel que des bijoux, des poupées et

des articles en perles (barrettes, porte-monnaie et mocassins). Environ 85% des clients sont des Amérindiens.

À l'est se trouve le **National Hall of Fame for Famous American Indians** (☎405-247-5555 ; 851 E Central Blvd, Hwy 62 ; ⊙site 24h/24, centre 9h-17h lun-sam, 13h-17h dim). Une courte marche à l'extérieur mène aux bustes en bronze d'Amérindiens célèbres, dont Pocahontas, Geronimo et Sitting Bull. À proximité, le centre d'accueil propose une bonne sélection de livres sur les Indiens d'Oklahoma.

La route » Parcourez 35 miles (56 km) sur la US 62 vers le sud jusqu'à Fort Sill. La section historique se trouve juste à l'ouest de la route, en bordure de la très active base militaire.

- - - - - - - - - -
TEMPS FORT

❽ Fort Sill

L'Oklahoma n'a pas seulement accueilli des tribus de l'Est. De nombreuses tribus de l'Ouest et des Plaines, dont les Apaches, Comanches, Kiowas et Wichitas, ont également été déplacées ici alors que les États-Unis se développaient à l'ouest. L'armée américaine a construit Fort Sill en 1869 en territoires Kiowa et Comanche pour empêcher les raids dans les colonies au Texas et au Kansas.

LES CHOCTAWS ET LE DRAPEAU DE L'OKLAHOMA

Les Choctaws étaient des fermiers expérimentés qui vivaient dans des habitations de brique et de pierre dans le Mississippi et l'Alabama au début du XIXe siècle, mais furent déplacés, avec d'autres nations indiennes dans l'Oklahoma dans les années 1830. Le nom "Oklahoma" a été formé à partir des mots de la langue choctaw signifiant "homme rouge", et le drapeau de l'État est en partie inspiré du drapeau que portaient les soldats Choctaws se battant pour la Confédération durant la guerre de Sécession.

LA PISTE DES LARMES À TRAVERS LES ÉTATS-UNIS

De l'Alabama à l'Oklahoma, à travers neuf États, le National Park Service gère le **Trail of Tears National Historic Trail** (www.nps.gov/trte), qui présente et souligne les sites importants de la tragédie. Parmi les plus notables :

» **Alabama** – Fort Payne Cabin Site. Remonte à 1838 lorsque les troupes fédérales sont venues forcer les Cherokee à se rendre en Oklahoma.

» **Georgia** – Rockdale Plantation. Une plantation du XVIIIe siècle appartenant autrefois à un esclavagiste cherokee.

» **Tennessee** – Brainerd Mission Cemetery. Les vestiges d'une mission pour les Cherokee près de Chattanooga. La plupart des missionnaires ont accompagné le déplacement de la tribu vers l'Oklahoma.

» **Kentucky** – Trail of Tears Commemorative Park. Utilisé comme cimetière pour les chefs qui sont morts durant les déplacements.

» **Illinois** – Trail of Tears State Forest. Une forêt sombre où des centaines d'Amérindiens sont morts pendant le terrible hiver de 1838-1839.

» **Missouri** – Trail of Tears State Park. Un autre parc naturel qui commémore la tragédie des déplacements.

Dans les années 1880 et 1890, son rôle a changé et la forteresse a servi de refuge pour de nombreuses tribus.

Le **Fort Sill National Historic Landmark Museum** (📞580-442-5123 ; sill-www.army.mil ; 437 Quanah Rd, Fort Sill ; ⊙8h30-17h mar-sam ; 🚻), installé dans plusieurs bâtiments de pierre d'origine, présente l'histoire du fort. Autre site d'intérêt, le **Post Guardhouse** de 1872, le bâtiment des forces de l'ordre pour le Territoire indien. À l'intérieur, vous pouvez voir où le chef Apache **Geronimo** a été détenu à trois reprises. Geronimo et d'autres guerriers Apaches ont été conduits ici en 1894 en tant que prisonniers de guerre. La tombe de Geronimo, marquée par une pyramide en pierre surmontée d'un aigle, se trouve sur les terres du fort, à quelques kilomètres du poste de garde.

Aujourd'hui, Fort Sill abrite la US Army Field Artillery School.

La route » Reprenez la Hwy 62 vers l'ouest jusqu'à la Hwy 115, que vous emprunterez en direction du nord (la direction opposée à celle de Cache).

- - - - - - - - - - - -

⑨ Wichita Mountains Wildlife Refuge

Les reliefs du **Wichita Mountains Wildlife Refuge** (📞580-429-3222 ; http://wichitamountains.fws.gov ; 32 Refuge Headquarters, Indiahoma ; sites primitifs 6 $, unité 8-16 $; ⊙centre 8h-18h été, 8h-16h30 hiver ; 🚻🚻) protègent, sur 24 000 ha, bisons, wapitis, bétail de longhorns (vaches) et chiens de prairie, et forment un bel arrière-plan aux vastes plaines du sud-ouest de l'Oklahoma qui se déroulent jusqu'au Texas. La faune est abondante, et l'on croise parfois une tarentule sur les chemins. Depuis le centre d'accueil, qui organise des expositions très instructives sur la faune et la flore de la réserve, la vue sur les prairies est superbe. Pour une courte randonnée (1,7 km aller), empruntez le **Kite Trail** qui longe un cours d'eau jusqu'aux belles chutes de Forty Foot Hole. Le sentier part de l'aire de

CINQ TRIBUS CIVILISÉES

Deux des plus anciennes tribus de l'est de l'Oklahoma, les Osages et les Quapaws durent céder des millions d'hectares au gouvernement américain dans les années 1820, qu'il attribua ensuite à cinq tribus du Sud-Est : les Cherokee, les Chickasaws, les Choctaws, les Creeks et les Seminoles. Les tribus "gagnèrent" leur qualificatif de "civilisées" en mettant en œuvre des pratiques de gouvernement, de propriété et d'agriculture (notamment la possession terrienne et par partie l'esclavage) dans leurs communautés, à la convenance de l'autorité américaine.

Toutefois, ce statut particulier ne protégea pas les tribus de la déportation vers le Territoire indien (le nord-est de l'actuel Oklahoma), ordonnée par le président Andrew Jackson (Indian Removal Act, 1830) : les colons avaient décidé de garder ces terres, agricoles et fertiles, pour eux. Entre 1830 et 1850 se déroula ainsi la Piste des Larmes (*Trail of Tears*), la migration forcée de ces tribus durant laquelle nombre d'Amérindiens perdirent la vie. Les archives suggèrent que les victimes se comptent par dizaines de milliers, auxquelles on oublie souvent d'ajouter les nombreux esclaves afro-américains, "possession" des Amérindiens, qui n'arrivèrent jamais en terre indienne.

Mais le terrain, concédé à perpétuité aux cinq tribus, fut bientôt l'objet de la convoitise de nouveaux pionniers. Certaines terres indiennes furent jugées "non attribuées" et réouvertes à la colonisation. Le *Land Rush* ("ruée vers la terre") de l'Oklahoma commença le 22 avril 1889, lorsque 50 000 colons se lancèrent dans une course folle pour se voir attribuer 65 ha chacun, et le Territoire indien de se rétrécir graduellement. Ce dernier a définitivement disparu en 1907, à la création de l'État de l'Oklahoma.

pique-nique de Lost Lake et se termine à celle de Boulder.

La route ≫ Prenez la Hwy 49 en direction de l'ouest, puis, au croisement avec la Hwy 54, roulez vers le nord. Guettez les écoles, les petites villes et les fermes sur les prochains 38,5 miles (62 km). Lorsque vous atteignez la Hwy 152, au nord du village de Cloud Chief, prenez vers l'ouest durant 44 miles (71 km) jusqu'à la US 283. Prolongez vers le nord sur 24 miles (39 km) jusqu'à Cheyenne et suivez les panneaux pour le site de Washita.

✖ p. 325

TEMPS FORT

❿ Washita Battlefield National Historic Site

C'est sur ce **site** (www.nps. gov/waba ; 47A Hwy, 2 miles (3 km) à l'ouest de Cheyenne ; ☺ site lever-coucher du soleil, centre d'accueil 9h-17h, conférences et visites 10h-14h sam-dim juin-août), autrefois village du chef pacifique Black Kettle, que les troupes de George Custer lancèrent l'assaut à l'aube du 27 novembre 1868 et tuèrent non seulement des guerriers, mais également des femmes et des enfants et massacrèrent les chevaux du village. Aujourd'hui encore, le débat fait rage sur ce que certains considèrent comme une bataille, et d'autres comme un carnage.

Un nouveau centre d'accueil, à 0,7 mile (1 km) du site, abrite un intéressant **musée**, et organise des visites et des conférences. Un petit jardin illustre comment les plantes étaient cultivées et utilisées pour la médecine, dans les rituels spirituels et pour se nourrir.

Se restaurer et se loger

Tulsa ⑤

✗ Ike's Chili House   Café-restaurant $

(5941 E Admiral Pl ; plats moins de 7 $; ◷10h-
19h lun-ven, 10h-15h sam). On y sert du chili
depuis plus de 100 ans et la recette a toujours
autant de succès. Vous pouvez le manger seul
ou accompagné de chips, hot dogs, haricots
ou spaghettis. Notre conseil : parsemez-le
de poivrons rouges, d'oignons, de piments
jalapeno, de crackers et de fromage.

✗ Tavern   Américain $$

(www.taverntulsa.com ; 201 N Main St ; plats
10-30 $; ◷11h-tard). Ce beau pub, dans le
Brady Arts District, sert d'excellents plats. Vous
pouvez opter pour les hamburgers, mais aussi
les steaks, salades ou plats du jour de saison.
Les barmens connaissent leur métier sur le bout
des doigts.

🛏 Desert Hills Motel   Motel $

(☏918-834-3311 ; www.deserthillstulsa.com ;
5220 E 11th St ; ch à partir de 40 $; ❄ 🛜).
L'enseigne extérieure en forme de cactus
vous invite dans ce motel des années 1950
agréablement restauré, disposant de
50 chambres (avec frigo et micro-ondes).
Situé à 5 miles (8 km) à l'est du centre-ville,
sur la Route 66.

🛏 Hotel Ambassador   Hôtel $$$

(☏918-587-8200 ; www.hotelambassador-tulsa.
com ; 1324 S Main St ; ch à partir de 200-300 $;
🅿 ❄ @ 🛜). Dans le couloir, vous pourrez voir
les photos de cet hôtel de 1929 de 9 étages
avant sa somptueuse rénovation. Les espaces
communs sont spacieux. Le style contemporain
des 55 chambres semble les aider à paraître
légèrement plus grandes que ce qu'elles sont.

Oklahoma City ⑥

✗ Tucker's Onion Burgers   Hamburgers $

(www.tuckersonionburgers.com ; 324 NW
23rd St ; plats à partir de 4 $; ◷11h-21h).
Nouveau restaurant de hamburgers à
l'ambiance rétro façon Route 66, tendance
écolo, Tucker's utilise des ingrédients de qualité
et de provenance locale pour ses hamburgers
aux oignons, ses frites fraîches et milk-shakes.
Agréable patio.

✗ Cattlemen's Steakhouse   Grill $$

(www.cattlemensrestaurant.com ; 1309 S
Agnew Ave ; plats 5-25 $; ◷6h-22h dim-jeu,
6h-minuit ven-sam). Cette institution de
Stockyards City sert depuis 1910 des pavés de
bœuf et des *fries* d'agneau (une façon polie de
dire gonades) aux habitués.

🛏 Carlyle Motel   Motel $

(☏405-946-3355 ; 3600 NW 39th St ; ch à
partir de 40 $). Quasiment rien n'a changé
(mis à part les draps) depuis les années 1950
dans cet établissement simple de
15 chambres, populaire auprès des amateurs
de la Route 66.

🛏 Colcord Hotel   Boutique Hotel $$

(☏405-601-4300 ; www.colcordhotel.com ; 15 N
Robinson Ave ; ch 150-200 $; 🅿 ❄ @ 🛜). Le
premier gratte-ciel d'Oklahoma City, construit
en 1910, est maintenant un hôtel de luxe à
12 étages. De nombreux ornements d'origine,
tels que le hall en marbre, subsistent, tandis
que les 108 chambres arborent un style
contemporain et élégant. À quelques minutes
à pied de Bricktown.

Wichita Mountains Wildlife Refuge ⑨

✗ Meers Store & Restaurant   Hamburgers $

(☏580-429-8051 ; www.meersstore.
com ; Hwy 115, nord de la réserve ; plats
4-11 $; ◷10h30-20h30 dim, lun, mer et jeu,
10h30-21h ven-sam ;). En piteux état,
cet établissement servant hamburgers
et bières, situé à un croisement au nord de
la réserve, est une institution dans la région.
Spécialité de la maison, le Meersburger est
un énorme hamburger (18 cm de diamètre !)
à base de viande des propres longhorns du
restaurant.

Piste de l'Oregon *Un voyage à travers l'Histoire, dans les pas des pionniers*

Les traces des pionniers

25

L'histoire américaine est indissociable de celle de la conquête de l'Ouest. Dans les pas des pionniers, traversez le Nebraska et visitez les colonies créées par ceux qui s'arrêtèrent en route.

TEMPS FORTS

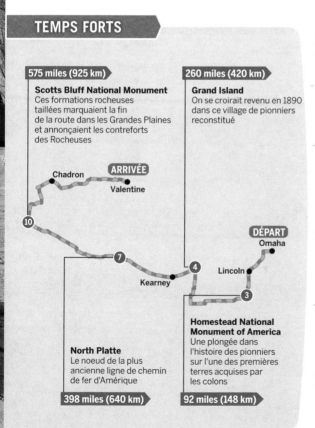

575 miles (925 km)

Scotts Bluff National Monument
Ces formations rocheuses taillées marquaient la fin de la route dans les Grandes Plaines et annonçaient les contreforts des Rocheuses

260 miles (420 km)

Grand Island
On se croirait revenu en 1890 dans ce village de pionniers reconstitué

Chadron

ARRIVÉE

Valentine

10

DÉPART

Omaha

7

4 Lincoln

Kearney

3

Homestead National Monument of America
Une plongée dans l'histoire des pionniers sur l'une des premières terres acquises par les colons

North Platte
Le noeud de la plus ancienne ligne de chemin de fer d'Amérique

398 miles (640 km)

92 miles (148 km)

5-7 JOURS
802 MILES /
1 291 KM

PARFAIT POUR...

LE MEILLEUR MOMENT

De mai à septembre : tout est ouvert et la campagne, en fleur

 LA PHOTO SOUVENIR

Les flancs escarpés de Scotts Bluff

✓ **EXPLORER, DÉCOUVRIR**

Sortez des sentiers battus : beaucoup traversent cette région trop rapidement

327

25 Les traces des pionniers

Cet itinéraire emprunte la première partie de la piste de l'Oregon, par laquelle les pionniers rejoignaient la côte Ouest au XIXᵉ siècle. On roule la journée, de vallées luxuriantes en buttes arides, et l'on passe la soirée à se raconter aventures et anecdotes au son des criquets... N'imitez pas les voyageurs pressés qui filent sur la I-80 : prenez le temps de la découverte sur les routes de campagne, évadez-vous et devenez un pionnier des temps modernes.

① Omaha

Son emplacement sur le Missouri et près de la rivière Platte fit d'Omaha une étape importante pour les pionniers en route pour l'Oregon, la Californie et pour les mormons. Découvrez les récits de la conquête de l'Ouest dans le beau **Durham Museum** (☎402-444-5071 ; www.durhammuseum.org ; 801 S 10th St ; adulte/enfant 9/6 $; ⏰10h-20h mar, 10h-17h mer-sam, 13h-17h dim), installé dans l'ancienne gare Art déco d'Omaha.

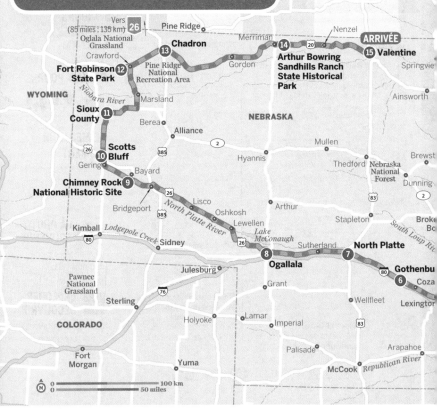

p. 335

La route » Filez vers l'ouest le long de la US 6, bordée de drive-in, durant 57 miles (92 km) jusqu'à Lincoln.

- - - - - - - - - - - -

➋ Lincoln

Quel meilleur endroit que la capitale du Nebraska pour obtenir une vision d'ensemble de l'histoire de l'État ? Visitez le quartier historique, **Haymarket District**, le **Museum of Nebraska History** (www.nebraskahistory.org ; 131 Centennial Mall N ; dons requis ; 🕙9h-16h30 lun-ven, 13h-16h30 sam-dim), ou

bien encore l'immense campus de l'université du Nebraska, dans le centre-ville. Elle fut créée en 1869, 15 ans après la fondation de la ville.

À COMBINER AVEC :

26 La boucle des Black Hills

Empruntez la US 20 puis la US 18 vers l'ouest à travers la réserve de Pine Ridge, puis dirigez-vous vers le nord sur la pittoresque US 385.

27 Le long du Missouri

Suivez Lewis et Clark le long de la plus grande rivière du pays, sur sa section dans le Nebraska. Vous pouvez rejoindre l'itinéraire à Omaha.

 p. 335

La route » Sortez de Lincoln par le sud et suivez la Hwy 77 sur 35 miles (56 km). Arrêtez-vous environ 4 miles (6,5 km) avant Beatrice.

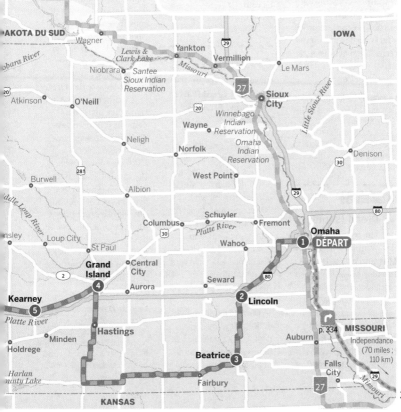

❸ Homestead National Monument of America

Situé au nord de Beatrice, le **Homestead National Monument** (www.nps. gov/home ; Hwy 4 ; ☉Centre du patrimoine 9h-17h) commémore le Homestead Act, promulgué par le président Lincoln en 1862 et qui permit aux colons de s'approprier les terres dont ils pouvaient justifier l'occupation ou l'exploitation. La famille de colons Freeman est enterrée ici et vous pouvez voir une reconstitution de leur maison en bois et vous promener sur le site, l'une des premières terres ainsi acquises. Belles expositions dans l'Heritage Center.

La route ❯❯ Suivez la US 136 vers l'ouest durant 100 miles (161 km) – villes fantômes, stations-service isolées et bâtiments en ruine émaillent le paysage. À Red Cloud, tournez à droite sur la US 281 et roulez 68 miles (109 km).

TEMPS FORT

❹ Grand Island

Belle introduction à la vie des pionniers, le **Stuhr Museum of the Prairie Pioneer** (www.stuhrmuseum. org ; I-80 sortie 312, 3133 W Hwy 34 ; adulte/enfant 8/6 $; ☉9h-17h lun-sam, midi-17h dim) occupe un site de 80 ha. L'été, des figurants costumés font revivre un avant-poste ferroviaire

des années 1890, et répondent volontiers aux questions. Une colonie des années 1860, avec chalets en bois, école et hutte de terre Pawnee, a été reconstituée.

À l'étage du Stuhr Building, le chariot couvert, plein de meubles et de vêtements, est un symbole touchant de l'optimisme à toute épreuve des colons, auquel les photos d'époque opposent la dure réalité derrière le charme du rêve pionnier : maisons sommaires, conditions de vie précaires…

La route ❯❯ Quittez Grand Island vers l'ouest en suivant la US 30 durant 42 miles (68 km).

❺ Kearney

Au sud de la US 30, l'étonnant **Great Platte River Road Archway Monument** (www.archway. org ; adulte/enfant 12/5 $; ☉9h-18h été, limité le reste de l'année) enjambe la I-80 3 miles (5 km) environ à l'est de Kearney. Cette ode un brin kitsch à l'Ouest permet de revivre le voyage des pionniers (films, personnel en costume…). Tout y est, des bisons à la ruée vers l'or de Californie, en 1848. Accès par E 1st St, au nord de la I-80.

Dans le centre-ville de Kearney, proche de la US 30, quelques bons cafés permettent une pause agréable.

🍴 🛏 p. 335

La route ❯❯ Reprenez la US 30 en direction de l'ouest sur 60 miles (96 km) jusqu'à Gothenburg. Le Nebraska est un gros producteur de maïs– d'où les nombreux silos, en bord de route.

❻ Gothenburg

Si l'entreprise ne fut jamais rentable, la (brève ! 1860-1861) aventure du Pony Express est bien entrée dans la légende de l'Ouest américain. Cette flotte de jeunes cavaliers transportait le courrier entre le Missouri et la Californie en seulement 10 jours, chaque homme montant pendant 6 heures d'affilée – changeant de cheval tous les 10 miles (16 km) – avant de remettre le courrier au cavalier suivant. Dans le Nebraska, leur trajet suivait la piste de l'Oregon.

À Gothenburg, visitez ce que les historiens pensent être un **relais du Pony Express** (www. ci.gothenburg.ne.us ; 1500 Lake Ave, NE ; ☉8h-20h juin-août, limité le reste de l'année ; 🚻), l'un des derniers encore debout, qui expose notamment une mochila, la sacoche des cavaliers. Ensuite, promenez-vous dans les rues du centre, bordées de belles maisons victoriennes.

La route ❯❯ Le long des 36 prochains miles (58 km) de la US 30 vers l'ouest, une procession interminable de trains filent sur l'Union Pacific, la ligne de fret la plus active au monde.

❼ North Platte

À North Platte, la Mecque des amateurs de trains, se trouve le **Buffalo Bill Ranch State Historical Park** (www.outdoornebraska.ne.gov ; 2921 Scouts Rest Ranch Rd ; maison adulte/enfant 2/1 $, permis véhicule 5 $; ⏰9h-17h tlj été, 9h-16h lun-ven mi-mar à mai et sept à mi-oct), à 2 miles (3 km) au nord de la US 30. Installé dans l'ancienne maison de Bill Cody – figure emblématique de l'Ouest américain, fondateur du rodéo et du célèbre Wild West Show –, le musée est amusant et illustre sa vie mouvementée.

Admirez la vue imprenable sur la **gare de triage de Bailey**, la plus grande au monde, depuis la **Golden Spike Tower** (www.goldenspiketower.com ; 1249 N Homestead Rd ; adulte/enfant 7/5 $; ⏰9h-19h lun-sam, 13h-19h dim l'été, 13h-17h dim le reste de l'année), une tour d'observation de 8 étages avec des terrasses à l'intérieur et à l'extérieur.

La route ≫ Placez le régulateur de vitesse sur "détente" pour la ligne droite de 52 miles (83 km) vers l'ouest sur la US 30.

❽ Ogallala

Réglez vos montres à l'heure des Rocheuses à l'ouest de Sutherland. Ancien relais sur la piste du Pony Express, celle

BON À SAVOIR
ÉVITER LA I-80

La I-80, qui relie l'est et l'ouest du pays, traverse le Nebraska sur 455 miles (732 km). Bien qu'elle transporte rapidement les voyageurs, elle ne flatte pas l'État avec sa succession interminable de sorties peuplées d'enseignes tapageuses de grandes chaînes, sans la moindre indication des sites d'intérêt qui se trouvent au-delà des échangeurs.

On trouve de bonnes alternatives à la I-80, et ce à quelques miles à peine de cette dernière. Prenez la US 6 qui part d'Omaha et rejoint Lincoln, puis la US 34 jusqu'à Grand Island. Vient ensuite la meilleure partie : la US 30 jusqu'au Wyoming.

Vous embrasserez la belle vallée de la rivière Platte sur la plupart du trajet et rebondirez à travers une succession de petites villes pittoresques telle Gothenburg. Les trains rapides de la ligne Union Pacific (UP), qui circulent en parallèle, rythmeront votre avancée. Une version plus sophistiquée de la Route 66, en somme.

qui était autrefois connue comme la "Gomorrhe de la piste du bétail" est aujourd'hui plutôt austère.

Les pistes vers l'Oregon et la Californie bifurquaient vers le nord près d'ici, longeant la rivière Platte vers le Wyoming et le Pacifique.

La route ≫ Engagez-vous sur la US 26 (aussi connue comme la Western Trails Historic & Scenic Byway du Nebraska) en direction de l'ouest. Vous apercevrez sur votre droite, après avoir quitté Ogallala, le lac McConaughy à travers les collines. Les champs de maïs font progressivement place aux herbes de prairie sauvages et aux promontoires désolés. Les troupeaux bovins, les trains chargés de charbon du Wyoming et les villes désertes seront les seules distractions des prochains 101 miles (162 km).

❾ Chimney Rock National Historic Site

Chemin faisant vers l'ouest, des promontoires rocheux commencent à apparaître à l'horizon. La prochaine étape de notre itinéraire est l'un d'eux, reconnaissable à sa forme de cheminée.

Le **Chimney Rock National Historic Site** (☎308-586-2581 ; www.nps.gov/chro ; Chimney Rock Rd, Bayard, NE ; adulte/enfant accompagné 3 $/gratuit ; ⏰9h-17h ; ♿) est visible 12 miles (19 km) après Bridgeport depuis la Hwy 92. Sa pointe fragile, haute de 37 m, était un repère pour les pionniers, qui la consignèrent dans nombre de journaux de bord.

Toutefois, vous ne la verrez pas exactement comme ces derniers. La pointe s'érode et perd de la hauteur. Ainsi, en 1992, la foudre qui la frappa provoqua un éboulement et le sommet se trouva rabaissé de 1,5 m.

La route » Empruntez la Hwy 92 vers l'ouest durant 21 miles (34 km). En entrant dans Gering, au sud de la ville de Scottsbluff, continuez tout droit sur M St qui mène à Old Oregon Trail Rd. Elle suit la route de l'ancienne piste et mène directement au Scotts Bluff National Monument, 3 miles (5 km) plus loin.

- - - - - - - - - - - - -

TEMPS FORT

⑩ Scotts Bluff National Monument

Faites un tour au centre d'accueil de ce superbe **parc** (www.nps.gov/scbl ; Gering, NE ; 5 $/voiture ; ☺ centre accueil 9h-17h ; 🅿), géré par le National Park Service – la galerie William Henry Jackson y a une belle collection d'art – avant de partir en randonnée et de découvrir ses stupéfiantes formations rocheuses, aux flancs abrupts. Vous pouvez emprunter le **Saddle Rock Trail** (1,6 mile/2,6 km aller) ou parcourir la même distance en voiture jusqu'au South Overlook pour une vue sur Mitchell Pass.

Ne repartez pas sans avoir arpenté le sentier de randonnée qui traverse le Mitchell Pass. Les chariots couverts qui y sont exposés semblent bien fragiles face à l'immensité et la rudesse de la nature. Pourtant, cette fenêtre ouverte sur les Rocheuses marquait la fin d'un périple long de 600 miles (965 km) à travers les Grandes Plaines, et le début de la dernière (grande et rude) ligne droite vers la côte.

🍴 p. 335

La route » Depuis Scottsbluff, quittez la Great Platte River Rd et dirigez-vous vers le nord sur la Hwy 71 en direction de la petite ville de Crawford, à environ 70 miles (110 km). La prairie du Nebraska, qui vous accompagne sur la majeure partie du trajet, est à juste titre décrite comme un "océan d'herbe"... Un arrêt s'impose pour ressentir le calme qui imprègne ces lieux. Peu de choses à voir, en revanche !

- - - - - - - - - - - - -

⑪ Sioux County

Baptisé du nom de cette tribu amérindienne qui chassait dans la région et parcourait les terres du Nebraska, ce comté affiche une densité démographique de moins de 0,3 habitant/km²... On y croise donc rarement âme qui vive, et l'on peut tout à loisir profiter du reposant spectacle du vent dans les herbes de la prairie, sur fond de rares collines, ponctuées d'occasionnels moulins à vent ou de tours-relais.

La route » Les arbres refont peu à peu leur apparition à mesure que l'on s'approche de Crawford. Juste avant la ville, tournez à gauche dans la Hwy 20.

LA CONQUÊTE DE L'OUEST

Attirés par les récits d'or, les promesses de liberté de religion et de terres fertiles, environ 400 000 personnes partirent pour l'ouest à travers les États-Unis entre 1840 et 1860 – un mouvement galvanisé encore par les discours pro-expansionnistes du président James Polk et les appels du journaliste new-yorkais John O'Sullivan, qui, en 1845, incitait les Américains à "se déployer sur le continent confié par la Providence pour le libre développement de notre grandissante multitude".

Ces pionniers idéalistes sont devenus les fantassins de la "destinée manifeste", désireux de poursuivre leurs propres rêves tout en favorisant les objectifs expansionnistes des États-Unis. Le succès du mouvement dépendait de la sécurité et de la fiabilité du passage de ces fantassins à travers les Grandes Plaines et au-delà. Les pistes de Californie, de l'Oregon et des Mormons ont acheminé avec succès les voyageurs et leurs chariots à travers le pays.

North Platte Buffalo Bill Ranch State Historical Park

---

⑫ Fort Robinson State Park

C'est sur les terres de ce **parc d'État** (www. outdoornebraska.ne.gov ; Hwy 20 ; 5 $/véhicule ; ☉ lever-coucher du soleil) que Crazy Horse, chef Sioux et figure de la lutte contre la colonisation effrénée des pionniers, mourut poignardé dans des circonstances troubles en 1877. En service de 1874 à 1948, le fort était le poste militaire le plus important de la région et a ouvert la voie aux colons permanents.

L'été, balades en diligence, barbecues, pêche à la truite et randonnées attirent les visiteurs. Il y a deux musées, le Fort Robinson Museum et le Trailside Museum, ainsi que le corps de garde reconstruit où Crazy Horse vécut ses derniers instants.

La route 》 Prenez la Hwy 20 sur 20 miles (32 km) vers l'est.

---

⑬ Chadron

Hommage aux hommes de la montagne et aux trappeurs qui ont ouvert la voie aux pionniers,

333

VAUT LE DÉTOUR INDEPENDENCE, MISSOURI

Point de départ : ❶ Omaha

Independence, dans le Missouri, était un point de départ populaire pour les pionniers se préparant à suivre les pistes de l'Oregon et de Californie. Pour en apprendre davantage sur celles-ci – entre autres –, restez quelques heures au **National Trails Museum** (www.frontiertrailsmuseum.org) de la ville qui présente notamment une carte murale des principales pistes, la reconstitution d'un magasin et des extraits de journaux de bord des pionniers.

Independence est proche de Kansas City, à 200 miles (322 km) au sud d'Omaha depuis la I-29.

le **Museum of the Fur Trade** (www.furtrade.org ; depuis la US 20 ; adulte/enfant 5 $/gratuit ; ◷8h-17h mai-oct) contient une collection fascinante d'objets : des jambières des années 1820, des pièges à animaux, des couvertures, des peaux de bêtes, des bouteilles d'alcool... Le fusil de Kit Carson, célèbre pionnier et soldat, est exposé à côté d'une impressionnante collection d'armes à feu amérindiennes.

Derrière le musée se trouve le comptoir d'achat de peaux de James Bordeaux, en service ici de 1837 à 1876. Bien que ce ne soit pas la structure d'origine, le bâtiment actuel, construit dans les années 1950, est si fidèle à l'original qu'il figure sur la liste du National Register of Historic Places.

La route 》 Continuez sur la US 20 (*Bridges to Buttes Byway*) vers l'est et les Sandhills pendant 7 miles (124 km).

- - - - - - - - - - - - - - -

⓮ Arthur Bowring Sandhills Ranch State Historical Park

Ce ranch de 1894 donne une idée des conditions de vie difficiles des éleveurs du Nebraska au tournant du XXᵉ siècle. Situé à quelques kilomètres de la frontière avec le Dakota du Sud, il fut la propriété du mari d'Eva Bowring, qui devint en 1954 la première femme sénatrice des États-Unis pour l'État du Nebraska. Modeste et bien conservé, le ranch est agrémenté de touches de confort telles que le cristal, la porcelaine et les meubles anciens qu'Eva

collectionna tout au long de sa vie.

La route 》 Reprenez la US 20 vers l'est jusqu'à Valentine. On croise par moments, au cours de ce trajet de 60 miles (96 km), quelques moulins à vent perdus entre deux collines : le sujet idéal pour une belle photo du Nebraska.

- - - - - - - - - - - - - - -

⓯ Valentine

Située à la limite des Sandhills, Valentine est une bonne base pour une sortie kayak, canoë ou tubing dans les canyons protégés de la **Niobrara National Scenic River** (www.nps.gov/niob), et attire chaque été nombre de visiteurs venus goûter aux plaisirs aquatiques. Les falaises de calcaire, abruptes, et les chutes d'eau le long des berges prouvent que le Nebraska n'est pas si plat qu'on le dit. La plupart des circuits sont organisés depuis Valentine (www.visitvalentine.com).

La Niobrara traverse le **Fort Niobrara National Wildlife Refuge** (www.fws.gov/fortniobrara ; Hwy 12 ; ◷centre d'accueil 8h-16h30 tlj juin-août, lun-ven sep-mai), ancien terrain de chasse des Indiens Lakota et Pawnee. Des visites en voiture vous feront croiser, entre autres, des bisons et des wapitis.

🛏 p. 335

Se restaurer et se loger

Omaha ❶

✖ Ted & Wally's Ice Cream   Glaces $

(www.tedandwallys.com ; 1120 Jackson St ;
glace à partir de 3 $; 🕙11h-22h). Des glaces
très crémeuses aux parfums innombrables,
préparées chaque jour.

✖ Bronco's   Hamburgers $

(4540 Leavenworth St ; plats 4-7 $; 🕙7h-23h).
Un restaurant de hamburgers typique, avec une
grande enseigne en néon et quelques tables
dispersées à l'intérieur et à l'extérieur. Tout est
très frais.

✖ Upstream Brewing Company   Américain $$

(📞402-344-0200 ; 514 S 11th St ; plats 10-30 $;
🕙11h-1h). Cette ancienne caserne de pompiers
répond à tous les critères : la bière est bonne,
les salades Caesar sont riches en ail et les
steaks épais, conformes aux attentes locales.
Tables à l'extérieur, toit-terrasse et énorme bar.

🛏 Magnolia Hotel   Hôtel historique $$

(📞402-341-2500 ; www.magnoliahotelomaha.
com ; 1615 Howard St ; ch 130-200 $; ❄@🛜🏊).
Non loin de l'Old Market, le Magnolia est
un boutique hotel installé dans un immeuble
italianisant restauré de 1923. Les 145 chambres
ont un style moderne. Les prix incluent un
buffet pour le petit-déjeuner et des biscuits
accompagnés de lait pour le soir.

Lincoln ❷

✖ Indigo Bridge   Café $

(701 P St ; plats moins de 5 $; 🕙8h-22h ; 🛜).
Installée dans une belle librairie, cette bonne
adresse sert café et en-cas toute la journée.
À midi (lundi, mercredi et vendredi), dégustez
une soupe biologique accompagnée de pain et
payez ce que vous souhaitez.

✖ Yia Yia's Pizza   Pizzeria $$

(1423 O St ; plats 8-15 $; 🕙11h-13h lun-sam,
11h-21h dim). Ici, les pizzas sont aussi fines
que la liste de bières (locales !) est longue.

Asseyez-vous à une table en terrasse ou
cherchez une place à l'intérieur parmi la foule
d'étudiants. Une adresse très fréquentée, à
juste titre.

🛏 Rogers House   B&B $$

(📞402-476-6961 ; www.rogershouseinn.com ;
2145 B St ; ch 90-170 $; ❄🛜). Proche du centre,
les 11 chambres sont réparties sur deux maisons
centenaires. La décoration n'est heureusement
pas gâchée par des froufrous kitsch comme on en
trouve dans de nombreux B&B.

Kearney ❺

✖ Thunderhead Brewing Co   Américain

(www.thunderheadbrewing.com ; 18 E 21st St ;
plats 5-10 $; 🕙midi-1h). L'endroit parfait pour
déguster de bonnes bières accompagnées
d'une pizza (ou l'inverse).

🛏 Midtown Western Inn   Motel $

(📞308-237-3153 ; www.midtownwesterninn.
com ; 1401 2nd Ave ; ch 50-80 $; ❄🛜🏊).
Un bon choix proche du centre, ce motel rétro
propose des chambres immenses et propres.

Scottsbluff ❿

✖ Emporium Coffeehouse & Café   Américain $$

(www.emporiumdining.com ; 1818 1st Ave ; plats
7-30 $; 🕙7h-22h, 7h-15h dim, 7h-17h lun). Dans
le centre de Scottsbluff, cette maison rétro avec
des parasols à l'entrée est une merveille régionale.
On y sert de bons plats, des petits-déjeuners,
comme des sandwichs tard le soir. La liste des vins
et des alcools propose plus de 100 choix.

Valentine ⓯

🛏 Trade Winds Motel   Motel $

(📞402-376-1600 ; www.tradewindslodge.com ;
1009 E US 20/83 ; ch 50-100 $; ❄🛜🏊). Ce motel
en brique rouge classique propose 32 chambres
propres et confortables avec frigos et micro-ondes.
Bon choix.

Mont Rushmore Un face-à-face avec l'Histoire !

Route Mythique

La boucle des Black Hills

26

Un vrai cliché de Far West ! De grandes plaines balayées par le vent, des bisons, des montagnes pelées et découpées… sur lesquelles veillent quatre présidents, taillés dans le roc.

TEMPS FORTS

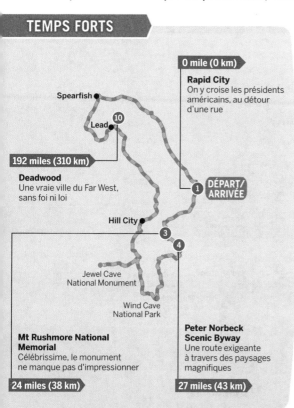

0 mile (0 km)

Rapid City
On y croise les présidents américains, au détour d'une rue

Spearfish

Lead **10**

192 miles (310 km)

Deadwood
Une vraie ville du Far West, sans foi ni loi

1 DÉPART/ ARRIVÉE

Hill City
3
4

Jewel Cave
National Monument

Wind Cave
National Park

Mt Rushmore National Memorial
Célébrissime, le monument ne manque pas d'impressionner

24 miles (38 km)

Peter Norbeck Scenic Byway
Une route exigeante à travers des paysages magnifiques

27 miles (43 km)

2-3 JOURS
265 MILES / 425 KM

PARFAIT POUR...

LE MEILLEUR MOMENT

De mai à septembre : tous les sites sont ouverts

 LA PHOTO SOUVENIR

Le mont Rushmore, bien sûr !

 ACTIVITÉS DE PLEIN AIR

Observer la faune, bisons en tête, évoluer dans son (superbe) milieu naturel

337

26 La boucle des Black Hills

Au début du XIXe siècle, 60 millions de bisons parcouraient les plaines. Une chasse effrénée et excessive a décimé leurs rangs et en 1889, il n'en restait qu'un millier, ce qui obligea les éleveurs à prendre des mesures de protection. Aujourd'hui, leur nombre s'élève à 250 000 et plusieurs parcs des Black Hills gèrent des troupeaux en parfaite santé. Les autres emblèmes de l'Ouest que l'on rencontre sur la route ? Les Badlands, le mont Rushmore, le Crazy Horse Memorial… et Deadwood, la ville sans foi ni loi.

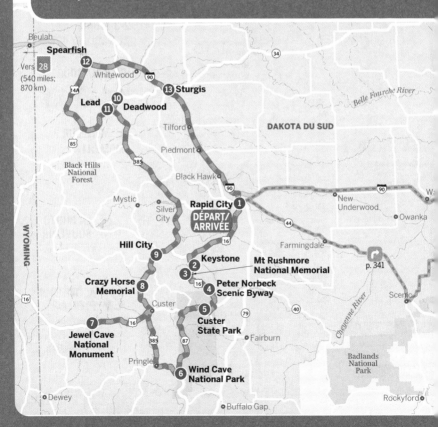

① Rapid City

Capitale de l'État, fondée peu après la ruée vers l'or de 1874, "Rapid" possède un centre vivant et intéressant, aisé à parcourir à pied, aux magasins et restaurants de qualité. Une bonne base pour votre circuit ! L'office du tourisme propose des brochures sur les balades (historiques, artistiques) en ville.

Dans le centre, ne manquez pas les jeux d'eau, sur **Main St Square**, et les 42 (bientôt 43) **statues de présidents** (www.cityofpresidents.com ; 631 Main St ; ⊙ centre d'information midi-21h lun-sam juin-sep) réparties aux coins des rues, le long de Main St et de St Joseph St.

Plus à l'est, le bâtiment de la South Dakota School of Mines & Technology abrite l'intéressant **Museum of Geology** (http://museum.sdsmt.edu ; 501 E St Joseph St, O'Harra Bldg ; ⊙ 9h-17h lun-ven, 9h-18h sam, midi-17h dim l'été, 9h-16h lun-ven, 10h-16h sam reste de l'année). En plus d'explications sur le processus de formation des roches, on y découvre gratuitement de belles collections de fossiles – certains sont très rares –, de squelettes – de dinosaures notamment – et de pierres : fluorine, météorites...

✕ 🍴 p. 346

La route ❯❯ Cap au sud sur la Hwy 16 puis la Hwy 16A, en direction de Keystone (21 miles ; 34 km).

② Keystone

Dans les Black Hills, on met toujours plus de temps que prévu à atteindre sa destination. La raison ? Les camping-cars, les routes sinueuses... mais aussi les distractions de bord de route. Ainsi, sur la Hwy 16, plusieurs sites touristiques se disputent la vedette sur la route du Mt Rushmore, dont deux parcs animaliers : le **Bear Country USA** (www.bearcountryusa.com ; Hwy 16 ; adulte/enfant 16/10 $; ⊙ 8h-18h l'été, limité le reste de l'année, fermé l'hiver ; 🚻) et le **Reptile Gardens** (www.reptilegardens.com ; Hwy 16 ; adulte/enfant 16/11 $; ⊙ 8h-18h l'été, limité le reste de l'année, fermé l'hiver ; 🚻).

Petite ville tapageuse au patriotisme enthousiaste, Keystone incarne l'esprit du Far West revisité à la sauce kitsch et doit son intérêt à sa proximité du mont Rushmore, à l'ouest.

✕ p. 346

La route ❯❯ C'est une simple montée de 3 miles (5 km) jusqu'au mont Rushmore.

Cheyenne River

Vers **27**
(280 miles ; 450 km)

Wall
[14]
Cottonwood
[90]
Buffalo Gap
National
Grassland
[240]
lands
ional
ark
[44] *White River*
Cedar
Pass
[44]

Pine Ridge Indian Reservation

Ⓢ À COMBINER AVEC :

27 Le long du Missouri
Rejoignez la route à Pierre (Dakota du Sud), un trajet de 170 miles vers l'est depuis Rapid City via la I-90 puis la US 14.

28 De Grand Teton à Yellowstone
Pour visiter ces superbes parcs, mettez le cap vers l'ouest, et traversez le Montana.

TEMPS FORT

❸ Mt Rushmore National Memorial

Les photos de cette sculpture monumentale ont beau avoir fait le tour du monde, sa découverte, après avoir passé le parking et le sentier d'approche, est toujours spectaculaire. George Washington, Thomas Jefferson, Abraham Lincoln et Theodore Roosevelt, les quatre présidents les plus marquants de l'histoire américaine, regardent dans le lointain (et l'avenir ?), du haut de leurs 18 m de granit.

Bien que le site soit très touristique, il est assez simple de s'échapper pour apprécier pleinement le **mont Rushmore** (www. nps.gov/moru ; depuis la Hwy 244 ; parking 11 $; ⏰8h-22h l'été, 8h-17h le reste de l'année), le talent du sculpteur Gutzon Borglum et le travail des ouvriers qui édifièrent ce mémorial entre 1927 et 1941.

La boucle du **Presidential Trail** passe juste en dessous du monument, offrant une belle vue sur les narines et un accès à l'atelier du sculpteur. Partez dans le sens des aiguilles d'une montre et vous vous trouverez sous le nez de Washington en moins de 5 minutes. Le **sentier nature**, sur votre droite quand vous faites face à l'entrée, relie les points de vue au parking, en traversant une forêt de pins, évitant la foule et les stands de souvenirs.

Les centres d'information du parc ont d'excellentes librairies, dont les recettes sont reversées au parc. Évitez la boutique Xanterra et le décevant Carvers Cafe, qui avait l'air bien plus intéressant dans la scène où Cary Grant se fait tirer dessus dans *La Mort aux trousses*. Le **musée** principal est loin d'être complet, mais le passionnant **atelier du sculpteur** évoque les événements autour de la construction du monument.

La route ›› Revenez légèrement sur vos pas depuis le Mt Rushmore, puis dirigez-vous vers le sud-ouest pour 16 miles (26 km) de sensations fortes sur la Iron Mountain Rd (Hwy 16a).

TEMPS FORT

❹ Peter Norbeck Scenic Byway

Parcourir les 66 miles (106 km) de la Peter Norbeck Scenic Byway est une expérience exaltante mais exigeante – voire stressante par moments. Baptisée en l'honneur du sénateur du Dakota du Sud qui est à l'origine de sa création, en 1919, cette route secondaire de forme ovale est divisée en quatre routes reliant les destinations les plus mémorables des Black Hills (il est recommandé aux conducteurs de larges camping-cars d'appeler le Custer State Park pour connaître les dimensions des tunnels).

L'**Iron Mountain Rd** (Hwy 16a) est une star, adorée pour ses boucles en tire-bouchon, ses tunnels donnant sur le mont Rushmore et sa descente magnifique à travers une forêt de pins. C'est un véritable grand huit de 16 miles (25 km) de ponts en bois, boucles, tunnels étroits et vues spectaculaires. Attendez-vous à croiser des véhicules roulant encore plus lentement que vous.

La **Needles Hwy** (Hwy 87), longue de 14 miles (22 km), longe des pics de granit, passe par des points de vue rocheux et traverse un tunnel très étroit.

La route ›› Après Iron Mountain Rd, les autres options sur la Peter Norbeck Scenic Byway écartées, il ne reste plus que 3 miles (5 km) sur la Hwy 16 vers l'ouest jusqu'au centre d'accueil du Custer State Park.

❺ Custer State Park

Ce **parc d'État** (www. custerstatepark.info ; pass de 7 jours 15 $ /voiture) de 287,5 km² doit son nom

VAUT LE DÉTOUR
BADLANDS NATIONAL PARK ET DAVANTAGE

Point de départ : ❶ Rapid City

Plus de 600 bisons sillonnent ce **parc national** (📞605-433-5361 ; www.nps.gov/badl ; Hwy 240 ; pass de 7 jours par personne/voiture 7/15 \$; 🕐Ben Reifel Visitor Center 7h-19h été, 8h-17h printemps et automne, 9h-16h hiver ; 🛗). Le nom vient des trappeurs français et des Sioux Lakota, qui ont décrit les flèches en dents de scie et les buttes érodées du parc comme des "mauvaises terres" (*bad lands*). Aujourd'hui, cette ancienne plaine d'inondation est superbe, avec ses collines ondulées éclairées de tons rouges et rosés.

Le **Notch Trail**, un sentier de 1,5 miles (2,4 km) aller-retour, serpente à travers un canyon puis rejoint, via une longue échelle, une ligne de crêtes d'où la vue est imprenable. Au **Ben Reifel Visitor Center**, en bas de la route, un film évoque la diversité du parc avec des zooms sur les plantes et les animaux.

Depuis Rapid City, dirigez-vous vers l'est pendant environ 50 miles (80 km) sur la I-90, où la **Badlands Loop Rd** (Hwy 240) rejoint la I-90 aux sorties 131 et 110. La boucle s'étend vers l'ouest depuis le centre d'accueil jusqu'à la partie nord du parc, s'inclinant le long d'une crête étroite de buttes (le Badlands Wall). Cette boucle peut se parcourir en une heure de voiture, mais si on s'arrête aux points de vue on peut y rester la matinée. La sortie 110 de la I-90 dessert Wall, où se trouve les boutiques de souvenirs et les restaurants du **Wall Drug** (www.walldrug.com ; 510 Main St ; 🕐6h30-18h, horaire étendu l'été ; 🛗), l'un des plus grands (et immanquables) pièges à touristes de la région.

Pour éviter de reprendre la I-90 pour rentrer à Rapid City, empruntez la Hwy 44 vers l'ouest, qui délaisse rapidement les escarpements pour la prairie du **Buffalo Gap National Grassland** (www.fs.fed.us/grasslands ; 798 Main St, Wall ; 🕐8h-16h30 lun-ven).

à George A. Custer, qui mena une expédition dans les Black Hills en 1874. L'or qu'il y découvrit attira tant de nouveaux colons que le traité de 1868 accordant aux Sioux 24 millions d'hectares dans la région fut rompu de fait. Crazy Horse et ses Lakotas prirent les armes et tuèrent Custer et 265 de ses hommes à la bataille de Little Big Horn, dans le Montana, en 1876.

Le parc abrite l'un des plus grands troupeaux de bisons en liberté au monde (environ 1 500), les célèbres *begging burros* (ânes mendiants) et plus de 200 espèces d'oiseaux – ainsi que des antilopes d'Amérique, des chèvres des Rocheuses, des mouflons d'Amérique, des coyotes, des chiens de prairie, des pumas, des lynx... La **Wildlife Loop Road**, longue de 18 miles (29 km), offre beaucoup d'opportunités pour observer la faune. Elle emprunte des ponts en pierre impressionnants et longe de beaux prés alpins.

Randonner est un bon moyen pour admirer la faune et les formations rocheuses – nous recommandons les **sentiers** à travers Sylvan Lake Shore, Sunday Gulch, Cathedral Spires et French Creek Natural Area.

Situé dans l'est du parc, le **Peter Norbeck Visitor Center** (📞605-255-4464 ; www.custerstatepark. info ; US 16A ; 🕐8h-20h l'été, 9h-17h le reste de l'année) propose de bonnes expositions, ainsi que des démonstrations du travail de l'or et des promenades guidées. À proximité, la **Black Hills Playhouse** (www. blackhillsplayhouse.com ; adulte/enfant 32/15 \$; 🕐variable de juin à mi-août) programme des pièces de théâtre l'été.

📖 p. 346

La route ❯❯ Depuis la Hwy 16, dirigez-vous plein sud sur la Hwy 87 durant 19 miles (30 km).

DANITA DELIMONT / GETTY IMAGES ©

PAROLE D'EXPERT
RYAN VER
BERKMOES, AUTEUR

Apercevoir pour la première fois le nez monumental de George Washington, au détour de la route, est assurément un grand moment. Mais ce qui fait le charme de cette boucle à travers les superbes Black Hills, c'est que l'on n'est jamais au bout de ses surprises. La route prend parfois des airs de montagnes russes, notamment sur l'Iron Mountain Road. Et les amateurs de westerns apprécieront le cimetière de Deadwood. Ici sont enterrées quelques grandes figures de l'Ouest, notamment Calamity Jane.

En haut : Badlands National Park
À gauche : Chapeau de cow-boy
À droite : Chien de prairie

❻ Wind Cave National Park

Juste au sud du Custer State Park, ce parc national de 114 km² de prairies et de forêts est célèbre pour la grotte dont il tire son nom : un vaste réseau souterrain de 132 miles (212 km) répertoriés. Outre ses dimensions, la grotte est renommée pour ses filonnets – sortes de veines – de calcite en relief (95% de ces formations connues se trouvent ici) qui remontent à plus de 60 millions d'années. Les fortes rafales de vent que l'on ressent à l'entrée de la grotte lui ont donné son nom. Les expositions organisées au **centre d'accueil** (www.nps.gov/wica ; ⊙9h-18h l'été, limité le reste de l'année) sont une bonne introduction à l'histoire et à la géologie de la grotte, que l'on peut compléter par l'une des **visites guidées** (☎réservations 605-745-4600 ; adulte 7-23 $, enfant 3,50-4,50 $) menées par des gardes. La plupart durent de 1 heure à 1 heure 30 ; le Wild Cave Tour de 4 heures rassasiera les spéléologues amateurs.

Tous les trésors du parc ne résident pas en sous-sol : les terres sont très fréquentées par les bisons et les chiens de prairie.

La route ❯❯ Jewel Cave se trouve à 38 miles (61 km) au nord-ouest via la US 385 et la US 16.

❼ Jewel Cave National Monument

Située à 13 miles (21 km) à l'ouest de Custer sur la US 16, cette grotte doit son nom aux cristaux de calcite qui recouvrent la plupart de ses parois (*jewel* signifie "joyau"). Seuls 168 miles (270 km) ont été répertoriés, ce qui en fait la troisième plus longue grotte connue au monde – mais on estime qu'elle est réalité la plus grande. Des **visites** (adulte 4-27 $, enfant gratuit-4 $) variables en durée et en difficulté sont proposées : renseignez-vous au **centre d'accueil** (www.nps. gov/jeca ; ☺8h-17h30 l'été, 8h-16h30 le reste de l'année).

La route ❯❯ Revenez sur vos pas sur 13 miles (21 km) jusqu'à ce que la US 385 rejoigne la US 16, puis partez vers le nord sur 5 miles (8 km).

❽ Crazy Horse Memorial

Toujours en cours d'achèvement, ce **mémorial** (www. crazyhorsememorial.org ; US 385 ; par personne/voiture 10/27 $; ☺8h-coucher du soleil l'été, 8h-17h le reste de l'année) de 172 m de haut représentera, à terme, le chef Sioux sur son cheval.

La sculpture, commencée en 1948, est l'œuvre de Korczak Ziolkowski, qui avait travaillé sous la conduite de Gutzon Borglum à la réalisation du mont Rushmore. Censée équilibrer l'emphase présidentielle de ce dernier, elle fut conçue à la demande du chef Lakota Henry Standing Bear mais est loin de faire l'unanimité : de nombreux Amérindiens pensent qu'elle profane la terre, sacrée. Quoi qu'il en soit, personne ne peut prédire quand la sculpture sera achevée – le visage a été inauguré en 1998, 16 ans après la mort du sculpteur.

Le centre d'accueil comprend un musée amérindien, un centre culturel, des cafés et l'atelier de Ziolkowski. Un spectacle son et lumière a lieu le soir en été.

La route ❯❯ Un court trajet de 10 miles (16 km) vers le nord sur la US 16/385 mène à Hill City.

❾ Hill City

Moins frénétique que Keystone, **Hill City** (www. hillcitysd.com) est l'une des villes les plus attrayantes dans ces collines. Vous trouverez cafés et galeries dans la rue principale.

Le 1880 Train (www.1880train.com ; 222 Railroad Ave ; adulte/enfant aller-retour 28/12 $; ☺début mai–mi-oct), un train à vapeur traditionnel,

circule à travers le paysage accidenté entre Hill City et Keystone. Un petit musée ferroviaire se trouve à proximité du dépôt.

✕ ⛺ p. 346

La route ❯❯ Des lacs, des rivières, des prairies et quelques pièges à touristes discrets animent les 42 miles (68 km) de la US 385 jusqu'à Deadwood à travers le cœur des Black Hills.

TEMPS FORT

❿ Deadwood

"Il n'y a pas de loi à Deadwood…" Ainsi s'ouvre la série télévisée éponyme, inspirée du roman de Pete Dexter. Fondée illégalement sur des terres indiennes dans les années 1870, la ville connut un rapide essor avec la découverte d'or dans les environs, attirant son lot de tricheurs, de hors-la-loi et de proxénètes. La ville s'est assagie depuis, mais son histoire vit toujours dans ses musées, son cimetière, et dans ses bâtiments d'époque, restaurés grâce à l'argent de ses quelque 80 salles de jeux.

La ville voue une dévotion éternelle à Wild Bill Hickok, figure de l'Ouest américain et compagnon de route de Calamity Jane, qui fut abattu ici en 1876, alors qu'il jouait au poker. L'été, des acteurs rejouent les **fusillades** célèbres (☺14h, 16h et 18h juin-août) sur Main St. Le **meurtre de**

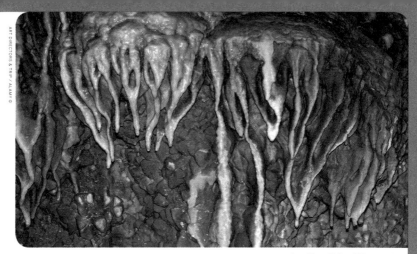

Jewel Cave National Monument

Hickok (657 Main St ; ⏰13h, 15h, 17h et 19h juin à mi-sept) est rejoué au saloon n°10 ; le procès du tueur a lieu au **temple maçonnique** (angle Main St et Pine St).

✕ 🛏 p. 347

La route » Prenez la US 85 sur 4 miles (6 km) en direction du sud jusqu'à Lead.

⓫ Lead

Ville aurifère fondée en 1876, Lead porte toujours les cicatrices de son passé minier. Il suffit pour s'en rendre compte de visiter la **Homestake Gold Mine** (📞605-584-3110 ; www.homestaketour.com ; 160 W Main St ; observation de la zone gratuite, visite adulte/enfant 7,50/6,50 $; ⏰visite 9h-16h mai-sept), une mine à ciel ouvert de 380 m de profondeur, qui n'a cessé son activité qu'en 2002 après 125 ans d'exploitation.

Les dommages causés à ce qui était autrefois une colline sont édifiants. À proximité, les puits d'origine de la mine plongent à plus de 2 km sous la surface. Ils sont aujourd'hui utilisés pour la recherche en physique.

🛏 p. 347

La route » Quittez Lead par la US 14A/85 en direction du sud et roulez environ 11 miles jusqu'à l'embranchement pour le Spearfish Canyon Scenic Byway.

⓬ Spearfish

Bordé de chutes d'eau, le **Spearfish Canyon Scenic Byway** (www.byways.org ; US 14A) sinue sur 20 miles (32 km) au cœur des collines jusqu'à Spearfish. Chaque virage (ou presque) découvre un panorama pour lequel il faudrait s'arrêter – on entend alors parfois les castors au travail.

🛏 p. 347

La route » Empruntez la I-90 vers l'est sur 22 miles (35 km) jusqu'à Sturgis. La route de Sturgis jusqu'à Rapid City ne fait que 36 miles (58 km).

⓭ Sturgis

Fast-food, iconographie chrétienne et publicités tape-à-l'œil pour des bars de motards ne sont que quelques exemples de la cacophonie visuelle qui sévit dans cette petite ville, située aux sorties 30 et 32 de la I-90, et célèbre pour son rassemblement annuel de motards : le **Sturgis Motorcycle Rally** (www.sturgismotorcyclerally.com ; ⏰début août). Près de 500 000 personnes viennent alors grossir les rangs des quelque 6 300 habitants...

La route » De Sturgis, vous n'êtes qu'à 36 miles (58 km) de Rapid City par la I-90.

Se restaurer et se loger

Rapid City ❶

✖ Murphy's Pub & Grill   Américain $$

(www.murphyspubandgrill.com ; 510 9th St ; plats
6-20 $; ⊘ restaurant 11h-22h, bar 11h-1h). Une
cuisine de pub créative fait de ce bar animé du
centre un excellent choix au dîner, notamment
pour ses salades, hamburgers et pâtes. Les
plats du jour sont à base de produits locaux de
saison. Très vaste, avec une grande terrasse.

✖ Tally's   Américain $$

(530 6th St ; plats 6-20 $; ⊘7h-21h lun-jeu,
7h-22h ven-sam). Carter ou Reagan ? Les deux
statues se trouvent devant l'entrée, vous offrant
la possibilité d'y réfléchir tout en savourant
la cuisine haut de gamme de ce café-bar stylé.
Les petits-déjeuners sont toujours bons ;
des plats régionaux plus créatifs sont proposés
le soir.

✖ Independent Ale House   Pub

(www.independentalehouse.com ;
625 St Joseph St ; ⊘15h-tard). Profitez d'une
fabuleuse (et changeante) sélection des
meilleures bières de la région dans ce bar rétro.
Il y a des chaises à l'extérieur et un menu avec
quelques en-cas comme des pizzas.

🛏 Town House Motel   Motel $$

(☎605-342-8143 ; www.blackhillsmotels.
com ; 210 St Joseph St ; ch 60-110 $; ❄🎧🐾).
Un motel classique et propre de 40 chambres,
à proximité de tous les sites d'intérêt du centre-
ville. Les couloirs extérieurs des blocs sur
2 niveaux donnent sur le parking et la piscine.

🛏 Hotel Alex Johnson   Hôtel $$

(☎605-342-1210 ; www.alexjohnson.com ;
523 6th St ; ch 60-200 $; ❄@🎧). Le style
de cet hôtel de 1927 allie une architecture
germanique Tudor à des symboles traditionnels
des Sioux Lakotas – notez le plafond peint du

hall d'entrée et le lustre en lances de guerre.
Les 127 chambres sont modernes et chics.
On trouve un portrait d'Al Capone, qui logea ici,
près de la réception. Toit-terrasse très agréable.

🛏 Adoba Eco Hotel   Hôtel $$

(☎605-348-8300 ; www.adobahotelrapidcity.
com ; 445 Mt Rushmore Rd ; ch 80-200 $;
❄@🎧🐾). Un ancien gratte-ciel Radisson
transformé en hôtel de centre-ville au concept
écologique. Le mobilier, composé de matériaux
recyclés, est très confortable. Le sol en marbre
du hall est une pure beauté.

Keystone ❷

✖ Teddy's Deli   Épicerie fine $

(236 Winter St ; plats à partir de 5 $; ⊘9h-21h
été, limité le reste de l'année). Les meilleurs
sandwichs de la région, bien mieux que
tout ce que vous pourrez trouver au proche
mont Rushmore.

Custer State Park ❺

🛏 Custer State Park
Resorts   Complexe hôtelier

(☎888-875-0001 ; www.custerresorts.com).
Le parc possède quatre grands complexes
hôteliers, avec des chambres et des chalets
pouvant aller de 95 $ à beaucoup plus cher.
Réservez longtemps à l'avance.

Hill City ❾

✖ Desperados   Américain $$

(301 Main St ; plats 9-20 $; ⊘11h30-21h). Dînez
en profitant du charme du décor rustique de
ce restaurant situé sur l'artère principale de la
ville. On vous conseille le hamburger. Service
rapide et décontracté.

🛏 Lantern Inn
Motel $$

(📞605-574-2582 ; www.lanterninn.com ; 580 E Main St ; ch 70-130 $; �附🛜🏊). Lantern Inn est un motel de 18 chambres réparties sur 2 niveaux donnant sur des jolis jardins. La piscine permet une agréable baignade de fin de journée.

🛏 Alpine Inn
Hôtel historique $$

(📞605-574-2749 ; www.alpineinnhillcity.com ; 133 Main St ; ch 80-160 $). En plein centre-ville, cet hôtel de 1886 dispose de chambres confortables, aux tentures rouge vif. Il est difficile de trouver plus central et le train à vapeur n'est qu'à quelques minutes à pied. Profitez des rocking-chairs sur le porche. Il sert une cuisine allemande copieuse.

Deadwood ⑩

✗ Midnight Star
Grill $$

(📞605-578-1555 ; 677 Main St ; plats 15-40 $; 🕐restaurant 8h-22h). Propriété de Kevin Costner, ce plaisant bar-casino expose des costumes et des photos des films de l'acteur. Le restaurant sert des steaks coûteux.

✗ Saloon No 10
Bar $$

(www.saloon10.com ; 657 Main St ; plats 10-25 $; 🕐restaurant midi-22h, bar 8h-14h). Des murs en lambris sombres et de la sciure au sol sont les caractéristiques de ce bar à étage. Celui d'origine, où Hickok fut tué, se trouvait de l'autre côté de la rue, mais le bâtiment a brûlé et les propriétaires ont alors acheté ce bar. Toit-terrasse où l'on sert une cuisine italienne correcte.

🛏 Bullock Hotel
Hôtel historique $$

(📞605-578-1745 ; www.historicbullock.com ; 633 Main St ; ch 75-160 $; �附🛜). Ceux qui connaissent la série télévisée *Deadwood* se souviennent du conflictuel mais intègre shérif Seth Bullock... Cet hôtel a été ouvert par le vrai, en 1895. Les 28 chambres sont modernes et confortables, tout en gardant le charme d'époque du bâtiment.

🛏 Deadwood Dick's
Hôtel $$

(📞605-578-3224 ; www.deadwooddicks. com ; 51 Sherman St ; ch 60-160 $; �附🛜). Ces chambres chaleureuses et originales sont meublées par le magasin d'antiquités du gérant, au rez-de-chaussée, et vont de petites chambres doubles à de larges suites avec cuisine. Bar attenant au magasin.

Lead ⑪

🛏 Main Street Manor Hostel
Auberge de jeunesse $

(📞605-717-2044 ; www.mainstreetmanorhostel. com ; 515 W Main St ; par personne/d 25/50 $; 🕐fermé déc-jan ; �附🛜). Cette auberge de jeunesse installée dans une maison est une merveille. Les clients ont accès à la cuisine, au jardin et à la laverie, et peuvent se dégourdir les jambes dans les collines environnantes.

Spearfish ⑫

🛏 Spearfish Canyon Lodge
Hôtel $$

(📞605-584-3435 ; www.spfcanyon.com ; US 14A ; ch 90-220 $; �附🛜🏊). Pour une escapade rurale, cet hôtel, à tout juste 13 miles (21 km) au sud de Spearfish, se trouve à proximité de sentiers de randonnée et de ruisseaux. L'énorme foyer de cheminée, dans le hall d'entrée, ajoute à son charme. Les 54 chambres modernes, en pin, sont confortables.

Bison Le Missouri et ses affluents font vivre une faune abondante

Le long du Missouri

27

Plus long cours d'eau d'Amérique du Nord, le Missouri traverse dans sa course vers le Mississippi des villes chargées d'histoire serties dans une nature sauvage et évocatrice. Faites de même !

TEMPS FORTS

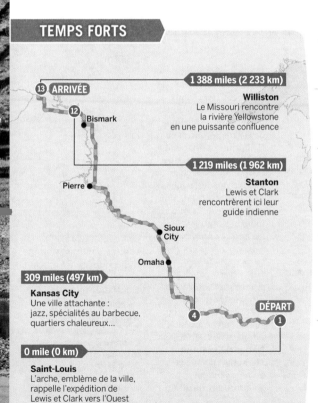

1 388 miles (2 233 km)

13 ARRIVÉE

12 Bismark

Williston
Le Missouri rencontre
la rivière Yellowstone
en une puissante confluence

1 219 miles (1 962 km)

Pierre

Stanton
Lewis et Clark
rencontrèrent ici leur
guide indienne

Sioux City

Omaha

309 miles (497 km)

Kansas City
Une ville attachante :
jazz, spécialités au barbecue,
quartiers chaleureux...

DÉPART
1

4

0 mile (0 km)

Saint-Louis
L'arche, emblème de la ville,
rappelle l'expédition de
Lewis et Clark vers l'Ouest

**7 JOURS
1 388 MILES /
2 234 KM**

PARFAIT POUR...

LE MEILLEUR MOMENT

De mai à septembre,
quand tous les sites
sont ouverts

 LA PHOTO SOUVENIR

N'importe quelle photo
montrant la largeur du
Missouri

✓ LA LEÇON D'HISTOIRE

L'identité américaine
s'est forgée, pour partie,
le long du Missouri

27 Le long du Missouri

En 1804, c'est non loin de la confluence du Missouri avec le Mississippi, près de Saint-Louis, que Lewis et Clark débutèrent l'expédition épique (voir p. 589) qui devait les mener jusqu'au Pacifique. Remontant la rivière avec les membres de leur *Corps of Discovery*, ils rencontrèrent des Amérindiens – plutôt amicaux – et découvrirent de vastes étendues de terres inexploitées, et une faune abondante.

TEMPS FORT

❶ Saint-Louis

Bière, bowling et base-ball font partie des principales distractions de la plus importante ville des Grandes Plaines, mais son histoire et sa culture, principalement liées à sa position idéale de "porte de l'Ouest", lui donnent de la profondeur.

Fondée en 1764 par Pierre Laclède et René Auguste Chouteau, deux Français, négociants en fourrure, la ville fut rachetée par les États-Unis à la vente de la Louisiane par Napoléon en 1803. Port d'importance de par sa situation à la confluence du Missouri et du Mississippi et point de départ de l'expédition de Lewis et Clark, Saint-Louis gagna son statut de porte de l'Ouest lorsque de l'or fut découvert en Californie en 1848, et que la ville devint le repaire des pionniers en quête de fortune rapide. Nombre de colons s'y installèrent.

Symbole de la ville, inaugurée en 1965, la **Gateway Arch** (www.gatewayarch.com ; tramway adulte/enfant 10/5 $; ⏱8h-22h juin-août, 9h-18h sept-mai) est l'emblème de cette "porte ouverte vers l'Ouest". Haute de 192 m, l'arche argentée fait partie du **Jefferson National Expansion Memorial** (hommage au président qui a sponsorisé l'expédition de Lewis et Clark) et se visite : un tram vous transporte jusqu'à la zone d'observation, depuis laquelle la vue sur la ville est splendide.

🍴 🛏 p. 357

La route » Depuis l'arche, empruntez la I-70 en direction du nord-ouest sur environ 24 miles (39 km) jusqu'à la ville de Saint-Charles.

---

❷ Saint-Charles

Fondée en 1769, Saint-Charles accueillit de 1821 à 1826 le **premier Capitole** (200 S Main St ; gratuit, visite adulte/enfant 4/2,50 $; 🕙10h-16h lun-sam, midi-16h dim, fermé le lun nov-mars) de l'État nouvellement formé du Missouri, avant que son gouvernement ne

⑤ À COMBINER AVEC :

22 La Great River Road

Rejoignez un fleuve plus connu, mais plus court, le Mississippi, au nord de St Louis ; vous aurez vu les deux plus grands fleuves d'Amérique.

26 La boucle des Black Hills

Une pléthore de sites vous attend dans les Black Hills. Commencez à Rapid City, à 170 miles (274 km) à l'est de Pierre, le long de sections pittoresques de la Hwy 34, US 14 et I-29.

s'installe définitivement à Jefferson City. Non loin, le **centre d'accueil des visiteurs** (☎800-366-2427 ; www.historicstcharles.com ; 230 S Main St ; ☉8h-17h lun-ven, 10h-17h sam, midi-17h dim) organise des visites du quartier de **Frenchtown**, juste au nord, aux beaux exemples d'architecture coloniale à la française.

L'expédition de Clark et Lewis fit étape ici avant de repartir le 21 mai 1804. Leur bivouac est rejoué à chaque date anniversaire. Le **Lewis & Clark Boathouse and Nature Center** (www. lewisandclarkcenter.org ; 1050 Riverside Dr ; adulte/enfant 5/2 $; ☉10h-17h lun-sam, midi-17h dim) vous en apprendra plus sur l'expédition.

La route ›› Délaissez la I-70 pour la Hwy 94, plus proche de la rivière, vers l'ouest puis continuez sur la US 63 jusqu'à Columbia. De là, prenez la Hwy 740, la Hwy 240, la US 40 et la Hwy 41 pour un trajet total de 190 miles (306 km) jusqu'à Arrow Rock.

❸ Arrow Rock

Située à l'ouest du Missouri, **Arrow Rock State Historic Site** (www. mostateparks.com/park/ arrow-rock-state-historic-site ; ☉centre accueil 10h-16h tlj mar-nov, ven-dim déc-fév) est un village où presque rien n'a changé depuis les années 1830 : il était alors une étape des diligences en direction de l'Ouest.

La route ›› On rejoint Kansas City par la Hwy 41, suivie de la US 65 et US 24, un trajet de

95 miles (153 km) à travers la campagne du Missouri.

TEMPS FORT

❹ Kansas City

Petit comptoir fondé en 1821, la ville a réellement pris de l'ampleur avec l'expansion vers l'Ouest : les pistes de l'Oregon, de la Californie et de Santa Fe rencontraient ici des bateaux à vapeur chargés de pionniers.

La ville est connue pour ses restaurants de grillades, ses fontaines (plus de 200) et son jazz.

Ne partez pas sans avoir vu le **Country Club Plaza**, un centre commercial des années 1920, une vraie curiosité et le **River Market**, un grand marché de producteurs. Passez la soirée dans le quartier de **Westport**, à l'ouest de Main St, riche en bars et restaurants.

Imprévisible, le Missouri a vu couler des centaines de bateaux. Le **Arabia Steamboat Museum** (www.1856.com ; 400 Grand Blvd ; adulte/enfant 16/6 $; ☉10h-17h30 lun-sam, midi-17h30 dim, dernière visite 90 min avant la fermeture) expose 200 tonnes de "trésors" récupérés après le naufrage de ce bateau à vapeur, en 1856.

✕ 🍽 p. 357

La route ›› Échappez-vous de la banlieue interminable de Kansas City en partant au nord sur la I-29 pendant 55 miles (88 km).

❺ Saint-Joseph

Cette ville à l'est du Missouri est liée à deux légendes du Far West. En 1860, le Pony Express partit d'ici pour la première fois pour la Californie, transportant le courrier sur 3 220 km en seulement 8 jours – 18 mois plus tard, le télégraphe signait son arrêt de mort. Vous découvrirez ce projet fou au **Pony Express National Museum** (www. ponyexpress.org ; 914 Penn St ; adulte/enfant 6/3 $; ☉9h-17h lun-sam, 11h-17h dim).

St Joseph est également la ville où fut abattu

Omaha Quartier d'Old Market

le célèbre hors-la-loi Jesse James, dans ce qui est devenu le **Jesse James Home Museum** (www. ponyexpressjessejames.com ; angle 12th St et Penn St ; adulte/ enfant 4/2 $; 🕑9h-16h lun-sam, 13h-16h dim avr-oct, sam-dim seulement nov-mars). L'impact de la balle dans le mur est toujours visible.

Établi dans l'ancien State Lunatic Asylum n°2 ("asile de fous d'État n°2"), le **Glore Psychiatric Museum** (www.stjosephmuseum.org ; 3406 Frederick Ave ; adulte/ enfant 5/3 $; 🕑10h-17h lun-sam, 13h-17h dim) est une plongée effrayante dans les "traitements" d'un

autre âge réservés aux malades mentaux.

La route ≫ Traversez le Missouri par la US 36 et continuez environ 50 miles (80 km) jusqu'à la US 75 que vous emprunterez vers le nord sur 100 miles (160 km).

- - - - - - - - - - - - - -

❻ Omaha

Le quartier d'**Old Market** dans le centre-ville, avec ses bâtiments en briques et ses rues pavées, une scène musicale dynamique, des musées de qualité... Quelques heures À Omaha peuvent vite devenir plusieurs jours.

Son emplacement sur le Missouri et sa proximité avec la rivière

Platte en firent une étape importante sur les pistes de l'Oregon, de Californie et des Mormons et en 1869, le premier chemin de fer transcontinental partait d'ici vers la Californie – vous en découvrirez l'histoire à l'**Union Pacific Railroad Museum** (www.uprr.com ; 200 Pearl St, Council Bluffs, IA ; 🕑10h-16h mar-sam), à Council Bluffs.

Les **berges** (8th St et Riverfront Dr) du centre-ville ont été bien aménagées. À ne pas manquer : le **Bob Kerry Pedestrian Bridge** et son architecture étonnante, qui s'élève au-dessus de

VAUT LE DÉTOUR
HANNIBAL

Point de départ : ❷ St Charles

Il plane sur certains des quartiers de la ville d'enfance de Mark Twain, à 100 miles (161 km) au nord-ouest de St Louis, comme un air d'autrefois et quand l'été et sa moiteur s'installent, on s'attend presque à entendre la corne d'un bateau à vapeur sur le Mississippi. Tom Sawyer et Huck Finn ne semblent jamais loin.

Parmi les 8 bâtiments du **Mark Twain Boyhood Home & Museum** (www.marktwainmuseum.org ; 415 N Main St ; adulte/enfant 11/6 $; ☉9h-17h) se trouvent la maison de Twain et celle de Laura Hawkins, qui lui inspira le personnage de Becky Thatcher. On peut également descendre le Mississippi sur un bateau à roue à aubes de 1964, le **Mark Twain Riverboat** (www.marktwainriverboat.com ; Center St ; 1 heure adulte/enfant 16/11 $; ☉avr-nov, horaires variables). Fête locale inspirée des aventures des personnages de Twain, les **National Tom Sawyer Days** (www.hannibaljaycees.org ; ☉week-end autour du 4 juil) proposent entre autres des courses de grenouilles et des concours de peinture de barrières.

Hannibal est à 95 miles (153 km) au nord-ouest de Saint-Charles, par la US 61.

l'Iowa ; le **Heartland of America Park**, avec ses fontaines et ses jardins botaniques ; et le **Lewis & Clark Landing**, où les explorateurs ont accosté en 1804. On y trouve le **Lewis & Clark Historical Trail Visitor Center** (www. nps.gov/lecl ; 601 Riverfront Dr ; ☉9h-17h été, lun-ven reste de l'année) où vous pouvez obtenir des informations pour suivre leurs traces.

✕ 🛏 p. 357

La route ›› Au-delà des confins d'Omaha, en permanente expansion, Fort Calhoun est à 16 miles (26 km) au nord sur la US 75.

❼ Fort Calhoun

Juste au nord d'Omaha, la petite ville de Fort Calhoun abrite le **Fort Atkinson State Historical Park** (www.outdoornebraska. ne.gov ; Madison St ; adulte/enfant 2/1 $; ☉8h-17h), première forteresse des États-Unis construite à l'ouest du Missouri, érigée en 1820 sur recommandation de Lewis et Clark.

À l'est de la ville, les marais et les espaces ouverts sur la rivière du **Boyer Chute National Wildlife Refuge** (www. fws.gov/refuge/boyer_chute ;

CR 34 ; ☉lever-coucher du soleil) n'ont quasiment pas changé depuis des siècles. Un sentier en boucle permet de les découvrir.

La route ›› Les 84 miles (135 km) de la US 75 au nord depuis Fort Calhoun traversent des villes agricoles. La route suit le cours du Missouri, qui s'incline légèrement vers l'est.

❽ Sioux City

Juchée sur un promontoire, la petite ville de Sioux City, dans l'Iowa, offre de belles vues sur le Missouri, notamment depuis le **point de vue** à l'angle de W 4th St et Burton St.

La rivière Floyd, qui se jette ici dans le Missouri, fut baptisée par Lewis et Clark en hommage à Charles Floyd, sergent de l'expédition, qui mourut ici probablement des suites d'une appendicite le 20 août 1804. Le **Lewis & Clark Interpretive Center** (www.siouxcitylcic. com ; 900 Larsen Park Rd ; ☉9h-17h mar-ven, 9h-20h jeu, midi-17h sam-dim), au bord de la rivière, est une mine d'information sur l'expédition. Un monument à sa mémoire fut érigé sur son lieu de sépulture, près du Missouri, en 1901.

La route ›› Quittez Sioux City par la Hwy 12, puis prenez la direction du Dakota du Sud à Westfield et empruntez la Hwy 50, qui suit le cours de la rivière. Les derniers 64 miles (103 km) de cette section de 306 miles (492 km) se font sur la Hwy 34.

❾ Pierre

Au bord du Missouri, le long de la Native American Scenic Byway et de la US 14, Pierre (prononcez "pir") semble trop petite (14 100 habitants) et trop ordinaire pour être un siège du pouvoir. C'est pourtant la capitale du Dakota du Sud, comme le prouve son imposant **capitole** (500 E Capitol Ave ; ☺8h-19h lun-ven, 8h-17h sam-dim) de 1910, avec son dôme de cuivre noir.

Dédié à la préservation de la culture et de l'histoire de l'État, le **Cultural Heritage Center** (www.history.sd.gov ; 900 Governor's Dr ; adulte/enfant 4 $/gratuit ; ☺9h-18h30 lun-sam, 13h-16h30 dim été, 9h-16h30 reste de l'année) expose notamment une collection d'objets historiques, dont une chemise ensanglantée, souvenir du massacre de Wounded Knee (1890), où près de 350 Amérindiens furent tués par des militaires.

Dans un coude du Missouri, **Framboise Island** est une belle option pour une randonnée à la découverte de la faune. L'île fait face à l'endroit où le groupe mené par Lewis et Clark passa quatre jours fin septembre 1804 – l'expédition faillit tourner court : ils offensèrent par inadvertance des membres de la tribu locale Brule.

La route » Empruntez la US 83 sur 208 miles (332 km) vers le nord jusqu'à la capitale du Dakota du Sud. Là, le Missouri a souvent l'apparence d'un lac, du fait des nombreux barrages.

❿ Bismarck

Comparé à l'élégant capitole de Pierre, entouré d'arbres, l'austère **capitole** (☎701-328-2480 ; N 7th St ; ☺8h-16h lun-ven, visite toutes les heures sauf midi, plus 9h-16h sam et 13h-16h dim été) de la capitale du Dakota du Nord, bâti dans les années 1930, semble bien mériter son surnom de "gratte-ciel de la prairie".

En face, le **North Dakota Heritage Center** (www.history.nd.gov ; Capitol Hill ; ☺8h-17h lun-ven, 10h-17h sam-dim) vous en apprendra davantage sur l'histoire et l'héritage culturel de l'État – notamment l'arrivée massive de pionniers originaires de Norvège et du nord de l'Europe au XIXe siècle –,

mais traite également de questions locales plus contemporaines. Devant le musée, une statue rend hommage à Sacagawea, une Amérindienne, guide et traductrice de l'expédition de Lewis et Clark.

Le **Fort Abraham Lincoln Park State** (www.parkrec.nd.gov ; 5 $/véhicule, plus adulte/enfant pour visite des sites historiques 6/4 $; ☺parc 9h-17h, visites mai-sept), à 7 miles (11 km) au sud de la toute proche Mandan sur la SR 1806, vaut le détour. Son **village indien** compte cinq huttes de terre de la tribu Mandan reconstituées ; le fort, avec plusieurs bâtiments recréés, fut le dernier arrêt du lieutenant-colonel Custer avant la bataille de Little Bighorn (1876) où il perdit la vie.

La route » Le paysage ici est aussi plat qu'un pancake sur ce trajet de 40 miles (64 km) vers le nord par la US 83.

VAUT LE DÉTOUR MITCHELL

Point de départ : ❽ Sioux City

Chaque année, un demi-million de personnes quitte la I-90 (sortie 332) pour voir le **Corn Palace** (www.cornpalace.org ; 604 N Main St ; ☺8h-21h été, horaires restreints le reste de l'année) de Mitchell, sorte de Taj Mahal kitsch dédié à l'agriculture, dont les murs extérieurs sont décorés de tableaux réalisés… avec quelque 300 000 épis de maïs. Mitchell se trouve à 150 miles (241 km) au nord-ouest de Sioux City via la I-29 et la I-90. Rejoignez l'itinéraire à Pierre, à 150 miles (241 km) au nord-ouest via la I-90 et la US 83.

⑪ Washburn

Il y a plusieurs sites intéressants près de l'endroit où Lewis et Clark passèrent l'hiver 1804-1805 avec les Mandans, et la nature, dans les environs, semble n'avoir que peu changé depuis.

Découvrez-en davantage sur l'expédition du duo et sur les Amérindiens qui les ont aidés au **North Dakota Lewis & Clark Interpretive Center** (www. fortmandan.com ; jonction US 83 et ND Hwy 200A ; adulte/enfant 7,50/5 $; ☺9h-17h tlj toute l'année, midi-17h dim hiver).

Reproduction du fort construit par Lewis et Clark, le **Fort Mandan** (CR 17) se trouve à 2,5 miles (4 km) à l'ouest (10 miles/16 km en aval du site d'origine inondé). Il est situé sur une partie isolée du Missouri, marquée d'un monument à Seaman, le chien de l'expédition.

La route ⟫ Dirigez-vous à l'ouest de Washburn sur 22 miles (35 km) à travers les prairies vallonnées et verdoyantes qui longent la Hwy 200, jusqu'au nord de la petite ville de Stanton.

⑫ Stanton

Au **Knife River Indian Villages National Historical Site** (www. nps.gov/knri), vous pouvez encore voir les monticules laissés par trois villages de terre des Hidatsas, qui ont vécu sur la rivière Knife, un affluent étroit du Missouri, pendant plus de 900 ans, avant que le site ne devienne un carrefour important du commerce de fourrure. Le National Park Service a recréé l'une des huttes de terre. Une promenade à travers les grands espaces sauvages du parc mène au village où Lewis et Clark ont rencontré Sacagawea.

La route ⟫ Au nord de Stanton, les barrages ont fait gonfler le Missouri, qui ressemble ici à un enchevêtrement de cours d'eau et de lacs. La Hwy 200 puis la US 85 vous transportent sur les 169 miles (272 km) jusqu'à la dernière étape.

⑬ Williston

À 22 miles (35 km) au sud-ouest de Williston, le long de la SR 1804, **Fort Buford** (www.history. nd.gov ; adulte/enfant 5/2,50 $; ☺10h-18h mi-mai à mi-sept) est l'avant-poste de l'armée où Sitting Bull, l'une des principales figures de la résistance à l'armée américaine et vainqueur de Custer à la bataille de Little Bighorn, rendit les armes en 1881. À côté, le **Missouri-Yellowstone Confluence Interpretive Center** (☺9h-19h mi-mai à mi-sept, 9h-16h mer-sam, 13h-17h dim reste de l'année) offre une belle vue sur la confluence de la rivière Yellowstone et du Missouri.

À environ 2 miles à l'ouest, à la frontière du Montana et du Dakota du Nord, le **Fort Union Trading Post** (www.nps.gov/fous ; SR 1804 ; ☺8h-18h30 été, 9h-17h30 reste de l'année) est une reconstitution du comptoir de l'American Fur Company, plus grande société de commerce de la fourrure et des peaux aux États-Unis, construit en 1828.

Au-delà de la frontière avec le Montana, le Missouri se divise en plusieurs affluents. Pour Lewis et Clark, la route était encore longue jusqu'à l'océan.

Se restaurer et se loger

Saint-Louis ❶

✘ Crown Candy Kitchen
Café $

(☎314-621-9650 ; http://crowncandykitchen.
net ; 1401 St Louis Ave ; plats 5-10 $; ◷10h30-
21h lun-sam, 10h30-17h dim). Un authentique
bar à sodas qui ravit les familles depuis 1913 :
solides milk-shakes (quiconque en boit 5 en
moins d'une demi-heure se les voit offrir),
glaces... Essayez leur célèbre sandwich BLT
(bacon, laitue, tomate).

✘ Bridge Tap House & Wine Bar
Bar

(☎314-241-8141 ; www.thebridgestl.com ;
1004 Locust St ; ◷11h-1h). Installez-vous
dans un sofa ou à une table dans ce bar
romantique où l'on déguste de bons vins et
le meilleur des bières locales, acompagnés
d'amuse-gueule de saison délicieux.

✘ Eleven Eleven Mississippi
Américain moderne $$

(☎314-241-9999 ; www.1111-m.com ;
1111 Mississippi Ave ; plats 9-22 $; ◷11h-22h
lun-jeu, 11h-minuit ven et sam ; 🍴). Ce bistrot-
bar à vin apprécié a élu domicile dans une
ancienne usine de chaussures. Le soir, on y sert
des spécialités locales, relevées d'une touche
italienne.

🛏 Moonrise Hotel
Boutique Hotel $$

(☎314-721-1111 ; www.moonrisehotel.
com ; 6177 Delmar Blvd ; ch 120-280 $;
P ✳ @ 🛜 🐾). Cet hôtel élégant de 8 étages,
situé dans le quartier dynamique du Loop, est
très apprécié pour ses 125 chambres décorées
sur le thème de la conquête lunaire.

Kansas City ❹

✘ Arthur Bryant's
Grill $$

(☎816-231-1123 ; www.arthurbryantsbbq.com ;
1727 Brooklyn Ave ; plats 8-15 $; ◷10h-21h30
lun-jeu, 10h-22h ven-sam, 11h-20h dim). Non
loin du Jazz District, cette célèbre institution
propose un grand choix de succulentes
grillades, servies dans un cadre chic.

✘ Oklahoma Joe's
Grill $$

(☎913-722-3366 ; www.oklahomajoesbbq.com ;
3002 W 47th Ave ; plats 6-15 $; ◷11h-20h30
lun-jeu, 11h-21h30 ven-sam). Ce grill célèbre,
installé dans une ancienne station-service,
est une excellente raison pour traverser
la frontière du Kansas.

✘ Rieger Hotel Grill & Exchange
Américain $$$

(☎816-471-2177 ; www.theriegerkc.com ;
1924 Main St ; plats 20-30 $; ◷11h-14h lun-ven,
17h-22h lun-sam). Installé dans un ancien hôtel
de 3 étages, construit en 1915, ce restaurant est
l'un des plus innovants de Kansas City.

🛏 Q Hotel
Hôtel $$

(☎816-931-0001 ; www.theqhotel.com ;
560 Westport Rd ; ch 110-140 $; P ✳ @ 🛜 🐾).
Cet hôtel indépendant, soucieux de
l'environnement, jouit d'un emplacement
central à Westport. Les 123 chambres sont
décorées de couleurs vives.

Omaha ❻

✘ Upstream Brewing Company
Américain $$

(☎402-344-0200 ; www.upstreambrewing.com ;
514 S 11th St ; plats 10-30 $; ◷11h-1h). La bière et la
cuisine, toutes deux savoureuses, sont à l'honneur
dans cette ancienne caserne d'Old Market. Tables
en extérieur, toit-terrasse et bar gigantesque.

✘ Spencer's
Grill $$$

(☎402-280-8888 ; www.
spencersforsteaksandchops.com ; 102 S 10th St ;
plats 25-55 $; ◷17h-22h). Omaha est
réputée pour ses steaks... et ce restaurant
est le champion en date. Vous pouvez profiter
d'excellents plats au bar pour un prix réduit.

🛏 Magnolia Hotel
Hôtel historique $$

(☎402-341-2500 ; www.magnoliahotelomaha.
com ; 1615 Howard St ; ch 130-200 $;
✳ @ 🛜 🐾). Non loin de Old Market,
le Magnolia est un boutique hotel installé dans
un immeuble italianisant restauré de 1923.

SE DÉGOURDIR LES JAMBES
SAINT-LOUIS

Départ/Arrivée Forest Park Visitor and Education Center

Distance 4 miles (6,5 km)

Durée 3 heures

Emblème de la ville et ode à la conquête de l'Ouest, la Gateway Arch est bien sûr un incontournable des circuits touristiques. Mais pour une promenade agréable en ville, il faut se mêler aux Saint-Lousiens dans les musées et les sites d'intérêt du Forest Park. Une balade qui ne saurait être complète sans un verre pris dans le joli quartier de Central West End.

Compatible avec les itinéraires :

Forest Park
Si Central Park, à New York, est plus célèbre, **Forest Park** (www.stlouis.missouri.org/citygov/parks/forestpark ; ⏰6h-22h), lui, est plus grand. Ses 554,5 ha, qui ont accueilli l'Exposition universelle de 1904, offrent une belle escapade avec ses sites à visiter.

Ancien pavillon de tramway, son **centre d'information** (www.forestparkforever.org ; 5595 Grand Dr ; ⏰8h30-19h lun-ven, 9h-16h sam-dim) dispose d'un café. Garez votre voiture ici et commencez votre promenade dans le sens inverse des aiguilles d'une montre.

La promenade ≫ Marchez vers le nord-ouest à travers les jardins sur environ 300 m.

Missouri History Museum
Ce **musée** (www.mohistory.org ; 5700 Lindell Blvd ; ⏰10h-17h, 10h-20h mar) est une rétrospective de l'histoire de la ville. Les vedettes ? L'Exposition universelle et l'aviateur Charles Lindbergh !

La promenade ≫ Marchez vers le sud en passant devant les terrains de tennis jusqu'à la petite marina du lac.

Post-Dispatch Lake
Ce grand lac, qui occupait une position centrale lors de l'Exposition universelle, n'est pas qu'ornemental : on peut louer des bateaux à la **Boathouse** (www.boathouseforestpark.com ; 6101 Government Dr ; location bateau 15 $/heure ; ⏰10h-environ 1 heure avant coucher du soleil).

La promenade ≫ Marchez jusqu'au musée, au sud-ouest, ou, plus long mais plus beau, empruntez le chemin qui sinue au nord des lacs, puis redescendez vers le sud en passant devant le Grand Basin et à travers l'étendue verte de Art Hill.

St Louis Art Museum
Ce grand palais, construit pour l'Exposition universelle, abrite désormais le **St Louis Art Museum** (www.slam.org ; 1 Fine Arts Dr ; ⏰10h-17h mar-dim, 10h-21h ven). Sur plusieurs étages, ses collections traversent les époques

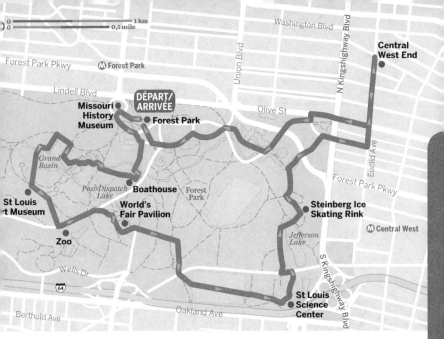

et les styles. Une nouvelle aile a ouvert
en 2013.

La promenade ❯❯ Après une courte marche vers
le sud, vous voilà devant l'entrée nord du zoo.

Zoo de St Louis

Créé en 1904, ce grand **zoo** (www.stlzoo.org ;
1 Government Dr ; certaines expositions payantes ;
⏱8h-17h tlj, 8h-19h ven-dim juin-août ; 👪) recrée
plusieurs écosystèmes dont une zone de
bord de rivière, où viennent boire les
créatures de la savane africaine.

La promenade ❯❯ Direction le sud-est (on devine le
planétarium au loin) ! Sur le chemin, le **pavillon de
l'Exposition universelle** de 1909 fut construit
grâce aux recettes de l'Exposition de 1904.

St Louis Science Center

Expériences, ateliers, cinéma
IMAX, dinosaures... Bienvenue au
St Louis Science Center (www.slsc.
org ; 5050 Oakland Ave ; ⏱9h30-17h30
lun-sam, 11h-17h30 dim juin-août, 11h-16h30 le
reste de l'année ; 👪), accessible par une
passerelle vitrée au-dessus de la I-64.
Le parc abrite le planétarium.

La promenade ❯❯ Suivez le large sentier
pédestre après le lac Jefferson.

Patinoire Steinberg

S'il fait trop froid pour louer un bateau,
c'est certainement la bonne saison pour
faire un tour dans cette **patinoire** (www.
steinbergskatingrink.com ; sur N Kingshighway Blvd ;
entrée 6 $, location patins 4 $; ⏱10h-21h dim-jeu,
10h-minuit ven-sam mi-nov–fév).

La promenade ❯❯ Quittez le parc et traversez
S Kingshighway Blvd.

Central West End

Ce quartier chic de cafés et de
commerces s'étend autour de Euclid St.
Duff's (www.duffsrestaurant.com ; 392 N
Euclid Ave ; plats 8-20 $; ⏱11h30-22h dim-jeu,
11h30-23h ven, 10h-23h sam) propose un
menu varié de sandwichs, salades et
plats plus ambitieux. Optez pour une
table à l'extérieur, sous les arbres.

La promenade ❯❯ Retournez au parking en
flânant dans Forest Park. Nos coins préférés :
les sentiers qui longent les cours d'eau entre
les lacs Round et Deer, au nord du parc.

Les Rocheuses

SURPLOMBÉES PAR DES PICS ENNEIGÉS ET LONGÉES PAR DES RIVIÈRES D'EAU CLAIRE ET DES CANYONS ESCARPÉS, les routes des Rocheuses sont hautes en couleur. Des bols d'air pur aux verres de bière, tout y est plus grand que nature.

Les denrées de première fraîcheur et les limites urbanisées de certaines montagnes immenses sont trompeuses : ici, l'Ouest sauvage est plus qu'un état d'esprit. Excursion dans les vallées, ski dans la poudreuse d'Aspen et de Vail ou observation de loups au Yellowstone, les sensations fortes sont au rendez-vous.

Alors, faites le plein d'adrénaline ou abandonnez-vous à la quiétude de ce sanctuaire imprégné du parfum des pins.

Grand Teton National Park Reflet des pics dentelés du Teton (itinéraire 28)
JOHN WOODWORTH / GETTY IMAGES ©

Les Rocheuses

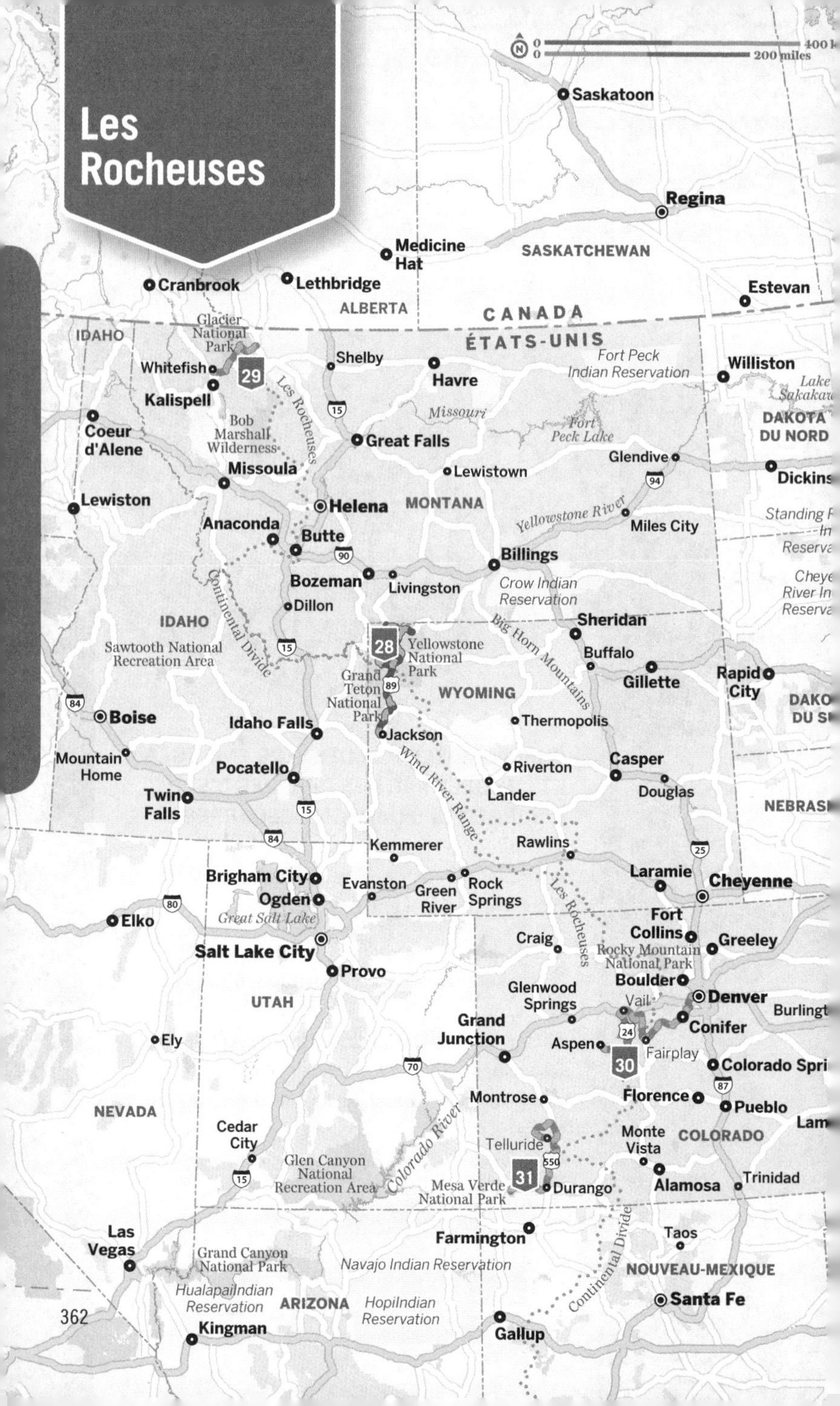

Colorado Ski dans les Rocheuses (itinéraire 30)

28 De Grand Teton à Yellowstone 7 jours
Faune extraordinaire, geysers infatigables
et paysages montagneux composent cet itinéraire
dédié aux parcs nationaux. (p. 365)

29 La Going-to-the-Sun Road 3 jours
Les lacets de cette route qui sillonne le Glacier
National Park offrent de splendides panoramas sur
les glaciers et les cascades. (p. 377)

30 Au sommet des Rocheuses 4-5 jours
Les villes fantômes de l'Ouest sauvage le disputent
aux stations de ski parmi les plus célèbres du pays sur
cet itinéraire empreint de béatitude alpine. (p. 385)

31 La San Juan Skyway et la Million Dollar Highway 6-8 jours
Mystérieuses maisons troglodytiques à flanc de falaise,
hameaux de mineurs déserts et Colorado huppé. (p. 395)

À NE PAS MANQUER

Balcony House
Accessible par
des échelles et
des boyaux étroits,
ce village troglodytique
ravira les aventuriers.
Tentez l'escalade dans
l'itinéraire 31.

Loups
Levez-vous au petit
matin pour apercevoir
les meutes de la Lamar
Valley, lors d'un circuit
guidé par un biologiste.
Préparez vos jumelles
pour l'itinéraire 28.

Maroon Bells
Ces pics ciselés,
superbes, font oublier
les airs hautains d'Aspen.
Laissez-vous charmer
sur l'itinéraire 30.

Lac McDonald
On parcourt cette
immense étendue d'eau
bleue, cernée par le
Glacier National Park,
dans une barque louée
lors de l'itinéraire 29.

James Ranch
Vous ne trouverez
pas hamburgers
plus frais que ceux
de cette ferme près de
Durango. Régalez-vous
sur l'itinéraire 31.

Grand Prismatic Spring Chaud devant !
Éruptions de geysers et mares de boue en ébullition !

Route Mythique

De Grand Teton à Yellowstone

28

La nature, à l'état sauvage… À l'ombre des flèches de la Teton Range, geysers, piétinements des bisons et hurlements de loups constituent la bande-son d'une randonnée inoubliable.

TEMPS FORTS

ARRIVÉE
Mammoth

10 — **190 miles (306 km)**
Lamar Valley
À la rencontre des grizzlys, loups et proghorns

Canyon

100 miles (161 km)
Grand Prismatic Spring
Sources aux couleurs de l'arc-en-ciel, geysers et mares de boue bouillonnantes

6

Yellowstone Lake

Old Faithful

3

27 miles (43 km)
String Lake et Leigh Lake
Le Grand Teton National Park au fil de l'eau

1 mile (1,6 km)
Jackson
Où se mêlent Far West et aventures en montagne

1

DÉPART

**7 JOURS
250 MILES / 400 KM**

PARFAIT POUR...

LE MEILLEUR MOMENT

De juin à septembre

 LA PHOTO SOUVENIR

Élans et wapitis s'abreuvant à Oxbow Bend, dans le Grand Teton National Park, avec le Mt Moran en toile de fond

 OBSERVER LA FAUNE

À l'aube, dans les vallées du Yellowstone National Park

28 De Grand Teton à Yellowstone

Premier parc national des États-Unis et destination phare du Wyoming, Yellowstone est le royaume des geysers, des bisons, des grizzlis et des loups. L'abondance de lacs alpins, de cours d'eau et de cascades, répartis au pied d'un supervolcan, en fait l'une des plus fabuleuses créations de Dame Nature. Juste au sud, les pitons burinés et les forêts odorantes du Grand Teton National Park offrent un paysage alpin idéal pour l'exploration qui comblera les férus de randonnée en altitude.

TEMPS FORT

❶ Jackson

Située avant l'entrée sud du Grand Teton National Park, Jackson est une petite station de ski qui ne manque pas non plus d'attrait en été, avec ses offres d'activités de plein air, ses galeries, boutiques branchées et magasins d'équipement de sport. Au **National Museum of Wildlife Art** (📞307-733-5771 ; www.wildlifeart. org ; 2820 Rungius Rd ; adulte/enfant 12/6 $; ⏰9h-17h), ne manquez pas les chefs-d'œuvre de Remington et Bierstadt, représentations émouvantes du Grand Ouest. L'hiver, wapitis, bisons et mouflons se rassemblent au **National Elk Refuge** (📞307-733-9212 ; www.fws.gov/refuge/national_elk_refuge ; Hwy 89 ; balade en traîneau à cheval adulte/enfant 18/14 $; ⏰8h-17h sept-mai. 8h-19h juin-août, balade en traîneau à cheval 10h-16h mi-déc à mars), plus apprécié des oiseaux en été. Jackson est enfin l'une des meilleures scènes gastronomiques de l'État et les chefs réputés mettent l'accent sur des produits issus d'exploitations locales.

🍴🛏️ p. 374

La route ❯❯ Depuis Jackson, suivez la Rte 22 jusqu'à la Moose-Wilson Road (Rte 390). interdite aux camions et caravanes. Conduisez doucement ; les grizzlis ne sont pas rares le long de cette petite route. Le droit d'entrée du Grand Teton National Park s'acquitte au stand marquant la **Granite Canyon Entrance** (⏰permis 7 jours 25 $/véhicule). Ensuite, prenez la Laurance S Rockefeller Preserve à droite, à 16 miles (26 km) de Jackson.

❷ Laurance S. Rockefeller Preserve

Sobrement aménagé et conçu dans une démarche durable, le **Laurance S. Rockefeller Preserve Center** (📞307-739-3654 ; Moose-Wilson Rd ; ⏰8h-18h juin-août, 9h-17h sept-mai) va au-delà de l'habituel centre d'information de parc. Ici, point d'animaux empaillés : des espaces clairs, un théâtre sonore, des expositions, une bibliothèque et toutes les informations sur le parc.

D'ici, une balade facile conduit au **Phelps Lake**. La boucle de 7 miles

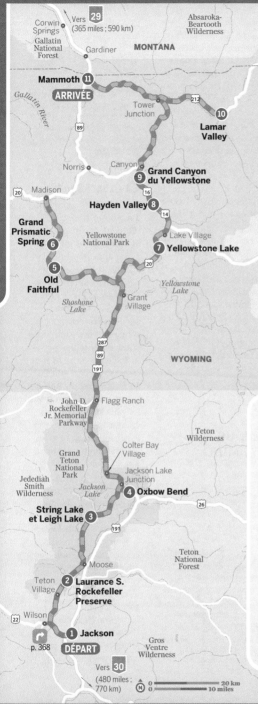

MONTANA

Vers **29**
(365 miles ; 590 km)

Corwin Springs

Gallatin National Forest

Gardiner

Absaroka-Beartooth Wilderness

Mammoth **11**
ARRIVÉE

Gallatin River

Tower Junction

212

10
Lamar Valley

89

Norris

Canyon

Grand Canyon du Yellowstone **9**

Madison

20

16

Hayden Valley **8**
14

Yellowstone National Park

Lake Village

Grand Prismatic Spring 6

Yellowstone Lake **7**

20

5

Yellowstone Lake

Old Faithful

Shoshone Lake

Grant Village

287

89
191

WYOMING

John D. Rockefeller Jr. Memorial Parkway

Flagg Ranch

Teton Wilderness

Colter Bay Village

Grand Teton National Park

Jedediah Smith Wilderness

Jackson Lake

Jackson Lake Junction

4 Oxbow Bend

26

String Lake et Leigh Lake 3

191

Teton National Forest

Moose

2 Laurance S. Rockefeller Preserve

Teton Village

Wilson

22

p. 368

1 Jackson
DÉPART

Gros Ventre Wilderness

Vers **30**
(480 miles ; 770 km)

0 ——— 20 km
(N) 0 ——— 10 miles

(11 km) prend environ 3 heures 30. Si vous n'avez que deux heures (et un maillot de bain), rendez-vous au Jump Rock d'où l'on peut plonger de 7 m dans une eau cobalt et cristalline. Très apprécié des nageurs et des promeneurs, il n'est qu'à une heure sur le sentier.

La route ≫ La voie s'achève après 4 miles (6,5 km) à Teton Park Rd. Le guichet de l'entrée de Moose est à gauche, les centres de visiteurs Craig Thomas et Dornan à droite. Teton Park Rd est parallèle à une piste cyclable récente, débutant à Jackson et finissant à Jenny Lake.

Sur votre gauche, les points de vue ne manquent pas, mais roulez prudemment car les animaux traversent souvent la route. Tournez à gauche pour les randonnées du Leigh Lake et du String Lake, puis continuez sur la même boucle pour suivre la route panoramique jusqu'au Jenny Lake.

À COMBINER AVEC :

29 La Going-to-the-Sun Road

Depuis Mammoth, suivez la 89 vers le nord via Paradise Valley, rejoignez l'I-90 à Bozeman et prenez la 93N à Missoula ; comptez 7 heures.

30 Au sommet des Rocheuses

Depuis Jackson, empruntez la 191 vers le sud, l'I-80 vers l'est, puis l'I-25 vers le sud jusqu'à Denver ; une traversée de 8 heures dans les hauteurs du Colorado.

Route Mythique

TEMPS FORT

❸ String Lake et Leigh Lake

Votre périple dans le superbe **Grand Teton National Park** (📞 307-739-3399 ; www.nps.gov/grte ; Teton Park Rd, Grand Teton National Park ; 25 $) commence à Moose, où **Dornan's** (📞 307-733-2522 ; www.dornans.com ; Moose Village) loue des canoës. Lorsque le personnel vous aura aidé à le sangler, rejoignez le départ des sentiers de **String Lake et de Leigh Lake** où le centre des visiteurs vous remettra un permis. L'aventure convient à toute la famille. Après avoir vogué sur le String Lake, portez l'embarcation pour continuer sur le Leigh Lake. En bateau, dans l'eau, ou depuis la plage, la vue sur les sommets escarpés est imprenable. Si vous voulez y passer la nuit, vous pouvez réserver un emplacement de camping au bord de l'eau. Sur ces rives, les promenades sont accessibles à tout âge et le sentier du String Lake est une boucle de 3,3 miles (5,3 km).

Le Jenny Lake Lodge (p. 374) vaut le détour et, si la chambre est trop coûteuse pour votre budget, nous recommandons d'y manger. Le déjeuner est décontracté, mais le dîner, romantique et raffiné, se fait aux chandelles et comprend cinq plats.

🍴🛏 p. 374

VAUT LE DÉTOUR WILSON, WYOMING

Point de départ : ❶ Jackson

Avec ses grandes granges et ses vastes pâturages, cet avant-poste à 13 miles (21 km) de Jackson évoque plutôt le Far West... malgré le prix moyen des résidences à 3 millions de dollars. Faites escale au **Stagecoach Bar** (📞 307-733-4407 ; http://stagecoachbar.net ; 5755 W Hwy 22, Wilson), pour écouter d'amusants groupes constitués d'ouvriers agricoles, de cow-girls à paillettes, de hippies et de randonneurs. Chaque dimanche, le groupe de country de l'établissement joue jusqu'à 22h. Soirée disco le jeudi. Véritable institution, le **Nora's Fish Creek Inn** (📞 307-733-8288 ; 5600 W Hwy 22, Wilson ; plats 7-35 $; 🕐 6h-14h, 17h-21h30) sert de copieux petits-déjeuners, des truites fraîches et des tartes maison.

La route ❯❯ Prenez à gauche dans la Teton Park Rd en sortant de chez Jenny ou en quittant le String Lake. Sur la route qui grimpe vers le nord, les pins succèdent aux armoises jusqu'à la dense forêt de Signal Mt Road et l'on entraperçoit le Jackson Lake sur la gauche. À la Jackson Lake Junction, tournez à droite puis gagnez directement Oxbow Bend.

❹ Oxbow Bend

Les familles se plairont à naviguer sur ce segment paisible de la **Snake River** qui coule dans le parc, en admirant le spectacle des cimes enneigées et, parfois, des élans qui pataugent. Quelques agences de Jackson proposent des excursions d'une demi-journée.

Situé à 2 miles (3 km) à l'est de la Jackson Lake Junction, **Oxbow Bend** figure parmi les endroits les plus spectaculaires et courus pour observer les animaux, avec le Mt Moran en toile de fond. Ce bras mort résulte de l'érosion de la rive extérieure par les courants forts et du dépôt de sédiments par les courants plus lents.

Pensez aux jumelles, car ces plaines inondées attirent une faune extraordinaire. Les levers et couchers de soleil rassemblent élans, wapitis, grues du Canada, balbuzards, aigles pêcheurs ou encore cygnes trompette...

La route » Depuis Oxbow Bend, prenez à droite dans la 287/89 qui longe le Jackson Lake. Le dernier camping équipé à proximité du lac se trouve à Lizard Creek. Une fois dans le Yellowstone National Park, la route rejoint le Continental Divide (2 435 m) puis redescend. À l'intersection du Yellowstone Lake, prenez à gauche et remontez le Craig Pass (2 518 m) jusqu'au geyser Old Faithful.

BON À SAVOIR
LOIN DES FOULES

Pour éviter les foules du Yellowstone, visitez le parc en mai, septembre ou octobre et imitez les animaux en étant plus actif aux levers et couchers de soleil. Enfin, pique-niquez le midi, dînez après 21h dans les lodges et plantez votre tente en pleine nature (permis obligatoire) : 1 % seulement des visiteurs passe la nuit dans les profondeurs du Yellowstone.

---

❺ Old Faithful

Sur la route qui grimpe vers le nord en direction des Tetons, les pins émaillent l'horizon. Premier parc national américain, le **Yellowstone National Park** (☎307-344-2263 ; www.nps.gov/yell ; Grand Loop Rd, Mammoth, Yellowstone National Park ; 25 $; ⊙entrée nord toute l'année, entrée sud mai-oct) s'étend sur 9 000 km². Afin de ne pas payer deux fois, présentez votre ticket d'entrée au Grand Teton en passant par l'entrée sud, puis continuez vers l'ouest sur la boucle menant au **Old Faithful Visitor Center** (☎307-344-2107 ; www.nps.gov/yell/planyourvisit/backcountryhiking.htm ; Grand Loop Rd, Yellowstone National Park ; emplacement 12 $; ⊙8h30-16h juin-août) pour quelques renseignements.

Toutes les 90 minutes environ, l'**Old Faithful** projette quelque 30 000 l d'eau à 55 m de haut. Le centre d'information dispose des horaires indicatifs des éruptions et les rangers prodiguent des explications sur le geyser.

Si vous venez de rater l'éruption, comblez l'attente en suivant le chemin de 1,1 mile (1,8 km) jusqu'à l'**Observation Hill** qui surplombe le bassin. En revenant, passez par le Solitary Geyser, qui jaillit toutes les 4 à 8 minutes.

Le porche de l'**Old Faithful Inn** est aussi un excellent point de vue. Si vous n'y logez pas, le dîner, coûteux, vaut le détour.

✕ ⊨ p. 375

La route » Depuis l'Old Faithful, les 16 miles (26 km) qui vous séparent de Madison Junction méritent que l'on prenne son temps. Depuis la Grand Loop Rd, explorez chacune des routes vers l'est, dormez au camping de Madison puis, en rebroussant chemin, explorez toutes celles vers l'ouest.

TEMPS FORT

❻ Grand Prismatic Spring

L'exploration du **Geyser Country** peut prendre la journée et de nombreux sites – geysers, sources multicolores, bassins de boue bouillonnants – sont accessibles à vélo.

Au départ du camping de Madison, redescendez 2 miles (3 km) vers le sud et prenez Firehole Canyon Dr à droite. En dépassant falaises et rapides, vous accéderez aux **Firehole Falls** et à leur zone de baignade.

L'aire située à 5 miles (8 km) au sud jouit d'un horizon dégagé sur les geysers et les bassins du **Midway Geyser Basin** à droite et du Firehole Lake Basin à gauche. Quelques bisons parachèvent ce spectacle iconique du Yellowstone.

Peu après, tournez à droite vers **Fountain Paint Pot**, immense mare de boue en ébullition, puis poursuivez jusqu'au Midway Geyser Basin. Les nuances arc-en-ciel du **Grand Prismatic Spring** (immense bassin naturel d'eau chaude) sont époustouflantes et la promenade autour permet de mieux en apprécier les 112 m de diamètre. Il alimente l'**Excelsior Pool**, un geyser dont la dernière éruption remonte à 1985 ; les eaux bleues se déversent ensuite dans la Firehole River.

Route Mythique

370

La route >> Depuis le Grand Prismatic Spring, prenez au sud vers l'Old Faithful. La route escalade le Craig Pass (2 518 m) puis redescend vers West Thumb, point d'informations sur le Yellowstone Lake. Tournez à gauche sur la berge pour rejoindre Lake Village.

----

❼ Yellowstone Lake

À 2 357 m au-dessus du niveau de la mer, ce **lac** étincelant compte parmi les plus grands lacs d'altitude au monde et la Grand Loop Rd longe l'essentiel de sa rive ouest. Pique-niquer à **Sand Point** permet d'effectuer la courte balade qui mène au lagon et à la plage de sable noir derrière lesquels s'élève la chaîne de l'Absaroka.

Juste au nord, le **Lake Yellowstone Hotel**, construit en 1891, est le plus vieil édifice du parc. Parfaite pour un concert classique ou un apéritif, la vaste véranda de ce bâtiment jaune vous incitera peut-être à y revenir en fin de journée.

À l'intersection plus au nord, prenez à droite vers **Fishing Bridge**. Le lac et la rivière concentrent la plus importante population de truites fardées du pays et les grizzlis s'y réunissent au printemps pour pêcher. Si vous arrivez vers 17h, ne manquez pas les explications du ranger.

À l'est, **Pelican Valley** est renommée pour ses plaines d'armoises, où gambadent élans et grizzlis. Plusieurs superbes randonnées commencent ici, parmi lesquelles celle de Storm Point, une promenade de 2,3 miles (3,7 km, 1h30) traversant une variété d'habitats naturels.

✕ 🛏 p. 375

La route >> Longez le lac jusqu'à Lake Village, puis tournez à droite vers Fishing Bridge. Attention aux voitures qui s'arrêtent parfois brutalement pour observer les animaux : utilisez les aires prévues à cet effet. Quelques kilomètres plus loin, le sentier de Storm Point est sur votre droite. Regagnez Fishing Bridge pour rejoindre Hayden Valley au nord.

----

❽ Hayden Valley

Au sortir du lac, la **Yellowstone River**, large et peu profonde, serpente tranquillement dans les prairies de la Hayden Valley. Lieu parfait pour l'observation de la faune, la vallée est la plus vaste du parc.

PAROLE D'EXPERT
NATHAN VARLEY, BIOLOGISTE ET GUIDE

Pour échapper aux foules dans le centre du Yellowstone, rendez-vous aux campings déserts en haut du sentier de Broad Creek ou de Mist Creek. Proches de zones thermales et de mares de boue, ces coins fabuleux abritent une intense vie animale.

À gauche : Grand Teton National Park
À droite : Un élan dans les couleurs automnales du Grand Teton

Route Mythique

Le limon et l'argile de cette vallée, où s'étendait autrefois un lac, fertilisent herbes et arbrisseaux dont raffolent les bisons. On y aperçoit aussi des coyotes, des grizzlis au printemps et des wapitis lors du rut automnal.

Plusieurs fois par semaine à 7h, les rangers animent des **parcours d'observation** jusqu'aux segments à 1 mile (1,5 km) environ au nord de Sulphur Cauldron et à 1,5 mile (2,5 km) au nord de Trout Creek.

À 6 miles (10 km) au nord de Fishing Bridge, les mares de boue et les soufrières de la zone thermale de **Mud Volcano** sont fascinantes. Les séismes de 1979 générèrent tant de chaleur et de gaz que les mares de boue décimèrent les cyprès environnants. Une boucle de 2,3 miles (3,7 km) mène aux différentes curiosités.

La route La route longe la rive ouest de la Yellowstone River et l'observation d'ours et de bisons y provoque souvent des embouteillages. Gardez vos distances, car ces animaux débonnaires mais vigoureux empruntent cette voie. Lorsque les denses forêts remplacent les vastes plaines, regardez à droite sur South Rim Dr, qui offre des vues incroyables sur le Grand Canyon de Yellowstone.

---

❾ Grand Canyon de Yellowstone

Ici, la rivière plonge du haut des Upper Falls (33 m) et des Lower Falls (94 m) avant de dévaler rageusement les parois du Grand Canyon de Yellowstone.

En direction du nord sur Grand Loop Rd, tournez à droite dans South Rim Dr. Une descente abrupte de 150 m, l'**Uncle Tom's Trail**, conduit aux meilleurs panoramas sur les chutes. Reprenez la voiture jusqu'à **Artist Point**. Rose, blanc, ocre et vert pâle se confondent ici sur les parois du canyon pour un spectacle éblouissant. Pour profiter de ce paysage, suivez donc le court sentier (1 mile/1,6 km) menant jusqu'à Point Sublime.

De retour sur Grand Loop, remontez vers le nord et prenez la North Rim Dr à droite. Cette route à sens unique de 2,5 miles (4 km) fourmille de panoramas. **Lookout Point** jouit d'une vue exceptionnelle sur les Lower Falls et un chemin à pic de 150 m s'en approche. C'est ici que le peintre Thomas Moran, manquant de couleurs pour restituer toutes les nuances du canyon, aurait sangloté sur sa palette.

La route Allez jusqu'au bout de South Rim Dr et revenez sur Grand Loop. Au nord, prenez la deuxième à droite : la North Rim Dr (sens unique) ramène à l'intersection de Canyon Village. Tournez à droite vers le Dunraven Pass. Étroite et sinueuse, cette portion qui comporte de fortes pentes descend vers Tower-Roosevelt. Lamar Valley est sur votre droite, à l'est.

TEMPS FORT

❿ Lamar Valley

La tortueuse route pour **Tower-Roosevelt** (🕐fin mai à mi-oct) passe par le **Washburn Hot Springs Overlook**, qui offre une vue sur la caldeira de Yellowstone. Par temps clair, on y distingue même la chaîne du Teton. La route remonte ensuite le Dunraven Pass (2 700 m) au milieu des conifères.

Proches d'habitats de grizzlis, les **accotements d'Antelope Creek** sont des postes d'observation privilégiés qui méritent que l'on s'y installe avec une longue-vue.

La Lamar Valley est un théâtre dont les prédateurs et leurs proies sont les acteurs. Si les visiteurs sont relativement rares, loups, ours et renards y sont fréquemment visibles. Entre les campings de Pebble et de Slough Creek, les bas-côtés permettent une proximité extraordinaire avec les loups.

Sur cette voie, le Buffalo Ranch accueille les formations

SAFARI AU YELLOWSTONE

Surnommée le "Serengeti de l'Amérique du Nord", la Lamar Valley permet d'observer troupeaux de bisons, wapitis, mais aussi occasionnellement grizzlis et coyotes. C'est aussi le meilleur endroit pour voir des loups, notamment au printemps. Nous recommandons aux amateurs de demander au centre des visiteurs la fiche répertoriant les différentes meutes et individus.

Plus centrale, l'Hayden Valley constitue l'autre lieu d'observation privilégié. Au crépuscule, les curieux s'agglutinent sur les bas-côtés pour guetter loups et grizzlis, particulièrement présents au printemps lorsque dégèlent les carcasses hivernales. Coyotes, wapitis et bisons sont pareillement répandus. L'orée des bois est un bon endroit pour chercher les animaux. Plus vous en saurez sur leurs habitats et pratiques, plus grandes seront vos chances de les repérer.

Le printemps et l'automne sont globalement les meilleures périodes, mais chaque saison a ses atouts. À la fin du printemps, les petits wapitis et bisons sont attendrissants, tandis qu'en automne on entend les beuglements des élans en rut. En été, mieux vaut épier à l'aube ou au crépuscule, car beaucoup d'animaux se retirent dans les forêts pour éviter la chaleur de midi.

Pour mieux voir, équipez-vous de jumelles ou louez une longue-vue. Un téléobjectif permettra également d'admirer la faune à une bonne distance de sécurité.

du **Yellowstone Institute** (www.yellowstoneassociation.org), comprenant des séances d'observation (celle concernant les loups est particulièrement fascinante) encadrées par des biologistes.

La route ›› Pour atteindre Mammoth, faites demi-tour au camping de Pebble Creek et revenez au Tower-Roosevelt. Le centre d'information et les infrastructures de Mammoth Hot Springs sont à 18 miles (30 km). Attention, la portion de route longeant les terrasses de Mammoth Hot Springs est abrupte et en épingle à cheveux. Accessibles par une boucle à sens unique depuis Tower-Roosevelt, les terrasses supérieures sont sur la droite (caravanes et camping-car interdits).

⑪ Mammoth Hot Springs

Cap vers l'ouest pour les Mammoth Hot Springs. Active depuis 115 000 ans, cette zone thermale est la plus ancienne et instable d'Amérique du Nord. Cette montagne est née de ses propres entrailles : progressivement, le carbonate de calcium qu'elle déverse entraîne la naissance de ces incroyables couches blanches.

Empruntez la boucle à sens unique contournant les **terrasses supérieures** pour le paysage, mais garez-vous aux **terrasses inférieures** pour effectuer la belle balade d'une heure.

Ne repartez pas avant d'avoir nagé dans la **Boiling River**. Depuis le parking sur le côté est de la route, à 2,3 miles (3,7 km) au nord de Mammoth, un parcours facile d'un kilomètre mène à cette piscine naturelle d'eau chaude. La source franchit les rochers de travertin et chute dans la paisible Gardner River, créant un bassin d'eau tiède. Il y a fréquemment du monde, mais s'y baigner est toujours agréable.

Quittez le parc par l'entrée nord à la frontière du Montana.

✕ ⌂ p. 375

Se restaurer et se loger

Jackson ❶

✖ Snake River Grill
Américain moderne **$$$**

(☎307-733-0557 ; http://snakerivergrill.com ; 84 E Broadway ; plats 21-52 $; ☺à partir de 17h30). Cheminée en pierre, longue carte des vins et service dynamique pour ce restaurant, exemple de gastronomie américaine. Au menu : tempuras d'haricots verts accompagnés de sauce sriracha, porc croustillant parfaitement cuit, côtes de wapiti grillées... Un dessert rassasie amplement 2 personnes.

✖ Pearl Street Meat Co
Traiteur **$**

(260 W Pearl Ave ; sandwichs 9 $; ☺8h-19h lun-sam, 11h-19h dim). Ce traiteur fréquenté regorge de fromages artisanaux, de mets gastronomiques et de viandes de la région. Les sandwichs sont parfaits pour un pique-nique dans le parc.

✖ Coco Love
Desserts **$**

(☎307-733-3253 ; 55 N Glenwood Dr ; desserts 5-8 $; ☺9h-20h). Pour mesurer le talent du maître pâtissier Oscar Ortega, formé en France, l'exquis assortiment de desserts et de chocolats maison est de rigueur. Préparez-vous à fondre de plaisir.

⛏ Alpine House
B&B **$$$**

(☎307-739-1570 ; www.alpinehouse.com ; 285 N Glenwood St ; d avec petit-déj 250 $, cottage 450 $; @). Tenu par deux anciens skieurs olympiques, cet établissement du centre-ville a un petit air de Scandinavie. Parmi ses atouts : service sur mesure, bibliothèque douillette orientée sur l'alpinisme, peignoirs et duvets confortables, sauna finlandais et Jacuzzi en plein air.

⛏ Buckrail Lodge
Motel **$$**

(☎307-733-2079 ; www.buckraillodge.com ; 110 E Karnes Ave ; ch à partir de 93 $; ❄📶).

Très avantageuses, ces charmantes et spacieuses cabanes en rondins disposent d'une position centrale, d'un vaste domaine et d'un Jacuzzi extérieur.

String Lake et Leigh Lake ❸

✖ Jenny Lake Lodge Dining Room
Américain moderne **$$$**

(☎307-543-3352 ; www.gtlc.com ; Jenny Lake ; petit-déj 24 $, plats déjeuner 12-15 $, dîner menu 85 $ sur réservation ; ☺7h-21h). C'est très cher mais ça le vaut. Le soir, le menu à cinq plats sera probablement votre unique expérience d'un repas gastronomique en pleine nature sauvage. Au petit-déjeuner, *crabcakes* et œufs Bénédicte sont préparés à la perfection. La truite à la polenta et aux épinards croquants comblera les marcheurs affamés. Tenue élégante exigée pour le dîner.

⛏ Jenny Lake Lodge
Lodge **$$$**

(☎307-733-4647 ; www.gtlc.com ; Jenny Lake ; chalets en demi-pension 655 $; ☺juin-sept). Bois patiné, couettes colorées et édredons rendent cet élégant hébergement encore plus accueillant. Petits-déjeuners, dîners cinq plats, bicyclettes, équitation, piscine sont inclus dans le prix des chambres, situées dans le lodge ou dans des cottages en bois. Elles ne disposent ni de télévision ni de radios, mais des téléphones sont disponibles sur demande.

⛏ Climbers' Ranch
Dortoirs en chalet **$**

(☎307-733-7271 ; www.americanalpineclub. org ; Teton Park Rd ; dort 25 $; ☺juin-sept). Véritable paradis pour randonneurs, ces chalets en bois abritant des dortoirs sommaires jouissent d'un superbe emplacement dans le parc. Salle de bains bien entretenue, cuisine couverte et mur d'escalade, équipez-vous simplement d'un sac de couchage et d'un matelas de sol.

🛏 Lizard Creek Campground
Camping $

(☎800-672-6012 ; empl 21 $; ⏱juin-début sept). À 8 miles (13 km) au nord de Colter Bay Junction, ce camping est situé dans une péninsule boisée sur la rive nord du Jackson Lake. Rarement complet, il dispose de 60 emplacements isolés.

Old Faithful ⑤

✕ Old Faithful Inn Dining Room
Américain $$$

(☎307-545-4999 ; www. yellowstonenationalparklodges.com ; plats dîner 13-29 $; ⏱6h30-10h30, 11h30-14h30, 17h-22h ; 🍴). Le buffet est copieux, mais les plats à la carte sont plus originaux : sandwich de wapiti, raviolis au bison, délicieux osso-buco de porc... Quelques options sans gluten. Réservez la veille pour dîner.

🛏 Old Faithful Inn
Hôtel $$

(☎866-439-7375 ; www. yellowstonenationalparklodges.com ; d dans l'ancien édifice avec sdb commune/privée à partir de 103/140 $, standard à partir de 164 $; ⏱début mai-début oct). Immense hall en bois, imposantes cheminées de pierre et hauts plafonds en pin participent au charme de ce bâtiment à proximité du célèbre geyser. Tarifs variables ; la plupart des chambres d'origine n'ont pas de salle de bains privative.

🛏 Madison Campground
Camping $

(☎307-344-7311 ; www. yellowstonenationalparklodges.com ; empl 21 $; ⏱début mai-fin oct). Avec 250 emplacements spacieux et bien distants, ce camping en pleine forêt est le plus proche de l'Old Faithful. Bisons et wapitis fréquentent les plaines à l'ouest ; conférence menée par des rangers chaque soir.

Yellowstone Lake ⑦

✕ Lake Yellowstone Hotel Dining Room
Américain $$$

(☎307-344-7311 ; plats 13-33 $; ⏱6h30-10h, 11h30-14h30, 17h-22h ; 🍴). Pour manger au meilleur restaurant du parc, il vous faudra

mettre une tenue convenable. Au déjeuner, sandwichs à l'agneau du Montana, délicieuses salades et hamburgers de bison. Certaines options sont sans gluten et préparées à partir d'ingrédients locaux. Les dîners sont plus copieux. Réservation conseillée.

🛏 Lake Yellowstone Hotel & Cabins
Hôtel $$

(☎866-439-7375 ; www. yellowstonenationalparklodges.com ; chalets 130 $, ch 149-299 $; ⏱mi-mai à sept). Ce romantique hôtel d'époque est un voyage dans l'Ouest des années 1920. Il dispose d'un salon charmant, bénéficiant d'une vue splendide sur le lac, dans lequel se produit un quatuor à cordes. Chambres bien équipées et chalets champêtres.

Mammoth Hot Springs ⑪

✕ Old West Cookout
Barbecue $$$

(Roosevelt Country ; ☎866-439-7375 ; dîner et balades en diligence adulte/enfant 57/46 $; ⏱17h, juin-début sept ; 👪). Pour un dîner en plein air digne d'un cow-boy, direction le Roosevelt Lodge, d'où l'on rejoint un campement dans les bois en diligence ou à cheval. Au menu : steak, haricots et café préparés sur le feu de camp. Les enfants adorent. Réservez bien à l'avance.

🛏 Roosevelt Lodge & Cabins
Chalets $

(☎866-439-7375 ; www. yellowstonenationalparklodges.com ; chalets 69-115 $; 🐾). Avec leur tarif fixe quel que soit le nombre d'occupants, les "Roughrider Cabins", qui disposent de réchauds à bois, figurent parmi les options les plus rentables du parc en groupe ou en famille ; pas de sdb mais douches communes non loin. Réservez pour les "Frontier Cabins", un cran au-dessus.

🛏 Norris Campground
Camping $

(www.nps.gov/yell ; empl 20 $; ⏱mi-mai à fin sept). Ce camping surplombant la Gibbon River est l'un des plus beaux du parc. La très appréciée Loop A, qui longe la rivière et jouxte des prairies, offre plusieurs coins pour pêcher et observer les animaux. Chaque soir, un ranger organise des conférences autour d'un feu de camp. Réservation facultative.

Highline Trail Le Glacier National Park abrite l'un des meilleurs sentiers de randonnée d'Amérique

La Going-to-the-Sun Road

29

Des paysages splendides, des grizzlis… Le Glacier National Park incarne l'âme de la nature sauvage américaine. Les lacets à flanc de montagne de la Going-to-the-Sun Road seront votre fil d'Ariane.

TEMPS FORTS

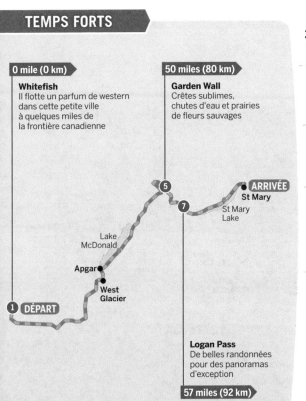

0 mile (0 km)

Whitefish
Il flotte un parfum de western dans cette petite ville à quelques miles de la frontière canadienne

50 miles (80 km)

Garden Wall
Crêtes sublimes, chutes d'eau et prairies de fleurs sauvages

5

7

ARRIVÉE
St Mary
St Mary Lake

Lake McDonald

Apgar
West Glacier

1 DÉPART

Logan Pass
De belles randonnées pour des panoramas d'exception

57 miles (92 km)

3 JOURS
76 MILES / 122 KM

PARFAIT POUR…

LE MEILLEUR MOMENT
De juillet à septembre

 LA PHOTO SOUVENIR
L'Oberlin Bend et ses vues inoubliables sur Garden Wall

 OBSERVER LA FAUNE
Les troupeaux d'élans et les coyotes errants de Two Dog Flats

377

29

La Going-to-the-Sun Road

Peu de parcs nationaux peuvent se vanter de la beauté virginale du Glacier National Park. Accessible et sauvage, c'est le seul endroit du pays où les grizzlis vivent toujours en grand nombre. Ses lodges historiques et son écosystème hérité de l'ère précolombienne, intact, font sa renommée autant que sa spectaculaire route panoramique. Classée National Historic Landmark, elle dessert sur 53 miles (85 km) d'excellents sentiers de randonnées accessibles en navette gratuite.

TEMPS FORT

❶ Whitefish

Aux portes du parc, ce joli village de montagne dynamique mérite le long voyage à lui seul : un concentré d'Ouest, chic et rustique, aux belles possibilités d'activités de plein air et aux bons restaurants.

L'été, le **Whitefish Mountain Resort** (📞406-862-2900 ; www.bigmtn.com) est une destination phare pour les aventuriers qui explorent les canopées en tyrolienne, descendent de vertigineux sentiers

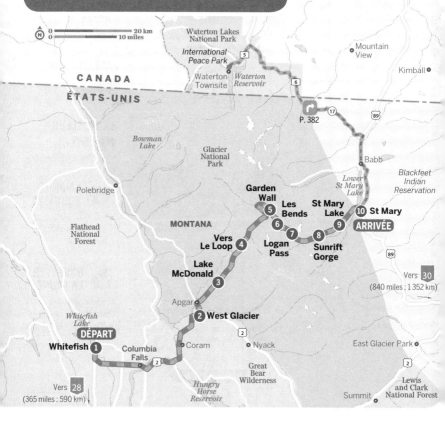

en VTT, puis éclusent quelques bières au Summit House. Notre choix ? Arpenter la Big Mountain à la mi-août et revenir les mains pleines de myrtilles, et encore mieux, d'une variété minuscule et délicieuse qui ne pousse que près du sommet. Une nacelle vous ramène au point de départ si vous êtes fatigué.

Un train mène à West Glacier et East Glacier depuis le **dépôt ferroviaire** (☎406-862-2268 ; 500 Depot St ; ⏱6h-13h30, 16h30-minuit). Une fois dans le parc, vous pourrez recourir à la navette gratuite desservant la Going-to-the-Sun Road.

🍴 🛏 p. 383

À COMBINER AVEC :

28 De Grand Teton à Yellowstone

Empruntez l'US89N jusqu'à Bozeman puis l'I-90W. À Missoula, suivez la MT 35 puis la MT 82 pour Whitefish. Ce voyage de 410 miles (660 km) dure 6h30.

30 Au sommet des Rocheuses

Depuis St Mary, suivez la US 89 S et prenez l'I-90 E puis l'I-25 S jusqu'à Denver, un itinéraire de 13 heures (931 miles, 1 500 km).

La route ≫ West Glacier n'est qu'à 26 miles (42 km). Dirigez-vous au sud sur la Hwy 93, puis tournez à gauche sur la MT 40 East, qui devient la Hwy 2.

② West Glacier

Cette entrée, la plus fréquentée du parc, n'est qu'un portail. Les infrastructures, dont le centre d'information et le bureau des permis, sont regroupées à Apgar, également départ des navettes du parc. Si vous avez le temps, jetez un œil à l'école de 1915. Elle jouxte le petit **Discovery Cabin** de 1929 qui sert de centre aéré aux enfants.

Le motel **Village Inn** (☎406-888-5632 ; www. glacierparkinc.com ; Apgar Village ; ch 146-263 $; ⏱fin mai-fin sept) constitue un hébergement de choix à Apgar Village, confortable et rustique. Superbe vue sur le lac.

Attention : la **Going-to-the-Sun Road** (⏱mi-juin à fin sept) est en restauration jusqu'en 2017 et l'ouverture peut être repoussée après la date habituelle de mi-juin. Vérifiez au préalable sur Internet.

🍴 p. 383

La route ≫ Rejoignez l'asphalte de la Going-to-the-Sun Road sur votre gauche et continuez au nord vers Apgar Village. Le camping est proche. À faible altitude, la vitesse est limitée à 40mph (64 km/h). Les véhicules dépassant 6,4 m de long ou 2,4 m de large sont interdits.

③ Lake McDonald

La vallée verdoyante du lac le plus étendu du parc concentre aussi certaines de ses plus anciennes forêts tempérées humides. Glisser en barque sur le miroir d'eau du lac McDonald est probablement ce qui se rapproche le plus de la sérénité absolue. Le **Glacier Park Boat Co** (☎406-257-2426 ; www. glacierparkboats.com ; lac St Mary croisière adulte/enfant 25/12 $) loue des bateaux. Sur la rive opposée, des zones calcinées témoignent du grand incendie de 2003.

À l'écart des foules, laissez-vous bercer par les parfums des pins de **Sprague Creek**, notre camping préféré au bord du lac. Seules les tentes sont autorisées et, avec seulement 25 emplacements, la tranquillité est assurée.

À l'extrémité est du rivage, le bucolique **Lake McDonald Lodge** fut construit une première fois en 1895 mais son architecture actuelle, de type chalet suisse, remonte à 1913. La porte à l'arrière s'ouvre sur le lac.

🛏 p. 383

La route ≫ Cette portion plane, bordée de pins, longe la rive est du lac McDonald et offre un horizon dégagé sur la Stanton Mountain, au nord du lac. Sprague Creek et Lake McDonald Lodge sont sur votre gauche.

UN TOUR GRATUIT

Moins de voitures = moins d'émissions de CO_2 !
Pour aider le parc à lutter contre le réchauffement climatique, nous recommandons de visiter la Going-to-the-Sun Road en **navette gratuite** (⊙9h-15h45 Apgar Village, juil et août). En raison des restrictions s'appliquant aux grands véhicules, les camping-cars y seront sans doute obligés. En 16 arrêts, la navette relie l'Apgar Transit Center à St Mary. Partant du côté ouest toutes les 30 minutes, elle donne la possibilité de monter et descendre à tous les lieux d'intérêt. Une navette express conduit aussi directement au Logan Pass. Aucun ticket n'est demandé ; un pique-nique et une bouteille d'eau suffisent. Pour être complètement écolo, vous pouvez accéder au parc en train depuis Minneapolis, Chicago, Seattle ou Portland grâce au train d'Amtrak, Empire Builder.

④ Vers le Loop

La route borde l'eau de la McDonald Creek et les superbes **McDonald Falls,** cascades jaillissant d'entre les pierres. La plate-forme sur la rivière permet les meilleures prises de vue.

Malgré la fréquentation, les cèdres et ciguës d'**Avalanche Creek** valent le détour. La Trail of the Cedars est une boucle qui court sur 1 mile (1,6 km) derrière le camping et les aires de pique-nique. Poursuivez si vous voulez faire une agréable balade de 4 miles (6,4 km) aller-retour entre les épicéas et les sapins jusqu'au Lake Avalanche, alimenté par la fonte des neiges.

Commencé en 1926, le forage du **West Tunnel** dura des années. À l'intérieur, une galerie ajourée permet d'admirer le Heaven's Peak.

Le **Loop** est en fait un virage en épingle à cheveux très serré, la réponse technique élégante à une ascension particulièrement à pic. Elle permit de remplacer 15 lacets par un seul virage jouissant d'un panorama saisissant sur le Garden Wall. Point de chute du Highline Trail, le parking est très encombré en haute saison.

La route ≫ La route s'élève d'abord parallèle à la McDonald Creek, puis tourne brusquement le long du Garden Wall, épine dorsale du Continental Divide culminant à 2 743 m. Aux prémices de l'été, des eaux stagnantes demeurent parfois au pied du Weeping Wall.

TEMPS FORT

⑤ Garden Wall

Il y a des millions d'années, des glaciers ont taillé cette arête spectaculaire, parallèle à la Going-to-the-Sun Road. L'abrupt versant ouest du Garden Wall est couvert de prairies de fleurs sauvages que traverse le Highline Trail.

Le **Weeping Wall** scintille à 186 m sous le Garden Wall. Il est à l'origine de cascades saisonnières. Celles-ci découlent d'un ensemble de sources de montagne révélées lors de la construction de la route. L'eau dévale la falaise artificielle de 9 m et éclabousse souvent les véhicules au commencement de l'été. Début août, le torrent s'assagit, justifiant le nom du Weeping Wall ("mur pleurant").

Pour une cascade plus naturelle, cherchez de l'autre côté de la vallée. Les **Bird Woman Falls** chutent sur 152 m, entre les monts Oberlin et Cannon, depuis une vallée d'altitude.

Le long de cette portion, la prouesse technique que constitue la Going-to-the-Sun Road est évidente. Parmi les merveilles d'ingénierie déployées figurent notamment le pont sous lequel coulent les Haystack Falls, et les Triple Arches de 1932.

La route ≫ Continuez l'ascension jusqu'au Logan Pass. La vitesse est limitée à 25 mph (40 km/h) sur les segments d'altitude, mais cette portion est aussi la plus photogénique (vous reconnaîtrez les clichés des dépliants).

❻ Les Bends

Passé le Weeping Wall, **Big Bend** offre un panorama magnifique sur le Mt Oberlin, Heaven's Peak et Cannon Mountain recouverts des yuccas et des épilobes en épi. À mi-chemin entre le Loop et le Logan Pass, c'est un bon endroit pour s'arrêter. Si les mouflons se dissimulent parmi les falaises, des jumelles vous aideront à les repérer.

À l'ouest du Logan Pass, l'**Oberlin Bend** est situé au pied des chutes du Mt Oberlin. La courte promenade offre un panorama extraordinaire sur les vallées d'altitude et la route. Lorsque l'horizon est dégagé, on distingue même le Canada. L'endroit est aussi apprécié par les fameuses chèvres des montagnes du parc national, flânant dans les escarpements.

La route ›› Entre The Loop et le Logan Pass, les vues sur le Garden Wall sont saisissantes. Big Bend et Oberlin Bend bénéficient de bas-côtés prévus pour s'arrêter. Les animaux peuvent se montrer entreprenants – gardez vos distances !

❼ Logan Pass

Point culminant de la Going-to-the-Sun Road, ce superbe col (2 026 m) borde le Continental Divide, la ligne de séparation des eaux. Le **Logan Pass Visitor Center**

(☎406-888-7800 ; Going-to-the-Sun Rd, Col Logan ; gratuit ; ☺juin à mi-oct) propose d'intéressantes expositions et une librairie. Derrière, un sentier de 1,5 mile (2,4 km) conduit aux prairies fleuries du **Hidden Lake Overlook**.

Vous croiserez ici le **Highline Trail**, joyau incontournable pour les randonneurs, considéré comme l'un des plus beaux treks d'Amérique. Sur un terrain accidenté qui n'est pas pour déplaire aux bouquetins, il fait comme une cicatrice sur le Garden Wall et longe le Continental Divide sur 18,5 miles (30 km), multipliant les points de vue sur des vallées enneigées et pics déchiquetés. Le parcours n'est pas difficile (le dénivelé étant assez faible), mais assez exposé aux éléments. Pour un aperçu, marchez jusqu'au Granite Park (7,6 miles/12,2 km, aller simple).

La plupart des promeneurs se rendent au début de la Highline en voiture et reviennent en navette. Pour éviter les files d'attente, garez votre voiture à l'arrivée (The Loop ou Granite Park) et prenez la navette jusqu'au point de départ.

La route ›› En redescendant la Going-to-the-Sun Road vers East Glacier, attention aux lacets de Siyeh Bend. Après le point de vue sur le Jackson Glacier à droite, la route relativement droite jusqu'au Lake St Mary.

❽ Sunrift Gorge

On peut s'arrêter à proximité du Gunsight Pass Trailhead pour admirer le **Jackson Glacier**. Cinquième plus grand du parc, c'est aussi le seul glacier visible depuis cette route, 8 km au loin. Au fur et à mesure de sa fonte, il a donné naissance à deux glaciers : Jackson et Bigfoot. Sur 150 glaciers en 1850, le parc n'en compte que 26 aujourd'hui.

Proche de l'arrêt de bus sur votre gauche et à proximité de la route, la Sunrift Gorge est un canyon étroit de 24 m de haut et 244 m de long, creusé par les eaux glaciales et tumultueuses de Baring Creek. Son microclimat ombragé et humide accueille flore et faune, comme le cincle d'Amérique, un des rares oiseaux à savoir nager dans les rapides et à pouvoir remonter les courants.

Érigé en 1931, le ravissant **Baring Creek Bridge** est considéré comme la plus belle construction de la route. Il constituait un carrefour majeur à l'époque où l'on traversait le parc à cheval. D'ici, une courte promenade en bois mène aux Baring Falls.

La route ›› La route s'achève en longeant le nord du lac St Mary.

VAUT LE DÉTOUR
INTERNATIONAL PEACE PARK

Point de départ : ❿ St Mary Visitor Center

Ce crochet de trois jours mène du St Mary Visitor Center au cousin canadien de Glacier, le Waterton Lakes National Park d'Alberta. Munissez-vous d'un passeport et prenez la Hwy 17 vers le nord-est, puis les Hwy 6 et 5 au Canada. Ces deux merveilleux parcs constituent le Waterton-Glacier International Peace Park, classé au patrimoine mondial depuis 1995. À l'arrivée, une collation à l'illustre **Prince of Wales Hotel** (📞403-859-2231 ; www.princeofwaleswaterton.com ; Prince of Wales Rd ; ch à partir de 239 $; ⏱mi-mai–sept ; P🅿🛜) s'impose. Coiffant une colline, l'hôtel est ouvert de juin à août.

Pour traverser de majestueux paysages sans égard pour les frontières, vous pouvez aussi participer au très prisé International Peace Park Hike (gratuit). L'été, des rangers emmènent un groupe de randonneurs de Waterton au Glacier National Park tous les samedis. Long de 8,5 miles (13,7 km), ce parcours relie l'Upper Waterton Lake canadien au Goat Hunt américain. À l'arrivée, un bateau (adulte 12 $ US) ramène les marcheurs à Waterton. Réservez auprès du Waterton Visitor Center.

- - - - - - - - - - - -

❾ Lake St Mary

Dans la partie est du parc, plus sèche, les montagnes alimentent imperceptiblement les Grandes Plaines. Occupant une de ces vallées sculptées par la fonte des glaces, ce lac, célèbre pour son impressionnant décor et ses vents, fut baptisé "le lac emmuré" par les Indiens Blackfoot. Ses rives foisonnent de sentiers et points de vue.

Le **Sun Point**, promontoire rocheux battu par les vents, surplombe le lac. Au nord, la vue sur la Going-to-the-Sun Mountain (2 939 m) est imprenable. On distingue aussi la Wild Goose Island, petit îlot au milieu du lac. Les chalets luxueux qui s'élevaient autrefois à Sun Point ont laissé place à une bonne aire de pique-nique. Un sentier relie les Baring Falls aux St Mary Falls.

Les vastes bas-côtés du **Golden Staircase** jouxtent des falaises calcaires supportées par un mur datant des années 1930. De l'autre côté du lac, on remarque les traces du grand incendie de 2006.

🍴 🛏 p. 383

La route ⟫ En poursuivant vers l'est, vous croiserez l'agglomération de Rising Sun sur votre droite, 18 miles (29 km) avant le St Mary Campground. Le centre d'information est peu après, à l'entrée est du parc. Il y a d'autres stations-service et infrastructures à St Mary.

- - - - - - - - - - - -

❿ St Mary Visitor Center

La station **Rising Sun** dessert un lieu charmant disposant d'hôtels et de commodités (comme des douches pour les campeurs). Glacier Park Boat Co propose une croisière sur le lac de 1 heure 30 combinée à une randonnée de 3 miles (5 km) aux St Mary Falls.

À **Two Dog Flats**, la rencontre des plaines et des montagnes donne naissance à une belle biodiversité. Plaines, prairies et forêts y abritent blaireaux, daims ou coyotes. Les élans prolifèrent en hiver et rôdent encore à l'automne et au printemps, le matin et le soir.

L'entrée est du parc, le St Mary Visitor Center, est un parfait exemple de "parckitecture" des années 1950, avec ses lignes imitant les silhouettes des montagnes. Les rangers y donnent des renseignements ; rencontres en été. C'est ici que les campeurs obtiendront leur permis.

🍴 🛏 p. 383

Se restaurer et se loger

Whitefish ❶

✗ Buffalo Café   Café $

(☎406-862-2833 ; www.buffalocafewhitefish.
com ; 514 3rd St E ; petit-déj 7-10 $). Au Buffalo,
les assiettes débordent et les milk-shakes
sont préparés à l'ancienne. Montagnes de
galettes de pommes de terre et *huevos
rancheros* (œufs à la sauce piquante) copieux
au petit-déjeuner, hamburgers et sandwichs
grillés au déjeuner.

The Great Northern
Brewing Co   Brasserie

(☎406-863-1000 ; www.greatnorthernbrewing.
com ; 2 Central Avenue ; ⊙visites 13h et 15h
lun-jeu). Cette institution brasse certaines
des meilleures bières du Montana, comme la
Huckleberry Wheat. Les menus à emporter
proviennent de restaurants de Whitefish.

🛏 Downtowner Inn   Motel $$

(☎406-862-2535 ; www.downtownermotel.
cc ; 224 Spokane Ave ; d $123 ; 🏊🛜). Salle de
gym, Jacuzzi et bar à bagels le matin, ce motel
chaleureux est plus qu'une simple étape. Mine
d'informations à disposition sur les activités
locales, et personnel serviable.

🛏 Garden Wall   B&B $$

(☎406-862-3440 ; www.gardenwallinn.com ;
504 Spokane Ave ; ch avec petit-déj 155-215 $, ste
275 $; 🛜). Cet établissement bien géré dispose
de chambres Art déco, d'un salon chauffé au feu
de bois et de petits-déjeuners gastronomiques.
Mais avant, on vous apporte le café au lit !
La suite loge 4 personnes.

West Glacier ❷

✗ West Glacier Restaurant Américain $

(☎406-888-5359 ; 200 Going-to-the-Sun
Rd ; plats 6-18 $; ⊙7h-22h mi-mai à oct ; 🅿).
Inchangé depuis 50 ans, ce restaurant propose
des plats aux myrtilles sauvages dont raffolent
tant les grizzlis.

Lake McDonald ❸

🛏 Lake McDonald Lodge   Pavillon $$

(☎406-888-5431 ; www.lakemcdonaldlodge.
com ; Going-to-the-Sun Rd, Lake McDonald
Valley ; ch $79-191 ; ⊙juin-sept). Construit en
1913, cet ancien pavillon de chasse orné de têtes
d'animaux empaillées respire la tranquillité.
Les 100 chambres sont de style lodge, chalet
ou motel. Rencontres avec des rangers le soir,
croisières sur le lac, restaurant et pizzeria.

🛏 Sperry Chalet   Chalet $$

(☎888-345-2649 ; www.sperrychalet.com ;
Lake McDonald Valley ; s/d pension complète
135/332 $; ⊙7 juil-8 sept). Uniquement
accessible via un sentier de 7 miles (11 km) face
au Lake McDonald Lodge, ce chalet suisse jouit
d'un panorama fantastique. Vieille d'un siècle,
son impressionnante structure de pierre fut
élevée par Great Northern Railway en pleine
montagne. Toilettes sèches modernes en
extérieur, douches froides. Location de mule
possible pour transporter son équipement.

🛏 Apgar Campground   Camping $

(☎406-888-7800 ; Apgar ; empl 20 $; ⊙début
mai-oct, déc-fin mars). Un vaste camping en bois
bénéficiant d'une piste cyclable et d'un accès
très commode au lac et aux restaurants d'Apgar
Village.

St Mary Visitor Center ❿

✗ Park Café and Grocery   Café

(☎406-732-4482 ; www.parkcafe.us ; St Mary ;
plats 6-12 $; ⊙mai-sept). Cette entreprise
familiale est renommée pour ses tartes maison.
Aux fruits ou à la crème, toutes sont préparées
le matin même.

🛏 St Mary Campground   Camping $

(☎406-888-5632 ; St Mary ; empl 23 $; ⊙fin
mai-fin sept, déc-fin mars). Peupliers trembles et
de Virginie baignent ces emplacements de leur
ombre. Les coins près de l'aile B sont toutefois
moins protégés.

Aspen À l'assaut du joyau
alpin américain

Au sommet des Rocheuses

30

Cimes enneigées, élégantes stations de ski, villes fantômes et nature sauvage ponctueront votre itinéraire dans les hauteurs des Rocheuses.

TEMPS FORTS

4-5 JOURS
242 MILES / 390 KM

242 miles (389 km)

Aspen
Paillettes, ski et paysages somptueux

128 miles (206 km)

Vail
Le terrain de jeux hivernal du Colorado

Denver
DÉPART

7

5

ARRIVÉE Leadville
12
11
Fairplay
Twin Lakes

Independence Pass
Enchaînez les virages serrés vers les sommets des Rocheuses

195 miles (314 km)

Breckenridge
Vestiges de la ruée vers l'or et aventures en plein air

96 miles (154 km)

PARFAIT POUR...

LE MEILLEUR MOMENT

De juin à octobre, un ciel pur domine la route vers l'Independence Pass

 LA PHOTO SOUVENIR

Maroon Bells, les plus fameux pics du Colorado

 2 JOURS DE RÊVE

De Breckenridge à Aspen ; Vail est facultatif

385

30 Au sommet des Rocheuses

D'un col de montagne spectaculaire à l'autre, cette aventure de haute montagne suit les petites routes du Colorado. Le long du chemin se succèdent d'innombrables sommets déchiquetés (dont les deux plus hauts de l'État, les monts Elbert et Massive), des pépites historiques du temps du Wild West et les trésors alpins comme Breckenridge, Vail et Aspen, charmants chacun dans leur genre. À pied, à vélo, à ski, ou les yeux vissés aux jumelles, voici le paradis des amoureux de la nature.

❶ Denver

Si Denver n'est pas dénuée d'intérêt – voir notre promenade (p. 404) pour mieux la découvrir –, vous sentirez vite monter l'envie d'arpenter les superbes montagnes enneigées à l'ouest de la ville. Mais laissez donc aux autres l'autoroute et découvrez la porte dérobée la plus charmante vers les Rocheuses : la Hwy 285.

La route » Le Kenosha Pass est à 65 miles (105 km) au sud-ouest de Denver, sur la Hwy 285.

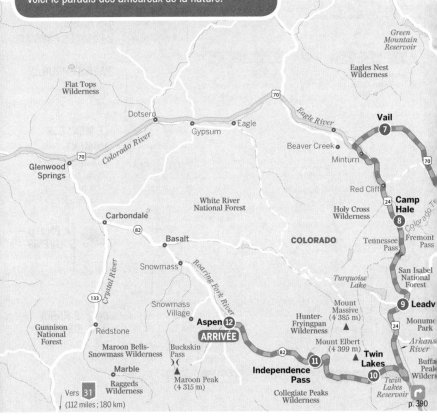

Green Mountain Reservoir

Eagles Nest Wilderness

Flat Tops Wilderness

Dotsero

Eagle River

Vail ❼

Eagle

Gypsum

Beaver Creek

Minturn

70

Glenwood Springs

Colorado River

Red Cliff

24 **Camp Hale** ❽

White River National Forest

Holy Cross Wilderness

Carbondale

82

COLORADO

Tennessee Pass

Fremont Pass

Basalt

San Isabel National Forest

Snowmass

Roaring Fork River

Turquoise Lake

Crystal River

133

Snowmass Village

Mount Massive (4 385 m)

❾ **Leadv**

Monume Park

Gunnison National Forest

Aspen ⓬

ARRIVÉE

Hunter-Fryingpan Wilderness

24

Arkans River

Redstone

Maroon Bells-Snowmass Wilderness

Buckskin Pass

Mount Elbert (4 399 m)

82

Twin Lakes

Buffa Peak Wilder

Marble

⓫

⓾

Maroon Peak (4 315 m)

Independence Pass

Twin Lakes Reservoir

Vers 31 (112 miles ; 180 km)

Raggeds Wilderness

Collegiate Peaks Wilderness

p. 390

❷ Kenosha Pass

L'ascension depuis Denver jusqu'au col Kenosha (3 048 m) est charmante, mais ce n'est qu'au sommet de la crête qu'apparaît la magie des Rocheuses (ou Rockies). Paradoxalement, si le panorama depuis le col est époustouflant, le plus beau se révèle dans la descente. Le virage franchi, vous voici face aux sommets lointains de la chaîne Mosquito, transperçant les prairies d'altitude du bassin de South Park. C'est cette vision évocatrice qui inspira quelques vers au poète Walt Whitman lors d'un voyage en 1879.

La route ❯❯ Fairplay est à 21 miles (34 km) au sud-ouest du Kenosha Pass sur la Hwy 285. Arrivé en ville, continuez au nord sur la Hwy 9 pour rejoindre Main St. De Fairplay à Denver, la route suit longtemps une ancienne voie de diligence qui reliait autrefois ces villes en 18 heures, soit 2 jours de voyage.

À COMBINER AVEC :

31 La San Juan Skyway et la Million Dollar Highway

250 miles (402 km) de petites routes vous conduiront au sud en direction des sommets et *pueblos* de Telluride et Mesa Verde.

36 Taos par les High et Low Roads

Descendez la Hwy 285 vers le sud pour rejoindre le Nouveau-Mexique et Santa Fe (300 miles/483 km), via Salida et les Great Sand Dunes.

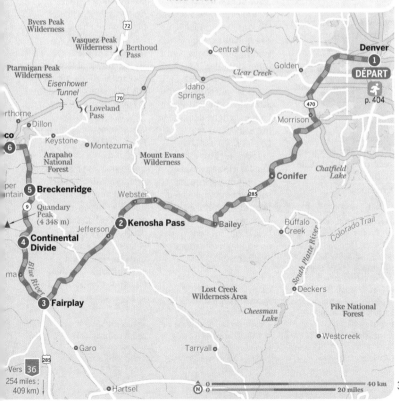

❸ Fairplay

La minuscule Fairplay était jadis une ville minière qui servait aussi de grenier à Leadville (des mules surchargées franchissaient alors les 3 962 m du Mosquito Pass vers l'ouest et revenaient). En vous y arrêtant, vous pourrez visiter **South Park City** (www.southparkcity. org ; 100 4th St ; adulte/enfant 6-12 ans 10/4 $; ☻9h-19h, mimai–mi-oct, horaires allégés mai et oct ; 🅿), reconstitution d'une ville-champignon du Colorado au XIXᵉ siècle. Épicerie, saloon, cabinet de dentiste, morgue... En tout, 40 édifices restaurés permettent de revivre l'effervescence de la ruée vers l'or, tant dans ses bons côtés que dans ses plus sombres aspects. Les inconditionnels de la série *South Park* auront peut-être l'impression de reconnaître la ville. Fairplay servit en effet d'inspiration à Trey Parker et Matt Stone lorsqu'ils créèrent la ville de Kyle, Cartman et les autres personnages du dessin animé.

La route ❯❯ Le Hoosier Pass et la Continental Divide sont à 11 miles (18 km) au nord de Fairplay sur la Hwy 9. Ce col est cerné par le Mt Lincoln (4 354 m) à l'ouest et le Mt Silverheels (4 213 m) à l'est. Ce dernier doit son nom ("talons d'argent") à une danseuse qui resta à Alma pour soigner les malades lors d'une épidémie de variole, avant de succomber à son tour.

❹ Continental Divide

L'ascension jusqu'à la ligne de partage des eaux commence au nord de Fairplay. À seulement 5,5 miles (8,8 km), Alma est la ville habitée la plus haute des États-Unis (3 225 m). Elle est entourée de quatre "14ers" (montagnes dépassant les 14 000 pieds, soit près de 4 270 m), de pins Bristlecone millénaires et d'une multitude d'anciennes concessions minières. Pour explorer ces terres, suivez la piste Buckskin Rd (County Rd 8) de 6 miles (10 km) jusqu'au lac Kite. 4×4 et hautes suspensions sont recommandés pour le dernier mile.

Sinon, poursuivez sur la Hwy 9 et vous atteindrez vite le Hoosier Pass et la ligne de partage des eaux (3 517 m). La Hoosier Pass Loop (3 miles/4,8 km) est une boucle assez facile partant du parking et surplombant rapidement la canopée. Marchez doucement et buvez beaucoup, car vous n'étiez qu'à 1 609 m d'altitude ce matin.

La route ❯❯ Breckenridge est à 11 miles (17,7 km) au nord du Hoosier Pass sur la Hwy 9. En redescendant depuis le col, vous passerez l'intersection vers Quandary Peak (County Rd 850), situé à 7,5 miles (12 km) de Breckenridge.

TEMPS FORT

❺ Breckenridge

Comparée aux stations huppées du Colorado, la simplicité du centre historique de **Breckenridge** (www. breckenridge.com ; forfait 115 $) est une bouffée d'air frais. Toutefois, si les nombreux bâtiments d'époque disséminés en ville témoignent des liens avec la ruée vers l'or, ce sont surtout les activités en plein air qui attirent ici. Soleil ou neige, peu importe, les télécabines BreckConnect (gratuit) au pied du Peak 8 s'imposent pour toute activité. En hiver, les skieurs peuvent prendre le téléski reliant le plus haut télésiège des États-Unis : l'Imperial Express Superchair (3 914 m). En été, les enfants adoreront le **Fun Park** (✆800-789-7669 ; www.breckenridge.com ; Peak 8 ; journée 3-7 ans/8 ans et plus 34/68 $; ☻9h30-17h30 mi-juin à mi-sept ; 🅿), tandis que les plus grands profiteront des sentiers de randonnée de VTT (télésiège sans/avec vélo 10/17 $). L'escalade du **Quandary Peak** (4 348 m) est appréciée, mais les conditions sont difficiles : comptez 8 heures (6 miles ; 9,6 km).

🍴🛏 p 393

La route ❯❯ Suivez la Hwy 9 pendant 10 miles (16 km) jusqu'à l'embranchement vers la Main St de Frisco sur votre gauche.

Aspen Un terrain de jeu en pleine montagne

VAUT LE DÉTOUR
SALIDA

Point de départ : **⑩** Twin Lakes

De novembre à mai, l'Independence Pass est régulièrement fermé. Si tel est le cas, pas d'inquiétude, suivez simplement la Hwy 24 et la rivière Arkansas vers le sud pendant 50 miles (80 km) pour retrouver Salida. Cette ville qui abrite l'un des plus vastes centres-villes historiques de l'État est aussi la capitale du rafting au Colorado et une excellente base depuis laquelle découvrir les Collegiate Peaks, à pied, à vélo ou à ski. Très appréciée des habitants de l'État, Salida est moins connue que les grosses stations de ski et jouit d'une ambiance plus rurale. Si la célèbre station d'Aspen est incontournable pour vous, prenez l'I-70 à Twin Lakes, puis roulez vers l'ouest en direction de Glenwood Springs avant de traverser la Roaring Fork Valley vers l'est sur la Hwy 82. Vous y serez en 3 heures (150 miles ; 241 km).

⑥ Frisco

Située sur le flanc ouest du Dillon Reservoir et entourée de montagnes, la petite Frisco est une étape recommandée sur la route de Vail pour l'**Historic Park & Museum** (www.townoffrisco.com ; angle 2nd Ave et Main St ; ⏱10h-16h mar-sam, 10h-14h dim ; 🛈), ensemble de cabanes en bois, d'une prison et d'une chapelle d'époque restaurés. Frisco est un bel endroit pour une balade à vélo : les pistes cyclables de **Summit County** (www.summitbiking.org) font le tour du lac, reliant Vail à Keystone et Breck. Découvrez les tracés et louez un vélo auprès de **Team Managers** (📞970-668-3321 ; www.team-managers.com ; 1121 Dillon Dam Rd ; vélo 4h/journée 17/27 $, skis 10 $; ⏱8h30-18h).

La route » Depuis Frisco, prenez l'I-70 vers l'ouest pendant 27 miles (43 km), puis la sortie 176. Des panneaux indiquent alors le chemin jusqu'à Vail Village (la ville principale) ou Lionshead, plus à l'ouest. Guettez les parkings publics (25 $ par jour en hiver, gratuit en été), ce sont les seuls stationnements possibles à moins d'y passer une nuit.

TEMPS FORT

⑦ Vail

Le **Vail Mountain Resort** (www.vail.com ; forfait hiver/été 119/26 $) est le terrain de jeu emblématique de l'Eagle County. Stars et milliardaires viennent skier ici et il n'est pas rare d'y croiser Texans chapeautés et femmes en fourrure. Pour goûter à la poudreuse des Back Bowls ou apprendre à skier, la plus grande

station des États-Unis déçoit rarement… tant que vous êtes prêt à y mettre le prix. Même en été, les loisirs ne manquent pas. Adressez-vous à **Bike Valet** (📞970-476-5385 ; www.bikevalet.net ; 520 E Lionshead Circle ; location VTT30 $/j ; ⏱10h-17h ; 🛈) pour louer un VTT, à **Bearcat Stables** (📞970-926-1578 ; www.bearcatstables.com ; 2701 Squaw Creek Rd, Edwards ; 1/2/4h 60/90/160 $; ⏱sur réservation ; 🛈) pour monter à cheval et réservez auprès du **Vail Golf Club** (📞888-709-3939 ; www.vailrec.com ; 1778 Vail Valley Dr ; 9-/18-trous 55/90 $ mai-oct) pour quelques swings. Le **Holy Cross Ranger Office** (📞970-827-5715 ; www.fs.usda.gov/whiteriver ; 24747 Hwy 24 ; ⏱9h-16h lun-ven) est une mine d'informations sur les randonnées et le camping et l'**Adventure Ridge** (📞970-754-8245 ; remontées adulte/enfant 26/5 $, tarif selon l'activité ; ⏱10h-18h, jusqu'à 21h jeu-sam, mi-juin–sept ; 🛈) réjouit les familles grâce à son large éventail d'activités à 3 000 m de haut (l'accès se fait via les télécabines Eagle Bahn de Lionshead). La fusion avec le plus grand **Epic Discovery** (www.epicdiscovery.com) prévue pour 2015 permettra d'y ajouter des parcours d'accrobranche, de tyroliennes…

 p. 393

La route ≫ Depuis Vail, prenez l'I-70 vers l'ouest pendant 4,5 miles (7 km) puis la sortie 171. Remontez alors vers l'est sur la Hwy 21. Après la ville de Minturn, la route serpente à flanc de falaise, offrant un horizon dégagé sur la Notch Mountain (4 035 m) et le Holy Cross Wilderness sur votre droite. Après 17 miles (27 km), vous trouverez l'intersection pour Camp Hale.

---

❽ Camp Hale

Ouvert en 1942, le Camp Hale fut conçu dans l'unique but de former le bataillon américain de l'équivalent des chasseurs alpins : la 10th Mountain Division. Pendant la Seconde Guerre mondiale, 1 000 bâtiments logeant 14 000 soldats émaillaient ces plaines.

Le Camp Hale fut mis hors service au sortir de la guerre mais ressuscité en 1958 par la CIA. Six ans durant, les agents américains y entraînèrent des résistants tibétains à la guérilla dans le but de chasser les Chinois du Tibet.

En 1965, le Camp Hale fut officiellement démantelé et la zone restituée au service des forêts des États-Unis. Nombre de vétérans de la 10th Mountain Division retournèrent dans le Colorado pour profiter de l'essor de l'industrie du ski, notamment Pete Seibert, cofondateur de Vail Resort en 1962.

 p. 393

La route ≫ La Hwy 24 est réputée être la "meilleure route panoramique des Rocheuses". En descendant depuis le Tennessee Pass, se dressent devant vous les plus hautes cimes du Colorado – Mt Massive et Mt Elbert – au milieu d'un panorama s'étirant jusqu'au sud. 16 miles (26 km) séparent le Camp Hale de Leadville.

---

❾ Leadville

Autrefois dénommée Cloud City ("ville de nuage"), Leadville fut un temps la seconde ville du Colorado, et ce n'est pas l'or, mais l'argent qui fit la fortune de ses habitants. Une visite par l'intéressant **Mining Hall of Fame** (www.mininghalloffame.org ; 120 W 9th St ; adulte/enfant 6-12 ans 7/3 $; ⊙9h-17h juin-oct, 11h-18h nov-mai ; 🚻) vous permettra d'en savoir plus sur le passé de la ville. L'été, un billet combine l'entrée à celle de la **Matchless Mine** (E 7th Rd ; adulte/enfant 6-12 ans 7/3 $, billet combiné au Mining Hall of Fame 10/5 $; ⊙9h-17h juin-sept) située en extérieur. Le centre historique est propice à une agréable promenade ; passez par le **Healy House Museum**

(www.historycolorado.org ; 912 Harrison Ave ; adulte/ enfant 6-12 ans 6/4,50 $; ⊙10h-16h30 mi-mai–sept) et la **Tabor Opera House** (www.taboroperahouse.net ; 308 Harrison Ave ; adulte/enfant 5/2,50 $; ⊙10h-17h lun-sam juin-août).

❌ p. 393

La route ≫ Depuis Leadville, suivez la Hwy 24 vers le sud sur 14 miles (22,5 km) en longeant la rivière Arkansas jusqu'à l'embranchement vers la Hwy 82. Empruntez alors cette route vers l'ouest pendant 6,5 miles (10,5 km) jusqu'aux Twin Lakes. Le départ du sentier pour Mt Elbert Trail est juste au sud de Leadville sur la Rte 300. Lorsque vous arrivez sur la Hwy 82, le début du sentier pour l'Interlaken est à 0,6 mile (1 km), après Lost Canyon Rd.

---

❿ Twin Lakes

Proches de Leadville, les Twin Lakes sont les deux plus vastes lacs glaciaires de l'État à proximité desquels il fait bon passer la nuit. Il ne reste de Dayton, la ville originale, que des chalets épars, mais le paysage est fabuleux et les possibilités de pêche et de randonnée abondent. Sur la rive

> ✓ **BON À SAVOIR EN ALTITUDE**
>
> L'essentiel de cette route s'élève à plus de 2 700 m. Ne sous-estimez pas l'altitude et emportez lunettes de soleil, crème solaire, chapeau, ibuprofène, coupe-vent et polaire. S'hydrater est capital.

391

sud du lac principal subsistent les vestiges de l'Interlaken, hôtel construit en 1889 qui fut jadis le plus grand du Colorado. Les Continental Divide Trail et Colorado Trail débutent ici. Le dénivelé de cette boucle de 5 miles (8 km) est faible.

Pour un défi plus consistant, attaquez-vous donc au Mt Elbert (4 400 m), plus haut sommet du Colorado. Une journée est nécessaire car la boucle monte 1 524 m sur 9 miles (14,5 km).

🛏 p. 393

La route ❱❱ 17 miles (27 km) relient les Twin Lakes au sommet de l'Independence Pass sur la Hwy 82. La ville fantôme d'Independence est à environ 3 miles (5 km) à l'ouest de la crête.

TEMPS FORT

⑪ Independence Pass

Du haut de ses 3 686 m, Independence Pass (ouvert de juin à octobre) compte parmi les cols majeurs de la ligne de partage des eaux. Ici, l'étroit ruban d'asphalte se déroule dans un panorama tour à tour joli, stupéfiant, puis absolument cinématographique,

lorsque les glaciers semblent coiffés d'une couronne de pics enneigés. Une promenade goudronnée part du parking au sommet du col. Habillez-vous chaudement, car la piste s'élève au-dessus de la forêt. En descendant vers Aspen, ne ratez pas la ville fantôme d'**Independence** (www. aspenhistorysociety.com ; don conseillé 3 $; ☉10h-18h mi-juin–août). Exploitée et entretenue par l'Aspen Historical Society, elle est formée d'une étable, d'une alimentation générale et de quelques maisons abandonnées.

La route ❱❱ Aspen est à 20 miles (32 km) à l'ouest du col d'Independence sur la Hwy 82. S'il est théoriquement possible de trouver des stationnements payants, il est plus simple de se garer au parking public (15 $/j) proche du centre d'information d'Aspen sur Rio Grande Pl.

TEMPS FORT

⑫ Aspen

Des cow-boys, du glamour hollywoodien, des cerveaux issus des meilleures universités et de la poudreuse : voilà ce que l'on trouve à Aspen, une ville sans égale dans l'Ouest américain. Quelle que soit la saison, les distractions

pullulent. L'**Aspen Skiing Company** (☏800-525-6200 ; www.aspensnowmass.com) gère les quatre stations du secteur : Aspen, Snowmass, Buttermilk et Highlands. Quant aux bâtiments en briques rouges du centre historique, ils abritent certains des meilleurs restaurants du Colorado, un superbe **musée d'art** (☏970-925-8050 ; www. aspenartmuseum.org ; angle East Hyman Ave et Spring St ; ☉10h-18h mar-sam, jusqu'à 19h jeu, 12h-18h dim), nombre de galeries et de boutiques ainsi que le remarquable

Aspen Center for Environmental Studies (ACES ; ☏970-925-5756 ; www.aspennature.org ; Hallam Lake, 100 Puppy Smith St ; ☉9h-17h lun-ven ; P ♿). Que vous participiez à un circuit organisé par ce dernier, ou que vous vous promeniez seul, vous pourrez profiter d'un cadre spectaculaire. À pied ou à vélo, l'éventail de promenades est vaste et comprend de légendaires balades dans la Maroon Bells Wilderness Area. L'**Aspen Ranger Office** (☏970-925-3445 ; www.fs.usda.gov/whiteriver ; 806 W Hallam St ; ☉8h-16h30 lun-ven) délivre cartes et conseils.

🍴🛏 p. 393

Se restaurer et se loger

Breckenridge ❺

✖ Hearthstone　Américain moderne $$$
(📞970-453-1148 ; http://hearthstonerestaurant.
biz ; 130 S Ridge St ; plats 26-44 $; ☺16h-tard ;
🖐). Un des restaurants les plus appréciés de
Breckenridge. Ce bâtiment victorien de 1886
sert une cuisine de montagne inventive,
comme de l'élan aux mûres ou un bar en croûte
d'amandes. Petites assiettes et prix réduits en
happy hour (16h-18h). Réservation impérative.

🛏 Abbet Placer Inn　B&B $$
(📞970-453-6489 ; www.abbettplacer.com ;
205 S French St ; ch été 99-179 $, hiver 119-229 $;
P ❄ @ 🛜). Cette maison mauve dispose
de 5 grandes chambres équipées de mobilier
en bois et de stations iPod. L'étage supérieur
bénéficie d'une vue incroyable sur les cimes.

Vail ❼

✖ bōl　Américain moderne $$
(📞970-476-5300 ; www.bolvail.com ; 141 E
Meadow Dr ; plats 14-28 $; ☺17h-1h, à partir de
14h l'hiver ; 🛜🖐🖐). Moitié restaurant branché,
moitié bowling futuriste, bōl est assurément
l'établissement le plus détendu de Vail. Le menu
éclectique séduit. Réservation impérative.

🛏 The Sebastian　Hôtel $$$
(📞800-354-6908 ; www.thesebastianvail.com ;
16 Vail Rd ; ch été/hiver à partir de 230/500 $;
P ❄ 🛜 🏊 🐾). Luxueux et moderne, cet
hôtel sophistiqué abrite de jolies pièces d'art
contemporain et offre une liste impressionnante
de services. Tarifs raisonnables en été.

Camp Hale ❽

✖ Tennessee Pass Cookhouse　Américain moderne $$$
(📞719-486-8114 ; www.tennesseepass.com ;
Tennessee Pass ; déjeuner à partir de 14 $, dîner
4 plats 80 $; ☺déj sam et dim, dîner tlj déc à
mi-avr, dîner seulement jeu-dim fin juin-sept ;
🖐). L'occasion ou jamais de savourer un dîner

gastronomique dans une yourte. Les convives
s'y rendent à pied, à raquettes, ou sur skis
de fond et un repas raffiné de quatre plats
récompense le chemin d'un mile (1,6 km).
On peut dormir dans des yourtes (225 $/yourte
6 places). Sur réservation.

Leadville ❾

✖ Tennessee Pass Cafe　Café $$
(222 Harrison Ave ; sandwichs 8,75-12,75 $,
plats 9,25-15,75 $; ☺7h-21h ; 🖐🖐).
Avec des spécialités comme des *enchiladas*
végétariennes, des hamburgers de bison
et des sautés thaïs, ce café *arty* propose la
meilleure carte en ville.

Twin Lakes ❿

🛏 Twin Lakes Lodge　Hôtel $$
(📞719-486-7965 ; www.thetwinlakesinn.com ;
6435 Hwy 82 ; ch 100-160 $, chalet à partir de
250 $; 🛜). Rouverte en 2013, cette auberge aux
volets verts a plus de 130 ans. Certaines chambres
partagent leur salle de bains, mais la position à
l'orée du lac est imbattable. Nous recommandons
également le restaurant (dîner 15-27 $).

Aspen ⓬

✖ Justice Snow's　Pub gastronomique $$
(📞970-429-8192 ; www.justicesnows.com ; 328 E
Hyman Ave ; plats 10-22 $; ☺11h-2h ; 🛜🖐).
Situé dans le Wheeler Opera House, ce saloon
rétro mêle astucieusement mobilier ancien et
détails modernes. Le menu abordable à base
d'ingrédients locaux (un hamburger gourmet à
10 $, à Aspen !) a conquis les gens du cru.

🛏 Hotel Aspen　Hôtel $$$
(📞970-925-3441 ; www.hotelaspen.com ;
110 W Main St ; ch été/hiver à partir de
135/300 $; P ❄ 🛜 🏊 🐾). Avec son ambiance
décontractée, ses 4 bains à remous et un luxe
abordable, cet hôtel tendance est l'une des
meilleures offres d'Aspen. La suite avec cheminée
donne même accès à un solarium privé...

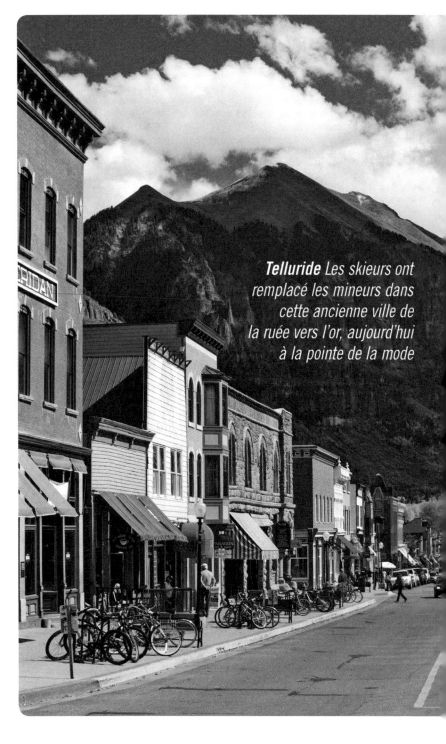

Telluride Les skieurs ont remplacé les mineurs dans cette ancienne ville de la ruée vers l'or, aujourd'hui à la pointe de la mode

La San Juan Skyway et la Million Dollar Highway

31

La San Juan Skyway ceinture le sud du Colorado et croise sur son tracé – parfois tortueux, comme sur la vertigineuse Million Dollar Highway – cols et belles villes de l'Old West.

TEMPS FORTS

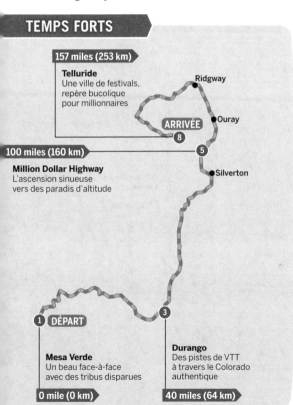

157 miles (253 km)

Telluride
Une ville de festivals, repère bucolique pour millionnaires

Ridgway

ARRIVÉE
8

Ouray

100 miles (160 km)

5

Million Dollar Highway
L'ascension sinueuse vers des paradis d'altitude

Silverton

1 DÉPART

3

Mesa Verde
Un beau face-à-face avec des tribus disparues

Durango
Des pistes de VTT à travers le Colorado authentique

0 mile (0 km)

40 miles (64 km)

6-8 JOURS
157 MILES / 253 KM

PARFAIT POUR...

LE MEILLEUR MOMENT

De juin à octobre, pour des routes dégagées et faire le plein d'activités de plein air

 LA PHOTO SOUVENIR

Les falaises de Mesa Verde et ses villages troglodytes

 LE CHOIX GOURMAND

Les restaurants-fermes de Mancos et Durango : dur de faire plus frais !

395

31 La San Juan Skyway et la Million Dollar Highway

L'Ouest à son état le plus sauvage : cols de montagne tortueux, anciennes mines, pics imposants, plateaux désertiques battus par les vents… Une terre invaincue, en somme. Mais, au-delà des sensations fortes en plein air et des charmes rugueux de vieux saloons, demeure ici l'énigme irrésolue des habitants originels de cette région, dont témoignent encore les impressionnants villages troglodytes des falaises du Mesa Verde National Park.

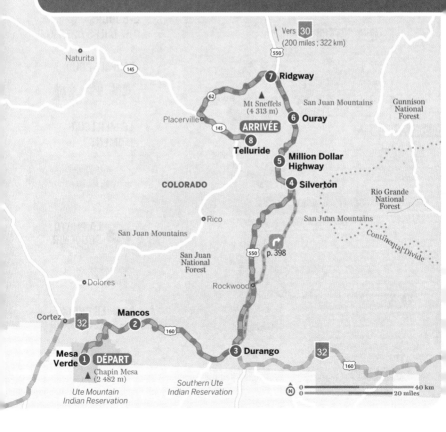

Vers 30 (200 miles ; 322 km)

TEMPS FORT

❶ Mesa Verde National Park

Les Anasazis, ancêtres des Indiens pueblos, qui vécurent dans la région de 700 à 1300 environ ont laissé ici un ensemble complexe d'habitations troglodytes. Les amateurs d'anthropologie raffolent de cet héritage culturel fascinant qui distingue Mesa Verde des autres parcs nationaux américains. Perchés sur le haut plateau sud de Mancos, les sites sont disséminés parmi les canyons et mesas, quoique beaucoup restent inaccessibles aux visiteurs.

Si vous ne disposez que de quelques heures, passez par le **Mesa Verde Visitor & Research Center** (☏800-305-6053, 970-529-5034 ; www.

À COMBINER AVEC :

30 Au sommet des Rocheuses

Depuis Ridgway, suivez l'I-550 vers le nord jusqu'à Grand Junction. Tournez à droite pour retrouver l'I-70 conduisant à Glenwood Springs, puis empruntez la Hwy 82 vers Aspen.

32 La traversée des Four Corners

De Durango, rejoignez le Four Corners Monument par la Hwy 160.

nps.gov/meve ; North Rim Rd ; ⏱8h-19h tlj juin-début sept, 8h-17h début sept à mi-oct, fermé mi-oct à mai ; ♿) et rendez-vous à **Chapin Mesa** d'où un court sentier mène à l'habitation troglodyte la mieux préservée du parc, l'accessible Spruce Tree House.

Si vous y restez au moins une journée, réservez vos places pour les visites guidées de Cliff Palace et Balcony House, menées par des rangers. Il vous faudra gravir des échelles et vous faufiler le long des anciens passages. La chaleur estivale oblige à venir tôt ou à se rafraîchir dans l'instructif **Chapin Mesa Museum** (☏970-529-4475 ; www.nps. gov/meve ; Chapin Mesa Rd ; compris dans l'accès au parc ; ⏱8h-18h30 avr–mi-oct, 8h-17h mi-oct–avr ; [P]♿) proche de Spruce Tree House.

La route ❯❯ À l'entrée de Mesa Verde, tournez à gauche pour le centre d'information. De retour sur la voie d'accès principale, vous atteindrez les sites majeurs en 45 minutes à Wetherill Mesa. Cette route est abrupte et étroite par endroits. En sortant du parc, dirigez-vous vers l'est sur la Hwy 160 vers Mancos, puis sortez à droite et suivez Main St jusqu'à l'intersection avec Grand Ave.

❷ Mancos

Il est facile de passer à côté de ce hameau un brin excentrique (comme en attestent les marionnettes suspendues au toit du café), mais une scène

artistique dynamique et l'accent mis sur l'alimentation locavore en font une belle étape.

Trois pâtés de maisons concentrent les sites d'intérêt : une distillerie, une boutique de chapeaux sur mesure, des galeries et de bons restaurants. Le dernier vendredi de chaque mois, l'Art Walk dynamise ce que les habitants nomment le "centre-ville".

À 14 miles (22,5 km) au nord de Mancos, le **Jersey Jim Lookout Tower** (☏970-533-7060 ; ch 40 $; ⏱mi-mai-mi-oct), ancien poste de détection des feux de forêt, est le plus étrange "hôtel" de la région. Culminant à 2 987 m de haut, ce beffroi de 17 m offre une vue inégalable.

La route ❯❯ Suivez la Hwy 160 vers l'est jusqu'à Durango puis tournez à gauche dans Camino del Rio et à droite sur la W 11th St, 1 km après. Main Ave est la deuxième à droite.

TEMPS FORT

❸ Durango

Archétype de l'ancienne ville minière, Durango présente de beaux bâtiments de la fin du XIXᵉ siècle. Amis de la nature, vous serez aux anges : la **rivière Animas** qui traverse la ville se prête autant à la navigation qu'à la pêche. Vous préférez le VTT ? D'innombrables pistes émaillent les alentours, des sentiers ravissants aux descentes les plus abruptes. En été, **Main Avenue**, avec ses librairies, boutiques et brasseries, fait le plein.

La **San Juan Skyway** (US 550) part du nord de la ville et l'ascension spectaculaire vers Silverton commence alors, après avoir dépassé quelques fermes et étables. À 10 miles (16 km) de Durango, le **James Ranch** (Animas River Valley ; plats 6-13 $; 11h-19h lun-sam) saura vous rassasier. Ce remarquable restaurant familial de grillades vend du fromage, des produits fermiers frais et du bœuf fermier bio nourri à l'herbe. Les sandwichs au steak et les focacce au fromage et aux oignons caramélisés sont divins. Le jeudi, de juillet à octobre, c'est Burgers & Bands (adulte/enfant

20/10 $), avec burgers et concerts au menu. Visite de la ferme (2h, 18 $) les lundi et vendredi à 9h30 et le mardi à 16h.

🍴 🛏 p. 403

**La route ›› ** À la sortie de Durango au nord, la Main Ave devient l'US 550, début de la San Juan Skyway. Le James Ranch est à 10 miles (16 km), sur la droite. Peu après se dresse un mur de montagnes culminant à 4 200 m. Avant de rejoindre Silverton, la route franchit les cols de Coal Banks (3 243 m) et Molas (3 325 m). Ce parcours fourmille de points de vue aménagés.

- - - - - - - - - - - - - - - -

④ Silverton

Dans son écrin de cimes enneigées, campée dans une triste atmosphère de ville minière, la petite Silverton s'organise autour d'une rue principale, **Greene Street** – la seule qui soit goudronnée.

Et si, à 2 840 m, l'air est plus rare, ses bars sont pleins. Beaucoup moins respectable, du moins du temps de la ruée vers l'argent, **Blair Street** était la rue des maisons closes et des repaires d'alcooliques. Arpentez la ville et ne soyez pas timide : les 500 habitants seront ravis de voir un nouveau visage.

Siégeant dans l'ancienne prison du San Juan County, le **Silverton Museum** (📞970-387-5838 ; www.silvertonhistoricsociety. org ; 1557 Greene St ; adulte/enfant 5 $/gratuit ; ⏱10h-16h juin-oct ; P ♿) permet de visiter les anciennes cellules et de découvrir le passé parfois agité de Silverton : accidents de mine, alcool, prostituées...

La ville et ses alentours se visitent aussi en 4×4 : les anciennes pistes des mines offrent effectivement des vues sur des paysages superbes. En hiver, c'est la **Silverton Mountain** (📞970-387-5706 ; www. silvertonmountain.com ; State Hwy 110 ; forfait journée 49 $, guide et forfait journée 99 $) et ses possibilités de ski hors piste qui attirent les skieurs chevronnés.

🍴 p. 403

**La route ›› ** Depuis Silverton, poursuivez au nord sur l'US 550 – la Million Dollar Highway. La pente devient progressivement abrupte et les lacets du col de Molas obligent à rouler à 25 mph (40 km/h). Juste après suit la portion la plus vertigineuse,

VAUT LE DÉTOUR
LE NARROW GAUGE
RAILROAD

Point de départ : ③ **Durango**

Embarquez à bord du **Durango & Silverton Narrow Gauge Railroad** (📞970-247-2733, appel gratuit 877-872-4607 ; www.durangotrain.com ; 479 Main Ave ; adulte/enfant aller-retour à partir de 85/51 $; ⏱départ à 8h, 8h45 et 9h30 ; ♿) pour une balade en train l'été. En activité depuis plus de 120 ans, ce train à vapeur relie Durango au National Historic Landmark de Silverton, plus au nord. Ce voyage panoramique de 45 miles (72 km) s'effectue en 3 heures 30 (aller). Les habitants recommandent généralement de prendre le bus au retour afin de gagner du temps. Fin septembre-début octobre, l'embrasement automnal des peupliers transfigure le trajet.

limitée à 15 mph (24 km/h).
Restez prudent : le dénivelé
est impressionnant et il n'y a
aucune rambarde. Des aires
permettent de souffler entre les
Miles 91 et 93.

TEMPS FORT

❺ La Million Dollar Highway

L'origine du nom de cette
route de 24 miles (37 km)
reliant Silverton à Ouray
est sujet de controverses.
Certains avancent qu'il
s'agit du prix au mile lors
de sa construction dans
les années 1920, d'autres
prétendent que le ballast
recèle des minéraux
précieux.

Route américaine
mythique, ce tracé
époustouflant est
émaillé de chevalements
d'anciennes mines et
de grandioses paysages
alpins. Bien que
goudronnée, la route,
avec ses angles morts,
tunnels et virages serrés,
ferait trembler tout
pilote chevronné. Elle est
souvent fermée en hiver,
en raison des nombreuses
avalanches qui se
produisent ici. Premiers
flocons généralement à
partir d'octobre.

Au départ de Silverton,
la route gravit Mineral
Creek Valley, longeant
les ruines de la mine
Longfellow, 1 mile
(1,6 km) avant le **Red
Mountain Pass** (3 358 m).
Ici, précipices et virages
serrés imposent une
vitesse maxi de 25 mph
(40 km/h).

PAROLE D'EXPERT
LES CHARMES DE
LA HAUTE MONTAGNE

Méthode idéale pour explorer les centaines de
kilomètres de randonnée en été et de pistes
enneigées et vierges en hiver, le **San Juan Hut
System** (☎970-626-3033 ; www.sanjuanhuts.com ;
30 $/pers) perpétue la tradition européenne des
refuges en mettant cinq chalets de haute montagne
à la disposition des aventuriers. Emportez
nourriture, lampe de poche et sac de couchage ; les
commodités incluent lits superposés, réchauds à
gaz et à bois.

Des pistes de VTT sillonnent sommets alpins et
zones abandonnées, connectant Durango et Telluride
à Moab. Un refuge peut servir de base. Si le terrain
est adapté à tous les niveaux, les skieurs doivent
savoir identifier les signes d'avalanche ou partir
avec un guide. Le site Internet prodigue conseils et
renseignements pour réserver skis, vélos, et guides
de Ridgeway ou Ouray.

En descendant vers
Ouray, un croisement
mène à une plate-forme
d'observation des
Bear Creek Falls d'où
l'on voit la cascade se
jeter de plus de 100 m.
Un sentier de 8 miles
(13 km) conduit à des
panoramas encore
plus impressionnants,
mais il est difficile et
vertigineux.

Au Mile 92, se
trouve un **point
de vue** sur Ouray.
Tournez à droite pour
le bel **Amphitheater
Campground** (☎877-444-
6777 ; http://www.recreation.
gov ; US Hwy 550 ; empl tente
16 $; ☉juin-août).

La route ❯❯ La Million Dollar
Highway descend abruptement
jusqu'à Ouray où elle devient
Main St.

❻ Ouray

Entourée d'imposants
sommets, cette ville
minière bien préservée
doit son nom à un illustre
chef Ute. En renonçant
aux territoires tribaux,
le chef Ouray préserva
la paix entre les colons
blancs et les innombrables
mineurs qui envahirent
les monts San Juan au
début des années 1870.

La région pullule de
sources chaudes. L'une
d'entre elles jaillit dans
une grotte, désormais
dépendante du **Wiesbaden
Hotel** (☎970-325-4347 ;
www.wiesbadenhotsprings.
com ; 625 5th St ; ch 132-347 $;
😊🛜🏊). Autrefois favorite
du chef Ouray, elle est
désormais payante,
à l'heure.

LA SAN JUAN SKYWAY ET LA MILLION DOLLAR HIGHWAY CAROLYN MCCARTHY, AUTEUR

Cet itinéraire montre le Colorado à son paroxysme, avec ses routes ondulant entre les villes minières pittoresques, sous la protection des pics escarpés des monts San Juan. Un simple échange avec les barmen et aubergistes d'Ouray, de Silverton ou de Telluride a la saveur de l'Ouest sauvage, et les placards des saloons et hôtels historiques du XIXᵉ siècle débordent de squelettes – comme en attestent les impacts criblant le New Sheridan Bar de Telluride !

Ci-dessus : Durango & Silverton Narrow Gauge Railroad
À gauche : Spruce Tree House, Mesa Verde
À droite : En randonnée près de Telluride

WHIT RICHARDSON/GETTY IMAGES ©

Chaque année, en janvier, l'**Ouray Ice Festival** (http://ourayicepark.com) attire l'élite des alpinistes pour quatre jours de compétition. Toutefois, nul besoin d'être un sportif aguerri pour apprécier Ouray, qui ravira les marcheurs et les amateurs de 4×4. Si conduire vous-même vous préoccupe, **San Juan Scenic Jeep Tours** (970-325-0089 ; http://sanjuanjeeptours.com ; 206 7th Ave ; adulte/enfant demi-journée 59/30 $;) propose des circuits en Jeep décapotable, à l'assaut des villes fantômes qui émaillent les environs d'Ouray, ou à la découverte des fleurs sauvages.

La randonnée aux **Box Canyon Falls** (depuis Box Canyon Rd ; adulte/enfant 4/2 $; 8h-10h juin-août ;) au départ de l'extrémité ouest de la 3rd Avenue vaut le détour. Un pont suspendu mène au cœur de cette chute de 86 m et les environs abritent une avifaune variée. Les parois dissimulent des nids de martinets sombres (protégés).

p. 403

La route » Au nord d'Ouray, Main St devient l'US 550 N. 10 miles (16 km) vous séparent du seul feu rouge de Ridgeway. Tournez à gauche dans Sherman St. Le centre de la ville s'étend sur les 800 prochains mètres.

❼ Ridgeway

Avec ses vastes plaines surplombées par les neiges des monts San Juan et du majestueux mont Sneffels, le village de Ridgeway a de quoi séduire. L'ombre de John Wayne et du film *Cent dollars pour un shérif* (1969) qui fut tourné ici y plane encore et infuse un charme néo-western.

Alimentées par des sources chaudes (de 37°C à 45°C), les piscines naturelles ensoleillées d'**Orvis Hot Springs** (☎970-626-5324 ; www. orvishotsprings.com ; 1585 County Rd 3 ; 10/14 $ par h/j) sont irrésistibles. Ouvertes aux naturistes, elles attirent leur lot d'exhibitionnistes mais, avec tous leurs recoins, vous trouverez probablement un endroit tranquille pour vous détendre, avec ou sans maillot. Les sources sont situées à 9 miles (14 km) au nord d'Ouray, avant Ridgeway.

La route ⟩⟩ À l'ouest de Ridgeway, Sherman St devient la CO 62. Suivez-la sur 23 miles (37 km), puis, à l'intersection, tournez à gauche sur la CO 145 S vers Telluride. À l'approche de Telluride, prenez la seconde sortie au rond-point en direction de W Colorado Ave. Le centre est à 800 m.

LES FESTIVALS DE TELLURIDE

Plus d'informations sur www.visittelluride.com/festivals-events.

Mountainfilm (fin mai) Quatre jours de projections ! Au programme, excellents films sur l'environnement et les aventures de plein air.

Telluride Bluegrass Festival (fin juin) Des milliers d'amateurs de bluegrass affluent pour écouter les meilleurs musiciens lors des concerts en plein air.

Telluride Film Festival (début sept) Projections en avant-première de films du monde entier. Des célébrités sont présentes pour l'occasion.

TEMPS FORT

❽ Telluride

Cernée de trois gigantesques pics, la très chic Telluride semble coupée de l'agitation du monde extérieur. Dans cette ancienne ville minière se côtoient désormais célébrités et skieurs itinérants, et, chaque été, des festivals de musique et de cinéma y instaurent une ambiance joviale.

Bien que très rénové, le centre exhale encore le charme d'antan. Bar historique, le **New Sheridan Bar** (☎970-728-3911 ; www.newsheridan.com ; 231 W Colorado Ave ; ⏱17h-2h) a survécu au déclin de la prospérité minière, lorsque l'hôtel voisin était contraint de vendre ses chandeliers et ses beaux meubles pour payer les factures de chauffage.

Ses murs conservent encore des impacts de balles, témoins du climat plus "agité" de l'époque.

Dans le centre-ville, cherchez donc la **"free box"**, de grands casiers dans lesquels les habitants déposent ce dont ils n'ont plus besoin (en majorité des vêtements) et qui pourrait servir à d'autres – une tradition qui est ici une question de fierté citoyenne. Des **télécabines** gratuites (⏱7h-minuit ; 🐾) montent jusqu'au Telluride Mountain Village en 15 minutes. À l'arrivée, vous pourrez louer un VTT, dîner ou simplement profiter du paysage.

Si vous envisagez d'assister à un festival, réservez vos billets et hébergements plusieurs mois à l'avance.

✕ 🛏 p. 403

Se restaurer et se loger

Durango ❸

✖ East by Southwest   Fusion, sushis $$$

(📞970-247-5533 ; http://eastbysouthwest.com ; 160 E College Dr ; sushis 4-13 $, plats 12-24 $; 🕙11h30-15h et 17h-22h lun-sam, 17h-22h dim ; 🍴🐕). Les habitants encensent cette adresse branchée, sobre et agréable. La cuisine asiatique et les sushis originaux sont délicieux mais les cocktails au saké sont immanquables.

✖ Ska Brewing Company

Brasserie-pub $$

(📞970-247-5792 ; www.skabrewing.com ; 225 Girard St ; plats 7-13 $; 🕙11h-3h lun-mer, 11h-15h et 17h-20h jeu, 11h-20h ven). Le Ska figure parmi les meilleures brasseries du Colorado et la salle de dégustation qui ne servait qu'à la production fourmille aujourd'hui de clients affluant après le travail. Son restaurant, le Container, propose pizzas, salades fraîches et sandwichs garnis au bœuf et au fromage locaux.

🛏 Rochester House   Hôtel $$

(📞970-385-1920, appel gratuit 800-664-1920 ; www.rochesterhotel.com ; 721 E 2nd Ave ; d 169-229 $; 🐕❄🌐). Bercé par les vieux westerns, ce charmant hôtel arbore guirlandes lumineuses et posters de films, mêlant modernité et classiques hollywoodiens. Les chambres sont spacieuses et le petit-déjeuner est servi dans un ancien wagon. Concerts dans le jardin les mercredis d'été à 16h30.

Silverton ❹

✖ Montanya Distillers   Pub $$

(www.montanyadistillers.com ; 1309 Greene St ; plats 6-13 $; 🕙12h-22h). Dans ce pub moderne, les barmen peuvent vous faire boire n'importe quoi. Baies, sirops maison, et un rhum de leur préparation composent leurs cocktails exotiques. On s'amuse beaucoup, surtout sur le toit-terrasse en été. Nous recommandons le plateau de fruits et de fromages ainsi que les *dips* d'épinard et d'artichaut.

Ouray ❻

🛏 Box Canyon Lodge & Hot Springs

Lodge $$

(📞970-325-4981, 800-327-5080 ; www.boxcanyonouray.com ; 45 3rd Ave ; ch 110-165 $, app 278-319 $; 🌐). Non seulement les chambres disposent d'un chauffage géothermique, mais elles sont également vastes et bien conçues. Les bains à remous en bois alimentés par une source chaude sont parfaits pour se détendre au clair de lune. Réservation conseillée.

Telluride ❽

✖ La Cocina de Luz   Mexicain, bio $$

(www.lacocinatelluride.com ; 123 E Colorado Ave ; plats 9-19 $; 🕙9h-21h ; 🍴). Cette *taqueria* fait le plein au déjeuner grâce à ses plats mexicains bio, préparés avec amour. Bar à chips et salsa, tortillas maison et margaritas au citron vert bio et au nectar d'agave font partie des points forts. On y trouve aussi des plats végétaliens et sans gluten.

✖ New Sheridan Chop House

Américain moderne $$$

(📞970-728-4531 ; www.newsheridan.com ; 231 W Colorado Ave ; plats à partir de 19 $; 🕙17h-2h). Des banquettes en velours brodé vous attendent pour un dîner romantique. Après un plateau de fromages en entrée, le menu prend une tournure western : pâtes aux champignons sauvages et à la sauge ou faux-filet d'élan cuit au cidre. Le gâteau au chocolat noir sans farine nappé de caramel est un délice. Service irréprochable.

🛏 Telluride Town Park Campground

Camping $

(📞970-728-2173 ; 500 E Colorado Ave ; empl véhicule/tente 23/15 $; 🕙mi-mai à mi-oct ; 🌐). En plein centre-ville, cet endroit charmant dispose de 20 emplacements, d'un cadre superbe, de plages de rivière et d'un sauna. Rapidement complet en haute saison.

SE DÉGOURDIR LES JAMBES
DENVER

Départ/arrivée Highlands

Distance 4 miles (6,4 km)

Durée 4 heures

Ses points forts ? Des musées renommés, des brasseries à foison, des beaux parcs et des rivières, des boutiques et des restaurants au chic très "Rocheuses", et certains des meilleurs sentiers de randonnée du pays… Sans compter une scène dynamique qui a métamorphosé cette ville autrefois typique de l'Ouest.

Compatible avec l'itinéraire :

 30

Highlands

Parmi les quartiers en plein boom de Denver, les Highlands ne manquent pas d'avantages : proximité avec l'I-70, vue plongeante sur la ville, vélos B-Share (en libre-service) et stationnement gratuit de deux heures. À la pointe de toutes les modes, le quartier du Lower Highlands regorge de boutiques agréables, de pubs-brasseries animés et de délicieux restaurants pour déjeuner avant une virée dans Denver, dont le **Linger** (☎303-993-3120 ; www.lingerdenver.com ; 2030 W 30th Ave ; plats 8-14 $; ☉ 11h30-14h30, 16h-2h mar-sam, 10h-14h30 dim).

La promenade >> La 16th St avec son pont piéton enjambe l'I-70, puis longe le National Velvet, ensemble d'œuvres d'art public de l'artiste John McEnroe. Un autre pont piéton conduit alors jusqu'au Commons Park.

Commons Park

Pistes cyclables, bancs, cours d'eau et panorama sur Denver, le Commons Park, à la fois étendu et vallonné, est un vrai bol d'air. Le Common Ground de l'artiste Barbara Gryturis, un imposant escalier donnant sur le vide, est une pièce maîtresse du parc. Vous trouverez cette œuvre poétique à l'est du pont piéton franchissant la Platte River.

La promenade >> Traversez le parc jusqu'à l'immense Millennium Bridge.

Millennium Bridge

Pièce centrale de l'infrastructure de Denver, le Millennium Bridge est le premier pont à haubans dont la structure fut précontrainte par post-tension… Si ces termes techniques ne vous parlent pas, levez la tête : les câbles tentaculaires et le mât blanc forment un contraste saisissant dans le ciel bleu de Denver.

La promenade >> Une pause sur le pont permet de contempler Coors Field et l'Union Station avant de plonger dans le bouillonnant Lower Downtown (LoDo).

16th Street Mall

Le 16th Street Pedestrian Mall (rue commerçante et piétonne) est un inévitable piège à touristes où surnagent quelques bons restaurants et bars et des œuvres d'art public au milieu des boutiques de T-shirts. Plus sympathique, le LoDo, près de Larimer Sq, est l'endroit rêvé pour prendre un verre et faire du lèche-vitrines.

La promenade » Descendez la 16th St vers le sud jusqu'au bout du Pedestrian Mall, puis traversez Colfax Ave : vous voilà au Civic Center Park. Pour gagner du temps, sautez donc à bord du bus gratuit longeant la rue commerçante.

Civic Center Park

À l'ombre du dôme doré du Capitole, le Civic Center Park rassemble quelques sculptures emblématiques de la ville. Pour l'anecdote, le modèle qui posait pour le *Bronco Buster* (1920) fut arrêté pour meurtre avant que le sculpteur n'ait fini l'œuvre ! Si vous avez le temps, le Capitole propose une visite gratuite.

La promenade » En marchant vers le sud, vous croiserez la sibylline *Yearling Statue* (mais que fabrique un cheval sur cette chaise ?), d'autres œuvres d'art public et la bibliothèque postmoderne de Denver avant d'arriver au Denver Art Museum.

Denver Art Museum

Si vous ne devez visiter qu'un musée à Denver, le voici. Le DAM présente des expositions multimédia avant-gardistes et la réputation de son département d'art de l'Ouest américain est amplement méritée. L'extraordinaire aile Frederic C. Hamilton conçue par Daniel Libeskind vaut largement les 110 millions de dollars qu'elle a coûtés. Si vous êtes pressé, un B-Cycle vous permettra de regagner rapidement les Highlands en prenant la piste cyclable Cherry Creek.

La promenade » Passez le grand ours bleu du Convention Center, puis descendez Champa St vers l'ouest. Vous tomberez sur le Denver Performing Arts Complex et sa statue des danseurs. D'ici, la piste cyclable Cherry Creek mène droit au Confluence Park et aux Highlands.

Le Sud-Ouest

**LES PAYSAGES DU SUD-OUEST
SEMBLENT SORTIS D'UN RÊVE.**
Les canyons couleur de feu fendent
des plateaux millénaires, les cheminées de fée
complotent en groupe sur des pentes retirées,
les dunes de sables vaporeuses scintillent
à l'horizon et les fleurs sauvages, saguaros
et pins ponderosa semblent vous faire signe.

Ces itinéraires vous entraîneront des déserts
broussailleux au majestueux Grand Canyon,
des néons de Las Vegas aux contreforts
en grès creusés par les vents des plaines.
Sur la route, se dévoilent des horizons
saisissants, dignes des films les plus
épiques. Le voici, le road-trip par excellence.
Alors, faites le plein, ajustez vos lunettes
de soleil et mettez le cap au Sud-Ouest !

Las Vegas (itinéraire 32)

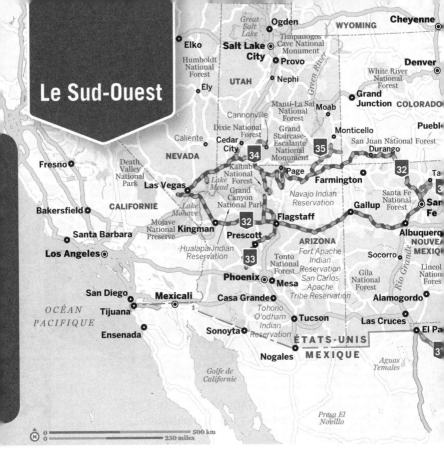

Le Sud-Ouest

Horseshoe Bend

Prêt à tout pour une vue ébouriffante ? Longez ce promontoire à pic surplombant le Colorado, 330 m plus bas, pendant l'itinéraire **32** .

El Santuario de Chimayó

Ses guérisons miraculeuses font de cette église d'adobe de 1816 le premier lieu de pèlerinage catholique des États-Unis. Découvrez-la durant l'itinéraire **36** .

Soirée mousses

Commandez une Shiner Bock fraîche et mêlez-vous à la clientèle du Gruene Hall ou du Terlingua Porch, au cours des itinéraires **37** et **38** .

Canyoning

Escaladez les parois puis descendez en rappel d'étroits ravins, lors de l'itinéraire **34** .

Airport Mesa

Un court chemin mène à un panorama balayant les roches rouges de Sedona, à la faveur de l'itinéraire **33** .

37 **Circuit panoramique vers Big Bend 5-7 jours**
Art minimal, lueurs mystérieuses et voûte étoilée ponctuent le trajet vers Big Bend. (p. 463)

38 **Au cœur du Hill Country 2-5 jours**
Sur la route de l'hospitalité texane. (p. 471)

Horseshoe Bend *La splendeur vertigineuse d'un précipice*

Route Mythique

La traversée des Four Corners

32

Conçu pour les intrépides, cet itinéraire inclut les sites les plus riches en sensations du Sud-Ouest : de Las Vegas au Grand Canyon, en passant par Zion et au-delà.

TEMPS FORTS

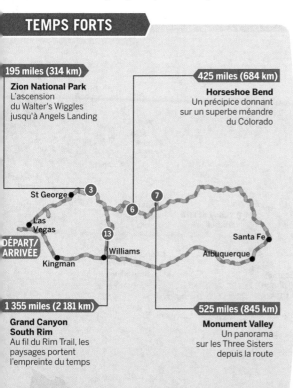

195 miles (314 km)

Zion National Park
L'ascension
du Walter's Wiggles
jusqu'à Angels Landing

425 miles (684 km)

Horseshoe Bend
Un précipice donnant
sur un superbe méandre
du Colorado

St George **3**

6

7

Las Vegas

DÉPART/ ARRIVÉE

13 Williams

Santa Fe

Albuquerque

Kingman

1 355 miles (2 181 km)

Grand Canyon South Rim
Au fil du Rim Trail, les
paysages portent
l'empreinte du temps

525 miles (845 km)

Monument Valley
Un panorama
sur les Three Sisters
depuis la route

**10 JOURS
1 850 MILES /
2 980 KM**

PARFAIT POUR...

LE MEILLEUR MOMENT

Moindre affluence et
températures plus
douces au printemps
et à l'automne

LA PHOTO SOUVENIR

Le Grand Canyon
depuis Mather Point
sur le South Rim

RANDONNÉE
L'Angels Rest Trail
du Zion National Park

32 La traversée des Four Corners

Au loin, les monticules accidentés de Monument Valley évoquent les décombres d'une forteresse immémoriale riche de secrets d'une autre ère. Leur majesté est sublimée par la lumière du soleil et, de près, leurs parois captivent le regard. De ces figurants de maints westerns, nulle caméra ne parvint à capturer la grandeur et leurs teintes perpétuellement changeantes participent de l'énigme de ces silhouettes. L'envoûtement est à la mesure de ces incroyables paysages du Sud-Ouest.

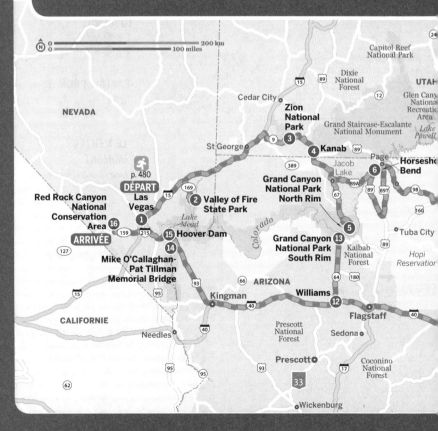

❶ Las Vegas

Sous les néons du Strip (voir p. 480), le "terrain de jeu de l'Amérique" en met plein les yeux avec ses spectacles de fontaines, son volcan en éruption ou sa tour Eiffel reconstituée. Mêlez-vous aux fêtards et aux joueurs : la ville s'apprécie la nuit.

Le matin, rendez-vous au nouveau **Mob Museum** (www.themobmuseum.org ; 300 Stewart Ave ; adulte/enfant 20/14 \$; ⊙10h-19h dim-jeu, 10h-20h ven et sam), dédié au crime organisé et au passé mafieux de Las Vegas. Un *block* au sud, vous pourrez descendre en tyrolienne depuis le 11ᵉ étage de Slotzilla et survoler **Fremont St** (www.vegasexperience.com). La nuit, joignez-vous à une balade guidée du **Neon Museum** (📞702-387-6366 ; www.neonmuseum.org ; 770 Las Vegas Blvd N ; jour adulte/enfant 18/12 \$, nuit 25/22 \$; ⊙10h-14h et 18h30-20h30 ttes les demi-heures, 14h-16h ttes les heures).

À COMBINER AVEC :

33 Voyage au Grand Canyon

À l'assaut des roches vermillon et du passé minier, descendez l'I-17 vers le sud depuis Flagstaff jusqu'à la Hwy 89A.

36 Taos par les High et Low Roads

Art, nature et histoire se mêlent le long de ces deux routes reliant Santa Fe à Taos.

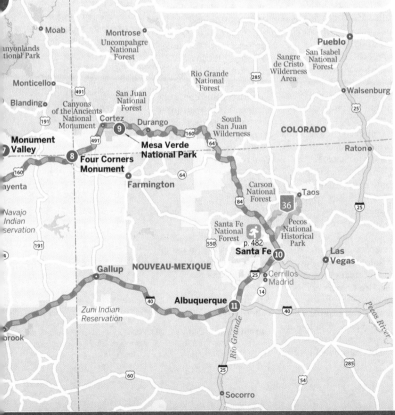

Un billet à 30 $ combine les accès au Mob Museum et au Neon Museum.

✕ 🛏 p. 421

La route » Remontez l'I-15 au nord pendant 37 miles (60 km) puis prenez la sortie 75. D'ici, la Hwy 169/Valley of Fire Hwy poursuit pendant 15 miles (24 km) jusqu'au parc.

❷ Valley of Fire State Park

Avant de rejoindre le grès de l'Utah, cette belle vallée désertique mérite un crochet. La Hwy 169, qui traverse le **parc** (☎702-397-2088 ; www.parks. nv.gov/parks/valley-of-fire-state-park ; véhicule 10 $; ⊙Visitor Center 8h30-16h30), facilite ce détour et permet d'approcher les affleurements orangés aux formes psychédéliques. Depuis le centre d'information, une petite route panoramique sinue jusqu'aux **White Domes** (circuit de 11 miles/18 km). Sur le chemin, vous croiserez les grès colorés de la **Rainbow Vista**, puis une bifurcation menant aux **Fire Canyon** et **Silica Dome**.

Mieux vaut venir au printemps et à l'automne, car les températures dépassent souvent les 37°C en été.

La route » Reprenez l'I-15 vers le nord pour traverser l'Arizona et pénétrer en Utah. La sortie 16 débouche sur la Hwy 9 à suivre vers l'est pendant 32 miles (51 km).

TEMPS FORT

❸ Zion National Park

Les montagnes rouges du **Zion National Park** (www. nps.gov/zion ; Hwy 9 ; 7 jours 25 $/véhicule ; ⊙24h/24, Zion Canyon Visitor Center 8h -19h30 juin-août, fermeture avancée le reste de l'année) recèlent bien des trésors, parmi lesquels ce qui est peut-être la meilleure randonnée d'Amérique du Nord : l'ascension jusqu'à **Angels Landing**. Depuis le départ du sentier du Grotto, cet itinéraire de 5,4 miles (8,7 km) A/R traverse la Virgin River, longe d'imposantes falaises, s'immisce dans une gorge étroite, serpente jusqu'au **Walter's Wiggles**, puis franchit une crête effilée où quelques chaînes constitueront votre seul filet de sécurité. Une fois au sommet (1 765 m), la vue en surplomb du Zion Canyon récompense tous ces efforts. La randonnée livre la quintessence du parc : beauté, aventure et communion avec la nature. Comptez 5 heures au total pour l'aller-retour.

La route » Suivez la Hwy 9 vers l'est pendant 25 miles (40 km), puis prenez la Hwy 89 vers le sud jusqu'à Kanab.

❹ Kanab

À équidistance de Zion, du Grand Staircase-Escalante et du North Rim du Grand Canyon, Kanab se révèle un bon camp de base. Des dizaines de westerns y furent tournés entre les années 1920 et 1970, et maints acteurs hollywoodiens, dont John Wayne, Maureen O'Hara et Gregory Peck, participèrent du renom de la ville. Les lieux ont par ailleurs conservé leur atmosphère de Far West.

Aujourd'hui, les amis des animaux la connaissent pour son **Best Friends Animal Sanctuary** (☎435-644-2001 ; www.bestfriends. org ; Angel Canyon, Hwy 89 ; gratuit ; ⊙9h30-17h30 ; 🐾), refuge animalier anti-euthanasie le plus grand du pays. Les visites de l'établissement (qui héberge chiens, chats, cochons et oiseaux) sont gratuites, mais il faut appeler pour réserver et avoir confirmation des horaires d'ouverture. L'accueil du sanctuaire (ouvert de 8h à 17h) est situé entre les Miles 69 et 70 sur la Hwy 89.

✕ 🛏 p. 421

La route » Pénétrez en Arizona – sur la Hwy 89A cette fois – puis gravissez le Kaibab Plateau. À Jacob Lake, tournez à droite dans la Hwy 67 et roulez 44 miles (71 km) jusqu'au Grand Canyon Lodge.

❺ Grand Canyon National Park North Rim

Au fil du chemin, la forêt de pins ponderosa s'ouvre sur les prairies vallonnées du Kaibab National Forest. Ouvrez l'œil aux abords du **parc** (25 $/véhicule ; ⊘ fermé l'hiver), car les cerfs mulets abondent. Riche en renseignements, le **North Rim Visitor Center** (☎928-638-7864 ; www.nps.gov/grca ; ⊘8h-18h mi-mai–mi-oct, 9h-16h du 16 au 31 oct), adjacent au Grand Canyon Lodge, propose promenades guidées par des rangers et activités nocturnes. Pour décompresser, rien ne vaut un cocktail sur la terrasse du **Roughrider Saloon** avec vue sur l'horizon.

Randonnée aisée de 4 miles (6,5 km), le **Cape Final Trail** aboutit à un panorama sur le Grand Canyon. Comptez de 2 à 3 heures. Plus corsé, le **North Kaibab Trail** de 14 miles (22,5 km) est l'unique sentier entretenu descendant jusqu'à la rivière. Près de Phantom Ranch, il rejoint des itinéraires conduisant au South Rim. Le départ est à 2 miles (3 km) au nord du Grand Canyon Lodge.

Pour marcher dans le canyon, rejoignez **Coconino Overlook** (0,75 mile/1,2 km) ou le **Supai Tunnel** (2 miles/3,2 km).

BON À SAVOIR
SUS AUX BOUTEILLES D'EAU !

Les bouteilles en plastique représentent 20% de ses déchets, le Grand Canyon National Park a décidé de ne plus vendre de bouteilles d'eau. Des fontaines disposées en plusieurs endroits du parc, notamment au Canyon View Marketplace, permettent désormais de remplir sa gourde.

La route » Lors de notre passage, la Hwy 89 était fermée entre Bitter Springs et Page en raison d'un glissement de terrain. Sa réouverture est prévue pour 2015 et la Hwy 89T est la déviation désignée. Prenez à droite la Hwy 89A et allez vers l'est jusqu'à Jacob Lake. En descendant le plateau de Kaibab sur la Hwy 89A, dépassez Lee's Ferry, puis tournez à gauche dans la déviation Hwy 89T. Page est au nord.

TEMPS FORT

❻ Horseshoe Bend

À la fois somptueux et terrifiant, le panorama à flanc de falaise de Horseshoe Bend est inoubliable. Des millénaires durant, le Colorado y a creusé le grès, dessinant un U parfait 300 m en contrebas. Il n'y a pas de barrières, aussi évitez d'y laisser vos enfants sans surveillance. Depuis le parking, une marche de 1 km mène au précipice et la randonnée mérite largement d'affronter le passage abrupt et le manque d'ombre. Le départ se situe sur la Hwy 89 au sud de Page et du Mile 541.

La route » Depuis le parking, allez à gauche sur la Hwy 89 et roulez au nord jusqu'à la Hwy 98. Prenez-la à droite et suivez le sud-est jusqu'à la Hwy 160. Tournez à gauche et continuez pendant 32 miles (51 km) ; vous dépasserez le Navajo National Monument. À Kayenta, empruntez la Hwy 163 à gauche et poursuivez au nord pendant 24 miles (39 km) pour arriver à Monument Valley.

TEMPS FORT

❼ Monument Valley

Si la beauté revêt de nombreuses formes dans l'immense réserve des Navajo, sa plus légendaire manifestation reste la Monument Valley, ponctuée de majestueuses aiguilles rocheuses. Pour admirer ces formations de plus près, pénétrez le **Navajo Tribal Park** (☎435-727-5874 ; www.navajonationparks.org/htm/monumentvalley.htm ; adulte/enfant 5 $/gratuit ; ⊘route 6h-20h30 mai-sept, 8h-16h30 oct-avr ; centre d'information 6h-20h mai-sept, 8h-17h oct-avr) et suivez la piste qui décrit une boucle panoramique de 17 miles (27 km)

PAROLE D'EXPERT
ROBIN TELLIS, RANGER
EN CHEF AU NORTH RIM

Le Cape Final constitue une
excellente randonnée à la journée.
Le sentier est magnifique et
les panoramas à l'arrivée sont extraordinaires.
La hauteur des arbres et l'immensité de la forêt
de pins ponderosa attestent de son excellente santé
et contribuent à la qualité de cette promenade.

À gauche : Grand Canyon National Park
À droite : Plaque du Four Corners Monument

autour des monticules
les plus spectaculaires,
comme les East & West
Mitten Buttes ou les
Three Sisters. Pour une
visite guidée (1h30/2h30
75/95 $) des zones
fermées aux véhicules
privés, adressez-vous
à l'un des kiosques du
parking avoisinant
le View Hotel.

🛏 p. 421

FRANCKREPORTER/GETTY IMAGES ©

MICHAEL SAYLES/ALAMY ©

La route » Revenez à Kayenta sur la Hwy 163, puis allez à gauche et suivez la Hwy 160 vers l'est pendant 72 miles (116 km) jusqu'à Tee Noc Pos. Ici, tournez à gauche : la Hwy 160 mène au monument après 6 miles (10 km).

❽ Four Corners Monument

Perdu au milieu de nulle part, le **Four Corners Monument**

(☎928-871-6647 ; www. navajonationparks.org ; 3 $; ☺8h-19h mai-sept, 8h-17h oct-avr) est tout simplement incontournable. S'il fait encore figure de frontière officielle, l'emplacement de la plaque n'est pas exact : en avril 2009, des représentants gouvernementaux ont admis que le quadripoint se trouvait 600 m trop à l'est. Sur place, ne

soyez pas timide : un pied en Arizona, l'autre au Nouveau-Mexique, une main en Utah, l'autre au Colorado et vous voilà prêt pour la photo. Les contorsions des visiteurs font d'ailleurs elles-mêmes une bonne partie de l'intérêt du site.

La route » Reprenez la Hwy 160 et tournez à gauche. Une route de 50 miles (80 km) mène du Nouveau-Mexique au Colorado.

❾ Mesa Verde National Park

Dispersés parmi les mesas et canyons de **Mesa Verde** (☎970-529-4465 ; www.nps.gov/meve ; permis 7 jours voiture/moto 15/8 $ juin-août, basse saison 10/5 $; P ♿), les sites anasazi sont perchés sur un haut plateau au sud de Cortez et Mancos. Selon les autorités du parc, les ascendants des Pueblos n'auraient pas "disparu" il y a 700 ans, mais simplement migré vers le sud, devenant les ancêtres d'Amérindiens actuels. Si vous manquez de temps, rendez-vous au **Chapin Mesa Museum** (p. 397) et traversez la **Spruce Tree House**, où une échelle en bois conduit jusque dans une kiva (pièce religieuse).

Mesa Verde mérite largement d'y passer plus d'une journée. Tours de **Cliff Palace** et **Balcony House** organisés par des rangers, découverte de **Wetherill Mesa** (rive la plus paisible du canyon), visite du musée, feux de camp préparés par le **Morefield Campground** (☎970-529-4465 ; www. visitmesaverde.com ; North Rim Rd ; ◷mai-début oct ; 🐾), mais aussi randonnées, ski, raquettes et VTT composent le large choix d'activités praticables ici. On peut y camper ou préférer le confort de l'hôtel.

La route » Suivez l'US 160 pendant 35 miles (56 km) vers l'est jusqu'à Durango, puis encore 60 miles (97 km) jusqu'à l'US 84 S. Au Nouveau-Mexique, cette route passe par Abiquiú, fief de l'artiste Georgia O'Keeffe de 1949 à 1986. Une fois à Santa Fe, sortez sur la N Guadalupe St menant à la Plaza.

❿ Santa Fe

Fondée voici quelque 400 ans, cette ville tient d'un sympathique mélange de cultures amérindiennes, hispaniques et anglosaxonnes, où voisinent pueblos, vieilles haciendas et édifices modernes.

L'artiste la plus renommée du Nouveau-Mexique, Georgia O'Keeffe, incarne à merveille le charme de la région. Le **Georgia O'Keeffe Museum** (☎505-946-1000 ; www. okeeffemuseum.org ; 217 Johnson St ; adulte/enfant 12 $/gratuit ; ◷10h-17h, jusqu'à 19h ven) constitue la plus importante collection de ses œuvres, aux couleurs lumineuses et aux aplats épais. L'église baptiste espagnole qui sert d'écrin au musée a été réaménagée pour inonder de lumière les 10 galeries.

Cœur de Santa Fe, la Plaza marquait, dès 1822, l'achèvement du Santa Fe Trail, important axe commercial qui fut supplanté en 1880 par une voie de chemin de fer. Pour plus de sites d'intérêt, voir p. 482.

🍴 🛏 p. 421

La route » Route historique conduisant à Albuquerque, la Turquoise Trail traverse Cerillos et Madrid. Suivez la Hwy 14 vers le sud pendant 50 miles (80 km) ou l'I-25, si vous êtes pressé.

⓫ Albuquerque

La plupart des sites intéressants d'Albuquerque sont concentrés dans le quartier historique, aux maisons en pisé séculaires, à l'ouest de Nob Hill et de l'University of New Mexico (UNM) sur Central Ave.

Le **Sandia Peak Tramway** (www.sandiapeak. com ; Tramway Blvd ; accès 1 $/ véhicule, adulte/13-20 ans/ enfant 20/17/12 $; ◷9h-20h mer-lun, à partir de 17h mar sept-mai, 9h-21h juin-août) offre la plus belle ascension de la Sandia Crest (3 163 m). Délaissant les cactus, ce téléphérique rejoint, 2,7 miles (4,3 km) plus loin, les sommets envahis de pins. Pour le retour, le beau **La Luz Trail** (8 miles ; 13 km) mène au Tramway Trail (2 miles/3,2 miles), qui se termine au parking. Sur le trajet se succèdent une petite cascade, des forêts de pins et d'époustouflants panoramas. Commencez tôt : la chaleur devient vite pénible.

Depuis l'I-25, prenez Tramway Blvd vers l'est pour trouver le tramway.

 p. 421

La route » D'Albuquerque à Williams, l'I-40 longe ou se confond avec la Route 66 sur 355 miles (571 km).

- - - - - - - - - - - -

⑫ Williams

Passionnés de trains, nostalgiques de la Route 66 et vacanciers en route pour le Grand Canyon se rencontrent à Williams, petite ville charmante et authentique. Si vous n'avez qu'une journée pour visiter le parc, le **Grand Canyon Railway** (☎800-843-8724, 928-635-4253 ; www.thetrain.com ; Railway Depot, 233 N Grand Canyon Blvd ; aller-retour adulte/enfant à partir de 75/45 $; 🚗) est un moyen amusant et reposant de s'y rendre et revenir. Après un **spectacle** inspiré de la conquête de l'Ouest, le train s'élance pour une balade de deux heures vers le South Rim, que vous pourrez explorer à pied ou en navette. De fin mai à début novembre, les passagers peuvent monter dans une **voiture ouverte** (adulte/enfant 59/29 $).

Sur la Route 66, le **Sultana Bar** (☎928-635-2021 ; 301 W Rte 66 ; ⏱10h-2h, à partir de 12h l'hiver) – ancien bar clandestin – vient de fêter ses 100 ans.

La route » Empruntez la SR 64 vers le nord sur 60 miles (95 km).

TEMPS FORT

⑬ Grand Canyon National Park South Rim

À **Grand Canyon Village**, le **Rim Trail** alterne vues mémorables sur le **Grand Canyon** (www.nps.gov/grca ; 25 $/véhicule, 12 $/pers arrivant à pied, vélo, moto, permis valable 7 jours ; ⏱centre d'information 8h-17h), édifices historiques et centres présentant des expositions sur la géologie ou l'artisanat amérindien.

Au départ du **Bright Angel Trail** sur la Plaza, suivez le Rim Trail vers l'est jusqu'au **Kolb Studio**, qui renferme une petite librairie et une galerie d'art.

Juste à côté, le **Lookout Studio**, dessiné par l'architecte Mary Colter afin de rappeler les habitations troglodytes des Anasazi, abrite une boutique et accueille les très appréciés **Condor Talks**, animés par des rangers.

Entrez dans l'hôtel **El Tovar** pour admirer ses vitraux, les trophées, et les reproductions de bronzes de Remington, ou simplement pour contempler la vue du canyon depuis son porche. Les rénovations n'ont rien ôté à la patine raffinée de cet immense édifice en bois, inauguré en 1905.

À côté, la **Hopi House** vend des bijoux et pièces d'artisanat amérindien de qualité depuis 1904. À l'est, les expositions du **Trail of Time** retracent l'histoire de la formation du canyon. Pour finir, le **Yavapai Museum** présente de remarquables expositions géologiques.

🛏 p 421

PHOTO FINISH : LE KOLB STUDIO

Bien avant l'essor du numérique, les frères Ellsworth et Emery Kolb prenaient en photo les visiteurs du Grand Canyon sur une mule alors qu'ils entamaient leur descente du Bright Angel Trail, puis leur vendaient les tirages à leur retour en fin de journée. Pourtant, le South Rim n'avait pas encore l'eau courante nécessaire à l'obtention des clichés en ce début des années 1900...

Après avoir photographié les touristes à travers la fenêtre donnant sur un virage du sentier, l'un des frères courait 7 km jusqu'aux eaux de l'Indian Garden avec les négatifs, tirait les photos dans le laboratoire qui s'y trouvait, puis revenait prestement avec les tirages ou rejoignait les visiteurs sur le Bright Angel Trail.

Route Mythique

La route » Reprenez l'I-40 vers l'ouest pendant 116 miles (187 km) jusqu'à la sortie 48. Suivez alors l'US 93 vers le nord pendant 72 miles (116 km) jusqu'au Nevada, puis empruntez la sortie 2 qui débouche sur la Hwy 172.

---

⑭ Mike O'Callaghan-Pat Tillman Memorial Bridge

Inauguré en 2010, ce pont doit son nom à Mike O'Callaghan, gouverneur du Nevada de 1971 à 1979, et à la star de la NFL Pat Tillman, un défenseur des Arizona Cardinals qui s'enrôla dans l'armée après les attentats du 11-Septembre et fut abattu en 2004 en Afghanistan.

Une voie piétonne, isolée de la Hwy 93, permet d'emprunter ce pont s'élevant à 275 m au-dessus du Colorado. Il est le deuxième plus haut des États-Unis et jouit d'une vue aérienne sur le Hoover Dam et le Lake Mead juste derrière.

La route » Tournez à droite sur la bretelle d'accès : le barrage est tout près.

---

⑮ Hoover Dam

Les statues en bronze qui se dressent sur ce **barrage** (☎866-730-9097, 702-494-2517 ; www.usbr.gov/lc/hooverdam ; Hwy 93 ; centre d'information 8 $, avec visite de la centrale adulte/enfant 11/9 $, visite tout inclus 30 $; ⊙9h-18h, fermeture des guichets 17h15) commémorent les constructeurs de cette structure en ciment de 221 m, figurant parmi les plus hauts barrages du monde. Emblématique des grands travaux du New Deal, le chantier employa jusqu'à près de 6 000 ouvriers, dans des conditions parfois rudes qui firent une centaine de victimes. Premier barrage sur le Colorado, il fut achevé en avance (1936) à un coût inférieur aux prévisions.

La visite guidée commence au centre d'information où est projetée une vidéo incluant des séquences d'époque. Un ascenseur descend ensuite jusqu'aux colossaux générateurs du barrage ; chacun est en mesure d'alimenter une ville de 100 000 habitants. Parking 7 $.

La route » Suivez l'US 93 vers le nord, puis l'I-515. Prenez la sortie 61 et continuez au nord sur l'I-215. Après 11 miles (18 km), l'I-215 devient la Clark Country 215. 13 miles (21 km) plus loin, empruntez la sortie 26 pour Charleston Blvd/Hwy 159 et poursuivez vers l'ouest.

---

⑯ Red Rock Canyon National Conservation Area

Cette **zone protégée** (☎702-515-5350 ; www.redrockcanyonlv.org ; permis voiture/vélo 7/3 $; ⊙circuit panoramique 6h-20h avr-sept, début oct-mars, centre d'information 8h-16h30) est en soi une merveille naturelle. Sur cette vallée, les collisions des plaques tectoniques ont fait surgir d'une pièce un massif de roche rouge de 914 m, voici 65 millions d'années.

À sens unique, la route panoramique de 13 miles (21 km) dessert les zones du canyon les plus extraordinaires d'où l'on accède à des sentiers de randonnée et des parois propices à l'escalade. Sur une boucle de 2,5 miles (4 km), le sentier menant à **Calico Tanks** gravit les falaises de grès pour s'achever à pic, dévoilant un vaste horizon englobant le désert, les montagnes et les gratte-ciel de Las Vegas.

Les permis du parc national sont acceptés à l'entrée.

Se restaurer et se loger

Las Vegas ❶

✖ Gordon Ramsay Steak
Steakhouse $$$

(☎877-346-4642 ; www.parislasvegas.com ;
3655 Las Vegas Blvd S, Paris ; plats 32-63 $;
🕙16h30-22h30, bar jusqu'à minuit ven et sam).
Rehaussé de rouge et dominé par l'Union Jack,
le nouveau steakhouse du chef Gordon Ramsay
est l'une des meilleures adresses de la ville.

✖ Lotus of Siam
Thaïlandais $$

(☎702-735-3033 ; www.saipinchutima.com ;
953 E Sahara Ave ; plats 9-30 $; 🕙11h30-14h30
lun-ven, buffet jusqu'à 14h, 17h30-22h tlj).
Le meilleur restaurant thaïlandais des États-
Unis selon *Gourmet magazine*. Une bouchée
d'un pad thaï ou de toute spécialité de la
Thaïlande du Nord suffira à vous en convaincre.

🛏 Vdara
Hôtel $$

(☎702-590-2767 ; www.vdara.com ;
2600 W Harmon Ave ; ch 159-196 $; P🛜♿).
Élégance informelle et hospitalité caractérisent
le Vdara, un hôtel récent du centre-ville, sans
casino et ne disposant que de suites.

Kanab ❹

✖ Rocking V Cafe
Américain $$

(☎435-644-8001 ; www.rockingvcafe.com ;
97 W Center St ; déj 9-14 $, dîner 15-29 $;
🕙11h30-22h ; ♿). Les ingrédients frais
composent ici des plats comme le filet de
buffle et ses courgettes au feu de bois et curry
de quinoa. Les œuvres d'art locales décorent
la devanture en brique de 1892 sont aussi
inventives que la cuisine. Les horaires hors
saison varient.

🛏 Quail Park Lodge
Motel $$

(☎435-215-1447 ; www.quailparklodge.com ;
125 N 300 W ; ch 115-159 $; ❄@🛜♿🐾).
Dans ce motel de 1963 renové, les 13 chambres
tout confort sont décorées dans un style rétro
original. Micro-ondes et réfrigérateurs inclus.

Monument Valley ❼

🛏 View Hotel
Hôtel $$$

(☎435-727-5555 ; www.monumentvalleyview.
com ; Hwy 163 ; ch 209-265 $, ste 299-329 $;
❄@🛜). Le décor des chambres est plaisant,
mais c'est surtout la vue imprenable sur les
buttes mythiques qui séduit. Wi-Fi dans le hall.

Santa Fe ❿

✖ Horseman's Haven
Nouveau-Mexique $

(☎505-471-5420 ; 4354 Cerrillos Rd ; plats 8-12 $;
🕙8h-20h lun-sam, 8h-14h dim ; ♿). Le piment
vert le plus fort de la ville – mieux vaut le demander
à part ! Les énormes burritos rassasient pour
la journée. Service cordial et efficace.

🛏 El Rey Inn
Hôtel $$

(☎505-982-1931 ; www.elreyinnsantafe.com ;
1862 Cerrillos Rd ; ch avec petit-déj 105-165 $,
ste à partir de 150 $; P❄@🛜♿). Cet hôtel
sur cour aux superbes chambres possède une
belle piscine, un bain à remous et des jeux pour
les enfants. Clim dans la majorité des chambres.

Albuquerque ⓫

✖ Flying Star Café
Américain $

(www.flyingstarcafe.com ; 3416 Central Ave SE ;
plats 6-12 $; 🕙6h-23h dim-jeu, 6h-24h ven-sam ;
🛜♿🐾). Sept succursales très populaires
imposent le Flying Star comme la référence
du *diner* innovant. Des soupes aux desserts,
tout est préparé à partir d'ingrédients locaux.

Grand Canyon ⓭

🛏 El Tovar
Lodge $$$

(www.grandcanyonlodges.com ; d 178-273 $,
ste 335-426 $; 🕙toute l'année ; ❄🛜).
Les chambres standard étant un peu étroites,
préférez les deluxe pour plus de place. Dans
les deux cas, chic informel au rendez-vous.

Jerome L'âge d'or de l'exploitation minière avait fait d'elle la "ville la plus folle de l'Ouest"

Voyage au Grand Canyon

33

Tradition et modernité se confondent sur cette route panoramique qui serpente de la terre des cow-boys aux villes minières, longeant cépages et roches carmin jusqu'au Grand Canyon.

TEMPS FORTS

235 miles (378 km)

Bright Angel Trail
Une descente facile
au panorama d'exception
(mais gare au retour !)

ARRIVÉE
Grand Canyon
Village

14

130 miles (209 km)

Arizona Stronghold
De bonnes
dégustations de vins

Flagstaff

9
7
3

Yarnell
Congress
Wickenburg
DÉPART

115 miles (185 km)

Audrey Headframe Park
Une vue vertigineuse
sur une mine profonde
de 580 mètres

Prescott
Jouer les cow-boys
dans les bars du Whiskey Row

90 miles (145 km)

4-5 JOURS
235 MILES / 380 KM

PARFAIT POUR...

LE MEILLEUR MOMENT

L'automne et
le printemps
permettent d'éviter
les foules et la chaleur
estivale

 LA PHOTO SOUVENIR

Le Grand Canyon
depuis le Mather Point

LA LEÇON D'HISTOIRE

Les villes authentiques
de Wickenburg, Prescott
et Jerome

33 Voyage au Grand Canyon

Ce parcours remporte la palme toutes catégories confondues, et respire l'histoire tumultueuse de l'Arizona. Puits de mine, balades à cheval et tournées des saloons ramènent au temps de l'Ouest sauvage... Mais une scène viticole bourgeonnante et des brasseries dynamiques ajoutent un zeste de modernité bienvenu après les magnifiques randonnées parmi les buttes de grès, les pins ponderosa et les gorges.

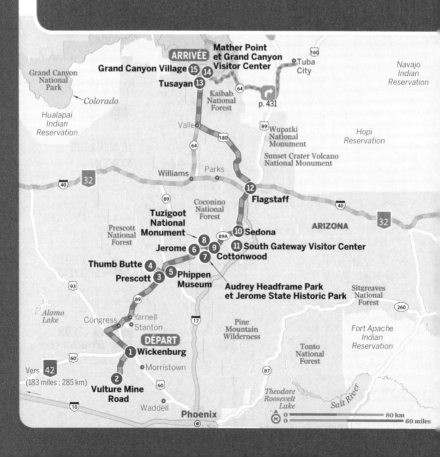

ARRIVÉE
Mather Point et Grand Canyon Visitor Center
Grand Canyon Village 15 14
Tusayan 13
Tuba City
Navajo Indian Reservation
Grand Canyon National Park
Colorado
Hualapai Indian Reservation
Kaibab National Forest
p. 431
Valle
Wupatki National Monument
Hopi Reservation
Sunset Crater Volcano National Monument
Williams · Parks
Flagstaff 12
ARIZONA
Coconino National Forest
Tuzigoot National Monument
Sedona 10
South Gateway Visitor Center 11
Jerome 6 8
Cottonwood 9 7
Prescott National Forest
Thumb Butte 4
Prescott 3 5
Phippen Museum
Audrey Headframe Park et Jerome State Historic Park
Sitgreaves National Forest
Alamo Lake
Congress · Yarnell Stanton
Pine Mountain Wilderness
Fort Apache Indian Reservation
DÉPART 1 Wickenburg
Morristown
Tonto National Forest
Vers 42 (183 miles ; 285 km)
Vulture Mine Road 2
Waddell
Phoenix
Theodore Roosevelt Lake
Salt River
80 km
60 miles

① Wickenburg

Avec ses selliers et ses devantures de type western, Wickenburg semble tout droit sortie des années 1890. Récemment agrandi, le **Desert Caballeros Western Museum** (📞928-684-2272 ; www. westernmuseum.org ; 21 N Frontier St ; adulte/senior/ enfant 9/7 \$/gratuit ; ⏲10h-17h lun-sam, 12h-16h dim, fermé lun juin-août) est dévolu au grand Ouest. Avec ses fusils, selles et autres lassos, la collection *Spirit of the Cowboy* revient sur la réalité derrière le mythe. En mars et avril, l'exposition-vente *Cowgirl Up!* rend un hommage non dénué d'humour aux artistes féminines de l'Ouest.

À COMBINER AVEC :

32 La traversée des Four Corners

Troquez les merveilles naturelles pour la frénésie de Vegas en prenant l'I-40 vers l'ouest puis la Hwy 93 au nord.

42 Palm Springs et les oasis du Joshua Tree

Envie de déserts et d'activités en plein air ? Depuis Wickenburg, suivez la Hwy 60 vers l'ouest, puis l'I-10 jusqu'à Palm Springs.

Des statues des fondateurs de la ville et de personnages singuliers en parsèment le centre. L'une des plus récentes est celle de George Sayers, un "bandit imbibé" qui fut enchaîné au **Jail Tree** de Tegner St à la fin du XIXᵉ siècle. Appuyez sur le bouton pour écouter son histoire. À proximité, le délicieux **Chaparral** (45 N Tegner St ; 1 boule 3,50 \$; ⏲11h-19h mar-sam, 12h-17h dim et lun) vend des glaces maison.

Attention : l'été, Wickenburg peut devenir étouffante – on dépasse parfois les 40°C.

La route ≫ Dirigez-vous vers l'ouest sur la Hwy 60 et tournez à gauche dans Vulture Mine Rd, à 12 miles (19 km) de la mine. Seuls saguaros et gardiens de bétail ponctuent cette route déserte.

② Vulture Mine Road

Poussiéreuse et reculée, la **Vulture Mine** (www. vultureminetours.com ; 36610 N 355th St, à hauteur de Vulture Mine Rd ; don suggéré 10 \$; ⏲ visite 8h30-10h30 sam début mai à mi-oct, 10h-12h reste de l'année) fit la fortune de l'Autrichien Henry Wickenburg. Le site comprend le puits de la mine d'où fut extrait pour 30 millions de dollars d'or, l'échoppe du forgeron, quelques autres vieux bâtiments décrépis et le Hanging Tree, un Olneya Tesota vieux de plus de 200 ans.

Depuis le changement de propriétaire, une visite guidée est proposée le samedi matin.

De retour en ville, une nuit au rustique mais huppé **Rancho de Los Caballeros** (📞928-684-5484 ; www. ranchodeloscaballeros.com ; 1551 S Vulture Mine Rd ; ch avec 3 repas 485-660 \$; ⏲oct à mi-mai ; ❄🏊) vous permettra d'effectuer une randonnée équestre (50-60 \$/demi-journée).

La route ≫ Du centre de Wickenburg, prenez la Hwy 93 vers le nord pendant 5 miles (8 km) jusqu'à la 89N. En poursuivant au nord, la route quitte le Sonoran Desert pour les Weaver Mountains et monte 760 m sur 4 miles (6 km). Au sommet, la minuscule Yarnell fut durement touchée par les incendies de forêt de juin 2013, durant lesquels 19 pompiers des Granite Mountain Hotshot périrent.

TEMPS FORT

③ Prescott

Le 14 juillet 1900, des incendies ravagèrent Whiskey Row, au centre de Prescott, mais, dans leur clairvoyance, les habitants parvinrent à sauver le trésor de la ville : un bar de 7 m, pièce maîtresse du Palace Saloon ! Ils se remirent d'ailleurs à boire joyeusement, aussitôt le comptoir en chêne traîné sur la Courthouse Plaza. Cette impérissable convivialité confère encore à la ville son atmosphère chaleureuse.

Donnant sur une place ombragée, la County Courthouse est le cœur du **centre historique**. À l'ouest s'étend **Whiskey Row**, où 40 bars accueillaient jadis cow-boys et autres mineurs. L'incendie de 1900 détruisit 25 saloons, 5 hôtels et le quartier rouge, mais quelques bâtiments d'époque subsistent. Reconstruit en 1901, le **Palace Saloon** expose photos et objets historiques, notamment le fameux comptoir sauvé des flammes.

Pour mieux connaître Prescott, capitale originelle de l'Arizona, faites un tour au **Sharlot Hall Museum** (☎928-445-3122 ; www.sharlot.org ; 415 W Gurley St ; adulte/enfant 7/3 $; ◷10h-17h lun-sam, 12h-16h dim mai-sept, 10h-16h lun-sam, 12h-16h dim oct-avr), fondé par la pionnière et journaliste Sharlot

Hall en 1928. La ville est aussi célèbre pour le **World's Oldest Rodeo** (www.worldsoldestrodeo. com), institué en 1888, qui se tient la semaine précédant le jour de l'Indépendance.

✕ ⊨ p. 433

La route ❯❯ Depuis la County Courthouse, suivez Gurley St vers l'ouest puis Thumb Butte Rd pendant 3,5 miles (5,5 km).

- - - - - - - - - - - - -

❹ Thumb Butte

Prescott est en plein milieu de la Prescott National Forest, un terrain de 500 000 ha riche en montagnes, lacs et pins ponderosa. Le **Prescott National Forest Office** (☎928-443-8000 ; www.fs.fed.us/ r3/prescott ; 344 S Cortez St ; ◷8h-16h30 lun-ven) vous informera sur les randonnées, routes, aires de pique-nique et campings du parc. La plupart des départs de sentiers permettent de s'acquitter du droit d'accès (5 $/jour).

Pour une courte balade, rendez-vous à

l'immanquable **Thumb Butte**. Relativement aisé, le **Thumb Butte Trail #33** (◷7h-19h) est un sentier de 1,75 mile (2,8 km) donnant sur la ville et les montagnes. Chiens en laisse autorisés.

La route ❯❯ Quittez Prescott sur la Hwy 89N. Sur 7 miles (11 km), la route borde les formations rocheuses des Granite Dells. La Granite Dells Rd accède à un chemin parmi les blocs de granit qui dépend du Mile High Trail System (http://cityofprescott. net/services/parks/trails).

- - - - - - - - - - - - -

❺ Phippen Museum

Avec des expositions valorisant les peintres et l'art de l'Ouest sauvage, le **Phippen Museum** (☎928-778-1385 ; www. phippenartmuseum.org ; 4701 Hwy 89N ; adulte/ enfant 7 $/gratuit ; ◷10h-16h mar-sam, 13h-16h dim) rencontre un tel succès qu'il s'est agrandi récemment. C'est à George Phippen, artiste autodidacte de la région et promoteur de l'art de l'Ouest américain, que le musée doit son nom. En le visitant, vous découvrirez les différentes facettes de ce genre.

La route ❯❯ Au nord, quittez la Hwy 89 pour la Hwy 89A. Attention, la route vers Jerome, petite ville à flanc de coteau nichée dans les Mingus Mountains, n'autorise aucune imprudence. Un coup d'œil vers l'est permettra toutefois d'apprécier l'horizon sur la Verde Valley.

L'ÉTRANGE GRENOUILLE DE CONGRESS

Vous saisirez le sens de cette histoire de batracien lorsque vous aurez quitté le village de Congress, à l'embranchement de la Hwy 71 et de la Hwy 89N. Sur votre gauche, vous apercevrez la **grosse grenouille verte**, un rocher peint en 1928 et entretenu depuis lors par les habitants.

6 Jerome

La route sinuant jusqu'au bas de Cleopatra Hill est bordée de bâtisses dont on ne sait si elles remporteront ou non leur combat contre la gravité. Certaines l'ont déjà perdu, ainsi la **Sliding Jail**, qui gît en contrebas de la route.

Ville fantôme ressuscitée au chic suranné, Jerome était jadis surnommée "ville la plus folle de l'Ouest". C'était à la fin du XIXe siècle, lorsque l'exploitation du cuivre y était florissante et qu'elle pullulait de maisons closes, de saloons et de fumeries d'opium. Mais, en 1953, les filons s'épuisèrent et la population s'effondra... jusque dans les années 1960 où des hippies rachetèrent les édifices décrépis pour quelques dollars, les restaurèrent et redonnèrent à la ville un certain dynamisme.

Mêlez-vous à la fête en explorant les galeries, boutiques indé, maisons d'époque et salons de dégustation disséminés à flanc de colline. Les artistes locaux vendent leurs œuvres à la **Jerome Artists Cooperative Gallery** (📞928-639-4276 ; www.jeromeartistscoop.com ; 502 N Main St ; ⏰10h-18h), tandis que les motards se réunissent au **Spirit Room Bar** (📞928-634-8809 ; www.spiritroom.com ; 166 Main St ; ⏰10h30-1h).

❌ 🏠 p. 433

**La route ›› ** Quittez la ville sur la Main St/Hwy 89A puis tournez à gauche dans Douglas Rd.

TEMPS FORT

7 Audrey Headframe Park et Jerome State Historic Park

La vitre recouvrant le puits de mine de l'**Audrey Headframe Park** (55 Douglas Rd ; entrée libre ; ⏰8h-17h) a de quoi donner le vertige, et pour cause : le fond se trouve 580 m en contrebas.

Une fois repu de sensations fortes, reprenez vos esprits dans l'excellent **Jerome State Historic Park** (📞928-634-5381 ; www.azstateparks.com ; adulte/enfant 5/2 $; ⏰8h30-17h), qui revient sur le passé minier de la ville. Le musée occupe un manoir de 1916, autrefois habité par l'excentrique magnat des mines Jimmy "Rawhide" Douglas. Avant d'explorer le musée, jetez un œil au pittoresque film introductif.

**La route ›› ** La Hwy 89A descend jusqu'à la petite Clarkdale. Au rond-point, prenez la deuxième sortie puis Clarkdale Pkwy jusqu'en ville. Suivez alors Main St vers l'est jusqu'à S Broadway et tournez à gauche dans Tuzigoot Rd.

8 Tuzigoot National Monument

Au sommet d'une crête, le **Tuzigoot National Monument** (📞928-634-5564 ; www.nps.gov/tuzi ; adulte/enfant 5 $/gratuit, billet combiné pour le Montezuma Castle National Monument 8 $/gratuit ; ⏰8h-17h) est un ancien pueblo sinagua, comme son voisin Montezuma. On estime qu'il fut occupé entre 1000 et 1400 et qu'à son apogée, quelque 225 personnes y vivaient dans 110 pièces. En gravissant un court sentier escarpé (impraticable en fauteuil roulant), vous aurez une vue imprenable sur la Verde River Valley. Outils, poteries et têtes de flèche sont exposés au centre d'information.

**La route ›› ** Reprenez la S Broadway puis suivez-la vers le sud sur 1,5 mile (2,5 km) jusqu'à Old Town Cottonwood.

TEMPS FORT

9 Cottonwood

Cottonwood est de plus en plus agréable à vivre, notamment le quartier piéton et décontracté d'Old Town, riche en bons restaurants et boutiques indé. L'**Arizona Stronghold** (www.azstronghold.com ; 1023 N Main St ; dégustation 9 $; ⏰12h-19h dim-jeu, jusqu'à 21h ven-sam) a l'attrait de ses salles de dégustation de vin, d'un personnel accueillant et de banquettes confortables. Concerts le vendredi soir.

RICHARD CUMMINS/ROBERT HARDING WORLD IMAGERY/CORBIS ©

CE QUI EN FAIT UNE ROUTE MYTHIQUE
AMY BALFOUR,
AUTEUR

Vous savez que vous empruntez une route de légende lorsque, dans votre rétroviseur, surgit une horde de motards. Cela arrive tout le temps sur la Hwy 89/89A et j'adore ça ! Les somptueux paysages de roche rouge et la Verde Valley se succèdent le long de ce parcours riche en aventures se terminant en apothéose au Grand Canyon.

Ci-dessus : Depuis la Desert View Watchtower
À gauche : Bienvenue à Cottonwood
À droite : Jerome

JOHN ELK/GETTY IMAGES ©

Juste en face, la **Pillsbury Wine Company** (www. pillsburywine.com ; 1012 N Main St ; ⊙11h-18h dim-jeu, 11h-20h ven) permet de goûter d'autres cépages mais aussi du chocolat. En manque d'action ? **Sedona Adventure Tours** (☎928-204-6440 ; www. sedonaadventuretours.com ; 2020 Contractors Rd ; 🚻) propose un circuit de dégustation de vin en kayak (97,25 $) : le Water to Wine descend la Verde River jusqu'aux vignes d'Alcantara.

La route ›› Prenez Main St vers le sud pour rejoindre la Hwy 89A N et empruntez-la jusqu'à Sedona. Au carrefour de la Hwy 89A et de la Hwy 179, suivez Uptown Sedona. Le centre d'information se trouve à l'intersection de la Hwy 89A et de Forest Rd.

WITOLD SKRYPCZAK/GETTY IMAGES ©

⑩ Sedona

Les magnifiques roches vermillon de Sedona fascinent le voyageur. Certains visiteurs New Age croient d'ailleurs que ces formations de grès dissimulent des vortex de puissante énergie spirituelle... Si c'est le cas, **Airport Mesa** serait le vortex le plus proche du centre-ville. Là-bas, une courte marche mène à un panorama surplombant ces monolithes qui se parent d'inimaginables teintes rouge orangé au coucher du soleil.

Route Mythique

Située à 3 miles (5 km) au sud de la ville, l'étonnante **Chapel of the Holy Cross** (☎928-282-4069 ; www.chapeloftheholycross.com ; 780 Chapel Rd ; ⊙9h-17h lun-sam, 10h-17h dim), une spectaculaire église prise en étau entre deux éminences rouges conçue par Marguerite Brunwig Staude dans la lignée des travaux de Frank Lloyd Wright.

La route ⟩⟩ En suivant la Hwy 179 vers le sud, vous passerez par Bell Rock et le village d'Oak Creek.

- - - - - - - - - - - - -

⓫ South Gateway Visitor Center

Les amateurs d'aventures raffolent des randonnées et descentes de VTT spectaculaires de Sedona. Le *Recreation Guide to Your National Forest* mis à disposition par l'US Forest Service présente de brèves descriptions des itinéraires les plus populaires et une carte indiquant leur tracé et point de départ. Retirez-en une auprès de l'**USFS South Gateway Visitor Center** (☎928-203-2900 ; www.redrockcountry.org ; 8375 Hwy 179 ; ⊙8h-17h) au sud du village d'Oak Creek. Le personnel pourra vous désigner les parcours correspondant à vos centres d'intérêt.

La route ⟩⟩ En remontant la Hwy 89A, vous traverserez la végétation ripicole du pittoresque Oak Creek Canyon et longerez ses falaises cramoisies. Au nord du canyon, poursuivez dans cette direction sur l'I-17. Sedona est à 30 miles (48 km) de Flagstaff.

DAVID C TOMLINSON / GETTY IMAGES ©

Sedona L'embrasement des roches au coucher du soleil

⑫ Flagstaff

Entre centre historique piétonnier et activités d'altitude comme le ski ou la randonnée, Flagstaff ne manque pas d'atouts. Point culminant de l'Arizona, le Humphrey's Peak y compose une toile de fond de premier ordre. Au **centre d'information** (☎800-842-7293 ; www.flagstaffarizona. org ; 1 E Rte 66; ☺8h-17h lun-sam, 9h-16h dim), des brochures répertorient les promenades touristiques, parmi lesquelles un guide des lieux hantés de Flagstaff.

Élevé en 1894 sur une colline à la sortie de la ville, le **Lowell Observatory** (☎928-233-3212 ; www.lowell.edu ; 1400 W Mars Hill Rd ; adulte/enfant 12/5 $; ☺9h-22h juin-août, horaires réduits sept-mai) fut celui où Clyde Tombaugh découvrit Pluton en 1930. Une visite guidée est possible en journée. Le soir, les conditions climatiques permettent parfois de s'essayer à l'astronomie.

Les microbrasseries de Flagstaff forment le **Flagstaff Ale Trail** (www. flagstaffaletrail.com) que l'on peut aussi parcourir en **Alpine Pedaler** (☎928-213-9233 ; www.alpinepedaler. com ; 25 $/pers), sorte de trolley à 15 passagers s'interrompant à divers bars et brasseries.

✗ ⌂ p. 433

VAUT LE DÉTOUR
DESERT VIEW DRIVE

Point de départ : ⑭ Mather Point et Grand Canyon Visitor Center

Cette route panoramique de 25 miles (40 km) serpente le long de la Hwy 64 jusqu'à l'East Entrance et dessert certains des meilleurs points de vue, coins pique-nique et sites historiques du parc. Le **Grand View Point** marque le départ du sentier où le mineur Peter Berry édifia le Grand View Hotel en 1897. D'autres horizons extraordinaires vous attendent au **Moran Point**, nommé d'après le paysagiste Thomas Moran dont les œuvres participèrent à faire du Grand Canyon un "monument national" en 1908. Plus loin, le **Tusayan Ruin & Museum** permet d'explorer les vestiges d'un village pueblo datant de 1185. Enfin, au bout de la route se dresse la **Watchtower** créée par une Mary Colter inspirée des tours de guet des pueblos. À l'intérieur, l'escalier en colimaçon agrémenté de fresques hopi conduit, au dernier étage, à une terrasse bénéficiant d'une vue à 360° sur le canyon et la rivière.

La route » Le matin suivant – les matins sont idéaux pour une route de 90 miles (145 km) –, prenez la Hwy 180 vers l'ouest. Au loin, les San Francisco Peaks transpercent la forêt. Arrivé sur la Hwy 64 à Valle, tournez à droite et poursuivez au nord sur le vaste Coconino Plateau.

⑬ Tusayan

Située sur la Hwy 64 à 1 mile (1,6 km) au sud de la Grand Canyon's South Entrance, cette petite ville consiste essentiellement en une rue de 800 m encadrée d'hôtels et de restaurants. Un arrêt au **National Geographic Visitor Center & IMAX** (☎928-638-2468; www.

explorethecanyon.com ; 450 Hwy 64 ; adulte/enfant 13/10 $; ☺8h-22h mars-oct, 10h30-18h30 nov-fév) permet d'acquérir le permis du parc (25 $/véhicule) et d'éviter ainsi une longue attente à l'entrée. L'IMAX projetait lors de notre passage un formidable film de 34 minutes intitulé *Grand Canyon – The Hidden Secrets*. On y dévale des rivières et chute de hautes falaises en réalité virtuelle et on découvre aussi des détails historiques et géologiques du canyon à travers les yeux d'Amérindiens, de l'explorateur John Wesley Powell et d'un aigle en vol.

Route Mythique

L'été, vous pouvez déposer votre voiture ici et prendre la navette Tusayan jusqu'au parc.

La route » Suivez la Hwy 64 au nord sur 1 mile (1,6 km) jusqu'à l'entrée du parc. L'accès pour 7 jours coûte 25 $ en voiture et 12 $ à pied, à vélo ou à moto.

TEMPS FORT

⑭ Mather Point et Grand Canyon Visitor Center

Garez-vous au centre d'information, mais ne vous ruez pas tout de suite à l'intérieur. Rendez-vous plutôt au **Mather Point**, premier point de vue après la South Entrance. Il est souvent bondé de touristes qui prennent des photos au coude-à-coude, mais une sorte d'émerveillement général règne ici, instaurant un respect mutuel. L'immensité du canyon est saisissante et l'on se trouve vite absorbé dans la contemplation des détails les plus bouleversants : plateaux accidentés, aiguilles escarpées et autres falaises multicolores...

Environ 250 m derrière Mather Point

se trouve le **centre d'information** (www.nps. gov/grca ; ⊙8h-17h), incluant cinéma et librairie. Sur la place, panneaux et kiosques affichent des renseignements concernant les visites, les randonnées, les prévisions météo et les activités organisées par les rangers. À l'intérieur se trouve une réception tenue par des rangers et une salle de conférences accueillant des présentations quotidiennes sur différents sujets. Toutes les heures et demie, le cinéma projette le documentaire de 20 minutes *Grand Canyon: A Journey of Wonder*.

D'ici, on peut arpenter le parc en navette, à **vélo** (☎928-638-3055 ; www. bikegrandcanyon.com ; 10 S Entrance Rd, Grand Canyon Visitor Center ; adulte/enfant 40/30 $/j ; ⊙8h-18h mai-oct, 10h-16h mars, avr, oct et nov), ou en voiture. En été, se garer peut s'avérer problématique.

La route » La Village Loop Rd mène au Grand Canyon Village. Dépassez les hôtels El Tovar, Kachina, Thunderbird et Bright Angel Lodge. Le Bright Angel Trail débute à l'ouest de ce dernier.

⑮ Grand Canyon Village

En 2013, une place et un parking ont été

construits au départ du **Bright Angel Trail**. Cette magnifique randonnée, la plus appréciée de toutes, est une descente abrupte de 8 miles (13 km) jusqu'au Colorado. Elle est ponctuée de quatre étapes autorisant un demi-tour : Mile-and-a-half Resthouse, Three Mile Resthouse, Indian Garden et Plateau Point. La chaleur est suffocante en été et le chemin escarpé. Une promenade d'une journée force à faire demi-tour à l'une des deux "resthouse" (pour un circuit de 3 ou 6 miles – 5 ou 10 km).

Si vous préférez l'histoire et la géologie à une marche éprouvante, optez pour le **Rim Trail** juste à l'est (voir p. 419). Ce parcours plus facile dessert chacun des magnifiques panoramas sur le chemin de **Hermits Rest**. On peut s'arrêter à tout instant pour monter dans la navette circulant, parallèle au sentier, entre le départ et l'arrivée. Quoi qu'il arrive, ne manquez pas le coucher de soleil depuis **Hopi Point** (très fréquenté) ou **Pima Point**.

🛏 p. 433

Se restaurer et se loger

Prescott ③

✖ Iron Springs Cafe
Café $$

(☎928-443-8848 ; www.ironspringscafe.com ;
1501 Iron Springs Rd ; plats brunch 10-13 $, déj 10-
15 $, dîner 10-21 $; ◷8h-20h mer-sam, 9h-14h
dim). Ce café, qui occupe une ancienne gare,
est spécialisé dans une savoureuse cuisine
cadienne et du Sud-Ouest, souvent relevée.

✖ Lone Spur Cafe
Café $

(☎928-445-8202 ; www.thelonespur.com ;
106 W Gurley St ; petit-déj et déj 8-17 $, dîner 14-
24 $; ◷8h-14h tlj, 16h30-20h ven). Les portions
sont larges et les saucisses en sauce
excellentes. Animaux empaillés, attirail de
cow-boy et lustres en bois de cervidé décorent
le lieu.

🛏 Motor Lodge
Bungalows $$

(☎928-717-0157 ; www.themotorlodge.
com ; 503 S Montezuma St ; ch 99-119 $, ste
149 $, apt 159 $; ⊛🛜). Cet établissement
loue 12 bungalows de standing, à la literie
confortable.

Jerome ⑥

✖ Grapes
Américain $$

(☎928-639-8477 ; www.grapesjerome.com ;
111 Main St ; déj et dîner 9-17 $; ◷11h-21h). Ce
restaurant chic mais animé sert pizzas, pâtes
et steaks de qualité. Un vin est suggéré pour
chaque option du menu.

🛏 Jerome Grand Hotel
Hôtel $$

(☎928-634-8200 ; www.jeromegrandhotel.
com ; 200 Hill St ; ch 120-205 $, ste 270-460 $;
⊛🛜). Ce bâtiment robuste de 1926 est
un ancien hôpital construit pour la communauté
de mineurs. De l'incinérateur aux signaux
d'appel lumineux des patients, l'hôtel joue
de ce passé singulier ; une soirée fantôme
est même proposée aux clients (20 $) !
On peut déguster une cuisine gastronomique
en profitant du panorama sur la vallée

à l'**Asylum Restaurant**, juste à côté
(déj 10-16 $, dîner 20-32 $).

Flagstaff ⑫

✖ Beaver Street Brewery
Pub-brasserie $$

(☎928-779-0079 ; www.beaverstreetbrewery.
com ; 11 S Beaver St ; déj 8-13 $, dîner 10-20 $;
◷11h-23h dim-jeu, jusqu'à minuit ven et sam ;
👪). Cet estaminet rassemble familles, guides,
fondus de ski et hommes d'affaires. Le menu est
dans la tradition des pubs : pizzas, hamburgers
et salades, sans compter 5 bières maison
à la pression.

🛏 Hotel Monte Vista
Hôtel $$

(☎928-779-6971 ; www.hotelmontevista.com ;
100 N San Francisco St ; d 65-110 $, ste 120-
140 $; 🛜). Wi-Fi gratuit dans cet établissement
central. Demandez une chambre tranquille si
vous craignez d'être dérangé par les concerts
au rez-de-chaussée.

Grand Canyon Village ⑮

🛏 Bright Angel Lodge
Lodge $$

(www.grandcanyonlodges.com ; ch avec/sans
sdb privée 94/83 $, ste 185-362 $, chalets 120-
340 $; ◷tte l'année ; ⊛@🛜). Les chalets
sont très convoités, mais les chambres
classiques (certaines avec salle de bains
commune) sont aussi propres et douillettes.
Le **Bright Angel Bar** est idéal pour se
détendre avec une bière et un hamburger.

🛏 El Tovar
Lodge $$$

(www.grandcanyonlodges.com ; d 178-273 $,
ste 335-426 $; ◷tte l'année ; ⊛🛜). À la fois
décrépi et élégant (oui, c'est possible !),
le El Tovar, fondé en 1905, est un monument
historique. Les chambres standard sont parfois
petites : optez pour les deluxe si vous avez
besoin d'espace. La salle à manger en pierre et
en chêne s'enorgueillit de l'un des plus beaux
panoramas de l'État.

Bryce Canyon National Park
Forteresses de pierre

Les parcs nationaux de Bryce et Zion

34

Des promontoires à flanc de falaise aux profondeurs des canyons, les roches écarlates de l'Utah du Sud-Ouest raviront vos yeux et mettront votre corps à l'épreuve.

TEMPS FORTS

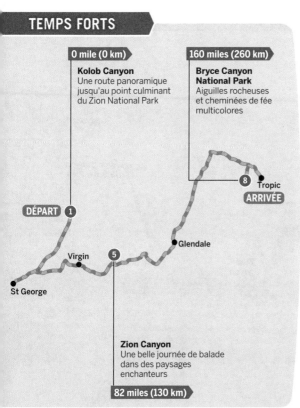

0 mile (0 km)

Kolob Canyon
Une route panoramique jusqu'au point culminant du Zion National Park

160 miles (260 km)

Bryce Canyon National Park
Aiguilles rocheuses et cheminées de fée multicolores

8 Tropic
ARRIVÉE

DÉPART **1**

Glendale

Virgin **5**

St George

Zion Canyon
Une belle journée de balade dans des paysages enchanteurs

82 miles (130 km)

6 JOURS
178 MILES / 286 KM

PARFAIT POUR...

LE MEILLEUR MOMENT

D'avril à septembre, la température est douce quelle que soit l'altitude

 LA PHOTO SOUVENIR

Le flamboiement d'un lever de soleil sur Fairyland Point

 **ACTIVITÉS DE PLEIN AIR**

Promenades au bord de l'eau et randonnées du Zion Canyon

Depuis Observation Point (1 980 m), le Zion Canyon s'offre au regard. En contrebas, la rivière ressemble à un serpent d'émeraude sinuant entre d'immenses falaises parcourues de quelques fourmis – les randonneurs arpentant Angels Landing. Si vous avez vaincu le sentier de 4 heures et ses 655 m de dénivelé depuis le creux du canyon, félicitations ! Pour un panorama tout aussi enchanteur, et plus facile d'accès, suivez le sentier de l'East Mesa Trail.

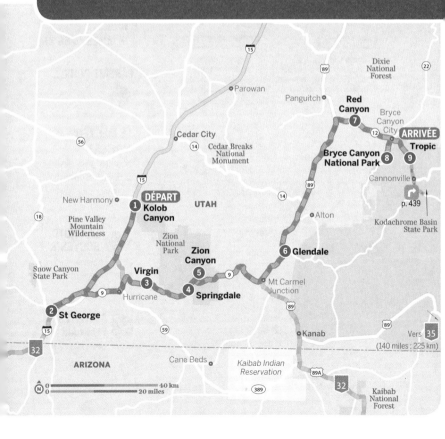

p. 439

❶ Kolob Canyons

Accessible par l'I-15, le **Kolob Canyons Visitor Center** (☎435-586-0895 ; www.nps.gov/zion ; Kolob Canyons Rd, Zion National Park ; permis véhicule 7 jours 25 $; ☺ parc 24h/24, centre d'information 8h-18h juin-sept, 8h-16h30 oct-mai) est au seuil d'une zone plus élevée, mais moins visitée du Zion National Park. Même en haute saison, peu de voitures parcourent la **Kolob Canyon Rd** où, sur 5 miles (8 km), se succèdent d'impressionnants paysages de canyons et de pâturages. Arrivé au **Kolob Canyons Overlook** (1 890 m), le sentier de **Timber Creek**

À COMBINER AVEC :

32 La traversée des Four Corners

Depuis Zion, prenez à l'est sur la Hwy 9, puis suivez la Hwy 89 et la Hwy 89A vers le sud jusqu'au Grand Canyon North Rim.

35 Monument Valley, sur les pas des Amérindines

Empruntez la Hwy 9 et la Hwy 89 vers le sud-est et, arrivé à Page, suivez la Hwy 98 et la Hwy 160 vers l'est, puis la Hwy 163 vers le nord.

(circuit d'un mile/1,6 km) gravit 30 m et rejoint un pic riche d'une vue imprenable sur les Pine Valley Mountains. L'endroit est tapi de fleurs sauvages au début de l'été. Attention : la partie supérieure de cette route est parfois fermée de novembre à mai en raison des chutes de neige.

Parmi les meilleures longues randonnées de cette partie du parc, le **Taylor Creek Trail** (boucle de 5 miles) traverse les vestiges de villages pionniers et un ruisseau sans trop grimper.

La route ❯❯ La descente de l'I-15 sur 41 miles (66 km) jusqu'à St George est ponctuée de formations rocheuses.

❷ St George

La cité mormone de St George donne au milieu du Zion National Park. La **Chamber of Commerce** (☎435-628-1658 ; www.stgeorgechamber.com ; 97 E St George Blvd ; ☺9h-17h lun-ven) vous fournira des renseignements sur le centre historique, composé d'un temple et de quelques bâtiments d'époque. Seule ville (75 560 habitants) de tout le circuit, elle tient surtout lieu d'étape de ravitaillement. À 11 miles (18 km) au nord, le **Snow Canyon State Park** (☎435-628-2255 ; http://stateparks.

utah.gov ; 1002 Snow Canyon Dr, Ivins ; 6 $/véhicule ; ☺6h-22h ; 🚻) donne un aperçu sur 3 000 ha des merveilles naturelles de l'Utah du sud-ouest. Étroits canyons, cônes volcaniques, tunnels de lave et dunes pétrifiées sont accessibles via des randonnées faciles, à la portée des enfants.

✕ 🛏 p. 443

La route ❯❯ Depuis l'interstate, la Hwy 9 conduit au canyon. Après le village d'Hurricane, les amples lacets cèdent la place à des virages plus serrés forçant à ralentir. Virgin est à 27 miles à l'est de St George.

❸ Virgin

Baptisée d'après la rivière voisine, cette petite bourgade de quelque 600 âmes se distingue d'une étrange façon. En 2000, le conseil municipal a voté une loi, essentiellement symbolique, obligeant chaque foyer à posséder une arme à feu. Reconstitution d'un village de l'Ouest, le **Virgin Trading Post** (☎435-635-3455 ; 1000 W Hwy 9 ; village 2 $; ☺9h-19h) vend des caramels mous maison, des glaces et des souvenirs façon Western. Vous pourrez aussi vous faire tirer le portrait à la "Virgin Jail" ou au "Wild Ass Saloon".

La route ❯❯ Springdale est 14 miles (22 km) plus loin sur la Hwy 9 (à 55 minutes de St George).

❹ Springdale

Le **Watchman** (1 998 m) et d'autres montagnes ocre forment le cadre de ce parfait village de parc. La longue rue principale est bordée de galeries, boutiques d'artisanat, motels, hôtels et B&B, mais aussi de cafés et restaurants éclectiques privilégiant les ingrédients locaux. Trois nuits ici permettent de bien explorer le Zion Canyon et ses alentours. Les magasins **Zion Rock & Mountain Guides** (☏435-772-3303 ; www.zionrockguides. com ; 1458 Zion Park Blvd ; ⏰8h-20h mars-oct, horaires variables nov-fév) et **Zion Adventure Company** (☏435-772-1001 ; www.zionadventures.com ; 36 Lion Blvd ; ⏰8h-20h mars-oct, 9h-12h et 16h-19h nov-fév) organisent canyoning, escalade, et circuits en 4×4 à l'extérieur du parc. Ils sauront vous équiper pour une randonnée dans les Narrows. Le second loue des bateaux gonflables, idéals pour une excursion d'été.

Trois fois par jour, le **Zion Canyon Giant Screen Theatre** (www. zioncanyontheatre.com ; 145 Zion Park Blvd ; adulte/enfant 8/6 $) projette *Zion Canyon: Treasure of the Gods*. Ce documentaire de 40 minutes est assez superficiel, mais riche en belles séquences.

✗🍴 ⊨ p. 443

PAROLE D'EXPERT
EAST MESA TRAIL

Il y a quelque chose de grisant à fendre tranquillement une forêt de pins ponderosa jusqu'à l'Observation Point au lieu de monter la pente abrupte depuis le creux du Zion Canyon. Grâce à l'**East Mesa Trail** (boucle de 6,4 miles/10 km de difficulté modérée), vous confiez le plus dur de l'ascension à votre voiture. La North Fork Rd commence à environ 2,5 miles (4 km) après l'entrée est du parc. Suivez-la, puis prenez la Hwy 9 vers le nord pendant 5 miles (8 km). Selon les saisons, un 4x4 peut être nécessaire pour accéder au départ du sentier : adressez-vous au Zion Canyon Visitor Center (voir ci-contre) pour connaître les conditions routières. À côté, le **Zion Ponderosa Ranch Resort** (☏800-293-5444, 435-648-2700 ; www.zionponderosa. com ; N Fork Rd, depuis Hwy 9 ; chalet 70-160 $, empl tente 10 $, empl caravane avec élec 49 $; @🛜🏊) propose un service de navettes aux randonneurs. Attention : ces routes et le chemin peuvent être fermés pour cause de neige de novembre à mai.

La route ⟩ L'accès au Zion Canyon n'est qu'à 2 miles (3 km) à l'est de Springdale. Vous êtes ici à l'endroit le plus bas (1 188 m) et le plus chaud du parcours.

TEMPS FORT

❺ Zion Canyon

Plus de 100 miles (160 km) de sentiers émaillent cette partie du Zion National Park. Étonnamment bien irriguées, les gorges de la Virgin River sont couvertes d'arbres à feuilles caduques. Élaborez votre itinéraire au **Zion Canyon Visitor Center** (☏435-772-3256 ; www.nps.gov/zion ; Hwy 9, Zion National Park ; permis 7 jours 25 $/véhicule ; ⏰8h-19h30 fin mai-début sept, 8h-17h fin sept-début mai), puis empruntez la **route panoramique** de 6 miles (10 km) pénétrant au cœur du parc. D'avril à octobre, vous devrez recourir à la navette gratuite, mais il est possible de descendre et monter à chacun des points de vue et départs de randonnée.

Au bout de la route, le **Riverside Walk** est un paisible chemin goudronné d'un mile (1,6 km). Rendu à son terme, vous pourrez continuer à suivre la Virgin River sur 5 miles (8 km). Autrement, une marche de 800 m (aller) rejoint la base des **Emerald Pools** où l'eau, teinte par la terre du désert, chute depuis un promontoire à pic.

L'**Angels Landing** est un harassant circuit de 4 heures grimpant 426 m en 5,4 miles (8,7 km). Précipices de 600 m et bords étroits garantissent des sensations fortes. Depuis l'**Observation Point** (boucle de 8 miles/ 12,9 km, 654 m de dénivelé), plus haut, la vue sur le canyon est encore plus fabuleuse.

Pour effectuer l'incroyable excursion de 16 miles (25,7 km, aller) traversant les **Narrows** – ces canyons en fente de la Virgin River –, recourir à une agence est inévitable. Navette, équipement (voir Springdale p. 438) et permis hors piste sont obligatoires. Réservez bien en avance sur le site Internet du parc.

🛏 p. 443

La route ›› À l'est, la Hwy 9 franchit quelques ponts puis 3,5 miles (6 km) de lacets serrés avant d'arriver à l'impressionnant Zion-Mt Carmel Tunnel. Jusqu'à l'entrée est du parc, les parois du canyon sont constituées d'une roche claire et burinée, y compris à Checkerboard Mesa. Glendale est à 32 miles (51 km), soit 50 minutes au nord-ouest du Zion Canyon.

----

6 Glendale

Plusieurs hameaux bordent la Hwy 89 au nord de l'intersection avec la Hwy 9. Vous remarquerez sûrement quelques comptoirs

VAUT LE DÉTOUR
KODACHROME BASIN STATE PARK

Point de départ : **9** Tropic

Des dizaines d'aiguilles de grès rouges, roses et blanches parsèment le **Kodachrome Basin State Park** (☎435-679-8562 ; www.stateparks.utah. gov ; près de Cottonwood Canyon Rd ; permis véhicule 6 $/j ; ⏱permis 6h-22h), baptisé ainsi par la National Geographic Society en 1948 pour son attrait pictural. Relativement simple, la boucle de 3 miles (4,8 km) du **Panorama Trail** donne un aperçu des formations féeriques. Ne manquez pas l'**Indian Cave** dont les parois arborent des empreintes de main, ni le **Secret Passage**, courte bifurcation à travers un étroit canyon en fente. **Red Canyon Trail Rides** (☎800-892-7923 ; www.redcanyontrailrides.com ; Kodachrome Basin State Park ; balade 1h 40 $; ⏱mars-nov) propose des balades à cheval au Kodachrome.

Le parc est à 26 miles (42 km) au sud-est du Bryce Canyon National Park, sur Cottonwood Canyon Rd, au sud de Cannonville.

géologiques, galeries et cafés avenants. Parmi eux, Glendale est un village mormon fondé en 1871. Avec sa terrasse aérée et son grill, le **Buffalo Bistro** (☎435-648-2778 ; www.buffalobistro. net ; 305 N Main St ; hamburgers et plats 8-24 $; ⏱16h-21h30 jeu-dim mi-mars–mi-oct) transpire l'Ouest comme on l'imagine. Le menu, éclectique, comprend côtes de sanglier et hamburgers de wapiti. Mieux vaut réserver.

🛏 p 443

La route ›› La Hwy 89 fend les terres de pâturage d'un trait. Sortez-en pour prendre la Scenic Byway 12, cernée par les roches rouges. Le Red Canyon est à 41 miles (66 km) au nord-est de Glendale.

----

7 Red Canyon

D'incroyables monolithes rouges ponctuent l'approche du **Red Canyon** (☎435-676-2676 ; www.fs.usda.gov/recarea/ dixie ; Scenic Byway 12, Dixie National Forest ; gratuit ; ⏱parc 24h/24, centre d'information 9h-18h juin-août, 10h-16h mai et sept). Ici, les formations rocheuses sont aisément accessibles. Diverses randonnées assez faciles débutent à proximité du centre d'information ; faites-y un tour pour admirer ses excellentes expositions géologiques et vous munir de plans. L'**Arches Trail** qui ondule dans un canyon sur 0,7 mile (1 km, aller) passe

PAROLE D'EXPERT
LYMAN HAFEN, DIRECTEUR DE LA ZION NATURAL HISTORY ASSOCIATION

La première semaine de novembre est ma période préférée au Zion. À l'occasion du Zion National Park Plein Air Art Invitational, 24 artistes remarquables viennent y peindre. Le temps, froid mais supportable, les couleurs automnales, la faible affluence, les interactions avec les artistes et les expositions-ventes donnent un nouveau regard sur le parc.

En haut : Enjamber la Virgin River, Zion National Park
À gauche : Aiguille rocheuse, Kodachrome Basin State Park
À droite : Les Narrows, Zion National Park

RICHARD MASCHMEYER/GETTY IMAGES ©

sous 15 arches. Sentier
difficile de 8,9 miles
(14 km), le **Cassidy Trail**
doit son nom au bandit
Butch Cassidy qui aurait
fréquenté les environs.

La route » Sur votre route,
vous passerez par deux tunnels
creusés dans la roche, très
photogéniques. Le Bryce
Canyon National Park n'est qu'à
9 miles (14,5 km).

TEMPS FORT

❽ Bryce Canyon National Park

Les aiguilles, flèches,
tours rocheuses aux
couleurs variées et
cheminées de fée du
**Bryce Canyon National
Park** (📞435-834-5322 ;
www.stateparks.utah.gov ;
Hwy 63 ; permis 7 jours 25 $/
véhicule ; 🕐24h/24, centre
d'information 8h-20h mai-
sept, jusqu'à 16h30 oct-avr)
forment un incroyable
ensemble résultant de
l'érosion de falaises.
La **Rim Road Scenic
Drive** (18 miles/29 km
aller), qui longe
approximativement
le bord du canyon,
dessert le centre
d'information (2 450 m),
le lodge, des points
de vue remarquables
(comme l'immanquable
Inspiration Point) et des
sentiers de randonnée,
pour s'achever au
Rainbow Point (2 778 m).
De début mai à début
octobre, une navette
gratuite (8h-au moins
17h30) part d'une aire
de repos au nord du parc.

BRENT WINEBRENNER/GETTY IMAGES ©

441

Le parcours le plus simple est probablement le **Rim Trail** qui contourne le Bryce Amphitheater de Fairyland Point à Bryce Point (jusqu'à 5,5 miles/8,8 km aller). Plusieurs portions goudronnées sont accessibles en fauteuil roulant, les plus planes étant les 800 m séparant Sunrise Point et Sunset Point.

Plusieurs chemins de difficulté modérée descendent depuis le bord jusqu'à un désert d'altitude et un dédale de genévriers odorants. De Sunset Point, la **Navajo Loop** dévale

158 m. Pour éviter une remontée plutôt abrupte, bifurquez sur le **Queen's Garden Trail** qui rejoint le Sunrise Point (dénivelé de 97 m). D'ici, prenez la navette ou retournez à votre voiture par le Rim Trail (circuit de 2,9 miles/4,6 km).

À noter : avec une moyenne de 27°C en juillet, il fait plus frais ici qu'au torride Zion National Park, situé plus bas.

🛏 p. 443

La route ≫ À seulement 11 miles (18 km) de Bryce Canyon, Tropic est aussi 600 m plus bas : il y fait donc plus chaud.

- - - - - - - - - - - - - -

❾ Tropic

Si Tropic est principalement une communauté fermière, elle dispose de quelques infrastructures pour les visiteurs : un magasin d'alimentation, un petit nombre de restaurants et de motels. S'y loger deux nuits reviendra bien moins cher que dormir dans le parc. Attention : la ville vit au rythme des saisons et beaucoup d'établissements ferment d'octobre à mai.

🛏 p. 443

Se restaurer et se loger

St George ②

✗ Painted Pony Américain moderne **$$$**
(☎435-634-1700 ; www.painted-pony.com ;
2 W St George Blvd, Ancestor Sq ; sandwichs
9-12 $, dîner plats 24-35 $; ⏱11h-22h). De bons
plats gastronomiques roboratifs, tels le pain de
viande cuit au porto et sa purée au romarin.

🛏 Seven Wives Inn B&B **$$**
(☎800-600-3737, 435-628-3737 ; www.
sevenwivesinn.com ; 217 N 100 West ; ch et ste avec
petit-déj 99-185 $; ❄@🛜♿). Cette ravissante
auberge est dotée d'une petite piscine et de
chambres à l'aménagement distinct, réparties
dans deux bâtiments du XIXᵉ siècle.

Springdale ④

**✗ Bit & Spur Restaurant
& Saloon** Sud-Ouest **$$**
(☎435-772-3498 ; www.bitandspur.com ; 1212 Zion
Park Blvd ; plats 16-28 $; ⏱17h-22h tlj mars-oct,
17h-22h jeu-sam nov-fév). Tamales à la patate
douce et faux-filet au piment comptent au nombre
des spécialités de ce restaurant. Bar très fourni.

🛏 Canyon Ranch Motel Motel **$$**
(☎866-946-6276, 435-772-3357 ; www.
canyonranchmotel.com ; 668 Zion Park Blvd ; ch 99-
119 $, app 120-140 $; ❄🛜♿). Entourant une
pelouse, les maisonnettes de ce motel de 1930
respirent une atmosphère rétro qui contraste avec
l'intérieur rénové.

🛏 Red Rock Inn B&B **$$**
(☎435-772-3139 ; www.redrockinn.com ; 998 Zion
Park Blvd ; cottages avec petit-déj 127-132 $;
❄🛜). Cinq cottages modernes dispersés sur
une colline, pour commencer la journée avec un
petit-déjeuner sur sa terrasse privée.

Zion Canyon ⑤

🛏 Zion Lodge Lodge **$$**
(☎435-772-7700, 888-297-2757 ; www.
zionlodge.com ; Zion Canyon Scenic Dr ; ch 185 $,

chalet 195 $, ste 225 $; ❄@🛜). Moins
sensationnel que d'autres logements de parc,
le Zion Lodge dispose toutefois de chalets et
d'hébergements en motels sis en plein milieu du
parc et de ses fantastiques falaises.

Glendale ⑥

🛏 Historic Smith Hotel B&B **$**
(☎800-528-3558, 435-648-2156 ; http://
historicsmithhotel.com ; 295 N Main St ; ch avec
petit-déj 79-89 $; ❄). Si petites qu'elles soient,
les 7 chambres de cet hôtel se révèlent très
confortables. Les gérants sont irréprochables
et, au petit-déjeuner, la grande table favorise les
rencontres entre voyageurs.

Bryce Canyon National Park ⑧

🛏 Bryce Canyon Lodge Lodge **$$**
(☎877-386-4383, 435-834-8700 ; www.
brycecanyonforever.com ; Hwy 63 ; ch et
chalet 175-200 $; ⏱avr-oct ; @). Cheminée
en pierre et poutres apparentes, depuis les
années 1920, le Bryce Canyon Lodge est une
ode à la montagne. On dort dans l'une des
annexes en bois sur 2 étages ou dans des
chalets voisins.

🛏 Ruby's Inn Motel **$$**
(☎866-866-6616, 435-834-5341 ; www.
rubysinn.com ; 1000 S Hwy 63 ; ch 135-180 $;
❄@🛜♿). Le Ruby's tient plus du hameau
que du complexe hôtelier. Large choix
d'hébergements, balades en hélicoptère,
rodéos, épicerie, galerie d'art western, station-
service mais aussi restaurants et poste font
partie des infrastructures.

Tropic ⑨

🛏 Bryce Country Cabins Chalets **$$**
(☎888-679-8643, 435-679-8643 ; www.
brycecountrycabins.com ; 320 N Main St ; chalet
99-139 $; ⏱fév-oct ; ❄🛜). Murs et lits en
pin ajoutent au charme de ces chalets d'une ou
deux chambres en périphérie de la ville.

Moki Dugway *Des épingles à cheveux à faire frémir*

Monument Valley, sur les pas des Amérindiens

35

Les déserts de l'Arizona et du sud-est de l'Utah foisonnent de merveilles naturelles rocheuses et de sites anasazi préservés par leur isolement.

TEMPS FORTS

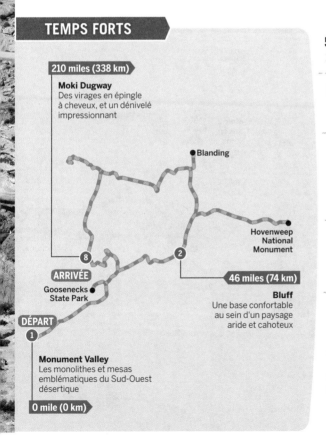

210 miles (338 km)

Moki Dugway
Des virages en épingle à cheveux, et un dénivelé impressionnant

● Blanding

Hovenweep
National
Monument

ARRIVÉE
⑧

②

46 miles (74 km)

Goosenecks
State Park ●

Bluff
Une base confortable au sein d'un paysage aride et cahoteux

DÉPART
①

Monument Valley
Les monolithes et mesas emblématiques du Sud-Ouest désertique

0 mile (0 km)

**5 JOURS
262 MILES / 422 KM**

PARFAIT POUR...

LE MEILLEUR MOMENT

D'octobre à avril pour esquiver les chaleurs écrasantes

 LA PHOTO SOUVENIR

Un lever de soleil sur Monument Valley

 LA LEÇON D'HISTOIRE

Découvrir, grâce à un guide, l'art rupestre et les ruines que recèlent Bluff et Monument Valley

445

35 Monument Valley, sur les pas des Amérindiens

Retranscrire en photo la démesure de Monument Valley relève de l'impossible… Sur les meilleurs clichés se dessinent les nuages ou la lune en toile de fond, ou parfois la silhouette d'un cactus ou des genévriers au premier plan. Pour saisir la variété des teintes de ces formations rocheuses, évitez l'éblouissant soleil de midi et recourez à un filtre polarisant ou ajustez votre balance des blancs en conséquence.

TEMPS FORT

❶ Monument Valley

Les monolithes et autres titanesques mesas multicolores de Monument Valley semblent familiers, tant ils apparaissent dans nombre de films. Les plus célèbres formations sont visibles depuis la **boucle panoramique** de 17 miles (27 km) sillonnant le **Monument Valley Navajo Tribal Park** (☎435-727-5874 ; www.navajonationparks.org/htm/monumentvalley.htm ; adulte/enfant 5 $/gratuit ; ☉route 6h-20h30 mai-sept, 8h-16h30

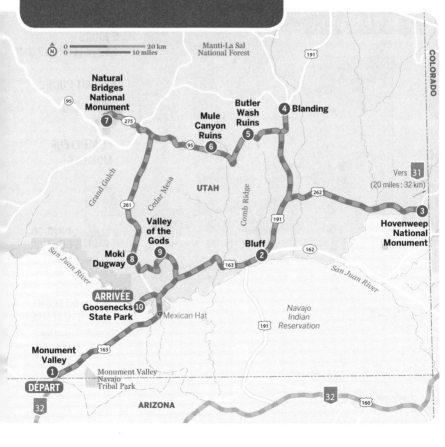

oct-avr, centre d'information 6h-20h mai-sept, 8h-17h oct-avr). On rejoint cette piste de terre par une intersection à 4 miles (6,5 km) au sud du **Goulding's Lodge** (☎435-727-3231 ; www. gouldings.com ; Hwy 163 ; ch 180 $), qui dispose d'un petit musée et propose divers circuits. Le parc chevauche la frontière Utah-Arizona.

L'unique moyen de pénétrer ces terres pour en contempler les arches, mais aussi les peintures rupestres, est de participer à une visite guidée par un Navajo. Vous découvrirez ainsi la culture dineh et la vie dans la réserve. Certains possèdent un stand sur le parking près du centre d'information.

🍴 🛏 p. 451

À COMBINER AVEC :

31 **San Juan Skyway et Million Dollar Highway**

Passez des trésors historiques de l'Utah aux habitations troglodytes du Colorado en prenant la Hwy 162 vers le sud-est puis la Hwy 160E.

32 **La traversée des Four Corners**

Les Mitten Buttes dans le dos, dirigez-vous vers le sud sur l'US 163, puis vers l'est sur la Hwy 160.

La route ❯❯ Les mesas monumentales s'évanouissent dans votre rétroviseur alors que vous roulez vers le nord, franchissant la San Juan River et longeant sa vallée jusqu'à Bluff (Utah) pendant 45 miles (72 km).

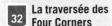

② Bluff

Ce hameau (260 âmes) n'a pas grand intérêt, mais ses quelques bons motels et sa poignée de restaurants en font une base commode pour explorer les environs. L'itinéraire prévoit deux nuits à Bluff près de Monument Valley et une à Mexican Hat ou plus loin dans la vallée ; les distances sont cependant suffisamment courtes pour dormir toutes les nuits à Bluff.

Le **Bluff Fort** (www.hirf. org/bluff.asp ; 5 E Hwy 191 ; gratuit ; ☺9h-18h lun-sam) est un groupement de cabanes en rondins à l'identique de celui des fondateurs de la ville. À 3 miles (5 km) au sud de Bluff, les pétroglyphes de **Sand Island** (www.blm. gov ; Sand Island Rd, sortie de la Hwy 191 ; gratuit ; ☺24h/24), vieux de 800 à 2 500 ans, sont ouverts à tous.

Plusieurs prestataires permettent d'admirer l'art rupestre et les ruines.
Far Out Expeditions (☎435-672-2294 ; www. faroutexpeditions.com ; demi-journée à partir de 125 $) organise des randonnées d'un ou plusieurs jours ;
Wild Rivers Expeditions (☎800-422-7654 ; www. riversandruins.com ; 101 Main St ;

circuit 1 jour adulte/enfant 175/133 $) élabore une excursion historique et géologique descendant la San Juan en raft et **Buckhorn Llama** (☎435-672-2466 ; www.llamapack.com ; 400 $/j) encadre des treks de 5 à 6 jours convoyés par des lamas.

🍴 🛏 p. 451

La route ❯❯ La Hwy 262 est le meilleur chemin vers Hovenweep. Après Hatch et Trading Post, prenez la Hwy 191, puis suivez les indications. L'entrée principale est à 42 miles (67 km) de Bluff (1 heure 15 de route).

❸ Hovenweep National Monument

Dans la langue des Utes, Hovenweep signifie "la vallée désertée" et c'est effectivement loin de tout que subsistent les sites archéologiques de **Hovenweep National Monument** (☎ext 10 970-562-4282 ; www.nps.gov/hove ; Hwy 262 ; permis 7 jours 6 $/ véhicule, empl tente et caravane 10 $; ☺parc lever-coucher du soleil, centre d'information 8h-18h juin-sept, 9h-17h oct-mai). Proche du centre d'information, le **Square Towers Group** comprend huit tours et habitations pour la plupart édifiées entre 1230 et 1275. Ces hautes structures de glaise s'élevaient autrefois, intactes, sur les roches affleurantes. On peut passer au moins une demi-journée à arpenter ces ruines. D'autres sites, dans le Colorado, imposent de longues randonnées.

La route » Bluff est l'unique base dans la région et il faut donc faire l'aller-retour vers Hovenweep dans la journée. Blanding est à 28 miles (45 km) au nord de Bluff, sur la Hwy 191, petite route sans difficulté notable.

---

❹ Blanding

Son musée original fait de la petite ville agricole de Blanding une étape plus intéressante qu'escompté. Riche de joyaux archéologiques exhumés dans le sud-est de l'Utah, l'**Edge of the Cedars State Park Museum** (www.stateparks. utah.gov ; 660 W 400 N ; adulte/enfant 5/3 $; ⏱9h-17h lun-sam) permet d'en apprendre davantage sur les anciens habitants de la région. À l'extérieur, une échelle descend jusque dans la pénombre d'une kiva (salle de cérémonie religieuse des Anasazi) élaborée vers 1100. Malgré la rumeur qui sourd au-dehors, l'endroit dégage encore une certaine aura mystique.

Blue Mountain Artisans (www.facebook.com/pages/ Blue-Mountain-Artisans ; 215 E Center St ; ⏱11h-18h mer-sam) vend des photographies professionnelles de sites archéologiques et géologiques ainsi que des bijoux.

✕ p. 451

La route » En direction de l'ouest, sur la Hwy 95, s'ouvrent de fabuleux paysages. Butler Wash n'est qu'à 14 miles (23 km), suivez les indications.

GIORGIO FOCHESATO/GETTY IMAGES ©

---

❺ Butler Wash Ruins

Nul besoin d'arpenter l'arrière-pays pendant des heures pour contempler les **Butler Wash Ruins**. Ouvertes au public, ces constructions troglodytes datant de 1300, ne sont qu'à 800 m à pied de la route. Frayez-vous un chemin parmi les rochers en suivant les cairns afin d'aboutir aux *kivas*, greniers et habitations de 20 pièces où vivaient des Anasazi de Kayenta (nord de l'Arizona).

La route » Continuez vers l'ouest sur la Hwy 95. Guettez le panneau indiquant d'autres ruines. Elle sont localisées environ 10 miles (15 km) plus loin.

Monument Valley

6 Mule Canyon Ruins

Ni spécialement
évocatrices, ni bien
conservées, les **Mule
Canyon Ruins** rejoignent
presque le bas-côté.
Les poteries trouvées
parmi cet ensemble
de 12 habitations relient
leurs occupants (vivant ici
de 1000 à 1150 environ)
à ceux de Mesa Verde dans
le sud du Colorado.

La route » Suivez la Hwy 95
à travers les falaises et canyons
puis bifurquez sur la Hwy 275,
encore plus petite. Les Natural
Bridges sont à 15 miles (25 km)
à l'ouest de Mule Canyon.

7 Natural Bridges National Monument

Les **Natural Bridges** (www.
nps.gov/nabr ; Hwy 275 ; permis
7 jours 6 $/véhicule, empl site et
caravane 10 $; ☺24h/24, centre
d'information 8h-18h mai-sept,
9h-17h oct-avr) se distinguent
par la couleur blanche
de leur grès. Ces trois
ponts impressionnants
sont visibles depuis une
boucle panoramique
ondulant sur 9 miles
(14 km) et desservant
différents points de vue.
L'**Owachomo Bridge**
est le plus ancien et le
plus proche. Un sentier
de 800 m mène à cette

PRENEZ DES PHOTOS, RIEN D'AUTRE

Maints sites archéologiques de la région ont été saccagés par des pillards de circonstance. En escaladant les habitations troglodytes ou en emportant "seulement" un tesson de céramique, les visiteurs causent eux-mêmes des dégâts irréparables. Il faut le dire et le redire : prenez des photos, rien d'autre. Il est interdit de toucher, de déplacer et de prélever des objets. Le meilleur moyen d'explorer ces lieux anciens et isolés est de s'y rendre avec un guide responsable et bien informé.

arche délicate, large de 9 m et enjambant 55 m. Les ponts Kachina et Siapu sont à proximité, mais les atteindre requiert de gravir des portions très escarpées et quelques échelles. En fin de parcours, un chemin de 600 m conduit à un panorama embrassant les habitations troglodytes de **Horsecollar Ruin.**

La route ›› ** Sur la Rte 261 vers le sud, les canyons de grès virent du rouge-orangé à l'ocre jaune. Sur votre droite, la **Cedar Mesa-Grand Gulch Primitive Area est un environnement particulièrement sauvage. Effectuer les 36 miles (58 km) jusqu'à Moki Dugway vous prendra au moins une heure.

TEMPS FORT

⑧ Moki Dugway

Portion de route grossièrement bitumée, la **Moki Dugway** descend

335 m sur 3 miles (5 km) en enchaînant les épingles à cheveux. Les mineurs aménagèrent ces lacets serrés dans les années 1950 pour transporter l'uranium. Si la route n'est pas large, certaines zones permettent de s'y arrêter. On ne sait pas toujours ce que cache le prochain virage, mais la perspective du précipice est assez claire. Victimes de vertiges et conducteurs de caravane de plus de 7 m, passez votre chemin.

**La route ›› ** Au pied du Moki Dugway, une autre épreuve de conduite vous attend : l'intersection pour la Valley of the Gods est à moins de 5 miles (8 km) sur votre gauche.

⑨ Valley of the Gods

Afin de visualiser la piste traversant la **Valley of the Gods**, imaginez un grand huit improvisé dans un

cadre fabuleux, tout en crêtes escarpées et virages serrés. Son surnom ? "Mini-Monument Valley" ! La brochure du service des terrains publics téléchargeable sur www.blm.gov permet d'identifier ces monolithes et cimes aux formes si étranges : Seven Sailors, Lady on a Tub, Rooster Butte... Comptez une heure minimum pour parcourir les 17 miles (27 km) entre la Hwy 261 et la Hwy 163. Sans 4×4, renoncez à cette route s'il a plu récemment.

**La route ›› ** Une fois sorti de la vallée, suivez la Hwy 163 vers l'ouest et prenez la Hwy 261 jusqu'à l'embranchement avec la Hwy 316 et le Goosenecks State Park. Comptez 8 miles (13 km) en tout.

⑩ Goosenecks State Park Overlook

La route de 4 miles (6 km) jusqu'au **Goosenecks State Park** (http:// stateparks.utah.gov ; Rte 261 ; gratuit ; ⊙24h/24) conduit à un panorama enchanteur. À 300 m de haut, se découpent des arabesques lentement creusées dans la roche par la San Juan River, dessinant parfois le cou d'un cygne, les fameuses "goose necks". Un peu abandonné, le parc en lui-même n'a que ces belles vues à offrir.

Se restaurer et se loger

Monument Valley ❶

🍴 Stagecoach
Dining Room   Nouveau-Mexique $$

(☎435-727-3231 ; www.gouldings.com ; plats
8-27 $; ☺6h30-21h30, horaires restreints
l'hiver). Le restaurant est une reconstitution
d'un décor du western culte de John Ford,
La Charge héroïque (1949). Au menu, steaks et
tacos navajos au piment et au fromage.

🛏 Goulding's
Lodge   Lodge, camping, bungalows $$

(☎435-727-3231 ; www.gouldings.com ; ch
205-242 $, bungalow 92 $, empl tente/caravane
26/5 $; ❄🛜🛁🐾). Situé à seulement
quelques miles à l'ouest de Monument Valley,
cet hôtel loue des chambres modernes,
dont beaucoup donnent sur les formations
rocheuses au loin. Emplacements de camping
et bungalows sont également proposés.

🛏 View Hotel   Hôtel $$$

(☎435-727-5555 ; www.monumentvalleyview.
com ; Hwy 163 ; ch 209-265 $, ste 299-329 $;
❄@🛜). Sans doute l'hôtel le mieux nommé
d'Arizona. Les chambres dont le suffixe dépasse
15 (la 216 par exemple) ont l'attrait d'un horizon
dégagé sur Monument Valley, en contrebas. Wi-
Fi dans le hall seulement. Restaurant sur place.

Bluff ❷

🍴 San Juan River
Kitchen   Nouveau-Mexique $$

(☎435-672-9956 ; www.sanjuanriverkitchen.
com ; 75 E Main St ; plats 14-20 $; ☺17h30-22h
mar-sam). La cuisine mexicano-américaine
inventive de cet établissement recourt autant
que possible à des ingrédients locaux et
biologiques. La glace maison chocolat-chipotle
vaut le détour.

🍴 Twin Rocks Cafe
& Trading Post   Amérindien $$

(☎435-672-2341 ; www.twinrockscafe.com ;
913 E Navajo Twins Dr ; plats 6-18 $; ☺7h-21h).

Un menu "diner" est disponible, mais nous
recommandons le pain frit au petit-déjeuner,
en sandwich ou enroulé dans un taco navajo.

🛏 Desert Rose Inn   Motel $$

(☎888-475-7673, 435-672-2303 ; www.
desertroseinn.com ; Hwy 191 ; ch 105-119 $,
chalet 139-179 $; ❄@🛜). Une terrasse
encercle ce splendide édifice en bois sur
2 niveaux sis à l'extrémité de la ville. Les
duvets couvrant les lits en pin ajoutent
au confort des chambres et chalets
très spacieux.

🛏 Recapture Lodge   Motel $$

(☎435-672-2281 ; www.recapturelodge.
com ; Hwy 191 ; ch avec petit-déj 70-90 $;
❄@🛜🛁). Cet hôtel rustique dispose
d'un personnel très renseigné qui vous aidera
à organiser vos randonnées. La petite piscine
est ombragée et le domaine inclut plus de 5 km
de sentiers.

Blanding ❹

🍴 Fattboyz Grillin   Américain $$

(www.facebook.com/pages/Fattboyz-Grillin ;
164 N Hwy 191 ; plats 7-18 $; ☺12h-21h lun-sam).
Côtes, sandwichs et hamburgers préparés au
barbecue. Steak, porc grillé, fromage et piment :
le Brian Kirby Burger saura vous rassasier.

Mexican Hat

🍴 Old Bridge Grille   Diner $$

(☎800-447-2022 ; www.sanjuaninn.net ;
Hwy 163 ; plats 7-15 $; ☺7h-21h). Au menu :
cuisine traditionnelle du Sud-Ouest et quelques
plats navajos.

🛏 San Juan Inn   Motel $

(☎800-447-2022, 435-683-2220 ; www.
sanjuaninn.net ; Hwy 163 ; ch 85-100 $; ❄).
Ce motel à flanc de colline domine la San Juan
River. Ses chambres, quoique rudimentaires,
sont les meilleures de la ville. Comptoir
commercial avec artisanat navajo sur place.

Taos Pueblo
Le pow-wow se tient chaque été en juillet

Taos par les High et Low Roads

36

Santa Fe, Taos, le Rio Grande, les Sangre de Cristo… et la succession de villages en adobe, de galeries d'art et de stands de burritos font de ce circuit un incontournable.

TEMPS FORTS

76 miles (122 km)

Taos
Panoramas de montagne, couchers de soleil rubescents et pueblo spectaculaire

Peñasco

Dixon

Truchas

28 miles (45 km)

Española

Chimayó
En pèlerinage jusqu'à la terre sainte du *santuario*

0 mile (0 km)

DÉPART/ARRIVÉE

Santa Fe
Architecture en adobe et musées de renommée internationale

**2-4 JOURS
150 MILES / 241 KM**

PARFAIT POUR…

LE MEILLEUR MOMENT
De juin à mars

LA PHOTO SOUVENIR

Gorge et montagnes réunies sur le même cliché, depuis la Hwy 68 près de Taos

LE DÉTOUR CULTUREL

L'église "miraculeuse" – et le piment – de Chimayó

36 | Taos par les High et Low Roads

Depuis la ville historique et raffinée de Santa Fe, vous traverserez par la High Road un désert de broussailles et de grès, s'ouvrant sur des forêts de pin ponderosa. Vous sinuerez parmi les villages au pied des Sangre de Cristo (3 960 m) et parviendrez au plateau de Taos, qui a drainé nombre d'artistes, d'écrivains et de hippies au cours du XXe siècle. Enfin, vous reviendrez par la Low Road, dans le sillon de la rivière, fendant la gorge accidentée du Rio Grande.

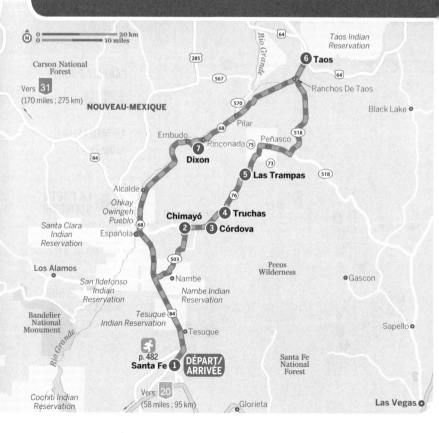

TEMPS FORT

❶ Santa Fe

Des maisons d'époque en adobe à la Plaza bondée de touristes, Santa Fe, fondée voici 400 ans, demeure empreinte d'une intemporelle simplicité, et relève d'un délicat mélange de styles passés et contemporains. Cette ville, la deuxième plus ancienne des États-Unis, est aussi la plus vieille capitale d'État et celle dont la fête annuelle (Fiesta) est la plus enracinée... mais elle se targue aussi du deuxième marché d'art du pays, d'une multitude de restaurants

À COMBINER AVEC :

31 La San Juan Skyway et la Million Dollar Highway

D'Española, prenez l'US 84 vers l'ouest jusqu'à Pagosa Springs, puis l'US 160 vers l'ouest en direction de Mesa Verde.

20 La Route 66

Au départ de Santa Fe, empruntez l'I-25 vers le sud jusqu'à Albuquerque, où vous attendent les roches gravées du Petroglyph National Monument.

PAROLE D'EXPERT
L'APPEL DE LA NATURE

Vous voudriez admirer le paysage sans qu'une vitre ne se dresse devant vous ? Depuis la High Road, suivez donc le **Santa Barbara Trail**. Relativement plat et aisé, ce sentier longe un ruisseau sinuant dans la forêt jusqu'à la Pecos Wilderness. Le départ est indiqué sur la Hwy 73 depuis Peñasco.

Sur la Low Road, empruntez la Hwy 570 à Pilar et rejoignez l'**Orilla Verde Recreation Area** (permis 3 $/j, empl tente/caravane 7/15 $) où l'on se promène et campe le long du Rio Grande – également ouvert à la pêche et aux activités aquatiques. L'ascension de l'Old 570, une piste fermée suite à un glissement de terrain, promet un horizon dégagé sur le plateau de Taos et les Sangre de Cristo.

Certains des plus beaux panoramas de l'État se découpent au sommet du **Lake Peak** (3 782 m). En partant du Santa Fe Basin, une randonnée à la journée suffit à le rejoindre.

Le toit du Nouveau-Mexique, le **Wheeler Peak** (4 013 m), est également accessible en un jour de marche au départ de la Taos Ski Valley. Pour des cartes des sentiers et d'autres renseignements, adressez-vous à la librairie de Santa Fe **Travel Bug** (www.mapsofnewmexico.com ; 839 Paseo de Peralta ; ⏰7h30-17h30 lun-sam, 11h-16h dim ; 📶) ou au **centre d'information de Taos** (📞575-758-3873 ; Paseo del Pueblo Sur, Paseo del Cañon ; ⏰9h-17h ; 📶).

gastronomiques, de grands musées, d'un opéra, ou encore de spas... À 2 130 m d'altitude, la plus haute capitale d'État constitue également une base idéale de randonnées, descentes en VTT et ski. Si le quartier de la Plaza concentre le plus de monuments, Museum Hill est inévitable pour visiter les excellents **Museum of International Folk Art** (www.internationalfolkart.org ; 706 Camino Lejo ; adulte/

enfant 9 $/gratuit, gratuit 17h-20h ven en été ; ⏰10h-17h, fermé lun sept-mai) et **Wheelwright Museum of the American Indian** (www.wheelwright. org ; 704 Camino Lejo ; gratuit ; ⏰10h-17h lun-sam, 13h-17h dim).

🍴 🛏 p. 461

La route » Pour cette étape de 27 miles (43 km), suivez la Hwy 84/285 vers le nord, puis la Hwy 503. Tournez à gauche sur Juan Medina Rd et continuez jusqu'au Santuario de Chimayó.

LE SUD-OUEST **36** TAOS PAR LES HIGH ET LOW ROADS

TEMPS FORT

❷ Chimayó

Niché dans ce petit village, se trouve l'un des sites culturels majeurs du Nouveau-Mexique. Parfois surnommé la "Lourdes américaine", **El Santuario de Chimayó** (www.elsantuariodechimayo. us ; ☺9h-17h oct-avr, 9h-18h mai-sept) est une chapelle d'adobe à deux tours, édifiée au-dessus d'une parcelle de terre parée de vertus thérapeutiques miraculeuses. Aujourd'hui encore, les croyants affluent jusqu'à un trou laissé à nu dans

une salle à part de l'église pour appliquer la *tierra bendita* – "terre bénite" – sur leur corps endolori, tandis que d'autres la dissolvent dans l'eau pour l'ingurgiter. Aux murs de cette salle, sont accrochées des béquilles, laissées là par ceux que la terre aurait guéris. Pendant la Semaine sainte, environ 30 000 pèlerins marchent jusqu'à Chimayó depuis Santa Fe, Albuquerque et au-delà, formant le premier pèlerinage catholique des États-Unis. Les œuvres du *santuario* méritent le détour à elles seules.

Chimayó est aussi forte d'une tradition séculaire dans l'art du tissage et compte une poignée de galeries familiales. Irvin Trujillo appartient à la septième génération d'une lignée de tisseurs, dont les tapis figurent parmi les collections de la Smithsonian de Washington et du Museum of Fine Arts de Santa Fe. Sa galerie est la **Centinela Traditional Arts** (www. chimayoweavers.com ; NM 76 ; ☺9h-18h lun-sam, 10h-17h dim) où vous pourrez acheter couvertures, gilets et oreillers teints naturellement et voir les artistes sur leurs métiers à tisser.

✕ p. 461

La route 》 Suivez la Hwy 76 vers l'est, puis tournez à droite pour rejoindre Córdova.

SPORTS D'HIVER

En hiver, ski et snowboard sont des activités phares dans cette partie du Nouveau-Mexique et la **Taos Ski Valley** (www.skitaos.org ; forfait demi-journée/journée 64/77 $) constitue une destination de choix parmi les domaines skiables. La neige, les pistes stimulantes et l'atmosphère détendue font de cette montagne un véritable éden hivernal, au dénivelé de 1 000 m.

Comptant certaines des pistes les plus corsées des États-Unis, voici l'endroit rêvé pour laisser ses traces dans la poudreuse. Les skieurs chevronnés seront aux anges, puisque plus de la moitié des 70 pistes de la Taos Ski Valley sont noires. Débutants, pas d'inquiétude : l'école de ski, plusieurs fois primée, garantit une forte progression. Le sommet de la vallée culmine à 3 600 m et reçoit 7 m de neige minimum par an. La station dispose enfin d'un parcours de ski cross intégré à son populaire parc d'obstacles.

Ski Santa Fe (☎505-982-4429, météo des neiges 505-983-9155 ; www.skisantafe.com ; forfait adulte/enfant 66/46 $; ☺9h-16h fin nov-avr) n'est pas pour autant à sous-estimer. À moins de 30 minutes de la Plaza, il se pique de la même poudreuse (quoique moins abondante), d'une base plus haute (3 154 m) et de télésièges au dénivelé encore plus important (arrivée à 3 680 m). Admirez les montagnes et ce fantastique désert blanc, puis fendez la neige fraîche, franchissez les murs de bosses et descendez les longs schuss. La station ravira aussi bien les familles que les skieurs expérimentés grâce à un large éventail de pistes. La qualité et la durée de la saison varient grandement d'une année à l'autre, selon l'importance et la fréquence des chutes de neige (on peut presque toujours compter sur une tempête fin mars).

❸ Córdova

Cette bourgade, au creux de la Rio Quemado Valley, est réputée pour ses très épurés *santos* (saints) sculptés dans le bois par des artistes locaux appartenant à la même famille : George Lopez, Jose Delores Lopez et Sabinita Lopez Ortiz. Vous pourrez contempler leur travail au **Sabinita Lopez Ortiz Shop** (☏505-351-4572 ; County Rd 9 ; ☺horaires variables) – une des rares galeries des environs.

La route 》 De retour sur la Hwy 76, montez vers le nord dans la Sangre de Cristo pendant 4 miles (6 km).

❹ Truchas

Fondée par les Espagnols au XVIIIᵉ siècle, Truchas représente l'essence même du terroir du Nouveau-Mexique. Les rues étroites, rarement goudronnées, y cernent des bâtisses en adobe centenaires que Robert Redford choisit comme décor pour tourner *Milagro* (tiré d'un livre de John Nichols). Les champs de luzernes s'étendent jusqu'au bord des précipices caractéristiques du flanc ouest des Truchas Peaks. Parmi les habitations délabrées se cachent de remarquables galeries d'art, dont dépendent des ateliers de tisseurs, peintres et sculpteurs

FESTIVALS LE LONG DES HIGH ET LOW ROADS

Les festivals rythment les High et Low Roads : essayez de vous synchroniser avec l'un d'eux ou évitez-les si la foule vous rebute. Dates précises sur leurs sites Internet respectifs.

》 **Pâques** (Chimayó) – Mars/avril

》 **Taos Solar Music Festival** (www.solarmusicfest. com) – Juin

》 **Taos Pueblo Pow-Wow** (www.taospueblopowwow. com ; adulte/enfant 10 $/gratuit) – Juillet

》 **International Folk Art Market** (www.folkartmarket. org ; Santa Fe) – Juillet

》 **Spanish Market** (www.spanishcolonial.org ; Santa Fe) – Juillet

》 **Indian Market** (www.swaia.org ; Santa Fe) – Août

》 **Santa Fe Fiesta** (www.santafefiesta.org) – Septembre

》 **High Road Art Tour** (www.highroadnewmexico.com ; Hwy 76 vers Peñasco) – Septembre

》 **Dixon Studio Tour** (www.dixonarts.org) – Novembre

》 **Veille de Noël, Canyon Rd** (Santa Fe) – 24 décembre

locaux. Pour un aperçu de leur travail, rendez-vous directement au **High Road Marketplace** (www. highroadnewmexico.com ; 1642 Hwy 76 ; ☺10h-17h, jusqu'à 16h l'hiver), une galerie coopérative.

La route 》 Poursuivez au nord pendant 8 miles (13 km) sur la Hwy 76 qui traverse les petites vallées d'Ojo Sarco et de Cañada de los Alamos.

❺ Las Trampas

Achevée en 1780 et inlassablement défendue contre les raids apaches, la **Church of San José de Gracia** (Hwy 76 ; ☺9h-17h ven et sam), classée National Historic Landmark, figure parmi les églises américaines du XVIIIᵉ siècle les plus élaborées. Ses peintures et gravures originales demeurent en excellent état. On y distingue même encore les marques de sang laissées par les flagellations que s'infligeaient Los Hermanos Penitentes (ordre religieux du XIXᵉ siècle très suivi dans les montagnes au nord du Nouveau-Mexique) ! En quittant la localité, admirez l'incroyable aqueduc creusé dans les troncs d'arbre sur votre droite.

TAOS PAR LES HIGH ET LOW ROADS
MICHAEL BENANAV, AUTEUR

Ce circuit est une plongée dans la quintessence même du Nouveau-Mexique, mêlant campements historiques, monuments sacrés, cimes démesurées, cuisine savoureuse... et le Rio Grande ! Des galeries et musées d'envergure aux villages bucoliques où les chevaux paissent et les vergers sont entrelacés d'*acequias* (canaux), voici le Nouveau-Mexique comme vous l'imaginiez. En mieux.

Ci-dessus : Une église du Taos Pueblo
À gauche : Le travail du bois de Gloria Lopez Cordova au Santa Fe Spanish Market
À droite : Guirlandes de piments et fleurs séchées

La route 》 Vers le nord, la Hwy 76 traverse la charmante Chamisal. À l'intersection, tournez à droite sur la Hwy 75 et passez Peñasco et Vadito. Arrivé sur la Hwy 518, allez à gauche vers Taos, puis, au bout de la route, prenez à droite sur la Paseo del Pueblo Sur/Hwy 68 qui conduit à Taos. Ce parcours dure 32 miles (51 km).

- - - - - - - - - - - -

TEMPS FORT

⑥ Taos

Difficile de nier l'influence de la nature toute-puissante sur Taos. Souvent enneigés, des pics de 3 700 m surplombent la ville et, à l'ouest, un plateau parsemé de sauge s'étire jusqu'à une falaise plongeant de 240 m dans le Rio Grande. Quant aux cieux d'un bleu éclatant, ils disparaissent parfois derrière de menaçants cumulonimbus… sans parler des couchers de soleil.

La communauté pueblo inscrit la ville dans l'histoire du Sud-Ouest par son riche héritage culturel lié aux conquistadores, au catholicisme et aux cow-boys. Devenu au XXᵉ siècle le rendez-vous des artistes, des écrivains et des esprits créatifs, le lieu a conservé sa tranquillité et son excentricité, avec son architecture en adobe classique, ses galeries d'art, ses cafés originaux et ses excellents restaurants.

459

Le meilleur moyen d'apprécier la ville est d'en arpenter la Plaza pour s'imprégner de son atmosphère. Ne ratez pas non plus le **Taos Pueblo** (☎505-758-1028 ; www.taospueblo.com ; Taos Pueblo Rd ; adulte/enfant 10 $/gratuit, permis photo ou vidéo 6 $; ⊙8h-16h30) construit en 1450 et habité sans interruption depuis lors. Il s'agit du plus grand pueblo sur plusieurs étages encore debout aux États-Unis et l'un des meilleurs exemples de construction en adobe traditionnelles.
Le **Millicent Rogers Museum** (www.millicentrogers.org ; 1504 Millicent Rogers Rd ; adulte/enfant 10/2 $; ⊙10h-17h, fermé lun nov-mars) vaut aussi le coup d'œil. Sa collection – l'une des meilleures d'art colonial espagnol et indien du pays – comprend poteries, bijoux, paniers et autres textiles. Tous appartenaient à une icône de la mode et héritière d'un magnat du pétrole qui

emménagea à Taos en 1946.

 p. 461

La route ≫ Suivez la Hwy 68 vers le sud pour rejoindre Santa Fe par la Low Road. Avant que la route ne descende, une aire aménagée offre un point de vue remarquable sur ce que vous quittez. Poursuivez néanmoins la descente dans la gorge du Rio Grande et tournez à gauche dans la Hwy 75 rejoignant Dixon. Cette étape compte 26 miles (42 km).

❼ Dixon

Cette petite communauté agricole et artistique s'étend le long de la magnifique Rio Embudo Valley. Si elle est reconnue pour ses pommes, nous l'apprécions pour ses raisins utilisés par deux viticulteurs primés : **Vivac** (www.vivacwinery.com ; ⊙10h-18h lun-sam, à partir de 12h dim) et **La Chiripada** (www.lachiripada.com ; NM 75 ; ⊙11h-18h lun-sam, à partir de 12h dim) disposant tous deux de salles de dégustation. L'été et l'automne, un marché fermier proposant des

produit frais est organisé tous les mercredis après-midi. Notre galerie d'art préférée se trouve en fait à Rinconada, sur la Hwy 68, juste au nord de la Hwy 75. La **Rift Gallery** (www.saxstonecarving.com ; Hwy 68 ; ⊙10h-17h mer-dim) présente des céramiques et sculptures remarquables. Le premier week-end de novembre, dans le cadre du plus ancien festival artistique du Nouveau-Mexique, les artistes ouvrent les portes de leurs résidences et ateliers au public. L'été, demandez à la coopérative alimentaire régionale de vous indiquer les chutes d'eau accessibles via une piste voisine.

p. 461

La route ≫ De retour sur la Hwy 68, suivez le fleuve vers le sud et traversez Embudo pour sortir de la gorge. Après Española, la Hwy 84/285 vous ramène à Santa Fe. Ces deux villes sont parfaites pour une pause déjeuner (p. 461). Dixon est à 47 miles (76 km) de Santa Fe.

Se restaurer et se loger

Santa Fe ❶

🍴 Harry's
Roadhouse Américain, Nouveau-Mexique **$**
(📞505-989-4629 ;
www.harrysroadhousesantafe.com ;
96 Old Las Vegas Hwy ; plats petit-déj 5-8 $,
déj 7-11 $, dîner 9-16 $; 🕐7h-22h ; 👶). Dans
cette institution du sud de Santa Fe aux airs de
cottage, tout est bon. Surtout les desserts !
L'ambiance est détendue et le bar bien fourni.

🛏 El Paradero B&B **$$**
(📞505-988-1177 ; www.elparadero.com ;
220 W Manhattan Ave ; ch 110-200 $;
P ❄ @ 🔊). À quelques pâtés de maisons de
la Plaza, ce B&B en adobe de 200 ans compte
parmi les plus vieilles auberges de Santa
Fe. Chaque chambre est unique et pleine de
caractère. Notre favorite ? La n°6.

Chimayó ❷

🍴 Rancho
de Chimayo Nouveau-Mexique **$$**
(📞505-984-2100 ; www.ranchodechimayo.
com ; County Rd 98 ; plats 8-18 $; 🕐8h30-10h30
sam et dim, 11h30-21h tlj, fermé lun nov-avr).
Cuisine du Nouveau-Mexique traditionnelle
et flamboyantes margaritas servies dans
une chaleureuse ambiance.

Taos ❻

🍴 El Gamal Moyen-Orient **$**
(📞575-613-0311 ; 12 Doña Luz St ; plats 7-12 $;
🕐9h-17h dim-mer, 9h-21h jeu-sam ; 🔊 ✏ 👶).
Ce restaurant végétarien qui sert de bons
falafels propose des jeux pour enfants dans
l'arrière-salle, ainsi qu'un billard. Wi-Fi gratuit.

🍴 Michael's
Kitchen Nouveau-Mexique **$$**
(📞575-758-4178 ; www.michaelskitchen.com ;
304C Paseo del Pueblo Norte ; plats 7-16 $;
🕐7h-14h30 lun-jeu, 7h-20h ven-dim ; 👶).
Habitants et touristes se réunissent dans

ce restaurant apprécié des enfants au menu
aussi bon que varié. Meilleur petit-déjeuner
de Taos, les pâtisseries disparaissent à toute
vitesse.

🛏 Historic Taos Inn Hôtel d'époque **$$**
(📞575-758-2233 ; www.taosinn.com ; 125 Paseo
del Pueblo Norte ; ch 75-275 $; P ❄ 🔊).
Hall confortable, restaurant de premier
ordre, cheminée encastrée, position idéale
et nombreux concerts au célèbre Adobe
Bar : le Taos Inn, c'est tout ça et bien plus
encore. Les meilleures chambres sont
les plus anciennes (certains bâtiments datent
du XIXᵉ siècle).

Dixon ❼

🍴 Zuly's Cafe Café **$**
(📞505-579-4001 ; http://zulyscafe.org ;
234 Hwy 75 ; plats 5-11 $; 🕐7h30-15h mar-jeu,
7h30-20h ven, 9h-20h sam). Les burritos,
enchiladas ou hamburgers de bison préparés
dans cet excellent café régional sont garnis,
selon nous, des meilleurs piments verts et
rouges du Nouveau-Mexique.

Embudo

🍴 Sugar's BBQ Grill **$**
(📞505-852-0604 ; 1799 Hwy 68 ; plats 5-12 $;
🕐11h-18h jeu-dim). Ce stand de bord de route
sert de délicieux hamburgers et grillades.
Ses burritos à la poitrine de bœuf sont
inégalables.

Española

🍴 El Parasol Nouveau-Mexique **$**
(📞505-753-8852 ; ww.elparasol.com ;
603 Santa Cruz Rd ; plats 2-5 $; 🕐7h-21h).
Difficile de faire plus typique que cette caravane
préparant tacos (prenez-en au moins deux)
poulet-guacamole et burritos à la *carne
adovada* (porc au piment rouge). On déguste
ces spécialités délicieusement grasses
aux tables de pique-nique ombragées.

McDonald Observatory
*Une odyssée de l'espace
plus vraie que nature*

Circuit panoramique vers Big Bend

37

L'ouest du Texas a bien plus à offrir que ses mythiques grands espaces… Aussi, prenez la route et apprêtez-vous à un voyage riche en surprises.

TEMPS FORTS

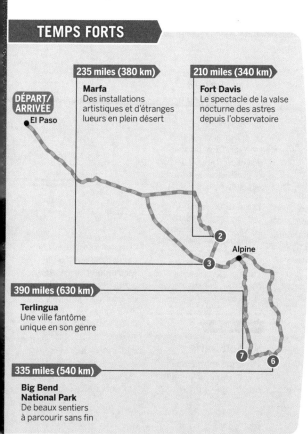

235 miles (380 km)

Marfa
Des installations artistiques et d'étranges lueurs en plein désert

210 miles (340 km)

Fort Davis
Le spectacle de la valse nocturne des astres depuis l'observatoire

DÉPART/ ARRIVÉE
El Paso

2

Alpine

3

390 miles (630 km)

Terlingua
Une ville fantôme unique en son genre

7

6

335 miles (540 km)

Big Bend National Park
De beaux sentiers à parcourir sans fin

**5-7 JOURS
695 MILES /
1 120 KM**

PARFAIT POUR …

LE MEILLEUR MOMENT

Entre février et avril, avant la chaleur estivale

LA PHOTO SOUVENIR

Prada Marfa, une œuvre d'art loufoque en bord de route

ACTIVITÉ DE PLEIN AIR

Observer la voie lactée au McDonald Observatory

463

37

Circuit panoramique vers Big Bend

Si visiter le Big Bend National Park et rouler vers l'horizon infini dans des paysages de western justifie largement d'entreprendre ce périple, les petites villes insolites disséminées au fil du chemin parachèvent un itinéraire de premier ordre. L'ouest du Texas est la garantie d'une aventure mémorable, rythmée par la découverte d'installations d'art minimaliste, l'observation astronomique et la visite de villes fantômes.

Santa Teresa

DÉPART/ ARRIVÉE
① El Paso

Ciudad Juarez

Fabe

Estacion Samalayuca

Praxedes G Guerrero

Porver

Rancheria

Laguna de Patos

Villa Ahumada

El Sueco

L del

⊙ 0 ────── 50 km
0 ────── 25 miles

❶ El Paso

Votre pérégrination commence à El Paso, ville frontalière blottie dans un coin perdu de l'ouest du Texas. Goûtez à la succulente cuisine mexicaine servie un peu partout : de fait, seul un fleuve vous sépare du Mexique. El Paso s'enorgueillit de nombreux musées gratuits. Dans le centre-ville, l'**El Paso Museum of Art** (☎915-532-1707 ; www.elpasoartmuseum. org ; 1 Arts Festival Plaza ; expositions temporaires payantes ; ⊙9h-17h mar-sam, 9h-21h jeu, 12h-17h dim) détient une riche collection Sud-Ouest au sein de laquelle les œuvres modernes s'intègrent parfaitement.

Ne manquez pas non plus l'**El Paso Holocaust Museum** (www. elpasoholocaustmuseum. org ; 715 N Oregon St ; ⊙9h-16g mar-ven, 13h-17h sam et dim), qui présente des expositions réfléchies et pertinentes consacrées à la Shoah.

La route >> Suivez l'I-10 vers l'est pendant deux heures, puis prenez la TX 118 en direction de Fort Davis. La rencontre du Chihuahuan Desert et des Davis Mountains donne naissance à un paysage exceptionnel où l'horizon infini est ponctué de formations rocheuses.

❷ Fort Davis

Pour que votre étape à Fort Davis devienne inoubliable, prévoyez d'y

être mardi, vendredi ou samedi, les soirs où le **McDonald Observatory** (☎432-426-3640 ; www. mcdonaldobservatory.org ; 3640 Dark Sky Dr ; billet journée adulte/enfant 6-12 ans/moins de 12 ans 8/7 \$/gratuit, star party adulte/enfant 12/8 \$; ⊙centre d'information 10h-17h30 ; ♿) organise la *Star Party*. L'observatoire bénéficie

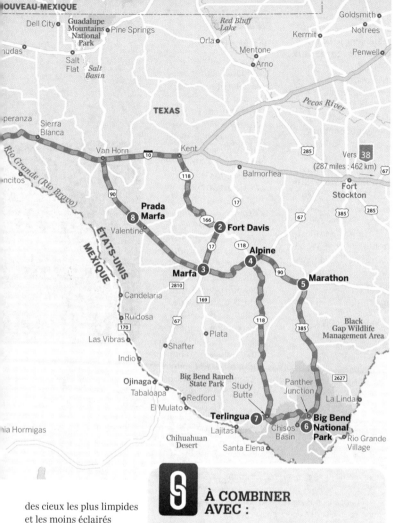

des cieux les plus limpides et les moins éclairés d'Amérique du Nord, ainsi que d'un des télescopes les plus puissants : une combinaison parfaite pour contempler les étoiles, planètes et autres corps célestes en compagnie d'astronomes prodigues d'explications.

À COMBINER AVEC :

32 La traversée des Four Corners

Abandonnez les lumières de Marfa au profit des formations majestueuses du Sud-Ouest en prenant l'I-10 vers l'ouest, puis l'I-25 au nord.

38 Au cœur du Hill Country

Envie de musique country et de fleurs sauvages ? Empruntez l'I-10 vers le sud et rejoignez San Antonio.

Les amoureux de la nature apprécieront également le **Davis Mountains State Park** (☎432-426-3337 ; http://www.tpwd.state.tx.us ; Hwy 118 ; adulte/ moins de 12 ans 6 $/gratuit), paradis de la randonnée en moyenne montagne, tandis que les férus d'histoire pourront explorer le **Fort Davis National Historic Site** (☎432-426-3224 ; www.nps.gov/foda ; Hwy 17 ; adulte/enfant 3 $/gratuit ; ◷8h-17h), un poste militaire frontalier de 1854, bien conservé, bâti au pied de la Sleeping Lion Mountain.

🛏 p. 469

La route ❯❯ Marfa est à 20 minutes au sud sur la TX 17, une route de campagne à deux voies où les amarantes rebondissent doucement et finissent agglomérées dans les barbelés sur le bas-côté.

TEMPS FORT

❸ Marfa

Marfa connut ses premières heures de gloire lorsque James Dean et Elizabeth Taylor vinrent y tourner *Géant* en 1956. Depuis, la ville a servi de décor à de nombreux films, notamment *There Will Be Blood* et *No Country for Old Men* (2007).

Mais aujourd'hui, si les touristes affluent du monde entier vers la petite ville, c'est surtout en raison du dynamisme de sa scène artistique, établie dans les années 1980 par Donald Judd. À cette époque, l'artiste reconvertit des constructions militaires abandonnées en l'une des plus grandes installations minimalistes au monde : la **Chinati Foundation** (☎432-729-4362 ; www.

WITOLD SKRYPCZAK/GETTY IMAGES ©

chinati.org ; 1 Calvary Row ; tarif plein/étudiant 25/10 $; ◷visite guidée seulement 10h et 14h mer-dim).

Toutes les expressions artistiques sont représentées dans les nombreuses galeries de la ville : photographie, sculpture, art... **Ballroom Marfa** (☎432-729-3600 ; www.ballroommarfa.org ; 108 E San Antonio ; ◷10h-18h mer-sam, jusqu'à 15h dim) est une excellente galerie pour saisir l'ambiance qui règne ici.

🍴 🛏 p. 469

La route ❯❯ Alpine est à environ 30 minutes à l'est de Marfa sur la Hwy 90/67.

LES LUMIÈRES DE MARFA

Ces dernières décennies, les lumières de Marfa qui vacillent au pied des Chinati Mountains ont enflammé l'imagination de nombreux voyageurs. Depuis les années 1800, plusieurs récits évoquent en effet ces lueurs énigmatiques qui apparaissent et disparaissent à l'horizon. De nombreuses études ont été menées pour élucider ce phénomène, et l'explication couramment admise, présentée par les scientifiques de l'University of Texas, est qu'il s'agit en fait des feux des automobiles roulant sur l'US 67.

Faites-vous votre propre idée à la Marfa Lights Viewing Area, localisée sur le côté droit de la route, entre Marfa et Alpine. Depuis la plate-forme, regardez vers le sud et prenez le clignotement rouge comme point de repère : sur sa droite, vous apercevrez peut-être l'étrange danse des lumières de Marfa...

④ Alpine

Plus grande des petites bourgades des environs, Alpine est le siège du comté, une ville universitaire (abritant la Sul Ross University) et l'endroit idéal pour se réapprovisionner avant de pénétrer le Chihuahuan Desert.

Le **Museum of the Big Bend** (☎432-837-8143 ; www.sulross.edu/museum ; 400 N Harrison St ; donations ; ◐9h-17h mar-sam, 13h-17h dim) initie le visiteur à l'histoire de la région. Rénové en 2006, le musée n'a rien de suranné, et ses expositions, épatantes,

ne se noient pas dans un jargon indigeste. Le clou du spectacle ? L'immense aile de ptérosaure exhumée à Big Bend. Avec plus de 15 m d'envergure, il s'agissait de la plus grande créature volante jamais découverte, et la reconstitution grandeur nature de l'animal a de quoi intimider.

✕ ⊨ p. 469

La route ⟫ Continuez vers l'est et vous atteindrez le village de Marathon (prononcez "Maraseune") en 30 minutes. Le chemin n'a rien d'incroyable, mais Big Bend saura vous récompenser.

⑤ Marathon

Ce hameau ferroviaire est le plus proche de l'entrée nord de Big Bend et votre dernière chance de remplir votre réservoir et votre estomac. Il abrite le **Gage Hotel** (☎432-386-4205 ; www.gagehotel.com ; 102 NW 1st St/Hwy 90), un véritable diamant texan qui mérite le détour, voire d'y passer la nuit.

La route ⟫ En poursuivant vers le sud sur la US 385, la partie nord de Big Bend est à 40 miles (64 km) et 40 autres miles vous séparent de Chisos Basin, au cœur du parc. Sur la majeure partie de la route, le paysage est magnifique.

⑥ Big Bend National Park

Avec une superficie de 2 015 km², ce **parc national** (www.nps.gov/bibe/ ; permis 20 $/véhicule) est presque aussi vaste que le département des Yvelines. Certains y font un saut l'après-midi et effectuent une courte randonnée avant de repartir, mais nous vous conseillons d'y rester au moins deux nuits pour découvrir l'essentiel.

Les 200 miles (300 km) de sentiers du parc se prêtent à la randonnée. La plupart des meilleurs tracés partent de Chisos Basin. Suivez le court chemin goudronné de **Window View** au coucher du soleil, puis effectuez le **Window Trail** (4,4 miles/7 km), le lendemain matin, avant que la température monte. L'après-midi, le **Lost Mine Trail** (4,8 miles/7,7 km) est ombragé, mais vous pourrez aussi emprunter la jolie route conduisant à l'inquiétante ruine du **Sam Nail Ranch** ou au superbe **Santa Elena Canyon**.

Le **Grapevine Hills Trail** est également une superbe balade matinale, où trois imposants rochers forment une "fenêtre" triangulaire très photogénique.

Les 5 centres d'information sont une mine de renseignements et de cartes. Le *Hiker's Guide to Trails of Big Bend National Park* (1,95 $, disponible dans les centres d'information) vous indiquera toutes les options possibles.

🛏 p. 469

La route ≫ Depuis l'entrée ouest du parc, tournez à gauche après 3 miles (5 km), puis suivez les indications vers Terlingua Ghost Town, après la ville de Terlingua. C'est à 45 minutes depuis le centre du parc.

⑦ Terlingua

L'étonnante Terlingua est la combinaison unique d'une ville fantôme et d'un lieu animé. Après la fermeture des mines de cinabre dans les années 1940, la ville s'assécha puis fut emportée par le flot du temps et désertée.

Mais peu à peu, l'endroit se repeupla et de nouveaux établissements furent élevés sur les vestiges. Aujourd'hui, les habitants se réunissent pour deux rituels quotidiens : l'après-midi, on sirote une bière sur le porche de la **Terlingua Trading Company** (☎432-371-2234 ; www.historic-terlingua.

com ; 100 Ivey Rd ; ⏲10h-21h) et, la nuit venue, tout le monde se rend à côté, au Starlight Theater (p. 469), où sont organisés des concerts chaque soir.

Venez suffisamment tôt pour pouvoir observer ces fascinantes **ruines** (depuis la route – c'est une propriété privée) et le vieux **cimetière**, ouvert au public.

🍴 p. 469

La route ≫ Dirigez-vous au nord vers Alpine, puis prenez à l'ouest sur l'US 90. Vous n'êtes qu'à 5 heures de route d'El Paso, mais votre trajet compte encore une étape immanquable.

⑧ Prada Marfa

Vous voici sur une route à deux voies au milieu de nulle part quand, soudain, une petite boutique se dessine au loin, tel un mirage. Vous plissez les yeux et déchiffrez... "Prada". Le "Prada de Marfa" (bien qu'il soit plus proche de Valentine) est en fait une installation artistique. Localisée dans les profondeurs isolées du Texas, l'œuvre se veut un pastiche de la société de consommation, livré aux éléments. On ne peut pas y rentrer, mais la photographie mérite le détour.

La route ≫ Reprenez l'US 90 jusqu'à l'I-10, puis suivez l'ouest pour retrouver El Paso.

Se restaurer et se loger

Fort Davis ❷

🛏 Indian Lodge   Auberge $$
(☎lodge 432-426-3254, réservations 512-389-8982 ; Hwy 118 ; d 95-125 $, ste 135-150 $; ❄🛜🏊). Des chambres d'hôtes étonnamment spacieuses et confortables dans un bâtiment d'époque de style hispanique en adobe. Une excellente affaire dans le Davis Mountains State Park.

Marfa ❸

🍴 Cochineal   Américain $$$
(☎432-729-3300 ; http://cochinealmarfa. com ; 107 W San Antonio St ; petit-déj 4-10 $, petite assiette 5-15 $, dîner 24-28 $; 🕙9h-13h sam et dim, 18h-22h jeu-mar). Ce repaire de gourmands modifie régulièrement son menu en fonction des ingrédients saisonniers, locaux et biologiques. Réservation conseillée.

🍴 Future Shark   Américain $
(☎432-729-4278 ; www.foodsharkmarfa.com ; 120 N Highland Ave ; plats 7-13 $; 🕙11h-19h lun-ven). Hourra ! Le camion du Food Shark a enfin ouvert son restaurant en dur ! Le délicieux menu est semblable à celui du très apprécié camion, une orientation cafétéria en prime.

🛏 El Cosmico   Camping $$
(☎432-729-1950 ; www.elcosmico.com ; 802 S Highland Ave ; tente de camping 12 $/pers, tente safari 65 $, tipi 80 $, caravane 110-180 $; 🛜). Dans ce camping, parmi les plus informels du Texas, on dort dans une caravane, un tipi ou une tente de safari. Le hall paisible et le coin hamac sont particulièrement agréables.

Alpine ❹

🍴 Reata   Steakhouse $$
(☎432-837-9232 ; www.reata.net ; 203 N 5th St ; déj 9-14 $, dîner 10-25 $; 🕙11h30-14h et 17h-22h lun-sam, 11h30-14h dim). Dans sa salle à manger, Reata joue parfaitement la carte du style "ranch" haut de gamme. Mais, de retour au bar animé ou sur le patio ombragé, l'ambiance est complètement différente et vous pourrez grignoter ou simplement déguster une margarita.

🛏 Holland Hotel   Hôtel historique $$
(☎800-535-8040, 432-837-3844 ; www. thehollandhoteltexas.com ; 209 W Holland Ave ; d 99-120 $, ste 120-220 $; ♿❄🛜🏊). Construit en 1928, le bâtiment de style espagnol colonial du Holland fut brillamment restauré en 2009. Décoré dans un style hacienda élégant, l'endroit n'a rien perdu de son charme des années 1930.

Big Bend National Park ❻

🛏 Chisos Mountain Lodge & Dining Room   Lodge $$
(☎432-477-2291 ; http://chisosmountainslodge. com ; lodge et motel ch 123-127 $, cottages 150 $; 🕙restaurant 7h-10h, 11h-16h et 17h-20h). Logement et restaurant convenables au milieu du parc. On trouve mieux en dehors de Big Bend, mais ne conduire que 45 minutes après une journée de marche est, dans la région, un luxe.

Terlingua ❼

🍴 Espresso...Y Poco Mas   Café $
(☎432-371-3044 ; 100 Milagro Rd ; en-cas 2,50-6,50 $; 🕙8h-14h, jusqu'à 13h l'été ; 🛜). On aime ce joli petit comptoir de La Posada Milagro, où sont servis pâtisseries, petits-déjeuners, burritos, plats divers et probablement le meilleur café glacé de l'ouest du Texas.

🍴 Starlight Theater   Américain $$
(☎432-371-2326 ; www.thestarlighttheatre. com ; 631 Ivey St ; plats 9-25 $; 🕙17h-minuit). Cet ancien cinéma fut livré à un tel délabrement que son toit s'effondra, donnant ainsi son nom au restaurant ("star light") qui l'occupe désormais. Les concerts qui s'y tiennent le soir en font le pôle de vie nocturne de Terlingua.

Fleurs sauvages *Les champs de lupins, penchant fleur bleue du Texas*

Au cœur du Hill Country

38

Ne vous laissez pas tromper par la vie paisible des habitants : le long de ces routes champêtres ondulant parmi les collines tapissées de fleurs sauvages, les activités abondent.

TEMPS FORTS

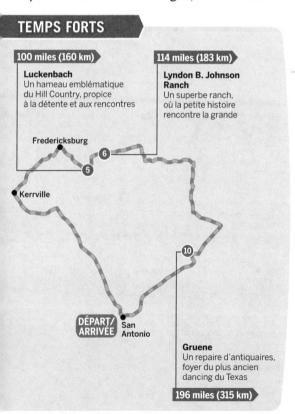

100 miles (160 km)

Luckenbach
Un hameau emblématique du Hill Country, propice à la détente et aux rencontres

114 miles (183 km)

Lyndon B. Johnson Ranch
Un superbe ranch, où la petite histoire rencontre la grande

Fredericksburg

⑥

⑤

Kerrville

⑩

DÉPART/ ARRIVÉE San Antonio

Gruene
Un repaire d'antiquaires, foyer du plus ancien dancing du Texas

196 miles (315 km)

**2-5 JOURS
229 MILES / 368 KM**

PARFAIT POUR...

LE MEILLEUR MOMENT

En mars et avril, pour la saison des fleurs sauvages

 LA PHOTO SOUVENIR

Les champs de lupins du Texas

 LE DÉTOUR CULTUREL

S'essayer au two-step à Gruene, dans un authentique dancing texan

38 Au cœur du Hill Country

Lorsque éclosent les fleurs sauvages, en mars et au début du mois d'avril, cet itinéraire au "pays des collines" du cœur du Texas devient l'un des plus beaux de l'État – idéal pour une sortie d'un jour ou des vacances reposantes. Vous aurez alors l'occasion de chiner chez des antiquaires, d'assister à des concerts, de savourer un barbecue et d'en apprendre davantage sur Lyndon B. Johnson, 36ᵉ président des États-Unis, natif de la région.

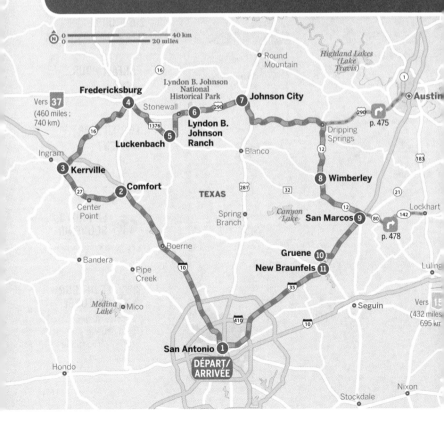

❶ San Antonio

Si la tentaculaire San Antonio n'est pas dans le Hill Country, elle n'en constitue pas moins un excellent point de départ à ce trajet. Le River Walk est une ravissante promenade à l'européenne, le long d'un canal serpentant dans le centre-ville, bordé de cafés originaux, d'hôtels à jardins et de petits ponts en pierre. Pour une vue d'ensemble, optez pour une **croisière sur le Rio Antonio** (☏800-417-4139 ; www.riosanantonio.com ; adulte/enfant moins de 5 ans 8,25/2 $; ⏱9h-21h), un circuit de 40 minutes dans le centre-ville.

En 1836, c'est au fort **Alamo** (☏210-225-1391 ;

À COMBINER AVEC :

15 **Le pays cadien**
Pour goûter aux po'boys et écrevisses, suivez l'I-10 vers l'est jusqu'à Lafayette, puis prenez l'US 90 vers le sud et tournez à gauche pour rejoindre Thibodaux.

37 **Circuit panoramique vers Big Bend**
L'ouest du Texas ? Époustouflant, démesuré et incongru. El Paso est au nord-ouest, sur l'I-10.

www.thealamo.org ; 300 Alamo Plaza ; ⏱9h-17h30 lun-sam, à partir de 10h dim) qu'eut lieu une bataille emblématique de la lutte pour l'indépendance du Texas face au Mexique.

La route ⟫ Comfort est au nord-ouest, à moins d'une heure du centre de San Antonio, sur l'I-10. À la floraison, faites un crochet au nord sur Waring-Welfare Rd avant de revenir sur la TX 27.

❷ Comfort

Étonnamment peu prisée des touristes, Comfort est une ancienne colonie allemande du XIXᵉ siècle – probablement la plus idyllique de l'Hill Country. Comfort a l'attrait de ses maisons en grès dégrossi et d'un centre historique joliment restauré, proche de High St et de la 8th St.

Ici, fouiner chez les antiquaires est l'activité principale, mais la bourgade compte aussi quelques bons restaurants, un viticulteur, et sa douceur de vivre est à l'aune de son nom. Le **Comfort Antique Mall** (☏830-995-4678 ; 734 High St ; ⏱10h-17h dim-ven, jusqu'à 18h sam) distribue des plans des antiquaires et le site Internet de la **Comfort Chamber of Commerce** (www.comfort-texas.com) en établit la liste.

🛏 p. 479

La route ⟫ L'interstate est la plus rapide, mais nous préférons la petite route TX 27 à l'ouest qui traverse de tranquilles terres agricoles jusqu'à Kerrville.

❸ Kerrville

Kerrville compense son absence de centre historique par sa dimension, le nombre d'infrastructures dédiées aux voyageurs et un accès simple aux activités aquatiques sur la Guadalupe River. Entre canoë, kayak ou nage, jetez-vous à l'eau au **Kerrville-Schreiner Park** (2385 Bandera Hwy ; permis journée adulte/enfant/senior 4/1/2 $; ⏱8h-22h).

En ville, le **Museum of Western Art** (☏830-896-2553 ; www.museumofwesternart.com ; 1550 Bandera Hwy ; tarif plein/étudiant/moins de 8 ans 7/5 $/gratuit ; ⏱10h-16h mar-sam) renferme l'une des meilleures collections d'art western. Avec ses parquets en mezquite faits main et ses singuliers plafonds à dômes, ce remarquable édifice abrite une multitude de peintures et sculptures dépeignant des scènes de l'Ouest d'antan.

🍴 🛏 p. 479

La route ⟫ Suivez la TX 16 au nord-est de la ville durant 30 minutes pour atteindre Fredericksburg.

❹ Fredericksburg

Capitale officieuse du Hill Country, Fredericksburg est une colonie allemande du XIXᵉ siècle au charme suranné. Riche d'attraits pour une bourgade aussi petite, elle possède un large choix d'auberges et de B&B chaleureux, et sa rue principale est encadrée de bâtiments d'époque abritant restaurants allemands, *biergarten*, antiquaires et nombreuses boutiques.

Si la plupart des magasins sont consacrés aux touristes, leurs articles sont suffisamment intéressants pour qu'il soit agréable d'y jeter un œil. La ville est également une base rêvée pour explorer les vergers de pêches et vignobles des alentours. À quelques kilomètres de la ville, **Wildseed Farms** (www.wildseedfarms.com ; 100 Legacy Dr ; 🕙9h30-18h30), avec ses champs de fleurs, vend des sachets de graines ainsi que d'innombrables souvenirs liés aux fleurs sauvages.

🍴🛏 p. 479

La route ❯❯ À 5 miles (8 km) au sud-est de Fredericksburg sur la US 290, prenez Ranch Rd 1376 à droite et suivez-la pendant 4,5 miles (7 km) jusqu'à Luckenbach, constituée d'une poignée de maisons.

TEMPS FORT

❺ Luckenbach

Luckenbach est un lieu propice à la détente, où la principale distraction est de s'asseoir à une table de pique-nique à l'ombre d'un vieux chêne. Armé d'une bouteille de Shiner Bock, la bière locale, on écoute alors jouer les guitaristes, sur fond de chants du coq. Bref, l'atmosphère invite au repos et aux rencontres.

Construit en 1849, l'ancien comptoir accueille désormais le **Luckenbach General Store** (🕙10h-21h lun-sam, 12h-21h dim) qui tient à la fois lieu de bureau de poste, de saloon et de salle des fêtes. Les guitaristes jouent juste en face. Des concerts ont aussi régulièrement lieu dans le vieux dancing le week-end : la **programmation musicale** est consultable sur Internet (www.luckenbachtexas.com).

La route ❯❯ Reprenez la Luckenbach Rd vers le nord puis suivez la US 290 pendant 7 miles (11 km) : l'entrée du LBJ Ranch est à la sortie de la highway.

TEMPS FORT

❻ Lyndon B Johnson Ranch

Nul besoin d'être féru d'histoire pour découvrir la demeure familiale du 36ᵉ président des États-Unis : le **Lyndon Johnson National Historic Park** (www.nps.gov/lyjo ; Hwy 290 ; entrée, tour en voiture et visite de la maison 3 $; 🕙9h-17h30, visite de la maison 10h-16h30), une belle propriété où Lyndon B. Johnson naquit, résida et vécut ses dernières heures.

Le parc englobe le lieu de naissance de Johnson, la petite école à laquelle il fut brièvement inscrit ainsi qu'une ferme voisine, convertie en musée d'histoire vivante. La pièce maîtresse du parc est le ranch où Johnson et sa femme, lady Bird, passèrent tant de temps pendant sa présidence qu'elle fut surnommée la "Maison-Blanche texane".

BEAUTÉS FLORALES

Au Texas, on sait que le printemps est arrivé lorsque les voitures s'arrêtent au bord des routes et que des familles en descendent pour se photographier au milieu des champs de lupins bleus – ces fleurs emblématiques de l'État. De mars à avril, le Hill Country est couvert de castillejas, callirhoe et lupins.

Appelez la **Wildflower Hotline** (☎800-452-9292) pour connaître les sites de floraison. Les Rte 16 et FM 1323 au nord de Fredericksburg et à l'est de Willow City déçoivent très rarement.

On peut également admirer la piste d'atterrissage, que les dignitaires étrangers et lui-même utilisaient, l'avion privé de sa présidence, et le cimetière de la famille Johnson où reposent, sous des chênes imposants, LBJ et lady Bird.

Le centre d'information délivre un permis gratuit, un plan et un guide audio sous forme de CD.

La route >> La maison d'enfance de LBJ est à seulement 15 minutes à l'est sur l'US 290.

❼ Johnson City

On pourrait croire que Johnson City doit son nom au président Lyndon Johnson, pourtant, c'est au colon James Polk Johnson, qui fonda la ville à la fin du XIXᵉ siècle, qu'en revient l'honneur. Si son petit-fils devint président des États-Unis plus tard, ce n'est donc qu'une coïncidence.

Vous trouverez ici la **Lyndon Johnson's Boyhood Home** (100 E Ladybird Lane ; ☺ visites toutes les 30 min 9h-11h30 et 13h-16h30), restaurée à la demande de Johnson pour la postérité. Les rangers du parc du **centre d'information** (Ladybird Ln et Ave G ; ☺ 8h45-17h) – disposant aussi de

VAUT LE DÉTOUR
AUSTIN

Point de départ : ❼ Johnson City

Puisque cet itinéraire consiste à traverser le Hill Country, nous n'avons pas inscrit Austin parmi les étapes – après tout, elle mérite un voyage à elle seule… Cependant, il aurait été négligent de ne pas préciser que, depuis Dripping Springs, vous n'êtes qu'à 30 minutes de la capitale de l'État.

renseignements sur les environs et d'expositions sur le président et son épouse – proposent une visite gratuite toutes les demi-heures depuis le frontispice.

La route >> Prenez l'US 290 au sud vers Blanco, puis à l'est vers Dripping Springs. Là, tournez à droite sur Ranch Rd 12 en direction de Wimberley.

❽ Wimberley

Cette destination prisée des Austinites est une communauté artistique particulièrement animée les week-ends estivaux. Le premier samedi de chaque mois, d'avril à décembre, les galeries d'art, boutiques et artisans montent des stands à l'occasion des **Wimberley Market Days**, qui rassemblent concerts, dégustations et 400 vendeurs à Lion's Field sur la RR 2325.

Pour de beaux panoramas sur les collines de grès environnantes, empruntez la FM 32

– aussi surnommée la Devil's Backbone ("l'échine du diable"). Depuis Wimberley, descendez la RR 12 vers le sud et rejoignez la FM 32, puis tournez à droite en direction de Canyon Lake. La route devient plus abrupte, puis sinue le long de "l'échine", une crête accidentée agrémentée d'une vue à 360°.

À Wimberley, le **Blue Hole** (☎ 512-847-9127 ; www.friendsofbluehole. org ; 100 Blue Hole Lane, près de la CR 173 ; adulte/enfant/moins de 4 ans 8/4 $/ gratuit ; ☺ 10h-18h lun-ven, jusqu'à 20h sam, 11h-18h dim) est une des meilleures piscines naturelles de l'Hill Country. Ce lieu privé a l'attrait des eaux paisibles, ombragées et cristallines de Cypress Creek.

✗ p. 479

La route >> Poursuivez au sud sur Ranch Rd 12 à travers les terres (souvent) en friche. San Marcos est à environ 15 minutes au sud-est.

475

PAROLE D'EXPERT
MARIELLA KRAUSE,
AUTEUR

Aisément accessible
depuis San Antonio
ou Austin (ma ville natale),
le Hill Country est une escapade
appréciée pour sa beauté
naturelle et sa simplicité. On peut
achever cet itinéraire en moins
de cinq heures, mais pourquoi
se presser ? Il y a tant de
ravissantes petites villes et de
choses à voir et à faire que vous
ne regretterez pas de musarder.

Ci-dessus : Luckenbach General Store
À gauche : Lyndon Johnson National Historic Park
À droite : Un chêne du Hill Country

⑨ San Marcos

Dans le centre du Texas, San Marcos est surtout connu pour ses grands magasins d'usine qui attirent fashionistas et amateurs de décoration d'intérieur. Les accros au shopping pourront passer une journée entière dans les deux pôles commerciaux de la ville, situés l'un à côté de l'autre. On s'éloigne ici de l'esprit "Hill Country" qui préside à l'itinéraire. Cependant, l'activité est suffisamment prisée des habitants des environs pour que nous mentionnions l'endroit.

Axé sur la mode, l'immense – et très fréquenté – **San Marcos Premium Outlets** (☎512-396-2200 ; www.premiumoutlets.com ; 3939 S IH-35, sortie 200 ; ⊙10h-21h lun-sam, jusqu'à 19h dim) compte 140 enseignes. En face, **Tanger Outlets** (☎512-396-7446 ; www.tangeroutlet.com/sanmarcos ; 4015 S IH-35 ; ⊙9h-21h lun-sam, 10h-19h dim) propose une offre plus modeste, qui repose sur des marques moins coûteuses.

La route » Descendez l'I-35 pendant 12 miles (19 km) jusqu'à l'intersection vers Canyon Lake. Gruene est à proximité de la highway.

477

⑩ Gruene

Plongez dans l'authenticité texane au **Gruene Hall** (www.gruenehall.com ; 1280 Gruene Rd ; ⏰11h-minuit lun-ven, 10h-1h sam, 10h-21h dim). Le plus vieux dancing du Texas rassemble les foules depuis 1878 ! Il ouvre tôt et on peut donc y jeter un œil à n'importe quelle heure de la journée, voire s'essayer au two-step sur son plancher patiné ou au lancer de fer à cheval dans le jardin. L'entrée n'est payante que les soirs de week-end ou quand des musiciens reconnus jouent, alors n'hésitez pas à venir y flâner et vous imprégner de l'ambiance.

La ville fourmille d'antiquaires, de boutiques d'articles de cuisine et de magasins de souvenirs. Les **Old Gruene Market Days** ont lieu le troisième week-end de chaque mois, de février à novembre.

✕ 🛏 p. 479

La route ≫ Nul besoin de revenir sur l'interstate : New Braunfels n'est qu'à 3 miles (5 km) au sud.

⑪ New Braunfels

La ville historique de New Braunfels fut le premier campement allemand du Texas. En été, les visiteurs affluent pour descendre la Guadalupe River sur une chambre à air – une tradition estivale typiquement texane. New Braunfels regorge d'agences, comme **Rockin' R River Rides** (☎830-629-9999 ; www.

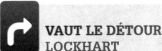

VAUT LE DÉTOUR LOCKHART

Point de départ : ⑨ San Marcos

On vient de l'État entier pour goûter aux steaks, saucisses et côtes de porc de Lockhart, désignée officiellement "Barbecue Capital of Texas" en 1999. Un détour de 18 miles (29 km) depuis San Marcos vous y conduira. On mange très bien pour moins de 10 $ chez :

Black's Barbecue (215 N Main St ; sandwichs 4-6 $, poitrine de bœuf 11 $/livre ; ⏰10h-20h dim-mar, jusqu'à 20h30 ven et sam). Institution de Lockhart depuis 1932, ses saucisses sont si bonnes que Lyndon B. Johnson en commanda pour une fête à la Maison-Blanche.

Kreuz Market (☎512-398-2361 ; 619 N Colorado St ; poitrine de bœuf 11,90 $/livre, accompagnement en supplément ; ⏰10h30-20h lun-sam). Depuis 1900, la grange de Kreuz Market opère la salaison à sec de ses viandes. Ne leur demandez pas de sauce barbecue : ils n'en servent pas et elle est inutile.

Smitty's Market (208 S Commerce St ; assiette déj 6 $, poitrine de bœuf 11,90 $/livre ; ⏰7h-18h lun-ven, 7h-18h30 sam, 9h-15h dim). La "cuisine" noircie et la modeste salle à manger sont d'époque (avant, les couteaux étaient enchaînés aux tables). Vous pourrez leur demander d'ôter le gras de la poitrine si vous la préférez ainsi.

rockinr.com ; 1405 Gruene Rd ; bouée 17 $). La location inclut un service de navettes. Un supplément permet d'avoir une glacière et une bouée adaptée.

✕ p. 479

La route ≫ Depuis New Braunfels, vous n'êtes qu'à 32 miles (51 km) de San Antonio par l'I-35.

Se restaurer et se loger

Comfort ②

🛏 Hotel Faust
B&B $$

(☎830-995-3030 ; www.hotelfaust.com ;
717 High St ; d 110-160 $, cottage 2 chambres 175-
195 $; ➡ ❄). Jouant sur son charme d'époque,
cet hôtel de la fin des années 1800 loue des
chambres bien restaurées. Encore meilleur,
le chalet en bois des années 1820 fut transporté
ici depuis le Kentucky.

Kerrville ③

✖ Grape Juice
Américain $$

(☎830-792-9463 ; www.grapejuiceonline.com ;
623 Water St ; plats 10-15 $; ⏱11h-23h mar-
sam). Réduire cet établissement à un "bar à vin"
serait faire injure à ses sublimes macaronis au
gouda fumé : une excellente raison d'y manger.

🛏 Inn of the Hills Resort
& Conference Center
Motel $

(☎830-895-5000, 800-292-5690 ; www.
innofthehills.com ; 1001 Junction Hwy ; d 77-
104 $; ➡ ❄ 🛜 🖥). S'ouvrant sur une piscine,
les chambres rénovées avec goût sont décorées
dans des tons ocre qui évoquent un hôtel de
charme. Le meilleur reste toutefois le bassin
olympique à l'ombre des arbres.

Fredericksburg ④

✖ Pink Pig
Américain $$

(☎830-990-8800 ; www.pinkpigtexas.com ;
6266 E US Hwy 290 ; déj 9-12 $, dîner 18-28 $;
⏱11h-14h30 mar et mer, 11h-14h30 et 17h30-21h
jeu-sam, à partir de 10h dim). On peut prendre
quelques viennoiseries à emporter ou un panier
repas au comptoir de la boulangerie, mais
aussi savourer un repas dans l'édifice d'époque
en bois. Gardez de la place pour le dessert :
la gérante du Pink Pig est Rebecca Rather,
la "reine des pâtisseries".

🛏 Gastehaus
Schmidt
Services d'hébergement

(☎830-997-5612, 866-427-8374 ; www.
fbglodging.com ; 231 W Main St). Près de
300 B&B opèrent dans cette région. Ce service
de réservation vous aidera à choisir.

Wimberley ⑧

✖ Leaning Pear
Américain $

(☎512-847-7327 ; www.leaningpear.com ;
111 River Rd ; plats 7-9 $; ⏱11h-15h dim, lun, mer
et jeu, 11h-20h ven-sam). Ce café, typique du Hill
Country, sert salades et sandwichs dans une
maison de pierre réhabilitée, à l'extérieur du
centre-ville.

Gruene ⑩

✖ Gristmill Restaurant
Américain $$

(☎830-625-0684 ; www.gristmillrestaurant.
com ; 1287 Gruene Rd ; plats 7-20 $; ⏱11h-21h
dim-jeu, 11h-22h ven et sam). Parmi les vestiges
en brique d'un moulin à blé, le Gristmill ne
manque pas de caractère. À l'intérieur, le cadre
est bucolique et à l'extérieur les tables ont vue
sur la rivière.

🛏 Gruene Mansion Inn
Auberge $$$

(☎830-629-2641 ; www.gruenemansioninn.
com ; 1275 Gruene Rd ; d 195-250 $). On choisit
entre les chambres dans le manoir, la remise à
calèches ou les granges. Toutes sont richement
décorées dans un style que les propriétaires
nomment "élégance victorienne champêtre" :
beaucoup de bois et des motifs floraux ainsi que
des plafonds en métal gaufré.

New Braunfels ⑪

✖ Naegelin's Bakery
Boulangerie $

(☎830-625-5722 ; www.naegelins.com ;
129 S Seguin Ave ; ⏱6h30-17h30 lun-ven, 6h30-
17h sam). Plus qu'une excellente adresse où
acheter des strudels allemands et des *kolaches*
tchèques, Naegelin's est la plus ancienne
boulangerie du Texas (1868).

SE DÉGOURDIR LES JAMBES

LAS VEGAS

Départ/arrivée Bellagio

Distance 1,8 mile/2,9 km

Durée 4 heures

Avec ce circuit, vous découvrirez le Strip dans toute son excentrique splendeur : les canaux de "Venise", une réplique à échelle réduite de la tour Eiffel, la grande roue la plus haute du monde, ou encore un lustre de trois étages. Sur ce boulevard du paroxysme, l'horizon semble, comme la curiosité, n'avoir pas de limites.

Compatible avec l'itinéraire :

Bellagio

Le hall d'entrée de l'indépassable **Bellagio** (www.bellagio.com ; 3600 Las Vegas Blvd S) est orné d'une sculpture de Dale Chihuly composée de 2 000 fleurs en verre multicolore soufflé à la bouche. Le **Bellagio Conservatory & Botanical Gardens** (gratuit ; ⊙24h/24) offre au regard des compositions florales saisonnières, moins pérennes mais également splendides. Si vous préférez les beaux-arts, rendez-vous à la **Bellagio Gallery of Fine Art** (plein tarif/étudiant/enfant 16/11 $/gratuit ; ⊙10h-20h), qui reçoit des expositions temporaires majeures.

La promenade ≫ Remontez au nord du Las Vegas Blvd S et traversez E Flamingo Rd. Le Caesars Palace est devant, sur votre gauche.

Caesars Palace

On perd vite son chemin dans ce délirant **labyrinthe gréco-romain** (www.caesarspalace.com ; 3570 Las Vegas Blvd S) où les plans sont rares et n'indiquent pas la sortie. L'intérieur est néanmoins fascinant, avec ses reproductions en marbre de statues classiques et son autel votif à Brahma de 4 tonnes, près de l'entrée principale. Fontaines colossales, serveuses déguisées en déesses et haute couture dans les boutiques participent de cette débauche d'extravagance. Pour déjeuner, le fantastique **Bacchanal Buffet** (www.caesarspalace.com ; 3570 Las Vegas Blvd S) célèbre la gastronomie dans les grandes largeurs.

La promenade ≫ Poursuivez vers le nord de Las Vegas Blvd S et passez devant le Mirage. La nuit, son "volcan polynésien" entre en éruption. Au nord, empruntez la passerelle enjambant Las Vegas Blvd S.

Venetian

Le **Venetian** (www.venetian.com ; 3355 Las Vegas Blvd S ; tour en gondole adulte/privé 19/76 $) se veut une réplique du palais des Doges et s'inspire de la splendeur de Venise. Au programme : mimes et ménestrels itinérants en costume d'époque, fresques peintes à la main aux plafonds et reproductions grandeur nature des monuments légendaires de la Sérénissime. Canaux en circuit fermé, piazzas animées et trottoirs pavés sont autant d'évocations de la Cité des Doges. Faites donc un **tour en gondole** ou déambulez dans le **Grand Canal Shoppes**.

La promenade » Paris est à 1 km à pied, mais les curiosités abondent au fil du trajet. Ouvert en 2014, le LINQ est un centre de loisirs et de commerces à 550 millions de dollars. Il accueille la High Roller, la plus haute grande roue à ce jour au monde.

Paris-Las Vegas

Calqué sur la "Ville lumière", **Paris-Las Vegas** (www.parislv.com ; 3655 Las Vegas Blvd S) s'évertue à recréer l'essence de la capitale française en dupliquant ses monuments. Des imitations assez réussies de l'Opéra, de l'Arc de Triomphe, des Champs-Élysées, de la tour Eiffel et même de la Seine entourent le casino. Le clou du spectacle est évidemment l'**Eiffel Tower Experience** (☏702-946-7000 ; adulte/enfant à partir de 11,50/7,50 $; ◷9h30-12h30 lun-ven, 9h30-1h sam et dim, selon la météo) : un ascenseur de verre rejoint une plate-forme d'observation embrassant le Strip, notamment les fontaines dansantes du Bellagio.

La promenade » Marchez un peu vers le sud sur Las Vegas Blvd S, puis traversez-le sur Paris Dr.

The Cosmopolitan

Le scintillant lustre de 3 étages à l'intérieur de ce nouveau venu sur le Strip n'est pas purement décoratif. On peut y pénétrer, siroter un cocktail et épier les passants, le tout dans un cadre féerique. Comme partout à Vegas, la découverte du **Cosmopolitan** (www.cosmopolitanlasvegas.com ; 3708 Las Vegas Blvd S ; ◷24h/24) est une évasion garantie.

La promenade » D'ici, continuez au nord de Las Vegas Blvd S pour assister au ballet chorégraphié des fontaines du Bellagio.

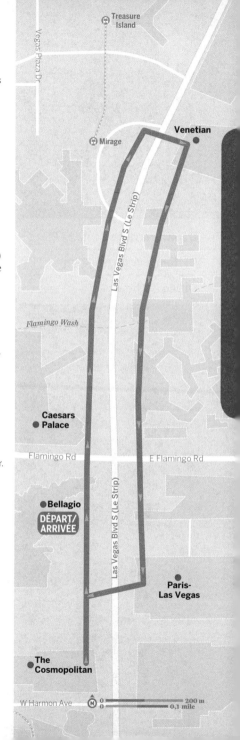

SE DÉGOURDIR LES JAMBES
SANTA FE

Départ/arrivée Santa Fe Plaza

Distance 2,5 miles/4 km

Durée 2-4 heures

La seule manière de découvrir le meilleur de Santa Fe est de le faire à pied, en arpentant son cœur en adobe et en visitant ses musées, ses églises, ses galeries d'art et ses édifices historiques.

Compatible avec les itinéraires :

New Mexico Museum of Art

Dans l'angle nord-ouest de la Plaza, le **Museum of Art** (www.nmartmuseum.org ; 107 W Palace Ave ; ⊙10h-17h, fermé lun sept-mai) renferme notamment des œuvres des Taos Society of Artists et Santa Fe Society of Artists, donnant ainsi un aperçu des artistes qui sublimèrent la ville.

La promenade » Traversez Lincoln Ave.

Palace of the Governors

Érigé en 1610, le **Palace of the Governors** (☎505-476-5100 ; www.palaceofthegovernors.org ; 105 W Palace Ave ; adulte/enfant 9 $/gratuit ; ⊙10h-17h, fermé lun oct-mai) est l'un des plus anciens bâtiments publics des États-Unis. Il expose une poignée de pièces historiques, mais l'essentiel de son patrimoine a été déplacé dans une galerie adjacente : le **New Mexico History Museum** (113 Lincoln Ave), une extension de 29 000 m² ouverte en 2009.

La promenade » Les artisans sont à votre écoute pour aiguiller votre choix de poterie et bijoux. Après vos emplettes, traversez Palace Ave.

Shiprock

À l'étage, à l'angle nord-est de la Plaza, **Shiprock** (www.shiprocktrading.com ; 53 Old Santa Fe Trail, Plaza) abrite une collection extraordinaire de tapis navajos, gérée par le descendant de quatre générations de marchands d'art amérindien. Les pièces d'époque sont une réelle affaire.

La promenade » Un pâté de maisons au sud, prenez à gauche dans l'E San Francisco St. Si vous avez faim, le Plaza Café est une adresse décontractée.

St Francis Cathedral

Jean-Baptiste Lamy fut envoyé par le pape à Santa Fe dans le but d'apaiser, par la culture et la religion, ce poste-frontière du grand Ouest. Persuadé que la ville manquait d'un pôle encadrant la vie religieuse, l'émissaire entreprit, dès 1869, la construction de la **St Francis Cathedral** (www.cbsfa.org ; 131 Cathedral Pl ; ⊙8h30-17h), dont une chapelle renferme la plus ancienne statue de la Sainte Vierge conservée en Amérique du Nord.

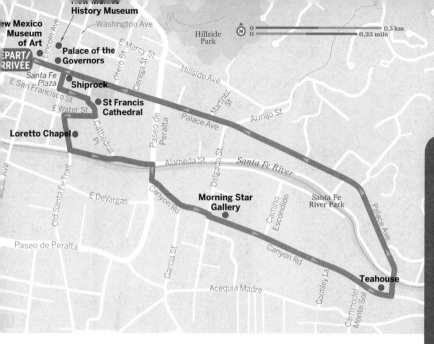

La promenade ›› Au sud de la cathédrale, prenez Water St à droite et poursuivez jusqu'à croiser l'Old Santa Fe Trail.

Loretto Chapel

Bâtie entre 1873 et 1878 d'après la Sainte-Chapelle à Paris, la **Loretto Chapel** (www.lorettochapel.com ; 207 Old Santa Fe Trail ; 3 $; ⏰9h-17h lun-sam, 10h30-17h dim) hébergea les premières nonnes venues au Nouveau-Mexique : les Sisters of Loretto. Aujourd'hui, c'est un musée dont la curiosité principale est le **St Joseph's Miraculous Staircase** – un escalier prodigieux qui semble tenir sans support.

La promenade ›› Dirigez-vous vers le sud et tournez à gauche dans E Alameda St, à droite dans Paseo de Peralta et à gauche sur Canyon Rd – le cœur des galeries d'art de Santa Fe.

Morning Star Gallery

Morning Star (www.morningstargallery.com ; 513 Canyon Rd ; ⏰9h-17h lun-sam) se distingue de toutes les autres boutiques d'antiquités amérindiennes de Canyon Rd. Tapis, bijoux, perles, poupées *kachinas* (esprit hopi) et quelques dessins originaux comptent parmi les pièces maîtresses de cette impressionnante galerie, spécialisée dans l'artisanat des Indiens des Plaines pré-1940. Parmi ces objets, certains surpassent ceux de nombreux musées et se vendent des centaines de milliers de dollars.

La promenade ›› En déambulant sur Canyon Rd, n'hésitez pas à passer la porte des galeries qui vous interpellent.

Teahouse

Préparez-vous à un choix difficile : à la **Teahouse** (www.teahousesantafe.com ; 821 Canyon Rd ; plats 8-17 $; ⏰9h-19h ; 📶), le menu compte 150 thés différents. Mais on peut aussi y boire du café. Cuisine savoureuse : salade de saumon grillé, paninis garnis de polenta, œufs pochés et cèpes sauvages… sans parler des desserts du jour ! Bref, c'est un parfait épilogue à Canyon Rd.

La promenade ›› Tournez à gauche sur Palace Ave et remontez-la jusqu'à la Plaza.

La Californie

Seule la Californie peut donner aux grands itinéraires américains une fin hollywoodienne. Depuis les premiers conquistadors espagnols et les pionniers de la ruée vers l'or, l'éternelle quête de fortune et de gloire a inévitablement mené aux côtes dorées de Californie. Mais l'or n'est pas grand-chose à côté des reflets platine du Pacifique, et aucune star de cinéma n'aura jamais la haute majesté des séquoias géants.

Suivez les virages qui épousent le littoral et cachent plages de sable fin, spots de surf et petites adresses de produits de la mer sur la légendaire Hwy 1. Empruntez les chemins de campagne jusqu'aux vignobles des vallées de Napa et de Sonoma. Quelle que soit la route, il ne peut y avoir de mauvaise direction.

Yosemite National Park (itinéraire 40)
IGNACIO PALACIOS / GETTY IMAGES ©

La Californie

OREGON

Burns

Caldwell
Nampa
Boise

Lakeview

Crescent City
Klamath National Forest
Weed
Modoc National Forest
97
395
Alturas
Mt Shasta
Shasta National Forest
Pit River

Eureka
Six Rivers National Forest
299
Redding
89
Lassen National Forest
Susanville
395
Winnemucca
Elko

Red Bluff
Lost Coast
Leggett
Mendocino National Forest
5
Plumas National Forest
70

Mendocino
101
Clear Lake
Nevada City
80
Reno
50
Carson City
Ely

NEVADA

Black Rock Desert
80

Santa Rosa
Sacramento
44
80
50
South Lake Tahoe
Lake Tahoe

Point Reyes National Seashore
Sonoma
45
Sonora
395
Inyo National Forest
Tonopah
Calie

Oakland
San Francisco
680
Stockton
120
43
White Mountain

San Jose
280
Santa Cruz
40
Sierra National Forest
Bishop

Humboldt-Toiyabe National Forest

Monterey
101
Ventana Wilderness
99
Fresno
Mt Whitney
Sequoia National Forest
Death Valley National Park
Beatty

1
CALIFORNIE
46
14
Telescope Peak
Las Vegas

San Luis Obispo
Los Padres National Forest
Bakersfield
395
99
58
Mojave
Baker
15
Mojave National Preserve
ARIZC
93
Kingr
Colorado
95

Santa Barbara
39
5
Barstow
15
40
Needles

101
Los Angeles
41
Victorville
Lake Havasu City
95

Malibu
Anaheim
215
Joshua Tree National Park
42
10
Blythe

Long Beach
Laguna Beach
5
Palm Springs
Indio
86
Salton Sea
95

Oceanside
15
Yuma
8
ÉTA
UN

La Jolla
San Diego
Mexicali
MEXIQ

Tijuana

OCÉAN PACIFIQUE

Channel Islands National Park

N
0 — 200 km
0 — 100 miles

Route Mythique
39 La Pacific Coast Highway 7-10 jours
Plages, forêts de séquoias, spots de surf...
L'itinéraire côtier ultime. (p. 489)

Route Mythique
40 Les parcs de Yosemite, Sequoia et Kings Canyon 5-7 jours
Laissez-vous enivrer par les pics de la Sierra Nevada, les prairies de fleurs sauvages et les chutes de la Yosemite Valley, les séquoias géants... (p. 503)

41 Disneyland et les plages de l'Orange County 2-4 jours
Allez saluer Mickey, puis surfez au large d'une côte paradisiaque, baignée de soleil. (p. 515)

42 Palm Springs et les oasis de Joshua Tree 2-3 jours
Ici, les palmiers abritent des sources chaudes et des points d'eau bienvenus pour la faune. (p. 525)

43 La Eastern Sierra Scenic Byway 3-5 jours
Une escapade sauvage dans la nature.
Le programme ? Sources chaudes, randonnées et villes fantômes. (p. 533)

44 San Francisco, Marin et Napa 4-5 jours
Un grand tour de la baie pour s'imprégner de l'atmosphère si particulière de San Francisco et fêter la découverte des paysages sauvages du Marin County avec un excellent cru. (p. 543)

45 Le Gold Country par la Highway 49 3-4 jours
Dans les pas des pionniers de la ruée vers l'or, cap sur les collines et les villages miniers historiques ! (p. 553)

À NE PAS MANQUER

Kings Canyon Scenic Byway

Descendez un profond canyon, sculpté par les glaces, jusqu'à Road's End lors de l'itinéraire 40.

Point Arena

Gravissez les 145 marches du phare le plus haut de Californie. Profitez d'une vue imprenable sur l'océan avec l'itinéraire 39.

Alabama Hills

De nombreux westerns ont été filmés près de Lone Pine, au pied du Mt Whitney. Tournez le vôtre dans l'itinéraire 43.

Seal Beach

Détendez-vous dans cette ville côtière aux airs rétro. Apprenez à surfer avec l'itinéraire 41.

Marin Headlands

Ornithologues amateurs et amoureux des beaux paysages apprécieront Hawk Hill. Prenez de la hauteur avec l'itinéraire 44.

La côte de Big Sur *Falaises vertigineuses et océan tumultueux*

Route Mythique

La Pacific Coast Highway

39

La palme de nos road-trips californiens suit sur 1 600 km les lacets de la côte Pacifique : à vous les plages, les petits restos de poisson et les couchers de soleil sur l'océan.

TEMPS FORTS

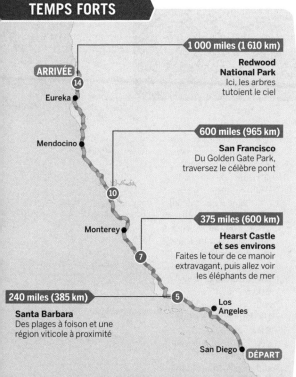

1 000 miles (1 610 km)

ARRIVÉE

14

Eureka

Redwood National Park
Ici, les arbres tutoient le ciel

Mendocino

600 miles (965 km)

San Francisco
Du Golden Gate Park, traversez le célèbre pont

10

Monterey

375 miles (600 km)

Hearst Castle et ses environs
Faites le tour de ce manoir extravagant, puis allez voir les éléphants de mer

7

5

Los Angeles

240 miles (385 km)

Santa Barbara
Des plages à foison et une région viticole à proximité

San Diego **DÉPART**

**7-10 JOURS
1 000 MILES /
1 610 KM**

PARFAIT POUR...

LE MEILLEUR MOMENT

Juillet à octobre est la période idéale pour profiter d'un maximum d'ensoleillement

 LA PHOTO SOUVENIR

Le Golden Gate sur la baie de San Francisco

✓ **2 JOURS DE RÊVE**

De Santa Barbara à Monterey, via Big Sur

39 La Pacific Coast Highway

C'est la grande évasion : quittez les autoroutes embouteillées pour découvrir la Californie côté océan et à votre rythme – une fois lancé, s'éloigner un peu trop longtemps de l'azur devient un crève-cœur. Officiellement, seul un court tronçon ensoleillé de la Hwy 1 traversant les comtés d'Orange et de Los Angeles peut prétendre à l'appellation Pacific Coast Highway (PCH). Mais qui s'en soucie quand la Hwy 1 et la Hwy 101 déroulent devant vous des rubans de route qui n'ont rien à lui envier ?

Crescent City
Mt Sha (4 322
DÉPART 14 **Redwood National Park**
Arcata
13 **Eureka**
Fortuna
Redding
Red Bluff
Leggett
Mendocino et Fort Bragg
12
Willits
Point Arena ses environs 11
Clearlake
Santa Rosa
Bodega Bay
Point Reyes National Seashore p. 496
San Francisco 10
p. 564
Santa Cruz
Monterey
OCÉAN PACIFIQUE

0 — 100 km
0 — 50 miles

❶ San Diego

Tout commence dans l'extrême sud de la Californie, où la jolie bourgade balnéaire de **Coronado** est reliée à San Diego et au continent par une longue langue de sable blanc, le **Silver Strand**. Les inconditionnels de *Certains l'aiment chaud* reconnaîtront la façade de l'**Hotel del Coronado**, qui accueillit aussi des présidents américains, des célébrités et des têtes couronnées – dont Édouard VIII d'Angleterre, resté dans les mémoires pour avoir abdiqué pour les beaux yeux d'une intrigante de Coronado, Wallis Simpson. Après avoir flâné dans le dédale de ce palais à tourelles, rendez-vous au Babcock & Story Bar pour un cocktail avec vue sur l'océan.

Quittez la péninsule par le **Coronado Bay Bridge**, qui déroule ses courbes sur plus de 3 km. Un détour par **Balboa Park** (☎619-239-0512 ; www.balboapark.org), puis vous filerez vers l'ouest et le sud jusqu'à Point Loma

et au **Cabrillo National Monument** (www.nps.gov/cabr ; 5 $/véhicule ; ☺9h-17h, dernière entrée 16h30 ; 🚹) : ce monument à la gloire des premiers explorateurs espagnols de la côte Ouest, flanqué d'un phare du XIXᵉ siècle, offre une vue époustouflante sur la baie. Au nord de **Mission Beach**, où un parc de loisirs à l'ancienne côtoie le gigantesque SeaWorld, le littoral cossu de **La Jolla** s'ouvre sans crier gare, prélude au chapelet de cités balnéaires du North County.

✕ ⊫ p. 501

La route ⟩ De La Jolla, vous roulerez 50 miles (80 km), d'abord par la route côtière, puis par l'I-5 qui pénètre dans l'Orange County (alias "OC") et croise la base des marines de Camp Pendleton et les étonnants tétons de la centrale nucléaire de San Onofre. Sortez à San Clemente et descendez l'Avenida del Mar jusqu'à la plage.

À COMBINER AVEC :

41 Disneyland et les plages de l'Orange County

Profitez du soleil de la Californie du Sud avant de mettre le cap sur les parcs d'attractions d'Anaheim.

44 San Francisco, Marin et Napa

Attardez-vous dans la capitale culturelle de la Californie du Nord puis gagnez les régions viticoles.

Route Mythique

❷ San Clemente

Plutôt conservateur, l'Orange County fait figure d'exception dans une Californie surtout connue pour sa décontraction et son progressisme. Toutefois, villes balnéaires propices aux tournages de films et de séries télévisées mises à part, il demeure, hors des sentiers battus, quelques poches de *beach culture* californienne à l'ancienne, dont San Clemente : des légendes vivantes du surf, des fabricants de planches haut de gamme et le magazine *Surfer* en font l'une des ultimes gardiennes de l'esprit surf du comté. Vous pourrez vous adonner à ce sport roi, ou simplement piquer une tête, sur la grande plage jouxtant le San Clemente Pier. À quelques encablures de la mer, la **Surfing Heritage Foundation** (www.surfing heritage.com ; 101 Calle Iglesia ; entrée sur don ; ⏱11h-17h) expose les planches de quelques-uns des plus grands surfeurs, de Duke Kahanamoku à Kelly Slater.

La route ⟫ Cap sur le nord par l'I-5, qui rejoint la Hwy 1 près de Dana Point. Vous passerez non loin de l'opulent village d'artistes de Laguna Beach, des étendues sauvages du Crystal Cove State Park, du port de plaisance de

Newport Beach et de Huntington Beach, sacrée "Surf City USA" (voir p. 519 et p. 520). Quittez la Hwy 1 vers l'ouest, à hauteur de Naples, jusqu'à Long Beach, à environ 45 miles (72 km) de San Clemente.

❸ Long Beach

À Long Beach, les deux stars sont le **Queen Mary** (www.queenmary.com ; 1126 Queens Hwy ; adulte/enfant à partir de 25/14 $; ⏱10h-18h lun-jeu, jusqu'à 19h ven-dim), paquebot britannique majestueux ancré ici en permanence, et le gigantesque **Aquarium of the Pacific** (www.aquarium ofpacific.org ; 100 Aquarium Way ; adulte/enfant 25/14 $; ⏱9h-18h ; 🚶), immersion high-tech dans un monde sous-marin peuplé de requins et de méduses. Mais ces étoiles font un peu trop d'ombre au **Long Beach Museum of Art** (www.lbma.org ; 2300 E Ocean Blvd ; adulte/ enfant 7 $/gratuit ; ⏱11h-17h ven-dim, 11h-20h jeu), belle demeure du XXᵉ siècle, face à l'océan, dédiée au modernisme californien et à l'art contemporain, et au **Museum of Latin American Art** (www.molaa. org ; 628 Alamitos Ave ; adulte/ enfant 9 $/gratuit ; ⏱11h-17h mer et ven-dim, 11h-21h jeu), qui expose des artistes latino-américains d'aujourd'hui.

🛏 p. 500

La route ⟫ Prudence dans les virages aux vues somptueuses de la Palos Verdes Peninsula. De retour sur la Hwy 1, vous longerez les plages télégéniques

de South Bay, contournerez l'aéroport de Los Angeles et Marina del Rey, et filerez toujours vers le nord vers Venice, Santa Monica et enfin Malibu, à plus de 50 miles (80 km) de Long Beach.

❹ Malibu

Laissant derrière elle Los Angeles et ses embouteillages, la Hwy 1 poursuit son bonhomme de chemin vers le nord et Malibu. Peut-être vos songes se frangeront-ils d'or à contempler, depuis les plages publiques, les propriétés fermées des célébrités hollywoodiennes. À défaut d'entrer chez les *people*, visitez la **Getty Villa** (www.getty.edu ; 17985 Pacific Coast Hwy ; 15 $/véhicule, parking sur réservation ; ⏱10h-17h mer-lun), perchée sur une colline au milieu de jardins tirés au cordeau, et sa collection d'antiquités grecques, romaines et étrusques. Sur la Malibu Lagoon State Beach, à l'ouest du Malibu Pier, cher aux surfeurs, l'**Adamson House** (www.adamsonhouse. org ; 23200 Pacific Coast Hwy ; adulte/enfant 7/2 $; ⏱11h-15h mer-sam, dernière visite 14h) est une villa hispano-mauresque décorée de somptueux azulejos issus de l'artisanat local. Il faudra reprendre la route pour suivre la côte vers l'ouest, là où les Santa Monica Mountains dévalent dans l'océan, pour profiter des fameuses plages de Malibu : Point Dume, Zuma ou Leo Carrillo.

p. 500

La route >> La Hwy 1 pénètre dans le Ventura County au niveau de Point Mugu en serpentant le long de l'océan. À Oxnard, rejoignez la Hwy 101 direction nord : vous passerez par Ventura, d'où partent des excursions en bateau pour les Channel Islands, et atteindrez Santa Barbara à un peu plus de 70 miles (112 km) du Malibu Pier.

- - - - - - - - - - - - - -

TEMPS FORT

❺ Santa Barbara

Face à l'océan, Santa Barbara est bénie par un climat paradisiaque et une enfilade de plages idylliques où les surfeurs côtoient amateurs de cerf-volant et promeneurs de chiens. Son architecture méditerranéenne emblématique est à voir sur **State Street**, dans le centre-ville, ou bien depuis le **County Courthouse** (www.santabarbaracourthouse.org ; 1100 Anacapa St ; entrée libre ; 🕗8h30-16h30 lun-ven, 10h-16h30 sam-dim), tribunal de style hispano-mauresque dont la tour domine les toits de tuiles rouges, avec au sud le front de mer animé et les quais de **Stearns Wharf** (www.stearnswharf.org ; 🚻) et au nord l'église de la mission espagnole, bâtie en 1786. Les cieux cléments de la région profitent aussi à la viticulture, comme en témoignent, à 45 minutes de route par la Hwy 154 (direction nord-ouest), les domaines de la Santa Ynez Valley, rendue célèbre

dans le film *Sideways* (2004). Rendez-vous pour des dégustations à **Los Olivos**, avant de reprendre Foxen Canyon Rd vers le nord pour découvrir d'autres domaines, puis rallier la Hwy 101.

 🛏 p. 500

La route >> Filez vers le nord par la Hwy 101, rapide, ou offrez-vous un crochet vers l'ouest via la Hwy 1 qui louvoie le long de la côte et passe par Guadalupe, porte d'entrée vers les plus importantes dunes côtières d'Amérique du Nord. Les deux axes routiers se rejoignent à Pismo Beach, à 100 miles (160 km) au nord de Santa Barbara.

- - - - - - - - - - - - - -

❻ Pismo Beach

Cité balnéaire typiquement californienne, Pismo Beach déroule une longue plage indolente où il fait bon nager et surfer et, au coucher du soleil, se promener sur la jetée. Après avoir dégusté *clam chowder* (soupe de palourdes) et petite friture dans l'un des cafés décontractés, remontez derrière la plage pour profiter de l'ambiance bon

enfant du bowling, des salles de billard et des bars, ou avalez 10 miles (16 km) de plus sur la Hwy 101 jusqu'au **Sunset Drive-In** (www.fairoakstheatre.net ; 255 Elks Lane, San Luis Obispo ; 🚻), où, les pieds posés sur le tableau de bord, vous pourrez voir deux films hollywoodiens à succès en vous régalant de pop-corn.

 p. 500

La route >> La Hwy 101 continue vers le nord : après San Luis Obispo, bifurquez sur la Hwy 1 vers l'ouest jusqu'à la silhouette immanquable du Morro Rock pointant hors de Morro Bay. Au nord de Cayucos, la Hwy 1 traverse des paysages agricoles et ne rejoint la côte qu'au niveau de Cambria. Encore 10 miles (16 km) vers le nord, et vous voilà à Hearst Castle, à environ 60 miles (97 km) de Pismo Beach.

- - - - - - - - - - - - - -

TEMPS FORT

❼ Hearst Castle et ses environs

À San Simeon, dressé sur son promontoire, le **Hearst Castle** (📞info 805-927-2020, réservation 800-444-4445 ; www.hearstcastle.

PRUDENCE SUR LA ROUTE

Un épais brouillard tombe parfois sur les zones côtières : roulez doucement et n'hésitez pas à vous arrêter sur le bas-côté si la visibilité est trop faible. Le long des falaises, prenez garde aux chutes de pierre et aux coulées de boue. Pour tout savoir des conditions de circulation, y compris les fermetures de certains axes (assez fréquentes lors des pluies hivernales) et les travaux en cours, appelez le 📞800-427-7623 ou rendez-vous sur www.dot.ca.gov.

Route Mythique

JOHN ELK III / GETTY IMAGES ©

DANITA DELIMONT / GETTY IMAGES ©

PAROLE D'EXPERT
AMY STARBIN,
SCÉNARISTE
ET MAMAN,
LOS ANGELES

Pour une pause revigorante dans votre traversée de LA par la côte, faites halte en famille au **Santa Monica Pier** (www.santamonicapier.org). Non seulement la plage et l'océan y sont magnifiques, mais c'est aussi l'occasion d'aller voir de plus près la vie marine à l'**aquarium** (www. healthebay.org) et de faire un tour sur le vieux manège du film *L'Arnaque* avec Paul Newman et Robert Redford (1973) ou sur la grande roue qui tourne à l'énergie solaire.

Ci-dessus : Piscine du Hearst Castle
À gauche : Phare de Trinidad
À droite : À l'ombre des séquoias

org ; visite adulte/enfant à partir de 25/12 \$; ☻ tlj, horaires par tél) est le plus célèbre monument californien à la fortune et à l'ambition. Au début du XXe siècle, le magnat de la presse William Randolph recevait les stars d'Hollywood et les têtes couronnées dans cette propriété excentrique agrémentée d'antiquités importées d'Europe, de piscines étincelantes et de jardins fleuris. Pensez à réserver, notamment pour les reconstitutions historiques nocturnes lors des fêtes de fin d'année.

À environ 4,5 miles (7 km) plus au nord par la Hwy 1, garez-vous au niveau du point de vue signalisé et empruntez la promenade de planches pour observer l'importante **colonie d'éléphants de mer** installée ici à l'année. Non loin, la **Piedras Blancas Light Station** (www.piedrasblancas.org ; visite adulte/enfant 10/5 \$; ☻ horaires par tél) et son phare occupent un site spectaculaire.

✕ 🛏 p. 501

La route ❯❯ Faites le plein d'essence avant de vous enfoncer, plus au nord, dans les forêts de séquoias du littoral sauvage de Big Sur : dans ces paysages de vertigineuses falaises, les infrastructures touristiques sont rares. La Hwy 1 file vers le nord jusqu'à la péninsule de Monterey, à environ trois heures de route et 100 miles (160 km) de Hearst Castle.

Route Mythique

⑧ Monterey

Big Sur relâche son emprise sur la route littorale, et voilà notre Hwy 1 qui dévale doucement vers la baie de Monterey. Cette bourgade de pêcheurs fut immortalisée par John Steinbeck, et si Cannery Row (*Rue de la Sardine*) est aujourd'hui un piège à touristes, on l'emprunte sans hésiter pour rejoindre le fascinant **Monterey Bay Aquarium** (☎ billets 866-963-9645 ; www.montereybayaquarium. org ; 886 Cannery Row ; adulte/enfant 33/20 $; ☺ 10h-17h ou 18h tlj, horaires étendus l'été ; 🛜 ♿) : cette ancienne conserverie de sardines, en lisière d'une réserve marine nationale, permet

d'admirer dans ses bassins toutes sortes de créatures aquatiques. Partez ensuite explorer le vieux Monterey.

✖ p. 501

La route » Les 45 miles (72 km) jusqu'à Santa Cruz sont assez vite avalés. La Hwy 1 suit le croissant de la baie de Monterey, en passant par la réserve naturelle d'Elkhorn Slough, près du port de Moss Landing, les champs de fraises et d'artichauts de Watsonville et tout un chapelet de villages balnéaires du Santa Cruz County.

---

⑨ Santa Cruz

Ici perdure l'esprit *flower power* des années 1960, et les vans des surfeurs locaux arborent des autocollants marqués "Keep Santa Cruz weird" ("Santa Cruz déjantée *forever*"). Près de l'océan, une ambiance désuète émane du parc de loisirs **Santa Cruz Beach Boardwalk** (☎ 831-423-

5590 ; www.beachboardwalk. com ; 400 Beach St ; entrée libre, manèges 3-5 $; ☺ horaires par tél ; ♿), au carrousel datant de 1911 et aux montagnes russes en bois des années 1920, classées monument historique.

"Anomalie gravitationnelle" et summum du kitsch, le parc **Mystery Spot** (☎ 831-423-8897 ; www. mysteryspot.com ; 465 Mystery Spot Rd ; 5 $, parking 5 $; ☺ tlj, horaires variables ; ♿) affole les boussoles et les niveaux à bulle avec ses constructions bâties à des angles plus qu'improbables et ses effets d'optique ; réservations, horaires et accès par téléphone.

🛏 p. 501

La route » Merveille que ces 75 miles (120 km) qui se déroulent de Santa Cruz à San Francisco, via Pescadero, la Half Moon Bay et Pacifica, où la Hwy 1 croise la topographie spectaculaire du Devil's Slide. Coulez-vous dans la circulation dense à partir de Daly City et restez sur la Hwy 1 vers le nord pour entrer dans San Francisco par le Golden Gate Park.

VAUT LE DÉTOUR POINT REYES

Point de départ : ⑩ San Francisco

Beauté brute, la **Point Reyes National Seashore** (www. nps.gov/pore ; entrée libre ; ☺ aube-minuit ; ♿) est une zone protégée qui attire mammifères et oiseaux marins, mais aussi lieu d'innombrables naufrages. C'est ici que Francis Drake, profitant des réparations de son galion, le *Golden Hind,* en 1579, revendiqua la contrée au nom de la couronne d'Angleterre. Suivez Sir Francis Drake Blvd vers l'ouest jusqu'au bout de la péninsule et au phare battu par les vents, d'où l'on peut voir les baleines lors de leur migration hivernale. Le phare est à environ 10 miles (16 km) à l'ouest de Point Reyes Station, par la Hwy 1 longeant la côte du Marin County.

⑩ San Francisco

Les embouteillages sont un choc après ces centaines de kilomètres ondoyants, avalés en douceur face à l'océan, mais ne désespérez pas : la Hwy 1 traverse le plus grand espace vert de la ville, le **Golden Gate Park** (www.golden-gate-park. com ; ♿ 🎡). On pourrait y passer la journée entière, entres les serres du Conservatory of Flowers, l'arboretum, les jardins botaniques, la **California Academy of Sciences** (www.calacademy.org ; 55 Music Concourse Dr ; adulte/enfant 30/20 $; ☉9h30-17h lun-sam. 11h-17h dim ;) et l'élégant **de Young Museum** (www.famsf.org/deyoung ; 50 Hagiwara Tea Garden Dr ; adulte/enfant 10 $/gratuit ; ☉9h30-17h15 mar-dim), imaginé par les architectes suisses Herzog & de Meuron. Reprenez ensuite la Hwy 1 vers le nord, direction le **Golden Gate Bridge**. Sentinelle Art déco gardant la baie de San Francisco, ce pont emblématique doit son nom au détroit qu'il enjambe. Garez-vous sur le parking côté nord ou sud, et empruntez la voie piétonne pour immortaliser le paysage.

✕ 🛏 p. 501

La route ≫ Après Sausalito, quittez la Hwy 101 à Marin City pour la lenteur et les merveilleux zigzags de la Hwy 1 longeant la côte du Marin County (p. 545). Un ruban ininterrompu de route littorale court ensuite sur 210 miles (338 km) jusqu'à Mendocino (via Bodega Bay). À un peu plus de la moitié du trajet, au nord de Point Arena, ne manquez pas l'embranchement dans Lighthouse Rd, qui mène au phare de Point Arena.

- - - - - - - - - - - -

⓫ Point Arena et ses environs

Une fois passées les flottilles de pêche de **Bodega Bay** et la colonie de phoques de **Jenner**,

PAROLE D'EXPERT GRIZZLY CREEK REDWOODS STATE PARK

Pour de belles forêts de séquoias peu fréquentées, cap sur le **Grizzly Creek Redwoods State Park** (www.parks.ca.gov ; 8 $/véhicule ; ☉aube-crépuscule ; 🛏). Ce parc, certes plus modeste que d'autres, profite de son isolement et de son aspect préservé. Autour de Cheatham Grove, de beaux tapis d'oxalides s'étendent sous les arbres, et l'été, plusieurs spots invitent à la baignade dans la Van Duzen River. Ici, furent tournées des scènes du *Retour du Jedi*. Au nord de l'Avenue of the Giants, quittez la Hwy 101 pour la Hwy 36, et continuez vers l'est sur 17 miles (27 km).

Richard Stenger, ranger à la retraite

la route pénètre dans les grands espaces agricoles du nord de la Californie. La Hwy 1 se fait à nouveau sinueuse à travers les parcs de la Sonoma Coast, qui abondent en sentiers de randonnée, dunes et plages, et recèlent également des réserves sous-marines, des forêts de rhododendrons et un comptoir de trappeurs russes du XIXᵉ siècle. À **Sea Ranch**, ne laissez pas les luxueuses résidences secondaires vous dissuader d'emprunter les chemins publics et les escaliers qui rejoignent les plages désertes et la côte rocheuse. Plus au nord, gardant depuis 1908 ce coin battu par des vents formidables, le **Point Arena Lighthouse** (www.pointarenalighthouse.com ; 45500 Lighthouse Rd ; adulte/enfant 7,50/1 $; ☉10h-15h30, jusqu'à 16h30 fin mai-début

sept ; 🛏) est le seul phare de Californie au sommet duquel on peut monter. Faites un tour par le musée, puis montez à 35 m pour admirer la lentille de Fresnel, la vue sur la mer et la faille de San Andreas.

🛏 p. 501

La route ≫ Ce sont 56 miles, soit une heure de Hwy 1 et trois rivières à franchir (Navarro, Little et Big Rivers), qui séparent l'embranchement de Point Arena Lighthouse et Mendocino. En route, il fait bon s'accorder une pause sur une plage ventée, dans un parc naturel sillonné de sentiers et/ou dans l'un des nombreux villages face à l'océan.

- - - - - - - - - - - -

⓬ Mendocino et Fort Bragg

Au sommet d'un superbe promontoire, la mignonne bourgade de **Mendocino** attire avec ses maisons très Nouvelle-Angleterre, dotées de jardins fleuris aux clôtures de bois blanc et de citernes individuelles en séquoia. Sur une spectaculaire avancée au-dessus du Pacifique, ce village longtemps tourné vers l'exploitation du bois et le commerce maritime fut "découvert" par les artistes et la bohème des années 1950, et sa beauté lui a valu de servir de cadre à plus de 50 films. Quand vous aurez fait le tour des boutiques de souvenirs et des galeries d'art – on trouve de tout, sculptures en bois flotté ou confitures maison –, filez vers le nord pour découvrir **Fort Bragg**, son humble port de pêche et sa microbrasserie. En chemin, arrêtez-vous pour une petite balade sur l'"escalier écologique" et le minuscule sentier forestier de la **Jug Handle State Natural Reserve** (www.parks.ca.gov ; Hwy 1 ; accès libre ; ☉ aube-crépuscule ; 🚶).

✕ 🛏 p. 501

La route ›› À quelque 25 miles (40 km) au nord de Mendocino, Westport est l'ultime hameau de ce tronçon désolé de la Hwy 1. Rejoignez la Hwy 101 direction nord au niveau de Leggett : 90 miles (145 km) vous séparent d'Eureka, avec un détour par l'Avenue of the Giants, voire, si vous avez le temps, par la Lost Coast.

⓭ Eureka

La Hwy 101 se déroule le long du **Humboldt Bay National Wildlife Refuge** (www.fws.gov/humboldtbay), étape importante sur le couloir de migration Pacifique des oiseaux, avant d'atteindre Eureka. Dans le centre de cette bourgade assoupie, qui dut jadis sa richesse au rail, ne manquez pas l'opulente **Carson Mansion** (143 M St), construite dans les années 1880 par un magnat du bois et agrémentée d'extravagants pignons, tourelles victoriennes et détails façon maison en pain d'épices. Classée parc historique, la menuiserie **Blue Ox Millworks** (www.blueoxmill.com ; 1 X St ; adulte/enfant 7,50/3,50 $; ☉9h-17h lun-sam) fabrique toujours des éléments de style victorien en utilisant les techniques traditionnelles et du matériel du XIXᵉ siècle. De retour dans le port d'Eureka, embarquez sur le **Madaket** (☎707-445-1910 ; www.humboldtbay maritimemuseum.com ; en bas de C St ; adulte/enfant 18/10 $; ☉mi-mai à début oct, horaires par tél), bateau bleu et blanc de 1910, pour une croisière-apéro au coucher du soleil : son bar est le plus petit établissement autorisé de Californie.

🛏 p. 501

La route ›› Continuez vers le nord sur la Hwy 101 qui frôle Arcata, ville universitaire

tendance hippie, et les embranchements vers la Trinidad State Beach et Patrick's Point State Park. La Hwy 101 émerge des frondaisons au niveau des marais du Humboldt Lagoons State Park et continue vers le nord et Orick, à un peu plus de 40 miles (64 km) d'Eureka.

TEMPS FORT

⓮ Redwood National Park

Vous atteignez enfin le **Redwood National & State Parks** (www.nps. gov/redw, www.parks.ca.gov ; accès 1 jour au Redwood State Park 8 $/véhicule ; 🚶) ! Pour trouver la voie vers les séquoias géants (*redwood trees*), rendez-vous au **Kuchel Visitor Center** (☉10h-16h, jusqu'à 17h nov-mars ; 🚶), installé face à la mer juste au sud d'Orick. Vous aurez alors les cartes en main pour découvrir les plus grands arbres au monde, dans les futaies de la **Lady Bird Johnson Grove** ou de la majestueuse **Tall Trees Grove** (permis "accès véhicule + randonnée" gratuit mais obligatoire). D'autres forêts spectaculaires et préservées se dressent sur les 8 miles (13 km) de la **Newton B. Drury Scenic Parkway**, aux côtés de prairies verdoyantes, où paissent des wapitis de Roosevelt. Libre à vous, maintenant, de continuer sur la Hwy 101 jusqu'à Crescent City, dernière étape avant l'Oregon.

Eureka Carson Mansion

Se restaurer et se loger

San Diego ❶

✖ C Level   Poisson et fruits de mer **$$**

(☎619-298-6802 ; www.islandprime.com ;
880 Harbor Island Dr ; plats 15-30 $; ☻11h-tard).
On apprécie la belle vue sur la baie, mais aussi
le soin accordé aux salades et poissons grillés,
comme à ce généreux sandwich au homard
dans un pain au levain avec cheddar et piment
jalapeño.

🛏 Pearl Hotel   Boutique Hotel **$$**

(☎619-226-6100, 877-732-7573 ; www.
thepearlsd.com ; 1410 Rosecrans Ave, Point Loma ;
ch 129-205 $; ❄🔊🏊). Dans ce motel au style
fifties, les chambres ont l'attrait d'apaisants tons
bleu-vert, d'une déco inspirée du surf, et des
aquariums. L'ambiance est très animée autour de
la piscine – mieux vaut avoir le sommeil lourd.

Long Beach ❸

🛏 Hotel Varden   Boutique Hotel **$$**

(☎562-432-8950, 877-382-7336 ; www.
thevardenhotel.com ; 335 Pacific Ave ; ch 119-
149 $; ❄@🔊). Dans les petites chambres
de cet établissement Art déco du centre-ville,
lavabos minuscules, lits douillets et blancheur
immaculée. À deux rues de l'enfilade de
restaurants de Pine Ave.

Malibu ❹

✖ Neptune's Net

     Poisson et fruits de mer **$$**

(www.neptunesnet.com ; 42505 Pacific
Coast Hwy ; plats 6-20 $; ☻10h30-20h lun-jeu,
jusqu'à 21h ven, jusqu'à 20h30 sam-dim ; 🚻🐾).
Commandez un *fish and chips* dans ce routier
des années 1950 et installez-vous à une table
de pique-nique entre des motards en Harley
et des enfants revenant de la plage.

Santa Barbara ❺

✖ Santa Barbara Shellfish
Company   Poisson et fruits de mer **$$**

(☎805-966-6676 ; www.sbfishhouse.com ;
230 Stearns Wharf ; plats 5-19 $; ☻11h-21h).
"Directement de la mer à l'assiette (en passant
par la poêle)" : tel pourrait être le slogan de
cette gargote au bout de la jetée, qui offre depuis
25 ans une vue imprenable sur l'océan et une
excellente bisque de homard.

🛏 El Capitán Canyon

     Bungalows, camping **$$**

(☎805-685-3887, 866-352-2729 ; www.
elcapitancanyon.com ; 11560 Calle Real, Goleta ;
tente "safari" 155 $, yourte 205 $, bungalows
225-355 $; 🔊🏊🚻). Sur la plage d'El Capitán,
à 25 minutes du centre-ville par la Hwy 101
et dans une zone interdite aux véhicules,
découvrez le "glamping" ou camping "glamour".
Les bungalows au bord du ruisseau sont
équipés de matelas divins et d'une kitchenette,
et d'un foyer extérieur.

🛏 Hotel Indigo   Boutique Hotel **$$**

(☎805-966-6586, 877-270-1392 ; www.indigo
santabarbara.com ; 121 State St ; ch 155-250 $;
❄@🔊🏊). Entre le centre-ville et la plage, cet
hôtel chic et charmant a tout bon : œuvres d'art
contemporain de bon goût, patios sur le toit et
touches design écolo du genre mur végétalisé.

Pismo Beach ❻

✖ Splash Cafe   Poisson et fruits de mer **$**

(www.splashcafe.com ; 197 Pomeroy Ave ;
plats 4-12 $; ☻8h-20h30 dim-jeu, jusqu'à 21h
ven-sam, horaires restreints l'hiver ; 🚻). En
remontant depuis la jetée, vous repérerez à sa
devanture bleu vif ce café relax, réputé pour
sa *clam chowder* (soupe de palourdes) servie
directement dans des petits pains ronds.

Hearst Castle et ses environs ⑦

✖ Sebastian's General Store   Marché $

(442 San Simeon Rd ; plats 6-12 $; ⏱11h-17h mer-dim, service jusqu'à 16h). De l'autre côté de la Hwy 1, ce minuscule marché voisin du Hearst Castle propose boissons fraîches, burgers et vins de l'Hearst Ranch, d'imposants sandwichs traiteur et des salades : parfait pour un pique-nique sur la plage de San Simeon Cove.

🛏 Blue Dolphin Inn   Hôtel $$

(☎805-927-3300 ; www.cambriainns.com ; 6470 Moonstone Beach Dr ; d avec petit-déj 159-329 $; 🖥🚹🐕). Un seul étage, des tons sable et de l'ardoise pour cet hôtel face à la promenade maritime, qui loue des chambres confortables aux cheminées des plus romantiques.

Monterey ⑧

✖ Monterey's Fish House
Poisson et fruits de mer $$$

(☎831-373-4647 ; 2114 Del Monte Ave ; plats 12-35 $; ⏱11h30-14h30 lun-ven, 17h-21h30 tlj ; 🚹). Sous l'œil de pêcheurs siciliens (en photos sur les murs), découvrez une cuisine de la mer qui mêle produits extra-frais et inspirations fusion (huîtres au barbecue, encornets à la mexicaine…). Ambiance décontractée ; réservation impérative.

Santa Cruz ⑨

🛏 Pelican Point Inn   Location $$

(☎831-475-3381 ; www.pelicanpointinn-santacruz.com ; 21345 E Cliff Dr ; ste 109-199 $; 🚹). Proches de la Twin Lakes State Beach, prisée par les familles, ces appartements rétro, simples mais spacieux, ont tout le nécessaire, y compris la kitchenette et l'accès Internet haut débit.

San Francisco ⑩

✖ Greens   Végétarien $$

(☎415-771-6222 ; www.greensrestaurant.com ; Fort Mason Center, Bldg A ; plats 7-20 $; ⏱11h45-14h30 mar-ven, 11h-14h30 sam, 10h30-14h dim, plus 17h30-21h lun-sam ; 🖊). Dans une ancienne caserne de l'armée, savourez la vue sur le pont du Golden Gate et une cuisine californienne bio et végétarienne, dont les produits viennent pour l'essentiel d'une ferme bouddhiste du Marin County.

🛏 Argonaut Hotel   Boutique Hotel $$$

(☎415-563-0800 ; www.argonauthotel.com ; 495 Jefferson St ; ch à partir de 300 $; ✳@🖥 🚹🐕). Aménagé dans une conserverie non loin du Fisherman's Wharf, cet hôtel à la déco nautique est doté de poutres centenaires, de miroirs-hublots et de chambres pour voyageurs à mobilité réduite.

Point Arena et ses environs ⑪

🛏 Mar Vista Cottages   Cabanes $$

(☎707-884-3522, 877-855-3522 ; www.marvista mendocino.com ; 35101 S Hwy 1, Gualala ; cabane 175-295 $; 🖥🚹🐕). Des cabanes de pêcheurs, certes, mais des années 1930 et rénovées avec style. L'escapade détente à la mer idéale, à Anchor Bay, au sud de Point Arena.

Mendocino et Fort Bragg ⑫

✖ North Coast Brewing Co   Microbrasserie $$

(www.northcoastbrewing.com ; 444 N Main St ; plats 10-30 $; ⏱11h30-21h30 dim-jeu, jusqu'à 22h ven-sam). Hamburgers et pommes gaufrettes à l'ail sont d'excellents classiques pour accompagner la bière, brassée artisanalement sur place. Arrivez tôt pour avoir une table, ou installez-vous au bar.

🛏 Shoreline Cottages   Motel, cottages $$

(☎707-964-2977 ; www.shoreline-cottage.com ; 18725 Shoreline Hwy, Fort Bragg ; d 115-165 $; 🖥 🚹🐕). Chambres et cottages sans prétention, avec cuisine, lecteur DVD et snacks offerts, autour d'une belle pelouse où batifolent des chiens.

Eureka ⑬

🛏 Carter House Inns   Hôtel, B&B $$

(☎707-444-8062 ; www.carterhouse.com ; 301 L St ; ch/ste avec petit-déj à partir de 180/295 $; 🖥). Les chambres de l'hôtel Carter possèdent du linge haut de gamme et tout le confort moderne, mais vous pourrez aussi réserver un petit nid d'amour dans l'une des autres demeures historiques. Sur place, le Restaurant 301 est la meilleure table d'Eureka pour une cuisine typique de la région avec accords mets/vins.

Yosemite Falls 739 m sur trois
niveaux : la plus haute cascade
d'Amérique du Nord

Route Mythique

Les parcs de Yosemite, Sequoia et Kings Canyon

40

Pénétrez dans la vertigineuse Sierra Nevada, épine dorsale de la Californie. Ces 600 km de pics escarpés, modelés par les glaciers et l'érosion, déroulent un fabuleux territoire sauvage empreint d'immensité, qui enchantera les amateurs de plein air.

TEMPS FORTS

60 miles (95 km)

Tuolumne Meadows
Un tapis de fleurs sauvages sur le toit de la Sierra Nevada

15 miles (25 km)

Yosemite Valley
Belles chutes d'eau, vallée verdoyante et hautes cimes de granit

DÉPART
Tunnel View
Glacier Point
Wawona

250 miles (400 km)

Cedar Grove
Un profond canyon traversé par la tumultueuse Kings River

Fresno

Grant Grove

ARRIVÉE
Mineral King Valley

Giant Forest
Une promenade parmi les plus grands arbres au monde

285 miles (460 km)

5-7 JOURS
335 MILES / 540 KM

PARFAIT POUR...

LE MEILLEUR MOMENT

D'avril à mai pour les cascades ; de juin à août pour les alpages

LA PHOTO SOUVENIR

Yosemite Valley, depuis le point de vue panoramique de Tunnel View, sur la Hwy 41

LA ROUTE PANORAMIQUE

La Kings Canyon Scenic Byway vers Cedar Grove

Route Mythique

40 Les parcs de Yosemite, Sequoia et Kings Canyon

Avec ses pics spectaculaires dominant des vallées façonnées par les glaciers, le Yosemite National Park est un fantastique terrain de jeu. Entre cascades rugissantes, dômes de granit et camping dans de hautes plaines, tapissées de fleurs sauvages en été, chacun y trouvera son plaisir. Les parcs nationaux de Sequoia et de Kings Canyon, qui regroupent à eux seuls le plus grand arbre de la planète et le point culminant du pays hors Alaska, le Mt Whitney, justifient un détour plus au sud de la Sierra Nevada, surnommée la "Chaîne de lumière" par le naturaliste John Muir (1838-1914).

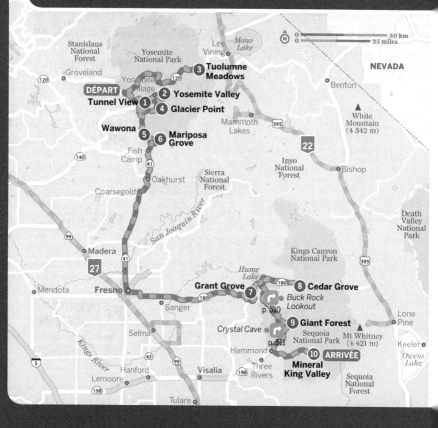

1 Tunnel View

En arrivant au **Yosemite National Park** (📞209-372-0200 ; www.nps.gov/yose ; forfait 7 jours 20 \$/voiture ; 🚻) par l'entrée d'Arch Rock, suivez la Hwy 140 vers l'est. Pour un premier aperçu de la Yosemite Valley, arrêtez-vous au point de vue de **Tunnel View** sur la Hwy 41, arrêt classique pour une photo souvenir. À la fin du printemps, la fonte des neiges vient grossir la cascade de **Bridalveil Fall** (à droite), réduite à un mince filet en fin d'été. Les forêts de pins et les plaines s'étalent en contrebas, face à la façade abrupte d'**El Capitan** (à gauche), haut de plus de 2 300 m et véritable défi

À COMBINER AVEC :

43 La Eastern Sierra Scenic Byway

Depuis les Tuolumne Meadows de Yosemite, passez le vertigineux col de Tioga (3 031 m) pour redescendre vers le Mono Lake. Un itinéraire de 20 miles (32,2 km).

45 Le Gold Country par la Highway 49

Villes fantômes et bassins propices à la baignade vous attendent à 45 miles (72 km) au nord-ouest de Big Oak Flat, à Yosemite, par la Hwy 120.

---

pour les grimpeurs, et à l'emblématique silhouette granitique du **Half Dome** (au loin, droit devant), dont la silhouette unique s'élève à 2 700 m.

La route » Reprenez la Hwy 41/Wawona Rd vers l'est. À l'embranchement, tournez à Southside Dr à droite (direction est), le long de la Merced River. À environ 6 miles (9,6 km) de Tunnel View, empruntez le pont de Sentinel Bridge, à gauche, et continuez sur Sentinel Dr jusqu'aux parkings de jour de Yosemite Village. Les navettes gratuites font le tour de la vallée.

TEMPS FORT

2 Yosemite Valley

Les oiseaux chantent à tue-tête dans cette spectaculaire vallée traversée par la Merced River. Et on les comprend : avec ses herbes ondulantes, ses pins élancés, ses étangs impassibles réfléchissant les monolithes de granit et ses rapides bouillonnants, Yosemite Valley est source d'inspiration.

Dans le bourg animé de **Yosemite Village**, gagnez le **Yosemite Valley Visitor Center** (🕐9h-18h fin juin-début sept, horaires réduits hors saison ; 🚻), dont l'exposition sur l'histoire et la nature de la vallée et le film projeté gratuitement invitent à la réflexion. Le **Yosemite Museum** (🕐9h-17h) voisin présente des toiles figurant des paysages de l'Ouest à côté de paniers et de vêtements ornés de perles confectionnés par les Amérindiens.

Les plus célèbres cascades de la vallée sont impressionnantes en mai, mais se réduisent à un mince filet d'eau fin juillet. Avec leurs trois niveaux, les **Yosemite Falls** sont les plus hautes cascades d'Amérique du Nord. **Bridalveil Fall** n'est guère moins impressionnante. Près de la **Vernal Fall**, un escalier escarpé et souvent glissant conduit le visiteur au sommet de la chute, où des arcs-en-ciel naissent dans la brume. Poursuivez l'ascension du même **Mist Trail** jusqu'au sommet de la **Nevada Fall**, une exaltante boucle de 5,5 miles (8,8 km).

En plein été, louez un raft à Curry Village pour descendre la **Merced River**. La portion entre Stoneman Bridge et Sentinel Beach est suffisamment paisible pour les enfants. Sinon, emmenez votre petite famille voir les animaux naturalisés de l'interactif **Nature Center at Happy Isles** (🕐10h-16h fin mai-sept ; 🚻), à l'est de Curry Village.

🍴 🏠 p. 512

La route » Depuis Yosemite Village, prenez Northside Dr vers l'ouest et dépassez les Yosemite Falls et El Capitan. Six miles (9,6 km) plus loin, empruntez Big Oak Flat Rd/Hwy 120 à droite. Sur presque 10 miles (16 km), la route surplombe la vallée et pénètre dans la forêt. Près de la station-service de Crane Flat, obliquez à droite pour suivre Tioga Rd/Hwy 120 vers l'est (ouverte seulement en été et en automne).

TEMPS FORT

❸ Tuolumne Meadows

Laissant derrière vous la Yosemite Valley, gagnez les hauteurs de la Sierra Nevada en empruntant Tioga Rd, ancienne route d'approvisionnement d'une mine, construite au XIXe siècle, et jadis piste commerciale amérindienne. **Attention !** Fermée pour cause de neige en hiver, Tioga Rd n'est généralement ouverte *que* de mai-juin à octobre.

À quelque 45 miles (72,4 km) de la Yosemite Valley, arrêtez-vous au point de vue d'**Olmsted Point**. Devant un paysage lunaire de granit, le regard plonge dans le **Tenaya Canyon** jusqu'à l'arrière du Half Dome. Quelques kilomètres plus à l'est sur Tioaga Rd, un croissant de sable enveloppe le **Tenaya Lake**, invitant les baigneurs à braver l'une des eaux les plus froides du parc. Les amateurs de soleil, en revanche, se prélassent sur les rochers de la rive nord.

À environ 1 heure 30 de route (80 km) de la Yosemite Valley, **Tuolumne Meadows** (2 621 m) est la plus grande prairie subalpine de la Sierra Nevada. Elle oppose un contraste saisissant avec le reste de la vallée, avec son tapis de fleurs, ses cours d'eau bouillonnants, ses lacs bleu azur, ses pics de granit escarpés,

RANDONNÉES SUR LE HALF DOME ET DANS LES ENVIRONS DE LA YOSEMITE VALLEY

Avec près de 1 300 km de sentiers de randonnée, le Yosemite National Park convient aux marcheurs de tous niveaux. Accordez-vous une courte balade au fond de la vallée ou à l'ombre de séquoias géants, ou partez dans la montagne pour la journée en quête de panoramas, de cascades et de lacs.

Certaines des randonnées les plus appréciées du parc partent de la Yosemite Valley, notamment la plus célèbre, qui mène au sommet du **Half Dome** (27 km aller-retour). Mieux vaut accorder deux jours, avec une nuit dans la Little Yosemite Valley, à ce parcours difficile et fatigant, qui emprunte une portion du **John Muir Trail**. Le sommet n'est accessible qu'en été, après que les rangers du parc ont installé des câbles en guise de rampes. Selon l'enneigement, l'opération a lieu plus ou moins tôt, entre début mai et juillet, les câbles étant généralement retirés en octobre. Des permis sont désormais requis pour les randonnées d'une journée afin de limiter l'affluence (300/jour). Le parcours reste néanmoins éprouvant car il faut toujours partager l'escalier avec d'autres randonneurs. Des **permis préliminaires** (*advanced permits* ; 📞877-444-6777 ; www.recreation.gov) sont mis en vente via un système de loterie au début du printemps (*preseason lottery* ; généralement en mars). En saison, chaque jour, un nombre limité de **permis** (environ 50/jour) est proposé par tirage au sort deux jours avant la randonnée lors de la *daily lottery*. La réglementation et les tarifs des permis ne cessent de changer – consultez le site Internet du parc (www.nps.gov/yose).

Les moins ambitieux pourront emprunter le très beau **Mist Trail** et rallier la Vernal Fall (5 km aller-retour), le sommet de la Nevada Fall (9,5 km aller-retour) ou encore l'idyllique Little Yosemite Valley (13 km aller-retour). Le **Four Mile Trail** (14,5 km aller-retour), qui grimpe jusqu'au Glacier Point, offre une randonnée fatigante mais gratifiante jusqu'à un panorama spectaculaire. Pour les enfants, des **promenades dans la vallée**, jolies et faciles, conduisent au Mirror Lake (3,2 km aller-retour), au pied des tonitruantes Yosemite Falls (1,6 km aller-retour) ou encore à la mince Bridalveil Fall (800 m aller-retour).

PARADIS BLANC

Les parcs nationaux de la Sierra Nevada continuent à offrir quantité d'activités en plein air lorsque les températures chutent et que tombe la neige. Dans le Yosemite, chaussez vos skis ou votre snowboard pour dévaler les pentes de Badger Pass, participez à une excursion en raquettes sous la conduite d'un ranger dans la Yosemite Valley ou à destination de Dewey Point, ou lancez-vous sur la patinoire de Curry Village. Plus au sud, les parcs de Sequoia et de Kings Canyon permettent de s'adonner en famille au ski de fond ou aux raquettes entre les séquoias géants. Consultez les conditions de circulation sur les sites officiels des parcs ou appelez au préalable avant de partir en excursion hivernale. N'oubliez pas d'équiper votre voiture de pneus neige et de prévoir des chaînes.

et ses températures plus fraîches. En juillet-août, les fleurs sauvages se parent de mille couleurs. Randonneurs et grimpeurs y trouveront une kyrielle de pistes et de dômes granitiques à gravir, et les promeneurs des lieux de pique-nique bucoliques.

✕ 🛏 p. 512

**La route ›› ** Depuis Tuolumne Meadows, revenez sur 50 miles (80 km) jusqu'à la Yosemite Valley. Prenez El Portal Rd à gauche, puis Wawona Rd/Hwy 41 à droite. Remontez l'étroite Wawona Rd jusqu'à sortir de la vallée. Neuf miles (14,5 km) plus loin, au carrefour de Chinquapin, prenez Glacier Point Rd à gauche et roulez encore 15 miles (24 km) jusqu'à Glacier Point.

- - - - - - - - - -

④ Glacier Point

Une heure suffit pour quitter la Yosemite Valley et rallier le vertigineux Glacier Point. **Attention !** Glacier Point est fermé pour cause de neige en hiver, et rouvre généralement fin mai. De novembre à avril, la route est accessible jusqu'au domaine skiable de Badger Pass. Des pneus

neige ou des chaînes sont parfois nécessaires.

Perché à 975 m au-dessus de la vallée, le spectaculaire **Glacier Point** (2 199 m) met quasiment le regard au niveau du Half Dome. Admirez ce que John Muir et le président américain Theodore Roosevelt ont vu lorsqu'ils campèrent ici en 1903 : la Yosemite Valley en contrebas, parsemée de cascades, et les cimes au loin encerclant Tuolumne Meadows. Pour échapper à la foule, descendez un peu le long du **Panorama Trail**, au sud du point de vue principal très fréquenté.

En revenant de Glacier Point, prenez le temps de monter vers le **Sentinel Dome** pour une randonnée de 3 km, ou de gagner **Taft Point** et son incroyable vue de la vallée à 360°.

🛏 p. 513

**La route ›› ** Redescendez via Badger Pass, tournez à gauche au carrefour de Chinquapin et suivez Wawona Rd/Hwy 41, qui serpente vers le sud à travers une épaisse forêt. Après presque 13 miles (21 km) de virages, voici Wawona, avec son hôtel, son

centre des visiteurs, son épicerie et sa station-service, tous situés à votre gauche.

- - - - - - - - - -

⑤ Wawona

Le **Pioneer Yosemite History Center** de Wawona, reconstitution d'un village de pionniers, comprend un pont couvert, des baraques de pionniers et un vieux relais de la Wells Fargo Express. En été, vous pourrez voyager dans le temps en participant à une courte balade en chariot. Le **Wawona Visitor Center** (🕙 8h30-17h mi-mai à fin nov), installé dans l'atelier recréé du peintre du XIXᵉ siècle Thomas Hill, présente des paysages romantiques de la sierra. Les soirs d'été, un cocktail au Wawona Hotel marque une pause agréable.

🛏 p. 513

**La route ›› ** En été, laissez votre voiture à Wawona et prenez un bus-navette gratuit pour Mariposa Grove. En voiture, suivez Wawona Rd/Hwy 41 vers le sud sur 4,5 miles (7,2 km) jusqu'au carrefour avec Mariposa Rd, au niveau de l'entrée sud du parc.

PAROLE D'EXPERT
SCHUYLER GREENLEAF
DIRECTRICE DE PROJETS POUR LA CONSERVATION DU YOSEMITE

Pour une randonnée en famille (à l'exception des tout-petits) proche de Tioga Rd, prenez le sentier qui monte vers le Mt Hoffman. Long d'environ 4 km, il passe par le May Lake, où vous pourrez piquer une tête avant ou après votre promenade. Une fois au sommet du Mt Hoffman, vous serez au cœur géographique du Yosemite National Park, avec une vue spectaculaire alentour, notamment sur le canyon de la Tuolumne River.

Ci-dessus : John Muir Trail, Yosemite Valley
À gauche : Tuolumne Meadows
À droite : À l'intérieur d'un séquoia géant, Sequoia National Park

GERHARD ZWERGER-SCHONER / IMAGEBROKER / CORBIS ©

Continuez tout droit le long de Mariposa Rd (fermée en hiver) sur 3,5 miles (5,6 km) jusqu'au parking – s'il est complet, les conducteurs sont refoulés.

- - - - - - - - - - -

❻ Mariposa Grove

Outre le **Grizzly Giant**, un séquoia vieux de 1 800 ans, Mariposa Grove abrite 500 autres géants qui donnent le tournis. Des sentiers serpentent à travers ce bois très fréquenté (venez tôt en matinée ou en soirée, vous éviterez les nombreux visiteurs et le ballet des petits trains touristiques). Bien que creusé à la hache en 1895 – on peut passer à travers le tronc –, le **California Tunnel Tree** est toujours debout. S'il vous reste assez d'énergie pour affronter une randonnée de 8 km aller-retour jusqu'à la partie supérieure du bois, le **Mariposa Grove Museum** (⊙10h-16h mai-sept) propose une exposition sur les séquoias dans une baraque de pionnier.

La route ❯❯ Depuis l'entrée sud du Yosemite, il faut 3 heures et 120 miles (193 km) pour rallier le Kings Canyon National Park. Suivez la Hwy 41 vers le sud sur 60 miles (96,5 km) jusqu'à Fresno, puis prenez la Hwy 180 vers l'est sur 50 miles (80,4 km) pour remonter dans les montagnes. Serrez à gauche au carrefour avec la Hwy 198 et restez sur la Hwy 180 jusqu'à Grant Grove.

- - - - - - - - - - -

❼ Grant Grove

Les routes qui traversent les **Sequoia et Kings Canyon National Parks**

Route Mythique

(☎559-565-3341 ; www.nps. gov/seki ; forfait 7 jours 20 $/ voiture ; 🅿) permettent à peine d'entrevoir la beauté de ces parcs jumeaux. Vous devrez marcher un peu pour découvrir leurs authentiques merveilles. Au nord de l'entrée de Big Stump, à **Grant Grove Village**, prenez à gauche et descendez vers le **General Grant Grove**, qui abrite quelques emblématiques séquoias géants le long d'un chemin goudronné. Vous pourrez pénétrer directement dans le **Fallen Monarch**, un énorme tronc couché qui a servi de cabane, d'hôtel, de saloon et d'écurie. Pour admirer la vue sur Kings Canyon et les sommets de la Great Western Divide,

suivez la route étroite et sinueuse (fermée en hiver, camping-cars et caravanes interdits) qui débute derrière le John Muir Lodge et remonte vers le **Panoramic Point**.

🛏 p. 513

La route ❯❯ Grant Grove et Cedar Grove, les deux principales zones touristiques du Kings Canyon National Park, sont reliées par la sinueuse Hwy 180, qui offre une descente spectaculaire dans Kings Canyon. Attendez-vous à une vue majestueuse tout au long de ce parcours de 30 miles (48,2 km). **Attention !** La Hwy 180 est fermée durant l'hiver (généralement mi-nov à mi-avr) entre l'embranchement du Hume Lake et Cedar Grove.

- - - - - - - - - -

TEMPS FORT

❽ Cedar Grove

Serpentant le long de parois rocheuses ciselées et jalonnées de cascades, la Hwy 180 plonge vers

la Kings River, dont les rapides rugissants ricochent contre les falaises granitiques de l'un des plus profonds canyons d'Amérique du Nord. Arrêtez-vous pour admirer le panorama de **Junction View**, puis continuez le long de la rivière jusqu'à **Cedar Grove Village**. À l'est du village, **Zumwalt Meadow** est un site idéal pour observer les oiseaux, les cerfs hémiones et les ours noirs. S'il fait chaud, accordez-vous une balade de Road's End à **Muir Rock**. Ce gros rocher plat, où John Muir donna jadis des conférences, est devenu un lieu de baignade très apprécié. Au départ de Road's End, une belle randonnée grimpe sur 6,5 km aux grondantes **Mist Falls**.

🛏 p. 513

La route ❯❯ Depuis Road's End, reprenez la Hwy 180 en sens inverse sur près de 30 miles (48,2 km), puis empruntez Hume Lake Rd à gauche. Contournez le lac et les plages avant de bifurquer à droite dans 10 Mile Rd, qui passe près des campings du US Forest Service (USFS). Au niveau de la Generals Hwy/Hwy 198 (parfois fermée en hiver), tournez à gauche et suivez-la vers le sud sur environ 23 miles (37 km), jusqu'à l'embranchement de Wolverton Rd, à gauche.

- - - - - - - - - -

TEMPS FORT

❾ Giant Forest

Nous vous mettons au défi d'enlacer les arbres de la **Giant Forest**, une forêt de 4,8 km^2

↱ VAUT LE DÉTOUR BUCK ROCK LOOKOUT

Point de départ : ❽ Cedar Grove

Pour parvenir au sommet de l'un des plus beaux postes anti-incendie de Californie, en venant de la Hwy 180, prenez Generals Hwy/Hwy 198 vers l'est jusqu'à Big Meadows Rd/Forest Rd 14S11, et arrêtez-vous entre Grant Grove et la Giant Forest, dans la Sequoia National Forest. Suivez les panneaux indiquant le **Buck Rock Lookout** (www.buckrock.org ; Forest Rd 13S04 ; accès libre ; ⊘généralement 9h30-18h juil-oct), accessible par un escalier de 172 marches. Construit en 1923, ce poste de guet en activité, installé dans une minuscule cabine perchée sur un promontoire de granit, offre une vue panoramique depuis ses 2 590 m. Sujets au vertige s'abstenir !

protégeant les spécimens les plus gigantesques du parc. Garez-vous près de Wolverton Rd et descendez à pied vers le **General Sherman Tree**, le plus grand arbre du monde (84 m). Vous pourrez vous isoler de la foule en empruntant l'un des nombreux sentiers (le réseau pédestre s'étend jusqu'à Crescent Meadow, 8 km plus au sud).

En voiture, empruntez la Generals Hwy/Hwy 198 vers le sud sur 2,5 miles (4 km) pour réviser vos connaissances sur les séquoias et les incendies au **Giant Forest Museum** (⊙9h-17h ou 9h-18h mi mai-mi oct ; 🚻). De l'autre côté de la route, le **Beetle Rock Center** (☏559-565-3759 ; ⊙horaires par tél, ouvert généralement juin-août ; 🚻) permet aux enfants d'observer de petits animaux (vivants ou empaillés) et des excréments (factices) de différentes espèces.

Depuis le musée, Crescent Meadow Rd effectue une boucle de 6 miles (9,6 km) à travers la Giant Forest et emprunte l'amusant **Tunnel Log**. Pour une vue à 360 degrés de la Great Western Divide, escaladez l'abrupt escalier qui monte à **Moro Rock**, à 400 m de là. **Attention !** Crescent Meadow Rd est fermée à la circulation en hiver pour cause de neige ; en été, vous pouvez effectuer la balade en bus-navette gratuit.

✕ 🛏 p. 513

VAUT LE DÉTOUR
CRYSTAL CAVE

Point de départ : ❾ Giant Forest

Non loin de la Generals Hwy/Hwy 198, à environ 2 miles (3,2 km) au sud du Giant Forest Museum, tournez à droite dans Crystal Cave Rd. Au bout de cette sinueuse route de 6,5 miles (10,5 km) vous attend une très belle promenade au sein de la **Crystal Cave** (www.sequoiahistory.org ; visite adulte/enfant à partir de 13/7 $; ⊙généralement 10h30-16h30 mi-mai à oct ; 🚻), une grotte vieille de 10 000 ans sculptée par une rivière souterraine. Des stalactites pendent tels des poignards, et des formations de marbre datant de 10 000 ans, d'un blanc laiteux, se muent en rideaux, colonnes et boucliers éthérés. Prévoyez une petite laine – il fait 10°C dans la grotte. Achat des billets au préalable au centre des visiteurs de Lodgepole ou de Foothills.

La route ❯❯ La Generals Hwy descend en s'étroitissant sur près de 20 miles (32 km) jusqu'au milieu des contreforts de la Sierra Nevada, passant par Amphitheatre Point, puis quittant le parc après le Foothills Visitor Center. Avant d'atteindre la ville de Three Rivers, prenez Mineral King Rd à gauche, une étourdissante route panoramique (partiellement goudronnée, caravanes et camping-cars interdits) de 25 miles (40,2 km) qui remonte en zigzaguant vers la Mineral King Valley.

– – – – – – – – – – –

❿ Mineral King Valley

Plus de 700 lacets et 1 heure 30 de route permettent d'atteindre la **Mineral King Valley** (2 286 m). Taillée par les glaciers, elle abrita un camp de mineurs et de bûcherons, au XIXᵉ siècle, avant d'accueillir un refuge de montagne. Les sentiers menant vers les hauteurs partent de l'extrémité de Mineral King Rd, où d'anciennes cabanes se dressent dans une vallée montagneuse. Votre point d'arrivée se trouve un bon mile (environ 2 km) après la station des rangers. La vallée dévoile ici tous ses charmes, et les randonnées vers les sommets granitiques et les lacs de montagne attirent les amateurs.

Attention !

Mineral King Rd n'est généralement ouverte qu'entre fin mai et fin octobre. Au début de l'été, les marmottes aiment à mordiller les câbles des voitures stationnées, d'où la nécessité de couvrir le bas de caisse d'une bâche ou d'envelopper le véhicule de grillage pour volailles (à louer au Silver City Resort).

511

Se restaurer et se loger

Yosemite Valley ❷

✕ Degnan's Deli   Épicerie fine $

(www.yosemitepark.com ; Yosemite Village ; plats 6-10 $; ⏱7h-17h ; 👪). Le lieu où acheter un bon sandwich, préparé sur demande, et un sachet de chips avant de partir en excursion. Tout près, le Village Store vend des produits d'épicerie, des en-cas et des fournitures de camping jusqu'à 20 h, voire plus tard.

✕ Mountain Room
Restaurant   Américain $$

(www.yosemitepark.com ; Yosemite Lodge at the Falls ; plats 18-35 $; ⏱17h30-21h30 ; 👪). Commandez un steak de bœuf nourri à l'herbe, une truite de rivière et des légumes bio dans cet établissement (sans réservation) avec vue sur les cascades. Le bar-lounge mitoyen, avec cheminée, sert bières artisanales et en-cas.

🛏 Ahwahnee   Hôtel historique $$$

(☎209-372-1407, réservation 801-559-4884 ; www.yosemitepark.com ; Ahwahnee Rd ; ch à partir de 445 $; ❄@🛜🏊👪). Ce monument national de 1927 a accueilli Charlie Chaplin, Eleanor Roosevelt et JFK. Rien de plus relaxant que sa cheminée ronflante, sous les poutres en pin à sucre. Préférez le salon et ses cocktails à la salle de dîner formelle (sauf pour le brunch dominical).

🛏 Curry Village & Housekeeping
Camp   Bungalows, cottages $$

(☎réservation 801-559-4884 ; www.yosemitepark. com ; près de Southside Dr ; bungalows en toile 100-125 $, bungalows en dur et ch 160-220 $; 🏊👪). Des centaines de bungalows en toile disséminés sous les arbres, au bord de la Merced River, dans une ambiance tapageuse de colonie de vacances.

🛏 Yosemite Bug Rustic Mountain
Resort   Bungalows, auberge de jeunesse $

(☎209-966-6666 ; www.yosemitebug.com ; 6979 Hwy 140 ; dort 22-25 $, bungalows en toile 55-75 $, ch 85-195 $; @🛜🏊👪). Située dans la forêt à quelque 40 km de la Yosemite Valley, cette auberge montagnarde doit son succès à ses chambres propres, son studio de yoga, son Jacuzzi, sa cuisine collective et son café faisant la part belle aux plats végétariens (plats 5-18 $).

🛏 Yosemite Valley
Campgrounds   Camping $

(☎réservation 877-444-6777 ; www.recreation. gov ; empl 20 $; ⏱avr-sept, certains sites tte l'année ; 👪). Les campements d'Upper Pines et de Lower Pines sont bruyants et bondés. Plus calme, North Pines propose des emplacements en bord de rivière. Vous pourrez réserver sur Internet jusqu'à cinq mois à l'avance.

Hetch Hetchy

🛏 Evergreen Lodge   Chalets, camping $$

(☎209-379-2606, 800-935-6343 ; www. evergreenlodge.com ; 33160 Evergreen Rd ; tentes 75-100 $, chalets 170-370 $; @🛜🏊👪). Près de l'entrée nord-ouest du Yosemite et du Hetch Hetchy Reservoir, ce complexe de montagne classique dédaigne la vie à la dure au profit de chalets (cabins) luxueux et de tentes plus proches de la nature. Nombreuses activités de plein air, épicerie, taverne avec billard et restaurant (plats 10-28 $) servant trois copieux repas par jour.

Tuolumne Meadows ❸

✕ Tuolumne Meadows Grill   Américain $

(Tioga Rd ; plats 4-9 $; ⏱8h-17h mi-juin à mi-sept). Dévorez burgers, sandwichs toastés spécial petit-déjeuner et glaces à l'italienne autour d'une table de pique-nique couverte. Épicerie ouverte jusqu'à 20h.

🛏 Tuolumne Meadows
& White Wolf Lodges   Bungalows $$

(☎réservation 801-559-4884 ; www.yosemitepark. com ; Tioga Rd ; bungalows en toile 100-130 $;

mi-juin à mi-sept ; 🚶). Dans les montagnes, loin du vacarme de la vallée, ces bungalows en toile (sans électricité, aussi prévoyez une lampe de poche) sont très appréciés. Petit-déjeuner, pique-nique et dîner sur réservation.

🛏 Tuolumne Meadows Campground   Camping $

(📞 réservation 877-444-6777 ; www.recreation. gov ; Tioga Rd ; empl 20 $; 🕐 mi-juil à fin sept ; 🚶♿). Le plus grand camping du parc offre plus de 300 emplacements correctement espacés dans une forêt ombragée. Bonne nouvelle si vous n'avez pas réservé : le principe du "premier arrivé, premier servi" vaut pour la moitié des places.

Glacier Point ④

🛏 Bridalveil Creek Campground   Camping $

(www.nps.gov/yose ; Glacier Point Rd ; empl 14 $; 🕐 mi-juil à mi-sept ; 🚶♿). Soif d'altitude et d'isolement ? Ce camping est installé à près de 2 200 m, à l'ombre des pins. Les nuits peuvent y être fraîches. Pas de réservations.

Wawona ⑤

🛏 Wawona Hotel   Hôtel historique $$

(📞 209-375-6556, réservation 801-559-4884 ; www.yosemitepark.com ; Wawona Rd ; ch avec/ sans sdb avec petit-déj à partir de 155/255 $; 🕐 avr-fin nov et mi-déc au 1er jan ; 🛜♿🚶). Avec ses larges porches équipés de chaises confortables, ses pelouses impeccables et son parcours de golf, cet établissement victorien ne manque pas de caractère. Les chambres aux minces cloisons n'ont ni téléphone ni TV. Cuisine américaine traditionnelle servie sous les lustres de la salle à manger (plats 12-30 $).

Grant Grove ⑦

🛏 Grant Grove Campgrounds   Camping $

(www.nps.gov/seki ; Hwy 180 ; empl 10-18 $; 🕐 mai-sept, certains sites tte l'année ; 🚶♿). Ces différents sites sont tous installés à l'ombre d'arbres à feuilles persistantes. Le Crystal Springs est plus calme que le Sunset ; l'Azalea reste ouvert en hiver. Pas de réservations.

🛏 John Muir Lodge & Grant Grove Cabins   Hôtel, chalets $$

(📞 559-335-5500 ; www.sequoia-kingscanyon. com ; Hwy 180 ; d 70-195 $; 🛜). Ce lodge boisé dispose d'un salon douillet avec cheminée, jeux de société et Wi-Fi. Les chalets (cabins) vont des abris en toile aux cottages anciens. La pizzeria installée à l'arrière et l'épicerie toute proche vous aideront à ne pas mourir de faim.

Cedar Grove ⑧

🛏 Cedar Grove Campgrounds   Camping $

(www.nps.gov/seki ; Hwy 180 ; empl 18 $; 🕐 fin avr à mi-nov ; 🚶♿). Dormez au bord du ruisseau au site de Sheep Creek ou près de la station des rangers au Sentinel Campground. Plus à l'est, le Moraine et le Canyon View (tentes uniquement) sont plus ensoleillés.

🛏 Cedar Grove Lodge   Motel $$

(📞 559-335-5500 ; www.sequoia-kingscanyon.com ; Hwy 180 ; ch 120-140 $; 🕐 mi-mai à mi-oct ; ❄🛜). Ce lodge en bord de rivière compte 21 chambres (sans TV), certaines avec clim, patio ombragé et kitchenette. Réception au rez-de-chaussée du marché, à côté du snack-bar-grill (plats 6-12 $).

Giant Forest ⑨

🍴 Lodgepole Market   Supermarché, épicerie fine $

(www.visitsequoia.com ; Lodgepole Village ; plats 6-10 $; 🕐 mi-avr à mi-oct, horaires variables). Au sein de l'épicerie proposant ravitaillement et fournitures de camping, une sandwicherie fine permet de composer son pique-nique avec des sandwichs à la focaccia et des salades.

🛏 Lodgepole Campground   Camping $

(📞 877-444-6777 ; www.recreation.gov ; Lodgepole Village ; empl 10-20 $; 🕐 mai-nov ; 🚶♿). Au bord de la Kaweah, ce camping, le plus grand et le plus animé de Sequoia, entasse tentes et camping-cars.

🛏 Wuksachi Lodge   Hôtel $$$

(📞 559-565-4070 ; www.visitsequoia.com ; 64740 Wuksachi Way, près de la Generals Hwy ; ch 215-350 $; 🛜). L'adresse la plus chic de Sequoia en matière d'hébergement et de restauration. La salle à manger (plats 12-40 $) comprend une belle cheminée en pierre et une vue sur la forêt. Les chambres de style motel manquent en revanche de charme.

Laguna Beach *Des dizaines de plages s'égrènent sur le littoral*

Disneyland et les plages de l'Orange County

41

Lâchez la bride à vos enfants dans "l'endroit le plus joyeux de la terre", puis filez vers les plages ensoleillées de Californie du Sud, popularisées par la télévision et le cinéma.

TEMPS FORTS

0 mile (0 km)

Disneyland
Faire la fête avec Mickey et la bande de Pixar

DÉPART 1

Seal Beach

Sunset Beach

30 miles (58 km)

Huntington Beach
Farniente sur la plage dorée de Surf City USA

3

35 miles (55 km)

4

Newport Beach
Se pavaner sur la plage de la télégénique cité balnéaire

Crystal Cove State Park

7

ARRIVÉE
Dana Point

Laguna Beach
Une pause bohème bienvenue

45 miles (70 km)

2-4 JOURS
60 MILES / 95 KM

PARFAIT POUR...

LE MEILLEUR MOMENT

D'avril à novembre, pour éviter les pluies hivernales

 LA PHOTO SOUVENIR

Les surfeurs dans les vagues d'Huntington Beach Pier

BELLE VUE
Le panorama de Corona del Mar

515

41 Disneyland et les plages de l'Orange County

Certes, vous trouverez de sublimes crépuscules, de fabuleux spots de surf et des fruits de mer de première fraîcheur en parcourant la Hwy 1, le long du littoral baigné de soleil de l'Orange County. Mais ce seront les découvertes fortuites qui se révéleront les plus mémorables, longtemps après avoir laissé derrière vous ces 67 merveilleux kilomètres (42 miles) d'écume et de sable. Un ou deux jours dans les parcs d'attractions de Disneyland couronneront cette équipée en Californie méridionale.

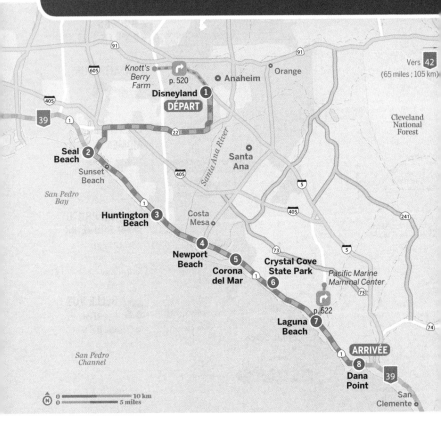

91

Knott's Berry Farm
p. 520

605

Orange

Vers 42 (65 miles ; 105 km)

91

Anaheim

Disneyland 1
DÉPART

405

39   1

22

Santa Ana River

Cleveland National Forest

Santa Ana

5

Seal Beach 2

Sunset Beach

San Pedro Bay

405

Huntington 3
Beach

1

Costa Mesa

405

241

Newport 4
Beach

Corona 5
del Mar

73

1

Crystal Cove State Park 6

5

Pacific Marine Mammal Center

73

p. 522

Laguna 7
Beach

74

San Pedro Channel

1

ARRIVÉE

8

Dana Point

39

San Clemente

N   0 ▭▭▭▭ 10 km
    0 ▭▭▭▭ 5 miles

① Disneyland

Aucun parc d'attractions de Californie n'accueille plus de visiteurs à l'année que **Disneyland** (📞714-781-4636 ; www.disneyland.com ; 1313 S Harbor Blvd ; forfait 1 journée adulte/enfant 87/81 $, forfait 2 jours 125/119 $;). Des squelettes de *Pirates des Caraïbes* aux singes hurleurs de l'*Indiana Jones Adventure*, la magie est omniprésente. Dans le rétro-futuriste Tomorrowland vous attendent le *Finding Nemo Submarine Voyage*

À COMBINER AVEC

39 **La Pacific Coast Highway**

La Pacific Coast Hwy (PCH) longe la côte Pacifique sur 1 600 km. Dans l'Orange County, elle serpente de Seal Beach, au nord, à Dana Point, au sud.

42 **Palm Springs et les oasis de Joshua Tree**

Si vous aimez le soleil de Californie du Sud, depuis Anaheim, roulez 110 miles (180 km) vers les terres pour découvrir de vastes espaces naturels et des complexes thermaux en plein désert.

---

et *Star Wars* – avec les attractions *Star Tours* et *Jedi Training Academy*. Utilisez le système de billet "coupe-files" Fastpass et vous décollerez sans tarder à bord de l'indétrônable *Space Mountain*. La nuit venue, admirez le feu d'artifice au-dessus du château de la Belle au bois dormant.

Si vous êtes sujet au vertige, oubliez la *Twilight Zone Tower of Terror* du **Disney's California Adventure** (DCA), dernier voisin en date de Disneyland. Les joyeuses zones thématiques du DCA illustrent le meilleur de la Californie, et maintes attractions comme *Cars Land*, inspiré de la Route 66, se révèlent plutôt paisibles. Une exception toutefois : le trépidant *California Screamin'*. Malgré ses airs de manège à l'ancienne, cette montagne russe infernale ne relâche jamais son emprise dès lors qu'elle a démarré. Laissez-vous gagner par l'enthousiasme de la Pixar Play Parade en journée et le spectacle à effets spéciaux du *World of Color* en soirée.

À l'extérieur des parcs, l'artère piétonnière de **Downtown Disney** déborde de boutiques de souvenirs, de restaurants familiaux, de bars et de lieux de spectacles, sans oublier les musiciens jouant pour les visiteurs en été.

✕ 🛏 p. 523

La route ›› Suivez Harbor Blvd vers le sud sur 3 miles (4,8 km), puis prenez la Hwy 22 vers l'ouest à travers l'arrière-pays de l'Orange County, qui rejoint l'I-405 (direction nord). Après moins de 2 km, sortez à Seal Beach Blvd, qui se déroule sur 3 miles vers la côte. Bifurquez à droite pour rejoindre la Hwy 1, aussi connue sous le nom de Pacific Coast Hwy (PCH) dans l'Orange County, puis prenez Main St à gauche, à Seal Beach.

---

② Seal Beach

Au concours de beauté des minuscules cités balnéaires de Californie du Sud, Seal Beach remporte la palme. C'est une alternative rafraîchissante à la très animée côte de l'Orange County, plus au sud. Avec ses trois pâtés de maisons et zéro feu de circulation, **Main St** aligne des restaurants familiaux et des petites boutiques où la nostalgie prime sur l'ostentation. Suivez le cortège des surfeurs trottinant pieds nus vers la plage, jusqu'au bout de Main St, puis filez vers le **Seal Beach Pier**. La construction d'origine (1906) n'a pas résisté aux tempêtes hivernales des années 1930. Depuis, la jetée a été reconstruite à trois reprises et dotée d'une promenade en bois. Sur la **plage**, vous trouverez des familles occupées à construire des châteaux de sable et à jouer dans l'eau – indifférentes à la hideuse plate-forme pétrolière au large.

PAROLE D'EXPERT
VERONICA HILL
PRÉSENTATRICE
DE "CALIFORNIA
TRAVEL TIPS",
SUR YOUTUBE

Si vos enfants sont trop jeunes pour embarquer avec vous dans une attraction de Disneyland, demandez un "rider-switch pass" à un membre du personnel en arrivant à la queue. Faites votre tour tandis que votre conjoint(e) garde les enfants, puis confiez-lui le pass afin qu'il/elle puisse y aller à son tour. Les ados impatients pourront prendre les files d'attente pour personnes seules.

En haut : Maisons de Newport Beach
À gauche : Restaurant, Newport Beach
À droite : US Open de surf, Huntington Beach Pier

518

RICHARD CUMMINS / GETTY IMAGES ©

Les vagues tranquilles de Seal Beach en font un excellent endroit pour apprendre à surfer. Le fourgon de la **M&M Surfing School** (☎714-846-7873 ; www.surfingschool.com ; cours collectif 1h/3h 45/65 $, location combinaison/surf 15/25 $; ⛟) est garé au parking juste au nord de la jetée, près d'Ocean Ave, au niveau de 8th St.

La route » En continuant vers le sud sur la Hwy 1, après un petit pont, on découvre Sunset Beach, une langue de terre longue d'un mile (1,6 km), avec ses bars de motards et ses magasins de location de kayaks et de planches de stand-up paddle sur le port. Faites encore 6 miles (9,6 km) vers le sud sur la Hwy 1, en passant par la Bolsa Chica State Beach et la Bolsa Chica Ecological Reserve, jusqu'à la jetée de Huntington Beach.

- - - - - - - - - - -

TEMPS FORT

❸ Huntington Beach

PAUL HEBERT/ICON SMI/CORBIS ©

Ici, à "Surf City USA", l'obsession de la Californie du Sud pour les vagues atteint son paroxysme. Une statue du surfeur hawaïen Duke Kahanamoku se dresse au carrefour de Main St et de la Hwy 1, et les noms et les les empreintes de surfeurs mythiques jalonnent le trottoir du **Surfers' Hall of Fame** (www.hsssurf.com/shof/). À quelques pâtés de maisons vers l'est, l'**International Surfing Museum** (☎714-960-3483 ; www.surfingmuseum.org ; 411 Olive Ave ; don suggéré 2 $; ⊙12h-17h lun et mer-ven, 12h-

519

21h mar, 11h-18h sam-dim) rend hommage à ces légendes. Rejoignez ensuite le **Huntington Beach Pier**, d'où l'on peut observer de près les casse-cou enchaînant les tubes à grande vitesse. Sachez que ces vagues ne sont pas forcément l'endroit idéal pour poursuivre votre apprentissage – les locaux peuvent se révéler assez peu partageurs... En été, l'**US Open de surf** attire quelque 600 surfeurs de classe mondiale et 400 000 spectateurs, avec notamment des concerts et des démonstrations de motocross et de skate. Quant à la **Huntington City Beach**, c'est une plage de sable large et plate, l'endroit rêvé pour faire bronzette. Le soir, partagez un feu de camp et des marshmallows avec des amis dans les foyers prévus à cet effet, au sud de la jetée.

 p. 523

La route ›‹ Depuis le Huntington Beach Pier, à l'intersection avec Main St, prenez la Hwy 1 vers le sud et longez l'océan sur 4 miles (6,4 km) jusqu'à Newport Beach. Empruntez W Balboa Blvd à droite et continuez jusqu'à la Balboa Peninsula, coincée entre l'océan et Balboa Island, non loin de Newport Harbor.

- - - - - - - - - - - -

TEMPS FORT

④ Newport Beach

Cliché de série télé, la clinquante Newport Beach fait la part belle aux mondains fortunés, aux adolescents branchés et aux plages somptueuses. Des femmes en bikini se pavanent sur la plage entre les jetées jumelles de la péninsule, tandis que les bodyboarders bravent les terribles vagues du **Wedge**, et que les yachts mènent leur ballet portuaire. Au port, prenez un ferry pour

l'île surannée de **Balboa Island**, ou montez à bord du manège proche de l'emblématique **Balboa Pavilion**, datant de 1905. La grande roue tourne toujours dans la minuscule **Balboa Fun Zone** (www.thebalboafunzone. com ; 3 $/manège ; ☉11h-20h dim-jeu, 11h-21h ven, 11h-22h sam ; 🅿), non loin des expositions sur le milieu marin d'**ExplorOcean** (☎949-675-8915 ; http:// explorocean.org ; 600 E Bay Ave ; adulte/enfant 4/2 $; ☉11h-15h lun-jeu, 11h-18h ven-sam, 11h-17h dim ; 🅿). Non loin de là, vers l'intérieur des terres, visitez l'**Orange County Museum of Art** (☎949-759-1122 ; www.ocma.net ; 850 San Clemente Dr ; adulte/enfant 12 $/ gratuit ; ☉11h-17h mer-dim, 11h-20h jeu), un musée d'art contemporain de pointe, à mille lieues de la frivole culture populaire sud-californienne.

 p. 523

VAUT LE DÉTOUR
KNOTT'S BERRY FARM

Point de départ : ① Disneyland

Bienvenue à **Knott's Berry Farm** (☎714-220-5200 ; www.knotts.com ; 8039 Beach Blvd, Buena Park ; adulte/enfant 58/29 $; ☉ouvert tlj à partir de 10h, horaires fermeture variable ; 🅿), un parc d'attractions ouvert en 1940, dont les montagnes russes attirent aujourd'hui les amateurs de sensations fortes. En entrant, levez la tête pour apercevoir d'en dessous les passagers du Silver Bullet, réputé pour sa vrille, sa double spirale et son looping. À noter qu'en octobre, le parc organise la plus effrayante fête d'Halloween de toute la Californie du Sud. Le parc aquatique voisin, le **Knott's Soak City USA** (☎714-220-5200 ; www.soakcityoc.com ; adulte/enfant 26/23 $; ☉mi-mai à sept, horaires variables ; 🅿), rafraîchira les visiteurs par une chaude journée d'été.

Le Knott's est à 20 minutes de route de Disneyland. Prenez l'I-5 (direction nord) jusqu'à La Palma Ave, côté ouest.

La route ≫ Faites un petit détour depuis la Hwy 1 pour admirer une vue magnifique sur l'océan, au sud de Newport Beach. Roulez d'abord au sud et empruntez le pont qui passe sur le Newport Channel. Trois miles (4,8 km) plus loin, à Corona del Mar, prenez Marguerite Ave à droite. Une fois sur la côte, bifurquez de nouveau à droite pour rejoindre Ocean Blvd.

Dana Point Harbor

---

❺ Corona del Mar

Savourez quelques-unes des plus fameuses vues sur la mer de SoCal depuis les promontoires de Corona del Mar, une ville-dortoir maniérée au sud du Newport Channel. Plusieurs plages, criques et piscines naturelles d'eau de mer, parfaites pour les enfants, vous attendent le long de cette portion de côte idyllique. Situé sur Ocean Blvd, près de Heliotrope Ave, le belvédère aéré de **Lookout Point** offre l'un des meilleurs panoramas. En contrebas des falaises, vers l'est, s'étire Main Beach, officiellement appelée **Corona del Mar State Beach** (☎949-644-3151 ; www.parks.ca.gov ; 15 $/ véhicule ; ☉6h-22h), une plage longue de 800 m équipée de foyers pour faire du feu et de terrains de volley (arrivez tôt le week-end pour trouver une place de parking). Un escalier conduit jusqu'à **Pirates Cove**, une crique abritant une formidable plage aux eaux calmes, idéale pour les familles. Pour un autre point de vue sur les vagues, le sable et

la mer, prenez Ocean Blvd vers l'est jusqu'à **Inspiration Point**, près de l'angle d'Orchid Ave.

La route ≫ Reprenez Orchid Ave vers le nord jusqu'à la Hwy 1, puis tournez à droite et piquez vers le sud. La circulation se clairsème, tandis que la vue sur l'océan se fait plus sauvage et ne pâtit pas des ensembles résidentiels dressés dans les collines sur votre gauche. Vous n'êtes plus qu'à 2-3 km de l'entrée du Crystal Cove State Park.

---

❻ Crystal Cove State Park

Avec ses quelque 3,5 miles (5,5 km) de plage et 900 ha de bois non aménagés, le **Crystal Cove State Park** (☎949-494-3539 ; www.parks. ca.gov, www.crystalcovestatepark. com ; 15 $/véhicule ; ☉6h-crépuscule) ferait presque oublier qu'on se trouve ici dans une région urbaine peuplée. Du moins, une fois que l'on a dépassé le parking et trouvé

une place sur le sable. Beaucoup de visiteurs l'ignorent, mais c'est aussi un parc sous-marin, où les amateurs de plongée peuvent observer la carcasse d'un avion de chasse de l'US Navy, qui s'est abîmé ici en 1949. Vous pourrez aussi profiter des piscines naturelles d'eau de mer, pêcher, faire du kayak ou surfer le long du littoral sauvage et venteux de Crystal Cove. Sur le versant terre de la Hwy 1, des kilomètres de sentiers de randonnée et de VTT raviront les marins d'eau douce.

✕ 🛏 p. 523

La route ≫ Prenez la Hwy 1 vers le sud sur quelque 4 miles (6,4 km). Quand les magasins, restaurants, galeries d'art, motels et hôtels apparaissent le long de la route, cela signifie que vous êtes arrivé à Laguna Beach. Le centre-ville est un lacis de rues à sens unique, juste à l'est de l'embranchement de Laguna Canyon Rd (Hwy 133).

❼ Laguna Beach

Les criques isolées, les falaises romantiques et les bungalows de style Arts and Crafts (mouvement inspiré de l'Art nouveau) de cette colonie d'artistes du début du XXᵉ siècle offrent un répit bienvenu au sortir de kilomètres d'architecture banlieusarde standardisée. Laguna célèbre joyeusement ses racines bohèmes au travers de ses festivals d'été, de ses dizaines de galeries ou encore de l'encensé **Laguna Art Museum** (☑949-494-8971 ; www.lagunaartmuseum.org ; 307 Cliff Dr ; adulte/enfant 7 $/gratuit ; ☺11h-17h ven-mar, 11h-21h jeu).

On peut aisément passer un après-midi à flâner dans les boutiques chics du centre-ville, tandis que **Main Beach**, sur le front de mer, est prise d'assaut par les joueurs de volley et les amateurs de bronzette. Juste au nord, en haut d'un promontoire, **Heisler Park** serpente entre œuvres d'art, palmiers, tables de pique-nique et points de vue sur le littoral rocheux. Descendez vers Divers Cove, une crique profondément encaissée. Vers le sud, des dizaines de plages publiques se concentrent sur quelques kilomètres de littoral. Guettez les panneaux "beach access" (accès à la plage) depuis la Hwy 1, ou

faites une halte au **Aliso Beach County Park** (www.ocparks.com/alisobeach ; 31131 S Pacific Coast Hwy ; parking 1 $/h ; ☺6h-22h), l'une des adresses préférées des habitants.

 p. 523

La route ❯❯ Depuis le centre de Laguna Beach, continuez vers le sud sur la Hwy 1 (PCH), sur environ 3 miles (4,8 km), jusqu'à l'Aliso Beach County Park, puis encore 4 miles (6,4 km) jusqu'à la ville de Dana Point. Prenez Green Lantern St à droite, puis tournez à gauche pour gagner Cove Rd, qui rejoint Dana Point Harbor Dr en passant par la plage et l'Ocean Institute.

---

❽ Dana Point

Enfin, flanquée de sa marina, voici Dana Point, du nom de l'aventurier du XIXᵉ siècle Richard Dana, qui définit notoirement la région comme "le seul endroit romantique de

la côte". Aujourd'hui, au **Dana Point Harbor**, il est davantage question d'activités en famille et de pêche sportive. Conçu pour les enfants, l'**Ocean Institute** (☑949-496-2274 ; www.ocean-institute.org ; 24200 Dana Point Harbor Dr ; adulte/enfant 6,50/4,50 $; ☺10h-15h sam-dim ; ♿) abrite des répliques de grands navires historiques, des expositions en lien avec la mer ou encore un laboratoire flottant. À l'est du pont, la **Doheny State Beach** (☑949-496-6172 ; www.parks.ca.gov, www.dohenystatebeach.org ; 15 $/véhicule ; ☺6h-22h, 6h-20h nov-fév ; ♿), qui accueille baigneurs, plongeurs et surfeurs, est dotée de tables de pique-nique, de terrains de volley, d'une piste cyclable et de piscines naturelles d'eau de mer.

VAUT LE DÉTOUR
PACIFIC MARINE MAMMAL CENTER

Point de départ : ❼ Laguna Beach

À environ 3 miles (4,8 km) au nord-est de Laguna Beach se trouve le réconfortant **Pacific Marine Mammal Center** (☑949-494-3050 ; www.pacificmmc.org ; 20612 Laguna Canyon Rd ; entrée sur don ; ☺10h-16h ; ♿), consacré au sauvetage et à la réhabilitation de mammifères marins blessés ou malades. Ce centre à but non lucratif dispose d'un personnel réduit et de nombreux bénévoles aident à soigner les pinnipèdes (essentiellement des lions de mer et des phoques) avant de les relâcher dans leur élément naturel. Arrêtez-vous pour une visite non guidée de l'endroit, afin de perfectionner vos connaissances sur ces mammifères marins et saluer les "patients".

Se restaurer et se loger

Disneyland ❶

🛏 Candy Cane Inn · · · · · · Motel $$

(📞714-774-5284, 800-345-7057 ; www.
candycaneinn.net ; 1747 S Harbor Blvd ; ch 95-
179 $; ✳🛜📶). Un festival de fleurs aux
couleurs vives, des jardins soignés et une allée
pavée accueillent les visiteurs de ce charmant
motel, accessible à pied depuis Disneyland.

🛏 Disney's Grand Californian
Hotel · · · · · · · · · · · · · · · · · Hôtel $$$

(📞714-635-2300 ; www.disneyland.com ; 1600 S
Disneyland Dr ; ch à partir de 385 $; ✳@🛜📶
📶). Dans cet hommage sur 6 étages à l'école
architecturale californienne des *Arts and Crafts*,
des poutres en bois dominent la cheminée du coin
détente. Chambres confortablement équipées.

Huntington Beach ❸

🍴 Sugar Shack · · · · · · · · · · Café $

(www.hbsugarshack.com ; 213 Main St ; plats
6-10 $; ⏱6h-16h lun-mar et jeu, 6h-20h mer,
6h-17h ven-dim ; 📶). Attendez-vous à faire la
queue dans cette institution de Huntington Beach,
dotée d'un patio extérieur animé, ou venez tôt, à
l'heure où les surfeurs enfilent leur combinaison.
Petit-déjeuner servi toute la journée.

🛏 Shorebreak Hotel · · · Boutique Hotel $$$

(📞714-861-4470 ; www.shorebreakhotel.com ;
500 Pacific Coast Hwy ; ch 205-475 $; ✳@🛜).
Cet hôtel branché pimente un peu l'ordinaire avec
son concierge spécialiste *ès* vagues, son studio de
yoga, ses fauteuils poire dans le coin détente et ses
chambres à motifs géométriques. À la nuit tombante,
sirotez des cocktails sur la terrasse à l'étage.

Newport Beach ❹

🍴 Bear Flag Fish
Company · · · · · Poisson et fruits de mer $$

(📞949-673-3434 ; www.bearflagfishco.com ;
407 31st St ; plats 4-15 $; ⏱11h-21h mar-sam,
11h-20h lun et dim ; 📶). L'adresse ultime pour
déguster des huîtres fraîches, des tacos de
poisson ou des *poke* de style hawaïen. Servez-
vous dans les vitrines à poisson réfrigérées.

🛏 Bay Shores Peninsula Hotel · · · Hôtel $$$

(📞949-675-3463, 800-222-6675 ; www.
thebestinn.com ; 1800 W Balboa Blvd ; ch avec
petit-déj 190-300 $; ✳@🛜📶). L'hospitalité
de cet hôtel en bord de plage sur 3 niveaux, avec
fresques murales d'inspiration surf, cookies
maison, sans oublier les bodyboards et les
transats à disposition, compense les tarifs élevés.

Crystal Cove State Park ❻

🍴 Ruby's Shake Shack · · · · Fast-food $

(www.rubys.com ; 7703 E Coast Hwy ; éléments du
menu 5-10 $; ⏱7h-19h lun-jeu, 7h-20h ven-sam ;
🛜📶🍽). Dans une baraque en bord de route
peu visible, rachetée récemment par la chaîne
Ruby's Diner, les milk-shakes et la vue sur l'océan
sont au faîte de leur gloire.

🛏 Crystal Cove Beach
Cottages · · · · · · · · · · · · · Cottages $$

(📞réservations 800-444-7275 ; www.crystalcove
beachcottages.com, www.reserveamerica.com ;
ch avec sdb commune 35-170 $, cottages 125-
360 $; 📶). Pour décrocher l'un de ces cottages
historiques de bord de mer, réservez six mois
à l'avance – ou priez pour une annulation de
dernière minute.

Laguna Beach ❼

🍴 The Stand · · · · · · · · · · Diététique $

(238 Thalia St ; plats 5-10 $; ⏱7h-19h ; 🥬📶).
Ce minuscule établissement en forme de
grange, avec patio boisé, reflète le meilleur de la
vie à Laguna. Le consistant menu, très orienté
végétarien, comprend des *tamales* végétariens,
des salades aux graines de tournesol et des milk-
shakes aux dattes.

🛏 Laguna Cliffs Inn · · · · · · · · · Hôtel $$$

(📞949-497-6645, 800-297-0007 ; www.
lagunacliffsinn.com ; 475 N Coast Hwy ; ch 165-325 $;
✳🛜📶). Qu'il s'agisse du feng shui, du personnel
amical, des lits confortables ou de la proximité de
la plage, cette auberge de 36 chambres a quelque
chose de parfait. Gagnez le Jacuzzi extérieur à
l'heure où le soleil se couche sur l'océan.

Joshua Tree National Park *Une promenade entre merveilles végétales et minérales*

Palm Springs et les oasis de Joshua Tree

42

Avec leurs oasis à l'ombre des palmiers et des dattiers, Palm Springs et le Joshua Tree National Park sont des échappatoires à la chaleur et à l'aridité des déserts de Californie du Sud.

TEMPS FORTS

60 miles (97 km)

Keys View
Admirer au soleil couchant un vaste paysage allant des montagnes à la mer

50 miles (80 km)

Hidden Valley
Découvrir les arbres couverts d'épines du Joshua Tree National Park

Joshua Tree

Twentynine Palms

4

Desert Hot Springs

5

1 DÉPART

Coachella Valley • Indio

ARRIVÉE

7

Palm Springs
Une ville balnéaire branchée, prisée des célébrités, en plein désert

0 mile (0 km)

Cottonwood Spring
Les palmiers éventails atténuent la chaleur du soleil

120 miles (193 km)

2-3 JOURS
185 MILES / 300 KM

PARFAIT POUR...

LE MEILLEUR MOMENT

De février à avril pour profiter des fleurs et de températures plus clémentes

LA PHOTO SOUVENIR

Le coucher du soleil du haut de Keys View

INSTANT DE SOLITUDE

Une randonnée jusqu'à la Lost Palms Oasis

42

Palm Springs et les oasis de Joshua Tree

À un court trajet en voiture de la chic Palm Springs, les déserts de Mojave et de Sonora sont baignés d'un silence religieux. En apparence désolées, ces vastes étendues de sable dévoilent au promeneur une beauté parfaite : oasis de palmiers et de jardins de cactus, fleurs sauvages poussant au printemps sur le sol craquelé, relaxantes sources chaudes et constellation d'étoiles dans un ciel noir de jais.

Vers 43
(245 miles ; 394 km)

TEMPS FORT

❶ Palm Springs

Lieu de villégiature apprécié des stars de Hollywood pour sa proximité avec Los Angeles, cette ville en plein désert recèle de beaux bâtiments modernes des années 1950-1960. Vous pourrez vous procurer un plan des édifices intéressants au **Palm Springs Visitor Center** (☎760-778-8418 ; www.visitpalmsprings.com ; 2901 N Palm Canyon Dr ; ☉9h-17h), aménagé dans une

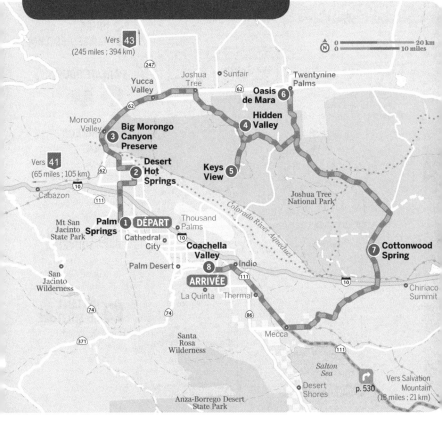

Vers 41
(65 miles ; 105 km)

ancienne station-service réalisée par l'architecte moderniste Albert Frey, vers 1960. Montez ensuite en voiture jusqu'au **Palm Springs Aerial Tramway** (☑888-515-8726 ; www.pstramway.com ; 1 Tram Way ; adulte/enfant 24/17 $; ⏱10h-20h lun-ven, 8h-20h sam-dim, dernier retour 21h45 ; ♿), un téléphérique qui grimpe presque à la verticale sur 2 km, en moins de 15 minutes, de la chaleur du désert de Sonora à la fraîcheur des San Jacinto Mountains, parfois enneigées. De retour en bas, direction Palm Canyon Dr, au sud, où vous attendent galeries d'art, cafés, bars à cocktail et boutiques chics tel **Trina Turk** (www.

À COMBINER AVEC

41 Disneyland et les plages de l'Orange County

110 miles (177 km) vers l'ouest sur la I-10 vous séparent de Disneyland et des villes balnéaires de l'Orange County.

43 La Eastern Sierra Scenic Byway

Parcourez 245 miles (395 km) au nord-ouest via la I-10, la I-15 et la US 395 jusqu'à Lone Pine, entourée par la majestueuse Sierra Nevada.

trinaturk.com ; 891 N Palm Canyon Dr ; ⏱10h-17h lun-ven, 10h-18h sam, 12h-17h dim) apprécié des fashionistas.

✕ 🛏 p. 531

La route » Quittez le centre-ville en remontant Indian Canyon Dr vers le nord sur 8 miles (13 km), en passant au-dessus de la I-10. Prenez à droite Dillon Rd puis, après 2,5 miles (4 km), Palm Dr à gauche. Elle mène au centre de Desert Hot Springs, au nord.

- - - - - - - - - - - - -

② Desert Hot Springs

En 1774, le conquistador espagnol Juan Bautista de Anza fut le premier Européen à entrer en contact avec la tribu cahuilla, qui vit dans le désert. Depuis lors, le terme espagnol "Agua Caliente" désigne à la fois cette tribu amérindienne et les sources chaudes naturelles qui alimentent les **Desert Hot Springs** (www.visitdeserthotsprings.com). Des hôtels branchés ont maintenant pignon sur rue près des sources bienfaisantes jaillissant des profondeurs.
Vous pourrez prendre un bain de boue au **Two Bunch Palms Resort & Spa** (☑800-472-4334 ; www.twobunchpalms.com ; 67425 Two Bunch Palms Trail ; ⏱sur rdv) comme le fit Tim Robbins dans *The Player*, de Robert Altman (1992). Dans le silence d'une véritable oasis, le spa propose plusieurs bassins et solariums, dont un naturiste.

🛏 p. 531

La route » Dirigez-vous à l'ouest vers Indian Canyon Dr, par Pierson Blvd. Tournez à droite et traversez les faubourgs poussiéreux de Desert Hot Springs vers le nord-ouest. Prenez à droite la Hwy 62 (est) en direction de Yucca Valley ; après 4 miles (6,4 km), tournez à droite dans East Dr et suivez les panneaux pour Big Morongo Canyon Preserve.

- - - - - - - - - - - - -

③ Big Morongo Canyon Preserve

Autre oasis du cœur du désert, la **Big Morongo Canyon Preserve** (☑760-363-7190 ; www.bigmorongo.org ; contribution libre ; 11055 East Dr, Yucca Valley ; ⏱7h30-coucher du soleil) ravira les ornithologues. Cette réserve à la dense végétation de peupliers et de saules se niche au cœur des Little San Bernardino Mountains. Commencez par le kiosque d'informations du parking puis baladez-vous sur les passerelles traversant les bois marécageux pour apercevoir colibris et pics-verts.

La route » Reprenez la Hwy 62 vers l'est via Yucca Valley (p. 531), avec ses boutiques d'antiquités, ses galeries d'art et ses cafés. Elle mène en 16 miles (26 km) à la localité de Joshua Tree, où vous pourrez vous restaurer et dormir (p. 531). Au croisement avec Park Blvd, tournez à droite. L'entrée ouest du parc national est à 5 miles (8 km). Faites le plein d'essence avant.

LA CALIFORNIE **42** PALM SPRINGS ET LES OASIS DE JOSHUA TREE

MOMATIUK - EASTCOTT / CORBIS ©

❹ Hidden Valley

Le **Joshua Tree National Park** (📞760-367-5500 ; www.nps.gov/jotr ; permis de circulation voiture 7 jours 15 $; ⏲24h/24 ; 🚻) offre un superbe paysage de roche et d'arbres de Josué prenant racine dans le sable. Ces arbres, de la famille des agavacées, doivent leur nom aux colons mormons à qui leurs branches tortueuses couvertes d'épines faisaient penser aux bras d'un prophète pointant le chemin de Dieu. Profitez de la vue le long des 7 miles (11 km) de la sinueuse route du parc menant à l'aire de pique-nique de Hidden Valley. Après le camping, tournez à gauche pour rejoindre le sentier du **Barker Dam**. Cette boucle pédestre de 1,6 km, adaptée aux enfants, passe devant un joli petit lac artificiel et des pétroglyphes amérindiens. Si l'histoire et les traditions de l'Ouest vous passionnent, participez à la visite guidée de 90 minutes du **Keys Ranch** (📞760-367-5555 ; adulte/enfant 5/2,50 $; ⏲10h et 13h) voisin, sur les traces des pionniers éleveurs, mineurs et fermiers du XIXᵉ siècle.

🛏 p. 531

La route ›› Revenez sur Park Blvd, tournez à gauche et repiquez vers le sud au milieu des formations rocheuses et des arbres de Josué. Une route bien indiquée sur la droite monte au point de vue de Keys View, à 5,5 miles (8,8 km), dépassant plusieurs sentiers et bornes d'informations.

❺ Keys View

Quittez Hidden Valley au moins une heure avant le coucher du soleil pour grimper jusqu'à **Keys View**, où la vue

Cottonwood Spring

panoramique s'étend au sud sur la Coachella Valley et, au-delà, jusqu'à la miroitante Salton Sea. Plus rarement, par temps clair, on distingue Signal Mountain, au Mexique. En face se dressent les monts San Jacinto et San Gorgonio, deux des plus hauts sommets de Californie du Sud, souvent enneigés même au printemps. La faille de San Andreas serpente en contrebas.

La route ›› Redescendez jusqu'à Park Blvd. Tournez à droite pour traverser le Wonderland of Rocks, site de varappe apprécié des grimpeurs, petits et grands, après plusieurs campings. Parcourez 10 miles (16 km), serrez à gauche sur Park Blvd et roulez vers le nord pendant 7 miles (11 km) jusqu'à Twentynine Palms, sur l'Utah Trail.

- - - - - - - - - - - - -

❻ Oasis de Mara

Faites un crochet par l'**Oasis Visitor Center** (www.nps.gov/jotr ; 74485 National Park Dr, Twentynine Palms ; ⊘8h-17h ; 👤) du National Park Service (NPS) pour en savoir plus sur les palmiers éventails des déserts californiens. Ces palmiers poussent souvent près des failles, les fissures dans la croûte terrestre faisant remonter l'eau souterraine en surface. Près du centre d'accueil, un sentier facile de moins d'1 km mène à l'**Oasis de Mara**, où campaient autrefois les indiens Serrano. Demandez votre chemin pour rejoindre le début du sentier (près de la Hwy 62), qui fait une boucle de 3 miles (4,8 km) jusqu'à la **49 Palms Oasis**. Le sentier, exposé au soleil, suit la ligne de crête avant de descendre dans une gorge et de continuer parmi les cactus vers une lointaine poche de verdure.

🛏 p. 531

VAUT LE DÉTOUR
SALTON SEA

Point de départ : ⑦ Cottonwood Spring

Au sud-est d'Indio, la Hwy 111 conduit à un site inattendu. Plus grand lac de Californie, la Salton Sea s'est formée au milieu du désert en 1905 suite à une crue du Colorado. Considérée jusqu'au milieu du XXᵉ siècle comme la "riviera californienne" grâce à ses maisons de vacances au bord du lac, la Salton Sea a depuis été en grande partie délaissée en raison des décès annuels de poissons, provoquées par les rejets chimiques des fermes alentour. Site plus curieux encore, la **Salvation Mountain** (www.salvationmountain.us) est une montagne artificielle couverte de peinture acrylique, d'objets trouvés et d'inscriptions religieuses chrétiennes. Elle se dresse à Niland, à 3 miles (4,8 km) à l'est de la Hwy 111.

La route » Redescendez Utah Trail pour regagner le parc, au sud. Descendez Park Blvd et prenez à gauche Pinto Basin Rd au premier grand croisement. La route descend en lacets sur 30 miles (48 km) jusqu'à Cottonwood Spring.

TEMPS FORT

⑦ Cottonwood Spring

Faisant route au sud vers Cottonwood Spring, on quitte le haut désert de Mojave pour le bas désert de Sonoran. Les plantes du **Cholla Cactus Garden**, soigneusement étiquetées, fleurissent au printemps. C'est le cas de l'inimitable *Fouquieria splendens*, un arbuste aux branches tentaculaires auréolées de fleurs rouge vif. Depuis le **Cottonwood Visitor Center** (www.nps.gov/jotr ; près de Cottonwood Springs Rd ; ☺8h-16h), une route sur la gauche permet d'atteindre rapidement **Cottonwood Spring**, à l'est, après un camping. Autrefois utilisée par les Cahuilla (dont on a retrouvé sur place des mortiers et des pots en argile), les sources désormais taries ont attiré les chercheurs d'or à la fin du XIXᵉ siècle. Une randonnée en boucle modérément difficile de 7,2 miles (11,5 km) conduit à la **Lost Palms Oasis**, une belle oasis isolée plantée de palmiers éventails.

🛏 p. 531

La route » Continuez vers le sud et passez au-dessus de la I-10 pour récupérer Box Canyon Rd, une route panoramique creusant un sillon dans le désert et serpentant vers la Salton Sea. Prenez la 66th Ave vers Mecca à l'ouest puis la Hwy 111 sur la droite et remontez vers le nord-ouest en direction d'Indio.

- - - - - - - - - - - -

⑧ Coachella Valley

Cette chaude mais fertile vallée est le paradis des amateurs de dattes. Les exploitations organisent des dégustations gratuites de diverses variétés : halawi, deglet nour, zahidi. La spécialité des lieux, un généreux milk-shake aux dattes, se déguste en version certifiée bio chez **Oasis Date Gardens** (www.oasisdate.com ; 59-111 Grapefruit Blvd, thermes ; ☺9h-16h) ou chez **Shields Date Garden** (www.shieldsdategarden.com ; 80-225 Hwy 111, Indio ; ☺9h-17h) créé par des pionniers vers 1920.

Se restaurer et se loger

Palm Springs ❶

✖ Cheeky's
Californien **$$**

(http://cheekysps.com ; 622 N Palm Canyon Dr ; plats 7-14 $; ⊗8h-14h mer-lun). **Les plats inventifs à base de produits fermiers compensent l'attente parfois longue. La carte change chaque semaine, mais les généreux** *chilaquiles* **et les formules bacon reviennent régulièrement.**

✖ Sherman's
Boulangerie, traiteur **$$**

(www.shermansdeli.com ; 401 E Tahquitz Canyon Way ; plats 8-17 $; ⊗7h-21h ; 🖕). **Ce traiteur casher séduit depuis les années 50 une clientèle de tous âges avec sa longue liste de sandwichs et de tartes maison. Terrasse sur rue.**

🛏 Horizon Hotel
Boutique Hotel **$$**

(📞760-323-1858, 800-377-7855 ; www. thehorizonhotel.com ; 1050 E Palm Canyon Dr ; ch 169-249 $; ❄✈🛜🖕). **Conçu par l'architecte moderniste William F. Cody, cet espace intimiste avec piscine a accueilli Marilyn Monroe et Betty Grable. Les enfants ne sont pas acceptés.**

🛏 Parker Palm Springs
Complexe hôtelier **$$$**

(📞760-770-5000 ; www.theparkerpalmsprings. com ; 4200 E Palm Canyon Dr ; ch à partir de 199 $; ❄🛜✈🖕). **Cet hôtel haut de gamme affiche une décoration originale signée Jonathan Adler. Optez pour un soin de luxe au spa ou un cocktail au restaurant Mister Parker's.**

Desert Hot Springs ❷

🛏 El Morocco Inn & Spa
Boutique Hotel **$$**

(📞760-288-2527, 888-288-9905 ; www. elmoroccoinn.com ; 66814 4th St ; ch avec petit-déj 159-249 $; ❄🛜🖕). **Ce superbe hôtel-spa digne d'une kasbah compte 10 chambres merveilleusement meublées et un jardin où siroter des cocktails ou un thé glacé à la menthe.**

🛏 The Spring
Boutique Hotel **$$**

(📞760-251-6700 ; www.the-spring.com ; 12699 Reposo Way ; ch avec petit-déj 179-229 $; ❄🛜✈). **Un motel des années 1950 reconverti en hôtel-spa à l'ambiance chic et feutrée, avec bassins d'eau de source chaude. Les 10 magnifiques chambres sont minimalistes côté design, mais pas côté équipements.**

Yucca Valley

✖ Ma Rouge Coffee House
Café **$**

(www.marouge.net ; 55844 Hwy 62 ; plats 5-10 $; ⊗7h-19h ; 🛜). **À l'angle de Pioneertown Rd, une adresse de quartier où l'on sert café bio, quiches, pâtisseries, sandwichs et salades.**

Joshua Tree

🛏 Hicksville Trailer Palace
Motel **$$**

(📞310-584-1086 ; www.hicksville.com ;d 100-225 $; ❄🛜🖕). **Huit caravanes à la décoration loufoque entourent une piscine d'eau salée. Seules deux d'entre elles ont une sdb privative. Réservation impérative (l'adresse est communiquée lors de la réservation).**

🛏 Spin & Margie's Desert Hideaway
Chalets **$$**

(📞760-366-9124 ; www.deserthideaway.com ; ste 125-175 $; ❄🛜). **Les 5 suites aux couleurs audacieuses mêlent tôle ondulée, vieilles plaques d'immatriculation et personnages de dessins animés. Chacune a sa cuisine ou sa kitchenette. Réservation impérative (l'adresse est communiquée lors de la réservation).**

Joshua Tree National Park ❹❻❼

🛏 Campings du NPS
Camping **$**

(📞877-444-6777 ; www.nps.gov/jotr, www. recreation.gov ; Joshua Tree National Park ; empl. 10-15 $; 🖕🚻). **Plusieurs campings, le long des routes principales du parc, permettent de planter sa tente près des formations rocheuses ou dans des canyons ombragés. La plupart n'acceptent pas les réservations et affichent complet avant midi les week-ends de printemps et d'automne.**

Bodie State Historic Park
Revivez l'époque de la ruée vers l'or

La Eastern Sierra Scenic Byway

43

Remontant vers le nord au fil de l'épine dorsale géologique de la Californie, la Hwy 395 émerveille par ses panoramas vertigineux, ses villes fantômes du grand Ouest et ses activités de plein air infinies.

TEMPS FORTS

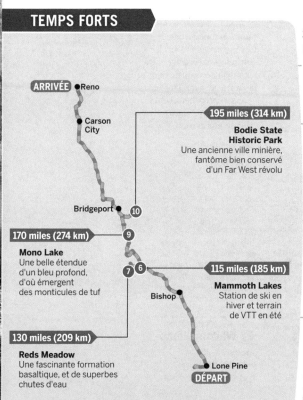

ARRIVÉE ● Reno

● Carson City

195 miles (314 km)

Bodie State Historic Park
Une ancienne ville minière, fantôme bien conservé d'un Far West révolu

Bridgeport ● ⑩

170 miles (274 km) ⑨

Mono Lake
Une belle étendue d'un bleu profond, d'où émergent des monticules de tuf

⑦ ⑥

115 miles (185 km)

Mammoth Lakes
Station de ski en hiver et terrain de VTT en été

Bishop ●

130 miles (209 km)

Reds Meadow
Une fascinante formation basaltique, et de superbes chutes d'eau

● Lone Pine
DÉPART

3-5 JOURS
320 MILES / 515 KM

PARFAIT POUR...

LE MEILLEUR MOMENT

De juin à septembre pour la chaleur et des balades dans des montagnes (quasiment) dénuées de neige

LA PHOTO SOUVENIR

Le lever ou le coucher du soleil dans les Alabama Hills, encadrées par la blanche Sierra Nevada

✓ PLEIN AIR MONTAGNARD

Parcourez de paisibles sentiers de montagne et campez à Mammoth Lakes

533

43 La Eastern Sierra Scenic Byway

Passerelle vers la plus vaste étendue sauvage de Californie, la Hwy 395 – ou Eastern Sierra Scenic Byway – sillonne entre sommets, lacs et interminables forêts de l'est de la Sierra Nevada. Une kyrielle d'activités de plein air vous attend au-delà de l'asphalte, tandis que les villes fantômes désolées, les formations géologiques uniques et les sources chaudes bouillonnantes ne demandent qu'à être explorées.

1 Lone Pine

La minuscule ville de Lone Pine constitue le point d'accès méridional aux joyaux escarpés de l'est de la Sierra Nevada. À son extrémité sud, le **Museum of Lone Pine Film History** (760-876-9909 ; www. lonepinefilmhistorymuseum.org ; 701 S Main St ; 5 $; 10h-18h lun-sam, 10h-16h dim) abrite des souvenirs des quelque 450 films tournés dans les environs. Ne manquez pas les projections, tous les jeudi et vendredi à 19h, ou encore la Cadillac décapotable décorée qui trône dans le hall.

Juste à l'extérieur du centre-ville, sur Whitney Portal Rd, les **Alabama Hills**, se parant d'une lumière orangée surnaturelle, sont un must absolu en matière de coucher du soleil. Toile de fond de westerns, ses monts arrondis couleur terre se détachent sur les contreforts gris acier et les sommets déchiquetés de la Sierra Nevada. Plusieurs beaux arcs rocheux sont aisément accessibles à pied depuis la route.

🍴 p. 541

La route » À partir de Lone Pine, les incisives déchiquetées de la Sierra Nevada se dressent dans toute leur féroce splendeur. Continuez vers l'ouest au-delà des Alabama Hills – soit 13 miles (21 km) depuis la Hwy 395 – puis préparez-vous à la vertigineuse ascension jusqu'au bout de la route. Les White Mountains s'élèvent à l'est, tandis que la spectaculaire Owens Valley se déroule en contrebas.

2 Whitney Portal

Avec ses 4 421 m, le **Mt Whitney** (www. fs.usda.gov/inyo), céleste

géant de granit, est le plus haut sommet des États-Unis (hors Alaska) et une obsession pour des milliers de randonneurs chaque été. Désespérément convoités, les permis, délivrés via une loterie, sont le seul passeport pour le sommet, même si les randonneurs peuvent escalader la montagne jusqu'au **Lone Pine Lake** (environ 9,5 km aller-retour), histoire de fouler l'emblématique **Whitney Trail**. Près du départ du sentier, faites une halte au café du **Whitney Portal Store** (www.whitneyportalstore. com) pour commander d'énormes burgers et *pancakes*, le rêve de tout marcheur affamé.

Tandis que vous admirez ce majestueux mégalithe, entouré de dizaines de

À COMBINER AVEC :

40 Les parcs de Yosemite, Sequoia et Kings Canyon

À Lee Vining, prenez la Hwy 120 vers l'ouest pour entrer dans le Yosemite National Park via le col de Tioga (3 031 m).

42 Palm Springs et les oasis de Joshua Tree

De Lone Pine, Palm Springs se trouve à 245 miles (394 km) au sud-est par la Hwy 395, la I-15 et la I-10.

sommets plus modestes, rappelez-vous que le point le plus bas du pays – Badwater, dans la vallée de la Mort – n'est qu'à 130 km d'ici, à vol d'oiseau, vers l'est.

La route ❭❭ Repartez vers Lone Pine et prenez la Hwy 395, sur 9 miles (14,5 km) vers le nord. Un désert de buissons et de virevoltants occupe la vallée entre les contreforts cuivrés de la Sierra Nevada et la chaîne des White Mountains. Manzanar est bien indiqué, sur la gauche.

- - - - - - - - - - - -

❸ Manzanar National Historic Site

Commémorant l'un des plus sombres chapitres de l'histoire des États-Unis, le site historique de Manzanar se déroule sur une portion de terre aride et ventée, encadrée par des sommets enneigés. Au plus fort de la Seconde Guerre mondiale, le gouvernement fédéral y fit interner plus de 10 000 Américains d'origine japonaise après l'attaque de Pearl Harbor. Il ne reste pas grand-chose de ce camp de sinistre mémoire, mais l'ancien auditorium du lycée abrite un intéressant **centre d'interprétation** (☏760-878-2194 ; www.nps.gov/manz ; entrée libre ; ⏰9h-16h30 nov-mars, 9h-17h30 avr-oct). Après le documentaire de 20 minutes, parcourez la passionnante exposition retraçant l'histoire de ces familles qui bâtirent une communauté dynamique en dépit de leur emprison-nement. Ensuite, prenez

la voiture pour une visite (libre) du site, longue de 5 km, qui comprend un réfectoire et des casernes reconstitués, des vestiges de bâtiments et de jardins, ainsi que le lugubre cimetière du camp.

Le **Mt Williamson** (4 381 m), que l'on confond souvent avec le Mt Whitney, surplombe cette plaine solitaire et poussiéreuse, qui se pare de fleurs sauvages au printemps.

La route ❭❭ Continuez sur 6 miles (9,6 km) vers le nord sur la Hwy 395, jusqu'à la bourgade d'Independence. Au centre-ville, guettez les colonnes de l'Inyo County Courthouse et tournez à gauche dans W Center St. Parcourez six blocs dans ce quartier résidentiel, jusqu'au bout de la rue.

- - - - - - - - - - - -

❹ Independence

Chef-lieu du comté d'Inyo depuis 1866, cette nonchalante ville en bordure de route abrite l'**Eastern California Museum** (☏760-878-0364 ; www.inyocounty.us/ecmuseum ; 155 N Grant St ; don requis ; ⏰10h-17h). Excellent témoin de l'histoire et de la culture de l'est de la Sierra Nevada, il présente l'une des collections les plus complètes de paniers des Amérindiens Paiute et Shoshone, ainsi que de vieilles photographies d'alpinistes locaux gravissant sans baudrier les sommets de la Sierra Nevada avec d'énormes paquetages. On verra aussi des objets provenant du camp de Manzanar

et une exposition illustrant la lutte contre le détournement des ressources en eau locales vers Los Angeles.

La route ❭❭ Reprenez la Hwy 395 vers le nord. La civilisation s'efface au profit de magnifiques sommets de granit, de contreforts montagneux et d'un grand ciel bleu. On aperçoit parfois du tuf volcanique en bord de route. On entre dans Bishop après avoir traversé la microscopique localité de Big Pine, à environ 40 miles (64 km) du point de départ.

- - - - - - - - - - - -

❺ Bishop

Deuxième ville de l'est de la Sierra Nevada, située à environ un tiers du chemin séparant Lone Pine de Reno, au nord, Bishop constitue un pôle d'attraction pour les randonneurs, les cyclistes, les pêcheurs et les grimpeurs. Pour comprendre ce qui les attire, visitez la **Mountain Light Gallery** (☏760-873-7700 ; 106 S Main St ; entrée libre ; ⏰10h-18h). Elle expose les stupéfiantes photos du regretté Galen Rowell, grimpeur, photographe et écrivain, qui a produit certains des meilleurs clichés de la Sierra Nevada.

À l'embranchement de la Hwy 395 avec la Hwy 6, prenez la Hwy 6 à droite et roulez sur 4,5 miles (7,2 km) pour rallier le **Laws Railroad Museum & Historical Site** (☏760-873-5950 ; www.lawsmuseum.org ; Silver Canyon Rd, Laws ; 5 $; ⏰10h-16h ; 🚶), vestige de la Carson and Colorado

Mammoth Lakes Détente dans une source chaude

Railroad, une ligne de chemin de fer désaffectée en 1960. Les passionnés de trains s'émerveillent devant la collection d'anciens wagons, tandis que les enfants adorent explorer la gare de 1883 et sonner la cloche en cuivre. Des dizaines de bâtiments historiques, enrichis d'objets d'époque, ont été rassemblés pour créer un village témoin.

La route » Reprenez la Hwy 395 sur 35 miles (56,3 km) vers le nord jusqu'à la Hwy 203, laissant derrière vous le Crowley Lake et les confins méridionaux de la caldeira de Long Valley, une dépression d'origine volcanique. Sur la Hwy 203 menant à Mammoth

Lakes, avant le centre-ville, arrêtez-vous au Mammoth Lakes Welcome Center, source d'excellents renseignements sur la ville et la région.

TEMPS FORT

⑥ Mammoth Lakes

Magnifiquement située à 2 438 m d'altitude, Mammoth Lakes est une station de ski dynamique entourée de hautes étendues sauvages et surmontée des 3 048 m de l'emblématique **Mammoth Mountain** (☎800-626-6684 ; www.mammothmountain.com ; adulte/7-12 ans forfait ski journée 79-107/35 $, forfait vélo journée adulte/enfant 47/22 $; 🚡). Cette station en plein essor,

qui propose des activités de plein air toute l'année, offre un dénivelé de 945 m – de quoi aiguiser l'appétit de tout amateur de sports de glisse – et une saison qui s'étend souvent de novembre à juin.

Lorsque la neige fond enfin, la station de ski et de snowboard se change prestement pour devenir l'énorme **Mammoth Mountain Bike Park**, qui évoque le tournage apocalyptique d'une suite de *Mad Max* avec son armada de vététistes en armure. Riche de plus de 160 km de pistes bien entretenues et d'un *bikepark*, il attire les mordus du pneu à crampons.

Toute l'année, un **téléphérique** (adulte/13-18 ans/7-12 ans 24/19/8 $) propulse les visiteurs vers les hauteurs pour une vue époustouflante des cimes enneigées.

 p. 541

La route ⟫ Garez-vous à hauteur de la Mammoth Mountain et prenez la navette Reds Meadow au pied du téléphérique (*gondola*). Autre option : remonter vers l'ouest sur 1,5 miles (2,4 km) puis reprendre la Hwy 203/Minaret Rd jusqu'au belvédère de Minaret Vista pour goûter une vue stupéfiante sur la Ritter Range, les minarets dentelés et les confins lointains du Yosemite National Park.

- - - - - - - - - -

TEMPS FORT

❼ Reds Meadow

La Reds Meadow Valley, à l'ouest de la Mammoth Mountain, offre l'un des paysages les plus splendides et variés des environs de Mammoth.

Le **Devils Postpile National Monument**, une formation volcanique vieille de 10 000 ans, en est le site le plus fascinant. Haut de 18 m, ce rideau de colonnes de basalte s'est formé quand des coulées de lave en fusion ont ralenti, avant de se refroidir et de se contracter dans un mouvement symétrique surprenant. Son étonnant motif alvéolaire s'apprécie idéalement depuis le sommet des colonnes, accessible par un court sentier. On peut facilement rejoindre les colonnes à pied depuis la **station de rangers de Devils Postpile** (📞760-934-2289 ; www.nps.gov/depo ; ⏰9h-17h été), à 800 m de là.

Depuis le monument, une balade de 4 km à travers une forêt abîmée par les incendies mène jusqu'aux spectaculaires **Rainbow Falls**, où la San Joaquin River jaillit depuis une falaise de basalte haute de 30 m. C'est à midi que les chances de voir un arc-en-ciel se former dans la brume tourbillonnante sont les plus élevées. On peut aussi atteindre les cascades depuis l'arrêt de la navette Reds Meadow, une randonnée facile de 1,5 mile (2,4 km).

La route ⟫ De retour sur la Hwy 395, continuez au nord vers la Hwy 158, à gauche. Sortez l'appareil photo pour immortaliser le panorama sur le lac et les sommets du June Lake Loop.

VAUT LE DÉTOUR
ANCIENT BRISTLECONE PINE FOREST

Point de départ : ❹ Independence

Pour découvrir quelques-uns des plus anciens représentants du règne végétal, prévoyez au moins une demi-journée d'excursion jusqu'à l'**Ancient Bristlecone Pine Forest**. Ses arbres noueux d'allure surnaturelle s'élèvent à plus de 3 048 m d'altitude sur les pentes peu hospitalières des White Mountains, une chaîne montagneuse désolée qui surpassait jadis la Sierra Nevada. L'arbre le plus ancien – baptisé Mathusalem – aurait plus de 4 700 ans, soit quelque deux siècles de plus que le Sphinx de Gizeh !

Pour atteindre le site, prenez la Hwy 168 sur 12 miles (19,3 km) vers l'est entre Big Pine et White Mountain Rd, puis tournez à gauche, vers le nord, et montez la route sinueuse sur 10 miles (16 km) jusqu'à **Schulman Grove** – nommé d'après le scientifique qui découvrit l'âge canonique de ces arbres dans les années 1950. Depuis Independence, l'excursion dure environ une heure aller. Il est possible d'accéder à des circuits sans guide et à un récent **centre des visiteurs** (📞760-873-2500 ; www.fs.usda.gov/inyo ; 5 $/véhicule ; ⏰fin mai-oct), alimenté à l'énergie solaire. White Mountain Rd est généralement fermée de novembre à avril.

⑧ June Lake Loop

À l'ombre de l'imposant Carson Peak (3 325 m), la magnifique **June Lake Loop** (Hwy 158) serpente sur 14 miles (22,5 km) au cœur d'un photogénique canyon en forme de fer à cheval. Elle dépasse la tranquille localité touristique de **June Lake** et permet de découvrir les poissonneux lacs Grant, Silver, Gull et June. L'endroit est particulièrement beau en automne, quand les trembles aux feuilles dorées embrasent la cuvette, et en hiver, lorsque de courageux alpinistes gravissent ses cascades gelées.

Le June Lake avoisine l'**Ansel Adams Wilderness**, une aire protégée qui rejoint le Yosemite National Park. Au départ du Silver Lake, les lacs Gem et Agnew offrent de spectaculaires excursions d'une journée. Des locations de bateaux et des balades à cheval sont proposées.

La route ❯❯ Rejoignez la Hwy 395, là où les Mono Craters arrondis parsèment un paysage sec et broussailleux, et le lac Mono se dévoile aux regards.

TEMPS FORT

⑨ Mono Lake

Deuxième plus vieux lac d'Amérique du Nord, Mono Lake est une calme et mystérieuse étendue d'un bleu profond, dont la surface reflète les

---

SOURCES CHAUDES

Un ensemble de séduisantes piscines naturelles, avec vue panoramique sur les cimes enneigées, se niche entre les White Mountains et la Sierra Nevada, près de Mammoth. À environ 9 miles (14,5 km) au sud de la ville, Benton Crossing Rd bifurque à l'est de la Hwy 395 pour mener à une délicieuse série de ces sources. Pour davantage d'indications et des plans, procurez-vous l'excellent *Touring California and Nevada Hot Springs*, de Matt Bischoff, ou consultez le www.mammothweb.com/recreation/hottubbing.cfm.

---

sommets déchiquetés de la Sierra Nevada, les jeunes cônes volcaniques et d'étranges monticules de tuf. Un paysage unique... Émergeant de l'eau tels des châteaux de sable, ces formations s'élèvent lorsque le calcium remonte de sources souterraines et s'associe à du carbonate dans les eaux alcalines du lac.

Les niveaux de salinité et d'alcalinité sont trop élevés pour pouvoir s'offrir une baignade. À défaut, faites un tour de kayak ou de canoë autour des tours de tuf érodées, embrassez une vue panoramique du champ volcanique des Mono Craters, et épiez discrètement les balbuzards pêcheurs et autres oiseaux aquatiques qui résident dans cet habitat d'exception.

Pour des infos sur la région, le **Mono Basin Scenic Area Visitors Center** (☎760-647-3044 ; www.fs.usda.gov/inyo ; Hwy 395 ; ⊗8h-17h mi avr-nov), à 800 m au nord de **Lee Vining**, comprend des panneaux d'interprétation, une

librairie et un film de 20 minutes sur le lac.

✕ ⊫ p. 541

La route ❯❯ La Hwy 395 parvient à Conway Summit (2 483 m), son point culminant, 10 miles (16 km) au nord de Lee Vining. Arrêtez-vous au point de vue pour un impressionnant panorama sur le lac Mono, avec les Mono Craters et les monts June et Mammoth en toile de fond. Continuez environ 8 miles (12,8 km) vers le nord et empruntez la déserte Hwy 270 sur 13 miles (20,9 km) vers l'est jusqu'au Bodie State Historic Park. Les 5 derniers kilomètres ne sont pas goudronnés.

TEMPS FORT

⑩ Bodie State Historic Park

Pour revivre la ruée vers l'or, faites une halte à **Bodie** (☎760-647-6445 ; www.parks.ca.gov/bodie ; Hwy 270 ; adulte/enfant 7/5 $; ⊗9h-18h juin-août, 9h-15h sept-mai), l'une des villes fantômes les plus authentiques et les mieux préservées de l'Ouest. De l'or y fut découvert en 1859, transformant soudainement ce rustique

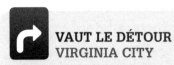

VAUT LE DÉTOUR
VIRGINIA CITY

Point de départ : ❿ Bodie State Historic Park

Virginia City fut l'un des fers de lance de la ruée vers l'or des années 1860 grâce au légendaire Comstock Lode, l'un des plus importants gisements d'argent au monde, exploité à partir de 1859. Dans la foulée, plusieurs barons de l'argent locaux devinrent des acteurs majeurs de l'histoire de la Californie, tandis que la construction d'une grande partie de San Francisco était financée par le trésor extrait des sous-sols. Mark Twain séjourna dans cette cité tapageuse durant son âge d'or, relatant la vie des mineurs dans *À la dure*.

Cette ville haut perchée est classée monument national, avec sa grand-rue jalonnée de bâtiments victoriens, ses trottoirs en bois, ses étonnants saloons et ses petits musées, aussi anecdotiques pour les uns que fascinants pour d'autres. C Street, son artère principale, abrite le **centre des visiteurs** (www.visitvirginiacitynv.com ; 86 South C St ; ⏱10h-16h). Pour voir comment vivait l'élite du monde minier, faites une halte à la **Mackay Mansion** (D St) et au **château** (B St).

De Carson City, prenez la Hwy 50 vers l'est, puis parcourez 7 miles (11,2 km) via la Hwy 341 et la Hwy 342. Sur la route de Reno, traversez une spectaculaire portion de désert de 13 miles (21 km), sur la Hwy 341, pour rejoindre la Hwy 395. Continuez sur 7 miles (11,2 km) jusqu'à Reno.

---

camp de mineurs en une ville sans loi de 10 000 âmes. Des bagarres et des meurtres se produisaient alors presque quotidiennement, alimentés par l'alcool coulant à flots dans 65 saloons, dont certains servaient aussi de maison close, de maison de jeux ou de fumerie d'opium.

Dans les années 1870 et 1880, ces collines accouchèrent de quelque 35 millions de dollars en or et en argent. Lorsque la production s'effondra, Bodie fut abandonnée. N'en reste que les 200 bâtiments délabrés que l'on retrouve aujourd'hui, figés dans cette vallée aride et battue par le vent. En jetant un œil à travers les fenêtres poussiéreuses, vous apercevrez des magasins approvisionnés, des maisons meublées, une école avec ses livres et ses pupitres, une prison et nombre d'autres édifices. L'ancien Miners' Union Hall, le local des syndicats miniers, abrite désormais un **musée** et un **centre des visiteurs** (⏱9h-1h avant la fermeture du parc). Des rangers assurent des visites gratuites.

La route » Rebroussez chemin vers la Hwy 395, qui vous mènera rapidement à la localité de Bridgeport. Environ 2 heures sont ensuite nécessaires pour gagner Reno en empruntant une charmante portion à deux voies de la highway, qui longe la sinueuse Walker River.

⓫ Reno

Délaissant les casinos, la deuxième ville du Nevada s'est progressivement tournée vers les activités de plein air, proposées toute l'année. La Truckee River divise en deux cette ville entourée de montagnes. Au cœur de l'été, le **Truckee River Whitewater Park** fourmille de kayakistes et de baigneurs s'ébattant sur des chambres à air. Deux parcours de kayak font le tour de Wingfield Park, un îlot au milieu du fleuve qui accueille des concerts gratuits en été. **Tahoe Whitewater Tours** (☎775-787-5000 ; www.gowhitewater.com) et **Sierra Adventures** (☎866-323-8928 ; www.wildsierra.com) proposent des cours et des excursions en kayak.

 p. 541

Se restaurer et se loger

Lone Pine ❶

🍴 Alabama Hills Café & Bakery Diner $

(111 W Post St ; plats 8-12 $; ⏱6h-14h lun-ven, 7h-14h sam-dim ; 🖋). Passez tôt le matin pour commander un petit-déjeuner pantagruélique (œufs et hachis de bœuf salé, ou *pancakes* aux céréales), puis emportez un sandwich gourmet à base de pain fait sur place pour un déjeuner en plein air ou traînez un peu en attendant les copieuses soupes et les tartes aux fruits maison.

Mammoth Lakes ❻

🛏 Tamarack Lodge & Resort Resort $$

(☎760-934-2442, 800-626-6684 ; www.tamaracklodge.com ; lodge ch 99-169 $, chalet 169-599 $; @🛜🛁). Une charmante retraite, ouverte toute l'année sur la côte boisée du Lower Twin Lake. Le bâtiment de 1924 abrite une douzaine de chambres simples et douillettes au sol grinçant, et le salon doté de poutres en bois offre le cadre idéal pour une soirée de lecture au coin du feu. Les chalets (*cabins*), du sommaire au luxueux, offrent plus d'intimité.

🛏 Campings de l'USFS Camping $

(☎877-444-6777 ; www.recreation.gov ; empl tente et camping-car 21 $; ⏱mi-juin à mi-sept). 🏕 Dormez sous un ciel étoilé dans l'un des campings du US Forest Service (USFS) – consultez la rubrique "Recreation" sur le site www.fs.usda.gov/inyo – disséminés à Mammoth Lakes et dans ses environs. De nombreux emplacements sont disponibles selon le principe du "premier arrivé, premier servi", d'autres sont ouverts à la réservation. Ils disposent de toilettes, mais pas de douche.

Mono Lake ❾

🍴 Whoa Nellie Deli Épicerie fine $$

(www.whoanelliedeli.com ; près de la jonction des Hwy 120W et Hwy 395, Lee Vining ; plats 8-19 $; ⏱7h-21h mi-avr à oct). Une excellente cuisine dans une station-service ? Voyons donc ! Et pourtant, cette table mérite absolument un arrêt. Le chef Matt "Tioga" Toomey concocte de délicieux tacos au poisson, pavés de bison et autres mets savoureux pour les habitants et les visiteurs de passage. Les portions sont énormes et la vue depuis le patio est digne de la cuisine.

🛏 Yosemite Gateway Motel Motel $$

(☎760-647-6467 ; www.yosemitegatewaymotel.com ; Hwy 395, Lee Vining ; ch 169 $; 🛜). Envie d'un hébergement avec vue ? Dans ce motel, le seul à droite de la highway, elle est phénoménale depuis certaines chambres.

Reno ⓫

🍴 Silver Peak Restaurant & Brewery Pub $$

(www.silverpeakbrewery.com ; 124 Wonder St ; plats midi 8-10 $, soir 9-21 $; ⏱11h-minuit). Décontracté et sans prétention, cet endroit résonne des bavardages de clients ravis de passer la soirée autour de bières artisanales et d'une cuisine simple mais excellente : pizza, poulet rôti, pâtes aux crevettes ou encore filet mignon.

🛏 Peppermill Hôtel-casino $$

(☎775-826-2121 ; www.peppermillreno.com ; 2707 S Virginia St ; ch dim-jeu 50-140 $, ven-sam 70-200 $; ❄@🛜🛁). Baignant dans une opulence rappelant Las Vegas, cette adresse appréciée offre des chambres à thématique toscane dans sa toute nouvelle tour (600 chambres) et termine la luxueuse rénovation des chambres les plus anciennes. Les trois piscines (dont une intérieure) sont magnifiques et se doublent d'un spa. L'eau chaude et le chauffage sont produits de façon géothermique.

San Francisco
*Dépaysement et animation
garantis dans Chinatown*

San Francisco, Marin et Napa

44

Un grand tour de la baie pour découvrir l'inimitable San Francisco, les paysages sauvages du Marin County, les fameux vignobles de la Napa Valley et ceux, plus confidentiels, de la Sonoma Valley.

TEMPS FORTS

75 miles (120 km)

Point Reyes
Un petit phare de bout du monde, beaucoup de vent, et la vue des baleines passant au loin : magique

160 miles (260 km)

Napa Valley
Ses quelque 230 vignobles font de la Napa Valley la première région viticole du pays

Glen Ellen
Sonoma
Petaluma
Point Reyes Station
Olema

9
6
4
2

25 miles (40 km)

Muir Woods
À l'ombre des séquoias géants dans cette forêt ancestrale

DÉPART/ ARRIVÉE
San Francisco

Marin Headlands
Une vue époustouflante sur la baie et le pont de San Francisco depuis les hauteurs de la péninsule

10 miles (16 km)

**4-5 JOURS
253 MILES / 407 KM**

PARFAIT POUR...

LE MEILLEUR MOMENT

D'avril à octobre, pour un temps sec et doux

LA PHOTO SOUVENIR

D'un seul regard, embrassez Alcatraz, le Pacifique, le Golden Gate Bridge et San Francisco depuis Conzelman Rd

☑ À L'OMBRE DES GÉANTS

Au pied des immenses séquoias des Muir Woods, la nature remet l'homme à sa place

543

44

San Francisco, Marin et Napa

Laissez-vous d'abord griser par les charmes citadins et cosmopolites de San Francisco avant de traverser le mythique Golden Gate Bridge. À partir de là, les paysages s'ensauvagent, et le Marin County, entre collines ondulées, forêts de séquoias géants et littoral tourmenté, s'impose comme une bouffée d'air frais. Plus au nord vous attendent les vignobles de Napa et de Sonoma, où un doux soleil donne naissance à quelques-uns des plus grands crus de Californie.

❶ San Francisco

En deux journées bien remplies, vous pourrez explorer le **Golden Gate Park**, rencontrer les lions de mer du **Fisherman's Wharf**, flâner dans les rues de **Chinatown** et apprécier les terrasses du quartier italien de **North Beach**. N'oubliez pas d'aller voir les peintures murales de **Mission District** (Balmy Alley) et profitez-en pour dévorer un burrito gargantuesque.

Vous devrez faire la queue au terminus de Powell St (à l'angle

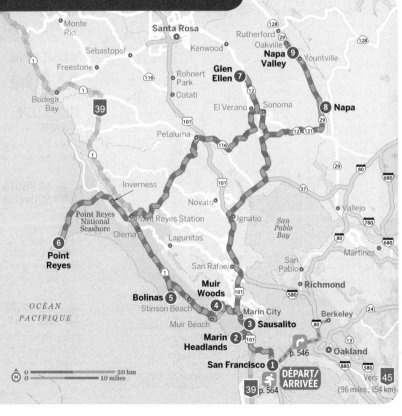

de Market St) pour une balade en **cable car** (www.sfmta.com ; trajet 6 \$). C'est ensuite en bateau que vous rejoindrez le rocher et la fameuse prison d'**Alcatraz** (☎415-981-7625 ; www.alcatrazcruises.com, www.nps.gov/alcatraz ; adulte/enfant 28/17 \$, en soirée 35/20,50 \$; ☺centrale d'appels 8h-19h ; départ des ferries du Pier 33 toutes les 30 min 9h-15h55, puis 18h10 et 18h45) ; l'été, réservez en ligne au moins deux semaines à l'avance.

Au pied de Market St, vous saliverez à la seule vue des stands de restauration du **Ferry Building** (www.ferrybuildingmarketplace.com ; One Ferry Building ; ☺10h-18h lun-ven, 9h-18h sam, 11h-17h dim), paradis des gourmets, où se tient aussi un marché de producteurs les mardi, jeudi et samedi matins : idéal pour découvrir la corne d'abondance californienne, ses traiteurs et ses produits bio.

Au **Castro Theatre** (☎415-621-6120 ; www.castrotheatre.com ; 429 Castro St ; adulte/enfant 10/7,50 \$), cinéma historique, le public s'enflamme quand l'orgue gigantesque surgi de scène retentit en attendant le film ; les somptueuses décorations et les lustres imposants sont au diapason de la programmation art et essai.

Si vous avez plus de temps à consacrer à San Francisco, rendez-vous p. 564 pour d'autres idées.

✕ ⌂ p. 550

La route ›› Cap sur le nord, via l'emblématique Golden Gate Bridge, non sans faire une pause pour se balader autour du Vista Point côté Marin County. Sortez à Alexander Ave et serrez à gauche pour passer sous la route et rejoindre Conzelman Rd, sur la crête qui embrasse la baie. Vous êtes à 2 miles (3 km) de Hawk Hill, où la route est à sens unique.

- - - - - - - - - - -

TEMPS FORT

❷ Marin Headlands

Pour les amateurs d'ornithologie, **Hawk Hill** constitue une étape (avec grimpette) obligatoire. Autour de fortifications de la Seconde Guerre mondiale, sur une crête venteuse offrant un superbe panorama sur Rodeo Lagoon et jusqu'à Alcatraz, des nuées de rapaces se retrouvent ici lors de leur migration, entre la fin de l'été et le début de l'automne.

Continuez vers l'ouest jusqu'au bout de Conzelman Rd, environ 2 miles (3 km) plus loin, puis prenez à gauche vers la baie. Troisième phare érigé sur la côte Ouest, le **Point Bonita Lighthouse** (www.nps.gov/goga/pobo.htm ; ☺12h30-15h30 sam-lun) fut achevé en 1855, mais, dressé sur un site trop élevé pour être visible dans le brouillard, il fut descendu environ 20 ans plus tard à son emplacement actuel. Trois après-midi par semaine, on peut emprunter le tunnel (creusé de main d'homme) et le sentier abrupt d'environ 800 m pour rejoindre le phare. En contrebas du pont suspendu qui mène à la lentille de Fresnel, les phoques lézardent sur les rochers.

La route ›› Continuez vers le nord sur Field Rd et ses falaises avec vue, puis prenez Bunker Rd direction ouest (le panneau indique San Francisco) après le Marin Headlands Visitor Center. Après le tunnel à circulation alternée, tournez à gauche dans Alexander Ave jusqu'à Sausalito.

- - - - - - - - - - -

❸ Sausalito

Autour d'un petit port abrité sur la baie, les coquettes maisons de Sausalito dévalent gentiment une colline verdoyante au pied de

À COMBINER AVEC :

❸❾ La Pacific Coast Highway

Le Marin County ne couvre qu'une petite portion de la belle Hwy 1 qui longe la côte californienne – il y a bien d'autres choses à voir au nord et au sud.

45 Le Gold Country par la Highway 49

De Napa, parcourez 60 miles (97 km) vers le nord-est, principalement via la I-80, jusqu'à Sacramento, capitale historique du Golden State.

laquelle s'étend un centre cossu. De presque partout, la ville jouit d'une vue panoramique sur San Francisco et Angel Island.

Juste sous la tour nord du Golden Gate Bridge, à East Fort Baker, le **Bay Area Discovery Museum** (www.baykidsmuseum.org ; adulte/enfant 10/8 \$; ⊙9h-16h mar-ven, 10h-17h sam-dim ;) est un excellent musée conçu spécifiquement pour les enfants : faisant la part belle à l'interactivité, il offre, entre autres aménagements, un atelier sur les vagues, un petit tunnel sous-marin et une vaste aire de jeux en plein air.

✖ p. 550

La route » Suivez la Hwy 101 direction nord jusqu'à la Hwy 1 – en longeant Richardson Bay, vous verrez au passage d'adorables maisons flottantes. La Hwy 1 (à deux voies) grimpe à travers une zone essentiellement résidentielle : au bout de 3 miles (moins de 5 km), suivez les pancartes indiquant Muir Woods par la Panoramic Hwy.

- - - - - - - - - - - -

TEMPS FORT

❹ Muir Woods

Il n'y a guère que dans le nord de la Californie qu'il est donné de déambuler sous de si hautes cimes ; les **Muir Woods** (www.nps.gov/muwo ; adulte/enfant 7 \$/gratuit ; ⊙8h-crépuscule) forment la forêt de séquoias ancestraux la plus proche de San Francisco. Au début du siècle, des projets d'exploitation forestière furent contrecarrés par William Kent, un parlementaire et naturaliste qui acheta une parcelle au bord de la Redwood Creek, avant d'en céder 120 ha au

GEOFF KUCHERA / ISTOCKPHOTO ©

gouvernement fédéral en 1907. En 1908, le président Roosevelt classa le site "monument national", baptisé en hommage au naturaliste John Muir, qui fonda le Sierra Club, association de protection de la nature.

Les Muir Woods sont très fréquentés, surtout le week-end. Pourtant, une petite marche suffit généralement pour semer la foule et rejoindre des sentiers bordés d'arbres géants et riches de superbes panoramas. Sur place, un charmant café, avec en-cas bio et boissons chaudes, revigore les jours de brouillard.

VAUT LE DÉTOUR
CHEZ PANISSE

Point de départ : ❶ San Francisco

Pionnier du "Gourmet Ghetto" de Berkeley et inventeur de la cuisine californienne moderne, le célébrissime restaurant **Chez Panisse** (🖥restaurant 510-548-5525, café 510-548-5049 ; www.chezpanisse.com ; 1517 Shattuck Ave, Berkeley ; menu restaurant 65-100 \$, plats café 18-29 \$; ⊙restaurant soir lun-sam, café midi et soir lun-sam), fondé par Alice Waters, est une table incontournable pour tout gastronome attaché aux produits frais, locaux et bio. Chic mais sans chichis, il occupe une accueillante demeure de style Arts and Crafts : au rez-de-chaussée, le restaurant propose des menus fixes, et le café à l'étage est plus décontracté et un peu moins cher. Réservez plusieurs semaines à l'avance.

Sausalito

La route ›› Cap sur le sud-ouest par Muir Woods Dr (direction Muir Beach/Stinson Beach) pour rallier la Hwy 1/Shoreline Hwy qui serpente vers le nord dans des paysages spectaculaires face au Pacifique. Longez Bolinas Lagoon, souvent prisé des phoques ; prenez la première à gauche juste après la lagune. Encore à gauche, et Olema Bolinas Rd vous conduira à Bolinas.

----

❺ Bolinas

Inutile de chercher un panneau "Bolinas" : à force de voir la signalisation démontée par les habitants de cette localité privée, les autorités ont renoncé à la remplacer. Écrivains,

musiciens et pêcheurs forment aujourd'hui la population de cette communauté balnéaire assoupie qu'on appelait Jugville du temps de la ruée vers l'or. Vous rejoindrez la plage via Wharf Rd ou Brighton Ave.

Les randonneurs bifurqueront d'Olemas Bolinas Rd à gauche dans Mesa Rd qu'ils suivront sur 8 km jusqu'au Palomarin Trailhead, point de départ de belles marches littorales à travers le **Point Reyes National Seashore**. Si le soleil tape fort, emportez de l'eau et une serviette et filez au **Bass Lake**,

un lac accessible par une randonnée d'environ 5 km le long de la côte. Continuez 2,5 km et vous découvrirez les fantastiques cascades d'**Alamere Falls,** qui se jettent sur la plage du haut d'une falaise de 15 m.

✖ p. 550

La route ›› Reprenez la Hwy 1 sur 12 miles (19 km) vers le nord à travers Olema Valley. Juste après Olema, empruntez Sir Francis Drake Blvd direction ouest (et Inverness) sur 23 miles (37 km) en suivant les panneaux "lighthouse". Ici, des rapaces guettent juchés sur les poteaux de vieux ranchs de carte postale, et la route ondoie au gré des collines, vers l'océan.

❻ Point Reyes

Tout au bout de Sir Francis Drake Blvd, cette avancée de 16 km sur le Pacifique est une terre sauvage et isolée, battue par les vents. Le **Point Reyes Lighthouse** (☎415-669-1534 ; www.nps. gov/pore ; ☉lanterne 14h30-16h jeu-lun, centre d'accueil et autres salles 10h-16h30 jeu-lun) se dresse en bas d'un escalier de plus de 300 marches. Les alentours de ce beau phare constituent, localement, l'un des meilleurs postes d'observation des baleines : les baleines grises y approchent de la côte lors de leur migration annuelle de l'Alaska vers la Basse Californie, de janvier à avril environ – mais c'est de mi-janvier à mi-mars que vous aurez le plus de chances de les voir. En prime, il arrive toute l'année qu'on aperçoive des baleines à bosse et des rorquals.

À savoir : les week-ends et jours fériés de fin décembre à mi-avril, la route menant au phare est fermée aux véhicules de particuliers ; les visiteurs doivent prendre une navette depuis Drakes Beach.

🍴 🛏 p. 551

La route ❯❯ Revenez sur vos pas sur Sir Francis Drake Blvd et reprenez la Hwy 1, vers le nord. Peu après le hameau de Point Reyes Station, vous irez à droite dans Point Reyes-Petaluma Rd et atteindrez 19 miles plus loin Petaluma, après une éventuelle halte dégustation de brie chez Marin French Cheese. Au passage à niveau, tournez à droite dans Lakeville St, qui devient la Hwy 116. Roulez jusqu'à Arnold Dr, continuez à droite dans Petaluma Ave et filez sur la Hwy 12 vers le nord.

- - - - - - - - - - - - - - -

❼ Glen Ellen

Vous voilà dans la **Sonoma Valley**, et le ton est donné : on se presse chez **BR Cohn** (www.brcohn. com ; 15000 Sonoma Hwy ; dégustation 10 $ déductibles des achats, bouteille 16-55 $; ☉10h-17h), dont le fondateur fut manager des Doobie Brothers, groupe phare des années 1970, avant de se reconvertir ici dans la production bio de succulentes huiles d'olive et de vins fins – dont un magnifique cabernet sauvignon. En automne, il organise même des concerts de bienfaisance où se produisent des groupes comme Lynyrd Skynyrd et, bien sûr, les Doobie Brothers.

Le bien nommé **Little Vineyards** (www.littlevineyards. com ; 15188 Sonoma Hwy ; dégustation 5 $, bouteille 17-35 $; ☉11h-16h30 jeu-lun ; ♿), petit domaine viticole familial, ne manque pas de charme avec son vénérable bar à dégustation auquel Jack London s'accouda jadis. Le salon de dégustation ravira les œnophiles agoraphobes, et la terrasse sur le vignoble invite au pique-nique. Entre autres vins rouges, vous trouverez de la syrah, de la petite sirah, du zinfandel, du cabernet et divers assemblages.

🍴 p. 551

La route ❯❯ Reprenez la Hwy 12 vers le sud, puis cap sur l'est par la Hwy 12/121. Roulez ensuite vers le nord sur la Hwy 29, et sortez à Downtown Napa/First St. Suivez les panneaux direction Oxbow Public Market.

❽ Napa

Dans le centre-ville, près de la rivière, l'**Oxbow Public Market** (www. oxbowpublicmarket.com ; 610 et 644 First St ; ☺9h-19h lun-sam, 10h-17h dim ; 🏍🚲) réveille tous vos sens, entre café bio fraîchement torréfié et sandwichs-baguette à la canneberge aux germes de petits pois et fontine. Découvrez la saucisse de bœuf au comptoir du **Five Dot Ranch** (www. fivedotranch.com), famille d'éleveurs depuis sept générations, qui privilégie l'élevage au pâturage, holistique et durable, en limitant le stress animal. En dessert, laissez-vous tenter par les glaces bio inventives de **Three Twins Ice Cream** (www. threetwinsicecream.com), comme la "Strawberry Je Ne Sais Quoi", succulent contraste entre texture crémeuse et pointe d'acidité du vinaigre balsamique.

La route ❱❱ Quittez Napa par la jolie Hwy 29 (St Helena Hwy) vers le nord sur 12 miles (19 km), jusqu'à Oakville, en passant par Yountville, repaire de gourmet.

TEMPS FORT

❾ Napa Valley

L'immense domaine quasi industriel et

LA DÉGUSTATION POUR LES NULS

On peut apprécier une dégustation sans rien y connaître au vin. Commencez par humer les arômes du nectar en portant le verre à votre nez. Puis faites tourner doucement le vin dans le verre et examinez sa robe (couleur) avant de l'absorber et d'analyser les sensations en bouche. Rien n'oblige à finir son verre – vous risquez même de saturer vos papilles. Des seaux sont à disposition pour vider votre verre en vue de la proposition suivante.

surfréquenté de **Robert Mondavi** (www. robertmondavi.com ; 7801 Hwy 29, Oakville ; visite 15-25 $, bouteille 19-150 $; ☺10h-17h) organise des visites passionnantes pour les néophytes du vin. Avec les superbes concerts programmés l'été (du classique au jazz en passant par le R&B et les sons latinos), c'est la seule raison d'y faire halte.

À quelques centaines de mètres au sud, juste après Oakville Grocery, prenez à gauche Oakville Cross Rd sur 2,5 miles (4 km), au milieu des vignobles, jusqu'à la route des vins du **Silverado Trail**. Un cadre bucolique et de bons crus vous attendent 2,5 miles (4 km) plus loin vers le sud sur le domaine de **Robert Sinskey** (📞707-944-9090 ; www.robertsinskey.com ;

6320 Silverado Trail, Napa ; dégustation 25 $, bouteille 22-95 $; ☺10h-16h30), propriété d'un chef cuisinier. Dans une salle de dégustation aux airs de cathédrale (pierre, bois de séquoia et teck), on découvre les vins (pinot, merlot et cabernet bio, grands cépages alsaciens, vin gris, cabernet franc ou rosé sec) accompagnés de petits en-cas.

🍴🛏 p. 551

La route ❱❱ Reprenez le Silverado Trail vers le sud jusqu'à Napa, puis continuez vers le sud par la Hwy 121 (Sonoma)/29 (Vallejo) avant de tourner à droite dans la Hwy 12/121 (Sonoma) direction ouest. Restez sur la Hwy 12/121 jusqu'à la Hwy 37, que vous prendrez direction ouest jusqu'à la Hwy 101. De la Hwy 101, vous êtes à 20 miles (32 km) de San Francisco via le Golden Gate Bridge.

Se restaurer et se loger

San Francisco ❶

✖ Bi-Rite Creamery — Glacier $

(☎415-626-5600 ; www.biritecreamery.com ; 3692 18th St ; glace 3,25-7 $; ⊙11h-22h dim-jeu, 11h-23h ven-sam). On fait la queue jusqu'au coin de la rue pour déguster la légendaire glace caramel au beurre salé nappée de chocolat fondu de cette institution, fondée en 1940. Et le tout, bio, s'il vous plaît !

✖ Cotogna — Italien $$

(☎415-775-8508 ; www.cotognasf.com ; 490 Pacific Av ; plats 14-24 $; ⊙12h-15h et 19h-22h lun-sam ; 🖋). Le chef Michael Tusk a largement mérité son James Beard Award (récompense culinaire suprême aux États-Unis) en 2011 : dans ses plats de pâtes rustiques et ses croustillantes pizzas, l'équilibre des saveurs est magique ! Réservez ; le menu du soir à 24 $ est l'une des meilleures affaires de Frisco.

✖ Slanted Door — Vietnamien, californien $$

(☎415-861-8032 ; www.slanteddoor.com ; 1 Ferry Bldg ; plats midi 13-24 $, soir 18-36 $; ⊙midi et soir). Ingrédients californiens, influences européennes et inspiration vietnamienne à la table du chef primé Charles Phan, vue sur la baie étincelante en prime. Sur réservation, ou bien en vente à emporter au stand Open Door.

🛏 Galleria Park — Boutique Hotel $$

(☎415-781-3060 ; www.jdvhotels.com ; 191 Sutter St ; ch 189-229 $; ❄ @ 🛜). En centre-ville, cet hôtel de 1911 est agrémenté d'œuvres d'art contemporain, d'un beau mobilier et de touches colorées. Certaines chambres (et leur lit) sont un peu exiguës, mais on aime le linge Frette, les oreillers en duvet, les opulentes sdb, le vin gracieusement offert à l'apéritif et, surtout, la qualité du service. Les chambres sur Sutter St sont plus bruyantes, mais plus lumineuses.

🛏 Good Hotel — Hôtel $$

(☎415-621-7001 ; www.thegoodhotel.com ; 112 7th St ; ch 109-169 $; @ 🛜 ♿). Dans un ancien motel et un appart-hôtel tous deux relookés, le Good Hotel affiche son credo recyclage : têtes de lit en bois de récupération, bouteilles détournées en luminaires et couvertures en polaire composées de plastique recyclé et de chutes de tissu. La déco, pimpante, évoque une résidence universitaire stylée. La rue bruyante et le quartier interlope sont deux gros bémols : demandez une chambre à l'arrière. Location de vélos et accès à la piscine de l'Americania juste en face.

Sausalito ❸

✖ Avatar's — Indien $$

(☎415-332-8083 ; www.enjoyavatars.com ; 2656 Bridgeway Blvd ; plats 10-17 $; ⊙11h-15h et 17h-21h30 lun-sam ; 🖋 ♿). Mêlant ingrédients mexicains, italiens et caribéens, cette cuisine indienne fusion clame une "confusion ethnique" éblouissante de saveurs et d'inventivité : audacieux, l'enchilada pendjabie au curry de patate douce et les raviolis épinards-champignons à la sauce crémeuse mangue et pétales de rose ! Propositions adaptables à tous les régimes alimentaires (végétalien, sans gluten, etc.).

✖ Fish — Poisson et fruits de mer $$

(☎415-331-3474 ; www.331fish.com ; 350 Harbor Dr ; plats 13-25 $; ⊙11h30-20h30 ; ♿). Sandwichs aux fruits de mer, huîtres et *crab rolls* au crabe de Dungeness et beurre bio à déguster sur des tables de pique-nique en séquoia face à Richardson Bay. Ce champion de la pêche durable propose en saison un délicieux saumon sauvage, mais bannit le saumon d'élevage. Règlement en espèces uniquement.

Bolinas ❺

✖ Bolinas People's Store — Marché $

(14 Wharf Rd ; ⊙8h30-18h30 ; 🖋). Cette formidable épicerie coopérative, derrière le foyer municipal, vend produits bio, soupes fraîches et excellents *tamales* (papillotes de feuilles de maïs). Tables disposées dans la cour ombragée. Allez fourrager aussi dans la Free Box, une cabane où sont déposés vêtements et objets qui n'attendent qu'une deuxième vie.

✖ Coast Café   Américain $$

(📞415-868-2298 ; www.coastcafebolinas.com ;
46 Wharf Rd ; plats 10-22 $; ⏱11h30-15h et
17h-20h mar-mer, jusqu'à 21h jeu-ven, 8h-15h
et 17h-21h sam, jusqu'à 20h dim ; 🅿🚼🐾).
C'est l'unique "vrai" restaurant de Bolinas : on
s'arrache les places sur la terrasse fleurie pour
manger un *fish and chips*, des huîtres chaudes
ou des pancakes au babeurre accompagnés
d'un merveilleux café.

Point Reyes ❻

✖ Tomales Bay Foods
et Cowgirl Creamery   Marché $$

(📞866-433-7834 ; www.cowgirlcreamery.
com ; 80 4th St, Point Reyes Station ; ⏱10h-
18h mer-dim ; 🅿). Sur ce marché installé
dans une grange, vous trouverez fromages
affinés, produits bio et tout le nécessaire pour
pique-niquer. Lait de production locale et bio
et fromages à pâte molle fabriqués avec de la
présure non animale. Souvent, on peut voir les
fromagers à l'œuvre derrière une grande vitrine
près de l'entrée.

⌂ Point Reyes Hostel
                       Auberge de jeunesse $

(📞415-663-8811 ; www.norcalhostels.org/
reyes ; dort/ch 24/68 $; @). Accessible par
Limantour Rd, auberge rustique composée de
grands bâtiments avec dortoirs confortables
à l'avant, immenses baies vitrées et jardins avec
jolie vue, et d'une toute nouvelle bâtisse basse
consommation dotée de 4 chambres privatives.
Dans une belle vallée à 2 miles (3 km) de l'océan,
entouré d'excellents sentiers de randonnée,
c'est le seul hébergement du parc.

Glen Ellen ❼

✖ Vineyards Inn
Bar & Grill   Espagnol, tapas $$

(📞707-833-4500 ; www.vineyardsinn.com ;
8445 Sonoma Hwy 12, Kenwood ; plats 8-20 $;
⏱11h30-21h30 ; 🅿). Hamburgers bio, poissons
de ligne, paella, ceviche et fruits et légumes
cultivés en biodynamie sur le ranch du chef : des
recettes classiques, mais quel délice ! Bar très
bien fourni.

Napa Valley ❾

✖ Ad Hoc   Américain moderne $$$

(📞707-944-2487 ; www.adhocrestaurant.
com ; 6476 Washington St, Yountville ; menu
48 $; ⏱soir mer-lun, 10h30-14h dim). Encore
une belle réussite de Thomas Keller, le pape
de la gastronomie à Yountville. On savoure
ici ses recettes de cuisine familiale préférées
dans des menus uniques à 4 plats (pas de
changement possible, sauf régime alimentaire
spécifique). Le week-end, vente à emporter le
midi, juste derrière, à l'**Addendum** (⏱11h-14h
jeu-sam), qui sert aussi des viandes grillées :
menu du jour publié sur le compte Twitter @
AddendumatAdHoc.

⌂ Hotel St Helena
                       Hôtel historique $$

(📞707-963-4388 ; www.hotelsthelena.net ;
1309 Main St, St Helena ; ch avec/sans sdb 125-
235/105-165 $; ❄🛜). En plein centre-ville, cet
hôtel de 1881, au charme décati et au mobilier
d'époque, loue des chambres minuscules mais
au tarif avantageux (surtout celles avec sdb
commune). Pas d'ascenseur.

⌂ Maison Fleurie   B&B $$$

(📞707-944-2056 ; www.maisonfleurienapa.
com ; 6529 Yount St, Yountville ; ch avec petit-déj
145-295 $; ❄🛜🏊). Cette belle maison-relais
de poste centenaire, recouverte de lierre,
propose 13 chambres décorées dans un style
champêtre évoquant la campagne française.
Petit-déjeuner copieux, vin et amuse-gueule
l'après-midi et Jacuzzi.

Nevada City Visitez la pittoresque artère principale de la ville

Le Gold Country par la Highway 49

45

Une excursion à travers le Gold Country révèle les premières heures de la Californie, à l'époque où voyous et prospecteurs en tous genres se ruaient pêle-mêle vers le grand Ouest.

TEMPS FORTS

ARRIVÉE 9

160 miles (257 km)

Environs de Nevada City
Une mine historique, ancienne pépite de l'Ouest, et des trous d'eau accueillants propices à la baignade

Auburn

8

115 miles (185 km)

Placerville

Coloma
Là où tout a commencé… La découverte de James Marshall entraînera la ruée vers l'or

85 miles (137 km)

6

Région viticole de l'Amador County
Des rouges issus de cépages anciens, gorgés de soleil

Sutter Creek ● Jackson

12 miles (19 km)

Columbia
Un retour à l'époque faste de la ruée vers l'or

2 ● Sonora

DÉPART

3-4 JOURS
200 MILES / 325 KM

PARFAIT POUR…

LE MEILLEUR MOMENT
D'avril à octobre, pour la limpidité du ciel

📷 **LA PHOTO SOUVENIR**
Sutter's Mill, où fut découvert pour la première fois de l'or en Californie

☑ **BAIGNADES**
Dans le South Yuba River State Park

553

South Yuba River State Park
Environ Nevada
ARRIVÉE
9
Ne Cit
Grass Valley
20
Empire Mine S Histor Park
Alta Sierra
49
80
North Auburn
Auburn
4
80
Folsom Lake
50
Vers **44**
(93 miles ; 150 km)
lor
88
Cama Reserv
Lockford
99

45 Le Gold Country par la Highway 49

L'arrivée dans le Gold Country par un après-midi ensoleillé résonne comme une promesse d'aventures, à l'image de celles que la presse célébrait bruyamment, annonçant à grands titres la découverte de nouveaux filons d'or et la naissance du "Golden State". Aujourd'hui, cette région rurale offre des ressources bien différentes. Au fil de la Hwy 49, l'une des plus jolies routes panoramiques de Californie, on découvre des saloons aux fausses façades tombant en ruine, des machines rouillées qui charriaient jadis des montagnes et un interminable défilé de panneaux explicatifs évoquant ce passé tumultueux.

❶ Sonora

Construite en 1848 par des mineurs mexicains, Sonora devint rapidement une localité cosmopolite aux saloons attirant ivrognes, chercheurs d'or et jeux d'argent. Son centre est si bien préservé qu'il reçoit fréquemment des tournages d'Hollywood, tel *Impitoyable*, de Clint Eastwood. De même, le **Railtown 1897 State Historic Park** (📞209-984-3953 ; www.railtown1897.org, www.parks.ca.gov ; 18115 5th Ave, Jamestown ;

musée adulte/enfant 5/3 $, avec balade en train 13/6 $; ⊙9h30-16h30 jeu-lun avr-oct, 10h-15h jeu-lun nov-mars, balades en train 11h-15h sam-dim avr-oct ; 🚹), et les collines bordant **Jamestown**, à environ 4 miles (6,4 km) au sud-est par la Hwy 49, ont servi de toile de fond à plus de 200 émissions de TV et westerns, dont *Le train sifflera trois fois* (1952), avec Gary Cooper et Grace Kelly. Les anciennes installations ferroviaires ont un côté romanesque, avec leurs pavots orangés fleurissant entre les carcasses

vieillissantes des colosses d'acier... On peut encore emprunter le train à vapeur, qui transportait jadis le minerai, le bois et les mineurs.

✕ 🛏 p. 561

La route ❱❱ Suivez la Hwy 49 sur un peu plus de 2 miles (3,2 km) au nord de Sonora, puis prenez Parrots Ferry Rd à droite, à hauteur du panneau indiquant Columbia. Le parc se trouve 2 miles (3,2 km) plus loin.

TEMPS FORT

② Columbia

Mettez une paire de bretelles et un chapeau mou en prévision du **Columbia State Historic Park** (☏209-588-9128 ; www.parks.ca.gov/columbia ; 11255 Jackson St ; accès libre ; ⊙musée 10h-16h, commerces jusqu'à 17h ; 🚶👶). Là, sur quatre pâtés de maisons,

À COMBINER AVEC :

40 Les parcs de Yosemite, Sequoia et Kings Canyon

L'entrée de Big Oak Flat du parc de Yosemite est à 45 miles (72 km) au sud-est de Sonora, par la Hwy 120.

44 San Francisco, Marin et Napa

Parcourez 80 miles (129 km) vers le sud-est sur la Hwy 108, via le col de Sonora (fermé en hiver et au printemps), jusqu'à la Hwy 395.

des bâtiments restaurés et des bénévoles en costume du XIXᵉ siècle recréent l'atmosphère de la ville à l'époque de la ruée vers l'or. L'atelier du forgeron, le théâtre, les hôtels et le saloon se fondent soigneusement dans la Californie d'antan et des démonstrations d'orpaillage sont réalisées par des figurants. Seules quelques boutiques de confiseries et un joueur de banjo dont le téléphone portable se met parfois à sonner viennent ébranler la reconstitution.

🛏 p. 561

La route ⟫ Reprenez Parrots Ferry Rd en sens inverse, vers le sud, tournez à droite puis de nouveau à droite et poursuivez sur Springfield Rd sur un peu plus d'un mile (1,6 km). Rejoignez la Hwy 49 (direction nord), qui emprunte un long pont au-dessus d'un réservoir artificiel. Après une douzaine de miles (20 km environ), la Hwy 49 devient Main St en traversant Angels Camp.

❸ Angels Camp

L'ombre d'un géant de la littérature plane sur la portion méridionale de la Hwy 49 : Mark Twain, qui obtint son premier véritable succès avec la nouvelle *La Célèbre Grenouille sauteuse du comté de Calaveras*, écrite et campée à Angels Camp. Avec son mélange de bâtiments victoriens et Art déco abritant des magasins d'antiquités et des cafés, ce camp de mineurs du XIXᵉ siècle exploite au maximum son lien avec l'écrivain. Le troisième week-end de mai, il organise le **Jumping Frog Jubilee & Calaveras County Fair** (www.frogtown.org ; Gun Club Rd ; adulte/enfant 10/6 $), au cours duquel vous remporterez 5 000 $ si votre grenouille bat le record du monde de saut en longueur (6 m environ), établi par "Rosie the Ribeter" en 1986 !

La route ⟫ La Hwy 49 file au nord d'Angels Camp entre les collines jalonnées de fermes et de ranchs. Après San Andreas, faites un petit crochet par Mokelumne Hill, une autre ville minière historique. À Jackson, prenez la Hwy 88 à droite, vers l'est. Neuf miles (14,5 km) plus loin, empruntez Pine Grove-Volcano Rd à gauche pour rejoindre l'Indian Grinding Rock State Historic Park.

❹ Volcano

La localité de Volcano a beau avoir produit des tonnes d'or et connu son lot de complots durant la guerre de Sécession, elle sombre aujourd'hui progressivement dans l'oubli. Les énormes blocs de grès jalonnant le cours d'eau de Sutter Creek rappellent l'exploitation par extraction hydraulique dont ils firent l'objet, après avoir été arrachés aux collines environnantes – une exploitation aurifère qui eut de graves conséquences

VAUT LE DÉTOUR
CALIFORNIA CAVERN

Point de départ : ❸ Angels Camp

À 25 minutes de route à l'est de San Andreas via Mountain Ranch Rd, près de la Hwy 49 et à quelque 12 miles (19,3 km) au nord d'Angels Camp, le **California Cavern State Historical Landmark** (📞209-736-2708 ; www.caverntours.com ; 9565 Cave City Rd, Mountain Ranch ; visite adulte/enfant à partir de 15/8 $; ⏱10h-16h avr-oct, horaires variables nov-mars ; 👪) abrite le plus important réseau de grottes naturelles du Gold Country. Le naturaliste John Muir les décrivait comme des "plis fluides et gracieux profondément échancrés, telles de lourdes étoffes de soie." Les visites durent de 60 à 90 minutes. Sinon, réservez la "Middle Earth Expedition" (130 $; 5 heures), qui comprend quelques sérieux passages de spéléologie (interdit aux moins de 16 ans). Le Trail of Lakes, une visite à pied, uniquement disponible durant la saison humide, est tout simplement magique.

environnementales, tout en assurant la fortune de certains mineurs. À environ 1,5 km au sud-est de la ville, **Black Chasm** (☏888-762-2837 ; www.caverntours.com ; 15701 Pioneer Volcano Rd ; visite adulte/enfant à partir de 15/8 $; ☻9h-17h juin-août, 10h-16h sept-mai) a un parfum de piège à touristes, mais un seul regard posé sur les cristaux d'hélictites – des concrétions minérales d'un blanc étincelant évoquant des flocons de neige géants – suffit à faire oublier la foule. À 2 miles (3,2 km) au sud-ouest de la ville, l'**Indian Grinding Rock State Historic Park** (☏209-296-7488 ; www.parks. ca.gov ; 14881 Pine Grove-Volcano Rd ; 8 $/véhicule ; ☻aube-crépuscule tlj, musée 11h-14h30 ven-lun ; ♿) permet d'observer un affleurement calcaire couvert de pétroglyphes et de plus de 1 000 trous, appelés *chaw'se*, qui servaient de mortiers aux indiens Miwoks pour piler les glands et les transformer en farine. Vous approfondirez vos connaissances des tribus amérindiennes de la Sierra Nevada dans le musée du parc, dont la forme rappelle un *hun'ge* (maison circulaire).

🛏 p. 561

La route ≫ Faites demi-tour sur Pine Grove-Volcano Rd, prenez la Hwy 88 à droite et roulez environ 800 m, puis tournez à droite dans Ridge Rd, qui serpente au milieu des forêts et des propriétés rurales sur

🛏 p. 561

LA QUÊTE DE L'ÉLÉPHANT

Tous les prospecteurs venaient jadis dans ces collines pour "voir l'éléphant". Cette expression typique des "*forty-niners*", les chercheurs d'or de la ruée de 1849, résume bien la périlleuse quête du métal précieux. Les migrants de la California Trail suivaient les "traces de l'éléphant" et, une fois riches, pouvaient affirmer avoir vu la bête de la "trompe jusqu'à la queue". Telle la rencontre d'une espèce rare, la ruée vers les collines du Gold Country représentait une aventure unique, parfois couronnée par une récompense… éléphantesque.

8 miles (12,8 km) pour revenir vers la Hwy 49. Bifurquez à droite et roulez vers le nord sur environ 800 m, jusqu'à Sutter Creek.

---

⑤ Sutter Creek

C'est depuis les balcons des bâtiments joliment restaurés de Main St que l'on a la plus belle vue sur cette ravissante ville du Gold Country, dont les trottoirs à arcades et les édifices dotés de balcons travaillés et de façades en trompe-l'œil illustrent l'architecture californienne du XIXe siècle. Des plans de visites libres sont disponibles au **centre des visiteurs** (☏209-267-1344 ; www.suttercreek.org ; 71a Main St ; ☻tlj, horaires variables). Juste à côté, le **Monteverde General Store Museum** (☻209-267-0493 ; 11a Randolph St ; entrée libre ; ☻sur rendez-vous) offre un voyage dans le temps, tout comme le **Sutter Creek Theatre** (☏916-425-0077 ; www.suttercreektheater. com ; 44 Main St), un ancien saloon et billard des années 1860 qui accueille désormais concerts, pièces

de théâtre, films et autres manifestations culturelles.

🛏 p. 561

La route ≫ Suivez Main St au nord de Sutter Creek sur 3 miles (4,8 km) et traversez la pittoresque Amador City. De retour sur la Hwy 49, tournez à droite et poursuivez quelques kilomètres vers le nord jusqu'à Drytown Cellars, au sud de l'embranchement de la Hwy 16.

TEMPS FORT

⑥ Région viticole de l'Amador County

Le comté d'Amador peut apparaître comme un second couteau parmi les régions viticoles de Californie. Ses domaines familiaux et ses habitants offrent pourtant l'occasion d'une bonne dégustation, en toute humilité. Le paysage, qui abrite les plus anciens pieds de zinfandel de Californie, ressemble à son fameux cépage : audacieux, riche en couleurs et truculent. Au nord de la minuscule **Amador City**, les accueillants **Drytown**

🛏 p. 561

PAROLE D'EXPERT
JOHN SCOTT LAMB, ANCIEN GUIDE DE SPÉLÉOLOGIE

Au sud de Vallecito et de la Hwy 49, il existe une randonnée, courte mais mémorable, baptisée Natural Bridges. Cette région, qui attire les chercheurs d'or et les habitants depuis les années 1850, compte deux grottes importantes, traversées par la Coyote Creek. En été, on peut nager dans la grotte supérieure – fabuleux ! Guettez l'embranchement indiqué à environ 5 km au sud de Moaning Cavern, dans Parrots Ferry Rd.

En haut : Tipis, Marshall Gold Discovery State Historic Park
À gauche : Musée, Marshall Gold Discovery State Historic Park
À droite : Main St, Jamestown

RICHARD CUMMINS / CORBIS ©

Cellars (www.drytowncellars. com ; 16030 Hwy 49 ; ⊙11h-17h) présentent une gamme de rouges et d'autres vins monocépages. Poursuivez plus au nord jusqu'au petit bourg de **Plymouth**, puis prenez Plymouth Shenandoah Rd vers l'est, où les douces collines sont jalonnées de pieds de vigne soigneusement taillés et baignés de soleil. Tournez à gauche dans Steiner Rd en direction de **Renwood Winery** (www. renwoodwinery.com ; 12225 Steiner Rd ; ⊙10h30-17h) et de **Deaver Vineyards** (www.deavervineyards.com ; 12455 Steiner Rd ; ⊙10h30-17h), qui produisent tous deux d'excellents zinfandels. Rebroussez chemin et continuez tout droit, de l'autre côté de Plymouth Shenandoah Rd, pour virer au sud vers le domaine haut perché de **Wilderotter Vineyard** (www.wilderottervineyard.com ; 19890 Shenandoah School Rd ; ⊙10h30-17h mer-lun), qui élève des rouges subtilement équilibrés et des blancs secs et minéraux.

✖ p. 561

La route ❯❯ Suivez Shenandoah School Rd sur 1 mile (1,6 km) vers l'ouest jusqu'à son terme. Bifurquez à gauche dans Plymouth Shenandoah Rd et roulez 1,5 mile (2,4 km) pour prendre la Hwy 49 à droite (direction nord). Moins de 20 miles (32,1 km) plus loin, vous atteindrez Placerville, au sud de la Hwy 50.

STEPHEN SAKS / GETTY IMAGES ©

➐ Placerville

Le quotidien est animé dans "Old Hangtown", surnom que Placerville doit aux pendaisons ("hangings") sans procès qui s'y déroulèrent en 1849. La plupart des édifices de la rue principale datent des années 1850. Flânez chez les antiquaires et dans **Placerville Hardware** (441 Main St ; ☺8h-18h lun-sam, 9h-17h dim), une quincaillerie à l'ancienne. Le bar de **Hangman's Tree** (305 Main St), signalé par un pendu sur la façade, a été construit à l'emplacement de l'arbre du même nom, sur lequel furent exécutés de nombreux hors-la-loi. Pour s'amuser en famille, prenez Bedford Ave sur 1,6 km vers le nord jusqu'à **Gold Bug Park** (☎530-642-5207 ; www.goldbugpark. org ; 2635 Gold Bug Lane ; mine adulte/enfant 5/3 $, orpaillage 2 $/h ; ☺10h-16h tlj avr-oct, 12h-16h sam-dim nov-mars ; 🚹), où les visiteurs peuvent descendre dans un puits de mine du XIXᵉ siècle ou s'essayer à l'orpaillage.

✖ p. 561

La route ❱❱ De retour sur la Hwy 49 (direction nord), vous empruntez l'une des portions les plus pittoresques de la route historique du Gold Country. À l'ombre des chênes et des pins, elle flâne le long des contreforts de la Sierra Nevada sur 9 miles (14,4 km) jusqu'à Coloma.

TEMPS FORT

➑ Coloma

Dans le sobre et champêtre **Marshall**

Gold Discovery State Historic Park (☎530-622-3470 ; www.marshallgold.org ; 310 Back St ; 8 $/véhicule ; ☺8h-17h, 8h-19h fin mai-début sept, musée 10h-15h nov-mars, 10h-16h avr-oct ; 🚹🍴), un simple sentier de terre conduit à l'endroit où James Marshall découvrit de l'or sur les berges de l'American River, le 24 janvier 1848, entraînant la ruée vers l'or en Californie. Aujourd'hui, on accède à plusieurs bâtiments historiques reconstitués, au terme d'une courte balade le long de sentiers verdoyants. En chemin, on peut admirer des objets de la mine, des bâtiments et un musée historiques. L'orpaillage est toujours prisé au **Bekeart's Gun Shop** (329 Hwy 49 ; 7 $/pers ; ☺10h-15h mar-dim avr-oct). En face du cimetière des pionniers, parcourez à pied ou en voiture la Hwy 153, la plus courte autoroute de Californie, jusqu'à l'endroit où le **James Marshall Monument** marque l'ultime demeure de l'initiateur de la ruée vers l'or. Ironie du sort, il mourut sans le sou et à la charge de l'État.

La route ❱❱ La Hwy 49 révèle d'autres richesses historiques au fil des 15 miles (24,1 km) suivants vers le nord. À Auburn, traversez l'I-80 et parcourez 22 miles (35,4 km) vers le nord le long de la Hwy 49. À Grass Valley, sortez à droite dans Empire St, et suivez les panneaux conduisant au centre des visiteurs de l'Empire Mine State Historic Park.

TEMPS FORT

➒ Environs de Nevada City

Bienvenue dans la pépite du Gold Country : l'**Empire Mine State Historic Park** (☎530-273-8522 ; www. empiremine.com, www.parks. ca.gov ; 10791 E Empire St ; adulte/ enfant 7/3 $, visite guidée du cottage 2 $; ☺10h-17h ; 🚹). La plus prolifique des mines de Californie produisit ici 5,8 millions d'onces d'or entre 1850 et 1956.

Repartez vers l'ouest, puis parcourez 4 miles (6,4 km) sur la Golden Chain Hwy/Hwy 49 jusqu'à **Nevada City**. Dans sa rue principale pentue, Broad St, le **National Hotel** (211 Broad St) prétend être le plus vieil hôtel en activité de l'ouest des Rocheuses. Flânez le long du pâté de maisons jusqu'au **Historic Firehouse No 1 Museum** (www.nevadacountyhistory. org ; 214 Main St ; entrée libre ; ☺13h-16h ven-dim mai-oct), où des objets amérindiens côtoient des reliques de l'expédition Donner (1846-1847), qui fit 36 morts parmi ces pionniers partis à la conquête de l'Ouest.

Enfin, détendez-vous en piquant une tête au **South Yuba River State Park** (☎530-432-2546 ; www. parks.ca.gov ; 17660 Pleasant Valley Rd, Penn Valley ; accès libre ; ☺aube-crépuscule ; 🚹), à 30 minutes de route, qui abrite des sentiers et des trous d'eau.

✖ 🛏 p. 561

Se restaurer et se loger

Sonora ❶

✕ Diamondback Grill & Wine Bar
Californien $$

(☎209-532-6661 ; www.thediamondbackgrill. com ; 93 S Washington St ; plats 9-12 $; ⊙11h-21h lun-jeu, 11h-21h30 ven-sam, 11h-20h dim). Ce bar moderne, avec murs en brique apparente et long comptoir en bois, sert sandwichs, salades, burgers et plats du jour.

⊨ Gunn House
B&B $

(☎209-532-3421 ; www.gunnhousehotel.com ; 286 S Washington St ; ch avec petit-déj 79-115 $; ❄🛜⊠🐾). Une alternative rafraîchissante aux hôtels de chaîne standardisés, avec chambres douillettes et décor d'époque. Des rocking-chairs installés sur de vastes porches donnent sur l'historique rue principale.

Columbia ❷

⊨ City & Fallon Hotels
Hôtel historique $$

(☎209-532-1470/1472 ; www.briggshospitalityllc. com ; 22768 Main St et 11175 Washington St ; ch avec petit-déj 80-150 $; ❄🛜). Chassez les fantômes de la ruée vers l'or dans ces rustiques hôtels restaurés (sdb commune pour certaines chambres). Le What Cheer, l'agréable bar-saloon du City Hotel, sert une cuisine de pub au dîner.

Volcano ❹

⊨ Volcano Union Inn
Hôtel historique $$

(☎209-296-7711 ; www.volcanounion.com ; 21375 Consolation St ; ch avec petit-déj 109-139 $; ❄@🛜). Des 4 chambres délicieusement surannées, avec sol inégal mais TV à écran plat, 2 sont dotées d'un balcon donnant sur la rue. Le Union Pub propose du vendredi au lundi un menu de la région viticole (plats 12-23 $), des fléchettes et de la musique live.

Sutter Creek ❺

⊨ Hanford House Inn
B&B $$

(☎209-267-0747 ; www.hanfordhouse.com ; 61 Hanford St ; d avec petit-déj 99-259 $; @🛜 🐾🐕). Dormez dans une chambre moderne

avec sdb impeccable, pour certaines dotées d'un balcon et d'une cheminée. Le petit-déjeuner est préparé de main de maître avec les produits du jardin ; des associations de fromages et de vins sont servies en soirée.

Région viticole de l'Amador County ❻

✕ Taste
Fusion californien $$$

(☎209-245-3463 ; www.restauranttaste.com ; 9402 Main St, Plymouth ; assiettes à partager 8-16 $, plats 21-42 $; ⊙11h30-14h sam-dim, plus 17h-21h jeu-lun ; 🍷). Des vins de haut vol accompagnent une cuisine fusion californienne artistement présentée. Tirez sur l'énorme poignée en forme de fourchette et rejoignez le bar à vin. Réservation conseillée.

Placerville ❼

✕ Cozmic Cafe
Café $

(www.ourcoz.com ; 594 Main St ; plats 6-10 $; ⊙7h-18h mar-mer, 7h-20h ou plus tard jeu-dim ; 🛜🍷🐾). La carte de cette adresse originale dont les tables sont installées dans un puits de mine s'appuie sur des smoothies à base de fruits frais, du café et du thé bio. Musique live la plupart des week-ends.

Environs de Nevada City ❾

✕ Ike's Quarter Cafe
Créole, californien $$

(www.ikesquartercafe.com ; 401 Commercial St, Nevada City ; plats 8-22 $; ⊙8h-15h lun, mer-jeu, 8h-20h ven-sam ; 🐾). Les brunchs gigantesques sont servis dans un patio arboré de style Nouvelle-Orléans. Essayez un classique de la cuisine des chercheurs d'or, le "Hangtown Fry" : huîtres panées à la semoule de maïs, bacon, oignons caramélisés et épinards.

⊨ Broad Street Inn
Auberge $$

(☎530-265-2239 ; www.broadstreetinn.com ; 517 E Broad St, Nevada City ; ch 110-120 $; ❄🛜). Oubliez les B&B à la décoration surchargée. Cette auberge victorienne, d'une simplicité rafraîchissante, compte 6 chambres modernes magnifiquement meublées, ainsi que d'agréables patios arborés avec braseros extérieurs et balancelles.

SE DÉGOURDIR LES JAMBES
LOS ANGELES

Départ/Arrivée Union Station

Distance 3,5 miles (5,6 km)

Durée 4-5 heures

Qui a dit que la voiture était reine à Los Angeles ? Une promenade à pied dans Downtown L.A., le centre historique baigné d'influences mexicaine, asiatique et européenne, est un voyage pour tous les sens. Bâtiments emblématiques et lieux de tournage rythment cette balade d'une demi-journée.

Compatible avec l'itinéraire :

39

Union Station

Majestueuse, la dernière grande **gare ferroviaire** (www.amtrak.com ; 800 N Alameda St ; gratuit ; ⊙24h/24) américaine date de 1939. Son hall est apparu dans des dizaines de films et séries, de *Speed* à *24 heures chrono*. Son imposante façade précédée de palmiers mêle dans un style californien unique l'architecture néocoloniale espagnole et l'Art déco.

La promenade ≫ De la gare, remontez N Alameda St jusqu'à W Cesar E. Chavez Ave puis marchez vers l'ouest sur quelques mètres. Prenez ensuite à gauche la petite Olvera St.

El Pueblo de Los Angeles

Piétonnier, ce pittoresque quartier historique jouxte le lieu d'implantation des premiers colons espagnols à Los Angeles, en 1781. Certains des plus anciens édifices de la ville subsistent aux côtés de petits musées et églises dans ce microcosme de l'histoire multiculturelle de L.A. Près de l'ancienne caserne de pompiers, le **centre des visiteurs** (☎213-628-1274 ; www.lasangelitas.org ; Sepulveda House, 622 N Main St ; ⊙visites guidées 10h, 11h et 12h mar-sam) organise des promenades commentées gratuites.

La promenade ≫ Traversez Main St au nord-ouest du kiosque à musique. Sur la droite, jetez un œil à "La Placita", doyenne des églises catholiques de L.A. (1822), avant de descendre brièvement Main St.

La Plaza de Cultura y Artes

Inaugurée en 2011, **la Plaza de Cultura y Artes** (☎213-542-6200 ; www.lapca.org ; 501 N Main St ; gratuit ; ⊙12h-19h mer-lun) retrace l'histoire mexicano-américaine de Los Angeles, des émeutes raciales de 1943 au mouvement féministe Chicana. La Calle Principal reconstitue Main St vers 1920. Le musée présente aussi, en alternance, des expositions sur l'art latino, des documentaires et des témoignages.

La promenade ≫ Descendez Main St vers le sud et franchissez la Hwy 101 en direction de l'hôtel de ville (*City Hall*), datant de 1928. Prenez à gauche dans E Temple St, à droite dans Los Angeles St puis à gauche dans E 1st St jusqu'à Little Tokyo.

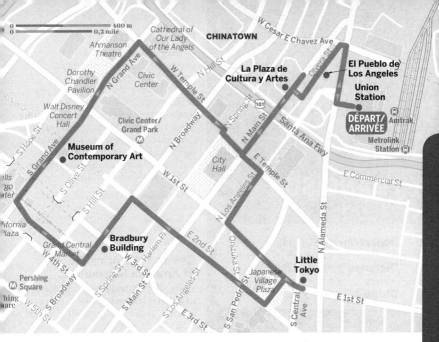

Little Tokyo

Au-delà des cantines à *ramen* et des *izakaya* (bars-restaurants), le **Japanese American National Museum** (☎213-625-0414 ; www.janm.org ; 369 E 1st St ; adulte/enfant 9/5 $; ⏰11h-17h mar-mer et ven-dim, 12h-20h jeu) s'intéresse à la vie des immigrants japonais et aux camps d'internement de la Seconde Guerre mondiale. À l'angle, le **Geffen Contemporary at MOCA** (☎213-626-6222 ; www.moca.org ; 152 N Central Ave ; adulte/enfant 12 $/gratuit ; ⏰11h-17h lun et ven, 11h-20h jeu, 11h-18h sam-dim) accueille des projets artistiques expérimentaux.

La promenade ≫ À l'ouest de Central Ave, traversez la Japanese Village Plaza et tournez à droite dans E 2nd St. Cinq blocs plus haut, prenez à gauche S Broadway (sud-ouest) puis W 3rd St.

Bradbury Building

Plébiscité par le cinéma depuis le tournage de *Blade Runner*, le **Bradbury Building** (www.laconservancy.org ; 304 S Broadway ; gratuit ; ⏰9h-17h) est l'un des trésors architecturaux de L.A. Cet édifice de 1893 renferme un hall de métal finement ajouré coiffé d'une verrière. Sa façade en briques rouges prend une couleur dorée sous le soleil de l'après-midi.

La promenade ≫ En face, la halle de Grand Central Market accueille un marché alimentaire. Empruntez le funiculaire d'Angels Flight (25 ¢) jusqu'à la California Plaza et remontez à droite Grand Ave vers le nord-est sur quelques mètres.

Museum of Contemporary Art

Installé dans un bâtiment à la structure géométrique postmoderne de l'architecte Arata Isozaki, le **MOCA** (musée d'Art contemporain ; ☎213-626-6222 ; www.moca.org ; 250 S Grand Ave ; adulte/enfant 12 $/gratuit ; ⏰11h-17h lun et ven, 11h-20h jeu, 11h-18h sam-dim) réunit des œuvres des années 1940 à nos jours, signées notamment Mark Rothko et Joseph Cornell.

La promenade ≫ Remontez Grand Ave. Après le Walt Disney Concert Hall, descendez Temple St sur la droite, en passant devant la cathédrale Notre-Dame-des-Anges et la mairie. Revenez sur vos pas vers le nord via El Pueblo de Los Angeles jusqu'à Union Station.

SE DÉGOURDIR LES JAMBES
SAN FRANCISCO

Départ/arrivée Chinatown Gate

Distance 3 miles (4,3 km)

Durée 4-5 heures

Armez-vous de bonnes chaussures et affûtez votre regard : au programme de cette flânerie, de beaux styles architecturaux, un quartier chinois labyrinthique et de superbes panoramas, mais aussi quelques œuvres polémiques, de la street-food alléchante et des perroquets en liberté.

Compatible avec les itinéraires :

Chinatown Gate

La **Dragon Gate** (angle Bush St et Grant Ave), offerte par Taiwan en 1970, marque l'entrée de Chinatown. La rue qui s'ouvre ici était jadis un haut lieu de la prostitution, mais le quartier fut totalement réinventé dans les années 1920 par des hommes d'affaires chinois éclairés qui firent travailler des architectes sur un style "Chinatown Deco" emblématique. Les omniprésentes boutiques sont idéales pour quelques souvenirs bon marché.

La promenade » De Dragon Gate, grimpez Grant Ave, bordée de réverbères aux dragons, jusqu'à Old St Mary's Sq. Quelques rues après la vénérable église Old St Mary's Church, tournez à gauche dans Clay St.

Chinese Historical Society of America Museum

L'accueillant **Chinese Historical Society of America Museum** (☎415-391-1188 ; www. chsa.org ; 965 Clay St ; adulte/enfant 5/2 $, gratuit 1er mar du mois ; ⊙12h-17h mar-ven, 11h-16h sam) présente la vie des immigrés chinois à travers l'histoire, de la ruée vers l'or à la *beat generation* en passant par la construction du chemin de fer transcontinental. De l'autre côté de la cour, une gracieuse bâtisse, construite en 1932 pour accueillir le centre YWCA de Chinatown, abrite les expositions temporaires.

La promenade » Revenez sur vos pas, dépassez Stockton St puis prenez à gauche Spofford Alley, où Sun Yat-sen ourdit en 1911 le renversement de la dernière dynastie chinoise et où cliquettent toujours les tuiles de mah-jong. Tournez ensuite à droite dans Washington St, puis à gauche dans Ross Alley.

Golden Gate Fortune Cookie Factory

Les cinéphiles reconnaîtront sans doute Ross Alley (aussi appelée Old Chinatown Alley), où furent tournés notamment *Karaté Kid 2* et *Indiana Jones et le temple maudit*. Au n°56, vous lirez votre avenir dans les messages délivrés par les *fortune cookies* encore tout chauds de la **Golden Gate Fortune Cookie Factory** (56 Ross Alley ; entrée libre ; ⊙8h-19h) ; on peut imprimer des augures personnalisés contre une somme modique.

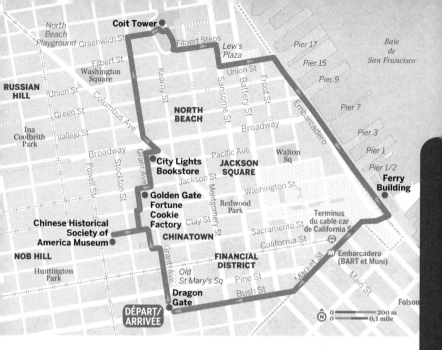

La promenade ≫ Prenez Jackson St à droite puis Grant St à gauche. Là, plusieurs boulangeries chinoises vendent des *char siu bao* fumantes (brioches au porc). Coupez par Jack Kerouac Alley, où erra jadis le plus célèbre des beatniks.

City Lights Bookstore

Depuis que le libraire Shigeyoshi Murao et le poète Lawrence Ferlinghetti eurent en 1957 le courage de défendre la publication du recueil *Howl and Other Poems* d'Allen Ginsberg, alors jugé obscène, la librairie **City Lights** (www.citylights. com ; 261 Columbus Ave ; ☺10h-minuit) est un monument du quartier. À l'étage, posez-vous dans le "Fauteuil du poète" avec vue sur Jack Kerouac Alley, ou entretenez votre esprit contestataire dans les rayons Muckracking ("révélations à scandale") et Stolen Continents ("continents volés"). En sortant, vous pourrez commencer votre lecture devant une bière au Vesuvio.

La promenade ≫ En quittant la librairie, prenez à droite dans Columbus, puis bifurquez légèrement à droite dans Grant St. Après 5 rues, sur votre droite montent les escaliers de Greenwich St.

Coit Tower

Étonnant projectile de 64 m de haut, au sommet de Telegraph Hill, la **Coit Tower** (☎415-362-0808 ; Telegraph Hill ; accès libre, ascenseur 5 $; ☺10h-18h) est un hommage aux pompiers de la ville. Lors de son achèvement en 1934, une controverse éclata autour des fresques du hall, évoquant le style de Diego Rivera, alors jugées communistes. Pour les voir, cachées dans la cage d'escalier de la tour, suivez la visite guidée du samedi, à 11h.

La promenade ≫ Descendez les marches des Filbert Steps : vous croiserez des perroquets sauvages et des villas bien cachées. Sur Levi's Plaza, prenez à droite dans l'Embarcadero jusqu'au Ferry Building.

Ferry Building

Bâtiment historique, le **Ferry Building** fut une importante plate-forme de transports. Traiteurs artisanaux, producteurs bio et boutiques de prestige en font aujourd'hui une halte appétissante pour les gourmets.

La promenade ≫ Descendez Market St. avant de prendre à droite Bush St pour rejoindre l'entrée de Chinatown.

Le Nord-Ouest Pacifique

LES ÉVÉNEMENTS GÉOLOGIQUES ONT FAÇONNÉ LE NORD-OUEST PACIFIQUE POUR UN RÉSULTAT SPECTACULAIRE : des chaînes de montagnes enneigées, des îles rocheuses, pléthore de cascades, des sources chaudes…

Il y a tant à voir que le meilleur moyen de découvrir la région est de le faire par la route. Vous pourrez longer la côte de l'Oregon, admirer le miroir d'eau de Crater Lake, traverser le Passage Intérieur, ou partir sur les traces des explorateurs de l'Ouest, Lewis et Clark. Nous avons déniché les haltes et les détours intéressants, des sites historiques aux splendeurs de la nature : il y a souvent quelque chose à voir, non loin de la route.

Wizard Island Wizard Island, au cœur du Crater Lake (itinéraire 51)
ERIC FOLTZ / GETTY IMAGES ©

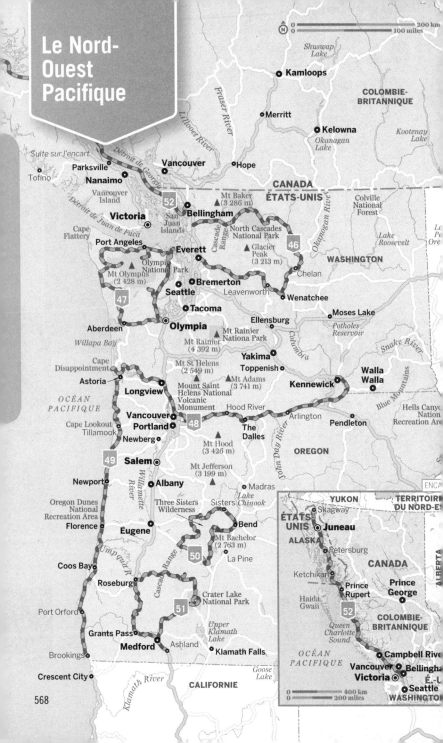

Le Nord-Ouest Pacifique

✔ À NE PAS MANQUER

Cape Disappointment
Son décor de bout du monde fit forte impression à Lewis et Clark, dont on suit les pas à l'itinéraire 48.

Leavenworth
Découvrez cette bourgade inspirée de la Bavière et son cadre alpin lors de l'itinéraire 46.

Cape Perpetua
Grimpez au sommet pour découvrir la plus belle vue de la côte, à la faveur de l'itinéraire 49.

Ross Lake Resort
Il n'est pas étonnant que Kerouac ait aimé cette région à la beauté froide, presque intimidante. Ces chalets, flottant sur un lac sans accès routier, se découvrent lors de l'itinéraire 46.

Proxy Falls
La plus belles des (très) nombreuses chutes de l'Oregon se dévoilent au terme d'une randonnée facile lors de l'itinéraire 50.

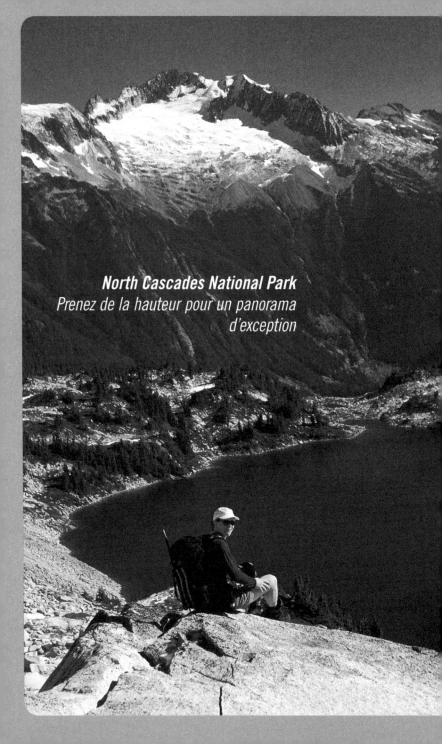

North Cascades National Park
Prenez de la hauteur pour un panorama d'exception

Route Mythique

La route des Cascades

46

Accidentée et inaccessible la moitié de l'année, cette route de montagne qui inspira autrefois Kerouac rappelle, par sa beauté empreinte de grandeur, les paysages de l'Alaska.

TEMPS FORTS

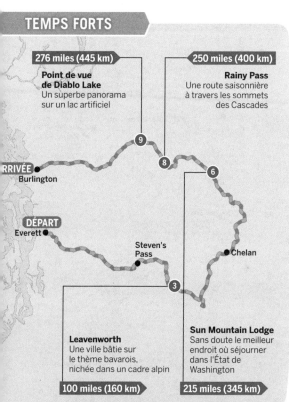

276 miles (445 km)

Point de vue de Diablo Lake
Un superbe panorama sur un lac artificiel

250 miles (400 km)

Rainy Pass
Une route saisonnière à travers les sommets des Cascades

ARRIVÉE
Burlington

DÉPART
Everett

Steven's Pass

Chelan

Leavenworth
Une ville bâtie sur le thème bavarois, nichée dans un cadre alpin

100 miles (160 km)

Sun Mountain Lodge
Sans doute le meilleur endroit où séjourner dans l'État de Washington

215 miles (345 km)

4-5 JOURS
350 MILES / 563 KM

PARFAIT POUR...

LE MEILLEUR MOMENT

De juin à septembre, les routes sont praticables et dégagées de la neige

 LA PHOTO SOUVENIR

La vue sur la Methow Valley depuis le Sun Mountain Lodge

 **ACTIVITÉ DE PLEIN AIR**

Randonner sur le Maple Pass Loop Trail depuis Rainy Pass

571

46 La route des Cascades

La nature défie l'ingénierie moderne dans la chaîne des North Cascades, où les routes de haute altitude la cèdent aux tempêtes de neige en hiver et où les noms des montagnes – Mt Terror, Mt Fury, Forbidden Peak – sonnent comme autant de mauvais présages. Les villages isolés sont plus rassurants et offrent de singulières distractions, telles que l'ambiance "bavaroise" de Leavenworth et l'atmosphère "Far West" de Winthrop. Faites le plein et entamez un trajet inoubliable.

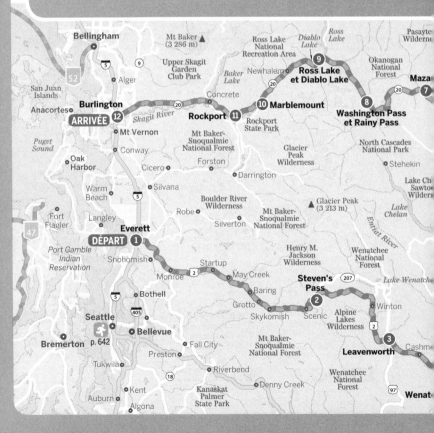

1 Everett

Peu de choses vous retiendront à Everett, le point de départ de la route à 30 miles (48 km) au nord de Seattle. La ville est principalement connue pour accueillir l'une des usines de Boeing. Dirigez-vous vers l'est et ne vous arrêtez pas avant Steven's Pass.

La route » Empruntez la US 2 vers l'est. Cette route transcontinentale de 2 579 miles (4 150 km) traverse les petites villes de Startup, Sultan et Index, en grimpant vers Steven's Pass. Comptez 66 miles (106 km).

2 Steven's Pass

Accessible toute l'année – les routes sont dégagées pour maintenir l'accès au **domaine skiable** (www.stevenspass.com) –, Steven's Pass n'a été "découvert" par les colons blancs qu'en 1890. Malgré sa position élevée – à 1 233 m, plus de 300 m de plus que le Snoqualmie Pass –, ce col a été choisi pour faire passer la ligne transcontinentale du Great Northern Railway, au XIXe siècle – l'eau en abondance, dans les environs, indispensable aux locomotives à vapeur, y est pour quelque chose. Néanmoins, vous ne verrez pas de rails ici : la voie se fraye un chemin sous le col dans un immense tunnel de 7,8 miles (13 km). Le **Pacific Crest Trail**, un chemin de grande randonnée, passe par ici.

La route » La US 2 redescend depuis Steven's Pass : les cèdres et les pruches sont petit à petit remplacés par des pins, des mélèzes et des épinettes. La route traverse le canyon encaissé de Tumwater, où coule la turbulente Wenatchee River. Puis soudain, après 35 miles (56 km), apparaissent des maisons allemandes dans un décor alpestre.

TEMPS FORT

3 Leavenworth

Ancienne ville d'exploitation forestière, Leavenworth a adopté son aspect bavarois dans les années 1960, afin de revitaliser son économie en berne après que le chemin de fer qui desservait la ville eut été dévié.

Échangeant les bûcherons contre les touristes, Leavenworth a réussi à se réinventer en village "traditionnel" – de la *Romantische Strasse*, jusqu'aux bières et aux saucisses – dans un cadre évoquant l'atmosphère du film *La Mélodie du bonheur*. Leavenworth est une bonne base pour les sorties vers les proches **Alpine Lakes Wilderness** et **Wenatchee National Forest**.

À COMBINER AVEC :

47 La boucle de la péninsule Olympique

De Burlington, prenez la WA 20 vers le sud et rejoignez Port Townsend – puis la boucle –, en bateau.

52 Au cœur du Passage Intérieur

De Burlington, dirigez-vous vers le nord pendant une demi-heure sur la I-5 jusqu'à Bellingham pour entamer ce voyage vers l'Alaska.

Route Mythique

Une promenade parmi les maisons à pignon de la Front St de Leavenworth est l'une des expériences les plus singulières à faire dans l'État de Washington. Ici, les serveuses sont vêtues de *dirndl*, des accordéonistes assurent l'ambiance musicale et les fromagers proposent les mêmes produits qu'en Bavière. Et pour digérer de votre *sauerbraten*, rendez-vous à l'**Osprey Rafting Co** (www.ospreyrafting.com ; 4342 Icicle Rd) qui organise des sorties rafting à partir de 78 $.

✕ 🛏 p. 579

La route ≫ Préparez-vous à un changement abrupt. En 22 miles (35 km), on passe de paysages bavarois, dominés de pics alpins, à ceux d'une ville typiquement américaine, au milieu de collines arides et d'une large vallée fluviale. Suivez la US 2 vers l'est sur environ 19 miles (30 km), puis bifurquez sur la WA 285 jusqu'à Wenatchee.

- - - - - - - - - - - - - - -

④ Wenatchee

Des stands de fruits commencent à jalonner la route rapidement après avoir quitté Leavenworth, marquant votre entrée dans Wenatchee, l'autoproclamée "capitale mondiale de la pomme". Moins jolie que Leavenworth, elle est l'endroit pour profiter des produits locaux, avant de partir vers le nord – les meilleurs étals de fruits de saison, vendus par des producteurs locaux, bordent la US 2/97, en direction de Chelan. Comme introduction à votre dégustation, rendez-vous au **Washington Apple Commission Visitors Center** (📞509-663-9600 ; www.bestapples.com ; 2900 Euclid Ave ; 🕐8h-17h lun-ven), où vous pourrez vous familiariser avec les différentes variétés de pommes tout en regardant une vidéo étonnamment intéressante.

La route ≫ Traversez la Columbia River, suivez la US 2/97 vers le nord et continuez sur la US 97. La route longe la rive est du fleuve avant de la traverser peu avant d'arriver à Chelan. Comptez 40 miles en tout (65 km).

- - - - - - - - - - - - - - -

⑤ Chelan

Riche d'une des eaux les plus pures du pays, le Lake Chelan est devenu l'un des principaux espaces de loisirs nautiques de l'État de Washington. Il n'est pas étonnant que le lac soit bondé en été, avec tous les hors-bord, jet-skis et autres bateaux à moteur luttant pour tracer leur sillon sur les flots. Louer un kayak à **Lake Rider Sports** (www.lakeridersports.com ; Lakeshore Waterfront Park, W Manson Hwy ; simple/double 50/70 $/jour) permet de découvrir le lac à son rythme.

Des plages publiques se trouvent à **Lakeside Park**, près de la partie ouest de la ville de Chelan, et à **Lake Chelan State Park**, à 9 miles (14 km) à l'ouest sur S Lakeshore Rd.

Si vous avez des enfants, vous n'échapperez pas aux toboggans et autres attractions aquatiques du **Slidewaters Water Park** (www.slidewaters.com ; 102 Waterslide Dr ; pass journée adulte/enfant 18/15 $; 🕐10h-19h mai-sept ; 👪), aménagé sur une colline surplombant le lac.

La route ≫ Reprenez la US 97 et suivez-la vers le nord à travers les grands ravins de la vallée de la Columbia River jusqu'à la petite ville de Pateros (20 miles ; 32 km). De là, la SR 153, ou Methow Hwy, suit la Methow River au nord en direction de Twisp. À la jonction avec la US 20, tournez à gauche et continuez jusqu'à Winthrop. Un trajet total d'environ 60 miles (96 km).

- - - - - - - - - - - - - - -

`TEMPS FORT`

⑥ Winthrop

Winthrop est – avec Leavenworth – l'une des deux villes "à thème" de cet itinéraire. Autrefois communauté minière en difficulté, elle a évité de sombrer dans les années 1960 en se transformant en village de cow-boys inspiré du Far West. L'authenticité du lieu dépasse le simple kitsch dont on pourrait hâtivement le taxer. Les devantures de magasins de Winthrop, inspirées du film *Le train sifflera trois fois,* évoquent bien l'Ouest d'antan, et on trouve là de très bons restaurants et hôtels.

Si les façades du centre de Winthrop semblent authentiques, il serait toutefois dommage de manquer les bâtiments d'époque (1870) restaurés du **Shafer Museum** (www.shafermuseum.com ; 285 Castle Ave ; donation ; 🕙10h-17h mai-sept), qui expose souvenirs et pièces historiques des pionniers de la région.

Envie d'une pause ou d'une bonne dose d'adrénaline ? Surplombant la vallée, à 10 miles (16 km) de la ville, le **Sun Mountain Lodge** (p. 579) est un complexe hôtelier situé dans un décor de rêve, proposant activités sportives et relaxation.

 p. 579

La route La SR 20 à la sortie de Winthrop entre dans la partie la plus bucolique de la Methow Valley, dont le fond, parsemé de fermes, ne donne pas l'impression qu'un rude paysage vous attend plus loin. Après 14 miles (22 km) apparaît Mazama – un hameau de quelques bâtiments en bois.

- - - - - - - - - - - - - -

7 Mazama

Dernier avant-poste avant la rudesse des North Cascades, Mazama, avec sa demi-douzaine de maisons en bois, se trouve sur l'extrémité ouest de la Methow Valley. Faites le plein de brownies au **Mazama Store** (50 Lost River Rd ; 🕙7h-18h dim-jeu, 7h-19h

PAROLE D'EXPERT
LES SENTIERS DE
LA METHOW VALLEY

L'association de neige poudreuse en hiver et de soleil abondant en été a transformé la Methow Valley en l'une des principales zones de loisirs de l'État de Washington. Vous pourrez faire du vélo, de la randonnée et pêcher en été, et pratiquer le ski de fond sur le deuxième plus grand domaine skiable des États-Unis en hiver. Les 125 miles (201 km) de sentiers sont entretenus par la **Methow Valley Sport Trails Association** (MVSTA ; www.mvsta.com). En hiver, ils deviennent le réseau le plus complet de ski de refuge en refuge (et d'hôtel en hôtel) d'Amérique du Nord.

ven-sam), alias "The Goat", un café prisé des amateurs de grand air : un bon endroit pour trouver des conseils sur les sentiers.

La route Vous allez devoir changer de vitesse après avoir quitté Mazama, à l'approche des montagnes des North Cascades. Cette partie de la US 20 ne ressemble à aucune autre route traversant la chaîne montagneuse : non seulement le paysage est spectaculaire, mais la route en elle-même tient d'une prouesse technique. Achevée en 1972, elle est fermée de novembre à mai à cause de la neige.

- - - - - - - - - - - - - -

TEMPS FORT

8 Washington Pass et Rainy Pass

Aventurez-vous à une centaine de mètres de votre voiture au **point de vue de Washington Pass** (1 669 m) et vous serez récompensé avec une belle vue sur les sommets de Liberty Bell et des Early Winter Spires, et les virages en lacets de la route en

dessous. Au moment où la route atteint **Rainy Pass** (1 790 m), quelques kilomètres plus à l'ouest, l'air est plus frais et vous vous trouvez au cœur de hautes montagnes, à deux pas des sentiers de randonnée les plus élevés de l'itinéraire. Le **Maple Pass Loop Trail** de 6,2 miles (10 km) est très apprécié, escaladant 655 m jusqu'à des vues aériennes sur le Lake Ann. L'épique **Pacific Crest Trail** croise également la Hwy 20 à proximité. Le meilleur moyen pour une belle ascension en solitaire est l'**Easy Pass** (7,4 miles/12 km aller-retour), difficile mais offrant des vues spectaculaires sur Mt Logan et le Fisher Basin plus bas.

La route La North Cascades Scenic Hwy/US 20 vire vers le nord, suivant Granite Creek puis Ruby Creek, où elle repart vers l'ouest et entre dans Ross Lake National Recreation Area, près de Ruby Arm.

NIK WHEELER / CORBIS ©

PAROLE D'EXPERT
ARLENE WAGNER, CONSERVATRICE, NUTCRACKER MUSEUM

Leavenworth est la ville d'inspiration allemande la plus authentique des États-Unis. Le thème a été implémenté dans les années 1960 et de nombreux Allemands sont ensuite venus vivre ici. Horloges à coucou, fumeurs allemands (porte-encens en bois), pyramides de Noël (maquettes décorées où la chaleur d'une bougie anime des figurines et des images) et casse-noisettes font de bons souvenirs. Le musée du Casse-Noisettes en expose plus de 6 000 – le plus vieux a plus de 2 000 ans.

En haut : Washington Pass
À gauche : Main St, Winthrop
À droite : Leavenworth

9 Ross Lake et Diablo Lake

Le paysage de cet itinéraire a ceci d'étrange que le plus gros n'en est pas naturel, car né de la construction de trois énormes barrages qui fournissent à Seattle une grande partie de son électricité. La nature qui l'entoure est, cependant, à l'état brut. **Ross Lake** a été formé dans les années 1930, après la construction du barrage du même nom. Il s'étend au nord sur 23 miles (37 km) jusqu'au Canada. Peu après le **point de vue de Ross Lake**, un sentier mène de la route au barrage. Vous apercevrez les chalets du Ross Lake Resort (p. 579).

Quelques kilomètres plus loin, le **point de vue de Diablo Lake** est l'occasion de belles photos. Ce lac turquoise est la partie du parc la plus appréciée, pour ses plages et ses vues. Le **camping de Colonial Creek** est équipé d'un embarcadère. Des sentiers de randonnée partent des environs, notamment celui de Thunder Knob (3,6 miles/5,8 km aller-retour) et Thunder Creek.

🛏 p. 579

La route ›> Dirigez-vous vers l'ouest le long du Gorge Reservoir sur la US 20. Traversez Newhalem (où vous pouvez vous arrêter au North Cascades Park Visitors Center). Alors que la vallée s'élargit et que l'air humide de la côte ouest du Pacifique se fait sentir, vous arrivez à Marblemount.

Route Mythique

⑩ Marblemount

Un seul clin d'œil peut vous faire rater la bourgade de Marblemount, mais l'idée de déguster un hamburger de bison peut vous inciter à vous arrêter au **Buffalo Run Restaurant** (60084 Hwy 20 ; midi 7-9 \$, plats 15-20 \$; ⊙midi-21h lun-jeu, 11h-22h ven-sam, 11h-21h dim ; 🚻), le premier (ou dernier) restaurant correct sur des kilomètres, et un lieu plaisant, pour autant que la vue de plusieurs peaux d'animaux et d'une énorme tête de bison accrochée au mur ne vous dérange pas.

🛏 p. 579

La route » La Skagit River reste votre principal compagnon alors que vous parcourez les 8 miles (13 km) de Marblemount à Rockport, tout aussi petite.

⑪ Rockport

Alors que la vallée continue s'élargir, vous arrivez à Rockport, où l'apparition d'une hutte de style indonésien, alias **Cascadian Home Farm** (www.cascadianfarm. com ; Mile 100, Hwy 20 ;

KEROUAC ET LE VIDE

Dans la Ross Lake National Recreation Area, un point de vue situé au Mile 135 sur la US 20 offre la seule vue sur **Desolation Peak** depuis la route. La tour de guet du sommet a accueilli le célèbre écrivain de la *Beat Generation* Jack Kerouac. En 1956, il a passé 63 jours ici dans un isolement total, perfectionnant sa philosophie bouddhiste, rageant contre le vide de la Hozomeen Mountain (également visible depuis le refuge) et écrivant les *Anges de la désolation*. Ce fut la dernière fois que Kerouac profita d'un tel anonymat ; l'année suivante fut celle de la publication de *Sur la route*, qui le propulsa au rang d'icône de la littérature.

⊙mai-oct ; 🚻), invite à s'arrêter pour des fraises biologiques, un jus de fruits ou un café, à déguster tout en visitant la ferme.

À proximité, une section de 10 miles (16 km) de la Skagit River est le lieu d'hivernage pour plus de 600 pygargues à tête blanche qui viennent ici de novembre à début mars se régaler de saumons. Janvier est le meilleur moment pour les voir, idéalement en excursion avec **Skagit River Guide Service** (www.skagitriverfishingguide. com ; Mt Vernon). Des circuits de 3 heures sont organisés de début novembre à mi-février et coûtent 65 \$.

La route » Depuis Rockport, partez vers l'ouest sur la US-20,

à travers les contreforts de la chaîne des Cascades et de la Skagit River Valley, qui continue de s'élargir, jusqu'à la petite ville de Burlington, à l'est de la très empruntée I-5.

⑫ Burlington

La fin de l'itinéraire, plus connue sous le nom de "Hub City", n'est pas un site en soi (sauf pour celui qui aime la vue des centres commerciaux), mais son emplacement au cœur de la Skagit River Valley en fait une base pour la découverte de nombreux points d'intérêt voisins, dont les champs de tulipes de La Conner, la belle route panoramique de Chuckanut Drive (qui se termine officiellement ici) et les îles San Juan.

Se restaurer et se loger

Leavenworth ③

✕ Pavz Cafe Bistro   Européen $$

(www.pavzcafe.com ; 833 Front St ; plats 15-25 $; ⊘11h30-21h lun-ven, 9h-21h sam-dim). Ce restaurant, niché sous les pignons en bois de Front St, justifie son titre de bistrot par ses crêpes (salées et sucrées), la spécialité maison, et quelques délicieux plats méditerranéens aux influences nordiques. Les noix de saint-jacques accompagnées de vermicelles arrosés de pesto sont un régal.

🛏 Enzian Inn   Hôtel $$

(☎509-548-5269 ; www.enzianinn.com ; 590 Hwy 2 ; d/ste 120/250 $; P 🛜 🏊). La plupart des hôtels de la ville misent tout sur une bizarrerie, mais cet établissement en présente au moins une demi-douzaine. La plus étrange est la vue du gérant, Bob Johnson, soufflant dans un cor des Alpes pour annoncer le petit-déjeuner. Niveau activités, l'hôtel propose un *green* gratuit et des piscines. Chaque soir, un pianiste joue dans le hall d'entrée.

Winthrop ⑥

✕ Duck Brand Cantina   Mexicain $$

(www.methownet.com/duck ; 248 Riverside Ave ; plats 8-20 $; ⊘7h-21h tlj). Même si ce n'est pas un authentique restaurant mexicain, on y sert des *quesadillas*, *enchiladas* et *tacos* dignes de n'importe quel établissement californien. La salle de style saloon du Far West propose un excellent petit-déjeuner américain. L'hiver, le copieux porridge vous permettra de tenir toute la journée sur les pistes.

🛏 Sun Mountain Lodge   Hôtel $$$

(☎509-996-2211 ; www.sunmountainlodge. com ; 604 Patterson Lake Rd ; hôtel d 155-365 $, chalet 185-485 $; ❄ 🛜 🏊). Sans doute l'un des meilleurs établissements de l'État de Washington, le Sun Mountain Lodge jouit d'un cadre naturel incomparable, perché tel un nid d'aigle au-dessus de la Methow Valley. À l'intérieur, l'hôtel et ses chalets assortis offrent un luxe sans prétention. Le réseau de sentiers adjacent a de quoi occuper un randonneur/cycliste/skieur pendant des semaines.

Ross Lake et Diablo Lake ⑨

🛏 Ross Lake Resort   Chalets $$

(☎206-386-4437 ; www.rosslakeresort.com ; chalet d 155-180 $; ⊘mi-juin à oct). Ces chalets installés sur un ponton en bord du lac ont été construits dans les années 1930 pour les bûcherons. Il n'y a pas de route d'accès – les clients peuvent marcher pendant 2 miles (3 km) depuis la Hwy 20 ou emprunter les remorqueurs du complexe au départ du parking près de Diablo Dam. Les chalets varient en taille et en services, mais possèdent tous l'électricité, l'eau courante et des kitchenettes. Apportez vos provisions.

Marblemount ⑩

🛏 Buffalo Run Inn   Motel $

(☎360-873-2103 ; www.buffaloruninn.com ; 58179 Hwy 20 ; 59/89 $; ❄ 🛜). Situé dans un virage étroit de la Hwy 20, cet établissement à la façade en bardages ne paie pas de mine de l'extérieur. Mais l'intérieur est celui d'un motel moderne et propre (kitchenette, TV et lit confortable) au style montagnard kitsch, avec des motifs d'ours et de bisons. Cinq des 15 chambres disposent de salles de bains communes et de salons à l'étage. Le restaurant se trouve de l'autre côté de la route.

Forêt humide de Hoh Dense, humide, verte et surréelle

La boucle de la péninsule Olympique

47

Étrangement humide, formidablement verte et terriblement reculée, la péninsule Olympique semble le témoin d'une époque plus sauvage.

TEMPS FORTS

4 JOURS
435 MILES / 700 KM

166 miles (167 km)

Hall of Moss Trail
Une courte marche parmi les arbres moussus d'une forêt tempérée humide

271 miles (436 km)

Hurricane Ridge
Un point de vue d'altitude, à la météo capricieuse, sur l'Olympic National Park

Port Angeles

Port Townsend

Forks

6

4

3

2

DÉPART/ ARRIVÉE
● Olympia

Ruby Beach
Belle plage de galets de la côte Pacifique, fouettée par le vent et la pluie

134 miles (216 km)

Lake Quinault Lodge
Un luxueux hébergement, quasi centenaire, en bord de lac

93 miles (150 km)

PARFAIT POUR...

LE MEILLEUR MOMENT

De juin à septembre, période la plus "sèche" de l'année

 LA PHOTO SOUVENIR

L'incroyable palette verte de la forêt humide de Hoh

 OBSERVER LA FAUNE

Les wapitis de Roosevelt dans la forêt de Hoh

EMILY RIDDELL / GETTY IMAGES ©

47
La boucle de la péninsule Olympique

Imaginez *Les Hauts de Hurlevent* sur fond de volcanisme, ajoutez-y une pincée de *Twin Peaks*, et vous aurez une petite idée de ce à quoi peut ressembler un itinéraire sur la péninsule Olympique. C'est une nature de premier ordre, où une forêt dense se heurte à un littoral de bout du monde qui a peu changé depuis que le navigateur Juan de Fuca l'eut découvert en 1592. Prenez des chaussures de randonnée – et un parapluie !

① Olympia

Petite par la taille mais grande par l'influence, la capitale de l'État de Washington est un centre musical, politique et sportif sans mesure avec ses 47 000 habitants. Après une visite rapide du **Capitole** (gratuit ; ⏰7h-17h lun-ven, 11h-16h sam-dim), énorme bâtiment aux faux airs de temple grec, vous pourrez vous mettre en route.

✕ p. 587

La route ❯❯ Cap à l'ouest, d'abord sur la Hwy 101, puis sur la SR 8 avant de rejoindre la US 12 à Elma. À Aberdeen, qui vit naître le groupe icône du grunge Nirvana, elle fusionne avec la Hwy 101, que vous suivrez vers le nord jusqu'à Lake Quinault. Comptez 93 miles (58 km).

TEMPS FORT

② Lake Quinault

Située à l'extrémité sud-ouest du **Olympic National Park** (www.nps.gov/olym ; véhicule 15 $), la Quinault River Valley, densément boisée, est l'un des endroits les moins visités du parc. Agglutiné sur la rive sud du lac glaciaire éponyme, le village de **Quinault** accueille l'agréable **Lake Quinault Lodge** (p. 587), un bureau de l'US Forest Service (USFS), et quelques magasins.

Plusieurs **sentiers de randonnée**, assez courts, commencent juste en bas du Lake Quinault Lodge ; récupérez une carte gratuite au bureau de l'USFS. Le moins long d'entre eux, le **Quinault Rain Forest Nature Trail**, est une marche de moins d'un kilomètre à travers des sapins de Douglas vieux de 500 ans. Ce sentier est contigu au **Quinault Loop Trail** (3 miles ; 5 km), qui serpente à travers la forêt

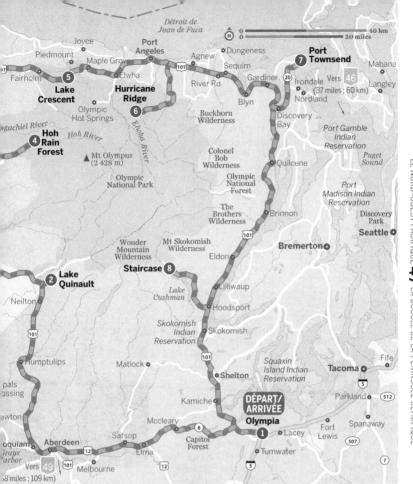

humide avant de revenir au lac. La région est célèbre pour ses grands arbres. Près du village se trouve une épinette de Sitka de 58 m de haut (qui aurait plus de 1 000 ans), de grands cèdres rouges, des sapins de Douglas et des pruches subalpines.

p. 587

À COMBINER AVEC :

46 La route des Cascades

De Port Townsend, prenez le bateau en direction du nord puis suivez la WA 20 jusqu'à Burlington.

49 La côte de l'Oregon par la Highway 101

Empruntez la I-5 vers le sud puis dirigez-vous à l'ouest jusqu'à la ville d'Astoria, dans l'Oregon.

La route ›› Délaissant
Quinault Lake par l'ouest,
la Hwy 101 traverse une réserve
indienne avant de longer
la côte Pacifique un peu avant
Kalaloch (*klay*-lock). Cachées
à la vue par des arbres sur
une bonne partie du parcours,
ces plages sauvages et
protégées sont accessibles
par des arrêts aménagés
le long de la route.

TEMPS FORT

❸ Ruby Beach

Située sur une fine
bande de terre côtière
ajoutée au parc national
en 1953, cette plage de
galets est accessible par
un court sentier (300 m)
menant à une grande
étendue de côte balayée
par le vent et embellie
de pierres noires polies
et de troncs éparpillés.
Au sud, vers Kalaloch,
se trouvent d'autres
fronts de mer accessibles,
appelés simplement
Beach One jusqu'à
Beach Six, populaires
chez les adeptes de plage.
À marée basse, les
gardes commentent
la vie dans les mares
résiduelles à **Beach Four**
et les écosystèmes de la
bande côtière Olympique.

🛏 p. 587

La route ›› Reprenez la Hwy 101
vers le nord, qui vire brusquement
vers l'intérieur des terres,
et suit approximativement
le tracé de la Hoh River avant
de la traverser. Environ 2 miles
(3 km) plus loin, tournez
à droite dans la Hoh River Rd
pour explorer l'une des
zones les plus appréciées
du Olympic National Park.

TEMPS FORT

❹ Hoh Rain Forest

Estimez-vous heureux
si vous arrivez un jour
où il ne pleut pas !
La Hoh River Rd longe
le fleuve sur 19 miles
(30 km) et mène au
cœur de la Hoh Valley,
un dédale de fougères
et d'arbres couverts de
mousse digne de Tolkien.
Cette forêt tempérée
humide est l'une des plus
denses et vertes de
la planète, un paradis à
découvrir à pied. Vous en
apprendrez davantage sur
les autres randonnées,
les circuits guidés et les
écosystèmes délicats et
complexes de ce secteur
au **Hoh Rain Forest Visitor
Center** (📞360-374-6925 ;
🕐 tlj été, ven-dim reste de
l'année), mais ne manquez
sous aucun prétexte le
court mais fascinant **Hall
of Moss Trail**, une boucle
aisée de 1,2 km à travers
un paysage d'aspect irréel.
De la barbe de vieillard
pend des branches, tandis
que fougères et lichens
envahissent les troncs
d'érables et d'épinettes.
Les gardes y organisent
gratuitement des marches
guidées intéressantes
deux fois par jour en été
et pourront vous aider
à repérer quelques-uns des
5 000 wapitis de Roosevelt
du parc.

La route ›› Rejoignez
la Hwy 101 et partez vers le nord
jusqu'au petit et relativement
quelconque village de Forks.
Continuez tandis que la Hwy 101
vire au nord puis à l'est à travers

une grande zone d'exploitation
forestière, avant de revenir
dans le parc sur les rives
du Lake Crescent.

❺ Lake Crescent

Le décor change à
nouveau tandis que la
route serpente le long
des rives scintillantes
et parfumées de pins de
ce lac glaciaire. La plus
belle vue du lac s'apprécie

Ruby Beach Cette côte balayée par le vent est embellie de pierres noires.

depuis le niveau des eaux, sur un kayak, ou depuis les hauteurs de son extrémité est sur le **Storm King Mountain Trail** (nommé d'après l'esprit tutélaire du sommet), accessible par une ascension raide de 2,7 km qui part du Barnes Creek Trail. Pour les moins sportifs, le **Marymere Falls Trail** est un circuit de 2 miles (3 km) menant à une chute d'eau de 27 m tombant d'une falaise de basalte. Les deux randonnés débutent d'un parking à droite de la SR 101 près de **Storm King Information Station** (☺ été seulement). La région est également le site du Lake Crescent Lodge, le plus ancien hôtel du parc, ouvert en 1916.

🛏 p. 587

La route ❯❯ Depuis Lake Crescent, reprenez la Hwy 101 vers l'est jusqu'à Port Angeles, d'où l'on peut rejoindre le Canada par un court trajet en bateau jusqu'à Victoria. Empruntez Race St, qui croise la Hwy 101, vers le sud. Elle devient bientôt Mt Angeles Rd puis Hurricane Ridge Rd, qui grimpe de 1 615 m en 18 miles (29 km) très boisés vers des prairies d'altitude et des sommets parfois pris dans les nuages.

LA SAGA TWILIGHT

Forks, minuscule localité minière en déclin, peuplée de bûcherons, est devenue un lieu de pèlerinage pour les adolescent(e)s sur les traces de Bella et Edward, héros de la saga *Twilight*, de Stephenie Meyer. En sept ans, l'auteur américaine a vendu plus de 100 millions de livres, adaptés en cinq films. Avec Forks comme principal cadre de cette histoire romantico-vampirique, la bourgade a gagné une célébrité internationale. Vous pourrez suivre les traces des héros dans le "Twilight Tour" proposé par **Team Forks** (☑️360-374-5634 ; www.teamforks.com ; tickets 30-55 $), lequel vous emmènera dans la plupart des lieux de la saga.

TEMPS FORT

❻ Hurricane Ridge

Proche de Port Angeles et aisément accessible, cette région montagneuse porte bien son nom : la météo y est capricieuse et les vents souvent violents – si vous partez dans les montagnes, renseignez-vous auprès du **Olympic National Park Visitor Center** (3002 Mt Angeles Rd, Port Angeles ; parc 15 $; 🚻). Heureusement, la beauté des paysages compense ces quelques désagréments. Situé presque au bout de la Hurricane Ridge Rd, le **Hurricane Ridge Visitor Center** (⊙9h30-17h tlj été, ven-dim hiver) dispose d'un snack, de toilettes et marque le départ de plusieurs randonnées. **Hurricane Hill Trail** (qui commence à la fin de la route) et les **Meadow Loop Trails** sont appréciés et relativement aisés. Les premières centaines de mètres sont accessibles en fauteuil roulant.

La route » Redescendez la Hurricane Ridge Rd puis dirigez-vous vers l'est sur la Hwy 101, traversez Sequim puis, après 18 miles (29 km), virez vers le nord sur la SR 20 pour atteindre Port Townsend, 13 miles (21 km) plus loin.

❼ Port Townsend

Laissant momentanément le parc, replongez-vous dans la civilisation à Port Townsend, dont le charme victorien remonte à l'essor des chemins de fer dans les années 1890. La ville était alors destinée à devenir la "New York de l'Ouest" – ce qui n'advint jamais. Procurez-vous un plan des balades à faire en ville au **Port Townsend Visitors Center** (www.enjoypt.com ; 440 12th St ; ⊙9h-17h lun-ven, 10h-16h sam, 11h-16h dim) et flânez parmi les galeries, les commerces et les boutiques d'antiquités du front de mer. Ne ratez pas le **Belmont Saloon** (www.thebelmontpt.com ; Water St), construit en 1885 et toujours en activité,

le **Rose Theatre** (www.rosetheatre.com ; 235 Taylor St), un théâtre restauré de 1907 qui sert aujourd'hui de salle de cinéma, et les belles demeures victoriennes de la falaise au-dessus de la ville, où plusieurs résidences accueillent désormais des chambres d'hôtes.

🍴 🛏️ p. 587

La route » Depuis Port Townsend, revenez sur vos pas jusqu'à la jonction avec la Hwy 101 et prenez la direction du sud, passant Quilcene, Brinnon, avec son bon restaurant (p. 587), et l'entrée du parc de Dosewallips. À l'est, les eaux calmes du Hood Canal offrent un contraste serein aux vagues fouettées par le vent du Pacifique. Lorsque vous atteindrez Hoodsport, – comptez 60 miles (95 km) depuis Port Townsend –, empruntez la Hwy 119 sur la droite et suivez les panneaux indiquant Staircase.

❽ Staircase

Le climat est plus sec dans la partie est du parc et les montagnes sont plus proches. L'accès par Staircase comprend une station de rangers et un camping. Un bon réseau de sentiers suit la North Fork Skokomish River, entourée par certains des sommets les plus escarpés de la péninsule Olympique. Le **Lake Cushman** possède un camping et se prête aux activités nautiques.

La route » Rejoignez la Hwy 101 et prenez plein sud jusqu'à Olympia.

Se restaurer et se loger

Olympia

✕ Spar Cafe   Pub, restaurant $

(☎360-357-6444 ; www.mcmenamins.com/
Spar ; 114 4th Ave E ; petit-déj 4-6 $, midi 6-9 $;
🕑7h-minuit dim-jeu, 7h-1h ven-sam). Ce café et
restaurant ouvert de longue date, aujourd'hui
propriété de la chaîne McMenamin, a conservé
son intérieur traditionnel en bois. Idéal pour
un brunch, jouer au billard, goûter une bière
artisanale ou écouter les musiciens de rue de la
4th Ave.

Lake Quinault ②

🛏 Lake Quinault
Lodge   Hôtel historique $$

(☎360-288-2900 ; www.olympicnationalparks.
com ; 345 S Shore Rd ; d 150-289 $; ❉🏊).
Construit en 1926, cet hôtel historique offre
tout le confort que l'on est en droit d'attendre
de ce type d'établissement, d'immenses
canapés confortables en cuir, répartis autour
de la grande cheminée, aux vues splendides
sur le parc… en passant par les mémorables
pancakes de patate douce servis au petit-
déjeuner.

Ruby Beach ③

🛏 Kalaloch Lodge   Hôtel historique $$$

(☎360-962-2271 ; www.thekalalochlodge.com ;
157151 US 101, Forks ; d 165-311 $, chalet à partir
de 229 $; ❉). Un peu moins grandiose que le
Lake Quinault Lodge et le Lake Crescent Lodge,
le Kalaloch, construit en 1953, tire toutefois
parti d'un cadre spectaculaire, sur une falaise
donnant sur le Pacifique.

Lake Crescent ⑤

🛏 Lake Crescent
Lodge   Hôtel historique $$

(☎360-928-3211 ; www.olympicnationalparks.
com ; 416 Lake Crescent Rd ; d 168-278 $;
🕑mai-oct ; ❉🏊). Construit en 1915 pour

accueillir les vacanciers venus pêcher dans le
lac, ce bâtiment à bardeaux est le plus ancien
hôtel de l'Olympic National Park et n'a rien
à envier du confort et du style du Lake Quinault
Lodge. Le président FD Roosevelt a séjourné
ici en 1937, un an avant d'avoir transformé
la péninsule Olympique en parc national.

Port Townsend ⑦

✕ Waterfront Pizza   Pizza $$

(951 Water St ; grande pizza 11-19 $; 🕑11h-21h
dim-jeu, 11h-22h ven-sam). Cette pizza vendue
à la part, tout simplement la meilleure de l'État,
suscite l'engouement local et satisfera les
plus exigeants. Le secret ? Une pâte au levain
croustillante et juste ce qu'il faut d'ingrédients
originaux.

🛏 Palace Hotel   Hôtel $

(☎360-385-0773 ; www.palacehotelpt.com ;
1004 Water St ; ch 59-109 $; ❉🏊). Construit
en 1889, ce beau bâtiment victorien fut un
temps une maison close, dirigée par madame
Marie, qui menait ses activités depuis la suite
d'angle du 2e étage. Transformé depuis en
agréable hôtel, au mobilier ancien et aux vieilles
baignoires sur pieds, le Palace Hotel n'a plus
rien d'interlope.

Brinnon

✕ Halfway House   Restaurant $

(☎360-796-4715 ; 41 Brinnon Lane ; 7h-20h
dim-jeu, 7h-21h ven-sam). Typique de l'Amérique
rurale, ce restaurant sans fioriture dispose
d'un personnel aimable et d'un service rapide.
Ses tartes aux fruits croustillantes sont dignes
des meilleures recettes de grand-mères.
Il se trouve sur la Hwy 101 à Brinnon, à mi-
chemin entre Port Townsend et Staircase.

Lewis & Clark Monument, Seaside
En l'honneur des grands explorateurs
de l'Ouest américain

END OF THE TRAIL

Sur les pas de Lewis et Clark

48

Suivez le fleuve Columbia, au long de cet itinéraire historique qui marque l'apogée, une fois rejoint le Pacifique, de l'expédition de Lewis et Clark en 1805.

TEMPS FORTS

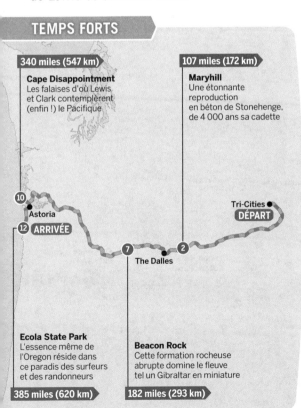

340 miles (547 km)

Cape Disappointment
Les falaises d'où Lewis et Clark contemplèrent (enfin !) le Pacifique

107 miles (172 km)

Maryhill
Une étonnante reproduction en béton de Stonehenge, de 4 000 ans sa cadette

10 Astoria

12 ARRIVÉE

Tri-Cities ●
DÉPART

7

The Dalles

2

Ecola State Park
L'essence même de l'Oregon réside dans ce paradis des surfeurs et des randonneurs

385 miles (620 km)

Beacon Rock
Cette formation rocheuse abrupte domine le fleuve tel un Gibraltar en miniature

182 miles (293 km)

3-4 JOURS
385 MILES / 620 KM

PARFAIT POUR...

LE MEILLEUR MOMENT

Toute l'année, si les pluies fréquentes ne vous dérangent pas

 LA PHOTO SOUVENIR

Indian Beach, Ecola State Park ; la côte de l'Oregon personnifiée

 LA LEÇON D'HISTOIRE

Le Lewis & Clark Interpretive Center du Cape Disappointment State Park

48 Sur les pas de Lewis et Clark

En mai 1804, mandatée par le Congrès des jeunes États-Unis, s'élançait de Saint-Louis (Missouri) la toute première expédition à rejoindre les côtes du Pacifique par voie terrestre. Mené par Meriwether Lewis et William Clark, le Corps of Discovery mit 18 mois à rallier Cape Disappointment, cartographiant les régions et documentant les peuples de cette zone inexplorée jusqu'alors. Il faudrait de nombreuses semaines pour suivre le parcours de Lewis et Clark dans sa totalité (voir p. 348). Cet itinéraire se concentre sur la dernière étape.

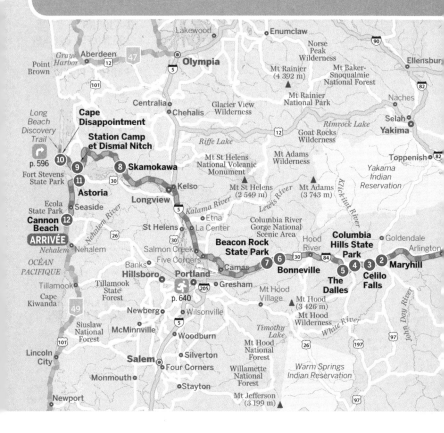

❶ Tri-Cities

Le point de départ de cet itinéraire est chargé d'histoire. L'arrivée de Lewis et Clark et du Corps of Discovery au confluent de la Snake River et du fleuve Columbia le 16 octobre 1805 constitua une étape cruciale de leur périple cartographique. Après avoir été accueilli par 200 Indiens chantant en demi-cercle, le groupe campa ici deux jours, échangeant des habits contre du saumon séché. Le **Sacajawea Interpretive Center** (☎509-545-2361 ;

Sacajawea State Park, Pasco, WA ; gratuit ; ⏰10h-17h fin mai-1ᵉʳ nov ; ♿), situé au confluent de la rivière, à 5 miles (8 km) au sud-est de Pasco, retrace l'histoire de l'expédition à travers les yeux de Sacagawea, la guide et interprète amérindienne Shoshone qui l'avait rejointe dans le Dakota du Nord.

🍴 p. 597

La route ≫ Prenez la direction du sud sur la I-82 avant de bifurquer sur la droite sur la SR 14, alias la Lewis & Clark Hwy, qui longe la rive nord du fleuve Columbia. Chemin faisant dans ces terres poussiéreuses ponctuées d'armoise, vous passerez plusieurs sites marquants de l'expédition – Wallula Gap, où le Corps of Discovery aperçut pour la première fois le Mt Hood, et le promontoire volcanique de Hat Rock, nommé par William Clark. Comptez 100 miles (160 km) jusqu'à Maryhill.

TEMPS FORT

❷ Maryhill

Conçu par le grand entrepreneur et constructeur de routes du Nord-Ouest Sam Hill, le **Maryhill Museum of Art** (www.maryhillmuseum. org ; 35 Maryhill Museum Dr, Goldendale, WA adulte/enfant/ senior 9/3/8 $; ⏰10h-17h 15 mars-15 nov) occupe une demeure en haut d'un promontoire surplombant le Columbia. Sa collection d'art éclectique est rehaussée d'une petite exposition sur Lewis et Clark, tandis que ses jardins paisibles sont parfaits pour un pique-nique. Des panneaux vous mènent à un beau point de vue sur la Columbia Gorge et la rive où Meriwether Lewis et William Clark ont campé le 21 octobre 1805 (maintenant parc d'État) – plusieurs parcs ponctuent cet itinéraire, où vous pourrez planter votre tente à quelques mètres du camp d'origine du Corps of Discovery.

Autre création de Hill, une reconstitution grandeur nature (en béton) des mégalithes de **Stonehenge** se trouve à 2 miles (3 km) à l'est.

La route ≫ Continuez à l'ouest sur la SR 14 pendant 5 miles (8 km) jusqu'au site des Celilo Falls, aujourd'hui submergé.

À COMBINER AVEC :

47 **La boucle de la péninsule Olympique**

D'Astoria, prenez la Hwy 101 vers le nord pendant 78 miles (125 km) jusqu'à Aberdeen.

49 **La côte de l'Oregon par la Highway 101**

Cannon Beach et Astoria sont des étapes de cet itinéraire côtier.

❸ Celilo Falls

Une imagination fertile vous aidera à sublimer cet itinéraire. En témoigne ce point de vue, à 5 miles (8 km) à l'ouest de Maryhill, lequel surplombe ce qui était, à l'époque amérindienne, le site de pêche au saumon de Celilo Falls. Les explorateurs ont passé deux jours ici à la fin du mois d'octobre 1805, descendant leurs canoës dans les chutes d'eau à l'aide de cordes. Un siècle et demi plus tard, la montée des eaux liée à la création de barrages sur le fleuve Columbia a submergé les chutes, détruisant un lieu de pêche amérindien vieux de plusieurs siècles et rendant méconnaissable la région décrite par Clark.

La route ❯❯ Continuez sur la SR 14 durant 15 miles (24 km).

❹ Columbia Hills State Park

Les tribus indiennes, entre autres Nez Percé, Clatsop et Walla Walla, contribuèrent à la réussite de l'expédition de Lewis et Clark, en lui fournissant vivres, chevaux et guides. L'un des meilleurs endroits pour observer des témoignages tangibles du patrimoine amérindien de la région

est le Temani Pesh-wa ("Écrit sur des pierres") Trail au **Columbia Hills State Park** (www.parks. wa.gov ; Hwy 14, Mile 85, WA ; 6h30-coucher du soleil avr-oct), où sont mis en évidence les meilleurs pétroglyphes de la région. Rejoignez une **visite guidée gratuite** (☎509-773-5007) le vendredi et le samedi à 10h pour contempler le célèbre mais fragile pictogramme de la déesse Tsagaglalal ("Celle qui observe"). Le parc est également un site apprécié d'escalade et de windsurf.

La route ❯❯ À 2 miles (3 km) à l'ouest de Horsethief Lake, partez vers le sud sur la US 197, qui vous fait traverser le fleuve vers The Dalles en Oregon. À 2 miles (3 km) en amont se trouve le Dalles Dam, inauguré en 1957, qui a submergé les Celilo Falls.

❺ The Dalles

Autrefois voisin des Celilo Falls, The Dalles présente aujourd'hui le visage d'une ville banale. L'économie locale se concentre sur la culture des cerises, la technologie informatique et les activités de plein air. Néanmoins, la ville renferme l'un des meilleurs musées liés à Lewis et Clark le long de cette partie du fleuve, situé dans le **Columbia Gorge Discovery Center** (www.gorgediscovery.org ; 5000 Discovery Dr ; adulte/ enfant/senior 9/5/7 $; 🕙9h-17h ; 🚹) à l'extrémité est

de la ville. On y trouve des expositions détaillées sur l'équipement du Corps of Discovery qui traîner à travers le continent, ainsi que des informations fouillées sur l'expédition. Les enfants adoreront se déguiser avec les costumes copiés sur ceux de l'époque de l'épopée.

🍴 🛏 p. 597

La route ❯❯ Vous pouvez continuer à l'ouest depuis The Dalles de n'importe quel côté du fleuve Columbia (l'expédition l'a descendu en canoë) via la SR 14 (Washington), ou la plus lente et plus pittoresque SR 30 (Oregon). En route, ne manquez pas la vue sur la Memaloose Island, jadis lieu de sépulture amérindien, où les morts étaient déposés dans des canoës.

❻ Bonneville

Il existe deux Bonneville : l'une dans l'Oregon, et North Bonneville, dans l'État de Washington. Si Lewis et Clark, sous-alimentés, ne trouvèrent ici rien qui put les changer de leur maigre pitance – viande de chien et racines de "wapato", un tubercule semblable à la pomme de terre – , les voyageurs du XXIe siècle dégusteront à Bonneville des spécialités culinaires autrement plus savoureuses. Datant de la Grande Dépression, le barrage de la ville fut achevé en 1938.

🛏 p. 597

La route >> Le Beacon Rock State Park se trouve juste à l'ouest de North Bonneville, sur la SR 14.

❼ Beacon Rock State Park

Le 2 novembre 1805, un jour après avoir passé Bonneville, Clark décrivit un monolithe remarquable de 258 m de haut, qu'il appela d'abord Beaten Rock, puis rebaptisa **Beacon Rock** à son retour. Un peu plus d'un siècle plus tard, Henry Biddle acheta le rocher pour la mirifique somme de 1 $. Vous pouvez toujours marcher sur le sentier sinueux de 1 mile (1,6 km) jusqu'au sommet de cet ancien neck de lave dans le **Beacon Rock State Park** (www.parks.wa.gov ; ☺8h-coucher du soleil). Alors que vous profitez de la vue magnifique, songez que vous venez d'escalader l'intérieur d'un ancien volcan. Pour le Corps, le rocher releva d'une découverte capitale, car c'est ici que le duo observa pour la première fois la marée, laquelle attestait qu'ils étaient proches du terme de leur traversée du continent.

La route >> Rejoignez la SR 14 vers l'ouest et ne manquez pas le point de vue de Cape Horn, 9,5 miles (15 km) environ après le parc : le panorama sur la gorge est magnifique. De là, continuez 26 miles (41 km) et prenez l'I-5 vers le nord jusqu'à Kelso (sortie 39).

PARC HISTORIQUE

Le **Lewis & Clark National & State Historical Parks** (www.nps.gov/lewi ; 3 $; 9h-17h) combine 10 sites historiques différents regroupés autour de l'embouchure du fleuve Columbia. Ils sont chacun liés à des faits importants sur le Corps of Discovery et sa mission historique pour cartographier l'Ouest américain. Formé en 2004 par le regroupement de plusieurs parcs d'État et sites historiques, il est géré conjointement par le National Park Service et les États de Washington et de l'Oregon. Les sites principaux incluent Cape Disappointment, Fort Clatsop et le sentier de 6,5 miles (24 km) du fort à la mer, reliant Clatsop et l'océan à Sunset Beach.

Poursuivez dans Allen St, passez le fleuve et suivez la SR 4 jusqu'à Skamokawa.

❽ Skamokawa

Pour le plus clair de leur descente du fleuve Columbia, Lewis et Clark voyagèrent, non à pied, mais en canoë. Pour pagayer dans le sillage du Corps of Discovery, rendez-vous au **Skamokawa Center** (☎360-849-4016 ; www.skamokawakayak.com ; 1391 Rte 4, Skamokawa, WA ; tour 65-115 $), qui organise des sorties d'un ou deux jours jusqu'à Grays Bay ou Pillar Rock, où Clark a écrit : "Grande joie au camp alors que nous apercevons l'océan, ce formidable océan Pacifique que nous avons été si longtemps anxieux de voir."

La route >> Continuez sur la SR 4. À Naselle, 25 miles (40 km) plus loin, partez vers le sud-ouest sur la SR 401, pour environ 11 miles (18 km).

❾ Station Camp et Dismal Nitch

Juste à l'est du Astoria-Megler Bridge, sur la rive nord du fleuve, un refuge marque Dismal Nitch, où l'expédition s'est retrouvée coincée dans un orage violent une semaine durant. Clark le décrivit comme "le moment le plus désagréable que j'aie jamais vécu". Le Corps réussit finalement à monter le camp à Station Camp, à 3 miles (5 km) plus à l'ouest – le site est repéré par un panneau explicatif – et y resta 10 jours, tandis que les deux chefs exploraient, chacun de son côté, les caps autour de Cape Disappointment.

La route >> Vous y êtes presque ! Parcourez les derniers kilomètres vers l'ouest sur la Hwy 101 jusqu'à Ilwaco et au Cape Disappointment.

SUR LES PAS DE LEWIS ET CLARK
BRENDAN SAINSBURY, AUTEUR

Cette reconstitution de l'odyssée du Corps of Discovery est ce qui se rapproche le plus d'un pèlerinage à l'américaine. Lewis et Clark furent, sans aucun doute, les plus grands explorateurs des États-Unis et la nation ne serait pas la même sans eux. Méticuleux, curieux, courageux et révolutionnaires, ils étaient également pacifistes ; un seul incident, survenu sur leur retour avec les Indiens Blackfeet, vint entacher l'esprit non violent de la quête du Corps.

Ci-dessus : Cape Disappointment
À gauche : Beacon Rock
À droite : Fort Clatsop, Astoria

DANITA DELIMONT / GETTY IMAGES ©

GARY WEATHERS / GETTY IMAGES ©

⑩ Cape Disappointment

Difficile de trouver un nom ("déception") plus mal approprié que celui dont est affublé le splendide **Cape Disappointment State Park** (Hwy 100 ; ☺6h30-coucher du soleil). Prenez le temps de faire la courte ascension de Mackenzie Hill, dans les pas de Clark et admirez votre véritable premier aperçu du Pacifique.

Situé sur un promontoire à l'intérieur du parc, non loin de la ville d'Ilwaco, le **Lewis & Clark Interpretive Center** (☎360-642-3029 ; Hwy 100 ; adulte/enfant 5/2,50 $; ☺10h-17h) relate fidèlement le voyage du Corps of Discovery, avec force détails – du mode d'emploi d'un octant au genre de sous-vêtements que portait Lewis ! Un film de 20 minutes complète l'exposition. Téléphonez avant de venir si vous voulez également visiter l'impressionnant **phare de North Head** (visite 2,50 $), situé à proximité.

La route ❯❯ Depuis Ilwaco, prenez la Hwy 101 vers l'est jusqu'au Astoria-Megler Bridge, pont en treillis long de 4,1 miles (6,6 km). De l'autre côté se trouve Astoria dans l'Oregon, la plus ancienne colonie fondée par les États-Unis à l'ouest du Mississippi.

RUSS BISHOP / ALAMY ©

VAUT LE DÉTOUR
LONG BEACH DISCOVERY TRAIL

Point de départ : ❿ Cape Disappointment

Rapidement après son arrivée à Station Camp, l'infatigable Clark, déterminé à trouver un meilleur bivouac pour l'hiver, reprit la route vers l'ouest avec plusieurs compagnons, le long d'une vaste péninsule de sable, s'arrêtant près de ce qui est aujourd'hui la 26th St à Long Beach. C'est là que Clark, parvenu au Pacifique, a gravé son nom sur un cèdre pour la postérité. L'itinéraire de cette marche historique de trois jours a été recréé par le Long Beach Discovery Trail, un sentier qui part de la petite ville d'Ilwaco, à côté de Cape Disappointment, jusqu'à 26th St. Officiellement inauguré en septembre 2009, le sentier incorpore des sculptures grandeur nature impressionnantes le long de ses 8,2 miles (13,2 km). L'une est en fait un véritable squelette de baleine grise, une autre représente Clark contemplant un esturgeon échoué, tandis qu'une troisième reproduit en bronze le cèdre d'origine (depuis longtemps déraciné par un orage sur le Pacifique).

⓫ Astoria

Après le premier véritable vote ouvert de l'histoire des États-Unis (scrutin auquel participèrent une femme et un esclave noir), le groupe décida d'installer son bivouac d'hiver de l'autre côté du fleuve, dans l'Oregon. Une réplique du **Fort Clatsop** (adulte/enfant 3 $/gratuit ; ☺9h-18h juin-août, 9h-17h sept-mai) d'origine, où le Corps of Discovery passa le difficile hiver en 1805-1806, est située à 5 miles (8 km) au sud d'Astoria. Également sur les lieux se trouvent des sentiers, un centre d'accueil et des gardes vêtus de peaux qui parcourent le camp entre mi-juin et Labor Day, cousant des mocassins (le Corps of Discovery en avait prévu 340 paires pour le voyage aller-retour, pour une trentaine de

personnes), tannant le cuir et tirant au mousquet.

✗ ⛏ p. 597

La route » Depuis Fort Clatsop, prenez la Hwy 101/Oregon Coast Hwy vers le sud, passant par Seaside, jusqu'à Cannon Beach.

TEMPS FORT

⓬ Cannon Beach

La curiosité (et la faim) gagnèrent le Corps of Discovery au début de 1806, lorsque la nouvelle de l'échouage d'une baleine, découverte par une tribu Chinook, vint aux oreilles de l'expédition, qui se rendit sur place. Le lieu de l'échouage est aujourd'hui sur le terrain de la ville de Cannon Beach, et le parc d'État voisin, l'**Ecola State Park**, doit son nom à ce malheureux mammifère (*ecola* est le mot chinook pour "baleine").

Ce parc est l'Oregon tel que l'on se l'imagine : aiguilles de mer, vagues déferlantes, plages secrètes et forêts vierges magnifiques. Sillonné par des sentiers, il se trouve à 1,5 mile (2,4 km) au nord de Cannon Beach, le complexe hôtelier "anti-complexe" haut de gamme tant apprécié des habitants de Portland.

Clark découvrit la baleine près de **Haystack Rock**, une aiguille de mer de 72 m de haut qui, monument le plus spectaculaire de la côte de l'Oregon, est accessible de la plage. Après avoir troqué avec la tribu amérindienne, il repartit avec 135 kg de blanc de baleine – un festin pour les membres sous-alimentés du Corps of Discovery.

✗ ⛏ p. 597

Se restaurer et se loger

Tri-Cities ❶

✖ Atomic Ale Brewpub & Eatery   Pub $

(☎509-946-5465 ; www.atomicalebrewpub.
com ; 1015 Lee Blvd ; pizza 13-17 $; ⏱11h-
22h lun-jeu, 11h-23h ven-sam, 11h-20h dim).
L'humour noir prévaut dans cette joyeuse petite
brasserie, réputée pour ses pizzas cuites au
feu de bois et l'Atomic Amber, sa bière ambrée
artisanale. Les physiciens opteront pour une
Oppenheimer Oatmeal Stout.

The Dalles ❺

✖ Baldwin Saloon   Américain $$

(☎541-296-5666 ; www.baldwinsaloon.com ;
205 Court St ; plats 9-25 $). Ce restaurant
mise plus sur l'ambiance que sur la nourriture
(hamburgers et desserts indécents). Créé
en 1876, cet ancien saloon a depuis servi
de maison close, d'entrepôt de cercueils…
avant de se réincarner en restaurant en 1991.

⏟ Celilo Inn   Motel de charme $$

(☎541-769-0001 ; www.celiloinn.com ;
3550 East 2nd St ; d à partir de 99 $; ❄🛜🏊).
Surplombant le barrage de The Dalles, le Celilo
est un motel haut de gamme dont le confort
atteste les rénovations régulières.

Bonneville ❻

⏟ Bonneville Hot Springs
Resort & Spa   Hôtel $$$

(☎866-459-1678 ; www.bonnevilleresort.com ;
1252 E Cascade Dr, North Bonneville, WA ; ch 159-
289 $). Reprenez vos forces dans ce complexe
hôtelier luxueux avec piscine et spa, à quelques
kilomètres à l'est de Beacon Rock. Fatigué ?
Optez pour le soin réparateur à l'eucalyptus.

Astoria ⓫

✖ T Paul's Urban Café   International $$

(www.tpaulsurbancafe.com ; 1119 Commercial
St ; plats 9-16 $; ⏱11h-21h lun-jeu, 11h-22h

ven-sam). Le midi, goûtez les délicieuses
quesadillas (tortillas au fromage et à la viande),
accompagnées de *nachos* et de sauce maison.

✖ ⏟ Commodore
Hotel   Boutique Hotel $$

(☎503-325-4747 ; www.commodoreastoria.
com ; 258 14th St ; ch avec sdb commune/privée
à partir de 79-109 $; 📶🛜). Cette merveille
du début du XXᵉ siècle a rouvert en 2009,
après avoir servi durant 45 ans de pigeonnier.
L'hôtel compte désormais un bel ensemble
de chambres et de suites de style européen.
Ne manquez pas le café voisin avec ses bons
expressos et son décor néo-industriel.

⏟ Hotel Elliott   Hôtel historique $$

(☎503-325-2222 ; www.hotelelliott.com ;
357 12th St ; d/ste 99/189 $; ❄🛜). Sis dans
le plus ancien quartier de la plus vieille ville du
Nord-Ouest Pacifique, ce bel établissement
d'époque a gagné le statut d'hôtel de charme
sans perdre de sa teneur historique.

Cannon Beach ⓬

✖ Newman's   Français, italien $$$

(☎503-436-1151 ; www.newmansat988.com ;
988 S Hemlock St ; plats 19-28 $; ⏱5h30-21h
tlj, fermé lun oct-juin). Fusionnant les deux
plus grandes cuisines au monde (italienne et
française), cette maison de plage historique,
devenue restaurant, doit sa renommée dans
la région à l'expérience gastronomique offerte.

⏟ Cannon Beach
Hotel   Hôtel historique $$

(☎503-436-1392 ; www.cannonbeachhotel.
com ; 1116 S Hemlock St ; d 99-189 $; 📶🛜).
Établissement chic, aux chambres petites mais
méticuleusement aménagées, dans un bâtiment
historique en bois datant de 1914. Un salon au
rez-de-chaussée et un café-bistrot ajoutent au
charme.

Cape Sebastian Des vues spectaculaires sur l'océan

Route Mythique

La côte de l'Oregon par la Highway 101

49

Véritable invitation au voyage, la Highway 101 serpente le long de la côte de l'Oregon passant devant des plages de sable fin, des mares résiduelles colorées et une bonne dizaine de phares.

TEMPS FORTS

DÉPART

1 — 1 mile (1,6 km)

Astoria
Une ville d'époque victorienne, à l'embouchure du Columbia

161 miles (260 km)

Cape Perpetua
Sans doute la plus belle vue sur la côte de l'Oregon

Tillamook

9 — 134 miles (215 km)

Newport
Des mares résiduelles et deux phares valent à l'endroit la faveur du public

11

Florence

283 miles (455 km)

Port Orford
La nature virginale de Humbug Mountain

Coos Bay

17

Brookings

ARRIVÉE

7 JOURS
340 MILES / 547 KM

PARFAIT POUR...

LE MEILLEUR MOMENT

De juillet à octobre, car le temps est plus clément

LA PHOTO SOUVENIR

Le T-Rex grandeur nature devant Prehistoric Gardens

BELLES BALADES

Cape Perpetua recèle plusieurs randonnées à couper le souffle

La côte de l'Oregon par la Highway 101

49

Descendant vers l'Oregon et ses caps balayés par les vents, la pittoresque Highway 101 suit des centaines de kilomètres de littoral ponctué de charmantes villes balnéaires et de superbes vues sur l'océan. Chemin faisant, le voyageur croise matière à des randonnées exaltantes dans l'arrière-pays. Cet itinéraire n'a pas besoin de but, et se justifie en soi. Tout le monde, aussi bien les amoureux de la nature que les gourmands ou les familles, passe le long de cette route côtière des vacances de rêve.

TEMPS FORT

❶ Astoria

Le périple côtier débute dans la partie nord-ouest de l'État, là où le Columbia rencontre l'océan Pacifique. Légèrement dans les terres, Astoria puise son charme dans sa riche histoire. Étape du périple de Lewis et Clark (p. 589), elle est également fière de son passé maritime, à découvrir au **Columbia River Maritime Museum** (www.crmm.org ; 1792 Marine Dr ; adulte/enfant 12/5 $; 9h30-17h).

Astoria a été le décor de plusieurs films, notamment *Les Goonies* (1985). Les fans visiteront la **Goonies House** (368 38th St) et le **Clatsop County Jail** (732 Duane St).

p. 610

La route ›› Partez vers le sud sur la Hwy 101 sur 14,5 miles (23 km) jusqu'à Gearhart.

❷ Gearhart

Vérifiez les horaires des marées et dirigez-vous vers la plage ; Gearhart est célèbre pour sa pêche aux couteaux à marée basse. Il ne vous faudra, pour vous y essayer, qu'une paire de bottes, une pelle, des gants résistants (les couteaux portent bien leur nom), un permis (disponible à Gearhart) et un seau. Faites-les ensuite bouillir, et dégustez ce qui sera probablement le repas le plus mémorable de votre séjour.

Pour obtenir plus d'information sur où, quand et comment pêcher le couteau, les anglophones visiteront le site Internet de l'**Oregon Department of Fish & Wildlife** (www.dfw.state.or.us). C'est un site très dense : le plus simple est de taper "ODFW clamming" dans un moteur de recherche.

La route ›› Seaside est à juste 2,4 miles (3,9 km) plus loin sur la côte.

❸ Seaside

La ville balnéaire la plus grande et la plus fréquentée de l'Oregon a des airs de fête foraine. La promenade – ou "Prom" – de 3 km est un kaléidoscope kitsch de bord de mer, où l'on

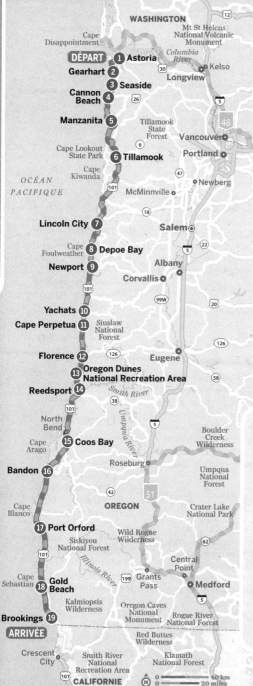

peut, entre autres, louer des voitures à pédales et jouer à des jeux d'arcade tout en dégustant des caramels mous, des beignets, des pommes d'amour et des caramels au beurre salé.

Vous y trouverez également le **Seaside Aquarium** (www. seasideaquarium.com ; 200 N Promenade ; adulte/ enfant 8/4 \$; ⊘9h-19h ; 🚻). Ouvert depuis 1937, il ne compte que quelques aquariums, un bassin tactile et une petite piscine intérieure pour les phoques (nourrissage possible), mais est une sortie amusante pour les enfants curieux.

✕ p. 610

La route ❱❱ Quittez la plage et regagnez les terres pour le trajet de 8,8 miles (14 km) jusqu'à Cannon Beach.

🔗 À COMBINER AVEC :

48 Sur les pas de Lewis et Clark

Faites le chemin à l'envers sur la Hwy 101 pour atteindre l'itinéraire de Lewis et Clark à Astoria.

51 La boucle du Crater Lake

Continuez vers le sud après Crescent City, puis prenez la US 199 vers le nord-est jusqu'à Grant's Pass.

Route Mythique

④ Cannon Beach

La charmante Cannon Beach est l'une des stations balnéaires les plus appréciées de la côte de l'Oregon. La vaste plage de sable s'étend sur des kilomètres et vous trouverez de belles occasions de photos ainsi que des mares résiduelles à **Haystack Rock**, le troisième plus grand pilier de mer (formation rocheuse émergée) au monde. Pour la meilleure randonnée côtière, dirigez-vous au nord à la sortie de la ville jusqu'au **Ecola State Park** (www.oregonstateparks.org ; 5 $/journée). où vous pouvez marcher jusqu'à des plages reculées.

✕ ⟝ p. 610

La route ⟩⟩ Suivez la côte sur 14,4 miles (23,2 km) à travers l'Oswald West State Park pour atteindre votre prochain arrêt.

⑤ Manzanita

Plus petit et plus calme que Cannon Beach, le hameau de Manzanita est l'une de ces stations balnéaires informelles de la côte de l'Oregon. Vous pourrez vous détendre sur les plages de sable blanc, voire partir en randonnée sur **Neahkahnie Mountain**, où d'impressionnantes falaises s'élèvent au-dessus des vagues du Pacifique. C'est une marche de 3,8 miles (6,1 km) jusqu'au sommet, mais la vue en vaut la peine : par temps dégagé, elle porte jusqu'à 50 miles (80 km) au large.

La route ⟩⟩ Roulez sur 27 miles (43 km) de Nehalem Bay à Tillamook Bay pour rejoindre Tillamook, dans les terres.

⑥ Tillamook

Toute côtière qu'elle soit, Tillamook est surtout célèbre pour son fromage. Des milliers de touristes viennent chaque année goûter aux échantillons gratuits du **Tillamook Cheese Visitors Center** (4175 N Hwy 101 ; ⊙8h-18h, 8h-20h l'été). Vous pourrez également laisser les produits laitiers de côté et vous rendre dans l'un des deux intéressants musées locaux : le **Pioneer Museum** (www.tcpm.org ; 2106 2nd St ; adulte/enfant 4/1 $; ⊙10h-16h mar-dim) qui propose des jouets anciens, une salle de taxidermie (admirez l'ours polaire) et un sous-sol rempli d'objets de pionniers. Et juste au sud de la ville, le **Tillamook Naval Air Museum** (www.tillamookair.com ; 6030 Hangar Rd ; adulte/enfant 12/8 $; ⊙9h-17h) possède une large collection d'avions de chasse et un hangar à dirigeables de 3 ha.

La route ⟩⟩ Au sud de Tillamook, la Hwy 101 suit la Nestucca River à travers des pâturages et des montagnes déboisées sur 44 miles (71 km) jusqu'à Lincoln City.

⑦ Lincoln City

Cette station balnéaire moderne est la principale zone commerciale de la région. En plus des stations-service et des supermarchés, la ville recèle un motif supplémentaire de s'arrêter : de mi-octobre à fin mai, des bénévoles du Visitor & Convention Bureau cachent des bouchons en verre coloré – soufflé par des artisans locaux – le long des plages, offrant un souvenir mémorable au vacancier ingénieux et réactif.

THREE CAPES LOOP

Au sud de la ville de Tillamook, la Hwy 101 vire dans les terres. Une route alternative exaltante est la lente, sinueuse et parfois cahoteuse Three Capes Scenic Loop, qui embrasse le littoral sur 30 miles (48 km) et offre la chance de pouvoir pêcher des coquillages. En route, vous traverserez Cape Meares, Cape Lookout et Cape Kiwanda – trois caps magnifiques que vous n'auriez pas vus autrement. À Tillamook, à l'intersection de la Hwy 101 et de la Hwy 6, bifurquez vers l'ouest dans 3rd St/Hwy 131.

p. 610

La route ≫ Le trajet de 12 miles (19 km) au sud jusqu'à Depoe Bay vous ramènera sur la côte.

❽ Depoe Bay

Bien qu'entourée de résidences modernes, Depoe Bay conserve une part de son charme côtier d'origine. Elle affirme posséder le plus petit port navigable du monde et être la capitale mondiale d'observation des baleines. Qu'il s'agisse ou non pour cette petite ville de fanfaronnades, la pêche et l'observation des cétacés sont bien les principaux intérêts de la région. À 5 miles (8 km) au sud de la ville se trouve **Devil's Punchbowl**, une grotte de mer effondrée qui bouillonne de vagues et offre de belles mares résiduelles à proximité.

La route ≫ Les prochains 12,8 miles (20,6 km) vous conduiront à la ville touristique animée de Newport.

TEMPS FORT

❾ Newport

Rendez-vous à **Yaquina Head Outstanding Natural Area** (750 Lighthouse Dr ; 7 $/véhicule, gratuit pour vélos et piétons ; ☉ lever-coucher du soleil), une énorme langue de terre qui s'avance de plus d'un kilomètre dans l'océan. Ce cap accueille certains des meilleurs bassins tactiles de la côte de l'Oregon. Vous verrez

YAQUINA HEAD LIGHTHOUSE

Si le Yaquina Head Lighthouse, à Newport, semble plus inquiétant qu'un phare ordinaire, c'est parce qu'il tient une bonne place dans le film *The Ring*, tourné avec Naomi Watts en 2002. Construit en 1873, il s'appelait à l'origine Cape Foulweather Lighthouse, mais dans le film, il est connu comme le Moesko Island Lighthouse.

également le plus haut phare de l'État, **Yaquina Head Lighthouse** (à ne pas confondre avec **Yaquina Bay Lighthouse**, 3 miles/5 km plus au sud).

Moderne, l'**Oregon Coast Aquarium** (www. aquarium.org ; 2820 SE Ferry Slip Rd ; adulte/enfant 3-12 ans 19/12 $; ☉ 10h-17h, 9h-18h été ; ♿) vaut également le détour. Les phoques et les loutres de mer sont adorables et la salle des méduses a quelque chose d'éthéré. Mais ce qui rend cet endroit vraiment spécial est son exposition abyssale, laquelle permet aux visiteurs de s'aventurer à pied dans un tunnel translucide traversant une étendue peuplée de requins, raies et autres poissons.

 p. 610

La route ≫ Encore 24 miles (39 km) jusqu'à Yachats, en longeant la bordure de la Siuslaw National Forest.

❿ Yachats

L'un des secrets les mieux gardés de la côte de l'Oregon est l'accueillante petite ville de Yachats (*ya-hots*), laquelle marque le

début de quelque 20 miles (30 km) de littoral spectaculaire. La région entière était autrefois une série d'intrusions volcaniques ayant résisté suffisamment longtemps à l'érosion des eaux du Pacifique pour devenir au fil du temps des pics et des promontoires littoraux. Des hectares de mares résiduelles y accueillent des étoiles de mer, des anémones de mer et des otaries.

À 14 miles (22,5 km) au sud de la ville, le pittoresque **Heceta Head Lighthouse** (92072 Hwy 101, South Yachats) est l'un des phares les plus photographiés de la côte de l'Oregon. Vous ne le verrez pas depuis la route, mais pourrez vous garer au **Heceta Head State Park** (5 $/journée) pour une belle vue à distance, ou pour emprunter un chemin menant aux anciens **quartiers du gardien de phare** (devenus B&B – voir p. 611) et au phare.

 p. 611

La route ≫ À seulement 3 miles (5 km) le long de la côte se trouve le spectaculaire Cape Perpetua.

Route Mythique

⓫ Cape Perpetua

Ne manquez à aucun prix le paysage exceptionnel de **Cape Perpetua Scenic Area** (5 $/jour). Vous pourrez facilement passer un ou deux jours à explorer les chemins qui, traversant des forêts anciennes couvertes de mousse, donnent sur des plages rocheuses, des mares résiduelles et des geysers marins.

Si le temps vous est compté, rendez-vous en voiture au **Cape Perpetua Overlook**, pour une vue extraordinaire, à presque 250 m au-dessus de la mer – le plus haut point sur la côte. Profitez-en pour visiter le poste d'observation de **West Shelter** construit en 1933.

Si vous avez plus de temps, arrêtez-vous au **centre d'accueil** (🕙10h-17h30 tlj été, 10h-16h mer-lun hors saison) pour programmer votre journée. Parmi les points forts, **Devil's Churn**, où les vagues se jettent dans une anse de 9 m pour s'écraser contre ses parois étroites, et le **Giant Spruce Trail**, qui mène à un épicéa de Sitka vieille de 500 ans et d'un diamètre de 3 m.

La route » C'est un trajet de 22 miles (35 km) jusqu'à Florence, mais de 12 miles (19 km) jusqu'à Sea Lion Caves.

⓬ Florence

Au nord de Florence, **Sea Lion Caves** (www.sealioncaves.com ; adulte/enfant/-6 ans 14 $/8 $/gratuit ; 🕙8h30-18h ; 🚻) est une énorme grotte de mer où vivent des centaines d'otaries. Ouverte au public depuis les années 1930, la grotte est accessible par un ascenseur.

Si le spectacle peut paraître fascinant, vous risquez peut-être d'être déçu en découvrant exactement le même que celui présenté sur l'écran du magasin de souvenirs, en haut. Mais si l'argent n'est pas un problème, vous passerez un moment agréable à observer les otaries s'ébattre, surtout si vous êtes venu avec des enfants.

✕ p. 611

La route » Les dunes de l'Oregon commencent juste au sud de Florence et s'étendent sur les 50 prochains miles (80 km).

CE QUI EN FAIT UNE ROUTE MYTHIQUE
MARIELLA KRAUSE, AUTEUR

Un parcours le long du littoral de l'Oregon est l'exemple rêvé de vacances insouciantes. Il n'y a pas de grandes villes, pas de stress, pas d'agitation – simplement des kilomètres d'océan d'un côté de la route et des kilomètres de randonnée de l'autre. Ma partie préférée du voyage ? Passer la nuit à Heceta Head Lighthouse et me réveiller avec un petit-déjeuner de sept plats, suivi d'une marche à Cape Perpetua.

À gauche : Heceta Head Lighthouse
À droite : Wapitis à Ecola State Park

Route Mythique

⑬ Oregon Dunes National Recreation Area

À avancer plus au sud, vous commencerez à noter l'omniprésence croissante du sable. S'étendant sur 50 miles (80 km), les **dunes de l'Oregon** sont les plus grandes en bord de mer des États-Unis. Atteignant parfois 150 m de hauteur, elles ondulent dans les terres jusqu'à 3 miles (4 km). Les randonneurs et les ornithologues amateurs privilégient la partie calme du nord des dunes, alors que la partie sud est parcourue de buggies et autres motos.

Au Mile 200,8, l'**Oregon Dunes Overlook** est le moyen le plus simple d'avoir une vue d'ensemble si vous n'êtes que de passage. Pour en apprendre davantage sur les pistes et les véhicules tout-terrain, rendez-vous au **Oregon Dunes**

NRA Visitors Center (855 Highway Ave, Reedsport ; ☺8h-16h30). Quant à découvrir les plus grandes dunes de la région, le **John Dellenback Trail** (au Mile 222,6) de 6 miles (10 km) forme une boucle à travers d'énormes pics de sable.

La route ›› Reedsport se trouve à mi-chemin dans la région des dunes, à environ 22 miles (35 km) au sud de Florence.

⑭ Reedsport

L'emplacement de Reedsport, au milieu des dunes de l'Oregon, en fait une base idéale pour explorer la région. Visitez le **Umpqua Lighthouse State Park**, où sont organisées des visites estivales d'un **phare** (adulte/enfant 3/2 $; ☺10h-16h mai-oct, variable reste de l'année) de 1894. En face se trouve une plate-forme d'observation des baleines et un sentier de randonnée à proximité contourne le **Lake Marie**, lac d'eau douce apprécié pour la baignade.

À 3 miles (5 km) à l'est de la ville sur la Hwy 38, vous pouvez apercevoir

un troupeau d'environ 120 wapitis de Roosevelt, plus grands mammifères terrestres de l'Oregon, se promener dans **Dean Creek Elk Viewing Area**.

La route ›› Profitez du sable sur encore 27,5 miles (44,5 km), alors que vous atteignez Coos Bay et la fin des dunes.

⑮ Coos Bay

Coos Bay et North Bend, sa modeste voisine, forment la plus grande zone urbaine de la côte de l'Oregon. Coos Bay était autrefois le plus grand port de bois d'ouvrage au monde. Les troncs ont disparu depuis longtemps, remplacés petit à petit par les touristes.

Dans un bâtiment Art déco du centre-ville, le **Coos Art Museum** (www.coosart.org ; 235 Anderson Ave ; adulte/enfant 5/2 $; ☺10h-16h mar-ven, 13h-16h sam) compte un centre dédié à la culture artistique de la région. Les pièces de la collection permanente du musée y sont exposées en alternance.

La **Cape Arago Hwy** mène à 14 miles (22 km) au sud-ouest de la ville au **Cape Arago State Park** (www.oregonstateparks.org), où des aires de pique-nique donnent, en contrebas, sur l'océan. Le parc protège certaines des plus belles mares résiduelles de la côte de l'Oregon.

La route ›› La Hwy 101 avance à l'intérieur des terres avant de revenir sur la côte 24 miles (39 km) plus loin à Bandon.

OBSERVATION DES BALEINES

Chaque année, des baleines grises s'engagent dans l'une des plus longues migrations animales de la planète, nageant du détroit de Bering et de la mer des Tchouktches jusqu'en Basse-Californie – aller et retour. Apercevez-les migrant vers le sud en hiver (de mi-décembre à mi-janvier) et vers le nord au printemps (de mars à juin).

16 Bandon

Cette petite ville côtière, souvent appelée Bandon-by-the-Sea, donne sur la baie de la Coquille River. Son quartier historique s'est embourgeoisé en une pittoresque zone commerciale sur le port, propice à la promenade et au lèche-vitrines.

Le long de la plage, des affleurements rocheux servent d'abri aux phoques, otaries et aux innombrables formes de vie des mares résiduelles. L'une des plus intéressantes formations rocheuses de la côte est la très photographiée **Face Rock**, un énorme monolithe rappelant le profil d'une femme, la tête jetée vers l'arrière. Le lieu a donné naissance à une légende amérindienne.

La route › Suivez le littoral sur 24 miles (39 km) vers le sud jusqu'à Port Orford. Cette partie de la route n'est pas très pittoresque mais de beaux paysages vous attendent en fin de parcours.

TEMPS FORT

17 Port Orford

Perché sur un promontoire verdoyant, le hameau de Port Orford donne sur l'une des plus pittoresques étendues de route côtière, avec son lot de belles vues, même depuis le centre-ville. Certes en montée, la randonnée de 3 miles (5 km) sur la **Humbug Mountain** (38745 Hwy 101), traverse des ruisseaux et

MARES RÉSIDUELLES

Les mares résiduelles abritent une vie marine fascinante telle que des anémones, des crabes et des étoiles de mer. Habituellement inondé, leur habitat est visible quelques heures avant et après la marée basse, où vous pourrez vous promener sur les rochers en quête de leur faune. Il est important de faire attention où vous marchez ; restez sur les rochers pour éviter d'écraser les petites créatures, n'en ramassez jamais et évitez de les toucher.

des paysages semblant remonter aux origines du monde. En haut vous attend une vue spectaculaire sur Cape Sebastian et le Pacifique.

Les enfants, eux, frémiront d'aise à la vue du T-Rex trônant devant les **Prehistoric Gardens** (36848 Hwy 101 ; adulte/enfant 10/8 $; ☺9h-18h ; 🚻), à 12 miles (19 km) au sud de la ville. Des répliques grandeur nature d'autres géants disparus sont exposées dans une forêt vierge humide ; les énormes fougères et arbres forment le cadre parfait de ce voyage dans le passé.

✕ 🏠 p. 611

La route › Le paysage retrouve sa beauté naturelle, avec des formations rocheuses inhabituelles, bordant le trajet de 28 miles (45 km) jusqu'à Gold Beach.

18 Gold Beach

Vous voici arrivé au centre touristique de Gold Beach, d'où vous pourrez partir en excursion, en bateau à moteur,

le long de la **Rogue River**. Mais la véritable attraction se trouve à 13 miles (21 km) au sud de la ville, avec 12 miles (19 km) de splendeur côtière connus sous le nom de **Samuel Boardman State Scenic Corridor**, avec ses épinettes de Sitka géantes, ses ponts en pierre naturels, ses mares résiduelles et ses nombreux chemins de randonnée.

Le long de la route, vous trouverez plus d'une dizaine de refuges et aires de pique-nique, aux sentiers menant à des plages reculées et des points de vue spectaculaires. Une marche de 30 secondes du parking au point de vue de **Natural Bridge Viewpoint** (Mile 346/km 557) recèle de belles occasions de photos d'arches rocheuses – les vestiges de grottes marines écroulés. Vous pourrez ensuite décider si vous souhaitez faire la randonnée jusqu'à **China Beach**.

✕ 🏠 p. 611

CRAIG TUTTLE / CORBIS ©

Route Mythique

La route » Il ne reste plus que 34 miles (55 km) jusqu'à la frontière avec la Californie, et 28 (45 km) jusqu'à Brookings.

- - - - - - - - - - -

⑲ Brookings

Dernier arrêt sur la côte de l'Oregon, Brookings – qui connaît les températures les plus élevées de la côte – domine dans la production de bulbes de Lys de Pâques ; en juillet, les champs parfumés au sud de la ville sont festonnés de couleurs vives.

En mai et juin, les 12 ha vallonnés de l'**Azalea Park** (Azalea Park Rd) présentent de magnifiques arrangements de fleurs. Particularité historique : Brookings a subi le seul bombardement aérien mené sur le continent américain lors de la Seconde Guerre mondiale. En 1942, un hydravion japonais vint larguer des bombes incendiaires sur les forêts voisines, sans qu'en résultât le brasier espéré. Le pilote, Nobuo Fujita, revint à Brookings 20 ans plus tard, porteur, en gage de paix, du sabre de samouraï conservé dans sa famille depuis quatre siècles. Celui-ci est désormais exposé à la **Chetco Community Public Library** (405 Alder St).

✕ ⊨ p. 611

Bandon Beach Formations rocheuses à marée basse

Se restaurer et se loger

Astoria ❶

✖ Wet Dog Café   Brasserie $$

(☎503-325-6975 ; www.wetdogcafe.com ;
144 11th St ; plats 10-14 $; ◷midi et soir, jusqu'à
2 h ven-sam). Pour un repas informel, il n'y a
pas mieux que ce grand pub original, qui brasse
ses propres bières.

🛏 Hotel Elliott   Hôtel $$

(☎503-325-2222 ; www.hotelelliott.com ;
357 12th St ; d 149-189 $; ⊖❄🛜). Les chambres
standard de cet hôtel historique ont l'attrait de
leur charme d'antan. Pour plus d'espace, optez
pour une suite (la "présidentielle" dispose de
2 chambres, 2 baignoires, un piano à queue et
une terrasse sur le toit).

Seaside ❸

✖ Bell Buoy   Produits de la mer $$

(☎503-738-6348 ; 1800 S Roosevelt Dr ; plats
8-18 $; ◷11h30-19h30, fermé mar et mer en
hiver). Plus connu en tant que poissonnerie, cet
établissement familial tout simple s'est adjoint
un restaurant de fruits de mer, où sont servis de
délicieux *fish and chips* et soupes de poissons.

Cannon Beach ❹

✖ Lumberyard   Américain $$

(☎503-436-0285 ; www.thelumberyardgrill.
com ; 264 3rd St ; plats 11-20 $; ◷midi-22h
tlj ; 🍴). Ce restaurant familial a de quoi
combler tous les goûts et propose sept sortes
de hamburgers, ainsi que des viandes rôties,
tourtes, sandwichs, pizzas et steaks.

🛏 Blue Gull Inn   Motel $$

(☎800-507-2714 ; www.haystacklodgings.
com ; 487 S Hemlock St ; d 69-229 $; ⊖🛜).
Les chambres sont parmi les plus abordables

du centre, et profitent d'une atmosphère
agréable et d'un décor neutre, hormis les têtes
de lit et les tentures mexicaines colorées.
Kitchenettes disponibles.

Lincoln City ❼

✖ Blackfish Café   Régional $$$

(☎541-996-1007 ; www.blackfishcafe.com ;
2733 NW Hwy 101 ; plats 16-24 $; ◷11h30-21h
mer-lun). Ce restaurant, l'un des meilleurs de
la côte, fait florès d'une cuisine avant-gardiste
reposant sur les fruits de mer et les légumes
de saison. Réservez pour goûter à ces plats
simples mais délicieux, d'inspiration Nord-
Ouest.

Newport ❾

✖ Rogue Ales Public House   Pub $$

(☎541-265-3188 ; www.rogue.com ; 748 SW Bay
Blvd ; plats 9-16 $; ◷11h-minuit). Ne ratez pas
les bières artisanales, et installez-vous au large
bar en bois de l'intérieur ou attablez-vous au-
dehors. Le menu est aussi très complet.

🛏 Newport Belle   B&B $$

(☎541-867-6290 ; www.newportbelle.com ;
South Beach Marina ; d 150-165 $; ⊖). Pour
un séjour unique, vous ne trouverez pas mieux
que ce B&B aménagé dans un bateau à vapeur.
Les 5 petites chambres sont impeccables et ont
l'agrément de salles de bains privées et d'une
vue sur l'eau, tandis que les parties communes
sont idéales pour se relaxer.

🛏 Beverly Beach State Park   Camping $

(☎877-444-6777 ; www.oregonstateparks.
org ; Hwy 101 ; tente 17-21 $, yourte 40 $). Avec
des emplacements de camping, des yourtes
chauffées et une longue plage de l'autre côté de
la route, c'est une base idéale pour profiter de
l'océan. À 7 miles (11 km) au nord de Newport.

Yachats ⑩

🍴 Green Salmon Coffee House   Café $
(📞541-547-3077 ; 220 Hwy 101 ; en-cas -8 $;
🕑7h30-14h30 ; 🍴). Faites la queue au
comptoir pour des petits-déjeuners délicieux,
avec au choix viennoiseries, bagels au
saumon et café issu du commerce équitable.
Ce café, réputé localement, fait appel à des
ingrédients biologiques et à des pratiques
durables.

🛏 Heceta Head Lighthouse   B&B $$
(📞541-547-3416, 866-547-3696 ; www.
hecetalighthouse.com ; 92072 Hwy 101 S ;
ch 133-315 $). Dormir dans un ancien quartier
de gardien de phare est un vrai plaisir – surtout
dans un tel cadre de B&B. Petit-déjeuner riche
de sept plats.

Florence ⑫

🍴 Waterfront Depot   Régional $$
(📞541-902-9100 ; www.thewaterfrontdepot.
com ; 1252 Bay St ; plats 8-15 $; 🕑16h-22h).
Venez de bonne heure pour décrocher une
table au bord de l'eau, puis dégustez vos pâtes
Jambalaya ou votre flétan croustillant au crabe.
Les assiettes de dégustation sont également
délicieuses et les desserts extraordinaires.
Réservez.

Port Orford ⑰

🍴 Red Fish   Régional $$
(📞541-336-2200 ; http://redfishportorford.
wix.com/redfish ; 517 Jefferson St ; midi 8-12 $,
dîner 24-29 $; 🕑11h-21h, 9h-21h sam-dim).
Ce restaurant chic de cuisine régionale, avec
vue sur la mer, est ouvert au petit-déjeuner, à
midi et le soir. Les prix restent raisonnables,
mais mieux vaut réserver.

🛏 Wildspring
Guest Habitat   Chalets de luxe $$$
(📞866-333-9453 ; www.wildspring.com ;
92978 Cemetery Loop ; d 198-308 $; ⊜ @ 🛜).
Quelques hectares de forêt forment l'écrin
de ce havre de paix. Les 5 suites, aménagées
dans des chalets de luxe avec beau mobilier,

chauffage au sol et douches en ardoise, invitent
à une escapade romantique. Petit-déjeuner
inclus.

🛏 Cape Blanco State Park   Camping $
(📞541-332-6774, 800-452-5687 ; www.
oregonstateparks.org ; empl/chalets 20/39 $).
Un camping aménagé sur un cap rocheux abrité,
avec un accès à la plage et une superbe vue sur
le phare. Douches, toilettes et rampe de bateau
disponibles.

Gold Beach ⑱

🍴 Patti's Rollin 'n Dough
Bistro   Américain $$
(📞541-247-4438 ; 94257 N Bank Rogue Rd ; plats
9-15 $; 🕑9h-15h mar-sam, 9h-14h dim). Ce petit
bistrot propose, au petit-déjeuner et à midi,
un menu limité mais délicieux. De fait, le chef,
Patti Joyce, a été formé au Culinary Institute of
America. Réservation conseillée.

🛏 Ireland's
Rustic Lodges   Hôtel, chalets $$
(📞541-247-7718 ; www.irelandsrusticlodges.
com ; 29346 Ellensburg Ave ; d 75-149 $; 🛜).
Une belle variété d'hébergements vous attend
dans cet endroit boisé : des suites, des chalets
rustiques, des maisons de plage et même des
emplacements pour camping-cars. Magnifique
jardin devant, et vue sur la plage à l'arrière.

Brookings ⑲

🍴 Mattie's Pancake
& Omelette   Américain $
(www.mattiespancakehouse.com ; Hwy 101 ;
plats 7-13 $; 🕑6h-13h45 tlj). Cet établissement
informel, ouvert au petit-déjeuner et à midi,
propose 20 sortes d'omelettes, avec également
des pancakes (aux pépites de chocolat !).
Sandwichs et salades à midi.

🛏 Harris Beach State Park   Camping $
(📞541-469-2021, 800-452-5687 ; www.
oregonstateparks.org ; tente/yourte 20/39 $).
Le meilleur (et le seul) camping côtier de
la région. Plantez votre tente en bord de mer
ou dormez dans une yourte. Douches, toilettes
et lave-linge payants disponibles.

South Sister Les stratovolcans dominent le paysage

Une boucle dans les Cascades en Oregon

50

Forêts luxuriantes, lacs, chutes d'eau… Dans l'Oregon, le centre de la chaîne des Cascades est une aubaine de merveilles naturelles, parcourues de belles routes panoramiques.

TEMPS FORTS

178 miles (287 km)

Terwilliger Hot Springs
Des sources chaudes naturelles dans un cadre splendide

139 miles (224 km)

Dee Wright Observatory
Un observatoire fait de roche volcanique, fort de vues spectaculaires

Sisters

8

9

12

Bend

Mt Bachelor

ÉPART/ RRIVÉE
Westfir

4

Salt Creek Falls
En bord de route, la deuxième plus haute chute d'eau de l'Oregon

26 miles (42 km)

152 miles (245 km)

Proxy Falls
Des colonnes de basalte se dévoilent à travers ses voiles d'eau

**4 JOURS
240 MILES / 386 KM**

PARFAIT POUR…

LE MEILLEUR MOMENT

De juin à septembre, lorsque les routes sont ouvertes

LA PHOTO SOUVENIR

Salt Creek Falls, les deuxièmes plus hautes chutes d'eau de l'Oregon

SOURCES CHAUDES

Terwilliger Hot Springs à Cougar Reservoir

50 Une boucle dans les Cascades en Oregon

La région autour des Central Cascades de l'Oregon est, sans aucun doute, l'un des endroits les plus spectaculaires de l'État. Se contenter de parcourir une route panoramique ne suffit pas à tout voir. Aussi vous proposons-nous une boucle qui rassemble les plus belles routes pour former un itinéraire qui présente le meilleur de cette partie de l'Oregon.

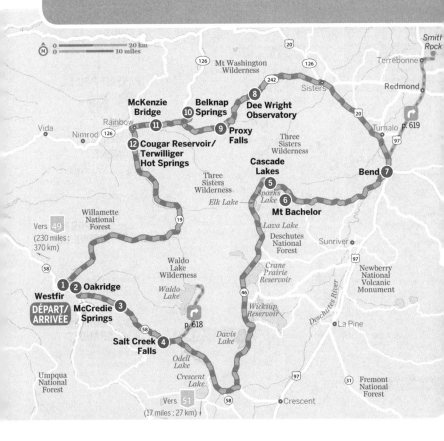

❶ Westfir

Avant de consacrer plusieurs jours à l'abondance de merveilles naturelles, commencez par une photo rapide d'une construction humaine : le plus long pont couvert de l'État (55 m), **Office Bridge**. Construit en 1944, l'ouvrage compte une promenade couverte, laquelle permet aux piétons de partager le passage avec les camions chargés de bois traversant la Willamette River.

Procurez-vous un plan de la Willamette National Forest au **Middle Fork Ranger District** (46375 Hwy 58 ; ⊘8h-16h30 lun-ven, plus sam et dim été) pour explorer la région.

🛏 p. 621

À COMBINER AVEC :

49 La côte de l'Oregon par la Highway 101

Suivez la 58 NW jusqu'à la I-5 et dirigez-vous au nord jusqu'à Portland. De là, suivez la US-30 jusqu'à Astoria.

51 La boucle du Crater Lake

Crater Lake est juste au sud des Cascades. Prenez la Hwy 97 vers le sud depuis Bend pour rejoindre cet itinéraire.

La route ≫ Oakridge est à quelques kilomètres à l'est, sur la Hwy 58 ou la Westfir-Oakridge Rd.

❷ Oakridge

Des centaines de kilomètres de sentiers VTT sillonnent les alentours d'Oakridge, de boucles courtes et faciles à des circuits plus difficiles. Pour les débutants, le **Warrior Fitness Trail** est une boucle assez plate de 12 miles (19 km). Le **Larison Creek Trail** est un circuit difficile à travers des forêts vierges, et l'**Alpine Trail** de 16 miles (26 km) est considéré comme le "joyau" des sentiers locaux pour sa descente longue de 7 miles (11 km). **Oregon Adventures** (☏541-968-5397 ; 47921 Hwy 58) propose des navettes jusqu'au sommet pour vous éviter la montée, et organise des excursions en vélo.

🛏 p. 621

La route ≫ Depuis Oakridge, la Hwy 58 grimpe sur le versant ouest de la chaîne des Cascades, à travers des forêts denses. Votre prochain arrêt se trouve à environ 10 miles (16 km) à l'est d'Oakridge ; garez-vous sur la droite, après avoir passé le Mile 45.

❸ McCredie Hot Springs

Les **McCredie Hot Springs** (gratuit ; ⊘lever-coucher du soleil) sont les plus grandes – et plus chaudes – sources thermales de l'Oregon.

Allez-y tôt le matin ou tard le soir en milieu de semaine pour en profiter tout seul.

Il y a cinq bassins en tout : deux bassins supérieurs, souvent dangereusement chauds (à ne pas pouvoir y tremper un orteil), deux en bord de rivière et un plus petit, plus trouble mais dont la température est généralement parfaite, niché au milieu des arbres. **Salt Creek** coule à quelques pas des sources : parfait pour un plongeon dans des eaux glacées !

La route ≫ Continuez vers l'est sur 12 miles (19 km) et arrêtez-vous au parking indiqué.

TEMPS FORT

❹ Salt Creek Falls

Avec un tombant de 87 m, cette chute d'eau est l'une des plus hautes de l'Oregon. Après la fonte des neiges, les grondements de ce géant en font l'un des sites les plus spectaculaires de l'itinéraire. Depuis le parking, marchez jusqu'au point de vue. Au milieu d'un amphithéâtre de basalte caché par les arbres, 190 m³ d'eau se déversent à la minute du haut d'une falaise. Ne manquez pas la petite promenade jusqu'au pied des chutes. Elle est bordée de rhododendrons colorés au printemps, et le spectacle de la cascade tout au long de la descente est magnifique.

OREGON CASCADES
MARIELLA KRAUSE,
AUTEUR

Si cet itinéraire
ne prétend pas
satisfaire tout le monde, l'appel
des Central Cascades n'en incarne
pas moins l'esthétique de plein
air de l'Oregon, et est parfait pour
quiconque souhaite partir en
randonnée pendant des heures,
trouver des chutes d'eau cachées,
nager dans des lacs aux eaux
limpides, voir des forêts défiler
depuis la fenêtre de sa voiture
puis se déshabiller à la fin d'une
longue journée pour sauter dans
une source chaude naturelle.

Ci-dessus : McKenzie River
À gauche : Dee Wright Observatory
À droite : Salt Creek Falls

DOCBOMBAY / DREAMSTIME ©

Salt Creek Falls est également le point de départ d'excellentes petites randonnées, dont un tour de 1,5 mile (2,4 km) jusqu'à **Diamond Creek Falls** et un de 4,75 miles (7,6 km) jusqu'à **Vivian Lake**.

La route › Continuez le long de la Hwy 58 jusqu'à la Cascade Lakes Scenic Byway (Hwy 46), qui serpente vers le nord passant de nombreux petits lacs jusqu'au Mt Bachelor. Cette route est fermée de novembre à mai : empruntez alors la Hwy 97 jusqu'à Bend.

❺ Cascade Lakes

La Hwy 46 ne s'appelle pas la Cascade Lakes Scenic Byway pour rien. La route serpente devant des lacs magnifiques – **Davis Lake**, **Crane Prairie Reservoir**, **Lava Lake**, **Elk Lake**. La plupart recèlent des possibilités de camping, de pêche à la truite, de promenade en bateau et de baignade *très* vivifiante.

Nous aimons **Sparks Lake** pour sa beauté pittoresque avec le Mt Bachelor en toile de fond et pour le loisir d'y pagayer en toute tranquillité. **Wanderlust Tours** (☎800-862-2862 ; www.wanderlusttours.com ; visite ½ journée 55 $) peut vous proposer une visite guidée en canoë.

🛏 p. 621

La route › Mt Bachelor se trouve à quelques kilomètres après Sparks Lake. Si la Hwy 46 est fermée pour la saison, vous pouvez revenir à Bend pour atteindre le Mt Bachelor.

VAUT LE DÉTOUR
WALDO LAKE

Point de départ : ❹ Salt Creek Falls

La région n'est pas en manque de lacs, mais le joli Waldo Lake se distingue par son incroyable clarté. Il se trouve sur la crête de la chaîne des Cascades : la seule eau qui s'y déverse est issue de la pluie et de la neige, ce qui en fait l'un des plus purs points d'eau au monde. De fait, il est tellement clair qu'on y voit jusqu'à 30 m sous la surface. Vous pourrez y nager les mois d'été (l'eau est trop froide en hiver), et les plus hardis pourront partir en randonnée sur le **Waldo Lake Trail**, une boucle de 22 miles (35 km) autour du lac.

❻ Mt Bachelor

Magnifique, le Mt Bachelor (2 763 m) est le meilleur endroit de l'État pour skier. Ici, l'air continental et froid du centre de l'Oregon rencontre l'air humide et chaud du Pacifique. En résulte abondance de neige et de soleil. Avec 9 m d'enneigement annuel, la saison commence en novembre et peut durer jusqu'en mai.

À **Mt Bachelor Ski Resort** (www.mtbachelor. com ; adulte/enfant remontées 76/46 $), les locations sont disponibles au pied des remontées. Mt Bachelor couvre environ 35 miles (56 km) de pistes de ski de fond, mais le montant du forfait à la journée (week-ends et vacances 17 $, en semaine 14 $) peut inciter à rejoindre les pistes gratuites du **Dutchman Flat Sno-Park**, juste après l'embranchement pour le Mt Bachelor sur la Hwy 46.

La route ❯❯ Prêt à retrouver la civilisation ? Dirigez-vous vers l'est jusqu'à Bend, 22 miles (35 km) plus loin.

❼ Bend

Les équipements sportifs sont de rigueur, dans une ville où il est possible de pratiquer l'escalade le matin, la randonnée à travers des grottes de lave l'après-midi et le *stand up paddle* au coucher du soleil. Mieux encore : vous aurez probablement droit à un temps magnifique, puisque la région jouit de plus de 250 jours d'ensoleillement par an.

Faites un tour dans le centre-ville et n'oubliez pas de visiter l'excellent **High Desert Museum** (www.highdesertmuseum. org ; 59800 S US 97 ; adulte/ enfant 15/9 $; ⏰9h-17h, 10h-16h hiver ; 🚻), qui relate l'exploration et la colonisation de l'Ouest. L'exposition sur les Amérindiens y présente

plusieurs wigwams, habitations circulaires des nomades, et autres objets, tandis que celles dévolues aux animaux et à l'histoire réjouiront les enfants.

🍴 🛏 p. 621

La route ❯❯ Dirigez-vous au nord jusqu'à Sisters, puis continuez vers l'ouest le long de la Hwy 242. Cette partie du McKenzie Pass – Santiam Pass Scenic Byway – est fermée durant l'hiver. Votre prochain arrêt se trouve à 15 miles (24 km) de Sisters.

TEMPS FORT

❽ Dee Wright Observatory

Perché sur un amas de roche volcanique, entièrement construit du même matériau et sis au milieu d'un champ de roche volcanique, le Dee Wright Observatory fut construit en 1935. L'observatoire offre une vue spectaculaire dans toutes les directions et ses fenêtres, appelées "tubes de lave", ont été placées de façon à mettre en valeur tous les pics importants de la chaîne des Cascades qui peuvent être contemplés depuis le sommet. Vous y verrez notamment le Mt Washington, le Mt Jefferson, North Sister, Middle Sister...

La route ❯❯ Dirigez-vous à l'ouest sur la Hwy 242 jusqu'au Mile 64 et arrêtez-vous au départ du chemin vers Proxy Falls, bien indiqué.

Newberry National Volcanic Monument

TEMPS FORT

9 Proxy Falls

Avec toutes les chutes d'eau autour des Central Cascades – il y en a des centaines dans l'Oregon – on pourrait croire qu'en avoir vu une, c'est les avoir toutes vues. Détrompez-vous et prenez votre appareil photo. Exceptionnelles, les Proxy Falls se divisent en voiles d'eau transparentes le long de colonnes de basalte couvertes de mousse. L'accès n'est pas difficile, et tient en une boucle de 1,3 mile (2 km) depuis le parking. Si vous voulez garder le meilleur pour la fin, prenez le chemin dans la direction opposée de celle indiquée pour commencer par Upper Proxy Falls et ainsi atteindre les plus belles, Lower Proxy Falls, en dernier.

La route » À 9 miles (14 km) des chutes, tournez à droite sur la Hwy 126 (McKenzie Hwy) ; Belknap se trouve à 1,4 mile (2,2 km).

10 Belknap Hot Springs

Bien que la nudité soit la norme dans la plupart des sources chaudes, Belknap dispense de tout embarras.

Deux énormes piscines, remplies d'eau minérale à 40°C, y fournissent des conditions optimales de baignade dans un environnement familial. La McKenzie River coule juste en dessous. Excellente alternative au camping, le complexe hôtelier loue des chambres pour tous les budgets.

🛏 p. 621

VAUT LE DÉTOUR
SMITH ROCK

Point de départ : 7 Bend

Réputé pour l'escalade, le **Smith Rock State Park** (www.oregonstateparks.org ; 9241 NE Crooked River Dr, Terrebonne ; journée 5 $) possède des falaises de couleur rouille de près de 250 m de haut, qui surplombent la jolie Crooked River, à seulement 25 miles (40 km) au nord de Bend. Ceux qui ne font pas d'escalade peuvent profiter des kilomètres de chemins de randonnée, dont certains demandent un peu de crapahutage dans les rochers.

La route >> Dirigez-vous au sud-ouest sur la Hwy 126 pendant 6 miles (9,5 km) pour atteindre votre prochain arrêt.

---

⑪ McKenzie Bridge

Il y a beaucoup de choses à faire ici, à commencer par la pêche sur la McKenzie River et la randonnée sur le **McKenzie River National Recreation Trail**. Pour choisir ses activités, arrêtez-vous au **McKenzie River Ranger Station** (57600 McKenzie Hwy, McKenzie Bridge ; ◷8h-16h30, limité en hiver), à environ 2 miles (3 km) à l'est de la ville. Les gardes y dispensent abondance d'informations, en sus de plans et de livres.

🛏 p. 621

La route >> À l'ouest de McKenzie Bridge, tournez à gauche sur la Hwy 19 (alias Aufderheide Memorial Drive) après Rainbow. Au bout de presque 8 miles (13 km), vous arriverez au parking depuis lequel vous prendrez un chemin d'un demi-kilomètre à travers une forêt vierge.

UN PASSÉ EXPLOSIF

La chaîne des Cascades est une région d'important volcanisme. Des champs de lave peuvent être vus depuis McKenzie Pass et le long de la Hwy 46. Les tranchées routières révèlent des coulées de lave grises. Des stratovolcans tels que South Sister et Mt Bachelor, ainsi que des volcans boucliers, à l'image de Mt Washington, dominent le paysage. Bien que cela ne soit pas évident au premier abord lorsque vous vous dirigez vers le centre du **Newberry National Volcanic Monument** (à 39 miles/63 km au sud de Bend), vous êtes en fait à l'intérieur du cratère d'un volcan de 1 295 km², de surcroît encore en activité.

TEMPS FORT

⑫ Cougar Reservoir/Terwilliger Hot Springs

Dans un canyon pittoresque de la Willamette National Forest se trouve l'une des plus belles sources chaudes de l'État. Depuis une cavité entourée de fougères, des eaux très chaudes se déversent dans une piscine à la température minimum constante de 42°C. L'eau tombe ensuite en cascade dans trois bassins successifs, chacun plus frais que celui du dessus. Être assis là, à contempler la cime des arbres, relève d'une expérience sublime. Une fois revenu à votre voiture, vous pourrez également vous baigner dans le Cougar Reservoir depuis la rive rocheuse en dessous du parking.

La route >> Continuez le long de la Hwy 19 jusqu'à Westfir.

Se restaurer et se loger

Westfir ❶

🛏 Westfir Lodge　　　　　B&B $

(☎541-782-3103 ; www.westfirlodge.com ;
47365 1st St ; ch 75-90 $). Charmant B&B
débordant d'objets anciens. Les salles de
bains sont privées mais la plupart en dehors
des chambres. Petit-déjeuner anglais inclus.
Cheesecake proposé souvent le soir.

Oakridge ❷

🛏 Oakridge Motel　　　　　Motel $

(☎541-782-2432 ; http://oakridgemotel.net ;
48197 Hwy 58 ; ch 45-65 $). Avec un extérieur
en rondins et des murs en bois à l'intérieur,
ce motel, quoique ordinaire, est un brin plus
intéressant que d'autres.

Cascade Lakes ❺

🛏 Cultus Lake Resort　　　Chalets $

(☎541-408-1560 ; www.cultuslakeresort.com ;
Hwy 46 ; chalet 85-155 $/nuit). Loue 23 chalets
accueillants pour un minimum de deux nuitées ;
uniquement à la semaine du 4 juillet au
1er septembre. Réservez longtemps à l'avance. Il
y a également un restaurant.

🛏 Sparks Lake Campground　Camping $

(Hwy 46 ; gratuit ; ⊙juil-sept). Un des campings
à l'emplacement le plus pittoresque de tout
l'itinéraire, avec vue sur le Mt Bachelor et les
prairies. Toilettes sèches ; pas d'eau.

Bend ❼

✗ Blacksmith　　　　　　Grill $$$

(☎541-318-0588 ; www.bendblacksmith.
com ; 211 NW Greenwood Ave ; plats 14-36 $;
⊙16h30-22h). Ce restaurant réputé mitonne
de bons plats de cow-boy revisités – pain de
viande version gastronomique, filet de bœuf
au bleu fondu... Le bar sert des cocktails
créatifs.

✗ Victorian Café　　　Petit-déjeuner $$

(☎541-382-6411 ; www.victoriancafebend.
com ; 1404 NW Galveston Ave ; plats 8-14 $;
⊙7h-14h tlj). L'un des meilleurs endroits pour
prendre un petit-déjeuner à Bend. Le Victorian
Café est particulièrement apprécié pour ses
œufs Bénédicte (9 sortes). Y sont également
préparés de bons sandwichs, hamburgers et
salades.

✗ Deschutes Brewery　　Brasserie $$

(☎541-382-9242 ; www.deschutesbrewery.
com ; 1044 NW Bond St ; plats dîner 11-18 $;
⊙11h-23h lun-jeu, 11h-minuit ven-sam, 11h-22h
dim). La première brasserie artisanale de Bend
sert de nombreux plats et bières, dans une
ambiance conviviale.

🛏 McMenamins Old St Francis
School　　　　　　　　　　Hôtel $$

(☎541-382-5174 ; www.mcmenamins.com ;
700 NW Bond St ; d $125-175; 🍴❄🛜).
La chaîne McMenamin a transformé cette
ancienne école en un hôtel chic de 19 chambres.
Un restaurant-pub, trois autres bars et un
cinéma vous offriront de quoi vous distraire.

Belknap Hot Springs ❿

🛏 Belknap
Hot Springs Resort　Complexe hôtelier $$

(☎541-822-3512 ; www.belknaphotsprings.com ;
Hwy 126 près de Hwy 242 ; empl tente 25-30 $, d
110-135 $, chalet 130-425 $, journée seulement
12 $). En plus de la baignade, le complexe
possède un hôtel de 18 chambres, 14 chalets
privatifs et 15 emplacements de tentes, adaptés
à tous les budgets.

McKenzie Bridge ⓫

🛏 Cedarwood Lodge　　　Chalets $$

(☎541-822-3351 ; www.cedarwoodlodge.
com ; 56535 McKenzie Hwy ; chalets 95-185 $;
⊙fermé hiver). Installez-vous confortablement
dans l'un des 8 chalets rustiques tout équipés,
donnant au-dessus de la McKenzie River.

Crater Lake *Un miroir géant couleur d'azur*

La boucle du Crater Lake

51

Le Crater Lake est, par sa calme grandeur, une destination majeure de l'Oregon. Cet itinéraire vous emmènera dans une boucle très boisée, parsemée de cascades.

TEMPS FORTS

199 miles (320 km)

Toketee Falls
Une double chute d'eau, accessible par un monumental escalier de 200 marches.

95 miles (153 km)

Crater Lake
Un lac d'une pureté et d'une clarté rares

● Roseburg

⑥

④

③

● Medford

● Ashland

DÉPART/ARRIVÉE

Prospect
Une belle randonnée le long de la Rogue River

57 miles (92 km)

1-3 JOURS
365 MILES / 587 KM

PARFAIT POUR...

LE MEILLEUR MOMENT

De fin mai à mi-octobre, lorsque toutes les routes sont ouvertes

D'évidence : Crater Lake

Toketee Falls, formée de deux cascades, est notre préférée

51 | La boucle du Crater Lake

Le point d'orgue de cet itinéraire est évidemment Crater Lake, tenu par beaucoup comme le plus bel endroit de tout l'Oregon. La vue de cette eau calme, claire et incroyablement bleue au cœur d'un ancien cratère volcanique vaut le détour à elle seule, mais de magnifiques randonnées, chutes d'eau et sources chaudes naturelles vous attendent sur la route.

❶ Ashland

Base idéale pour les excursions à la journée vers Crater Lake, Ashland compte maints lieux agréables pour se loger et se restaurer (bien qu'il faille réserver sa chambre longtemps à l'avance en été). Cette patrie de l'**Oregon Shakespeare Festival** est riche d'une scène culturelle peu commune pour une ville de cette taille, et se trouve suffisamment à l'écart des routes majeures pour ne pas être envahie de motels de chaînes.

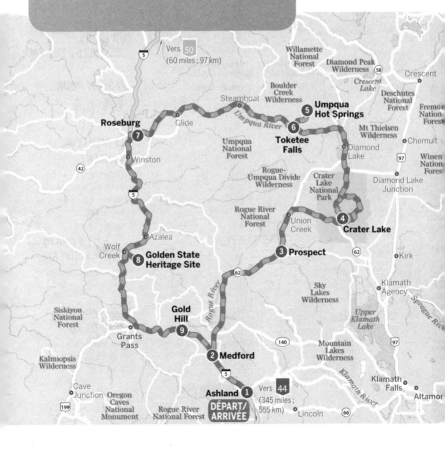

Si vous aimez l'art contemporain, rendez-vous au **Schneider Museum of Art** (www.sou. edu/sma ; 1250 Siskiyou Blvd ; don suggéré 5 $; ☺10h-16h lun-sam).

Le centre historique d'Ashland et le plaisant **Lithia Park** en font un bon endroit pour passer un moment avant ou après votre visite à Crater Lake.

 p. 629

La route ≫ Medford se trouve à 13 miles (21 km) au nord d'Ashland sur la I-5.

❷ Medford

La plus grande agglomération du sud de l'Oregon marque l'endroit où quitter la I-5 pour entamer le périple vers Crater Lake, et compte également son

À COMBINER AVEC :

44 San Francisco, Marin et Napa

Dirigez-vous au sud sur la I-5 jusqu'à la I-505 et prenez la I-80 jusqu'à San Francisco.

50 Une boucle dans les Cascades en Oregon

Depuis Roseburg, partez au nord sur la I-5 puis au sud-est vers Westfir sur la Hwy 58.

lot d'adresses pratiques et bon marché où passer la nuit.

En repartant, visitez les **Table Rocks**, d'impressionnantes mesas de 244 m de haut qui rappellent le passé volcanique de la région et abritent une faune et une flore uniques. La floraison printanière est le meilleur moment pour marcher jusqu'à leurs sommets plats, naguère sites sacrés amérindiens. Après le TouVelle State Park, partez vers la gauche pour atteindre le début du sentier vers Lower Table Rock (3,5 miles/5,6 km aller-retour), ou vers la droite pour Upper Table Rock (2,5 miles/4 km aller-retour).

🍴 p. 629

La route ≫ La route le long de la Hwy 62 n'a rien de spécial avant Shady Cove, où l'urbanisation fait place à la forêt. Votre prochain arrêt se trouve à 45 miles (72 km) au nord-ouest de Medford.

TEMPS FORT

❸ Prospect

Le grand intérêt du **Prospect State Scenic Viewpoint** est est la randonnée jusqu'à l'**Avenue of Giant Boulders**, où la Rogue River s'écrase à grand fracas sur d'énormes blocs de roche et où un peu d'escalade trouve récompense dans un panorama magnifique.

Prenez le sentier depuis le parking le plus au sud sur Mill Creek Dr. Restez à gauche pour rejoindre les blocs de roche, ou à droite pour une courte marche vers deux points de vue sur **Mill Creek Falls** et **Barr Creek Falls**. Si vous avez encore l'énergie pour une autre cascade, une randonnée rapide depuis le parking plus au nord mène à la jolie **Pearsony Falls**.

La route ≫ Suivez la Hwy 62 sur 28 miles (45 km) pour rejoindre l'embranchement vers le parc à Munson Valley Rd.

TEMPS FORT

❹ Crater Lake

Les eaux du **Crater Lake** (www.nps.gov/crla ; 7 jours 10 $/véhicule) sont incroyablement bleues, claires, et d'une telle pureté qu'il est possible d'y voir à plus de 30 m de profondeur. Ce lac occupe un cratère de 6 miles (10 km) de large, formé par l'éruption, voici presque 8 000 ans, du Mt Mazama. Dépassant de l'eau et s'ajoutant à la magie du décor, **Wizard Island** (l'île du Sorcier) est un cône volcanique surmonté de son propre mini-cratère, Witches Cauldron ("le Chaudron des Sorcières").

Pour un spectacle d'ensemble, la **Rim Drive** (☺juin-mi-oct) de 33 miles (53 km) mène à plus de 30 points de vue tout en serpentant au bord de Crater Lake.

JIM LUNDGREN / ALAMY ©

Les eaux calmes reflètent l'azur et les falaises tel un miroir géant, avec à la clé des photos spectaculaires et des panoramas superbes.

Vous pourrez également camper, skier ou randonner dans les forêts avoisinantes. Le **Cleetwood Cove Trail**, sentier abrupt d'un peu plus d'un kilomètre dans le nord du cratère,

est le seul accès à l'eau. On peut également faire un **tour en bateau** (📞 888-774-2728 ; adulte/enfant 35/21 \$; 🕙 9h30-15h30 juil à mi-sept) de 2 heures.

✕ 🛏 p. 629

La route ›› Quittez le cratère par le nord, continuez sur la Hwy 138 plein nord pendant 41 miles (66 km) puis tournez à droite dans la Rd 34/Toketee-Rigdon Rd et prenez à droite dans Basket Butte Rd.

- - - - - - - - - - -

❺ Umpqua Hot Springs

Située sur un flanc de montagne surplombant la North Umpqua River, Umpqua Hot Springs est une belle source chaude, et sa position en sommet de falaise rocheuse ajoute une petite dose d'adrénaline.

Toketee Falls

Les sources sont réputées pour soulager les muscles fatigués. Aussi pourrez-vous commencez par une randonnée à travers une forêt ancienne ponctuée de cascades. À un peu moins d'un kilomètre du parking se trouve le pittoresque **North Umpqua Trail** de 79 miles (127 km) de long.

La route ≫ Retournez sur vos pas et tounez à droite 400 m environ avant la Hwy 138.

TEMPS FORT

❻ Toketee Falls

Plus d'une demi-douzaine de chutes d'eau jalonnent cette section de la Rogue-Umpqua Scenic Byway, notamment les superbes Toketee Falls, une cascade composée de deux chutes d'eau successives. Elle se jette d'abord sur 12 m dans un bassin derrière une falaise de colonnes de basalte, puis à nouveau sur 24 m devant les colonnes rocheuses dans un autre bassin d'eau bleu-vert. Un seul avertissement : bien que la randonnée ne soit que de 0,4 mile (0,6 km), il faut descendre un

BON À SAVOIR
VISITER CRATER LAKE

Très appréciée, l'entrée sud de Crater Lake est ouverte toute l'année et permet d'accéder à Rim Village et Mazama Village, ainsi qu'aux bureaux du parc au Steel Visitor Center. En hiver, une seule route mène au bord du lac ; les autres ne sont pas déneigées. L'entrée nord n'est ouverte que de début juin à fin octobre, selon l'enneigement.

escalier de 200 marches jusqu'au point de vue, ce qui implique au retour une remontée un brin exigeante.

La route » Reprenez la Hwy 138 vers l'ouest et quittez la Umpqua National Forest. Comptez environ une heure pour atteindre Roseburg.

❼ Roseburg

Roseburg s'étend dans une vallée près du confluent des rivières South et North Umpqua. Il s'agit pour l'essentiel d'un endroit bon marché et moderne, où les voyageurs en transit (vers Crater Lake) passent la nuit, mais on y trouve également un joli centre-ville et des exploitations vinicoles primées aux alentours.

Ne manquez pas l'excellent **Douglas County Museum** (www. co.douglas.or.us/museum ; I-5 sortie 123 ; adulte/enfant 5 $/ gratuit ; ☺10h-17h mar-sam ; 👫), riche d'expositions sur l'histoire culturelle

et naturelle de la région. Les enfants disposent d'un espace interactif et peuvent observer des serpents vivants.

✕ p. 629

La route » Partez au sud sur la I-5 sur 47 miles (76 km) et prenez la sortie vers Wolf Creek. Suivez la Old State Highway 99 vers le sud, passez sous l'autoroute et suivez Coyote Creek Rd sur 3,2 miles (5 km) jusqu'à Golden.

❽ Golden State Heritage Site

Vous n'êtes pas encore prêt à rejoindre la civilisation ? Arrêtez-vous dans la ville fantôme de **Golden**. Jadis comptoir minier de quelque 100 habitants au milieu du XIXᵉ siècle, Golden fut construite, après qu'y eut été découvert de l'or, sur les rives de Coyote Creek.

Une poignée de bâtiments en bois subsistent : une maison d'habitation, un magasin qui servait également

de bureau de poste, un local de stockage ainsi qu'une église pittoresque, typique des églises de campagne de l'époque. Des panneaux explicatifs retracent l'histoire de la ville et donnent un bon aperçu de la vie de l'époque.

La route » Rejoignez la I-5 et partez vers le sud. Environ 45 miles (72 km) plus loin, prenez la sortie 43, puis tournez à droite dans Main St et à droite encore dans la Hwy 234. Bifurquez à gauche dans Sardine Creek Rd et suivez-la sur 3,3 miles (5,3 km). À l'embranchement, continuez sur la gauche sur environ 1 mile (1,6 km) jusqu'à l'Oregon Vortex.

❾ Gold Hill

À quelques miles au nord-ouest de la bourgade de Gold Hill, l'**Oregon Vortex** (www.oregonvortex.com ; 4303 Sardine Creek L Fork Rd ; adulte/enfant/-5 ans 9,75 $/7 $/gratuit ; ☺9h-16h mars-oct) semble défier les lois de la physique. Dans ce lieu étrange, des objets remontent les pentes, les gens changent de taille, les chaises tiennent debout sur les murs... et autres phénomènes (optiques) singuliers.

La route » Redescendez vers Gold Hill, rejoignez la I-5 et suivez-la vers le sud, via Medford, puis Ashland. Comptez 25 miles (40 km) environ.

Se restaurer et se loger

Ashland ❶

✖ Morning Glory — Café $

(☎541-488-8636 ; 1149 Siskiyou Blvd ; petit-déj 9,50-14,50 $; ⏰8h-13h30). Vous trouverez forcément quelque chose à votre goût parmi tous les plats au menu. Attendez-vous à une longue attente pour le brunch du week-end.

✖ Dragonfly Cafe — Café $$

(☎541-488-4855 ; www.dragonflyashland.com ; 241 Hargadine St ; plats dîner 13-21 $; ⏰8h-15h, dîner à partir de 17h). Niché dans une petite rue, Dragonfly est un délicieux café méconnu. On y sert une cuisine créative d'influence latino-asiatique au petit-déjeuner, à midi et le soir. Le patio éclairé est agréable en été.

🛏 Columbia Hotel — Hôtel $$

(☎541-482-3726, 800-718-2530 ; www.columbiahotel.com ; 262-1/2 E Main St ; d 79-149 $; ⏰✳@🛜). Cet hôtel de style européen, idéalement situé dans le centre d'Ashland, est le meilleur rapport qualité/prix du quartier avec ses 24 chambres de style rétro. La plupart ont des salles de bains communes.

Medford ❷

✖ Organic Natural Cafe — Américain $

(☎541-245-9802 ; 226 E Main St ; plats -10 $; ⏰9h-16h lun-sam ; 🌱). Ici, tout est basé sur une cuisine de saison, biologique, végétalienne et sans gluten. En plus des sandwichs et des hamburgers, il y a un buffet à salades, des fruits frais et des smoothies.

✖ Porters — Américain $$

(☎541-857-1910 ; www.porterstrainstation.com ; 147 N Front St ; plats 11-30 $; ⏰17h-21h dim-jeu, 17h-21h30 ven-sam). Ce restaurant de style Craftsman a l'attrait de ses box en bois sombre et d'un superbe patio à côté de la voie ferrée. Au menu : steaks, fruits de mer et pâtes.

Crater Lake ❹

✖ Crater Lake Lodge
Dining Room — Nord-Ouest $$$

(☎541-594-2255/3217 ; plats 27-36 $; ⏰7h-22h). Si possible, optez pour une table avec vue sur le lac ; mais dans tous les cas, vous vous régalerez de plats typiques de la région, tels que le flétan au bleu et le canard rôti au citron. Réservations recommandées le soir.

🛏 Crater Lake Lodge — Hôtel $$$

(☎541-594-2255, 888-774-2728 ; www.craterlakelodges.com ; d 165-225 $; 🅿). Ouvert de fin mai à mi-octobre, ce vénérable et vaste hôtel loue 71 chambres, simples mais confortables (sans TV ou téléphone). Les parties communes impressionnent, avec des cheminées, des canapés en cuir et une vue spectaculaire sur Crater Lake.

🛏 Cabins at Mazama Village — Chalets $$

(☎541-830-8700, 888-774-2728 ; www.craterlakelodges.com ; d 140 $, tente/camping-car 21/29 $; 🅿). Ces 40 chambres, réparties dans des bâtiments en forme de chalet au milieu des pins, sont également ouvertes de fin mai à mi-octobre. Elles se situent à 7 miles (11 km) de Crater Lake, à proximité d'un petit magasin et d'une station-service. 200 emplacements de camping sont également disponibles de mi-juin à septembre.

Roseburg ❼

✖ McMenamins Roseburg
Station Pub — Américain $

(☎541-672-1934 ; www.mcmenamins.com ; 700 SE Sheridan St ; plats 10-14 $; ⏰11h-23h lun-jeu, 11h-minuit ven-sam, midi-22h dim). Hamburgers, sandwichs et salades (accompagnés d'une bière artisanale) sont au menu de cet agréable pub-restaurant coloré et sympathique.

Au cœur du Passage Intérieur

52

Embarquez sur un ferry à Bellingham, dans l'État de Washington, et longez le littoral canadien avant de plonger dans le labyrinthe émeraude et les brumes du Passage Intérieur de l'Alaska.

TEMPS FORTS

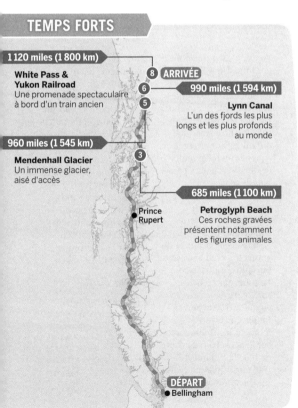

1 120 miles (1 800 km)

White Pass & Yukon Railroad
Une promenade spectaculaire à bord d'un train ancien

8 **ARRIVÉE**

6

990 miles (1 594 km)

5

Lynn Canal
L'un des fjords les plus longs et les plus profonds au monde

960 miles (1 545 km)

Mendenhall Glacier
Un immense glacier, aisé d'accès

3

685 miles (1 100 km)

Prince Rupert

Petroglyph Beach
Ces roches gravées présentent notamment des figures animales

DÉPART
● Bellingham

**4 JOURS
1 120 MILES /
1 800 KM**

PARFAIT POUR...

LE MEILLEUR MOMENT

De juin à septembre, pour l'éclosion des fleurs sauvages

 LA PHOTO SOUVENIR

Les totems et les aigles de Chief Shakes Island

 FAUNE

Tenter de repérer ours, pygargues à tête blanche, baleines et otaries

52 Au cœur du Passage Intérieur

De toutes les routes américaines, l'Alaska Marine Hwy est la seule sur laquelle on circule en ferry. Les 3 500 miles marins (6 482 km) séparant Bellingham des îles Aléoutiennes sont ponctués de paysages spectaculaires, en particulier ceux des fjords, des forêts et des villages de pêcheurs du Passage Intérieur. En passant par les terres, il faut compter quelque 98 heures pour atteindre Skagway depuis Bellingham, avec de longues étendues où la forêt semble vous engloutir. En mer, le spectacle est constant.

❶ Bellingham

À Bellingham, direction le quartier historique aux rues pavées de **Fairhaven District**. Comptez au moins un après-midi pour explorer cette partie de la ville répartie sur plusieurs blocs et ponctuée de fleuristes, cafés et librairies. C'est également ici que vous embarquerez sur l'**Alaska Ferry** (📞907-465-3941, 800-642-0066 ; www.alaska.gov/ferry ; véhicule/adulte/enfant/-6 ans 820 / 363 $/200 $/ gratuit jusqu'à Skagway, 515 $/239 $/120 $/gratuit jusqu'à Ketchikan ; 🚻). Voitures et vélos sont également acceptés à bord. En trois jours, il vous mène à Skagway, et longe la Tongass National Forest, plus grande forêt des États-Unis. Plusieurs arrêts et d'innombrables possibilités de détours s'offrent à qui a du temps. Un billet direct ne permet d'explorer les ports que durant les brèves escales – prenez un billet multi-destinations pour y passer plus de temps.

Bien qu'il ne s'agisse pas d'un bateau de croisière, le navire est confortable et le mélange de passagers locaux et de voyageurs rend le voyage plus pittoresque encore. Le solarium accueille son lot d'aventuriers en quête d'infrarouges, tandis que d'autres montent leur tente sur le pont. La nourriture du bar est typique des transports publics, mais se réchauffer autour d'un café est un moyen agréable de regarder la côte défiler.

Tandis que le ferry s'avance dans la **baie de Bellingham**, s'offrent à la vue le Mt Baker, ainsi que les bâtiments en brique couleur terre de Sienne et les maisons victoriennes dressées sur les collines.

Peu de temps après avoir quitté le port, le ferry s'engouffre entre l'île de Vancouver et le continent à travers le détroit de Géorgie.

🍴 🛏 p. 639

La route ❯❯ Installez-vous confortablement et regardez le paysage défiler tandis que, croisant les phares et les îles ponctuant ce littoral sauvage, vous vous tiendrez à l'affût des aigles, voire d'occasionnelles baleines.

❷ Ketchikan

Trente-huit heures après avoir quitté Bellingham, le ferry marque son premier arrêt. Il reste au port suffisamment longtemps pour que ses passagers puissent explorer l'historique, bien que touristique, **Creek Street**. Cette promenade est aujourd'hui paisible en famille, mais, du temps où la ville était en plein essor, la rue de Ketchikan tenait d'un pandémonium de maisons closes et de bars. Visitez le **Dolly's House Museum** (www.dollyshouse. com ; 24 Creek St ; adulte/enfant 5 $/gratuit ; ☺8h-17h) pour découvrir l'intérieur d'une maison de passe. Dolly Arthur la dirigea jusqu'à ce que la prostitution fût devenue illégale en 1953 et y vécut jusqu'à sa mort dans les années 1970.

Ⓢ À COMBINER AVEC :

46 La route des Cascades

Depuis Bellingham, dirigez-vous vers le sud sur la I-5 jusqu'à Burlington pour atteindre les North Cascades.

47 La boucle de la péninsule Olympique

Prenez la I-5 vers le sud jusqu'à Port Townsend pour rejoindre cette boucle à travers la péninsule Olympique.

Pour une introduction à la faune du Nord, mais également à l'écosystème, l'art et les traditions des populations indigènes de l'Alaska du Sud-Est, rendez-vous au **Southeast Alaska Discovery Center** (www.alaskacenters.gov/ketchikan.cfm ; 50 Main St ; adulte/enfant 5 $/gratuit ; 🕑8h-15h tlj mai-sept, 10h-16h ven-sam oct-avr ;), qui propose d'excellentes expositions. Au rez-de-chaussée se trouve une forêt humide recréée. Idéal pour reconnaître ce que l'on aperçoit sur les rives depuis le ferry.

✕ p. 639

La route ›› Depuis Ketchikan, le ferry avance au nord à travers le détroit de Clarence jusqu'à Wrangell.

TEMPS FORT

❸ Wrangell

Plusieurs heures après avoir quitté Ketchikan, vous arriverez dans la petite ville de Wrangell, et y serez accueilli par des enfants, qui auront dressé des tables pliantes pour vendre leurs marchandises – des grenats violet foncé déterrés de la toute proche Stikine River.

Wrangell compte nombre de sites historiques, culturels et naturels, dont **Petroglyph Beach**. À environ 1 km du port, la plage est parsemée de rochers gravés, voici des millénaires, de visages et autres formes telles que baleines, hiboux et spirales évoquant celles des cercles de cultures. Si vous descendez du ferry lors de son arrêt au port, vous pourrez vous y rendre au pas de course pour une balade rapide entre les rochers.

De l'autre côté de la ville, la **Chief Shakes Island & Tribal House**, étrangement calme en regard de l'animation du port, présente la culture des Tlingit, nation indigène d'Amérique du Nord. Six totems s'y dressent au milieu des pins, aux branches desquelles on peut souvent voir posés des aigles. L'île est toujours accessible aux randonneurs, mais la maison tribale n'ouvre en général que pour les groupes de bateaux de croisière.

Peu de temps après avoir quitté Wrangell, le ferry pénètre dans le **Wrangell Narrows** de 22 miles (35 km) de long. Trop étroit et pas assez profond (pas plus de 7 m à marée basse) pour la plupart des grands bateaux, ce détroit requiert des navires de fréquentes corrections de trajectoire pour se frayer un chemin entre les quelque 70 balises.

⛴ p. 639

La route ›› Après avoir manœuvré à travers le Narrows, le ferry continue au nord-ouest jusqu'à Petersburg.

VAUT LE DÉTOUR
PRINCE
OF WALES ISLAND

Point de départ : ❷ Ketchikan

Si la troisième plus grande île des États-Unis, dite du Prince-de-Galles n'est pas, en dépit de son relief spectaculaire, une destination très connue pour le VTT, elle le doit à sa situation reculée. Traversée par plus de 1 300 miles (2 092 km) de routes, principalement non goudronnées, et émaillée de villages, cette île compte également 21 chalets à usage public éparpillés le long de ses bras de mer et aux rives de ses lacs. Si certaines zones boisées ont subi des coupes claires, au moins doit-on les routes aux exploitants forestiers.

Pour un guide de l'île, visitez le site www.princeofwalescoc.org. **Inter-Island Ferry** (www.interislandferry.com) organise des liaisons depuis Ketchikan, Wrangell et Petersburg. Les trajets adulte/enfant depuis Ketchikan coûtent 37/18 $ canadiens, les véhicules paient à partir de 5 $ canadiens par pied de long (environ 30 cm).

VAUT LE DÉTOUR
LECONTE GLACIER

Point de départ : ❹ Petersburg

Complétez une escale à Petersburg par une excursion en kayak jusqu'au LeConte Glacier, au fond de la sinueuse LeConte Bay. En vêlage constant, le glacier est tristement célèbre pour ses icebergs qui se détachent sous l'eau et ressortent à la surface telles des torpilles de glace. Si vous avez de la chance, vous en verrez un – de loin.

- - - - - - - - - - -

❹ Petersburg

Au fond du Narrows se trouve Petersburg, un village de pêcheurs fondé par des Scandinaves, comme en témoignent les patronymes des habitants ainsi que le "rosemaling", une forme de décoration fleurie norvégienne ornant les bâtiments. Pour découvrir le cœur de Petersburg, marchez le long des quais du **North Boat Harbor**. Les marins y déchargent la pêche du jour depuis des petits chalutiers, reconnaissables aux grands filets entassés à l'arrière.

✖ p. 639

La route ≫ Depuis Petersburg, le ferry se dirige vers le nord, longeant la boisée Admiralty Island jusqu'au port de Juneau.

- - - - - - - - - - -

TEMPS FORT

❺ Juneau

Passé le calme des villages de pêcheurs, l'arrivée à Juneau peut surprendre. Tout animée qu'elle soit, c'est la seule capitale d'État américaine à ne pas posséder d'accès routier. Mais elle y gagne un décor de carte postale, avec ses énormes falaises vertes dominant le centre-ville. Promenez-vous devant le **Governor's Mansion**, dont les colonnes et les arbustes taillés contrastent avec les habituels chalets de forêt du Sud-Est.

Quant à découvrir des produits locaux, rendez-vous à l'**Alaskan Brewing Company** (www.alaskanbeer. com ; 5429 Shaune Dr ; ⏰11h-18h mai-sept, 11h-17h30 mar-sam oct-avr) pour une visite suivie d'une dégustation de leurs bières. Au nord de la ville, et accessible par la route, s'étend le **Mendenhall Glacier**, long d'une vingtaine de kilomètres. Le Mendenhall Glacier Visitor Center propose un film sur le glacier, et est le point de départ de plusieurs sentiers de randonnée.

🛏 p. 639

La route ≫ Le trajet continue vers le nord, longeant le littoral jusqu'au canal Lynn.

LES PHARES HABITÉS
DE COLOMBIE-BRITANNIQUE

La portion du Canada séparant les États américains de Washington et d'Alaska accueille une quarantaine de phares, dont plus de la moitié requièrent la présence de gardiens. Vous apercevrez d'abord **Addenbroke Island Lightstation**, un avant-poste habité par une famille. Le ferry s'approche ensuite du pittoresque **Dryad Point Lightstation**, avec son vénérable phare perché sur la pointe nord-est de Campbell Island. Plus au nord, **Boat Bluff Lightstation** est une simple structure en aluminium, mais ajoutée de dépendances aux toits rouges accrochées à la colline, d'où les gardiens sortent volontiers pour faire signe aux passagers du ferry. Après avoir passé Prince Rupert, ne ratez pas le **Triple Island Lightstation**, avec son phare accroché à ce qui ressemble plus à un grand rocher qu'à une île. Cette station exerce son rôle depuis 1920, envers et contre le manque d'espace et de végétation sur l'île.

PASSAGE INTÉRIEUR
KORINA MILLER, AUTEUR

Impossible de rester de glace durant cet itinéraire. Lorsque le ferry entre dans le Passage Intérieur, le souvenir des premiers explorateurs européens refait surface et tout concourt à se croire l'un d'eux : l'isolement, l'attente fébrile de l'apparition d'un ours ou d'un loup sur le littoral, le ballet aérien des pygargues à tête blanche, les escales dans des hameaux accessibles uniquement par les eaux... Un voyage extraordinaire – et spectaculaire.

En haut : Ours, Chilkoot River, Haines
À gauche : Mendenhall Glacier
À droite : Petroglyph Beach, Wrangell

⑥ Lynn Canal

Depuis Juneau, le ferry remonte ce canal, le fjord le plus long (145 km) et le plus profond (610 m) d'Amérique du Nord. Les glaciers et les chutes d'eau font du canal un véritable spectacle visuel. Répertorié pour la première fois en 1794, il devint durant la ruée vers l'or une importante voie d'accès à la ville-champignon de Skagway. Il a également été le siège de l'un des pires désastres maritimes du Nord-Ouest Pacifique : en 1918, un navire y heurta un récif et coula avec ses 343 passagers et membres d'équipage.

Pour guider la forte circulation dans le canal, plusieurs phares ponctuaient jadis le bras de mer ; on peut encore voir le **Eldred Rock Light**, de forme octogonale et le **Sentinel Island Light**, dont l'aspect rappelle celui d'une église. Le canal est aujourd'hui moins utilisé pour le transport de marchandises et davantage par les ferries et les bateaux de croisière. On y aperçoit parfois des baleines à bosse.

La route » Le trajet au nord de Juneau via le canal Lynn jusqu'à Haines dure environ 4 heures 30.

ROBERTA OLENICK / GETTY IMAGES ©

ALASKA STOCK / ALAMY ©

LE NORD-OUEST PACIFIQUE **52** AU CŒUR DU PASSAGE INTÉRIEUR

637

❼ Haines

Haines est le terminus pour la plupart des passagers qui ont embarqué avec leur voiture : la bourgade permet en effet de rejoindre, via la Hwy 3 et le Canada, l'Alaska Hwy. Haines a l'attrait de son paysage et de son atmosphère décontractée. Vous ne pourrez manquer d'aviser l'énorme marteau à l'extérieur du **Hammer Museum** (www. hammermuseum.org ; 108 Main St ; adulte/enfant 3 $/gratuit ; ⏰10h-17h lun-ven mai-sept), qui, seul au monde à lui être entièrement dévolu, raconte l'histoire de cet outil au moyen de quelque 1 500 modèles exposés.

Entre septembre et décembre, des milliers de pygargues à tête blanche migrateurs descendent sur la région. C'est le plus grand rassemblement de l'espèce au monde, que la ville célèbre à la mi-novembre avec l'**Alaska Bald Eagle Festival** (www. baldeagles.org/festival).

La route ❯❯ Un trajet d'une heure le long de la côte vers le nord vous mène à Skagway.

TEMPS FORT

❽ Skagway

Au tournant du XXᵉ siècle, la ruée vers l'or valut à la population de Skagway de bondir de 2 à 10 000 habitants en seulement quelques années. Coincée entre des pentes boisées, la ville prospère maintenant grâce au tourisme. Le ferry vous déposera à environ 100 m de **Broadway Street**, bordée de bâtiments d'époque restaurés ou recréés qui accueillent aujourd'hui restaurants, cafés et boutiques de souvenirs. Robes de satin colorées et de chapeaux en plume vous attendent à l'angle de Broadway St et de 6 th St : le Eagle Hall propose un spectacle de french can-can créé dans les années 1930 et joué chaque année en haute saison.

Skagway étant votre dernier arrêt, profitez-en pour monter à bord du **White Pass & Yukon Railroad** (www.wpyr.com ; dépôt à 231 2nd Ave ; Yukon Adventure adulte/enfant aller-retour 249/119,50 $, White Pass Summit Excursion 115/57,50 $), une visite guidée commentée dans des voitures-salons anciennes. Ce trajet spectaculaire part à travers Glacier Gorge et sur White Pass (une montée de 880 m).

Que vous terminiez votre itinéraire à Skagway ou dans un autre port, vous devrez faire demi-tour en ferry ou prendre un avion. Plusieurs villes sont équipées d'un aéroport, mais pour rejoindre Seattle ou une grande ville américaine, vous devrez prendre une correspondance à Juneau, Ketchikan ou Sitka. Un aller simple de Skagway à Juneau avec **Wings of Alaska** (www. wingsofalaska.com) coûte environ 120 $ et dure un peu moins d'une heure.

🛏 p. 639

EN QUÊTE D'AURORES BORÉALES

Traversant le ciel tels de grands rideaux d'un lumineux vert et rouge, les aurores boréales tiennent leur nom d'Aurora, la déesse romaine de l'aube, et de Borée, le nom grec pour le vent du nord. Les Indiens Cree les appellent la danse des esprits.

Elles peuvent être vues en n'importe quel lieu situé au-delà de 60° de latitude nord, dans ce qui s'appelle la zone aurorale. Mais il arrive que l'on en aperçoive plus au sud, comme à Juneau.

Les observations sont gênées par le crépuscule perpétuel qui domine le ciel de nuit, de fin avril à septembre. Le meilleur moment pour voir les aurores boréales est aux alentours du 22 septembre ou en mars, pendant la nouvelle lune, tard le soir ou très tôt le matin. Rendez-vous sur le quai du ferry et attendez que le spectacle commence.

Se loger et se restaurer

Bellingham ❶

🍴 Colophon Café & Deli   Café $

(📞360-647-0092 ; 1208 11th St ; plats 7-14 $;
🕐9h-21h lun-sam, 10h-20h dim). Réputé pour
son menu varié de 35 soupes (de la soupe
africaine de cacahuètes à la soupe de palourdes
de la Nouvelle-Angleterre) ainsi que pour sa
tarte au beurre de cacahuète, ce café – et son
jardin accueillant – est l'endroit idéal pour se
sentir comme chez soi.

🛏 Fairhaven Village Inn   Hôtel $$$

(📞360-733-1311, 877-733-1100 ; www.
fairhavenvillageinn.com ; 1200 10th St ; ch 179-
229 $). Un hôtel rétro idéalement situé dans
le quartier de Fairhaven District et de classe
supérieure au motel standard. Profitez de lits très
confortables et de la vue sur la mer ou le parc.

Ketchikan ❷

🍴 Bar Habor
Restaurant   Poisson et fruits de mer $$$

(📞907-225-2813 ; 2813 Tongass Ave ; plats
20-34 $; 🕐17h-21h lun-sam). Un établissement
confortable avec une terrasse extérieure
couverte, entre le centre-ville et le port. On y
sert poisson et fruits de mer – comme partout
dans le Sud-Est – mais la spécialité maison est
la côte de bœuf, la meilleure de la ville.

Wrangell ❸

🛏 Alaskan Sourdough Lodge   Motel $$

(📞907-874-3613, 800-874-3613 ; www.
akgetaway.com ; 1104 Peninsula St ; s/d 114-
124 $). Cet hôtel familial loue 16 chambres

rudimentaires mais impeccables, et compte un
sauna et un bain vapeur – un bon endroit où
se réchauffer. Il organise une navette gratuite
depuis le port, et sert en soirée, à la mode
familiale, des repas maison.

Petersburg ❹

🍴 Coastal
Cold Storage   Poissons et fruits de mer $

(306 N Nordic Dr ; petits-déj 4-8 $, midi 8-12 $;
🕐6h-18h lun-sam, 7h-14h dim). Les bouchées de
flétan à la bière sont la spécialité locale, et cet
établissement sert les meilleures en ville.

Juneau ❺

🛏 Silverbow Inn   Hôtel $$

(📞907-586-4146 ; www.silverbowinn.com ;
120 2nd St ; ch 89-229 $). Si votre itinéraire
nécessite une nuit en ville, prenez vos aises
dans cet hôtel artistique de 6 chambres, où
l'odeur du pain frais de la boulangerie du rez-
de-chaussée vous tiendra lieu de réveille-matin.
Jacuzzi sur le toit-terrasse, petit-déjeuner
complet et biscuits à volonté.

Skagway ❽

🛏 At the White House   Hôtel $$

(📞907-983-9000 ; www.atthewhitehouse.
com ; 475 8th Ave ; ch 125-155 $). Un petit hôtel
de 10 chambres qui a su garder son charme de
1902 avec des détails tels que des couvertures
faites à la main. Toutes les chambres disposent
de salles de bains privatives et, le matin,
est servi un petit-déjeuner de viennoiseries
et de fruits frais.

SE DÉGOURDIR LES JAMBES
PORTLAND

Départ/Arrivée Stumptown Coffee

Distance 2 miles (3 km)

Durée 3 heures

Des espaces verts à profusion, une vie culturelle et artistique très active, une scène culinaire dynamique… Portland est une ville où il fait bon vivre et dont le centre se prête à merveille à une découverte pédestre.

Café et beignets

Commencez la matinée par un café à **Stumptown Coffee** (128 SW 3rd Ave ; ⏰6h-19h lun-ven, 7h-19h sam-dim), un établissement torréfiant ses propres grains depuis 1999. À une minute à pied se trouve **Voodoo Doughnut** (www.voodoodoughnut.com ; 22 SW 3rd Ave ; ⏰24h/24), qui prépare des beignets originaux.

La promenade ≫ Dirigez-vous vers le front de mer par la rue piétonne SW Ankeny St.

Saturday Market et Tom McCall Waterfront Park

L'architecture de l'époque victorienne et la jolie **fontaine Skidmore** valent à la zone située sous le Burnside Bridge son style presque européen. Allez-y durant le week-end pour découvrir le **Saturday Market** (www.portlandsaturdaymarket.com ; SW Ankeny St & Naito Pkwy ; ⏰10h-17h sam, 11h-16h30 dim mars-déc), un marché d'artisanat extérieur, avec de bons stands de nourriture. De là, explorez le Tom McCall Waterfront Park qui s'étend le long de la Willamette River.

La promenade ≫ Marchez vers le nord, passez sous le Burnside Bridge, puis tournez à gauche sur NW Couch St et à droite sur NW 3rd Ave.

Chinatown

Si le portique de **Chinatown** (angle NW 4th Ave et W Burnside St) délimite l'extrémité sud de ce quartier, vous aurez de la chance si vous y croisez des Chinois. Son principal site d'intérêt est le **Lan Su Chinese Garden** (www.lansugarden.org ; NW 3rd Ave et NW Everett St ; adulte/réduit/enfant -5 ans 9,50 $/7 $/gratuit ; ⏰10h-18h, 10h-17h nov-mars), havre de quiétude organisé autour d'un étang.

La promenade ≫ Dirigez-vous vers l'ouest sur NW Davis St jusqu'à NW 8th Ave.

Museum of Contemporary Craft

Ce **musée** (www.museumofcontemporarycraft.org ; 724 NW Davis St ; adulte/enfant -12 ans 4 $/gratuit ; ⏰11h-18h mar-sam ; ♿) organise certaines des meilleures expositions en

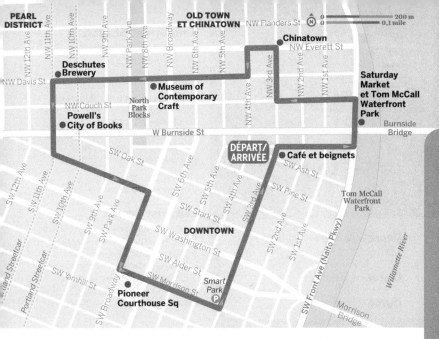

ville, la plupart dévolues à l'artisanat du Nord-Ouest Pacifique. Plusieurs bonnes galeries jalonnent ce pâté de maisons.

La promenade » Continuez sur NW Davis St jusqu'à NW 11th Ave.

Deschutes Brewery

Puisque marcher donne soif, il est grand temps de vous arrêter pour une bière artisanale et/ou un repas. Asseyez-vous à une table sous les poutres du restaurant de **Deschutes Brewery** (www. deschutesbrewery.com ; 210 NW 11th Ave ; ⏰11h-23h lun-jeu, 11h-minuit ven-sam).

La promenade » Rejoignez NW 11th Ave, cœur du Pearl District, la zone commerciale haut de gamme de Portland, tournez à gauche et marchez deux blocs.

Powell's City of Books

Powell's City of Books (☎503-228-4651 ; www.powells.com ; 1005 W Burnside St ; ⏰9h-23h ; ♿) est, jusqu'à preuve du contraire, la plus grande librairie indépendante du pays – elle occupe tout le pâté de maisons.

Préparez-vous à vous perdre dans ce temple du livre neuf et d'occasion.

La promenade » Traversez W Burnside St puis tournez à gauche dans SW Stark St, à droite dans SW Broadway St et marchez jusqu'à SW Morrison St.

Pioneer Courthouse Square

Cette place en brique, surnommée le "salon de Portland", est l'espace public le plus visité de la ville. Lorsqu'elle n'est pas remplie de joueurs de "footbag", de personnes venues bronzer ou d'employés de bureau en pause repas, la place accueille des festivals, des rassemblements, des marchés de producteurs – et même des films le vendredi soir en été, projetés par **Flicks on the Bricks** (www.thesquarepdx.org). Autour de la place, on trouve de nombreux magasins, restaurants et stands d'alimentation.

La promenade » Continuez dans SW Morrison St, tournez à gauche dans SW 3rd Ave et après cinq blocs, vous vous retrouverez à Stumptown Coffee.

SE DÉGOURDIR LES JAMBES
SEATTLE

Départ/Arrivée King Street Station/Seattle Center

Distance 2 miles (3 km)

Durée 3 heures 30

Les maires successifs se sont efforcés d'atténuer le chaos des voitures à Seattle et – mis à part les collines et la pluie – c'est maintenant une ville où il fait bon marcher. Placés stratégiquement, des cafés alimentent les randonneurs urbains.

Compatible avec l'itinéraire :

King Street Station

Avec sa tour conçue à l'imitation du campanile de la basilique Saint-Marc de Venise, la principale gare ferroviaire de Seattle était la plus haute structure de la ville lors de son inauguration en 1906. À la fin du XXe siècle, elle était tombée en désuétude mais une série de rénovations, achevée en 2013, lui a rendu sa splendeur d'antan.

La promenade » Depuis l'entrée de la gare, dirigez-vous au coin de la rue sur S Jackson St.

Zeitgeist Coffee

Dans cette ville sous perfusion de café crème, vous trouverez des établissements de chaîne à chaque coin de rue...
Le **Zeitgeist Coffee** (www.zeitgeistcoffee.com ; 171 S Jackson St ; ⊘6h-19h lun-ven, 8h-19h sam-dim), aménagé dans un ancien entrepôt, est un lieu agréable et prisé.

La promenade » Partez vers l'ouest sur S Jackson St puis tournez à droite sur 1st Ave S.

Pioneer Square

Pioneer Sq est le plus vieux quartier de Seattle. Reconstruits après l'incendie catastrophique de 1889, la plupart des bâtiments sont de style roman richardsonien, en brique rouge, en vogue à l'époque. Aux débuts de la ville, Yesler Way fut transformée en "skid row", allusion aux grumes tirées au bas de la colline jusqu'à la scierie de Henry Yesler, près de la jetée. Avec le déclin du bois d'œuvre, la rue devint le refuge des sans-logis et son nom, le synonyme de quartier déshérité dans tout le pays.

La promenade » Marchez vers le nord sur 1st Ave et entrez dans le cœur moderne du centre-ville.

Seattle Art Museum

Seattle possède une riche scène culturelle, et les éclectiques collections du **Seattle Art Museum** (www.seattleartmuseum.org ; 1300 1st Ave ; adulte/réduit/enfant 17 $/11 $/gratuit ; ⊘10h-17h mer-dim, 10h-21h jeu-ven) – des toiles d'Andy Warhol aux œuvres religieuses

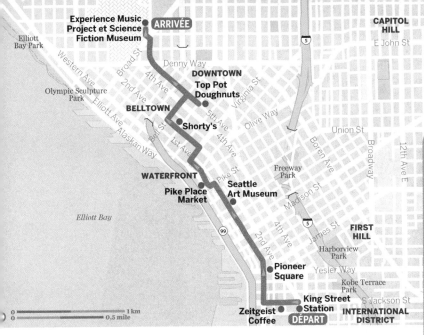

amérindiennes – sont le meilleur endroit pour commencer son exploration.

La promenade » Continuez au nord sur 1st Ave pendant deux blocs jusqu'à Pike Place Market.

Pike Place Market

L'âme de la ville réside dans le **Pike Place Market** (www.pikeplacemarket.org ; 1501 Pike Pl), vieux de plus d'un siècle. Allez-y de bonne heure si vous voulez éviter l'affluence, et découvrir ce lieu emblématique de Seattle, très prisé des habitants.

La promenade » Prenez la sortie au nord de Pike Pl et vous êtes à Belltown.

Shorty's

Jadis berceau de la musique grunge, Belltown, au nord du centre-ville, s'est transformé en quartier chic depuis les années 1990. Allez boire un verre au **Shorty's** (www.shortydog.com ; 2222 2nd Ave ; ⏰midi-2h tlj), sympathique croisement d'une salle de flippers et d'un bar.

La promenade » Tournez à droite sur Bell St puis à droite à nouveau sur 5th Ave.

Top Pot Doughnuts

Installé dans une ancienne salle d'exposition de voitures, **Top Pot Doughnuts** (2124 5th Ave ; ⏰6h-19h lun-ven, 7h-19h sam-dim) sublime la préparation des beignets. Bon café.

La promenade » Marchez le long de 5th Ave, traversez Denny Way, continuez dans 5th Ave puis tournez à gauche dans John St. La Space Needle et le Seattle sont face à vous.

Experience Music Project & Science Fiction Museum

Il est difficile de manquer l'énorme bâtiment coloré au pied de la Space Needle. L'**Experience Music Project & Science Fiction Museum** (www.empmuseum.org ; 325 5th Ave N ; adulte/enfant 20/14 $; ⏰10h-19h) est un endroit amusant pour se plonger dans le rock and roll et/ou la science-fiction pour le prix d'une seule entrée.

La promenade » Pour revenir au départ, prenez simplement le bus 131 (2,25 $) depuis Broad St et 2nd Ave qui vous ramènera à South Jackson St près de King Street Station.

ROAD-TRIP PRATIQUE

Conduire aux États-Unis

De superbes paysages, un vaste réseau routier, une culture très favorable à la voiture… Les États-Unis sont véritablement LE pays du roadt-rip.

ASSURANCE

Une assurance responsabilité civile est indispensable pour conduire. Si vous louez une voiture, vérifiez que vous êtes couvert par l'assurance automobile que vous détenez dans votre pays (le cas échéant) ou par votre assurance voyage. Sinon, prévoyez environ 15 $ par jour pour une police.

Vous pourrez contracter une police couvrant les dégâts du véhicule en cas d'accident, appelée Collision Damage Waiver (CDW) ou Loss Damage Waiver (LDW) pour 15 à 20 $ par jour – la franchise oscille entre 100 et 500 $ pour la réparation. Sinon, les dommages sont à votre charge.

Certaines cartes bancaires incluent une assurance collision si vous réglez l'intégralité des frais de la location avec. En cas d'accident, vous pouvez être contraint de rembourser l'agence de location avant d'effectuer une demande de remboursement auprès de la société émettrice de votre carte. La plupart des assurances de cartes bancaires ne couvrent pas les locations de plus de 15 jours ou les modèles "exotiques" (décapotables, 4x4...).

CARBURANT

Les stations-service sont omniprésentes hormis dans les parcs nationaux, les zones rurales et les régions très reculées (montagnes, déserts...). La plupart sont en self-service, hormis dans l'Oregon et le New Jersey, où les conducteurs ne sont pas autorisés à faire le plein eux-mêmes.

L'essence est vendue au gallon (3,78 l), en moyenne de 3,15 à 4,25 $ le gallon.

En bref

➜ **Âge minimum pour louer une voiture** 21 ans (plus souvent 25 ans)
➜ **Vitesse maximale** 70 mph (112 km/h) sur certaines autoroutes.
➜ **Droite ou gauche ?** On roule à droite aux États-Unis.

CARTES ET PLANS

Les offices du tourisme et les centres d'information donnent souvent des plans basiques. Ne vous reposez pas uniquement sur un GPS, qui risque de ne pas fonctionner en forêt, en montagne et dans les régions de canyons. Si vous prévoyez de faire beaucoup de route, mieux vaut vous équiper d'une carte plus détaillée, comme celles qu'édite **Rand McNally** (www.randmcnally.com). Les membres de l'American Automobile Association (AAA) et des organisations affiliées (apportez votre carte de membre) peuvent obtenir des plans gratuits dans les bureaux de l'AAA à travers tout le pays.

CODE DE LA ROUTE

➜ Utiliser son téléphone en conduisant est interdit dans la plupart des États.
➜ Ceintures de sécurité et sièges pour enfants sont obligatoires dans tout le pays, même si les réglementations diffèrent d'un État à l'autre.

Sites Internet

AUTOMOBILE-CLUBS

American Automobile Association (www.aaa.com). Assistance routière, réductions, planification de trajet et cartes pour les membres.

Better World Club (www.betterworldclub.com). Alternative écolo à l'AAA.

CARTES

America's Byways (http://byways.org). Itinéraires, cartes et indications.

Google Maps (http://maps.google.fr). Cartes détaillées et conditions de circulation.

CONDITIONS DE ROUTE ET FERMETURES

US Department of Transportation (www.fhwa.dot.gov/trafficinfo). Liens vers les conditions de route, la circulation et la météo au niveau national et local.

➡ Le port du casque à moto est souvent obligatoire – et vivement recommandé.

➡ Indiquées par un losange, les voies HOV (*High-occupancy vehicle*) sont réservées aux voitures contenant plusieurs passagers – parfois à certains horaires uniquement.

➡ Par défaut, la vitesse maximale est généralement de 55 miles/h (88 km/h) ou 65 miles/h (105 km/h) sur les autoroutes, 25 miles/h (40 km/h) à 35 miles/h (56 km/h) dans les villes et 15 miles/h (24 km/h) à proximité des écoles. Il est interdit de dépasser un bus scolaire lorsque ses feux clignotent.

➡ Sauf si un panneau l'interdit formellement, on peut tourner à droite à un feu rouge après avoir marqué un arrêt (sauf à New York). Les véhicules venant de la gauche restent prioritaires.

➡ À un carrefour à quatre stops, la priorité suit l'ordre d'arrivée des véhicules. Si deux voitures arrivent en même temps, il y a priorité à droite. En cas de doute, faites signe à l'autre conducteur.

➡ Faire demi-tour à un croisement est autorisé si aucun panneau ne l'interdit, mais la règle varie d'un État à l'autre – c'est interdit en Oregon ou dans l'Illinois, par exemple.

➡ À l'approche d'un véhicule d'urgence, rabattez-vous prudemment pour le laisser passer.

➡ Nombre d'États interdisent de transporter une bouteille d'alcool ouverte, même vide, dans un véhicule – mettez-la dans le coffre.

➡ Il est bien évidemment interdit de jeter des déchets par la fenêtre de son véhicule, un geste puni d'une amende de 1 000 $.

➡ Le stop est interdit dans certains États et restreint dans d'autres.

ÉTAT DES ROUTES

La route américaine n'est pas toujours un long fleuve tranquille : nids-de-poules, chutes de pierres, coulées de boue, inondations, animaux sur les voies, embouteillages et conducteurs distraits sont plus ou moins fréquents.

Dans les régions où la conduite hivernale est risquée, il peut être nécessaire d'être équipé de pneus neige ou de chaînes, notamment en montagne. L'idéal est de transporter vos propres chaînes et de savoir les mettre avant de prendre la route. Les agences de location interdisent souvent la conduite sur des chemins de terre ou hors des routes, qui peut d'ailleurs s'avérer dangereuse par temps de pluie.

Les autoroutes, grandes routes et ponts sont parfois payants. Les péages peuvent être réglés en liquide, mais il arrive qu'un système de capteur électronique soit requis. Si vous n'en possédez pas, la plaque minéralogique de votre véhicule sera photographiée et vous serez facturé plus tard – et souvent à un tarif plus élevé. Renseignez-vous en prenant votre voiture de location afin d'éviter les suppléments.

FRONTIÈRES

Les ressortissants canadiens ou mexicains arrivant aux États-Unis doivent détenir les papiers de leur véhicule, une assurance valide pour les États-Unis et leur assurance habituelle. Un permis de conduire international (IDP) n'est pas requis mais peut être utile. Toutes les sociétés de location n'autorisent pas la sortie de leurs véhicules hors des États-Unis.

LOCATION DE VÉHICULE

Si la plupart des agences exigent d'avoir au moins 25 ans, un certain nombre acceptent les 21-24 ans moyennant un supplément de 25 $/jour environ. Un permis de conduire valide (voir p. 649) et une carte bancaire sont indispensables.

Caravanes et camping-cars

Assez prisés, les camping-cars (RV, pour *recreational vehicles*), difficiles à conduire et énergivores, sont interdits dans de nombreux endroits, comme dans les parcs nationaux ou certaines routes de montagne.

Réservez le plus tôt possible. Les tarifs dépendent de la taille et du modèle ; les prix de base n'incluent généralement pas le kilométrage illimité, les draps ou les articles de cuisine, la préparation du véhicule, les dépenses de ménage et les frais additionnels. Les animaux peuvent être admis, parfois avec supplément.

Quelques grandes agences nationales :

Cruise America (www.cruiseamerica.com). 125 agences de location de camping-cars dans le pays.

El Monte RV (www.elmonterv.com). Location de camping-cars dans plus de 25 États.

Happy Travel Campers (www.camperusa. com). Loue des *campervans* (camionnettes aménagées) à Los Angeles, San Francisco, Las Vegas et Denver.

Jucy Rentals (www.jucyrentals.com). Location de *campervans* à Los Angeles, San Francisco et Las Vegas.

Distances routières (km)

	Atlanta	Boston	Chicago	Dallas	Denver	El Paso	Houston	Las Vegas	Los Angeles	Miami	La Nouvelle-Orléans	New York	Oklahoma City	Phoenix	Portland	Salt Lake City	San Francisco	Seattle	St Louis
Boston	1770																		
Chicago	1160	1620																	
Dallas	1270	2850	1500																
Denver	2260	3230	1625	1260															
El Paso	2295	3870	2400	1020	1120														
Houston	1300	2995	1755	385	1660	1200													
Las Vegas	3200	4430	2830	1970	1210	1170	2375												
Los Angeles	3555	4870	3275	2325	1650	1310	2510	440											
Miami	1060	2430	2220	2125	3330	3120	1915	4095	4425										
La Nouvelle-Orléans	765	2465	1500	845	2100	1770	565	2800	3085	1385									
New York	1400	345	1290	2520	2900	3540	2665	4105	4540	2075	2110								
Oklahoma City	1395	2720	1270	340	1085	1120	725	1810	2165	2415	1170	2370							
Phoenix	2995	4330	2900	1725	1330	690	1910	460	605	3815	2470	3995	1625						
Portland	4195	5025	3430	3270	2030	2625	3655	1640	1555	5260	4115	4710	3100	2150					
Salt Lake City	3030	3855	2260	2040	860	1395	2425	675	1110	4100	2875	3525	1940	1055	1230				
San Francisco	4040	4990	3455	2820	2045	1915	3125	920	610	5040	3695	4715	2650	1210	1200	1200			
Seattle	4310	4945	3325	3390	2140	2775	3775	1875	1850	5370	4235	4615	3220	2400	280	1350	1305		
St Louis	895	1915	475	1015	1380	1925	1350	2600	2960	1955	1095	1540	805	2425	3300	2135	3325	3415	
Washington	1020	710	1125	2140	2720	3165	2280	3960	4330	1700	1755	370	2165	3785	4540	3375	4565	4460	1360

En cas de problème

Que faire en cas de panne ? Mettez vos feux de détresse et rangez-vous sur le bas-côté. Composez le numéro d'aide d'urgence de votre agence de location. Vous pouvez aussi appeler les renseignements (411) pour avoir le numéro du dépanneur ou garagiste le plus proche.

Que faire en cas d'accident ? Si cela est possible sans danger, déplacez votre véhicule hors de la circulation, sur le bas-côté. Pour les petites collisions sans grand dégât ou blessure, échangez vos numéros de permis de conduire et d'assurance avec l'autre conducteur, puis faites un constat pour votre assurance ou informez très rapidement l'agence de location. En cas d'accident grave, appelez le 911 et attendez l'arrivée de la police ou des secours.

Que faire si je me fais arrêter par la police ? Ne sortez de votre voiture que si on vous le demande. Faites en sorte que vos mains soient visibles par l'officier de police (gardez-les sur le volant, par exemple). Restez poli. La plupart des amendes pour infraction au code de la route ou un mauvais stationnement peuvent être réglées par e-mail ou en ligne dans un délai de 30 jours.

Que faire si mon véhicule est mis en fourrière ? Appelez le numéro local de la police (pas le numéro d'urgence) pour savoir où récupérer votre véhicule. Les frais d'enlèvement et de fourrière s'accumulent vite et peuvent atteindre plusieurs centaines de dollars pour quelques heures ou une journée seulement. Agissez vite !

Moto

La location d'une moto (et l'assurance) est généralement chère. Attention au surcoût si vous souhaitez la rendre dans une autre ville. Réductions possibles pour des locations sur trois jours ou à la semaine.

Quelques sociétés :

Eagle Rider (www.eaglerider.com). Location de motos et circuits dans plus de 25 États.

Harley-Davidson (www.harley-davidson.com). Liens vers de multiples loueurs.

Alcool au volant

L'alcoolémie maximum autorisée est de 0,08 %. Les sanctions pour "DUI" ("conduite sous l'emprise de l'alcool") sont sévères et peuvent inclure de lourdes amendes, une suspension de permis, un passage au tribunal et/ou de la prison. La police peut vous imposer divers tests visant à vérifier votre sobriété. Si vous échouez, vous devrez vous soumettre à un alcootest, un examen d'urine ou une analyse de sang. Refuser les tests est passible des mêmes amendes qu'en cas de résultat positif.

Voiture

Il n'est pas rare que le kilométrage illimité soit inclus dans le prix, mais attendez-vous à des frais supplémentaires si vous souhaitez enregistrer un deuxième conducteur ou retirer le véhicule dans une ville et le rendre dans une autre. Les agences des aéroports affichent souvent les tarifs les plus bas, mais aussi les plus fortes commissions. Si vous optez pour une formule "avion + voiture", il vous faudra parfois verser des taxes régionales lors du retrait de votre véhicule. Les sièges enfant sont obligatoires ; faites-en la demande lors de votre réservation (env. 10 $/jour ou 50 $ par location).

Certaines grandes sociétés proposent de nombreux véhicules "verts" ou hybrides, mais il y en a peu. Pensez à réserver et attendez-vous à payer plus. Beaucoup de sociétés louent des vans avec élévateur pour fauteuils roulants et des véhicules à conduite manuelle sans supplément, mais il faut aussi les réserver bien à l'avance.

Les sociétés de location internationales suivantes possèdent des centaines d'agences à travers le pays :

Alamo (www.alamo.com)

Avis (www.avis.com)

Budget (www.budget.com)

Dollar (www.dollar.com)

Enterprise (www.enterprise.com)

Fox (www.foxrentacar.com)

Hertz (www.hertz.com)

National (www.nationalcar.com)

Thrifty (www.thrifty.com)

Pour trouver des agences de location indépendantes, consultez :

Car Rental Express (www.carrentalexpress.com). Recherche d'agences indépendantes et de voitures spécialisées (hybrides, par exemple).

Rent-a-Wreck (www.rentawreck.com). Loue souvent aux jeunes conducteurs et à ceux qui n'ont pas de carte de crédit ; renseignez-vous sur les locations à long terme.

Wheelchair Getaways (www.wheelchairgetaways.com). Loue des vans accessibles aux fauteuils roulants.

Zipcar (www.zipcar.com). Club de partage de voitures dans des dizaines de villes, ouvert aux conducteurs étrangers.

Si vous acceptez une offre sans annulation possible et que la société de location vous importe peu, vous pourrez trouver de bonnes affaires sur des sites tels que **Priceline** (www.priceline.com) ou **Hotwire** (www.hotwire.com).

PERMIS DE CONDUIRE

Conformément à la loi, les visiteurs peuvent conduire pendant 12 mois aux États-Unis avec le permis délivré dans leur pays d'origine. Un permis international (International Driving Permit, IDP) se révèle cependant utile car il aura plus de poids aux yeux des policiers américains, surtout si votre permis ne comporte pas de photo ou est rédigé dans une langue autre que l'anglais. Faites-le établir en préfecture, il est gratuit.

L'American Automobile Association (AAA) a conclu des accords réciproques avec plusieurs associations internationales (pensez à emporter votre carte d'adhérent le cas échéant).

SÉCURITÉ

Les vols à la roulotte, les vols de véhicules et le vandalisme posent principalement problème dans les zones urbaines. Fermez bien la porte de votre véhicule

Playlist américaine

On the Road Again Willie Nelson

Born to Run Bruce Springsteen

Fuel Metallica

Road Trippin' Red Hot Chili Pepper

I've Been Everywhere Johnny Cash

(Get Your Kicks on) Route 66 Bobby Troup, reprise par Nat King Cole

Born to Be Wild Steppenwolf

Life Is a Highway Tom Cochrane

à clé, laissez les fenêtres relevées et utilisez les systèmes de sécurité fournis avec la voiture (alarme, etc.). Ne laissez pas d'objets de valeur à l'intérieur : rangez-les dans le coffre avant d'arriver à destination ou prenez-les avec vous une fois garés.

STATIONNEMENT

Si le stationnement est souvent facile et gratuit dans les petites villes et les zones rurales, il est généralement rare et cher dans les grandes villes. Les parcmètres acceptent généralement les pièces et les cartes bancaires. Le stationnement est souvent prohibé si le parcmètre est cassé et lorsque cela est permis une limite de temps reste applicable.

Lorsque vous vous garez dans la rue, lisez attentivement tous les panneaux et les restrictions (par exemple 30 min maximum, pas de parking durant les heures prévues pour le nettoyage des rues...) et faites attention aux bandes colorées sur le trottoir si vous ne souhaitez pas recevoir d'amende ou que votre voiture soit emportée à la fourrière. Dans de nombreuses villes, le stationnement long est interdit dans le centre-ville ainsi que dans des zones désignées pour le stationnement résidentiel.

Dans les parkings payants, comptez au moins 2 \$/h et de 10 à 45 \$ pour une journée entière ou une nuit. Les services d'un voiturier dans les hôtels, les restaurants ou les discothèques se paient généralement de 5 à 40 \$. Donnez un pourboire d'au moins 2 \$ au voiturier lorsqu'il vous rend vos clés.

Voyager aux États-Unis

DEPUIS/VERS LES ÉTATS-UNIS

Tous les voyageurs étrangers entrant sur le territoire américain doivent être munis d'un passeport valide au moins six mois après la date de la fin du séjour aux États-Unis. Si votre passeport ne répond pas aux normes américaines (voir la rubrique *Formalités et visas* p. 653), vous serez refoulé à la frontière.

Les citoyens canadiens devront présenter un passeport valide ou une autre pièce d'identité du programme des voyageurs dignes de confiance qui traversent fréquemment la frontière. Consultez le site Internet du **Western Hemisphere Travel Initiative** (WHTI, www.getyouhome.gov) pour plus d'information.

Indépendamment de ce que votre visa stipule, les officiers de l'immigration sont habilités à vous refuser le droit d'entrer aux États-Unis – produire un itinéraire, un billet de retour ou vers une autre destination et au moins une carte de crédit est utile.

VOIE AÉRIENNE

Principaux aéroports internationaux et domestiques des États-Unis :

Charlotte-Douglas International Airport (CLT ; www.charlotteairport.com). À Charlotte, en Caroline du Nord.

Chicago O'Hare International Airport (ORD ; www.flychicago.com)

Dallas/Fort Worth International Airport (DFW ; www.dfwairport.com)

Denver International Airport (DEN ; www.flydenver.com)

Dulles International Airport (IAD ; www.metwashairports.com). Près de Washington.

George Bush Intercontinental Airport (IAH ; www.fly2houston.com). À Houston.

Hartsfield-Jackson Atlanta International Airport (ATL ; www.atlanta-airport.com)

John F Kennedy International Airport (JFK ; www.panynj.gov/airports). À New York.

Los Angeles International Airport (LAX ; www.lawa.org)

McCarran International Airport (LAS ; www.mccarran.com). À Las Vegas.

Miami International Airport (MIA ; www.miami-airport.com)

Newark Liberty International Airport (EWR ; www.panynj.gov/airports/newark-liberty.html). Près de New York.

Phoenix Sky Harbor International Airport (PHX ; http://skyharbor.com)

San Francisco International Airport (SFO ; www.flysfo.com)

Seattle-Tacoma International Airport (SEA ; www.portseattle.org/Sea-Tac)

Si vous entrez aux États-Unis par voie aérienne, vous devrez passer l'immigration et la douane dans l'aéroport où vous atterrissez en premier, même si vous n'y faites qu'une escale. En arrivant, tous les voyageurs étrangers doivent s'enregistrer auprès du Department of Homeland Security ; vos empreintes seront donc scannées et vous serez pris en photo.

La plupart des aéroports disposent de guichets de location de voiture des principales agences internationales. Des navettes gratuites attendent généralement le long du trottoir pour emmener les clients dans les parkings des agences de location.

Réservez votre véhicule pour bénéficier des tarifs les plus bas, minimiser l'attente... et vous assurer qu'une voiture sera disponible. L'adhésion au programme de fidélité du loueur est généralement gratuite et peut donner droit à quelques avantages, comme l'enregistrement prioritaire, le surclassement gratuit...

Pratique

Tabac Interdit dans les espaces publics dans la plupart des États.

Heure locale Les États-Unis sont divisés en quatre fuseaux horaires : Eastern (GMT -5), Central (GMT -6), Mountain (GMT -7) et Pacific (GMT -8). L'heure d'été (*Daylight Saving Time* ; DST), période à laquelle les horloges sont avancées d'une heure (sauf dans certaines parties de l'Indiana et de l'Arizona), est appliquée du deuxième dimanche de mars au premier dimanche de novembre.

TV et DVD PBS (Public Broadcasting Service) ; principales chaînes câblées : ESPN (sports), HBO (films), Weather Channel (météo). Les DVD sont codés pour la région 1 (États-Unis et Canada).

Poids et mesures 1 mile = 1,6 km, 1 yard = 91,4 cm, 1 foot = 30,5 cm, 1 inch = 2,5 cm ; 1 gallon = 3,8 litres, 1 fluid ounce (fl oz) = 0,03 l ; 1 pound = 454 g, 1 ounce (oz) = 28,35 g

TRAIN

Pour les Canadiens vivant près de la frontière américaine, prendre le train peut être une option plus économique et avantageuse, qui permet en outre d'éviter les complications qu'engendre la traversée de la frontière en voiture.

La compagnie nationale des chemins de fer, **Amtrak** (www.amtrak.com), assure des liaisons transfrontalières, notamment depuis/vers Toronto, Montréal et Vancouver. Les contrôles douaniers, à la frontière, peuvent retarder les trains.

Il est possible de louer des voitures dans certaines gares Amtrak, généralement sur réservation, mais ne vous attendez pas à un choix aussi large que dans les aéroports.

VOITURE ET MOTO

Le week-end et les jours fériés, surtout en été, la circulation aux principaux postes-frontières entre les États-Unis et ses pays voisins (Canada et Mexique) peut être dense et l'attente longue. Pour connaître les temps d'attente aux postes-frontières, consultez le site Internet de l'**US Customs & Border Protection** (http://apps.cbp.gov/bwt/).

Assurez-vous d'être en possession de tous les documents nécessaires, notamment les papiers de votre véhicule, un document prouvant que vous possédez une assurance responsabilité civile valide et votre permis de conduire. Il arrive que des voitures soient fouillées à la recherche de produits de contrebande ou soumis à des droits de douanes non déclarés.

INFOS PRATIQUES

ALIMENTATION

Dans la plupart des restaurants, le déjeuner est plus simple et souvent moins cher (parfois jusqu'à moitié-prix) que le dîner. Certains *diners* et cafés servent le petit-déjeuner toute la journée et quelques-uns restent ouverts 24h/24. Le brunch du week-end est généralement servi du milieu de la matinée au milieu de l'après-midi les samedi et dimanche.

Il est interdit de fumer dans la plupart des restaurants ; si vous êtes en extérieur, demandez l'autorisation ou cherchez un cendrier avant d'allumer votre cigarette et ne vous attendez pas à ce que vos voisins de table se montrent ravis.

Beaucoup de restaurants offrent à leurs clients la possibilité d'apporter leur propre bouteille de vin (*Bring your own bottle*, BYOB), mais un "droit de bouchon" allant de 10 à 30 $ peut être pratiqué. Un supplément peut aussi être appliqué si deux clients partagent un même plat. Végétariens et sujets aux allergies alimentaires trouveront plus facilement à se nourrir en ville et dans les lieux très touristiques.

Catégories de restaurants

Les prix suivants correspondent à un plat principal, sans taxes ni pourboire, sauf mention contraire.

$	Moins de 10 $
$$	De 10 à 20 $
$$$	Plus de 20 $

Les enfants sont généralement les bienvenus dans les restaurants, où des chaises hautes, des rehausseurs, des menus spéciaux et des sets de table en papier avec des crayons pour dessiner sont souvent disponibles. Dans ce guide, vous les repérerez à l'icône "famille" (🛋).

ACCÈS INTERNET

Vous n'aurez aucune difficulté à vous connecter à Internet aux États-Unis.

Dans ce guide, le symbole (@) indique les établissements qui mettent des terminaux Internet à disposition de leurs clients. Le symbole (📶) indique que l'établissement dispose d'une connexion Wi-Fi. Elle peut être gratuite (parfois uniquement pour les clients) ou payante (comptez dans ce cas de 6 à 12 $/heure ou 10 $ ou plus par jour pour un accès Wi-Fi illimité).

Dans les grandes villes, vous trouverez aisément des cybercafés ainsi que des *copy centers* comme **FedEx Office** (www.fedex.com/us/office), avec des ordinateurs en self-service et des postes d'impression de photos et de gravage de CD. Les bibliothèques publiques disposent aussi souvent d'ordinateurs avec accès Internet ou proposent une connexion Wi-Fi gratuite ; les ordinateurs doivent cependant parfois être réservés et une somme modique peut être demandée aux personnes ne résidant pas dans l'État.

Vous pourrez également trouver des points Wi-Fi dans les aéroports, les cafétérias, les centres commerciaux, les offices du tourisme, les musées, les restaurants, les bars et dans certains parcs.

ARGENT

Les prix indiqués dans ce guide sont en dollars américains et hors taxe, sauf mention contraire. Peu d'Américains ont recours aux espèces et préfèrent nettement la carte bancaire. Les petits commerces refusent parfois les billets de plus de 20 $.

Les distributeurs automatiques de billets (DAB) sont accessibles 24h/24 et 7j/7 dans la plupart des banques ainsi que dans presque tous les centres commerciaux, aéroports et supermarchés. Attendez-vous à des frais de transaction d'au moins 2 $, sans compter les frais prélevés par votre banque.

Les cartes bancaires sont acceptées presque partout et sont presque obligatoires pour effectuer une réservation en ligne ou par téléphone. Les cartes Visa, MasterCard et American Express sont les plus répandues.

Les taux de change internationaux pour les retraits dans les DAB sont généralement équivalents à ceux que vous obtiendrez auprès des grandes banques, des bureaux de change des aéroports et des sociétés comme **American Express** (www.americanexpress.com). En dehors des grandes villes, il peut être difficile de changer de l'argent. Aussi, assurez-vous d'avoir une carte bancaire et assez de liquide. Consultez le site **www.xe.com** pour connaître les taux actualisés. Lors de nos recherches, 1 € valait 1,35 $US, et 1 $CA s'échangeait contre 0,90 $US.

Les chèques de voyage deviennent peu à peu obsolètes.

Pourboires

Laisser un pourboire est obligatoire, sauf en cas de service vraiment abominable.

Porteurs dans les aéroports et les hôtels 2 $ par bagage, 5 $ minimum pour un chariot

Barmen 10 à 15% sur l'addition, 1 $ minimum par consommation

Concierges d'hôtel Rien pour un renseignement, jusqu'à 20 $ pour une réservation de dernière minute dans un restaurant, des places pour un spectacle affichant complet, etc.

Femmes de chambre 2 à 5 $ par jour, à laisser sous la carte fournie à cet effet ; plus si vous laissez la chambre très désordonnée

Serveurs 15 à 20% du total, sauf si le pourboire est inclus dans l'addition

Taxis 10 à 15% du prix de la course, arrondis au dollar supérieur

Voituriers Au moins 2 $ sur remise des clés

DANGERS ET DÉSAGRÉMENTS

Les États-Unis restent un pays assez sûr à visiter et les accidents de la route représentent le principal danger pour les voyageurs (mettez votre ceinture, la loi vous y oblige).

Comme dans beaucoup de pays, les visiteurs s'exposent plus aux petits larcins qu'aux véritables crimes et suivre quelques règles de bon sens devrait vous prémunir contre nombre de désagréments. Retirez de préférence votre argent aux DAB de jour ou dans des zones bien éclairées et fréquentées de nuit. Sur la route, cachez vos effets personnels dans le coffre avant d'arriver à destination et ne laissez pas d'objets de valeur dans la voiture pour la nuit. Utilisez le coffre présent dans nombre de chambres d'hôtel pour ce qui pourrait éveiller les convoitises : certains peuvent contenir un ordinateur portable ou une tablette.

FORMALITÉS ET VISAS

Avertissement : Les renseignements suivants sont facilement sujets à changements. Les formalités d'entrée aux États-Unis ne cessent d'évoluer au fil des règlements en matière de sécurité intérieure. Vérifiez bien les formalités nécessaires *avant* de venir aux USA.

Le **Département d'État américain** (http ://travel.state.gov/visa) donne les informations les plus complètes sur les visas, avec des formulaires de demandes téléchargeables, des listes de consulats américains à l'étranger et le temps d'attente pour un visa, pays par pays.

Lors de nos recherches, les visas n'étaient pas nécessaires pour un séjour de moins de 90 jours (pas d'extension) pour les ressortissants des pays signataires du Visa Waiver Program comme la France, la Belgique et la Suisse, tant que leur passeport correspond aux standards américains (passeport MRP, lisible à la machine, ou biométrique s'il a été émis après le 26 octobre 2006). Les ressortissants de ces pays doivent s'enregistrer via l'**Electronic System for Travel Authorization** (https://esta. cbp.dhs.gov/esta/) au moins 72 heures avant le voyage. Une fois approuvé, l'enregistrement ESTA (14 $) est généralement valable jusqu'à deux ans si votre passeport n'expire pas avant.

La plupart des ressortissants canadiens ayant un passeport qui correspond aux lois américaines, ils n'ont pas besoin de visa pour une courte visite aux États-Unis. Pour plus de renseignements, consultez le site de la **Western Hemisphere Travel Initiative** (WHTI ; www.getyouhome.gov).

Les ressortissants de tous les autres pays, ou ceux dont les passeports ne remplissent pas les normes américaines, doivent faire une demande de visa temporaire – une formalité à effectuer de préférence dans votre pays de résidence, coûteuse (minimum 160 $) et non remboursable, qui implique un entretien et peut prendre plusieurs semaines (mieux vaut vous y prendre tôt).

HANDICAPÉS

Bien que la situation varie d'une région à une autre, les États-Unis sont assez bien équipés pour accueillir les voyageurs à mobilité réduite ou autre handicap. Certains offices du tourisme publient des guides d'accessibilité très pratiques.

L'Americans with Disabilities Act (ADA) impose à chaque édifice public construit après 1993 et aux transports en commun d'être accessible en fauteuil roulant. Vérifiez-le au préalable par téléphone, notamment dans les sites historiques et les établissements privés, où l'accessibilité n'est pas garantie. Dans les villes, la plupart des croisements sont équipés de trottoirs inclinés et de signaux sonores.

Les grandes compagnies aériennes, les bus Greyhound et les trains Amtrak peuvent accueillir les personnes handicapées si elles sont prévenues 48 heures à l'avance. Les bus, trains et métros locaux sont généralement équipés d'élévateurs et de rampes d'accès. Les sociétés de taxis ont en général au moins un van accessible aux fauteuils roulants, mais il faut habituellement les réserver et savoir être patient. Pour les locations de voitures à contrôle manuel et de vans accessibles, reportez-vous au chapitre *Conduire aux États-Unis*.

Les animaux d'assistance (comme les chiens-guides d'aveugles) sont autorisés dans les transports publics ainsi que dans les bâtiments publics ; n'oubliez pas leurs papiers. La plupart des banques proposent des DAB avec instructions en braille et prise casque. Les sociétés téléphoniques mettent à disposition des opérateurs (711) spéciaux pour les personnes présentant un déficit auditif.

Adresses utiles

Access-Able Travel Source (www.accessable.com). Conseils utiles sur les voyages et liens vers d'autres sites.

Disabled Sports USA (☎301-217-0960 ; www.dsusa.org). Propose activités sportives et séjours pour handicapés.

Flying Wheels Travel (☎507-451-5005 ; http://flyingwheelstravel.com). Agence de voyages consacrée aux voyageurs handicapés proposant toute une gamme de services.

Mobility International USA (www.miusa. org). Informe les voyageurs handicapés sur les difficultés d'accès et gère un programme d'échanges culturels.

Moss Rehabilitation Hospital (☎800-225-5667 ; www.mossresourcenet.org/travel. htm). Innombrables liens et conseils sur les endroits accessibles aux handicapés.

Travelin' Talk Network (www.travelintalk. net). Géré par la même équipe que Access-Able Travel Source ; réseau mondial d'échange d'informations.

En France, l'**Association des paralysés de France** (www.apf.asso.fr) peut vous fournir des informations sur les voyages accessibles. Deux sites Internet, dédiés aux personnes handicapées, mettent régulièrement à jour une rubrique Voyages et constituent une bonne source d'information. Il s'agit de **Yanous** (www. yanous.com) et de **Handicap.fr** (www. handicap.fr).

- -
HÉBERGEMENT

Les campings, les auberges de jeunesse (*hostels*) et les motels sont les principales solutions qui s'offrent aux voyageurs soucieux de leur budget. Les motels sont omniprésents tant sur les autoroutes que sur les routes secondaires, tandis que les auberges de jeunesse se trouvent essentiellement dans les villes et dans certaines destinations touristiques. Plusieurs sortes de camping sont possibles, des plus rudimentaires aux plus confortables, avec branchements complets pour camping-cars, Wi-Fi et TV par câble.

Les hôtels et motels de catégorie moyenne proposent des chambres propres de taille correcte, avec sdb particulière, téléphone direct, TV par câble et parfois une cafetière, un mini-réfrigérateur et/ou un four micro-ondes.

Lorsqu'il est inclus, le petit-déjeuner se limite souvent à un donut rassis et un café sans goût, ou à un buffet. Le Wi-Fi (☎) est généralement gratuit, mais le signal laisse parfois à désirer. Un ordinateur avec Internet (@) est parfois mis à disposition des clients, souvent dans le hall.

Les hôtels haut de gamme sont, bien entendu, les mieux équipés (piscine, salle de fitness, business centre, restaurants, bars...). Ils jouissent aussi parfois d'un environnement exceptionnel ou d'une décoration particulièrement soignée. Les frais supplémentaires de parking, d'Internet et de "resort" peuvent alourdir l'addition de 10 à 50 $ par jour. La climatisation (❄) est un standard dans la plupart des chambres, sauf dans certains hôtels historiques ou dans quelques complexes de la côte ou des montagnes.

Plus petits et intimistes, les B&B offrent des niveaux d'équipements très variés. Ils changent agréablement des chaînes, mais il n'y a pas toujours de téléphone, de TV, d'Internet et de sdb particulière. Le nom "bed-and-breakfast" n'implique pas forcément que le petit-déj soit inclus. Certaines propriétés ferment hors saison et beaucoup n'admettent ni animaux ni enfants. En outre, ils exigent presque tous une réservation.

Tarifs et réservations

En principe, les prix sont plus bas en milieu de semaine, sauf dans les hôtels destinés aux voyageurs d'affaires, qui attirent les voyageurs d'agrément par des réductions le week-end. Les tarifs indiqués dans ce guide sont ceux de la haute saison, qui s'étend de juin à août, sauf dans les domaines skiables et les destinations soleil de l'hiver, où elle bat son plein de fin novembre à mars ou avril.

La demande et les prix grimpent encore autour des grandes vacances et des manifestations spéciales. Certains établissements peuvent alors exiger des séjours de plusieurs nuits. Les réservations sont recommandées lors des vacances, des festivals et des week-ends toute l'année, ainsi que les jours de semaine en haute saison. Si vous réservez par téléphone, renseignez-vous sur la politique de l'établissement pour les annulations et demandez un numéro de confirmation de réservation.

Si vous prévoyez d'arriver tard en soirée, appelez l'établissement le jour même pour demander à l'accueil de garder votre chambre. Les hôtels pratiquent

Catégories d'hébergement

Les prix suivants correspondent à une chambre particulière avec sdb en haute saison et hors taxe, sauf mention contraire.

$	moins de 100 $
$$	100 à 200 $
$$$	plus de 200 $

fréquemment le surbooking, mais si vous avez garanti votre réservation avec une carte bancaire, ils sont dans l'obligation de vous héberger quoi qu'il arrive. En dehors des périodes de pointe, une négociation polie devrait suffire pour obtenir une chambre même sans réservation.

Certains hôtels et motels affichent que "les enfants dorment gratuitement", mais cela implique généralement de dormir uniquement dans les lits disponibles dans la chambre des parents. Demander un lit supplémentaire ou un berceau comprend souvent un supplément.

Adresses utiles

Airbnb (www.airbnb.com). Locations à la nuit, appartements et chambres de qualités diverses.

BedandBreakfast.com (www.bedandbreakfast.com). Listing en ligne de B&B et d'auberges, avec avis de clients et adresses "Diamond Collection" visitées par des professionnels.

Hostelling International USA (www.hiusa.org). Gère plus de 50 auberges de jeunesse à travers le pays (surcoût pour les non-membres : 3 $/nuit).

Hostelz.com (www.hostelz.com). Moteur de recherche, réservations en ligne et avis sur des auberges indépendantes de tout le pays.

Hotel Coupons (www.hotelcoupons.com). Site Internet et application mobile pour les mêmes réductions disponibles dans les brochures gratuites des offices du tourisme et dans les zones de repos des autoroutes.

Kampgrounds of America (www.koa.com). Réseau de plus de 400 campings et parcs pour camping-cars privés à travers le pays.

Recreation.gov (www.recreation.gov). Réservations pour les campings et bungalows des *federal recreation areas*, y compris dans les forêts et parcs nationaux.

ReserveAmerica (www.reserveamerica.com). Réservations pour les bungalows et campings publics, notamment dans de nombreux parcs d'État.

Vacation Rentals by Owner (www.vrbo.com). Locations d'appartements, de maisons de vacances et autres, le plus souvent privés.

HEURES D'OUVERTURE

Avec quelques variantes régionales – et des horaires réduits en hiver ou hors saison –, les heures d'ouverture standard aux États-Unis sont les suivantes :

Banques 8h30-16h30 lun-ven, parfois jusqu'à 18h ven et 9h-12h30 sam

Bars 12h ou 17h-minuit dim-jeu, parfois jusqu'à 2h ven et sam

Discothèques 22h-2h ou 4h jeu-sam

Entreprises et administrations 9h-17h lun-ven

Magasins 10h-18h lun-sam, 12h-17h dim (les centres commerciaux ferment plus tard)

Restaurants 7h-10h30, 11h30-14h30 et 17h-21h tlj, parfois plus tard ven et sam

Supermarchés 8h-20h tlj, parfois 24h/24

HOMOSEXUALITÉ

Les voyageurs LGBTQ trouveront de nombreuses adresses où ils se sentiront immédiatement à l'aise. Le degré d'acceptation au quotidien varie d'un État à l'autre. Dans les zones très conservatrices, certaines personnes restent attachées au principe du *"don't ask, don't tell"* (ne rien demander, ne rien dire).

Des lois contre l'homophobie ont été votées dans tout le pays et la tolérance est de mise, mais le sectarisme n'a pas entièrement disparu. Aussi bien dans les villes que dans les campagnes, il arrive que les homosexuels soient la cible d'insultes, voire de violences. Pour autant, la plupart des visiteurs ne devraient pas avoir de problèmes.

Adresses utiles

Advocate (www.advocate.com). Journal d'orientation homosexuelle traitant de politique, d'actualité, de voyages, d'art et de spectacles.

Damron (www.damron.com). Publie des guides de voyages pour homosexuels et une application pour portables "Gay Scout".

GLBT National Help Center (888-843-4564 ; www.glnh.org ; 13h-21h lun-ven, 9h-14h sam). Un numéro national où trouver écoute, conseils et informations.

OutTraveler (www.outtraveler.com). Magazine gratuit en ligne, guide touristique, conseils pour voyageurs et newsletter.

Purple Roofs (www.purpleroofs.com). Listing en ligne d'hébergements et de tour-opérateurs gay-friendly.

JOURS FÉRIÉS

Durant les jours fériés, banques, écoles et administrations (y compris les bureaux de poste) sont fermées. Les transports, musées et autres services adoptent les horaires du dimanche. Quand le jour férié tombe un dimanche, le lundi suivant est généralement chômé.

Nouvel An 1er janvier

Martin Luther King Jr Day 3e lundi de janvier

Presidents' Day 3e lundi de février

Memorial Day dernier lundi de mai

Independence Day (fête nationale) 4 juillet

Labor Day (fête du Travail) 1er lundi de septembre

Columbus Day 2e lundi d'octobre

Veterans Day 11 novembre

Thanksgiving 4e jeudi de novembre

Noël 25 décembre

Durant Spring Break, qui tombe parfois vers les vacances de Pâques, en mars-avril, les étudiants s'accordent une à deux semaines loin de l'école et des parents pour aller faire la fête dans les stations balnéaires, prises d'assaut. Les vacances scolaires d'été vont de juin à août, ce qui correspond à la saison la plus touristique aux États-Unis.

OFFICES DU TOURISME

Le site de l'office du tourisme américain, **Discover America** (www.discoveramerica.com), est d'un intérêt limité pour préparer son voyage. Vous trouverez plus d'informations dans les sites très complets tenus par les offices du tourisme des différents États, dont vous trouverez facilement les liens par une simple recherche sur Internet.

Tout office du tourisme digne de ce nom possède un site Internet avec des guides de voyages téléchargeables. Ils répondent également au téléphone et certains pourront vous aider à trouver un hébergement ou vous fournir la liste des derniers établissements disponibles. Dans tous, vous trouverez une profusion de brochures et de bons de réduction. Certains distribuent même des cartes routières gratuites.

De nombreuses villes entretiennent un Convention and Visitor bureau (CVB) qui peut parfois tenir lieu d'office du tourisme, mais sa vocation première est commerciale. Ces bureaux sont donc moins utiles pour les voyageurs indépendants. Dans certaines grandes destinations touristiques, les "centres d'informations touristiques" ne sont souvent que des vitrines pour des agences de voyages qui souhaitent vendre des chambres d'hôtel, des activités et des circuits avec commission.

SANTÉ

Les soins aux États-Unis sont excellents, mais leur coût exorbitant. De nombreux médecins demandent à être payés sur-le-champ, notamment lorsqu'il s'agit de patients qu'ils ne connaissent pas ou venus de l'étranger.

Sauf en cas d'urgence (vous ferez alors le ☑911 ou irez au service des urgences 24h/24, appelé ER, de l'hôpital le plus proche), téléphonez à plusieurs médecins pour savoir lequel acceptera votre assurance.

Gardez tous les reçus et documents délivrés qui serviront à la facturation et à vos remboursements auprès de votre assurance. Certaines polices d'assurance santé exigent que vous receviez une autorisation préalable avant la prise en charge.

Les pharmacies sont bien fournies, mais certains médicaments librement disponibles ailleurs sont parfois soumis à ordonnance aux États-Unis et sans assurance médicale américaine, le tarif d'une prescription peut être particulièrement élevé. Pensez à emporter une ordonnance datée et signée de votre médecin indiquant tous les médicaments que vous prenez régulièrement (avec leurs noms génériques).

TÉLÉPHONE

Cartes téléphoniques

Évitez de passer des appels longue distance directs depuis votre chambre d'hôtel ou depuis un téléphone public sans carte téléphonique. Les cartes prépayées sont vendues dans les épiceries, les supermarchés, les kiosques à journaux et les magasins d'électronique. Lisez bien les petites lignes pour être sûr qu'il n'y a pas de coûts cachés, tels que des "frais d'activation", des "frais de connexion" par appel ou autres surfacturations.
AT&T (www.att.com) vend une carte téléphonique fiable très largement disponible aux États-Unis.

Codes téléphoniques

➡ Les numéros américains se composent d'un indicatif régional à 3 chiffres suivi d'un numéro local à 7 chiffres.

➡ Il n'est pas nécessaire de composer les 3 premiers chiffres pour un appel à l'intérieur d'une même zone. Cependant, si le numéro à 7 chiffres ne fonctionne pas, essayez avec les 10 chiffres.

➡ Pour un appel longue distance vers une autre zone, composez le 1 suivi de l'indicatif régional, plus le numéro de téléphone local.

➡ Les numéros gratuits commençant par 800, 866, 877 et 888 doivent être précédés du 1.

➡ Pour appeler l'étranger en direct, composez le 011, puis le code du pays, l'indicatif régional et le numéro local.

Numéros importants

Code du pays ☎1
Urgences (police, pompiers, ambulance) ☎911
Code d'accès international ☎011
Opérateur international ☎00
Renseignements locaux ☎411
Opérateur local ☎0
Renseignements gratuits
☎800-555-1212

➡ Si vous appelez de l'étranger, le code des États-Unis est le 1 (c'est le même que celui du Canada, mais les appels entre les deux pays sont facturés comme des appels internationaux).

Téléphones portables

Vous aurez besoin d'un GSM multibandes pour téléphoner aux États-Unis.
Mais plutôt que d'utiliser votre réseau, il est généralement plus avantageux d'acheter une carte SIM prépayée, rechargeable.

Les magasins de télécommunications et d'électroniques comme Best Buy vendent des cartes SIM et des téléphones portables bon marché avec temps d'appel prépayé. Vous trouverez également des cartes SIM et des portables à louer dans les boutiques des terminaux internationaux des principaux aéroports américains.

Langue

En raison de leur histoire – colonisations et vagues d'immigration successives – et de la diversité de leur population, les Américains pratiquent, pour la plupart d'entre eux, plusieurs langues. L'anglais est parlé dans tout le pays, mais n'a pas été désigné comme langue officielle des États-Unis. Du fait de l'importance de la population hispanique, l'espagnol est la deuxième langue la plus parlée dans le pays.

EXPRESSIONS COURANTES

Bonjour. *Hello.* hè·lo

Au revoir. *Goodbye.* goud·*baï*

Oui./Non. *Yes./No.* yès/neo

Excusez-moi. *Excuse me.* ek·*skyouz* mi

Désolé. *Sorry.* so·ri

S'il vous plaît. *Please.* pliiz

Merci. *Thank you.* sank you

De rien.
You're welcome. your wèl·komm

Parlez-vous français ?
Do you speak french? dou you spiik frènch

Je ne comprends pas.
I don't understand. aï dont eunn·deur·*stand*

Combien est-ce que ça coûte ?
How much is it? *hao* meutch is it

AU RESTAURANT

Que me conseillez-vous ?
What would you wat woud you
recommend ? rè·ko·mènnd

Je voudrais ..., s'il vous plaît.
I'd like ..., aïd laïk ...
please. pliiz

Je suis végétarien(ne)/végétalien(ne).
I'm vegetarian/ aïm vegetarian/
vegan. vegan (m/f)

Apportez-moi l'addition, s'il vous plaît.
Please bring me pliiz brinng mi
the bill. zeu bil

Pour aller plus loin

Indispensable pour mieux communiquer sur place, le *Guide de conversation Anglais*, de Lonely Planet. Pour réserver une chambre, lire un menu ou faire connaissance, ce guide permet d'apprendre les rudiments de l'anglais. Inclus : un mini-dictionnaire bilingue.

HÉBERGEMENT

Avez-vous une chambre (double) ?
Do you have dou you hav
a (double) room? eu deubl roum

Quel est le prix par nuit/personne ?
How much is it *hao* meutch is it
per night/person? pèr naït/peur·sonn

ORIENTATION

Pouvez-vous m'indiquer (sur la carte) ?
Can you show me kann you *choo* mi
(on the map)? (onn zeu *map*)

Où est ... ?
Where's ...? wèrz ...

SUR LA ROUTE

Je voudrais louer ...
I'd like to hire aïd laïk tou haï·eur ...

un 4×4 *a jeep* eu djip

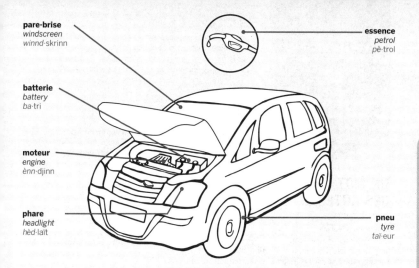

pare-brise
windscreen
winnd·skrinn

essence
petrol
pè·trol

batterie
battery
ba·tri

moteur
engine
ènn·djinn

phare
headlight
hèd·laït

pneu
tyre
taï·eur

Signalisation

Give Way	Cédez la priorité
No Entry	Sens interdit
Entrance	Entrée
Toll	Péage
One Way	Sens unique
Exit	Sortie

une voiture automatique
an automatic eun o·to·ma·tik·

une voiture manuelle
a manual eu ma·nou·eul

une moto *a motorbike* eu mo·to·baïk

Quel est le prix par jour/semaine ?
How much for daily/ hao meutch for déï·ly
weekly hire? wik·li haï·eur

L'assurance est-elle comprise ?
Does that include daz zat inn·kloud
insurance? inn·chour·ranns

Le kilométrage est-il compris ?
Does that include daz zat inn·kloud
mileage? maï·lidj

Quelle est la vitesse maximale autorisée ?
What's the speed wats zeu spiid
limite ? limit

Est-ce la route pour ... ?
Is this the road to ...? iz zis zeu rood tou ...

Puis-je me garer ici ?
Can I park here? kann aï pàrk hiir

Où puis-je trouver une station-service ?
Where's wèrz eu pè·trol
a petrol station? stéï·chonn

Le plein, s'il vous plaît.
Please fill it up. plizz fil it eup

Je voudrais (20) litres.
I'd like aïd laïk
(twenty) litres. (twènn·ti) li·teurz

**Pouvez-vous contrôler l'huile/l'eau,
s'il vous plaît ?**
Please check pliiz tchèk
the oil/the water. zi oïl/zeu wo·teur

J'ai besoin d'un mécanicien.
I need a mechanic. aï niid eu mè·ka·nik

La voiture/moto est tombée en panne.
The car/motorbike zeu kâr/mo·to·baïk
has broken down. haz bro·keunn *daonn*

J'ai eu un accident.
I had an accident. aï had eun ak·si·dènnt

URGENCES

Au secours !
Help! hèlp

Je suis perdu(e).
I'm lost. aïm lost

Je suis malade.
I'm sick. aïm sik

Appelez la police !
Call the police! kool zeu po·liis

Appelez un médecin !
Call a doctor! kool eu dok·teur

EN COULISSES

UN MOT DES AUTEURS

SARA BENSON
Merci à toute l'équipe Lonely Planet pour avoir rendu ce guide possible, à tous mes co-auteurs pour leur aide et à tous ceux que j'ai rencontrés sur la route et qui m'ont fait part de leurs connaissances. Un immense merci à tous mes amis et à ma famille en Californie, notamment les Pickett, les Starbin et les Boyle.

CAROLYN MCCARTHY
Je dois beaucoup aux habitants des Rocheuses. Un merci tout particulier à Lance et à ses amis pour le lit et le barbecue. Mille mercis à la talentueuse Rachel Dowd et des bières virtuelles à tous mes collègues, qui sont à n'en pas douter les meilleurs au monde.

VOS RÉACTIONS ?

Vos commentaires nous sont très précieux et nous permettent d'améliorer constamment nos guides. Notre équipe lit toutes vos lettres avec la plus grande attention. Nous ne pouvons pas répondre individuellement à tous ceux qui nous écrivent, mais vos commentaires sont transmis aux auteurs concernés. Tous les lecteurs qui prennent la peine de nous communiquer des informations sont remerciés dans l'édition suivante, et ceux qui nous fournissent les renseignements les plus utiles se voient offrir un guide.

Pour nous faire part de vos réactions, prendre connaissance de notre catalogue et vous abonner à notre newsletter, consultez notre site Internet : **www.lonelyplanet.fr**

Nous reprenons parfois des extraits de notre courrier pour les publier dans nos produits, guides ou sites web. Si vous ne souhaitez pas que vos commentaires soient repris ou que votre nom apparaisse, merci de nous le préciser. Notre politique en matière de confidentialité est disponible sur notre site Internet.

RYAN VER BERKMOES
Un grand merci à mes parents, qui ont toujours cru en la valeur des voyages et à ma sœur, qui a soutenu mon choix de motel avec piscine ET toboggan. Toute ma reconnaissance à Alexis pour son soutien durant mes séjours.

KARLA ZIMMERMAN
Je remercie Lisa Beran, Lisa DiChiera, Jim DuFresne et Susan Hayes Stephan, ainsi que mes collègues de Lonely Planet Sara Benson, Amy Balfour et Ryan Ver Berkmoes pour leur aide. Merci surtout à Eric Markowitz, le meilleur compagnon qui puisse exister, qui a dû supporter erreurs d'itinéraire et tests de restaurants.

REMERCIEMENTS

Les cartes climatiques sont adaptées de Peel MC, Finlayson BL & McMahon TA (2007) 'Updated World Map of the Köppen-Geiger Climate Classification', *Hydrology and Earth System Sciences*, 11, 1633-44.

Photographies de couverture
En haut : Mount Rushmore National Memorial, nagelestock.com/Alamy. En bas à gauche : voitures à Lenoir City, Tennessee, Jim West/Alamy. En bas à droite : la Route 66 près d'Amboy, Californie, Michael DeFreitas/Alamy. 4ᵉ de couverture : ferme à Woodstock, Vermont, Bob Krist/ Corbis.

À PROPOS DE CET OUVRAGE

Cette première édition française de *Sur la route des États-Unis* est adaptée de la 2ᵉ édition anglaise de *USA's Best Trips* rédigée par Sara Benson, Amy Balfour, Michael Benanav, Greg Benchwick, Lisa Dunford, Michael Grosberg, Adam Karlin, Mariella Krause, Carolyn McCarthy, Christopher Pitts, Adam Skolnick, Ryan Ver Berkmoes, Mara Vorhees et Karla Zimmerman. Ce guide est une commande et une réalisation du bureau Lonely Planet d'Oakland.

Traduction
Charles Ameline, Aurélie Belle, Yann Champion, Marie Chouteau, Cécile Duteil et Xavière Quillien

Direction éditoriale
Didier Férat

Coordination éditoriale
Nicolas Benzoni

Responsable prépresse
Jean-Noël Doan

Maquette
Christian Deloye

Cartographie Adaptées en français par Nicolas Chauveau

Couverture Adaptée par Annabelle Henry pour la version française

Merci à Angélique Adagio, Claude Albert, Sylvie Rabuel et Jean-Victor Rebuffet pour leurs apports précieux au texte. *High five* à Juliette Stephens, "copilote" californienne, pour son aide inestimable tout au long des nombreux miles de ce projet, et un grand merci à Dominique Spaety pour son soutien sans faille. Nos remerciements à Darren O' Connell, Chris Love, Sasha Baskett, Angela Tinson, Jacqui Saunders, Ruth Cosgrave et Glenn van der Knijff du bureau de Melbourne, ainsi qu'à Clare Mercer, Joe Revill et Luan Angel du bureau de Londres.

INDEX

H

I

J

U

V

W

Y

Z

Adam Skolnick
Adam écrit sur
les voyages, la culture,
la santé et la politique pour
Lonely Planet, *Outside*,
Men's Health et *Travel
& Leisure*. Il a co-écrit
20 guides Lonely Planet,
couvrant des destinations
en Europe, aux États-Unis, en Amérique centrale et
en Asie, et n'a de cesse de reprocher au Kentucky sa
dépendance croissante au bourbon. Vous pouvez le
retrouver sur www.adamskolnick.com, ainsi que sur
Twitter et Instagram (@adamskolnick).

Mon itinéraire préféré 16 **La route du
blues** vous conduit de l'un des bijoux cachés
de l'Amérique, Memphis, aux terres fertiles où est née
la musique populaire américaine.

Mara Vorhees
Mara n'est pas née
en Nouvelle-Angleterre,
mais c'est tout comme.
Auteur-coordinateur
du guide Lonely Planet
New England, elle a aussi
rédigé seule le *Boston
City Guide*. Lorsqu'elle
n'arpente pas les routes et les sentiers de la région,
Mara habite une maison rose à Somerville, dans le
Massachussetts, avec son mari, ses deux enfants
et ses deux chats. Suivez ses aventures sur son site
www.maravorhees.com.

Retrouvez Mara sur :
lonelyplanet.com/members/mvorhees

Adam Karlin
Né à Washington, Adam
a grandi dans le Maryland.
Il en a gardé une passion
pour les paysages
façonnés par la rencontre
de la terre et de l'eau,
qu'il recherche aujourd'hui
partout dans le monde.
Il a ainsi écrit près de 40 guides pour Lonely Planet,
des îles Andaman à la frontière nord du Zimbabwe.

Mon itinéraire préféré 15 **Le pays cadien**
pour ses paysages, sa culture, sa gastronomie,
ses danses... Unique !

Ryan Ver Berkmoes
Ryan a traversé
les Grandes Plaines pour
la première fois dans les
années 1960. Il en a gardé
deux pistolets de cow-boy
achetés à Wall Drugs.
Depuis, il n'a jamais raté
une occasion de partir
en vadrouille à travers l'Amérique. Retrouvez-le sur
www.ryanverberkmoes.com et sur Twitter @ryanvb.

Mon itinéraire préféré 25 **Les traces des
pionniers**, parce que le Nebraska a une grandeur
discrète : on imagine bien à quoi cela pouvait ressembler
d'explorer l'arrière-pays avant l'invention des 4x4.

Retrouvez Ryan sur :
lonelyplanet.com/members/ryanvb

Karla Zimmerman
Karla a toujours vécu à
l'est du fleuve Mississippi,
où terrains de base-ball,
brasseries et magasins
de tartes en tous genres
règnent en maître. Quand
elle n'est pas chez elle à
écrire pour des magazines,
livres et sites Web, elle voyage dans la région afin de
trouver quelle statue de Paul Bunyan elle préfère :
celui à moustache de Bemidji ou celui d'Atlanta avec
son hot dog géant ? Karla a travaillé sur plusieurs
guides Lonely Planet, couvrant notamment les États-
Unis, le Canada, les Caraïbes et l'Europe.

Mon itinéraire préféré 21 **Lac Michigan :
la Gold Coast** pour les tartes, la bière
et les Sleeping Bear Dunes.

Mariella Krause Le coup
de foudre de Mariella pour
Austin remonte à ses
années étudiantes. Après
l'université, elle a bien
tenté de s'installer ailleurs,
mais elle s'y sentait si bien
qu'elle y est restée 15 ans.
Depuis, Mariella considère
le Texas comme sa seconde maison, et parsème
ses phrases d'expressions locales, pour la plus
grande perplexité de ses interlocuteurs.

Mon itinéraire préféré 37
Circuit panoramique vers Big Bend parce
qu'il y a tant à voir – des constellations, des
installations artistiques étonnantes, de mystérieuses
lumières près de Marfa... et même des ours !

Michael Benanav
Tombé sous le charme du Nouveau-Mexique en 1992, Michael s'est depuis installé dans un village au pied de la Sangre de Cristo. Guide naturaliste, il a passé des années à explorer les montagnes, les déserts et les rivières de l'État – ce qui l'a conduit à parcourir nombre de ses routes, des autoroutes bitumées aux sentiers approximatifs. En plus de son travail pour Lonely Planet, Michael a écrit deux ouvrages d'histoire, et collabore avec des magazines et des journaux en tant qu'auteur et photographe.

Retrouvez Michael sur :
lonelyplanet.com/members/mbenanav

Greg Benchwick
Natif du Colorado, Greg a parcouru l'État en tout sens : il a donné des cours de ski à Vail, planté sa tente un peu partout sur le territoire et fait des études de journalisme à Boulder. Le quartier de Highland, à Denver, est sa terre d'élection.

Retrouvez Greg sur :
lonelyplanet.com/members/gbenchwick

Lisa Dunford Plus jeune, Lisa déménageait en moyenne tous les deux ans – une habitude qui l'a conduite à voyager tôt, ce qu'elle n'a de cesse de faire depuis. Elle a ainsi découvert les belles formations rouges de l'Utah il y a une dizaine d'années, et retourne les voir dès qu'elle le peut.

Mon itinéraire préféré `34` **Les parcs nationaux de Bryce et Zyon** pour les incroyables randonnées du parc de Zion et la ville de Springdale.

Retrouvez Lisa sur :
lonelyplanet.com/members/lisa_dunford

Michael Grosberg Grâce à un oncle et une tante vivant dans les Catskills, près de la Delaware River, Michael a pu explorer la région en tout sens pendant une vingtaine d'années – quand il n'était pas chez lui, à Brooklyn. Amoureux de sa ville, il saute néanmoins sur la moindre occasion de s'évader pour visiter de fond en comble les États de New York, du New Jersey et de Pennsylvanie, qu'il s'agisse de faire du ski dans les monts Adirondacks, de camper sur une île sur le Saint-Laurent, d'assister à un match des Pirates de Pittsburgh ou de se dégotter un restaurant typique dans la région des Pine Barrens, dans le New Jersey.

Carolyn McCarthy
Étudiante, Carolyn est tombée sous le charme des Rocheuses lors d'une virée dans la Sangre de Cristo. Pour ce guide, elle a goûté des bières de 4 États, suivi des loups et entendu plus d'histoires de fantômes que dans toute sa vie. Elle a contribué à plus de 20 titres pour Lonely Planet, notamment sur l'Ouest américain et l'Amérique latine, et écrit pour *National Geographic*, *Outside*, *Lonely Planet Magazine*...

Mon itinéraire préféré `31` **La San Juan Skyway et la Million Dollar Highway** – rien n'est plus beau que le sud du Colorado en été !

Retrouvez Carolyn sur :
lonelyplanet.com/members/carolynmcc

Christopher Pitts
La première rencontre de Chris avec le Colorado se produisit lors d'un voyage familial à travers le pays – il tomba amoureux de ses nuits pleines d'étoiles. Après 4 ans à l'université du Colorado, il emménagea à Boulder pour poursuivre ses études – non sans avoir appris le chinois avant. Il a depuis visité tous les continents, et partage son temps entre l'écriture, ses enfants et l'exploration des recoins sauvages du Colorado. Suivez-le sur www.christopherpitts.net.

Mon itinéraire préféré `30` **Au sommet des Rocheuses**

Retrouvez Chris sur :
lonelyplanet.com/members/christopherpitts

NOS AUTEURS

LES GUIDES LONELY PLANET

Une vieille voiture déglinguée, quelques dollars en poche et le goût de l'aventure, c'est tout ce dont Tony et Maureen Wheeler eurent besoin pour réaliser, en 1972, le voyage d'une vie : rallier l'Australie par voie terrestre via l'Europe et l'Asie. De retour après un périple harassant de plusieurs mois, et forts de cette expérience formatrice, ils rédigèrent sur un coin de table leur premier guide, *Across Asia on the Cheap*, qui se vendit à 1 500 exemplaires en l'espace d'une semaine. Ainsi naquit Lonely Planet, dont les guides sont aujourd'hui traduits en 12 langues.

Sara Benson Née près de la Route 66, Sara a le road-trip dans le sang. Elle a parcouru les 50 États américains avant de poser finalement ses valises sur la côte californienne. Auteur de plus de 60 ouvrages, dont nombre de guides de voyage, Sara a cette fois-ci exploré la Pacific Coast Hwy, cherché de l'or (sans succès) dans d'anciennes villes minières et traversé des déserts vers des oasis reculées. Suivez-la dans ses aventures sur son blog www.indietraveler.blogspot.com et sur Twitter @indie_traveler.

Mon itinéraire préféré `40` **Les parcs de Yosemite, Sequoia et Kings Canyon** pour les séquoias géants, la faune, les baignades dans les rivières… et les sommets de la Sierra Nevada.

Retrouvez Sara sur :
lonelyplanet.com/members/sara_benson

Amy C Balfour Amy a tout essayé dans le Sud-Ouest : randonnée, VTT, ski… Au Nevada, elle s'est entichée des hamburgers servis à la Middlegate Station sur l'US 50, qui devinrent son plat de prédilection.

Au Grand Canyon, elle a rejoint à pied le Phantom Ranch, est remontée, avant de parcourir le South Kaibab Trail puis le Bright Angel Trail. Amy a écrit ou co-écrit plus de 15 titres pour Lonely Planet, ainsi que des articles pour *Backpacker*, *Every Day with Rachael Ray*, *Redbook*, *Southern Living* et *Women's Health*.

Mon itinéraire préféré `19` **Dans les Smoky Mountains** pour les cerfs, les dindes – et parfois un ours ou deux – qui donnent à une balade en voiture dans la vallée de Cades Cove des airs de safari.

Retrouvez Amy sur :
lonelyplanet.com/members/amycbalfour

← AUTEURS (SUITE)

Sur la route des États-Unis
1re édition
Traduit et adapté de l'ouvrage *Usa's Best Trips, 2nd edition, March 2013*
© Lonely Planet Publications Pty Ltd 2014
© Lonely Planet et Place des éditeurs 2014
Photographes © comme indiqué 2014

Dépôt légal Mai 2014
ISBN 978-2-81614-226-6

Imprimé par
Grafica Veneta, Trebaseleghe, Italie

En Voyage Éditions

place des éditeurs

MIXTE
Issu de sources responsables
FSC® C003309
www.fsc.org